江西省高水準大學

“江右人文與中國哲學”一流學科群建設經費資助

莊子釋讀

㊤

程水金 著

人民文学出版社

圖書在版編目（CIP）數據

莊子釋讀：上下 / 程水金著. -- 北京：人民文學出版社，2024. -- ISBN 978-7-02-018942-7

Ⅰ. B223.52

中國國家版本館 CIP 數據核字第 2024V3W835 號

責任編輯　葛雲波　李　昭
裝幀設計　劉　遠
責任印製　張　娜

出版發行　人民文學出版社
社　　址　北京市朝内大街 166 號
郵政編碼　100705

印　　刷　天津善印科技有限公司
經　　銷　全國新華書店等

字　　數　1010 千字
開　　本　880 毫米×1230 毫米　1/32
印　　張　44.75　插頁 3
印　　數　1—2000
版　　次　2024 年 10 月北京第 1 版
印　　次　2024 年 10 月第 1 次印刷

書　　號　978-7-02-018942-7
定　　價　188.00 圓

如有印裝質量問題,請與本社圖書銷售中心調換。電話:010-65233595

莊子：咀嚼生命本真出離人生苦難的貧士(代前言)

莊子，是繼老子之後先秦道家的思想高峯。《漢書·藝文志》所載先秦道家之書，或真或贋，或存或亡。亡者贋者固不足道，而其存者真者，無論其思想之弘深博大，抑或其文辭之詭譎恣縱，皆不足以與莊子分庭抗禮。

莊子的生平事蹟較爲簡略，既沒有老子那樣曾經顯赫的王庭仕宦履歷，也沒有孔子那樣複雜的列國流亡生涯。因此，《史記》的有關記載，表彰莊子的思想個性及其文章風格，多於敘述莊子的生平身世。其《莊子傳》曰：

莊子者，蒙人也，名周。周嘗爲蒙漆園吏，與梁惠王、齊宣王同時。其學無所不窺，然其要本歸於老子之言。故其著書十餘萬言，大抵率寓言也。作《漁父》、《盜跖》、《胠篋》，以詆訿孔子之徒，以明老子之術。《畏累虛》、《亢桑子》之屬，皆空語無事實。然善屬書離辭，指事類情，用剽剝儒、墨，雖當世宿學不能自解免也。其言洸洋自恣以適己，故自王公大人不能器之。

楚威王聞莊周賢，使使厚幣迎之，許以爲相。莊周笑謂楚使者曰：『千金，重利；卿相，尊位也。子獨不見郊祭之犧牛乎？養食之數歲，衣以文繡，以入大廟。當是之時，雖欲爲孤豚，豈可得乎？子亟去，無汚我。我寧游戲汚瀆之中自快。無爲有國者所羈，終身不仕，以快吾志焉。

司馬遷這篇《莊子傳》，敍述莊子的思想學説及其神情個性，比較清晰，並不像《老子傳》那樣，對於老子身份的確定，顯得格外無可奈何。衹是後代學者在研究莊子思想的學術淵源及其文風的形成原因之時，連帶著莊子的名氏里籍、生卒年代以及生平身世產生了諸多異説，從而導致了對《史記·莊子傳》的質疑。

然而，莊子姓莊，名周，戰國中期宋之蒙（今屬河南商丘市）人，殆無可疑。其生卒年代，大抵在西元前三六五年至前二九〇年之間。莊子曾經做過管理漆樹種植與漆器製作的官員，屬於技術官僚。而且具有高深的文化修養，『其學無所不窺，然其要本歸於老子之言』。莊子之爲莊子，有著深遠而漸積的學術前緣，涵攝與凝聚著衆多前輩思想家的精神流質。楊朱的重生貴己，子莫的不偏不倚、無是無非與才美不外見，甚至孔門弟子顔回安貧樂道的生活態度與心性内斂的思想性格，無不通過老子的貴柔謙退、守虚持弱的思想爲中介，在莊子的人生哲學之中摶成新的思想内容。當然，莊子雖然清高淡泊、落落寡合，但也並非純然遁跡山林的隱士，或者曾到宋國之外的地域做過廣泛遊歷。至於説，莊子是否某國公族的後裔，實在無法確考。不過，由於生活的艱辛與精神的疲憊，莊子的確有著深刻的思想危機。當然，莊子並不因此而放棄思想。

《漢書·藝文志》載《莊子》五十二篇，魏晉玄學大興，莊學尤盛，注解之家，不下十數。唐人陸德明《經典釋文·莊子敍録》説：

莊生宏才命世，辭趣華深，正言若反，故莫能暢其弘致。後人增足，漸失其真，故郭子玄云：『一曲之才，妄竄奇說。若《閼弈》、《意修》之首，《游鳧》、《子胥》之篇，凡諸巧雜，十分有三。』《漢書·藝文志》《莊子》五十二篇，卽司馬彪、孟氏所注是也。言多詭誕，或似《山海經》，或類占夢書。故注者以意去取，其《內篇》衆家並同，自餘或有外而無雜，唯子玄所注特會莊生之旨，故爲世所貴。徐僊民、李弘範作音，皆依郭本，以郭爲主。崔譔《注》十卷二十七篇（清河人，晉議郎。《內篇》七，《外篇》二十）。向秀《注》二十卷二十六篇（一作二十七篇，一作二十八篇，亦無《雜篇》。爲《音》三卷）。司馬彪《注》二十一卷五十二篇（字紹統，河內人，晉祕書監。《內篇》七，《外篇》二十八，《雜篇》十四，《解說》三，爲《音》三卷）。郭象《注》三十三篇三十三卷（字子玄，河內人，晉太傅主簿。《內篇》七，《外篇》十五，《雜篇》十一，爲《音》三卷）。李頤《集解》三十卷三十篇（字景真，潁川襄城人，晉丞相參軍，自號玄道子。一作三十五篇，爲《音》一卷）。孟氏《注》十八卷五十二篇（不詳何人）。王叔之《義疏》三卷（字穆夜，琅邪人，宋處士，亦作《注》）。李軌《音》一卷，徐邈《音》三卷。

由陸氏所述可見，唐前所傳《莊子》各種注本，篇目多寡不同。而今存郭象《莊子注》三十三篇，似乎得到李軌、徐邈諸人的認可。這大抵也是爾後唐人成玄英爲之作《疏》的原因所在。猶如孔穎達《五經正義》的學術影響，郭《注》成《疏》，遂爲後世習《莊》者必讀的定本。

宋明以降，注《莊》者歷代不乏其人，亦是各抒己見。或專解內七篇，或單釋《齊物論》，或僅注《天下》，不一而足。迄至當代，注《莊》者亦有十數家之多，雖互有短長，要皆成一家之言。然通觀古今中外現存各家之注，或出入於釋老，或彌縫於儒道。或借莊生之酒杯，澆自家之壘塊；或以西人之枯骨，附莊身之陰魂。是以平心靜氣以莊注《莊》者，實屬鳳毛麟角。至於文字訓詁，版本校勘，學者各擅勝場，甚至破一字而警醒千年之夢夢，亦間或有之。然而其於莊生大義哲思，能夠融匯貫通者，卻又寥若晨星。更有左右逢源，高談闊論，奔逸絕塵者，當代尤不鮮見。然驢脣不對馬嘴，强古人以就己意，信口開河者居多。要之，古今之注，雖燦若星河，而釋莊生之旨相對精準者，不過數家之學而已。且不無遺憾的是，注釋精當者，往往僅爲內七篇而非完衰，其話語體系與註釋風格及其表達形式皆不大符合當代青年閱讀習慣，其戛戛乎獨造者如釋德清《莊子內篇注》、劉武《莊子集解內篇補正》、鍾泰《莊子發微》等，皆是其例。爲適應當代青年閱讀，又創立《新注新譯》的注釋體例，但訓詁釋義的功底，版本校勘的眼光，皆不能與老一輩學人比肩而立。以今律古，曲解文意的現象，層出不窮，其作品淺俗有餘而沉潛不足，甚至動輒刪改莊子原文。這種浮躁學風，實爲這類作品的致命傷。不過，關鋒《莊子內篇譯解與批判》，雖然是這類作品的始作俑者，其所謂『批判』的思想觀念，也不免帶著深刻的時代烙印；但作者文史功底深厚，對《莊子》原文的把握比較準確，倒是這類作品的上乘之作，可惜仍然衹有內七篇而非完衰。

有鑒於此，一個好的《莊子》注本，應對莊子充滿了解之同情，不僅文字訓詁與版本校勘，須言必有據，且與莊子整體思想不相乖違。更爲重要的是，首先應當讓讀者比較清晰地整體了解莊子的思想體系，其次還必須明白現存每個篇目，在莊子思想體系之中所屬的思想環節。而且更爲關鍵的是，還應當讓讀者在具體篇章的閱讀過程中，隨時把握章段大意與文本脈絡，以免落入莊子自説自掃的語言陷阱而迷失方向。本書的註釋體例，正是爲了滿足上述這些要求而設置的。

也因此，正式閱讀《莊子》之前，對《莊子》思想體系有一個大致的把握，就是非常必要的。莊子視人爲『天籟』，把人的生命，作爲天地萬物之一物來思考。但是，人雖爲萬物之一物，卻與非人之物有著本質的不同。人不僅有異於『牛馬四足』的形體，更有各種不同的心理、幻覺、映象、情感以及彼此迥然相異的性格、秉賦與癖好。而其『百骸九竅』的形體以及無可名狀的心理意識，由誰來支配，也難以知曉。不僅如此，人之所以異於非人者，除了知覺與理性之外，還有各種不同的言論與是非。但是，由於人的知覺與理性，受到人與生俱來的『成心』所制約，因而人不可能達成一致的認知結果，從而導致了無休無止的是非之爭。因此，人便一輩子受著『成心』的驅使，『是非』的糾纏，人與人的疆域與鴻溝，也就永遠不能超越。這就是人之所以爲人的本質屬性！也是人之所以爲『天籟』的根本原因！

人生在世，也不是一個孤立的存在，而是與周圍的人與事形成各種錯綜複雜的關係，即所謂人之『大倫』。不過，莊子認爲，這種『大倫』，對於人來説並不是一種令人愉快的東西，而是與生俱來的人生桎梏。因此，莊子把這種人之『大倫』稱之爲『天弢』或者『天袠』。然而，人畢竟不是禽獸，人有人的社會屬性與價值尺度，人不可能像豬一樣活著。子之於父，父之於子，固然是『不可解於心』的責任與義務；臣之事君，亦是人生價值的集中呈現。然而，承擔人生的責任，實現人生的價值，必須付出代價。尤其是爲臣用世，入朝伴君，更有拋頭階墀，喋血廊廡的險厄。即使是積極實現人生價值，向人生不朽的輝煌頂點奮力攀登，但達與不達，窮通貧富，禍福壽夭，又在無形之中受著時勢的掣肘與命運的播遷。因此，人生充滿痛苦與憂患，活著就是遭受不可解的『天刑』！

以人生的苦難爲起點，以脆弱與孤獨的個體生命爲依託，莊子從前輩哲人老子那裏找到了可以安身立命的『道』，並以此爲基礎，拓展其理論內涵，使之成爲以虛空與無限爲基本意涵而又超越於萬物的宇宙時空形式。『道』既然是一種虛空與無限的宇宙形式，具有極大的超越性與廣延性，因而與『氣』的虛無屬性相類同。『氣』在感官上無形無質，又彌漫於整個宇宙時空而普遍存在，通過類比聯想，莊子之『道』與『氣』便在『虛』與『無』的形式上相貫通。然後又以『氣』爲中介，打通『道』與『物』的關節，使『物』之生死變滅具有了『通天下一氣』的理論依據，同時也爲『物』之生死變滅提供了終始無窮的時空背景與活動之場。於是，莊子『道』、『氣』、『物』三者的終極共性就是『化』。時間的無始無終，空間的無邊無際，這就是宇宙，也是『道』的形式！自身無形無質而又充塞宇宙，這便是『氣』！虛空與無限，是時空的性質，是宇宙的形式，也是『氣』的基本屬性，也是『道』的本身！『道』既無始無終，『氣』則有聚有散，而以『氣』爲基質的『物』，也就在虛空與無限的宇宙時空生死變滅，『以不同形相禪』。一切都在大化流行之中，『不位乎其形』，『終則有始』。因此，莊子之『道』，其理論價值就在於引導人的心靈不斷向上超越，最終攀達於一種『參萬歲而一成純』的『純白』之境，從而擺脫俗世的瑣瑣屑屑，遠離塵寰的熙熙攘攘。

『道』是一種虛空與無限的宇宙形式，是一種精神境界，並沒有任何實質性內容，因而所謂『聞道』，就不是一般的認知活動，而是一種『徇耳目內通而外於心知』的修持工夫，這就是『心齋』與『坐忘』之法。所謂『心齋』，就是凝神靜氣，心志內斂，將思慮專注於心靈自身，讓精神無所拘束亦無所湊泊。於是，放棄感官的一切感知功能，停止感官的一切感知活動，從而使主體精神達到一種至虛靜極的狀態。『心齋』是停止感官活動，防止主體心靈受到外界的干擾；而『坐忘』則是將既有知識，甚至正在『坐』的主體自身，統統從記憶之中抹去。無論是『心齋』還是『坐忘』，其基本的思想方法，就是『齊不齊以致齊』。既對外部世界存在的矛盾性與多樣性採取視而不見的回避，是爲『莫若以明』而任其『兩行』；又對外部世界存在的矛盾性與多樣性予以簡單的同一，是爲『道通爲一』而隨其『自化』。因此，前者是對『不齊』視而不見『以致齊』，後者是對『不齊』以簡馭繁『以致齊』。

經過漫長的思想求索與艱難的工夫踐履，莊子終於找到了超越人生困境的思想理論與出離人生苦難的修養方法。於是，莊子的主體心靈與廣漠的宇宙時空融爲一體，在無所挂礙、纖塵無染的虛空與無限之中，作精神的肆意翱翔。在這個空明澄澈的虛空世界，人之所以爲人的一切生存價值及其生存條件，皆一一爲之勘破。雖然今天的陽光並不比昨天燦爛，今天的生活也並不比昨天富有，但悟『道』之後的心境卻大不一樣。超邁與曠達的宇宙情懷，寧靜而高遠的精神境界，給人以安閒、愉快與通達的心情與心境。以此心情與心境觀照現實中的人生際遇與世情百態，不僅死生存亡，窮達禍福諸般遭際不能擾亂心靈的寧靜與和適，反而以一種苞舉宇內、涵藏萬有的博大胷襟，欣然容受之而不存芥蒂，坦然接納之而無所稽滯。因此，超越了人世間的一切榮辱毀譽、窮達貴賤，心靈飛升於無限高遠而空闊的宇宙境界，雄視大千萬象，以怡然曠達的心情與心境入俗行世，隨緣自適，無可無不可。心靈與世俗保持距離，又在行爲上與世俗打成一片，心靈超越而又混跡黎甿，這就是莊子的生存智慧與人生選擇！

當然，『相呴以濕，相濡以沫，不如相忘於江湖』。生存智慧與人生選擇，永遠衹有現實的價值與當下的意義。『衹能如此』，永遠也不能證明或者代替『應該如此』。唯其如此，莊子的生存理念與社會批判，明顯地呈現出强烈的逆歷史、逆文化、逆社會的思想傾向。莊子既不需要任何形式的社會組織，也不需要任何形式的社會約束，更不希望人類有君主與帝王。因此，莊子嚮往渾沌粗樸、民智未開的洪荒之世，自然天放，無拘無束，『一以己爲馬，一以己爲牛』。然而，人類已經永遠不可能回到沒有君主，沒有知識的『渾沌』時代。『帝王』的存在，已是不可挽回也不可改變的歷史事實，於是，在莊子的生存理念之中，不期然而然地滋生了一對類乎『駢拇』與『枝指』的餘贅之物：『避』與『應』。『避』即『無用之用』；『應』乃『虛而委蛇』。這種『避』與『應』，屬於莊子的『亞次生存理念』，但也仍然是無可奈何！重回『江湖』之既不可得，也就衹好『相呴以濕，相濡以沫』了。

莊子的思想體系，決定著莊子的言說方式。莊子的思想是獨特的，其思想的言說方式亦與衆不同。應該說，利用人類既有的語言文字，構織其思想體系，並傳之其人使之產生最大限度的理解與共情，這是思想家宣傳思想的步驟與方法。然而，人類語言表達功能的限制，一般受衆愚闇淺俗的接受習性，莊子思想體系本身反傳統、逆文化的立異性，及其思想結構自立而又自破、無所粘滯、不主成說的流動性的諸多因素，給莊子的思想表達平添了重重障礙。因而莊子深深地感覺到辭不逮意的苦衷與解人難得的孤獨。不過，莊子畢竟是莊子，其聰明與才智足以使之能夠從問題的存在本身，找到問題的解決途徑。於是，以非指喻指之非指，彌補語言表達功能的缺陷；以閎詭驚聽的寓言，遷就受眾接受習性的淺俗；以支離曼衍的章法，掃除思想進入言說的偏固。這既是莊子的文章風格，亦是其風格所由以形成的根本原因。因此，一部思想深刻，空前絕後的哲學著作，其表達障礙的突破，當然就意味著其文章風格的形成。

總而言之，現實的人生苦難，伴隨著深沉的精神危機與無邊的生存焦慮，既煉就了莊子的人生智慧，也提升了莊子的人生境界。其思想體系的放浪恣縱而深邃博大，其敍述方式的支離曼衍而橫無際涯，形成了歸趣難求而味之無極的文章風格。

這就是莊子與《莊子》！讀者諸君，不妨以《莊子》原文逐一對讀驗證罷。

凡例

一、本書所用《莊子》原文，依王孝魚點校郭慶藩《莊子集釋》本。郭氏《集釋》所用之底本，乃黎庶昌《古逸叢書》覆宋本。王氏據《古逸叢書》覆宋本、《續古逸叢書》影宋本、明世德堂本、《道藏》成玄英《疏》本以及《四部叢刊》所附孫毓修宋趙諫議本《校記》、近人王叔岷《莊子校釋》、劉文典《莊子補正》等書加以校正。本書用字，逕依王孝魚氏校正本。

二、本書標點與分段，參照王孝魚點校郭氏《集釋》本以及近代諸公所注本自行處理；標點之異同，段落之分合，唯便所適。並仿陳鼓應《今注今譯》之例，於章段之前施加序號，以清眉目。

三、《莊子》文辭奧衍，章法詭奇。本書以《釋讀》標名者，設體有三：一曰解題，一曰釋義，一曰繹文。解題者，釋篇名，揭大義，明統緒，章源流也。釋義者，析章句，通故訓，解文法，言章旨也。繹文者，籀古聱，理文勢，求雅馴，便今讀也。

四、前賢舊說，擇善而從；否則間下己意。所引前人之說，或列某人某書者，以示不敢掠美；有不列某人某書者，以示學術乃公器，不必專屬誰某之私，以省篇幅。

五、古人著書，各有立言之旨。雖同屬『道家者流』，然《老》之與《莊》，大異而小同，小同之中亦有其大異。本書以《莊》注《莊》，不爲視同視異，隨意攀扯，遑論域外駁雜之説。

六、本人愚見，以『行甫按』若『行甫又按』出之，不過一家之言而已，未必卽爲定論。

目錄

雜篇

附錄

内篇

《漢書·藝文志》著錄《莊子》五十二篇。今所存者，僅郭象注本之三十三篇，《内篇》七，《外篇》十五，《雜篇》十一。據陸德明《莊子序錄》，其餘晉宋諸家所注之本，或篇目多寡不同，或有《外篇》而無《雜篇》。成玄英《莊子序》曰：『所言《内篇》者，内以待外立名』，『《内篇》明於理本，《外篇》語其事跡』，『《内篇》理深，故每於文外別立篇目』，『自《外篇》以去，則取篇首二字爲其題目』。是《内篇》乃莊子思想的主幹，故每篇自立標題，以明其論旨。

內篇

逍遥遊第一

逍遥，一作消摇，疊韻連綿詞。陸德明《經典釋文》：『義取閒放不拘，怡適自得。』遊，亦作游。遊者，《德充符》『遊心乎德之和』、『遊於形骸之內』也。《讓王》『逍遥於天地之間，而心意自得』，是其義。則所謂逍遥遊者，放飛心靈，無拘無束，自由自在。然逍遥既是一種自由閒放的精神境界，乃無所形跡，且不可名狀。而莊子亦自有其法，曰：『以馬喻馬之非馬，不若以非馬喻馬之非馬』（《齊物論》），則逍遥不是不逍遥，猶A≠負A。然則如何可得逍遥，曰『無己』、『無功』、『無名』而已。且『無己』尤爲進入逍遥之境的最後及最高門限。

〔一〕

北冥有魚，其名爲鯤。鯤之大，不知其幾千里也。〔一〕化而爲鳥，其名爲鵬。鵬之背，不知其幾千里也。〔二〕怒而飛，其翼若垂天之雲。〔三〕是鳥也，海運則將徙於南冥。〔四〕南冥者，天池也。〔五〕

《齊諧》者，志怪者也。〔六〕《諧》之言曰：『鵬之徙於南冥也，水擊三千里，摶扶搖而上者九萬里，去以六月息者也。』〔七〕野馬也，塵埃也，生物之以息相吹也。〔八〕天之蒼蒼，其正色邪？其遠而無所至極邪？其視下也，亦若是則已矣。〔九〕且夫水之積也不厚，則其負大舟也無力。覆杯水於坳堂之上，則芥爲之舟；置杯焉則膠，水淺而舟大也。〔一〇〕風之積也不厚，則其負大翼也無力。故九萬里，則風斯在下矣，而後乃今培風。背負青天而莫之夭閼者，而後乃今將圖南。〔一一〕

【釋義】

〔一〕**北冥** 陸德明《釋文》：『本亦作溟，北海也。』**鯤** 《釋文》：『大魚名也。』郭慶藩《集釋》：『方以智曰：鯤本小魚之名，莊子用爲大魚之名。』錢穆《纂箋》：『楊慎曰：莊子乃以至小爲至大，便是滑稽之開端。』楊說是。《爾雅·釋魚》『鯤，魚子』，郝懿行《義疏》：『鯤鮞古通用。《詩·敝笱》箋：「鮞，魚子也。」』莊生著書，本爲『謬悠之說，荒唐之言，無端崖之辭』，則以小魚爲大魚，滑稽而幽默。知者，會心一笑；不知者，尋行數默，刻舟以求而已。**不知其幾千里** 其，猶爲，有。說見吳昌瑩《經詞衍釋》。

〔二〕**化而爲鳥** 化，變。**其名爲鵬** 鵬，《釋文》：『崔音鳳，云鵬卽古鳳字。《說文》云朋及鵬皆古文鳳字也。』**鵬之背不知其幾千里** 之，猶其。背，脊背。

〔三〕**怒而飛** 怒，努張，疾發。《釋名·釋兵》：『弩，怒也，有勢怒也。』《漢書·申屠嘉傳》『以材官蹶張從高帝擊項籍』，如淳曰：『材官多力，能腳踏彊弩張之，故曰蹶張。』顏師古曰：『今之弩，以手張者曰擘弩，以足踏者曰蹶張。』行甫按：怒而飛，如弓弩蹶張，力疾奮發而飛。**其翼若垂天之雲** 若，如。垂天之雲，《釋文》：『司馬彪云：若雲垂天旁。崔云：垂，猶邊也。其大如天之一面雲也。』

〔四〕**是鳥** 是，此。**海運則將徙於南冥** 海運，海動。林希逸《口義》：『今海瀕之俚歌猶有「六月海動」之語。海動必有大風。』則將，即將。徙，遷移。

〔五〕**南冥者天池** 池，停水曰池。天池，成玄英《疏》：『大海洪川，原夫造化，非人所作，故曰天池也。』

〔六〕**齊諧** 《釋文》：『司馬及崔並云：人姓名。』錢穆《纂箋》引羅勉道曰：『齊諧者，齊人諧謔之言。孟子曰：「齊東野人之語」，則齊俗宜有此。』**志怪** 《釋文》：『志，記也；怪，異也。』

〔七〕**諧之言** 言，語。**水擊三千里** 擊，猶拍打。《釋文》：『崔云：將飛舉翼擊水踉蹌也。』**摶扶搖而上者九萬里** 摶，音團，聚集。《管子·內業》：『摶氣如神』，尹注：『摶，謂結聚也。』扶搖，《釋文》：『司馬云：「上行風謂之扶搖」。《爾雅》云「扶搖謂之飆」，郭璞云「暴風從下上也」。』黃焯《彙校》：『飆當依《說文》作飇。』錢穆《纂箋》：『水擊，平飛而前。摶扶搖，旋轉而上。』**去以六月息** 去，離去。以，因，憑借。六月息，宣穎《南華經解》：『息是氣息，大塊噫氣也，即風也。六月氣盛多風，大鵬乃便於鼓翼，此正明上六月海運則徙之說也。』郭嵩燾曰：『去以六月息，猶言乘長風也。』行甫按：以六月息，當是憑借六月之風。下文『以息相吹』，正承此『息』字而言『風』。

〔八〕**野馬** 《釋文》：『司馬云：春月澤中游氣也。』**塵埃** 空氣中浮塵。**生物之以息相吹** 生，活。《論語·鄉黨》『君賜生，必畜之』，皇侃《疏》：『生，謂活物也。』《呂氏春秋·懷寵》『能生死一人』，高誘注：『生，活也。』行甫按：生物，與野馬、塵埃爲同位語，謂二者皆空氣中活動之物。以息相吹，因氣息相吹拂而浮游。

〔九〕**天之蒼蒼**　蒼蒼，人上視於天之色，卽下文之『青天』。**其正色邪**　其，猶乃，殆；擬測之詞。正色，本色。邪，疑問語氣詞。**其遠而無所至極**　而，且；遞進之詞。所，猶可。至，達。極，盡。《爾雅·釋詁》『極，至也』，邢昺《疏》：『極者，窮盡之至也。』**其視下也亦若是則已矣**　亦，也詞。若是，如此。則，猶而。則已矣，而已矣。

〔一〇〕**且夫水之積也不厚**　且，更端之詞。行甫按：且夫，同義複詞。積，《說文》：『聚也。』厚，大而深。王叔岷《校詮》：『《戰國策·秦策一》「非能厚勝之也」，高注：「厚，大也。」』**則其負大舟也無力**　則，卽。其，代水。負，背負，負荷。**覆杯水於坳堂之上**　覆，傾，倒。坳，《說文新附字》：『地不平也。』堂，《說文》：『殿也。』**則芥爲之舟**　芥，《釋文》：『李云：小草也。』之，其。**置杯焉則膠**　焉，於是。則，卽。膠，《釋文》：『崔云：膠著地也。李云：粘也。』**水淺而舟大也**　淺，薄，少。而，且。

〔一一〕**故九萬里**　故，所以。**則風斯在下**　斯，乃，卽。**而後乃今培風**　而，猶然。乃，吳昌瑩《經詞衍釋》：『猶方也，裁也。』今，卽，則，將。行甫按：而後乃今，猶言『然後方將』。培，郭慶藩《集釋》：『王念孫曰：培之言馮也。馮，乘也。』**背負青天而莫之夭閼者**　背，鵬之背。青天，蒼天。而，且。莫，無。之，猶有。夭，《說文》：『屈也。』閼，《說文》：『遮攡也。』者，猶也。**而後乃今將圖南**　今將，卽將，虛詞連用。圖，圖謀。《論語·述而》『不圖爲樂之至於斯也』，皇侃《義疏》：『圖，猶謀慮也。』

此乃本篇第一章第一節，言鯤所化之鵬，軀體龐大，從北海飛往南海，必上達於極遠之高空，摶聚九萬里之風力，而後才可順利飛往預期之地。則鯤鵬展翅，欲翱翔萬里，必乘風而後行，猶大舟須行於大水。是故大鵬雖大，並不逍遙。

【繹文】

北海中有一條魚，它的名字叫作鯤。這個以小魚爲名的鯤，身軀卻如此長大，不知道有幾千里呀。有一天，它忽然變成了一隻鳥，這鳥的名字叫作鵬。鵬鳥那個脊背，也不知道有幾千里啊。這時，它張開翅膀，如强弩彈射而出的箭，衝天而飛，那翅膀像懸挂在天邊的雲一樣遮滿了半個天空。這隻巨鳥呀，將要乘著六月天陽氣旺盛，海風呼嘯，波濤洶湧的時節，遷徙飛往南海。哦，對了，南海這個地方，就是一座天然的大水池呀。

一本叫作《齊諧》的書，記載齊人所流傳的各種奇談怪說，是專供人們打趣消遣的讀物。《齊諧》裏有一條記載說：『大鵬將要遷飛到南海去呀，伸開雙翅，拍擊水面三千里，聚積旋風飄搖而上，衝向九萬里高空，憑借著海上六月間的風力翱翔而去。』大鵬飛向南海，就像那春天裏飄蕩在水鄉澤國的游霧，又像那在門窗漏入的陽光中漂浮的灰塵，都是一些因爲有風力吹拂才能活動的東西。

天空那碧藍碧藍的顏色，是不是它的本色呢？天空是不是離我們非常遙遠而且也無法可以達到盡頭呢？想來那遠在九萬里高空翱翔的大鵬鳥，它所看到的地下情景，大抵也是像這樣蒼茫一片的吧！

再說水如果聚積得不夠雄厚，那麽它承載大舟便沒有浮力。如果倒一杯水在堂屋裏凸凹不平的地面上，就祇能拿一片小小的草葉當作它的舟了；假若放上一隻杯子，便粘著在地上浮不起來了，這就是水太淺而舟太大所以浮力不夠的緣故。同理，風如果聚積得不夠雄厚，它承載巨大的翅膀便沒有力量。所以大鵬必須飛到九萬里的高空，風便可以在下面托起它那龐大的身軀了，然後才能憑借著巨大的風力，背朝藍天而自由飛翔，沒有任何東西可以阻擋它了，這樣才算準備好了，可以飛向南方去了。

蜩與學鳩笑之曰：『我決起而飛，搶榆枋，時則不至而控於地而已矣，奚以之九萬里而南爲？』〔一〕適莽蒼者，三湌而反，腹猶果然；適百里者，宿舂糧；適千里者，三月聚糧。〔二〕之二蟲又何知？〔三〕

小知不及大知，小年不及大年。〔四〕奚以知其然也？朝菌不知晦朔，蟪蛄不知春秋，此小年也。〔五〕楚之南有冥靈者，以五百歲爲春，五百歲爲秋；〔六〕上古有大椿者，以八千歲爲春，八千歲爲秋。〔七〕而彭祖乃今以久特聞，眾人匹之，不亦悲乎！〔八〕

【釋義】

〔一〕**蜩與學鳩**　蜩，音條，蟬。學鳩，《釋文》：『本又作鷽，本或作鸒，音預。司馬云：小鳩也。』笑，嘲笑。之，代大鵬。**我決起而飛**　決，《釋文》：『李頤云：疾貌。』鍾泰《發微》：『決然而起，起之易也。』**搶榆枋**　搶，《釋文》：『支遁云：突也。』榆枋，榆樹和檀樹。王孝魚校曰：『《闕誤》引文本及江南舊本「枋」下有「而止」二字。』行甫按：有『而止』是，與下文『不至』相關聯。**時則不至而控於地而已**　時，有時。則，俞樾《平議》：『猶或也。』不至，不至於榆枋之木。控，《釋文》：『司馬云：投也；又云：引也。崔云：叩也。』行甫按：控於地，言氣力不繼，由空中直墜於地。**奚以之九萬里而南爲** 奚，何。以，因。之，至。《鄘風·柏舟》『之死矢靡它』，毛《傳》：『之，至也。』而，且。南，南方，暗指南冥。爲，句末語助詞，猶歟。

〔二〕**適莽蒼** 適，往。莽蒼，王叔岷《校詮》：『以狀近郊草野之色。』**三飡而反** 飡，同餐。三飡，王先謙《集解》：『猶言竟日。』而，猶乃。反，同返，還。**腹猶果然** 猶，尚，仍。果，實。果然，飽滿的樣子。**適百里者宿舂糧** 宿，隔夜。舂，《說文》：『擣粟也。從収，持杵臨臼上。午，杵省也。』宿舂糧，王先謙《集解》：『隔宿擣米儲食。』**適千里者三月聚糧** 聚，積。行甫按：此以聚糧喻積風。

〔三〕**之二蟲又何知** 之，此。二蟲，蜩與學鳩。古人以所有動物皆爲蟲，如人爲毛蟲，飛鳥爲羽蟲。又，有。行甫按：二蟲以爲鵬鳥南飛不必上達九萬里。此譏二蟲爲『小知』。

〔四〕**小知不及大知** 知，知識、聞見。及，如。**小年不及大年** 年，年齒，年齡。行甫按：二句乃互文見義。

〔五〕**奚以知其然** 奚以，何以。以，因。知，明。**朝菌不知晦朔** 朝菌，《釋文》：『司馬云：大芝也。天陰生糞上，見日則死，一名日及。故不知月之終始也。』晦朔，月之終始。《集釋》引盧文弨曰：『此以一日之蚤莫言，不若以一月之終始言。』**蟪蛄不知春秋** 蟪蛄，《釋文》：『司馬云：寒蟬也。一名蝭蟧。春生夏死，夏生秋死。』**此小年也** 此，朝菌與蟪蛄。

〔六〕**楚之南有冥靈** 冥，一作榠。冥靈，一說爲樹木，一說爲海龜。行甫按：龜名之說是。《禹貢》荊州『九江納錫大龜』，與此『楚之南』合。《秋水》亦曰『楚有神龜死已三千歲矣』，亦其證。曹操《步出夏門行》其四有

『神龜雖壽』句，則龜以壽名。冥，海。**以五百歲爲春**　歲，年。春，一季。**五百歲爲秋**　秋，與春同，亦一季。

〔七〕**上古有大椿**　上古，遠古。大椿，樹木名。**以八千歲爲春八千歲爲秋**　春、秋亦當爲一季之名。王孝魚《校記》：『《闕誤》引成玄英本「秋」下有「此大年也」句。』行甫按：參照上文『蟪蛄不知春秋，此小年也』，當有『此大年也』。

〔八〕**而彭祖乃今以久特聞**　彭祖，傳説中長壽之人。《大宗師》『彭祖得之，上及有虞，下及五伯』，則歷虞夏商周至於春秋之世，殆千有餘年。乃，猶及。以，因。久，長，猶老壽。特，獨。聞，猶有名。**衆人匹之**　匹，比。錢穆《纂箋》：『衆人之言壽者，皆以彭祖爲比方，適可悲耳。』**不亦悲乎**　亦，特詞。悲，猶傷痛。

此乃本篇第一章第二節，言蜩與學鳩自以爲適意，因而嘲笑大鵬必憑九萬里風而後圖南，實在算不得逍遥。然而，蜩與學鳩軀體雖小，仍然有所憑借，不過所憑借者較小而已。可惜蜩與學鳩因其見識與閲歷有限的緣故，並不懂得這個道理。正如當今那些見聞少得可憐的人，衹知道活過七八百歲的彭祖高壽，卻不知還有比彭祖活得更久的長壽之物。

【繹文】

生於夏秋的寒蟬與體量輕小的學鳩卻嘲笑大鵬的高飛遠舉，説：『我猝然而起，騰空而飛，倏忽之間便躥到榆枋之樹的枝頭上停下來；有時候氣力不支，飛不到枝頭上，也不過是直接掉在地上就完事了。爲什麽一定要飛上九萬里高空然後再往南呢？』到近郊的野地去踏踏青什麽的，不過三頓飯的工夫就回來了，腹中仍然有飽飽的感覺。可是，要到百里之外去，就得提前一夜準備乾糧了；要是走得更遠，到千里之外的地方，那就必須提前三個月開始聚積糧食。這就是大鵬鳥要飛上九萬里高空的原因，可是寒蟬與學鳩這兩個小飛蟲又哪裏懂得這個道理呢？

見聞狹隘者不如見聞廣博者，命促壽短者不如壽高命長者。憑什麼知道是這樣的呢？比如朝菌這種東西，朝生而暮死，根本就不知道月光還有出沒和隱現的不同，也不知道日子還有三十與初一的差別。蟪蛄這類蟲子，春生而夏死，夏生則秋死，根本就不知道一年還有春夏秋冬四季的更替。這是因爲它們的生命過於短促，完全不能知道它們生命過程之外的事物。楚國的南邊有一種神靈的大龜，它的生命格外漫長，以五百年作爲春天，又以五百年作爲秋天。這樣算下來，它活一歲就相當於二千年，還不知道它會活到多少個這樣的歲數。遠古時代有一株大椿樹，它的生命過程更加長久，以八千年作爲春天，又以八千年作爲秋天。這樣算下來，它活一歲就相當於三千二百年了，也不知道它還會活到多少個這樣的歲數。當今彭祖尤其因爲長壽著稱於世，據說是從唐虞盛世活到了五霸紛爭，於是世人期許長壽，都把彭祖作爲榜樣。豈不是特別可憐可嘆嗎？殊不知那楚國的靈異烏龜、遠古的椿樹大木可是比彭祖長壽得多啊！

湯之問棘也是已。〔一〕窮髪之北有冥海者，天池也。〔二〕有魚焉，其廣數千里，未有知其修者，其名爲鯤。〔三〕有鳥焉，其名爲鵬，背若太山，翼若垂天之雲，摶扶搖羊角而上者九萬里，絕雲氣，負青天，然後圖南，且適南冥也。〔四〕斥鴳笑之曰：『彼且奚適也？我騰躍而

上，不過數仞而下，翺翔蓬蒿之間，此亦飛之至也。而彼且奚適也？』〔五〕

此小大之辯也。〔六〕

故夫知效一官，行比一鄉，德合一君，而徵一國者，其自視也亦若此矣。〔七〕而宋榮子猶然笑之。且舉世而譽之而不加勸，舉世而非之而不加沮，定乎内外之分，辯乎榮辱之境，斯已矣。〔八〕彼其於世未數數然也。雖然，猶有未樹也。〔九〕夫列子御風而行，泠然善也，旬有五日而後反。彼於致福者，未數數然也。此雖免乎行，猶有所待者也。〔一〇〕若夫乘天地之正，而御六氣之辯，以遊无窮者，彼且惡乎待哉！〔一一〕

故曰：至人无己，神人无功，聖人无名。〔一二〕

【釋義】

〔一〕**湯之問棘也是已**　湯，成《疏》：『殷開基之主也。』《釋文》：『簡文云：一曰：湯，廣大也。』之，猶所以。棘，成《疏》：『棘者，湯時賢人。』簡文引一曰云：『棘，狹小也。』行甫按：《尚書·堯典》『湯湯洪水方割』，是『湯』有廣大之義。《邶風·凱風》『凱風自南，吹彼棘心』，阮元說『棘心』即尖刺（《揅經室一集》卷一）。《韓非子·外儲說左上》『燕王好微巧，衛人曰：能以棘刺之端爲母猴。』可證簡文之說。是，如此。已，王引之《經傳釋詞》：『語終之詞，則與矣同義。』

〔二〕**窮髮之北有冥海**　窮髮，《釋文》：『李云：髮，猶毛也。崔云：北方無毛地也。』冥，亦海。**天池也**

天池，非人力所穿。

〔三〕**有魚焉** 焉，猶於是。**其廣數千里** 廣，橫。《周禮·車僕》『廣車之萃』，鄭玄注：『廣車，橫陳之車也。』孫詒讓《正義》：『廣與橫聲類同，古通用。』**未有知其修者其名爲鯤** 修，長。行甫按：此以『廣』與『修』爲對文，則『修』者，縱之長也。

〔四〕**其名爲鵬背若太山** 若，如。太山，一本作泰山。太與泰通。**翼若垂天之雲摶扶搖羊角而上者九萬里** 羊角，《釋文》：『司馬云：風曲上行若羊角。』**絕雲氣** 絕，《釋名·釋言語》：『截也，如割截也。』**負青天** 負，猶背負。**然後圖南且適南冥** 且，將。適，往。

〔五〕**斥鴳笑之** 斥，《釋文》：『司馬云：小澤也。本亦作尺。』鴳，鴳雀。郭慶藩《集釋》：『《文選·曹植〈七啓〉》注：鴳雀飛不過一尺，言其劣弱也。』王念孫《廣雅疏證》曰：『鴳在斥中，故曰斥鴳，作尺者假借字。』行甫按：司馬以『斥』爲『小澤』，王以爲『斥鹵』字。然『尺』與『斥』固可通假，但莊文以斥鴳與鯤鵬爲大小之對，自當以『尺』爲本字，言其飛不過尺，而無關乎在『斥』與在『澤』。**彼且奚適** 彼，鯤鵬。且，將。**我騰躍而上** 騰躍，近義複詞，跳躍。《漢書·李廣傳》『暫騰而上胡兒馬』，顏師古注：『騰，跳躍也。』**不過數仞而下** 過，超過。仞，八尺。**翱翔蓬蒿之間** 翱翔，《淮南子·覽冥》『高翱翔之翼翼』，高誘注：『翼一上一下曰翱，不搖曰翔。』蓬蒿，蓬蔴與蒿草。**此亦飛之至** 至，極。**而彼且奚適** 而，猶則。鍾泰《發微》曰『自窮髮之北』至『而彼且奚適也』，述夏棘之言。言問不言答，省文。

〔六〕**此小大之辯** 此，指鯤鵬與斥鴳之事。辯，通辨，分別。鍾泰《發微》曰『此小大之辯也』，總結篇首以來之文。

〔七〕**故夫知效一官**　故，若。夫，彼。行甫按：故夫，比況兼更端之詞。知，通智。效，授。《左傳》昭公二十六年『宣王有志而後效官』，杜預注：『效，授也。』是其例。**行比一鄉**　行，猶行爲。《左傳》昭公二十五年『民之行也』，杜預注：『行者，人所履行。』行甫按：行，行爲出處，今語所謂『行爲作派』。比，庇。王叔岷《校詮》：『比借爲庇。《說文》：庇，蔭也。』**德合一君**　德，品性。合，配，匹。《漢書·貨殖傳》：『蘖麴鹽豉千合』，顏師古注：『合者，相配偶之言耳。』君，主君，卿大夫之流。**而徵一國**　而，能。王念孫《讀書雜志》：『而與能同，能、而古聲相近，故能或作而。』徵，猶言感召。《說文》『徵，召也。從壬，微省。壬微爲徵，行於微而聞達者，即徵也』，段玉裁注：『壬微之意，言行於隱微而聞達挺著於外，是乃感召之意也。』國，諸侯之國。**其自視也亦若此**　視，是，比。《釋名·釋姿容》：『視，是也，察其是非也。』《禮記·王制》『天子之三公之田視公侯』，鄭玄注：『視，猶比也。』行甫按：自視，猶自是、自比。亦，也詞、特詞。若，如。此，斥鴳。

〔八〕**而宋榮子猶然笑之**　而，然。宋榮子，《天下》之宋鈃，亦《孟子·告子》之宋牼，主張見侮不辱。榮、牼、鈃，皆一聲之轉。猶然，笑貌。《漢書·敘傳》『主人逌爾咲』，顏師古注：『逌，古攸字也。攸，咲貌也。』行甫按：『咲』乃『笑』之異體，『爾』與『然』聲轉。**且舉世而譽之而不加勸**　且，而。舉，猶盡。《文選·孫綽〈遊天台山賦〉》『舉世罕能登陟』注引劉兆《穀梁傳》注：『舉，盡也。』加，增益。勸，勉勵。**舉世而非之而不加沮**　非，指責。沮，沮喪。**定乎內外之分**　定，正。乎，於。內外，郭象注：『內我而外物。』行甫按：內外，相對之辭：我爲內，則人爲外；心爲內，則形爲外；實爲內，則名爲外；中爲內，則表爲外。分，猶別。**辯乎榮辱之境**　辯，通辨，分別。榮，榮耀。《文選·張衡〈南都賦〉》『九世而飛榮』，李善注：『榮，光榮也。』《漢書·揚雄傳》『四皓采榮於南山』，顏師古注：『榮者，謂聲名也。』辱，詬恥。《論衡·累害》：『被毀謗者謂之辱。』**斯已矣**

斯，此。已，止。

〔九〕**彼其於世未數數然**　其，猶殆。於，猶在。數數，頻繁，比密。《中說·天地》「汝於仁義未數數然也」，阮逸注：「數數，頻也。」《慧琳音義》卷八：「數數，頻繁也。」行甫按：未數數然，猶言爲數不多。**雖然**　即使這樣。**猶有未樹**　猶，尚。樹，建立。《左傳》成公二年「樹德而濟同欲焉」，杜預注：「樹，立也。」江淹《齊太祖高皇帝誄》「冑業既樹」，胡之驥注：「樹，建也。」

〔一〇〕**夫列子御風而行**　夫，猶若。列子，名禦寇，鄭人。行甫按：莊子於列子多所稱說，《雜篇》亦有《列禦寇》一文。御，駕馭，乘淩。**泠然善也**　泠然，郭象注：「輕妙之貌。」行甫按：《呂氏春秋·任地》「盡爲泠風乎」，高誘注：「泠風，和風，所以成穀也。」《齊物論》「泠風則小和」，則「泠」者，輕緩和柔之意。善，快意。《戰國策·齊策三》「子教文無受象床，甚善」，高誘注：「善，快」。《慧琳音義》卷二十三引《慧苑音義》「此善漁人」注：「工能於事曰善也。」**旬有五日而後反**　旬，十日。有，又。反，還。**彼於致福者未數數然**　於，猶在。致，求。成《疏》：「得也。」福，猶順，備。章太炎《解詁》：「《祭統》「福者，備也。備者，百順之名也。無所不順之謂備」，此福卽謂無所不順。御風者，當得順風乃可行。」**此雖免乎行**　此，列子之事。乎，通於。**猶有所待**　待，依賴，憑借。行甫按：待，侍，恃，皆一聲之轉，其義亦一以貫之。故《說文》云「待，竢也」、「侍，承也」，是其證。郭象注：「非風則不得行，斯必有待也。」是。

〔一一〕**若夫乘天地之正**　若，及，至。若夫，轉折之詞，猶「至於」。乘，因。《漢書·朱雲傳》「充宗乘貴辯口」，顏師古注：「乘，因也。」正，平，善。《離騷》「名余曰正則兮」，王逸注：「正，平也。」《周禮·占夢》「一曰正夢」，孫詒讓《正義》：「正，平也。」《儀禮·士冠禮》「以歲之正」，鄭玄注：「正，猶善也。」**而御六氣之辯**　而，且。御，亦乘。六氣，《左傳》昭公元年曰『天有六氣』，又曰『六氣曰陰、陽、風、雨、晦、明也。分爲四時，序爲五節』。辯，通變。行甫按：天地之正、六氣之辯，相對爲文，則『正』者，平而善之氣；『變』者，惡而逆之氣。二句猶言無所簡擇，隨時而發。**以遊无窮** 以，而。**彼且惡乎待** 且，將。惡，何。乎，於，以。郭象注：『唯無所不乘者無待耳。』行甫按：『無所不乘』豈非『有所待』邪？當曰『唯無所乘而無所不乘者，乃無待耳』。

〔一二〕**故曰** 故，所以，總結上文之詞。**至人无己** 无己，忘記自我。**神人无功** 无功，不計功利。**聖人无名** 无名，不求聲名。行甫按：三句互文見義。唯無己、無功、無名之人方能無所乘而無所不乘。

此乃本篇第一章第三節，言不僅年資決定見識，且見識亦關乎胸襟。此處亦有小大之辨焉。譏笑鯤鵬高飛遠舉的斥鴳之流，渾渾噩噩，滿足於它們促狹的生存現狀，沒有任何目標與追求，更不懂得逍遥的價值與意義，甚至連逍遥的想法都不曾有過。那些僅有一曲之才的人士，亦如斥鴳之徒，拘於一隅，得過且過，更不知逍遥竟是何物，故爲宋榮子所笑。不過，宋榮子雖懂逍遥之義，卻未入逍遥之境。正如列子雖能乘風而行，卻必須乘風，也僅能乘風，究竟不是逍遥。唯有無所乘而無所不乘，不受任何外在條件的限制，才得以徹頭徹尾的逍遥。然而，祇有無己的至人，無功的神人，無名的聖人，方能具備這逍遥的資質。

【繹文】

大湯用來詢問小棘的話題，也與這個『小知不及大知』的故事十分類似。小棘回答大湯說：『在那苦寒之地寸草不生的北邊，有一片浩瀚無垠的大海，那是一座非人力所能挖出來的巨大蓄水池。大海中有一條魚，它的身軀異常龐大，寬闊的脊背大抵不下數千里，從頭到尾究竟有多長，更加難以推測了。不過，偌大的一條魚，名字卻叫作鯤。大海中有一隻大鳥，據說是由那鯤魚變化而來的，它的名字叫作鵬。鵬鳥的軀體也非常龐大，脊背寬闊如同泰山，翅膀像懸挂在天邊的雲彩，遮蓋了大片天空。聚積了盤旋翻捲的狂飈颶風，直上九萬里高空，割截雲川霧海，背負碧空蒼穹，然後轉頭南向，即將飛往南邊的大海。這時，一隻小小的鴳雀，仰頭看到高飛遠舉的大鵬鳥，撇著一副不屑的神情譏笑大鵬說：「那個傢伙沒事找事，這是要去哪兒呀？我撲騰一下跳躍起來，也飛不到二三丈的高度便下到地面，而且也懶得花氣力扇動翅膀，衹是平伸著雙翼，在低矮的蓬草與蒿萊之間往來溜達幾下而已。這就是我能飛到的最大高度了。可是，那個家伙是要去哪兒呀！」』

小棘講述的這故事，就是要說：小見識與大見識究竟是有差別的！

比於有些人，其知識見聞衹可擔任一個低級的官職，其行爲作派衹配領導一鄉的民衆，其人品德性衹可以做到一個地方的封君，其能力才幹衹可以號召一個國家，他們的人生格局，與這個見識淺陋的鴳雀，也實在沒有什麼兩樣。因此，宋榮先生對他們不屑一顧，一想到他們便會啞然失笑。而他自己則是滿世界的人都稱讚他、表揚他，他也不會因爲受到讚揚便興高采烈而有所鼓勵；滿世界的人都批評他、指責他，他也不會因爲受到誹謗便擡不起頭而有所沮喪。他對於區分他人與自我、心靈與肉體的主次關係，有著十足的定見；對於鑒別榮耀與恥辱、聲譽與謗毀，也有非凡的見地。但是也僅此而已了。說起來在這個世界上，他也算是鳳毛麟角、爲數不多的人了。可是卽使是他這樣的人物，也仍然有所欠缺。因爲他既要區分內與外，辨別榮與辱，也就表明：他心目中仍然存在著內與外的區別意識，仍然保留著榮與辱的價值觀念。就像那個列禦寇先生一樣，他可以乘風遠行，十分方便，想去哪就去哪，十天半月之後就能返回家來。對於求順利尋方便的人來說，列子也算是絕無僅有的人物了。可是他雖然能夠免於行走，不用雙腳挪動軀體，卻仍然要憑借風力才能飛行，因而仍然有所依賴。至於無論是碧空萬里，游絲不動的晴明光景；還是風雨交加，電閃雷鳴的惡劣天氣，都能無所挑剔，說飛就飛，在那無限廣闊的天地裏，隨心所欲地自由翱翔，那還需要什麼憑借與依賴呢？由此可見，宋榮先生的人生格局與列禦寇先生的乘風而行一樣，本質上都是有所欠缺的。

總而言之，祇有忘記自我存在的至人，沒有功利計較的神人，不關心世俗聲名的聖人，才算具備了逍遙自在的資質。

〔二〕

堯讓天下於許由，曰：『日月出矣而爝火不息，其於光也，不亦難乎！〔一〕時雨降矣而猶浸灌，其於澤也，不亦勞乎！〔二〕夫子立而天下治，而我猶尸之，吾自視缺然。請致天下。』〔三〕

許由曰：『子治天下，天下既已治也。而我猶代子，吾將爲名乎？名者，實之賓也。

吾將爲賓乎？〔四〕鷦鷯巢於深林，不過一枝；偃鼠飲河，不過滿腹。〔五〕歸休乎君，予无所用天下爲！庖人雖不治庖，尸祝不越樽俎而代之矣。』〔六〕

【釋義】

〔一〕**堯讓天下於許由**　堯，傳說中的上古帝王，《尚書》有《堯典》。許由，戰國士人編造的人物，《天地》篇說是堯之師。不必當真。**曰日月出矣而爝火不息**　爝，音爵，《釋文》：『本一作燋。』爝火，照明的火把。息，滅。**其於光**　其，此，是。光，光芒。**不亦難乎**　亦，特詞。難，《玉篇》：『不易之偁也。』《國語·晉語三》『善之難也』，韋昭注：『難爲也。』

〔二〕**時雨降矣而猶浸灌**　時雨，及時之雨。而，猶乃。猶，尚。浸灌，人工灌溉。行甫按：浸灌，近義複詞。**其於澤也**　澤，潤澤。**不亦勞乎**　勞，勤苦。

〔三〕**夫子立而天下治**　夫子，堯尊稱許由。立，通位，猶言在位。而，且。**而我猶尸之**　而，猶然。猶，猶若。尸，無生氣之尸主。《白虎通義·崩薨》：『尸之爲言陳也，失氣亡神，形體獨存。』《儀禮·士虞禮》『祝迎尸』，鄭玄注：『尸，主也，孝子之祭，不見親之形象，心無所繫，立尸而主意焉。』**吾自視缺然**　自視，自比。缺，《說文》：『器破也。』**請致天下**　致，送，與。

〔四〕**子治天下**　子，尊敬之稱。《王風·大車》『畏子不敢』，鄭箋：『子者，稱所尊敬之辭。』**天下既已治也**　既已，同義複詞。**而我猶代子**　猶，若。**吾將爲名**　將，猶乃。爲，求。名，名稱。行甫按：許由不受天下，與上文『聖人無名』相關聯，故此『名』字實兼名號與聲譽二義。**名者實之賓**　實，名之主。賓，客。行甫按：

猶言名是實的從屬之物，如影之隨形。**吾將爲賓**　俞樾《平議》：『此本作「吾將爲實乎」，與上「吾將爲名乎」相對成文。「吾將爲名乎？名者實之賓也」，其意已足。「吾將爲實乎」，當連下文讀之。《呂氏春秋·求人》篇載許由之言曰：「爲天下之不治與？而既已治矣。自爲與？啁噍巢於林，不過一枝；偃鼠飲於河，不過滿腹。歸已，君乎！惡用天下？」其文與此大略相同。彼云「爲天下之不治與」，卽此云「吾將爲名乎」；彼云「自爲與」，卽此云「吾將爲實乎」。「實」與「賓」形似，又涉上句「實之賓也」而誤。若如今本，則爲賓卽是爲名，兩文複矣。』行甫按：俞氏之說，對於疏通莊子文脈及理解莊子名實兩遣之義有功不淺。但『爲名』句乃設問，『爲賓』句乃反問，『爲實』之義已暗含其中，與『爲名』並不相複。莊子文法，文連意不連、意連文不連者，實多有之，『賓』未必爲『實』之訛。

〔五〕**鷦鷯巢於深林不過一枝**　鷦鷯，小鳥。巢，築巢，壘窩。深林，茂密之林。**偃鼠飲河不過滿腹**　偃鼠，《說文》：『鼢，地中行鼠，伯勞所化也。一曰偃鼠。蚡，或從虫分。』段注：『偃之言隱也，俗作鼴。』

〔六〕**歸休乎君**　休，止。此倒裝句，卽君歸休乎。**予无所用天下爲**　所，猶何。爲，句末語氣詞。行甫按：『用』下省『於』字。猶言『於天下無何用』。**庖人雖不治庖**　庖人，廚工。治庖，主理屠割烹飪之事。**尸祝不越樽俎而代之矣**　尸，尸主。行甫按：上文『尸之』，動詞；此文『尸祝』，名詞；其義則一以貫之。祝，《說文》：『祭主贊詞者。』樽，盛酒之器，代指祭器。俎，薦肉之板，代指祭品。

此乃本篇第二章第一節，言堯讓天下於許由，許由不受，以說『无功』與『无名』之意而寓指逍遙之義。

【繹文】

帝堯擬將天下禪讓給許由。堯說：『日月升起來了，可是用以照明的火把卻繼續燃燒不熄，就提供光照來說，這不是毫無意義的多此一舉嗎！及時而來的雨水降落了，可是仍然不辭艱辛地搬水澆灌，就潤濕禾苗而言，豈不是非常荒唐的多餘之勞嗎！要是你老先生就了帝王之位，天下便太平無事了，而我仍然佔著這個位置無所事事，總覺得我自己就是個擺設，像一個不能盛水的破罐子一樣。我真心實意地想把天下讓給您。』

許由說：『先生治理天下，天下已然治理得很好了。可是我如果取代您做了帝君，我是爲了那好聽的名聲嗎？然而「名」這個東西，不過是「實」的附屬之物，就像影子與形體的關係。我是僅僅爲了這個毫無實際價值的影子嗎？就算我要的是影子前面那實實在在的東西，可是鷦鷯在深山密林裏壘窩築巢，也不過是佔用一根枝條而已；隱藏在洞穴裏的小偃鼠口渴奔向大河去飲水，也不過是裝滿一個肚皮罷了。您還是回家去好好歇著罷！天下對於我來說實在沒有什麼用處！廚師卽使不幹他屠割烹飪的份內之事，坐在祭壇的尸主與負責贊詞的巫祝，也決不會越過祭具與祭品去代替廚師做事情。』

肩吾問於連叔曰：『吾聞言於接輿，大而无當，往而不返。吾驚怖其言，猶河漢而无極也；大有逕庭，不近人情焉。』〔一〕連叔曰：『其言謂何哉？』曰：『藐姑射之山，有神人居焉，肌膚若冰雪，淖約若處子。〔二〕不食五穀，吸風飲露，乘雲氣，御飛龍，而遊乎四海

之外。其神凝，使物不疵癘而年穀熟。吾以是狂而不信也。』〔三〕

連叔曰：『然。瞽者无以與乎文章之觀，聾者无以與乎鐘鼓之聲。豈唯形骸有聾盲哉？夫知亦有之。是其言也，猶時女也。〔四〕

『之人也，之德也，將旁礴萬物以爲一。世蘄乎亂，孰弊弊焉以天下爲事！〔五〕之人也，物莫之傷，大浸稽天而不溺，大旱金石流土山焦而不熱。〔六〕是其塵垢粃糠，將猶陶鑄堯、舜者也，孰肯以物爲事！〔七〕宋人資章甫而適諸越，越人斷髮文身，無所用之。〔八〕堯治天下之民，平海內之政，往見四子藐姑射之山，汾水之陽，窅然喪其天下焉。』〔九〕

【釋義】

〔一〕**肩吾問於連叔曰**　肩吾、連叔，莊子寓言人物。司馬貞《史記索隱》：『其書十餘萬言，率皆立主客，使之相對語，故云偶言。』**吾聞言於接輿**　接輿，楚國狂人。《論語·微子》『楚狂接輿歌而過孔子』，故以其言爲怪誕。**大而无當**　當，實。《淮南子·説林》『不如循其理，若其當』，高誘注：『當，猶實也。』**往而不返**　返，還，復。**吾驚怖其言**　驚怖，同義複詞，驚駭。**猶河漢而无極**　猶，若。河漢，天上銀河。而，猶其；其，猶之。極，《廣雅·釋詁四》：『極，高也。』段玉裁《説文》『極』字注：『凡至高至遠皆謂之極。』**大有逕庭**　有，猶爲。逕庭，《釋文》：『司馬本作莖。李云：謂激過也。』宣穎《南華經解》：『逕，門外路也；庭，堂前地也。勢相遠隔，今言「大有逕庭」，則相遠之甚也。』**不近人情**　情，性，實。《呂氏春秋·上德》『此之謂順情』，高誘注：『情，性也。』《侈樂》『則失寶之情矣』，高注：『情，實也。』行甫按：二句前爲喻體，後爲本體。

〔二〕**其言謂何哉** 其言，接輿之言。**曰** 肩吾轉述接輿之言。**藐姑射之山** 藐，《釋文》：『音邈。簡文云：遠也。』姑射之山，神山之名，射音夜。行甫按：據下文『往見四子藐姑射之山』，則當以『藐姑射』爲名。**有神人居焉** 焉，於是。**肌膚若冰雪** 冰，比喻神人肌膚的光滑潔淨。一說即『凝』字，釋作冰脂。郭慶藩曰：『古凝字。《說文》：冰正字，凝俗字。《爾雅》：冰脂也。孫炎本作凝。冰脂以滑白言，冰雪以潔白言也。』**淖約若處子** 淖約，本作綽約，《釋文》：『李云：柔弱貌。』若，如。處子，未婚女。《釋文》：『在室女也。』

〔三〕**不食五穀** 五穀，《孟子·滕文公》『樹藝五穀』，趙岐注：『稻、黍、稷、菽、麥也。』**吸風飲露** 褚伯秀《義海纂微》：『絕除世味，納天地之清泠。』**乘雲氣御飛龍** 乘，因。御，駕。雲氣、飛龍，皆虛幻不實之物。**而遊乎四海之外** 而，以。四海之外，猶四極。外，表，邊遠地帶。**其神凝** 其，若。凝，凝聚，專一。神凝，精神虛靜專一。**使物不疵癘而年穀熟** 物，萬物。疵癘，近義複詞，疾病。行甫按：物不疵癘，猶言六畜興旺。年，《說文》：『穀孰也。』行甫按：年穀熟，猶言五穀豐登。**吾以是狂而不信** 是，此言。狂，《左傳》昭公二十三年『胡沈之君幼而狂』，杜注：『性無常。』不信，不實，不可信。

〔四〕**然** 是這樣，認可肩吾的結語。**瞽者无以與乎文章之觀** 瞽，失明。以，使。與，及。《呂氏春秋·察微》『羊斟不與焉』，高誘注：『與，及也。』文章，彩色。觀，美觀。《淮南子·原道》『而五色之變不可勝觀也』，高誘注：『常事曰視，非常曰觀。』**聾者无以與乎鐘鼓之聲** 聾，失聰。鐘鼓，樂器。**豈唯形骸有聾盲哉** 形骸，肉體器官。**夫知亦有之** 夫，凡。知，認知。**是其言也** 是，是以。其，之，此。言，知有瞽聾之言。**猶時女也** 猶，若，似。時，如字讀。行甫按：時，猶今時、此時。《大雅·召旻》『維昔之富，不如時』，鄭玄《箋》：『時，今時也。」《後漢書・杜武傳》「時見理出」，章懷注：「時，謂卽時也。」是其例。女，汝，指肩吾。行甫按：是其言也，猶時女，猶言「所以這句話，說的就是此時的你」。

〔五〕**之人**　之，此。**之德**　德，品行，德性。**將旁礴萬物以爲一**　將，當。旁礴，《釋文》：「司馬云：猶混同也。」行甫按：旁礴萬物以爲一，猶言視萬物爲一而無所差別。**世蘄乎亂**　世，世人。蘄，通祈，求。乎，於。亂，治。**孰弊弊焉以天下爲事**　弊弊，《釋文》：「簡文云：經營貌。」行甫按：弊，通「敝」，《禮記・緇衣》「苟有衣，必見其敝」，鄭玄注：「敝，敗衣也。」則「敝敝焉」，衣服破敗貌。簡文之說，乃引申之義。

〔六〕**之人也物莫之傷**　傷，害。**大浸稽天而不溺**　稽，至。大浸，大水。溺，淹沒。**大旱金石流土山焦而不熱**　流，王念孫《廣雅疏證》：「流，匕也。匕、化通。《楚辭・招魂》「十日代出，流金鑠石」，化之義也。」焦，《說文》：「火所傷也。」熱，《釋名・釋天》：「熱，爇也，如火所燒爇也。」

〔七〕**是其塵垢秕糠**　是，是故，是以。塵垢秕糠，成《疏》：「散爲塵，膩爲垢；谷不熟爲秕，穀皮曰糠；皆猥物也。」**將猶陶鑄堯舜者**　將，當。猶，可。陶鑄，成《疏》：「鎔金曰鑄，範土曰陶。」**孰肯以物爲事**　肯，願詞。物，萬物。《玉篇》：「凡生天地之間皆謂物也。」行甫按：莊子「物」字，常作「人」字用，「人」亦「物」。

〔八〕**宋人資章甫而適諸越**　資，貨，貿易。章甫，殷人之冠名。適，往。諸，之於。**越人斷髮文身**　斷髮，剪短頭髮。文身，刺青體膚。《說苑・奉使》：「翦髮文身，爛然成章，以像龍子者，將避水神也。」《漢書・地理志》：「文身斷髮，以避蛟龍之害。」**無所用之**　所，可。《淮南子・說林》「毋賞越人章甫，非其用也」，高誘注：「越人斷髮，無用冠爲。」

〔九〕**堯治天下之民**　治，與下句「平」爲互文。**平海內之政**　平，安。**往見四子藐姑射之山**　四子，《釋文》：『司馬、李云：王倪，齧缺、被衣、許由。』行甫按：《天地》『堯之師曰許由，許由之師曰齧缺，齧缺之師曰王倪，王倪之師曰被衣』，司馬彪、李頤之說本此。**汾水之陽**　汾水，在今山西省境內，東南流，注入黃河。陽，水北爲陽。**窅然喪其天下**　窅（音咬）然，猶『杳然』或『冥然』，形容身浸其中而幽寂貌。喪，失，忘。

此乃本篇第二章第二節，言藐姑射之山的神人，不以治天下爲事，以說『無功』之意而寓指逍遥之義。

【繹文】

肩吾向連叔討教說：『我從接輿那裏聽來一段話，荒誕不切實際，前言不搭後語，實在不能自圓。我覺得他的那些話，太過驚世駭俗了，一般人的思維與想象是絕對難以企及的，就如天上的河漢一樣，令人高不可攀。真是滿嘴胡說八道，與世理人情猶如門外之路與堂前之地一樣完全不沾邊的呀！』連叔說：『他說了些什麼呀？』肩吾便轉述接輿的話說：『藐姑射之山，有一幫神人居住在那裏，肌膚白皙如同冰雪，體態柔弱如同處女。不吃五穀雜糧，吸清風，飲玉露，絕棄人間烟火。騰雲駕霧，馭乘飛龍，隨心所欲，可以遨遊到天地四方最爲邊遠的地帶。如果他們凝聚精神，專一心思，便讓普天之下六畜興旺，五穀豐登。我覺得這簡直是癡人說夢話，實在難以置信。』

連叔說：『當然，你認爲難以置信，毫不奇怪！眼睛瞎的人沒有辦法欣賞五彩斑爛的美麗圖案，耳朵聾的人也沒有辦法感受鏗鏘動聽的美妙音樂。又豈止形體器官上有聾子瞎子呢？大凡人的認知與見識也同樣是有聾有瞎的呀！ 所以認知有聾有瞎這話，說的就是此刻的你啊！

『藐姑射之山的這些神人呀，他們的精神境界呢，當混同萬物而爲一體，泯滅異類而無所差，世人期望他們出來治理天下，可他們誰願意勞精傷神把治理天下當一回事呢！ 這些神人啊，任何東西都不可能傷害他。 暴雨傾盆，洪水滔天，卻溺不死他； 大旱酷熱，金石融化，土山枯焦，他竟然沒有灼熱難當的感覺。 因而就連他們身上的灰塵污垢及其餘棄無用之物，也可以搓捏鎔鑄唐堯虞舜這樣的聖帝名王來的，他們誰願意把天下人的事當作事呀！ 宋國有一個販賣冠帽禮服的商人，帶著他的貨物到越國去。 可是南越水鄉澤國之人，因爲生計，截短了頭髮，不能束結貫簪著冠，遍體都是龍紋刺青，不會穿罩禮服，因而這冠帽禮服，對於他們來說，實在沒有什麼用處。 去請求藐姑射之山的神人來治理天下，這不是到越國去販賣禮服冠帶一樣賣不出手嗎？ 然而，不無反諷的是，帝堯治理天下民眾，有條不紊，政治清明，社會安定，當他到汾水北面的藐姑射之山去拜訪了那四位大神之後，卻在不知不覺之中把天下給忘記了。』

[三]

惠子謂莊子曰：『魏王貽我大瓠之種，我樹之成，而實五石。 以盛水漿，其堅不能自舉也。〔一〕剖之以爲瓢，則瓠落無所容。 非不呺然大也，我爲其無用而掊之。』〔二〕

莊子曰：『夫子固拙於用大矣。 宋人有善爲不龜手之藥者，世世以洴澼絖爲事。〔三〕

客聞之，請買其方百金。聚族而謀曰：「我世世爲洴澼絖，不過數金；今一朝而鬻技百金，請與之。」客得之，以說吳王。〔四〕越有難，吳王使之將，冬與越人水戰，大敗越人，裂地而封之。〔五〕能不龜手，一也；或以封，或不免於洴澼絖，則所用之異也。〔六〕

『今子有五石之瓠，何不慮以爲大樽而浮乎江湖，而憂其瓠落無所容？則夫子猶有蓬之心也夫！』〔七〕

【釋義】

〔一〕**惠子謂莊子** 惠子，名施，梁相，莊子諍友。**魏王貽我大瓠之種** 魏王，魏惠王。魏自安邑遷大梁，亦稱梁惠王。貽，遺。瓠，音戶，《說文》：『匏也。』**我樹之成** 樹，種植。成，成熟。**而實五石** 實，果實。石，十斗，重百二十斤。**以盛水漿** 盛，受。段玉裁《說文注》：『盛者，實於器之名也。』漿，酒。**其堅不能自舉** 堅，《說文》：『剛也。』舉，持。《大雅·烝民》『民鮮克舉之』，孔穎達《正義》：『舉者，提持之言。』行甫按：猶言其硬度不能承受自身之重。

〔二〕**剖之以爲瓢** 剖，割，判分。瓢，勺。**則瓠落無所容** 則，乃。瓠落，成《疏》：『平淺也。』行甫按：葫蘆頭小腹大，剖之以爲瓢，則傾斜平淺，容物不多。所，可。**非不呺然大** 呺然，音銷，虛大貌。**我爲其無用而掊之** 爲，因。掊，擊破。

〔三〕**夫子固拙於用大** 固，通故，本來。拙，短。**宋人有善爲不龜手之藥** 龜，音君，因寒冷而皮膚開裂。不龜手之藥，預防凍瘡之藥。**世世以洴澼絖爲事** 世世，累世。洴澼，音聘譬，雙聲連綿詞，於水中擊打漂洗絲帛使其更加潔白的工序。絖，音曠，絲絮，《說文》：「纊，絮也，絖，纊或從光。」

〔四〕**客聞之**　客，外地人。　**請買其方百金**　方，劑，猶今言配方。江南古藏本「方」下有「以」字。百金，《釋文》：「李云：金方寸重一斤爲一金。百金，百斤也。」《戰國策・齊策一》「公孫閈乃使人操十金而往卜於市」，高誘注：「二十兩爲一金。」**聚族而謀**　聚，召集。族，族人。謀，猶商量。**我世世爲洴澼絖**　爲，從事。**不過數金今一朝而鬻技百金**　鬻，售賣。技，配方及其製作工藝。**請與之**　與，交付。**客得之以說吳王**　說，遊說。

〔五〕**越有難**　越，越國。有，爲。有難，猶言構難。**吳王使之將**　將，領兵。**冬與越人水戰**　冬天水戰，手易龜裂。**大敗越人**　因吳有不龜手之藥防凍。**裂地而封之**　裂地，劃出一片土地。封，封賞。

〔六〕**能不龜手一**　一，同一。**或以封**　或，有人。以，用。行甫按：「以」下省「之」字。**或不免於洴澼絖**　免，脫，離。

〔七〕**今子有五石之瓠**　今，猶若。行甫按：「今」乃「若似」之「若」，非「假若」之「若」。**何不慮以爲大樽而浮乎江湖**　慮，議。《釋文》：「司馬云：慮猶結綴也」。行甫按：此「慮」與「憂」字相關爲用，則司馬之說非。以爲，猶以之爲。樽，《釋文》：「司馬云：樽如酒器，縛之於身浮於江湖，可以自渡。」行甫按：司馬彪既以「樽」爲酒器，又以爲「縛之於身」之腰舟，其說齟齬難通。此「以爲大樽而浮乎江湖」，實猶宋代岳飛之母置岳飛於水缸以避水害之比。**而憂其瓠落無所容**　而，猶乃。憂，煩愁。**則夫子猶有蓬之心**　則，即。猶，尚。有蓬之心，錢穆《纂箋》：「阮毓崧曰：此與孟子「茅塞」義略同。」《孟子・盡心下》：「今茅塞子之心矣！」

此乃本篇第三章第一節，言『大用』與『小用』的差別，其實並不在物，而關鍵在『所用』之人。如果放棄了作爲主體之我的執念，消除了『有蓬之心』，則尤其易於通達。是以『無己』乃是進入逍遙之境的最後一道門限。

【繹文】

惠施對莊子説：『魏惠王送給我一顆大葫蘆的種子，我把它種植在地裏，不久便成熟了，而且結出的果實重達六百斤。掏空裏面的瓤子拿來裝灌酒水飲料，它的堅硬程度難以承受它自身的重量，因而根本就拎不起來。把它剖作葫蘆瓢吧，卻又平淺傾斜容納不了什麼東西。可見並不是它内部多麼促狹不夠虛大空闊，衹是我覺得它毫無用處便把它砸破了。』

莊子聽了之後，説：『先生你呀，本來就是不擅長用大的。宋國有個人善於配製不裂手的藥物，世世代代便靠這個祖傳偏方從事搥漂絲絮品的營生。一天，有個外來客聽説了這事，便要求用一百斤金子買下他們家的祖傳祕方。這個宋國人有些猶豫，召集族人商量討論這事。大家商量的結果是：「我們世世代代用這東西從事搥漂絲絮品，辛辛苦苦賺的錢也不過幾斤金子。現在把這個配方與製作工藝賣了出去，一下子不費半刻工夫便可賺得一百斤金子。這樣的大好事，何樂而不爲？還是賣給他吧！」那外來客得到配方與技術，拿去遊説吴王。其時正好碰上越國對吴國發動戰爭。吴國軍隊在天氣寒冷的大冬天操舟控弦與越國人水戰，因爲有了這防凍的特效藥，吴國士兵手指沒有一個凍傷的。他們控弦操舟，十分靈便，於是把越國軍隊打得一敗涂地。吴王爲了獎賞這個獻出防凍藥的説客，劃出一片土地分封給他，他便由此而做了有土有民的君侯了。你想想，這能治療手指凍傷的特效藥，還是原來的那個特效藥，一點也沒有變，有的人用它獲得了君侯的封賞，有的人卻一輩子沒有擺脫捶漂絲絮品的命運。這就是把它用在了不同地方的結果。

『比如你有六百斤重的這個大葫蘆，爲什麼不考慮把它作爲一個可以乘人載物的大酒缸，你可以安安穩穩地乘坐在裏面，漂流在大江大湖之中，自由自在地到處游玩呀，何必憂心忡忡地爲它虛大空闊、無可容受而發愁呢？看來，你老先生心裏還真是塞著一團茅草，死不開竅啊！』

惠子謂莊子曰：『吾有大樹，人謂之樗。其大本擁腫而不中繩墨，其小枝卷曲而不中規矩。〔一〕立之塗，匠者不顧。今子之言，大而無用，眾所同去也。』〔二〕

莊子曰：『子獨不見狸狌乎？卑身而伏，以候敖者；東西跳梁，不辟高下；中於機辟，死於罔罟。〔三〕今夫斄牛，其大若垂天之雲。此能爲大矣，而不能執鼠。〔四〕今子有大樹，患其无用，何不樹之於无何有之鄉，廣莫之野，彷徨乎无爲其側，逍遙乎寢臥其下。〔五〕不夭斤斧，物无害者，无所可用，安所困苦哉！』〔六〕

【釋義】

〔一〕吾有大樹人謂之樗　謂之，稱之。樗，成《疏》：『嗅之甚臭，惡木者也。』段玉裁《說文注》：『今之臭椿樹是也。』**其大本擁腫而不中繩墨** 本，根。擁腫，盤結如癰腫。中，適。繩墨，取直之具。**其小枝卷曲而不中規矩** 卷曲，拳曲，彎曲。規矩，取方圓之具。

〔二〕**立之塗** 立，通位。之，於。塗，道路。**匠者不顧** 匠者，工匠。顧，還視。**今子之言** 言，指莊子的思想理論。**大而無用** 弘深而不切世用。**衆所同去** 同，共。去，拋棄。

〔三〕**子獨不見狸狌** 獨，猶何。狸，野貓。狌，黄鼠狼。**卑身而伏** 卑，低下。《國語·周語上》『晉侯執玉卑』，韋昭注：『卑，下也。』伏，隱匿。**以候敖者** 以，而。候，伺。敖，遨遊。《説文》：『敖，出遊也，從出，從放。』敖者，《釋文》：『司馬云：雞鼠之屬也。』**東西跳梁** 跳梁，猶跳踉。**不辟高下** 辟，通避。**中於機辟** 中，傷。《淮南子·原道》『好事者未嘗不中』，高誘注：『中，傷也。』機，捕獸的機弩。辟，王念孫云：『疑與繴同，《爾雅》「繴謂之罿，覆車也。」郭璞注：「今之翻車也。」』行甫按：翻車，今所謂彈簧夾子，使用原理與『機』同。**死於罔罟** 罔罟，羅網。

〔四〕**今夫斄牛** 斄，音來，又音離；斄牛，《釋文》：『司馬云：旄牛。』**其大若垂天之雲** 若，如。**此能爲大** 能，寧，寧猶獨，獨猶特。説見吴昌瑩《經詞衍釋》。**而不能執鼠** 能，堪，善。《漢書·敘傳》『柔遠能邇』，顔師古注：『能，善也。』《嚴助傳》『中國之人不能其水土也』，顔師古注：『能，堪也。』

〔五〕**今子有大樹** 今，若。**患其无用** 患，憂。**何不樹之於无何有之鄉** 樹，種植。成《疏》：『無何有，猶無有也。不問何物，悉皆無有，故曰無何有之鄉也。』**廣莫之野** 廣，廣闊。莫，《釋文》：『簡文云：大也。』野，郊外謂之野。**彷徨乎无爲其側** 彷徨，猶徘徊。**逍遥乎寢臥其下** 逍遥，自由自在。行甫按：二句互文見義。成《疏》：『彷徨，縱任之名；逍遥，自得之偁。』

〔六〕**不夭斤斧** 夭,折。**物无害者** 物,人。害,傷害。**无所可用** 所可,猶何,同義複詞。**安所困苦** 安,何。所,可。困,困擾。苦,憂。

此乃本篇第三章第二節,言物無小大,各有所用;『有用』與『無用』,亦在主體的一念之間。是以不執故我,因物而用,隨緣自適,是亦『無己』。唯其『無己』以至如此,則無所乘亦無所不乘,方能得終極之逍遙。

【繹文】

惠子對莊子說:『我有一株大樹,人們稱它爲臭椿。它那巨大的根部癰腫盤結,因而無法依照繩墨將它們拉伸取直,那無數的小枝條也彎彎曲曲而根本不能採用規矩對它們割圓成方。雖然它位於行人絡繹不絕的通邑大道,那些木工匠人卻視若無物,不屑一顧。好比先生你的那些高談闊論一樣,雖然聳人聽聞,卻不切實用,所以被衆人共同拋棄了。』

莊子回答說:『你以爲小的東西就有用嗎?你怎麼不看看那些野貓子、黄鼠狼之類的小動物呢?它們低下身子,躲藏在隱蔽之處,從而伺機捕捉那些毫無防備的小雞與田鼠作爲它們的美餐。可是當它們得意忘形之時,東西蹦躂,上躥下跳,不是觸動了獵人布設的機關夾住了腦袋,便是碰上了彈簧夾子卡住了脖子,或者就乾脆落入了捕獸的羅網因而困死其中。那麼,是不是大的東西就厲害呢?比如那體形龐大的旄牛,其身材高大,如同懸挂在天邊的雲。這傢伙大倒是特別的大了,可它卻連一隻老鼠都抓不到。由此可見，任何東西，無論小大，都有它們各自的優點與長處，同時也有它們各自的短板與不足。關鍵在於你怎樣看待它們。因此，用其所長，舍其所短，全在你自己。這就好比你認爲無所可用的那株大樹，整天愁容滿面地擔心它派不上用場，你爲什麼不把它種植在廣漠無垠的地方呢？那裏是除卻特別安寧靜謐之外什麼都沒有的鄉間曠野啊！你可以漫不經心地在它的旁邊悠閒地散步，也可以無所拘束地在它的濃蔭之下自由自在地休憩躺臥，這不就是一種心曠神怡的逍遥境界嗎！它既不會遭到刀斧砍伐，也不會受到任何傷害，派不上别的用場，又有什麼值得你困擾與苦惱的呢？』

齊物論第二

物自是物，論自是論。物論之起，起於天籟。何爲天籟？具有百骸九竅的形體及其正常認知能力，因而時時由其既定的認知立場，發出各種不同言論的自然人。因此，既有認知與言論，自有是非與爭議，於是人與人『相拂以辭，相鎮以聲』（《徐無鬼》），爭端蜂起矣。然而根究其實，物亦自是物，論亦自是論，何可齊之？唯『喪我』而已。『喪我』者，『無己』也。

［一］

南郭子綦隱机而坐，仰天而噓，荅焉似喪其耦。〔一〕顏成子游立侍乎前，曰：『何居乎？形固可使如槁木，而心固可使如死灰乎？今之隱机者，非昔之隱机者也。』〔二〕

子綦曰：『偃，不亦善乎，而問之也！今者吾喪我，汝知之乎？女聞人籟而未聞地籟，女聞地籟而未聞天籟夫！』〔三〕

子游曰：『敢問其方？』〔四〕

子綦曰：『夫大塊噫氣，其名爲風。是唯无作，作則萬竅怒呺，而獨不聞之翏翏乎？〔五〕山林之畏佳，大木百圍之竅穴，似鼻，似口，似耳，似枅，似圈，似臼，似洼者，似污者；〔六〕激者，謞者，叱者，吸者，叫者，譹者，宎者，咬者，〔七〕前者唱于而隨者唱喁。泠風則小和，飄風則大和，厲風濟則衆竅爲虛。而獨不見之調調、之刀刀乎？』〔八〕

子游曰：『地籟則衆竅是已，人籟則比竹是已，敢問天籟？』〔九〕

子綦曰：『夫吹，萬不同，而使其自己也；咸其自取，怒者其誰邪？』〔一〇〕

【釋義】

〔一〕**南郭子綦隱机而坐**　南郭子綦，綦音其，成《疏》：『楚昭王之庶弟，楚莊王之司馬，字子綦。以居處爲號，故號南郭。』隱，憑，依。机，通几，几案。**仰天而嘘**　嘘，《釋文》：『吐氣曰嘘。』**荅焉似喪其耦**　荅，通合。《史記·貨殖列傳》『蘖麴鹽豉千荅』，《漢書·貨殖傳》作『千合』。《左傳》宣公二年『既合而來奔』，杜預注：『合，猶荅也。』是其證。焉，然。喪，失。耦，二者相對。《左傳》襄公二十九年『射者三耦』，杜預注：『二人爲耦。』俞樾《平議》：『「喪其耦」，即下文所謂「吾喪我」也。』行甫按：荅焉似喪其耦，言精神與形體相合爲一，生命呈現靜止狀態，既無感官知覺，亦無心理活動。

〔二〕**顔成子游立侍乎前**　顔成子游，《釋文》：『李云：子綦弟子也，姓顔，名偃，謚成，字子游。』侍，《説文繫傳》：『承其不及也。』**曰何居乎**　居，靜止不動。《素問·平人氣象論》『死心脈來，前曲後居』，王冰注：『居，不動也。』《氣穴論》『遊鍼之居』，張志聰集注：『居，止也，謂鍼所止之處也。』是其義。行甫按：此『居』字乃就人之生命氣象言，王引之《經傳釋詞》據鄭玄《禮記注》以爲語助，非。**形固可使如槁木** 固，乃。槁木，枯樹。**而心固可使如死灰** 死灰，燒盡的灰燼。**今之隱机者非昔之隱机** 之，猶此。行甫按：今之、昔之，猶今此、昔此。

〔三〕**偃** 子游之名。偃爲倒伏，游乃傾斜之貌，名與字相應。**不亦善乎** 亦，特詞。**而問之** 而，爾。之，猶是。行甫按：二句倒裝，猶『而問之也，不亦善乎』。**今者吾喪我** 者，也。吾，《說文》：『我自稱也。』喪，猶丟失，忘記。我，《說文》：『施身自謂也。』行甫按：吾、我，散文則通，對文有異。『吾』之我，我其人；『我』之我，我其身。吾喪我，猶言我之人忘卻了我之身。**汝知之** 知，知解。**女聞人籟而未聞地籟** 聞，知。籟，簫管。人籟，據下文即排簫。地籟，據下文即眾竅。**女聞地籟而未聞天籟夫** 天籟，喻指有語言之人。釋德清《內篇注》：『以三籟發端者，蓋籟者猶言機也。地籟，萬籟齊鳴，乃一氣之機，殊音眾響，而了無是非。人籟，比竹雖是人爲，曲屈而無機心，故不必說。若天籟，乃人人說話，本出於天機之妙。』行甫按：德清之言『若天籟，乃人人說話』，乃如撥雲見日，發千古之瞶瞶！古今注莊者，唯此釋氏獨得！

〔四〕**敢問其方** 敢，冒昧。《儀禮·士虞禮》『敢用絜牲』，鄭玄注：『敢，昧冒之辭。』方，別。《國語·楚語下》『民神雜糅，不可方物』，韋昭注：『方，猶別也。』《禮記·內則》『四十始仕，方物出謀發慮』，俞樾《羣經平議》：『方物者，辨別其事也。方物與辨物義同。』

〔五〕**夫大塊噫氣其名爲風** 夫，彼。大塊，地。噫，《說文》：『飽出息也。』行甫按：噫，今所謂『打飽嗝』，比擬地面的大氣流動。此乃擬人之法，亦爲莊子滑稽與幽默之例。**是唯无作** 是，此。唯，猶有，有猶或。作，起。**作則萬竅怒呺** 怒，疾發。行甫按：猶『怒而飛』之『怒』。呺，呼號，號叫。**而獨不聞之翏翏** 而，爾。獨，何。之，其。翏翏，音留，郭注：『長風之聲。』

〔六〕**山林之畏佳**　林，通陵，《禮記・月令》『山林不收』，《呂氏春秋・季春紀》、《淮南子・時則》作『山陵』，是其證。之，其。畏佳，讀嵔崔，司馬彪云：『山高下槃回之形也。』行甫按：『佳』乃『隹』字之譌。《老子》三十一章『夫佳兵者，不祥之器』，王念孫《讀書雜志・餘編》：『佳當作隹，字之誤也。隹，古唯字。』是其證。此『隹』借爲『崔』。**大木百圍之竅穴**　竅，孔竅。穴，洞穴。**似枅**　枅，鍾泰《發微》：『即《徐無鬼》篇「銒鍾」之銒，酒器也，似鍾而長頸，讀如刑，與訓欂櫨音雞者非一字也。』**圈**　音權，杯圈。《孟子・告子》『以杞柳爲桮棬』，屈木以爲之。**臼**　舂鉢。**似洼者**　洼，《說文》：『深池也。』者，也。**似汚者**　汚，《說文》：『小池爲汚。』汚，今字作汙。

〔七〕**激者**　激，成《疏》：『如水湍激聲也。』**謞者**　謞，音消，《釋文》：『簡文云：若箭去之聲。』**叱者**　叱，音斥，《釋文》：『司馬云：若叱咄聲。』**吸者**　吸，《釋文》：『司馬云：若噓吸聲也。』**叫者**　叫，《釋文》：『司馬云：『若叫呼聲也。』**譹者**　譹，《釋文》：『司彪云：若嚎哭聲。』**宎者**　宎，音杳，錢穆《纂箋》：『方東樹曰：「宎」同「窔」，《玉篇》：「戶樞聲。」』**咬者**　咬，王叔岷《校詮》：『《玉篇》：「咬，鳥聲也。」《文選・禰正平〈鸚鵡賦〉》李善注引《韻略》曰：「咬咬，鳥鳴也。」』

〔八〕**前者唱于而隨者唱喁**　于、喁，《釋文》：『李云：聲之相和也。』行甫按：『于』聲大，『喁』聲小。**泠風則小和**　泠風，小風。**飄風則大和**　飄風，疾風。**厲風濟則衆竅爲虛**　厲，烈。濟，止。則，乃。**而獨不見之調調之刀刀**　而，爾。獨，何。之，猶其。調調、刀刀，郭注：『動搖貌。』王叔岷《校詮》：『調借爲卣。《說文》：「卣，草木實垂卣卣然。讀若調。」段玉裁注：「調調謂長者，刀刀謂短者。」』

〔九〕**地籟則衆竅是已人籟則比竹**　比竹，簫，編列竹管，長短不齊，故有是稱。《説文》：『簫，參差管樂，象鳳之翼。從竹，肅聲。』**敢問天籟**　敢，冒昧。天籟，以人擬之於物。

〔一〇〕**子綦曰夫吹**　夫，彼。吹，風吹衆竅。**萬不同**　萬，猶言極多。**而使其自己**　而，猶。其，大木之竅穴。自己，由己。郭慶藩《集釋》引《文選·謝靈運〈九日從宋公戲馬臺集送孔令詩〉》注引司馬彪本作『自已』，云『已，止也』。行甫按：司馬之説非。既言『厲風濟則衆竅爲虚』，則風止而後竅止，非其『自止』明矣。劉武《内篇補正》：『子綦因子游之問，再將地籟之義補足，此以後方言天籟。』亦證『自已』之非。**咸其自取**　咸，皆。其，乃。取，爲。《孟子·離婁下》『孔子曰其義則丘竊取之矣』，俞樾《平議》：『取者，爲也。』**怒者其誰**　怒者，外在的發動者。行甫按：此『怒』與上『怒呺』之『怒』意同。其，爲，乃。

此乃本篇第一章第一節，言南郭子綦由『喪我』引出『天籟』。然先言『人籟』與『地籟』者，以資比較也。爲人所吹之『人籟』與爲風所吹之『地籟』，皆由外力所發動。而『人人説話』的『天籟』，雖無時不刻都在發出各種不同的言論，卻衹是『出於天機之妙』而没有異於其自身之外的發動者。

【繹文】

南郭子綦依憑著几案坐在那兒，仰面朝天，輕輕地吐著氣息，身體與心神冥然相合爲一，生命呈現出完全的静止狀態，既没有任何感官知覺，也没有絲毫心理活動。他的弟子顔成子游在座前侍候著，見南郭子綦如此狀態，十分詫異地説：『怎麽能静止得這樣一動也不動啊？形體竟然可以讓它變得如同枯死的樹木，而心靈竟然也可以讓它變得如同燒完的灰燼嗎？今日這憑几打坐的人，與前日那憑几打坐的人，可是完全不一樣的呀！』

南郭子綦說：『顏成偃呀，你這個問題，還真是特別有意思啊！今天呀，的確是我這個人把我這個身給徹底忘掉了！你能看得明白這其中的道理嗎？怎麼說呢，你可能聽說過「人籟」，卻沒有聽說過「地籟」吧，你也可能聽說過「地籟」，卻沒有聽說過「天籟」吧！』

顏成子游說：『恕我冒昧，請問：它們之間有什麼不同嗎？』

子綦說：『那塊然大地，吃飽喝足了，打了一通飽嗝，放出一股胃氣，它的名字就叫作風。這風要麼不颳起來，一旦颳起來便激起各種竅穴發出種種叫聲。你不會沒有聽過那急颼颼的風聲吧？在那高大崔嵬的山陵崗阜上，生著一片上百人才能合抱的參天大樹，渾身上下長滿各種奇形怪狀的大小孔洞：有的像鼻子、嘴巴和耳朵；有的像酒盅、茶杯和舂臼；有的像淺水洼，有的像深水池。那發出的聲音也是千奇百怪：有的像暴洪的湍激，有的像號箭的飛馳；有的像鄙夫的叱罵，有的像渦流的倒吸；有的像高聲尖叫，有的像大聲嚎啕；有的像門樞的笨重摩擦，有的像飛鳥的宛轉啼鳴；前面的聲音激昂而高唱，後面的聲音淺和而低吟。泠風輕柔，則孔竅發聲細小；狂風迅疾，則洞穴出聲洪大。待到猛烈的風暴過去之後，各種洞穴孔竅也就寂然無聲而空虛如故。這時，你祇是看到那下垂的枝葉仍然還在輕微地搖擺和飄動。』

子游若有所悟地說：『「地籟」是那山林中生長的各種竅穴，「人籟」是那參差排列如鳳翅的簫管。那麼請問：「天籟」又是什麼呢？』

南郭子綦說：『無論是「人籟」還是「地籟」，那些由風吹動的殊音衆響，雖然林林種種，形形色色，千奇百怪，但它們都是隨著吹動它們的風力本身所發出來的聲音。而「天籟」所發出的聲音，卻是他們自己造成的，哪有什麼在他們自身之外的發動者呢？』

大知閑閑，小知間間；大言炎炎，小言詹詹。〔一〕其寐也魂交，其覺也形開，與接爲構，日以心鬭。〔二〕縵者，窖者，密者。〔三〕小恐惴惴，大恐縵縵。〔四〕其發若機栝，其司是非之謂也；其留如詛盟，其守勝之謂也；〔五〕其殺若秋冬，以言其日消也；其溺之所爲之，不可使復之也；〔六〕其厭也如緘，以言其老洫也；〔七〕近死之心，莫使復陽也。〔八〕喜怒哀樂，慮嘆變慹，姚佚啓態；〔九〕樂出虛，蒸成菌。日夜相代乎前，而莫知其所萌。〔一〇〕已乎，已乎！旦暮得此其所由以生乎！〔一一〕

非彼无我，非我无所取。〔一二〕是亦近矣，而不知其所爲使。若有真宰，而特不得其眹，可行已信，而不見其形，有情而无形。〔一三〕

【釋義】

〔一〕**大知閑閑**　知，通智。閑閑，《釋文》：『簡文云：廣博之貌。』成《疏》：『寬裕也。』**小知間間**　間間，《釋文》：『有所間別也。』**大言炎炎**　炎炎，成《疏》：『猛烈也。』**小言詹詹**　詹，《說文》：『多言也。』詹詹，成《疏》：『詞費也。』

〔二〕**其寐也魂交**　其，猶於。寐，睡覺。魂交，《釋文》：『司馬云：精神交錯。』成《疏》：『其夢寐也，魂神妄緣而交接。』**其覺也形開**　覺，醒來。形開，《釋文》：『司馬云：目開意悟也。』成《疏》：『其覺悟也，則形質開朗而取染也。』**與接爲構**　與，相與。接，《說文》：『交也。』構，冓。《說文》：『冓，交積材也。』王叔岷《校詮》：『爲構猶與接也，複語也。爲、與同義。』**日以心鬭**　日，日日。以，猶與。鬭，《說文》：『遇也。』朱駿聲《通訓定聲》：『鬭，相接之意。』行甫按：前二句與後二句皆爲互文見義，故後二句共同述說前二句。

〔三〕**縵者**　縵，猶雜。《周禮·磬師》『教縵樂燕樂之鐘磬』，鄭玄注：『縵，謂雜聲之和樂者也。』《大戴禮·文王官人》『僞色縵然亂以煩』，王聘珍《解詁》：『縵，讀如縵樂，言其雜也。』**窖者**　窖，成《疏》：『深也，今穴地藏穀是也。』**密者**　密，難分。《太玄·玄衝》：『密，不可間。』《國語·魯語下》『以魯之密邇於齊』，韋昭注：『密，比也。』行甫按：『縵』言雜，『窖』言深，『密』言繁，皆狀人心日夜所生之幻覺與印象也。

〔四〕**小恐惴惴**　惴惴，《說文》：『惴，憂懼也。《詩》曰惴惴其慄。』段玉裁注：『《釋訓》、《毛傳》皆曰「惴惴，懼也」，許意懼不足以盡之，故增憂字。』**大恐縵縵**　縵縵，王先謙《集解》：『宣云：迷漫失精。』

〔五〕**其發若機栝**　其，猶有，或。發，發言。《漢書·王貢兩龔鮑傳》『慎勿有所發』，王念孫《讀書雜志》：『發，謂發言也。』若，如。機栝，《釋文》：『機，弩牙；栝，箭栝。』**其司是非之謂**　其，乃。司，同伺。《漢書·燕靈王劉建傳》『以爲物而司之』，顏師古注：『司者，察視之。』是非，非，偏義複詞。**其留如詛盟**　留，守。《管子·正世》『不慕古，不留今』，尹知章注：『留，謂守常不變。』詛盟，殺牲歃血相約而發誓。《周禮·詛祝》『詛祝掌盟詛』，鄭玄注：『盟詛主於要誓。大事曰盟，小事曰詛。』《司盟》『盟萬民之犯命者，詛其不信者』，鄭玄注：

『盟、詛者，欲相與共惡之也。』**其守勝之謂** 守，《玉篇》：『護也。』勝，克敵，陣腳。《禮記·聘義》『天下有事，則用之於戰勝』，鄭玄注：『勝，克敵也。或爲陳。』行甫按：鄭云『或爲陳』者，『陳』通陣，是『戰勝』或爲『戰陣』，此『守勝』亦猶『守陣』。

〔六〕**其殺若秋冬** 殺，肅殺，冷酷。**以言其日消** 以，乃。消，削減，侵刻。《釋名·釋言語》：『削也，言減削也。』《資治通鑒·漢紀六十》『消息數通』，胡三省注：『消者，浸微浸滅也。』成《疏》：『夫素秋搖落，玄冬肅殺，物景貿遷，驟如交臂。愚惑之類，豈能覺邪！唯爭虛妄是非，詎知日新消毀。人之衰老，其狀例然。』行甫按：『其殺』與下文『其溺』及『其厭』，皆爲性格描寫，非狀自然衰老之態。『愚惑』與『衰老』，亦無相關性，成說恐非。**其溺之所爲之** 溺，沉迷。之，猶於。所爲之，所從事之事；之，猶者。**不可使復之** 復，返還。

〔七〕**其厭也如緘** 厭，閉塞。《禮記·大學》『見君子而後厭然』，《釋文》：『厭然，閉藏貌也。』緘，捆綁，紮束。**以言其老洫** 洫，深。《大雅·文王有聲》『築城伊減』，《釋文》：『減，字又作洫。《韓詩》云：「洫，深池。」』江南古藏本『洫』作『溢』，《周頌·維天之命》『假以溢我』，毛《傳》：『溢，慎也。』《左傳》襄公二十七年引作『何以恤我』，《說文》引作『誐以謐我』，則『恤』、『謐』、『溢』、『洫』，古聲近字通，皆有『慎』、『靜』、『謐』、『密』之意。

〔八〕**近死之心** 近，臨近，將及之辭。**莫使復陽** 復陽，《釋文》：『陽謂生也。』

〔九〕**喜** 高興歡喜。**怒** 憤怒憎惡。**哀** 悲痛哀傷。**樂** 快樂愉悅。**慮** 思慮憂患。**嘆** 嗟嘆憾恨。**變** 猶豫反覆。**慹** 音哲，固執難移。**姚** 輕浮躁動。**佚** 肆意妄爲。**啓** 乖張跋扈。**態** 忸怩作態。成《疏》：『眾生心識，變轉無窮，略而言之，有此十二。』

〔一〇〕**樂出虛**　樂，音樂。虛，簫管。**蒸成菌**　蒸，蒸氣。菌，芝蕈。陸長庚《南華副墨》：『如樂之出虛，乍作乍止；如蒸之成菌，倏生倏死。』**日夜相代乎前**　日夜，日日夜夜。相代，互相交替。乎，於。前，目前。**而莫知其所萌**　所，所以，何以。萌，發生。

〔一一〕**已乎已乎**　已，止。已乎已乎，猶言罷了罷了。**旦暮得此其所由以生乎**　旦暮，早晚，猶今語所謂總有一天。此，指上述諸種情緒。其，之。所，何。由，自，從，指來處。以，因，使，指原因。

〔一二〕**非彼无我**　彼，指『大知閑閑』以下各種精神現象。我，我之身。**非我无所取**　取，猶爲。行甫按：此『取』卽『咸其自取』之『取』。言『彼』皆由『我之身』造作而成。

〔一三〕**是亦近矣**　是，此，代『非彼無我，非我無所取』。亦，猶唯，唯猶雖。近，《說文》：『附也。』**而不知其所爲使**　而，轉折連詞。其，『彼』與『我』之依附關係。所，猶何。爲，是。使，指使，使『我』與『彼』有此依附關係。**若有真宰**　若，似。宰，宰臣。《說文》：『宰，辠人在屋下執事者。』《左傳》襄公十年『王叔之宰』，杜預注：『宰，家臣』。行甫按：真宰，與下文『真君』相對爲文，則執掌依附於『我』之種種精神現象者，猶管理內部事務之『家臣』。**而特不得其眹**　而，乃。特，獨。眹，《說文》新附字，當是『朕』字之譌。《說文》：『朕，舟縫也。』行甫按：『朕』義本爲縫隙，因『真宰』爲『家臣』，在『我』之內，無由（縫隙）可以窺視，故曰『不得其眹』。莊子之表達才能，由此可見一斑。**可行己信**　可，猶堪。可、堪一聲之轉，說見黃生《字詁義府》。行，猶形。《列子·湯問》『太形王屋二山』，張湛注：『形當作行。』《老子》『餘食贅行』，焦竑《老子翼》：『行當作形，古字通也。』朱駿聲《說文通訓定聲》：『形，叚借又爲行。』信，實也，允也。《爾雅·釋詁上》『允』，『信也』，郝懿行《義疏》：『信，實也。』行甫按：可行己信，與『不見其形』相照應，『行』讀爲『形』，無所可疑。**而不見其形**　形，形貌，形體。**有**

情而无形　情，實。行甫按：情，與『信』字互相關聯。

此乃本篇第一章第二節，言『天籟』的自然屬性之一：人有複雜的精神現象，這些精神現象與自身之我一體共存。但那些精神現象既不知從何而來，也不知爲誰所控制。因此，『天籟』的機發者在人的自身之內而不在其外。

【繹文】

智大才贍者，臨事遊刃而有餘；才智低淺者，爲人拘拘於枝節。能說會道者，滔滔不絕，氣焰灼人；拙於言辭者，出言瑣碎，喋喋不休。因而人的才智有高下，言辭亦有優劣。還有晚間睡覺吧，則魂牽夢繞，形成許多幻覺；白晝醒來呢，感官開啓，與外物相交接，收視返聽，又形成許多印象。因此，晚間的夢幻與白晝的印象，彼此相遇相結，日日糾纏於心，要把這些樊然淆亂的印象與幻覺分辨清楚，也實在不太容易。它們紛然雜陳，漫無頭緒；或者深藏不露，稍現即逝；或者盤根錯節，繁密難分。至於驚恐與憂懼，也是人人都有的。輕則惴惴不安，重則失魂落魄。要是某人與某人之間，或者這一幫人與另一幫人發生了爭執，那才是好一番熱鬧：或者首發難端的一方，揪住對方的不是，便猛然相攻，如同亂箭齊發，決不留情；或者被攻擊的一方，壓住陣腳，拚命爲自己辯護，彷彿歃血盟誓似的，衆口一詞，務必取勝。而且人的脾氣與性格也是各各不同：有些人冷酷肅殺，如同秋霜冬雪慘刻無情，以至他的親近者日見其少。有些人性情執拗，做起事來沉迷而專注，哪怕用九牛二虎之力，也難以讓他回頭。有些人守口如瓶，心機決不外露，這又是怎樣的老於世故，深不可測呀！至於那行將就木的衰朽之心，死氣沉沉，思緩慮拙，怎麼也不能激起絲絲活力了。而人們的心理情緒也極不穩定，時而高興，時而憤怒，時而悲傷，時而歡樂，時而焦慮，時而嘆息，時而猶豫，時而固執，時而輕浮躁進，時而搖蕩恣睢，時而乖張跋扈，時而忸怩作態。其翻雲覆雨，反覆無常，來去靡蹤，就如同樂音飛出於簫管，大氣蒸發成菌芝，乍作而乍止，旋生而旋滅。總而言之，這些是非不同的言論與腔調，無可名狀的幻覺與印象，千差萬別的性情與癖好，千姿百態的心理與情緒，白天在你的眼前晃來晃去，夜間在你的腦海此起彼伏，卻又實在鬧不清它們是從哪裏冒出來的。鬧不清，弄不明，就算了吧；算了也就算了吧，沒必要爲它們勞心傷神了。總有一天會有人弄清楚它們從何而來的原因吧！

可是，沒有那些精神現象，就沒有我這個身體的存在；沒有我這個身體的存在，也不可能造出那些精神現象。因此，我的身體與它們是彼此倚附，相互依存的，衹是不知道他們到底由誰來指使。彷佛在我的身體裏有一個真正的家臣，他無時不刻都在幫助我管理著我身體中的這些內部事務，衹不過我找不到縫隙鑽進我的身體去一探究竟。然而，這些精神活動也就足以體現出他的真實存在了，但就是看不見他的影子。不過，看見看不見並不重要，總之，他的確存在，也的確沒形沒影。

百骸、九竅、六藏，賅而存焉，吾誰與爲親？汝皆說之乎？其有私焉？〔一〕如是皆有爲臣妾乎？其臣妾不足以相治乎？其遞相爲君臣乎？其有真君存焉？〔二〕如求得其情與不得，無益損乎其真。〔三〕

一受其成形，不忘以待盡。與物相刃相靡，其行盡如馳，而莫之能止，不亦悲乎！〔四〕終身役役而不見其成功，苶然疲役而不知其所歸，可不哀邪！〔五〕人謂之不死，奚益！其形化，其心與之然，可不謂大哀乎？〔六〕人之生也，固若是芒乎？其我獨芒，而人亦有不芒者乎？〔七〕

夫隨其成心而師之，誰獨且无師乎？奚必知代而心自取者有之？愚者與有焉。〔八〕未成乎心而有是非，是今日適越而昔至也。是以無有爲有。〔九〕無有爲有，雖有神禹，且不能知，吾獨且奈何哉！〔一〇〕

【釋義】

〔一〕**百骸** 成《疏》：『百骨節也。』**九竅** 成《疏》：『眼耳鼻舌口及下二漏也。』**六藏** 藏，今作臟。《釋文》：『案心肺肝脾腎，謂之五藏。大小腸、膀胱、三焦，謂之六府。此云六藏，未見所出。』**賅而存焉** 賅，備。存，有。成《疏》：『體骨在外，藏腑在內，竅通內外。備此三事以成一身，故言存。』焉，於是。**吾誰與爲親** 吾，我人。行甫按：猶『吾喪我』之『吾』。親，親近。**汝皆說之** 汝，複指『吾誰與爲親』之『吾』，猶言你我皆有這種生命困惑。說，通悦。之，指百骸、九竅、六藏。**其有私焉** 其，猶寧。私，偏愛。

〔二〕**如是皆有爲臣妾** 如是，如此。有，猶以。臣妾，奴僕；男爲臣，女爲妾。**其臣妾不足以相治** 其，若，而。足，猶得。以，猶而。治，猶統理。**其遞相爲君臣** 其，猶寧，豈。遞，輪流交替。相爲，互爲。君臣，主僕。**其有真君存**　其，將。真君，真正的君主。行甫按：吾，我之人，相對於他人或客體對象的主體人格。故以統理我之主體人格者爲『真君』，以管理我之内部精神現象者爲『真宰』，二者分辨甚爲明晰。學者或以西人『真我』、『假我』說之，猶治絲而益棼。

〔三〕**如求得其情與不得**　如，當；當，如是。說見王引之《經傳釋詞》。求，尋找。情，實。**無益損乎其真**　益，增。損，減。乎，於。真，誠，實。

〔四〕**一受其成形**　一，一旦。吳昌瑩《經詞衍釋》：『迅速不待久不待再之詞也。』受，得。《廣雅·釋詁三》：『受，得也。』其，猶之。成形，所成之形。**不忘以待盡**　忘，通亡，失。以，而。待盡，待終。**與物相刃相靡**　物，外物。刃，以刀切削。靡，音磨，以石研磨。**其行盡如馳**　其，猶且。盡，王叔岷《校詮》：『盡借爲進。《史記·范雎列傳》「使臣得盡謀如伍子胥」，《御覽》四八六引盡作進。』馳，《說文》：『大驅也。』**而莫之能止**　止，阻止。**不亦悲乎**　亦，特。悲，悲哀。

〔五〕**終身役役而不見其成功**　役，勞役，苦役。行甫按：役役，猶役於役。其，猶有。**茶然疲役而不知其所歸**　茶（音聶）然，《釋文》：『簡文云：疲病困之狀。』疲役，猶言疲困於勞役。所，猶何。歸，歸宿。**可不哀邪**　可，堪，能。哀，悲哀。

〔六〕**人謂之不死**　謂，稱。**奚益**　奚，何。益，助。《戰國策·秦策二》『於是出私金以益公賞』，高誘注：『益，助也。』**其形化**　化，變。**其心與之然可不謂大哀**　然，如，猶今語所謂『同樣』。

〔七〕**人之生**　之，猶此。生，生存，生命；猶言一輩子。**固若是芒**　固，故，必。芒，蒙昧。《釋文》：『昧也。』成《疏》：『闇昧也。』《管子·七臣七主》『芒主目伸五色』，尹知章注：『芒，謂芒然不曉識之貌。』**其我獨**

芒　其，殆。獨，特。**而人亦有不芒**　亦，猶且，且猶尚。

〔八〕**夫隨其成心而師之**　夫，且。其，此，代指上文人生之『芒』。成心，所成之心。錢穆《纂箋》：『「成心」與「成形」對文。各隨其成心而師之，所以爲芒，而是非横生也。』行甫按：錢説是。『其』與『成心』爲同位語，則『成心』即是『芒』。《秋水》篇曰：『井鼃不可以語於海者，拘於虚也；夏蟲不可以語於冰者，篤於時也；曲士不可以語於道者，束於教也。』則『成心』者，乃由其人所處之空間與時間及其人之教育背景而形成的一己之偏見，此乃人生之大『芒』；且亦不知此『成心』是由『吾』所起抑或由『我』所起，是則『芒』之中又有其『芒』。師，取法，尊而從之。**誰獨且无師**　獨且，王叔岷《校詮》：『複語，義與尚同。』師，教師。《周禮·地官》『師氏』，鄭玄注：『師，教人以道者之偁也。』**奚必知代而心自取者有之**　代，即『日夜相代乎前』之『代』，各種心理情緒此起彼伏。自取，即『咸其自取』之『自取』，此兩『自取』之『取』，亦即『非我無所取』之『取』，皆是『自己造成』之意。行甫按：知代而心自取者，指具有上述各種精神活動及心理情緒的正常人。有之，有成心。**愚者與有**　愚者，感官遲鈍因而心理情緒及精神活動相對貧乏的人。與，猶如。有，有成心。

〔九〕**未成乎心而有是非**　乎，於。**是今日適越而昔至**　是，猶乃。適，往。越，越國。昔，昨。至，達。**是以無有爲有**　是，乃。

〔一〇〕**無有爲有**　承前省『以』字。**雖有神禹**　雖，即使。有，爲。神，猶神明。《説文》：『天神引出萬物者也。』禹，舜臣。行甫按：禹平治水土，弼成五服，任土作貢，其創造力之大猶如『引出萬物』之『神』，故曰神明的大禹。**且不能知**　且，尚且。**吾獨且奈何**　獨且，猶尚。奈何，如何。

此乃本篇第一章第三節，言『天籟』之另一自然屬性：人的外在形體與內在『成心』同時並存。外在的形體彼此之間配合如此協調，亦不知爲誰所控制。而內在的『成心』卻無論其人之感官是否遲鈍，其心智是否健全，人人皆有，且與外在形體同生而同死。

【繹文】

成以百數的骨骼，支撑著軀殼；九大孔竅，連通於內外；五臟六腑，隱藏於軀殼之中。從裏到外，應有盡有，十分完備。然而，支撑軀殼的百骸，連通裏外的九竅，隱藏於軀殼的五臟六腑，我應當與哪一個更加親近呢？你對它們每一個都喜歡嗎？是不是應當有所偏愛呢？還是應當就這樣把它們都作爲臣妾奴僕來看待呢？但如果它們都是臣妾奴僕，它們哪裏有資格去統理對方呢？難道它們是互相輪流著當主僕嗎？是不是確實有一個真正的君主存在於它們中間呢？當然，無論是否能夠找到它們實際上誰是君主，總而言之，絲毫不會影響『有真君存在』這個判斷的真實性。

自從得受陰陽之氣而完成了形體，這個應有盡有的生命體，自從娘胎出生以後直到生命的盡頭，便不會丢失任何部件。但是在人生的旅途上卻在不斷地被外部世界的風霜刀劍所刻削所消磨，而且奔向人生終點也更像風馳電掣般地向前飛進，卻沒有任何力量可以阻止它，這不是非常悲哀的嗎？一輩子忙忙碌碌辛勤勞累卻沒有什麽拿得出手的成就，終身窮苦困頓疲於奔命卻不知道人生的歸宿將在何處，能不讓人哀傷嗎？有人自稱他不會死，有什麽用呢，能增加他的壽命嗎？而且，人的形軀逐漸老邁而衰亡，人的心力也隨之枯竭而變得思緩慮拙，這能不説是最大的悲哀嗎？人這一輩子，本來就應該是這樣渾渾噩噩，應該是如此糊裏糊塗的嗎？難道僅僅是我這個塊然肉身昏昧糊塗，還有沒有別人不像我這樣昏昧糊塗，能夠明白人生究竟是怎麼回事的呢？而且，人不僅有受陰陽之氣而已然形成的這個肉身，也有由於他的生存環境及其接受教育的水平所形成的固有偏見。這也是人生的一大昏瞶蒙昧之處，絶大多數人是不明就裏的。

如果遵從這種固有偏見作爲判斷標準，那麼所有人的心目中都會有這樣一個標準可以遵從。爲什麼一定衹有知道眼前不斷翻騰起伏著各種精神現象，也知道這些精神現象都是由於自己的身心所造成的人，才具有這種固有的偏見呢？那些感覺比較遲鈍、心智不太健全的人，也同樣具有這種固有的偏見。如果事先沒有這種固有的個人偏見，卻出現了形形色色的是非判斷，這就像今天才動身去越國而昨天就已經到達了一樣的荒謬！這就是把虛無不實當作實際存在。這種無中生有，憑空捏造的把戲，即使是具有神一樣創造能力的大禹，也不能未卜先知，而我這個智能凡庸之輩偏偏又能把它怎麼樣呢！

夫言非吹也，言者有言，其所言者特未定也。〔一〕果有言邪？其未嘗有言邪？其以爲異於鷇音，亦有辯乎，其無辯乎？〔二〕

道惡乎隱而有真僞？言惡乎隱而有是非？〔三〕道惡乎往而不存？言惡乎存而不可？道隱於小成，言隱於榮華。〔四〕

故有儒墨之是非，以是其所非而非其所是。〔五〕欲是其所非而非其所是，則莫若以明。〔六〕

【釋義】

〔一〕**夫言非吹也**　夫，猶且。言，言論，判斷。吹，人籟與地籟所出之聲。**言者有言**　言，言說的行爲。者，也。言，言說的內容。行甫按：人之言論與風吹衆竅的最大不同，在於人的言論有見解有主張。**其所言者特未定**　特，獨。未定，沒有確定。行甫按：言不及義，語不及質，皆爲『未定』。

〔二〕**果有言邪**　果，實。有言，有內容，有意義。**其未嘗有言邪**　未嘗，不曾。**其以爲異於鷇音**　其，猶若。異，差異。鷇，音寇，《釋文》：『司馬云：鳥子欲出者也。』**亦有辯乎**　亦，尚。辯，通辨，區別。**其無辯乎**　其，猶抑。行甫按：鷇音無是非無意義，人言有內容有主張，是爲『有辯』；言不及義，語不及質，則人言與鷇音沒有分別，是爲『無辯』；然鷇音與人言同樣沒有外在的機發者，是亦爲『無辯』。故莊子言之如此。

〔三〕**道惡乎隱而有真僞**　道，道理，理論。行甫按：『道』字在莊書中所用多門，不可執一而論。隱，遮蔽，隱藏。惡乎，何以。真僞，真假，猶虛實。**言惡乎隱而有是非**　言，語言，言論。隱，隱匿，隱晦。行甫按：此『言』更側重於語言，與『夫言非吹』之『言』側重於內容，意涵稍有區別，亦不可執一而論。是以此『隱』字亦有隱晦、暗昧之意。

〔四〕**道惡乎往而不存**　往，之，去。行甫按：往，與上下文之『隱』字爲互文，『往』亦『隱』。存，《廣雅·釋詁下》：『察也。』**言惡乎存而不可**　可，相值，相適。**道隱於小成**　小成，猶言淺嘗輒止。行甫按：小成，語義雙關，既指察存探究之淺嘗輒止，亦指胷襟見識相對狹小。**言隱於榮華**　榮華，枝葉。行甫按：榮華，亦語義雙關，既指辭藻虛浮華麗，炫人耳目卻無實際内容；亦指細枝末節，繁辭苛瑣而不能揭示本質與大體。

〔五〕**故有儒墨之是非**　故，因此。儒，以孔子爲代表。墨，以墨翟爲代表。**以是其所非而非其所是**　以，用，因。是，肯定。非，否定。

〔六〕**欲是其所非而非其所是**　欲，將。**則莫若以明**　莫若，不如。以，通已，止。王弼本《老子》九章「持而盈之，不若其已」，景龍碑本作「不若其以」，朱謙之《校釋》引嚴可均曰：「『不若其以』，各本作『不如其已』，古字通。」明，觀照，認知，辨察。《説文》：「明，照也。」《吕氏春秋·恃君覽》「不可不明也」，高誘注：「明，知。」《管子·宙合》：「見察謂之明。」行甫按：莫若以明，蘇州王鍾陵謂當讀「莫若已明」，得莊生之旨。

此乃本篇第一章第四節，謂人言與鷇音，其區别不在有無外在的機發者，而在於其内容與主張。雖然「成心」乃是非根源，但「成心」未發，卻無所謂是非。因此，是非之起，一起於認知的真僞，一起於語言的浮華。這是「成心」發動之後助紂爲虐造成是非之爭的兩大黑手：認知與客觀事物是否符合乃有真僞，言語不能準確揭示事物的本質是爲浮華。由此可見，是非的總根源卻是發動「成心」的認知活動，如果放棄了主體認知，是非便無從產生，故曰「莫若以明」。

【繹文】

而且人的言論與風吹衆竅發出的聲音也是大爲不同的，所發表的言論呢，總是要説出某些内容與主張，提出某些看法與觀點。當然，毋須諱言，還有某些言論，不過是一大堆語言與詞藻的陳詞濫調而已。這樣一來，他所發表的言論，究竟有沒有意義，有沒有價值，也就完全不能確定了。他的言論果真是有意義、有價值的呢，還是不曾說出什麼有意義、有價值的東西呢？與那剛剛破殼而出的雛鳥叫聲有沒有什麼區別呢？如果他的言論有實實在在的內容和主張，當然與那破殼初生的鳥叫是有著本質區別的；如果他說一些毫無意義的陳詞濫調，或者是一堆誰也聽不懂的言語組合，那他發表言論與雛鳥破殼而鳴一樣，並非有一個外在的發動者，與不知所云的鳥叫沒有任何本質的區別。

大道爲什麼隱蔽不彰而有真僞呢？言論爲什麼隱晦不明而有是非呢？大道隱藏到哪裏去了而無法考察探究它呢？言語爲什麼無論怎樣簡練揣摩卻總是詞不達意呢？大道既隱藏於探求的淺嘗輒止，也隱藏於見識的狹隘卑瑣。言論隱藏於認知的浮光掠影，難以洞見事物的本質，也隱藏於言語的華辭麗藻，無病呻吟，徒有炫人耳目的漂亮詞句而無實在的內容與價值。正是由於認知的淺嘗輒止，識見的卑瑣狹隘，詞藻的浮華絢麗，言語的空洞膚淺，所以才有儒墨兩大學派的互相攻擊與相互否定，從而凡是對方所反對與否定的，自己便大加贊成與肯定；凡是對方所贊成與肯定的，自己便大加反對與否定。與其像這樣翻來覆去地反對來反對去，沒完沒了地肯定來肯定去，不如乾脆放棄主體的觀照與認知，從根本上杜絕這種反覆無聊的是是非非。

物无非彼，物无非是。自彼則不見，自知則知之。〔一〕故曰彼出於是，是亦因彼；彼是方生之說也。〔二〕雖然，方生方死，方死方生；方可方不可，方不可方可；〔三〕因是因非，因非因是。是以聖人不由，而照之於天，亦因是也。〔四〕是亦彼也，彼亦是也。彼亦一是非，此亦一是非。〔五〕果且有彼是乎哉？果且无彼是乎哉？〔六〕彼是莫得其偶，謂之道樞。樞始得其環中，以應无窮。〔七〕是亦一无窮，非亦一无窮也。故曰莫若以明。〔八〕

【釋義】

〔一〕**物无非彼** 物，我身之外的萬事萬物。彼，指示代詞，猶今語所謂那個、那邊。**物無非是** 是，此，猶今語所謂這個、這邊。**自彼則不見** 自，從，由。則，卽。不見，蔽於彼而不見此。**自知則知之** 自知，當爲『自是』，嚴靈峯云：『上句「自彼則不見」，則下句作「自是則知之」；「彼」與「是」對，「見」與「知」對，文法井然』（引自陳鼓應《今注今譯》）。之，是。行甫按：自是則知之，猶言自是卽知是。

〔二〕**彼出於是** 出，生。彼由此而立名。**是亦因彼** 因，憑。此亦憑彼而立名。**彼是方生之說** 方，猶並。生，起。說，《說文》：『一曰談說。』《廣雅·釋詁二》：『論也。』

〔三〕**雖然** 雖，通惟，猶以、因。**方生方死** 死，滅。同時而起者，必同時而滅。**方死方生** 同時而滅者，必是同時而起者。行甫按：此二句就對立面之有相互依賴性而言。**方可方不可** 可，相適，相值。可與不可相並，有所可卽有所不可。**方不可方可** 不可與可相並，有所不可卽有所可。行甫按：此二句就事物之各有適應性而言。《秋水》篇云：『梁麗可以衝城，而不可以窒穴』；『騏驥驊騮，一日而馳千里，捕鼠不如狸狌』，皆是其例。

〔四〕**因是因非** 因，憑，據。據此而非彼，據彼而非此。**因非因是** 據其是而是之，據其非而非之。**是以**

聖人不由　由，從。**而照之於天**　而，猶乃。照，觀照。之，代物。於，猶以。天，事物的自然本性。行甫按：『照之於天』，即承認彼與此具有『方生方死』的相互依賴性以及物有『方可方不可』的適應性。**亦因是**　因，憑，據。是，此，指代『彼是方生之說』。

〔五〕**是亦彼**　是，此。亦，特，不過。**彼亦是**　行甫按：二句謂彼與此的分別，並不在物本身，不過是觀照的立場不同所給予的不同稱謂而已，其實它們所指稱的是同一個對象。**彼亦一是非**　一，猶皆，乃。**此亦一是非**　行甫按：此二句與上二句相對立論，既然彼與此是由於立場與稱謂所作的分別，那麽同一對象由於觀察立場不同也就同樣有是與非，有彼與此。因而彼與此的稱謂以及是與非的判斷，便集於某個對象之一身了。

〔六〕**果且有彼是乎哉**　果且，果將。行甫按：有彼是乎哉，答案當是否定的，因爲物本身並無彼此之別。**果且无彼是乎哉**　行甫按：无彼是乎哉，答案當是肯定的，因爲人的觀照立場有彼此之別。

〔七〕**彼是莫得其偶**　彼是，彼與此。得，取。《呂氏春秋·順說》『臣弗得也』，高誘注：『得，猶取也。』偶，二者相對。行甫按：彼是莫得其偶，不要對事物採取彼與此相對立的態度。**謂之道樞**　道，超越的精神境界。樞，中樞。道樞，以道爲中樞。**樞始得其環中**　始，猶終。得，處。其，猶於。環，承樞之臼。行甫按：樞始得其環中，便於運轉調利而無所拘滯。**以應无窮**　應，當，應對。无窮，無盡。行甫按：不糾結於彼與此的對待，也不糾纏於是與非的分辯，這就是一種超脫與高遠的心靈境界，有了這種高遠超邁的心靈境界也就不會計較於彼與此，是與非了。

〔八〕**是亦一无窮**　亦，特。**非亦一无窮**　行甫按：祇要有認知的立場，是與非便永遠是無窮無盡的。**故曰莫若以明**　以明，止知。

此乃本篇第一章第五節，言物本無彼此與是非，之所以有彼此與是非，乃由人的認知立場所造成。因而是非與彼此，也是同時並生的。知乎此，則以超然物外的心態，可以應對無窮之是非，可以免除是非帶來的無窮困擾與煩惱。當然，放棄認知立場，也就徹底根除了是非，故再曰『莫若以明』。

【繹文】

我身之外的萬事萬物，無不是『那』，也無不是『這』。從『那』邊的立場與視角，便看不見『這』邊；從『這』邊的視角與立場，才可以知道『這』邊。所以說『那』邊的立場與稱謂，是相對於『這』邊而產生的，『這』邊也是憑著『那』邊而相對立名的。這就是『那』與『這』同時共生的說法。由這個說法，自然便可以得到這樣的推論：同時共生的，必定將是同時共滅的；同時共滅的，必定曾是同時共生的。這就是說，相對而立的東西，必然具有彼此之間的依賴性。相適與不相適，也是同體共存的；有相適的地方，同時便有不相適的地方。這就是說，事物各有不同的性能與用途，因而具有各自不同的適應性。根據它們的適應性，否定它們的不適應性；相反，根據它們的不適性，否定它們的適應性：這都是錯誤的。因此，聖人不會走上這種錯誤的道路，不分青紅皂白地要麼肯定一切，要麼否定一切，而是抱著實事求是的態度，客觀公正地看待事物的本性：這就是由於他懂得了這個『彼是方生之說』的道理。『此』也就是『彼』，『那』也就是『這』。『彼』與『此』的區別，『那』與『這』的分辨，並不是事物本身自帶的徽號，不過是由於觀照的立場不同，人爲地加給它們的不同稱謂而已，其實它們所指稱的就是同一個事物或同一個對象。同理，既然『彼』與『此』是由於立場與稱謂所作的分別，那麼同一事物或同一對象由於觀察立場不同，也就同樣有『是』有『非』，有『彼』與『此』。因此，『彼』與『此』的稱謂，以及『是』與『非』的判斷，便同時集中在某個事物或某個對象自身了。這樣一來，『那』個本身也有一大堆『是』與『非』，『這』個本身也有一大堆『是』與『非』。果真一定有『彼』與『此』的分別嗎？從事物本身來說是沒有的。果真一定沒有『彼』與『此』的分別嗎？從觀察立場與人爲稱謂來說是有的。不把『彼』與『此』看作絕對靜止的對立，這就是具有『道』的心智與境界的關鍵之所在，就像門戶的樞紐一樣，衹要把這個樞紐放進臼槽之中，它便可以隨心所欲地運轉無窮了。因此，有了這種高遠與超邁的『道』的心智與境界，也就可以應對與化解無窮的『是』與『非』了。然而，衹要有觀察立場，『是』也就無窮無盡，『非』也同樣無窮無盡。所以說，不如放棄主體的觀照與認知，就是這個道理。

以指喻指之非指，不若以非指喻指之非指也；以馬喻馬之非馬，不若以非馬喻馬之非馬也。〔一〕

天地一指也，萬物一馬也。〔二〕

可乎可，不可乎不可。〔三〕道行之而成，物謂之而然。〔四〕惡乎然？然於然。惡乎不然？不然於不然。〔五〕物固有所然，物固有所可。无物不然，无物不可。〔六〕故爲是舉莛與楹，厲與西施，恢恑憰怪，道通爲一。〔七〕其分也，成也；其成也，毀也。〔八〕凡物无成與毀，復通爲一。〔九〕唯達者知通爲一，爲是不用而寓諸庸。〔一〇〕庸也者，用也；用也者，通也；通也者，得也；適得而幾矣。因是已。〔一一〕已而不知其然，謂之道。〔一二〕

勞神明爲一而不知其同也，謂之朝三。何謂朝三？狙公賦芧，曰：『朝三而暮四。』衆狙皆怒。曰：『然則朝四而暮三。』衆狙皆說。〔一三〕名實未虧而喜怒爲用，亦因是也。〔一四〕是以聖人和之以是非而休乎天鈞，是之謂兩行。〔一五〕

【釋義】

〔一〕**以指喻指之非指**　以，用。指，《說文》：『手指也。』喻，說明，解釋。之，與。《左傳》文公十一年：『皇父之二子死焉。』《孟子·萬章上》：『得之不得曰有命。』『之』皆爲『與』，是其例。**不若以非指喻指之非指**　若，如。二句意謂：與其用手指來解釋說明手指與不是手指的差異性，不如用不是手指的東西來解釋說明手指的特徵。**以馬喻馬之非馬**　馬，馬獸。**不若以非馬喻馬之非馬**　指與馬，既是指現實實存的手指與馬獸，也是指觀念形態的手指與馬獸之虛擬概念。行甫按：現代形式邏輯表明，在一定論域中，對於任何一個事物，如果不能用一個正概念『A』去表示它，就能用相應的負概念『負A』去表示它。而學者率皆牽扯名家『白馬非馬』爲說，治絲而益棼。

〔二〕**天地一指也**　天地，萬物。一，皆；一指，皆爲指。**萬物一馬也**　萬物，天地。一馬，皆爲馬。行甫按：二者互文見義，就實際存在的『物』而言，天地萬物皆爲『物』，因而各有其體，亦各有其用；則『手指』與『馬獸』，各有不同的形體，亦各有不同的用途。就觀念形態的虛擬概念而言，名稱與指號皆不是事物本身所具有，而是方便於人們認知與識別的外在標記，因而『指』與『馬』，無非是手指與馬獸的語言符號而已。一指、一馬，既言天地萬物皆是不同的物，亦言天地萬物皆有各自的識別標記。

〔三〕**可乎可**　乎，於。可，相適應。**不可乎不可**　不可，不相適應。

〔四〕**道行之而成**　道，道路。行，行走，踩踏。而，乃。魯迅《故鄉》：『地上本沒有路，走的人多了，也便成了路。』是其意。行甫按：此預爲下句設比。**物謂之而然**　謂，稱呼。然，如此。物因人之稱謂而有如此之名號。行甫按：此二句乃言『天地一指也，萬物一馬也』之理，當緊隨其後，文有訛倒耳。

〔五〕**惡乎然**　惡乎，何以。然，如此。**然於然**　於，乃。**惡乎不然**　不然，不如此。**不然於不然**　行甫按：『可乎可，不可乎不可』二句當在此文之下，二者文法句式相對，當作：『惡乎可，可乎可；惡乎不可，不可乎不可。』說見王先謙《集解》。行甫又按：自『道行之而成，物謂之而然』至此，言事物的稱謂與名號，都是人爲約定俗成的結果，某個特定的名稱也就賦予了某種特定形態的事物，因而沒有必要隨意改變與置換。

〔六〕**物固有所然**　所，所以。然，形態。固，同故，本來。固有所然，固有的形態與稱謂。**物固有所可**　固有的性能與適應範圍。**无物不然**　每一物種皆有其形態及其稱謂。**无物不可**　每一物種皆有其適用範圍。

〔七〕**故爲是舉莛與楹**　故，所以。爲是，因此。行甫按：『故』字承上文言，『爲是』啓下文言。舉，稱名擬實。《墨子·經上》：『舉，擬實也。』《經說上》：『舉，告以文名，舉彼實也。』行甫按：舉，猶言稱其名而舉其實。莛，音庭，小草。《說文》：『莛，莖也。』或曰『筳』字之訛，小竹枝。楹，大木柱。**厲與西施**　厲，病醜之人。西施，《釋文》：『句踐所獻吴王美女也。』俞樾《平議》：『古書言莛者，謂其小也。莛、楹以大小言。厲、西施以好醜言。』**恢恑憰怪**　成《疏》：『恢者，寬大之名。恑（音詭）者，奇變之稱。憰（音決）者，矯詐之心。怪者，妖異之物。』行甫按：　四字乃極言物有殊種萬類，亦各有約定俗成的異名殊稱，不一而足。**道通爲一**　道，理。通，同。行甫按：　道通爲一，道理相通，祇有一個，卽『物固有所然，物固有所可』。明乎此理，亦卽『悟道』，於是則心靈超邁通達，也就不再糾纏於『可』與『不可』、『然』與『不然』了。

〔八〕**其分**　其，猶若。分，分割破斷。**成**　就。郭注：『夫物，或此以爲散而彼以爲成。』**其成**　其，猶若。**毁**　破毁。成《疏》：『於此爲成，於彼爲毁。』行甫按：《孟子·告子上》『戕賊杞柳而以爲桮棬』，卽此『分』與『成』，『成』與『毁』之意。

〔九〕**凡物无成與毁**　凡，皆，不一之詞。无，猶何。《論語·子路》『予無樂乎爲君，惟其言而莫予違也』，吳昌瑩《經詞衍釋》：『言予何樂乎爲君也。』行甫按：　凡物无成與毁，卽凡物何論成與毁，猶言凡物無論其成與毁。**復通爲一**　復，反，仍。劉淇《助字辨略》卷五：『《左傳》文公七年「復爲兄弟如初」，此復字，猶還也，仍也。』通，同。行甫按：『舉莛與楹』以至『道通爲一』，言自然天成，非人爲加工之物。此『分也，成也』以至『復通爲一』，乃言人爲加工之物。人爲加工之物，仍然通同於一個道理，卽『物固有所然，物固有所可；無物不然，無物不可』之理。

〔一〇〕**唯達者知通爲一**　唯，獨。達，通。行甫按：　達者，悟『道』者，心靈超邁通達，明於物理者。**爲是不用而寓諸庸**　爲是，因此。用，行，取。《說文》：『用，可施行也。』《素問·調經論》『用形哉』，張志聰注引張兆璜曰：『用，取也。』行甫按：　此『用』卽『喜怒爲用』之『用』。不用，不取好惡，不行分辨。寓，居。諸，之於。庸，用，常。行甫按：『庸』兼『用』與『常』二義。不用而寓諸庸，謂不取好惡分辨，居其物於尋常之用也，卽『然於然』、『可乎可』。

〔一一〕**庸也者用**　用，利用。『庸』卽是『用』，猶言『庸』便是倫常日用。**用也者通**　通，通達。『用』卽是

「通」，猶言「用」便是「通達」物理而「用」其所「用」。**通也者得**　得，獲得。「通」即是「得」，猶言「通達」物理便是悟「得」其「道」，亦即進入了超邁高遠的境界。章太炎《解故》：「庸、用、通、得，皆以疊韻爲訓。得借爲中，《地官・師氏》「中失」，故書中爲得，《淮南・齊俗訓》「天之員也，不得規；地之方也，不得矩」，《文子》「得」作「中」，是其例（古無舌上音，中讀如冬，與得雙聲）。」**適得而幾矣**　適，之，到。而，乃。幾，近。行甫按：「適得而幾矣」，謂到了「得」道的境界，也就近於「逍遥」了。**因是已**　因，憑，據。是，此，指代「物固有所然，物固有所可；無物不然，無物不可」之理。已，猶也。

（一二）**已而不知其然**　已，猶竟，終。行甫按：已，猶今語所謂「事後」。雖然「爲是不用而寓諸庸」，但並非刻意而爲之，乃不經意的無心之舉，事先無須思考，事後亦無須反省，故曰「已而不知其然」。**謂之道**　道，超然物外，進入自由自在的逍遥境界。

（一三）**勞神明爲一而不知其同**　神明，心力，神智。行甫按：勞神明爲一，費其心力而計較之，而盤算之，是與「已而不知其然」之無心之舉相反，因而與「道」的超脱境界相去不可以道里計。更爲可悲的是，勞心傷神而計較盤算，而「不知其同」，在「物」本身卻是沒有任何差别的，不過是愚蠢的徒勞而已。**謂之朝三**　謂之，譬如；之，猶如。王叔岷《校詮》：「謂猶譬也。」朝三，鍾泰《發微》：「舉二字以賅下文，文之省也。」**何謂朝三**　謂，猶爲。**狙公賦芧**　狙公，豢養獼猴的老者。賦，頒發。芧，音敘，似栗而小，又稱橡子。**曰朝三而暮四眾狙皆怒**　司馬云：「朝三升而暮四升。」**曰然則朝四而暮三**　然，如此。則，即。**眾狙皆説**　説，通悦。

（一四）**名實未虧而喜怒爲用**　名，名稱，概念。實，物實，本質。虧，損，減。用，行，取。行甫按：喜怒爲用，以主觀好惡作爲行動的取舍標準。**亦因是也**　亦，也詞。因，憑，據。是，此。行甫按：「勞神明爲一而不知其同』以至『名實未虧而喜怒爲用』，與上文『已而不知其然謂之道』，乃文連而意不連，此遥接本節開頭『以指喻指之非指』，『以馬喻馬之非馬』之意，謂衆狙陷溺於『馬與非馬』以及『指與非指』的差異性，而不明『天地一指、萬物一馬』之理，故而一則『勞神明爲一而不知其同』，愚蠢而徒勞；一則『名實未虧而喜怒爲用』，以好惡爲取捨。則『因是』之『是』，乃遥指『天地一指、萬物一馬』之理。

〔一五〕**是以聖人和之以是非而休乎天鈞** 是以，因此。和，協，諧。之，助語詞。以，猶於。而，且。休，止。乎，於。鈞，製作陶器之轉盤，運轉無窮也。行甫按：休乎天鈞，猶言將『是』與『非』置之於天然之陶鈞之上任其旋轉，則『是』與『非』的界線便逐漸模糊，最終則無所分別。**是之謂兩行** 兩行，『是』與『非』並行無礙。行甫按：是之謂兩行，乃承『天鈞』之喻，謂置於『天鈞』之『是』與『非』，在視覺上界線模糊，但它們在事實上卻仍然是存在的。

此乃本篇第一章第六節，言天地萬物，雖然有『指』與『馬』的不同，但那不過是便於辨别與區分所賦予事物的不同稱謂與名號，其實就事物本身而言，它們並沒有本質的差異，無非是『物』而已。而所謂『物』，卽各有其性，亦各有其用，這就是『道通爲一』。所以根本不必以主體的情感好惡爲依據，更不能憑著自己的想當然，是此而非彼。這既是以『道』觀『物』的立場，也是『道』的超越境界。

【繹文】

與其用手指來説明手指與不是手指的區别，不如用不是手指的東西來説明手指與不是手指的區別。與其以馬獸來說明馬獸與不是馬獸的差異，不如用不是馬獸的東西來說明馬獸與不是馬獸的差異。由於有了『手指』與『馬獸』這些立名與稱謂之後，就有了辨別事物的記號與標識，可以作區同別異乃至相互比較的使用。

但是，這些『指』的名號與『馬』的稱謂，衹是人們共同賦予這類事物的外在標記，就天地萬物本身來說，它們都是『物』。『指』是天地萬物中的一『物』，『馬』也是天地萬物中的一『物』，就其爲『物』而言，它們並沒有本質的不同。

正如世上本來沒有路，走的人多了，也就成了路。天地萬物本身也不是一開始便有各自的稱謂與名號的，這些稱謂與名號，也是由於人們這麼約定俗成地叫出來的。某物爲什麼要叫這個名稱呢？因爲人們公認把這個特定的名稱賦予了這個具有特定形態的事物。反之亦然，某物爲什麼不叫另外的名稱呢？也是因爲人們不約而同地不把另外的名稱加給這個具有如此形態的事物，因而也就不能隨意改變與置換它們相應的名號與稱謂了。而且，某種形態的事物也各有不盡相同的價值與用途，怎樣才能體現事物的特定價值與用途呢？那也衹能是在能夠充分發揮其性能與作用的場合。與此相反，某物爲什麼沒有某種價值與用途呢？那是因爲人們錯誤地把它用在了與它的性能與作用不相適應的場合。每個事物都有它固有的形態與稱謂，也有它固有的性能作用及其相應的適用範圍。沒有哪一個事物不具有特定的形態與公認的名稱，也沒有哪一個事物沒有它固有的性能及其適用範圍。所以我們可以說，一根小草棒與一根大木柱，一個醜八怪與一個美西施，一切一切奇形怪狀而名稱詭異的事事物物，都有它們各自的性能及其相應的用途。概括起來說，物各有其性，物各有其用，這就是一個簡單到不能再簡單的大道理。明白了這個大道理，也就進入超邁通達的心靈境界，也就不再糾結於事物的大與小，人物的美與醜，性能的適用與不適用了。從這個意義上説，那些人工造就的事物，也是一樣的。當一物被分割與截斷了，它便成就了另一物；反之，成就了一物，也就破滅與毀壞了另一物。普天之下，大凡爲人工所造作出來的任何東西，無論是成一物還是毀一物，仍然是各有其性，各有其用。卽使是爲了成就另一物而自身被破被毀，那也同樣是它的性能與用途。祇有那些境界高遠、心靈通達的人，才能明白這個道理。因此，也就用不著糾纏一事一物的個別差異，也用不著糾結一事一物的成就與毀滅了，祇要把它們用在通常所用的地方就夠了。所謂倫常日用，就是物盡其用；物盡其用，也就是通達無所拘滯；通達無所拘滯，自然便心情快樂。到了通達無礙、心情快樂的地步，當然便離『道』的超邁高遠的心靈境界不遠了。也就是因爲他明白了物盡其用這個道理而已。不過，像這樣處理日常事務，事先並沒有去用心盤算該如何如何，事後也不用費心思去反省不該如何如何，這才真正叫作超然物外的『道』的境界。

如果勞神費力地花大心思去計較與盤算，把不同的事物歸置在一起，卻不知道它們本身就沒有什麼本質的區别，這種愚蠢的行爲可以用『朝三』的故事來形容。什麼是『朝三』的故事呢？話説有一位豢養獼猴的老頭給他的猴兒們分發橡子，對它們説：『早上給你們三個橡子，晚上再給你們四個橡子！』羣猴們聽了之後吹鬍子瞪眼睛，沒有哪一個是高興的。老頭馬上改口説：『既然你們不高興，那就早上給你們四個橡子，晚上再給你們三個橡子吧！』猴兒們聽了之後個個手舞足蹈，高興得不得了。但事實上無論是三個加四個，還是四個加三個，它們的總數都是一樣的，可是這些愚蠢的猴子卻完全不明白，相反憑著自己的想當然或高興或憤怒因而感情用事。這其實是夸大並糾結於事物名號稱謂及其性能功用的差異性，而不明白歸根到底它們作爲物的本質卻是相同的。所以聖人並不糾纏於彼與此、是與非的截然對立，而是心平氣和地把是與非懸置起來，是者任其所是，非者任其所非。就仿佛把『是』與『非』同時放置在一個製作陶器的天然大轉盤上一樣，當這個天然大轉盤旋轉起來之後，那『是』與『非』的界線也就逐漸模糊不清了。然而它們衹不過是在人們的視覺中消失了而已，事實上那對峙的『是』、『非』兩極仍舊在那轉盤上相互對峙著且同時相對轉動著，這就叫作『是』與『非』的『兩行』或『並行』。

古之人，其知有所至矣。惡乎至？有以爲未始有物者，至矣，盡矣，不可以加矣。〔一〕其次以爲有物矣，而未始有封也。其次以爲有封焉，而未始有是非也。〔二〕是非之彰也，道之所以虧也。道之所以虧，愛之所以成。〔三〕果且有成與虧乎哉？果且无成與虧乎哉？〔四〕有成與虧，故昭氏之鼓琴也；無成與虧，故昭氏之不鼓琴也。〔五〕昭文之鼓琴也，師曠之枝策也，惠子之據梧也，三子之知幾乎，皆其盛者也，故載之末年。〔六〕唯其好之也，以異於彼，其好之也，欲以明之。〔七〕彼非所明而明之，故以堅白之昧終。而其子又以文之綸終，終身無成。〔八〕若是而可謂成乎？雖我亦成也。若是而不可謂成乎？物與我無成也。〔九〕是故滑疑之耀，聖人之所圖也。爲是不用而寓諸庸，此之謂以明。〔一〇〕

【釋義】

〔一〕**古之人其知有所至** 知，認知，識見。至，到達。**惡乎至** 惡乎，猶何所。**有以爲未始有物者** 有，或。未始，未嘗。未始有物，最初不曾有物。者，也。**至矣** 至，極。成《疏》：『造極之名也。』**盡矣** 盡，終，竟。**不可以加** 加，猶損減。

〔二〕**其次以爲有物** 其次，從無物到有物之次第。**而未始有封** 封，邊界。**其次以爲有封焉** 其次，從無邊界到有邊界的次第。焉，於是。**而未始有是非** 有是非，有價值判斷。

〔三〕**是非之彰** 之，若。彰，顯。**道之所以虧** 道，無是無非的超邁高遠境界。之，猶乃。所以，猶因而。虧，侵蝕，毀損。**道之所以虧愛之所以成** 愛，偏私，偏好。成，形成。

〔四〕**果且有成與虧** 果且，果若。成，愛之成。虧，道之虧。行甫按：此問的答案是『無成與虧』，理由在下文。**果且无成與虧** 行甫按：此問的答案是『有成與虧』，理由亦在下文。

〔五〕**有成與虧故昭氏之鼓琴** 故，若。行甫按：此『若』之『故』乃示例之詞。昭氏，俞樾、馬敍倫皆以爲鄭國樂師昭文。鼓琴，以琴瑟演奏音樂。**無成與虧故昭氏之不鼓琴** 行甫按：此以鼓琴喻認知活動，祇要有認知活動，便一定有傾向性，一有傾向性便陷入主觀好惡，當然便有是非之爭，故曰『道之所以虧』。

〔六〕**昭文之鼓琴** 昭文，卽昭氏。之，猶其。**師曠之枝策** 師曠，晉平公樂師。枝策，陳懋仁《庶物異名疏》：『枝策，擊樂器也。』（王叔岷《校詮》）**惠子之據梧** 惠子，惠施。據梧，撫琴。《德充符》述莊子斥惠子：『今子外乎子之神，勞乎子之精，倚樹而吟，據槁梧而瞑。』《天運》亦云：『倚於槁梧而吟。』劉師培以爲『梧』非鼓琴瑟，學者多從其說。行甫按：「梧」即「桐」。《說文》：「梧，桐木也。」《爾雅·釋木》「榮，桐木」，郭璞注：「即梧桐。」《鄘風·定之方中》「椅桐梓漆，爰伐琴瑟」，是「梧桐」可爲琴瑟。《後漢書·蔡邕傳》：「吳人有燒桐以爨者，邕聞火烈之聲，知其良木，因請而裁爲琴，果有美音，而其尾猶焦，故時人名曰『焦尾琴』焉。」然則此乃文學借代之法，以「梧」代琴瑟。梧桐，乃製琴良材，以「梧」而代稱琴瑟，其一。「倚樹而吟，據槁梧而瞑」，「倚於槁梧而吟」，惠子自鼓琴而自吟唱，其樂技高超，其二。此文以「鼓琴」、「枝策」、「據梧」相比較，必是同類，墨子曰「異類不比」，其三。**三子之知幾**　知，通智，智巧技藝。幾，近，三者之技藝相近。**皆其盛者**　盛，隆，滿。《荀子·臣道篇》「明主尚賢使能而饗其盛」，楊倞注：「盛，謂大業。」**故載之末年**　載，記載。之，於。末年，《釋文》：「崔云：書之於今也。」行甫按：載之於末年，猶言載之於當代史。

〔七〕**唯其好之**　唯，以，因。好，喜好，偏愛。**以異於彼**　異，出類。《戰國策·趙策二》「異敏技藝之所試也」，鮑彪注：「異，出類。」《釋名·釋天》：「異者，異於常也。」彼，他人。**其好之**　其，猶以。**欲以明之**　欲，將。明，曉喻，辯說。《禮記·樂記》「述者之謂明」，孔穎達《正義》：「明者，辯說是非。」

〔八〕**彼非所明而明之**　彼，他人。行甫按：彼，即「以異於彼」之「彼」，猶今語所謂「同行」。所，猶可。**故以堅白之昧終**　以，猶如，若。堅白，名家論題之一。昧，晦澀難明。終，終老。行甫按：名家「堅白」之論，世人以爲苛察繳繞，晦澀難明，故舉之以爲例也。行甫又按：此言三子同業，相互辯難，然愈辯愈晦澀，愈辯愈難明，如同「堅白」之論，終老亦未能使人有所明。**而其子又以文之綸終**　其子，昭文之子。鍾泰《發微》：「言昭文之子，以概後之人也。」綸，論，知。王引之《經義述聞》：「古字多借綸爲論。《說文》『倫，欲知之貌』，聲義亦與論同。」俞樾《平議》：「『之昧』與『之綸』必相對爲文。古字綸與論通，《淮南》與『明』對言，綸亦『明』也。『以文之綸終』，謂以文之所知者終，即是以文之明終。」行甫按：此「綸」字當以王、俞二氏說爲勝，義兼「論」、「知」、

「明」三義，與前文「三子之知幾矣」之「知」以及「彼非所明而明之」義合。郭《注》成《疏》解爲「緒」，乃因「其子」爲說耳。**終身無成** 成，就，定。《說文》：「成，就也。」《國語・楚語上》「未有成」，韋昭注：「成，猶定也。」

〔九〕**若是而可謂成乎** 若是，如此。可謂成乎，行甫按：承上文之意，猶言「若無成而可謂成乎」。**雖我亦成也** 江南古藏本作「雖我無成亦可謂成矣」。行甫按：當以古藏本爲是，承上文之問而言「無成亦可謂成」。**若是而不可謂成乎** 若是，如此。無成卽不可謂之成。**物與我無成也** 物，人。行甫按：言人人終身辯論而皆無所成。何以言之？愈辯而愈惑。

〔一〇〕**是故滑疑之耀** 是故，因此。滑，亂。疑，惑。耀，明。《國語・周語上》「先王耀德不觀兵」，《鄭語》「以淳耀敦大」，韋昭注：「耀，明也。」**聖人之所圖** 圖，通鄙，行甫按：圖與鄙，兩周金文皆作啚。《齊侯鎛》「與鄩之民人都啚（鄙）」，《敔𣪕》「啚（圖）於熒伯之所」，後分化爲圖爲鄙，故二字可通用。**爲是不用而寓諸庸** 庸，常，眾，平凡。《國語・齊語》「君之庸臣也」，韋昭注：「庸，凡庸也。」《淮南子・原道》「此俗世庸民之所公見也」，高誘注：「庸，眾也。」行甫按：爲是不用而寓諸庸，與上文文同而意不同，此言不用因「好之」而「明之」，應當混跡於黎甿，以眾人之共同好惡爲好惡。**此之謂以明** 以，通已，止。

此乃本篇第一章第七節，言沒有以「道」觀「物」的立場與超然「物」外的思想境界，反而以主觀好惡是己而非彼，則是非之爭勢必永無終局。因此，在這種明顯帶著觀察立場與主觀好惡的前提下辯來辯去，勢必越辯越糊塗，不如放棄這種私好之「明」。

【繹文】

古代的有識之士，他們的認知程度與見識水平都達到了某些層次了。他們達到了哪些層次呢？有的認爲：世界在最初的時候空空蕩蕩什麼東西也沒有，這是迄今爲止最爲高遠而超邁的境界了，已經到了盡頭而無法企及了。依次而來的看法是：認爲世界從什麼東西都沒有已經進入到有東西了，但這些東西之間還不存在任何界線，尚未出現彼與此的分際與區別。依次而來的看法則認爲事物的界線出現了，不僅有了彼與此的分界，也有了人與我的區別。雖然如此，但還沒有出現與好惡相關的是與非的價值判斷。然而，一旦出現了是與非的價值判斷，那種無限高遠超邁而無物亦無我的『道』的境界也就因此蕩然無存了。所以『道』的境界蕩然無存，就是因爲人的偏私與好惡業已形成了。是不是偏私好惡的形成與『道』之境界的虧損之間的確具有某種密切的因果關係呢？是不是偏私好惡的形成與『道』之境界的虧損之間並不存在什麼直接關聯呢？不過，偏好的形成與『道』境的虧損之間的因果關係，從鄭國樂師昭文之琴瑟演奏的實例中便顯示出來了。當然，昭文如果不去演奏琴瑟，那麼偏好的形成與『道』境的虧損之間，其因果關聯也就無從顯示出來了。可以說，昭文的琴瑟演奏，師曠的打擊音樂，惠施的自彈自唱，三位先生的音樂知識與演奏才能是不相上下的，都是處在他們音樂生涯的巔峯狀態，所以他們很榮幸地被載入了史冊。但是由於他們對於音樂各有天賦，也各有偏好，所以總想超越同行。也正是由於他們各有偏好，就希望其他同行能夠對他們的理論與技法有所理解與接受，於是便不停地向他們宣講與辯說。由於其他同行也一樣各有偏好，所以並不願意接受他人的宣講與辯說，這樣彼此便發生了爭論，你批評過來，我反駁過去，因而把問題弄得越來越複雜，越來越晦澀。就像名家討論『堅白石二』還是『堅白石三』一樣，越爭越糊塗，直到老死都得不到明確的結論。然而，老輩人爭論不休也就罷了，他們的後輩，如昭文的兒子又繼續接著爭論辯說了一輩子，終其一身也未能有所成就，也沒有得出一個定論。像他們這樣反覆爭論不休，便可以叫作有所成就嗎？那麼，像我這樣一事無成的人，也可以叫作大有成就了。倘若如此反覆爭論，不能叫作有所成就的話，那麼所有人也和我一樣，都是一事無成。因此，那種帶著個人偏見與主觀好惡而使人越來越昏亂糊塗的所謂『明辯是非』，終究是爲聖人所鄙棄的。因此，最好還是放棄個人主觀偏見與情感好惡而混跡於黎甿，以社會大眾共通的好惡爲好惡。這就叫作『止明』。

今且有言於此，不知其與是類乎？其與是不類乎？〔一〕類與不類，相與爲類，則與彼无以異矣。〔二〕雖然，請嘗言之：〔三〕

有始也者，有未始有始也者，有未始有夫未始有始也者。〔四〕有有也者，有无也者，有未始有无也者，有未始有夫未始有无也者。〔五〕俄而有无矣，而未知有无之果孰有孰无也。〔六〕

今我則已有謂矣，而未知吾所謂之其果有謂乎，其果无謂乎？〔七〕天下莫大於秋豪之末，而大山爲小；莫壽於殤子，而彭祖爲夭。天地與我並生，而萬物與我爲一。〔八〕

既已爲一矣，且得有言乎？〔九〕既已謂之一矣，且得无言乎？〔一〇〕一與言爲二，二與一爲三。〔一一〕自此以往，巧曆不能得，而況其凡乎！〔一二〕故自无適有以至於三，而況自有適有乎！〔一三〕无適焉，因是已。〔一四〕

【釋義】

〔一〕**今且有言於此**　今，故，承上啓下之詞。且，姑且。有，又。**不知其與是類乎其與是不類乎**　其，將，當。是，代指上述以喜怒好惡相爭之事。類，類似，同類。

〔二〕**類與不類**　與，猶或。行甫按：類與不類，猶言無論類或不類。**相與爲類**　相與，共同。行甫按：類，與上述相類，則亦是好惡之言。不類，在『類』或是『不類』的看法上，則已然爲好惡不定之言矣，故曰『相與爲類』。**則與彼无以異**　彼，上述三子之徒。以，猶所。異，差異。无以異，無所差別。

〔三〕**雖然**　即使這樣。行甫按：猶言無論是『類』還是『不類』。**請嘗言之**　嘗，試。言，即下文『有始』及『有有』之言。

〔四〕**有始**　始，天地宇宙有一個開頭。**有未始有始**　未始有始，無始，此否定有始。**有未始有夫未始有始**　夫，彼，與未始有始爲同位語。有未始有夫云云，此否定前之無始。行甫按：此乃天地宇宙是否有一個開頭的無窮爭論。

〔五〕**有有**　有言『有』者；有，有物。言宇宙之初有物存在。**有无也者**　无，無物。言宇宙之初無物存在。**有未始有无也者**　未始有无，無所謂有，亦無所謂無。在然疑之間，爲存疑之說。**有未始有夫未始有无**　夫，與『未始有无』爲同位語。未始有夫云云，此爲『存而不論』之說，猶言不可知。行甫按：此爲宇宙之初有物還是無物的無窮爭論。

〔六〕**俄而有无**　俄而，頃間。有无，猶言真假。行甫按：俄而有无矣，頃間追問，其所陷於無窮爭論之問題，究竟是不是問題，或是真問題還是假問題。**而未知有无之果孰有孰无**　未知，不知。有无，有無之論。之，猶者，有无之，持有無之論者。果，究竟。孰，誰，何也。孰有孰无，猶言誰能肯定，誰能否定。行甫按：二句謂：頃間追問所論之問題本身，是不是問題，不知持論者如何作答。言爭論毫無意義，不過意氣用事而已。

〔七〕**今我則已有謂**　今，現在。則，即。已，通以，因，由。謂，判斷，評價。**而未知吾所謂之其果有謂**　而，轉折之詞，與『則』相關爲用。之，猶乃。其，猶將，殆。果，實。有謂，有意義、有價值的内容，真判斷。**其果无謂**　其，將，抑。无謂，無價值，假判斷。

〔八〕**天下莫大於秋豪之末**　莫，無。秋豪，成《疏》：『秋時獸生豪毛，其末至微，故謂秋豪之末也。』末，末端。**而大山爲小**　而，則，且。大，同太。大山，泰山。行甫按：此乃有關大、小的虚假判斷。**莫壽於殤子**　殤子，幼童而夭折者。**而彭祖爲夭**　彭祖，人以爲長壽者。夭，短命。行甫按：此乃有關壽、夭的不實之說。**天地與我並生**　並生，同生。**而萬物與我爲一**　爲一，爲一體。行甫按：此乃出於想象的無根之談。以上三句乃莊子影射惠施『萬物畢同畢異』、『大同而與小同異』的哲學理論，認爲皆是出於想象的不實之辭，故以之爲例，以明關乎趣味的問題更是無從爭辯。

〔九〕**既已爲一**　既已，已經。爲一，成爲一體。行甫按：此單以『萬物與我爲一』爲例，析其相爭者各自所持的理由。**且得有言乎**　且，猶尚，豈。得，猶能夠也。有言，出言發話。行甫按：既然『萬物與我爲一』，則已經爲物，豈得發言說話？言下之意，見過石頭或樹木有說話的麼？此爲質疑之理由。

〔一〇〕**既已謂之一**　謂，言說。之，猶爲。一，一體。**且得无言乎**　无言，沒有說話。行甫按：既然已經說了『萬物與我爲一』這句話，能說沒有說話嗎？此乃反駁質疑之理由。

〔一一〕**一與言爲二**　一，初言之『一』，卽『萬物與我爲一』之最初命題。言，質疑其最初命題『爲一』之『言』，卽『且得有言乎』的質疑之言。二，最初命題與質疑命題相加爲『二』。**二與一爲三**　一，反駁質疑理由的『謂之一』之『一』，則從最初命題到質疑命題再到反駁質疑的命題，其往返共有『三』。

〔一二〕**自此以往**　從今以後，卽從『三』以後，還會繼續發生不斷的質疑與反質疑。**巧曆不能得**　巧曆，巧於曆算，善於天文推步。**而況其凡乎**　況，況且。凡，凡人，不善於天文曆算的衆人。

〔一三〕**故自无適有以至於三**　故，因此。自，從。適，到。自无適有，無中生有，由趣味好惡所生的是非之爭。**而況自有適有乎**　自有適有，由認知所生的是非之爭。

〔一四〕**无適焉**　適，之，止。**因是已**　因，由。是，此，指上文反覆申明的『成心』之『知』與分辨之『明』。

此乃本篇第一章第八節，言憑主觀好惡與想當然以爭論是非，永遠沒有客觀標準，不過是意氣之爭而已，因爲趣味無從爭辯。

【繹文】

因此，現在姑且再在這裏說幾句話，不知道這些話與上面所說的那些因喜怒好惡而爭論不休的情況是相類似的呢，還是不相類似的呢？無論相類似還是不相類似，歸根結蒂都是相似的，因而也就與那些情況沒有什麽兩樣了。爲什麽這麽說呢？如果你認爲是相似的，當然就是相似的；如果你認爲不是相似的，那麽在相似與不相似的問題上，你與我便已然發生了爭執。不過，卽使是這樣，無論相似與不相似，還是讓我試著把話說完罷：

有人認爲天地宇宙有一個最早的開頭，有人認爲天地宇宙未曾有一個開頭，又有人認爲天地宇宙並沒有那所謂未曾有開頭。這是有關天地宇宙有始與無始的無窮論爭，衹不過是各抒己見而已。有人認爲宇宙之初有事物存在，有人認爲宇宙之初沒有事物存在。這是兩種截然相反的意見。有人認爲既不曾有物，也不曾無物。這是對有物還是無物持首鼠兩端的懷疑態度。還有人認爲根本就沒有那所謂有物還是無物的事。這是對究竟有物還是無物，持不可知的虛無態度。總之，有關天地宇宙是有始還是無始，是有物還是無物，就有這許多不同的態度與説法。要是突然追問：你們爭論不休的這些有呀、無呀的問題，究竟是有還是無呢？不知道這些論有、論無的人究竟誰以爲有、誰以爲無！由此可見，這些有呀、無呀的爭論，都是毫無意義的虛假問題，其所以爭論不休，不過是意氣用事罷了！

現在我也來順著這些説法提出幾個相關判斷，但也不知道我所提出的這些命題與判斷，是實有其事呢，還是本無其事呢？說：『天下沒有比秋天的毫毛末端更大的東西，而且泰山也是小得可憐的；沒有人的生命能活過夭折的幼童，而且號稱長壽的彭祖也是短命的；天地與我一起同生同長，而且萬物與我就是一體的。』

可是，當我說出這些話來之後，立卽就發生了無窮的爭論。比如有關『萬物與我爲一』的爭論，其過程是這樣的：『既然你與萬物成爲一體了，你還能說話嗎？你見過石頭與樹木或豬狗與牛羊有能說話的嗎？』這是質疑那個『爲一』的最初命題。對質疑的回應與反駁，就說：『既然已經說出「萬物與我爲一」了，豈能認爲沒有說話呢？』這樣一來，最初『爲一』的命題與質疑『爲一』的命題，加在一起就變成兩個命題了。再加上回應與反駁的另一個命題，就成爲三個命題了。依此類推，這種質疑與反駁，還會不斷地推演下去，以至於那些善於天文推步的演算家都不能計算清楚，更何況沒有算術才能的一般人呢？因此，從一個無法質正的趣味命題都能引發三種不同的論爭來，更何況那些因受『成心』支配的認知活動所產生的是非之爭呢？一定是無休無止，沒完沒了，沒有盡頭的，也是由於主觀偏見的認知活動所產生的無窮爭辯。

夫道未始有封，言未始有常，爲是而有畛也。〔一〕請言其畛：有左，有右；有倫，有義；有分，有辯；有競，有爭，此之謂八德。〔二〕六合之外，聖人存而不論；六合之內，聖人論而不議。〔三〕《春秋》經世先王之志，聖人議而不辯。〔四〕故分也者，有不分也；辯也者，有不辯也。〔五〕曰：何也？聖人懷之，衆人辯之以相示也。故曰辯也者，有不見也。〔六〕

夫大道不稱，大辯不言，大仁不仁，大廉不嗛，大勇不忮。〔七〕道昭而不道，言辯而不及，仁常而不成，廉清而不信，勇忮而不成。五者园而幾向方矣。〔八〕

故知止其所不知，至矣。〔九〕孰知不言之辯，不道之道？〔一〇〕若有能知，此之謂天府。〔一一〕注焉而不滿，酌焉而不竭，而不知其所由來，此之謂葆光。〔一二〕

【釋義】

〔一〕**夫道未始有封**　夫，且。道，深刻的思想水平，高遠的心靈境界。封，封域，止境。行甫按：思想水平與心靈境界，既是無限提升的過程，也是沒有止境的精神領域。**言未始有常**　言，言論，言語。常，不變。語言的概括能力與表達水平也是不斷變化的。行甫按：可參見本章第四節『道隱於小成，言隱於榮華』釋義。**爲是而有畛**　爲是，因此。而，猶乃。畛，音枕，界域。

〔二〕**請言其畛**　言，猶舉。**有左有右**　左與右，相互對反。**有倫有義**　倫，通掄，猶選擇。《後漢書・崔駰傳》『游不倫黨』，王念孫《讀書雜志》：『倫，擇也。游不倫黨，謂交不擇類也。《說文》：「掄，擇也。」《周官・山虞》曰「邦工入山林而掄材」，《少牢饋食禮》「雍人倫膚九」，鄭注：「倫，擇也。」是倫與掄通。』義，傾斜也。王引之《經義述聞》：『《說文》：「俄，行頃也。」《小雅・賓之初筵》「側弁之俄」，鄭箋曰：「俄，傾貌。」《廣雅》曰：「俄，衺也。」古者俄、義同聲，故俄或通作義。《立政》「乃三宅無義民」，義與俄同，衺也。』行甫按：有倫有義，言有選擇，有傾向。**有分有辯**　分，分別。辯，通辨。《禮記・曲禮上》『分爭辨訟』，鄭玄注：『分、辨，皆別也。』行甫按：有分有辯，有區分，有辨別。**有競有爭**　郭象注：『並逐曰競，對辯曰爭。』**此之謂八德**　德，行爲表現。八德，認知與言論之八種不同層面的行爲表現。行甫按：左右，認知立場祖分左右。倫義，觀點表達有所選擇與傾向性。分辨，理論主張有是非與破立。競爭，論難態勢有相抗與爭勝。是『八德』可分爲四組，逐步升級。

〔三〕**六合之外**　六合，天地四方。六合之外，天地之外，非人間之世。**聖人存而不論**　存，察。論，選擇與討論。《荀子·王霸篇》『若夫論一相以兼率之』，楊倞注：『論，謂討論選擇之也。』王叔岷《校詮》：『論則失於空疏。』**六合之内**　天地之内，人世之間。**聖人論而不議**　議，議論評價。論而不議，論説事理，不加個人意見。王叔岷《校詮》：『議則流於偏執。』

〔四〕**春秋經世先王之志**　《春秋》，史書之名，孔子筆削於魯史。經世，國家與社會治理。志，記載。行甫按：經世先王，卽先王經世的倒語，猶『大木百圍』卽『百圍大木』。**聖人議而不辯**　辯，辯駁。議而不辯，祇發表個人意見，不與他人往復辯説。

〔五〕**故分**　故，通顧，猶相反。分，可分。**有不分**　不分，不可分。**辯**　辯論，分辨。**有不辯**　不辯，不可辯論，不可分辨。行甫按：就事理言，有可分、須分者與可辨、須辨者；亦有不可分、不須分者與不可辨、不須辨者。『六合之外，聖人存而不論』是也。就才具言，有能分、善分者與能辯、善辯者；亦有不能分、不善分與不能辯、不善辯者。此卽『大知閑閑，小知間間；大言炎炎，小言詹詹』的現象，其原因則在『道未始有封，言未始有常』。

〔六〕**曰何也**　曰，設問以言其事象。何，怎麽樣。行甫按：單用一『何』字，問怎麽樣，非問爲什麽。爲什麽者，原因已明於上。怎麽樣者，事象乃言於下。**聖人懷之**　懷，包。懷之，聖人見識遠大，境界開闊，故兼容並包，無所分辨。**衆人辯之以相示**　示，炫耀，矜誇。**故曰辯**　辯，亦含辯論與辨别二義。**有不見**　不見，有所遮蔽，見識未及。

〔七〕**夫大道不稱** 大道，最深刻的理論，最高遠的境界。不稱，無須稱說，亦難以稱說。**大辯不言** 大辯，最高境界的辯論。不言，不須言說，亦無以言說。**大仁不仁** 仁，親，愛。《說文》：『仁，親也。從人，從二。忎，古文仁，從千心。』大仁，至高無尚之仁。不仁，不親不愛。**大廉不嗛** 廉，廉潔，清廉。大廉，最高尚的廉潔。嗛，通謙，謙讓。不嗛，不謙讓，不推辭。**大勇不忮** 勇，勇氣，勇敢。忮，狠戾。《說文》：『忮，很也。』段玉裁注：『很者，不聽從也。』

〔八〕**道昭而不道** 昭，明。不道，非道。『道』的心靈境界，非語言所能描述，即使勉強描述，也不是那『道』的境界。此亦『大道不稱』之意。**言辯而不及** 言辯，言語辯說。及，逮。語言概念衹是對外部世界的虛擬，永遠也不能達到外部世界本身。此亦『大辯不言』之意。**仁常而不成** 常，通當，《韓非子·十過》『願聞古之明主得國失國何常以』，《說苑·反質》『常』作『當』，是其例。當，得當，相值。成，江南古藏本作『周』，郭注：『物無常愛，而常愛必不周。』是郭本亦爲『周』。行甫按：仁當而不周，行仁而有具體之對象，則不可能周遍。此亦『大仁不仁』之意。**廉清而不信** 清，清澈，清苦。廉清，廉潔清苦。信，誠實。不信，猶欺詐。行甫按：廉潔到清澈乃至清苦的程度，便有矯揉造作的欺詐之嫌。此亦『大廉不嗛』。如公孫弘位列三公，奉祿豐厚，卻用布被，汲黯謂之詐，弘亦自認飾詐欲以釣名。**勇忮而不成** 勇忮，猶言鬬狠之勇，或勇於鬬狠。不成，不能成就大勇。行甫按：以鬬狠爲勇，成就不了大功業。此亦『大勇不忮』之義。如韓信甘受胯下之辱而不鬬。**五者园而幾向方** 五者，指道、辯、仁、廉、勇。园，圓形。《釋文》：『司馬云：圓也。』五者园，指大道、大辯、大仁、大廉、大勇。幾，近。方，方正。行甫按：圓、方比喻性質相反。向方，從圓轉向方，猶言性質發生了變化，指『大道不稱，大辯不言，大仁不仁，大廉不嗛，大勇不忮』。反之，『道昭而不道，言辯而不及，仁當而不周，廉清而不信，勇忮而不成』，亦是從圓轉向方的性質變化。前者乃是『大智若愚』，後者猶如『事與願違』。行甫按：『幾』之言『近』，『向』之言『過』。恰到好處，保持中度，過猶不及，是『向』之誡；涉於行跡，流於形似，似是而非，是『幾』之誡。『幾』之『近』，『向』之『過』，皆爲『不道』、『不及』、『不周』、『不信』、『不成』。若商之伊尹流放其君太甲，公孫丑問：『賢者之爲人臣也，其君不賢，則固可放與？』孟子曰：『有伊尹之志則可，無伊尹之志則簒也。』（《孟子·盡心上》）所謂『伊尹之志』，卽此『五者园而幾向方』之大關鍵。若無高遠的心靈境界與深刻的思想理論作支撑，則一切美好初衷與願景皆有可能變味與變質而流向其負面價值。如莊子超然物外的生存智慧，在阿Q那裏便流爲『精神勝利法』，似是而實非。則『五者园而幾向方』者，乃莊子之『道』的一大玄機，學者當用心參悟其義。《後漢書·馬援傳》載援書誡其兄之子曰：『龍伯高，敦厚周慎，口無擇言，謙約節儉，廉公有威，吾愛之重之，願汝曹效之。杜季良，豪俠好義，憂人之憂，樂人之樂，清濁無所失，父喪致客，數郡畢至，吾愛之重之，不願汝曹效也。效伯高不得，猶爲謹敕之士，所謂刻鵠不成尚類鶩者也。效季良不得，陷爲天下輕薄子，所謂畫虎不成反類狗者也。』是所謂『园而幾向方』者，其類乎馬氏之誡邪？

〔九〕**故知止其所不知**　故，因此。知，認知。其，猶於。不知，不能知。《庚桑楚》『知止乎其所不能知』，是其義。行甫按：知止其所不知，卽『六合之外，聖人存而不論』。**至矣**　至，極，盡。

〔一〇〕**孰知不言之辯**　孰，誰。知，懂得，明白。不言之辯，不以語言之辯論。**不道之道**　不用稱說的大道。

〔一一〕**若有能知**　若，如。**此之謂天府**　此，指『不言之辯，不道之道』。天府，天然的府庫，喻苞舉宇內而含藏萬有之無限高遠的心靈境界。

〔一二〕**注焉而不滿**　注，灌注。**酌焉而不竭**　酌，挹出。**而不知其所由來**　所，何。由，從。行甫按：

不知其所由來，猶言非從認知而來。**此之謂葆光**　葆，音保，葆光，葆有生命的光輝。行甫按：從本篇開頭至此，皆可視爲南郭子綦所語於顔成子游『今者吾喪我』的理論依據。雖娓娓道來，卻是層層推衍，邏輯綿密。

此乃本篇第一章第九節，言卽使是以超越的境界觀察事物，也由於境界的提升是無限的，因而『以道觀物』也會有境界與層次的不同。而且隨著觀物境界的提升，相應的言語概括能力也有所變化。其間更會產生不少處在不同層次的爭議。故曰『六合之外，聖人存而不論；六合之内，聖人論而不議』。由此可見，其人所處的精神境界，決定著其人的問題意識。反之，觀其人所爭議的問題，卽知其人所處的思想層次。如果明白了這一道理，參透了個中玄機，『辯』也就毫無意義了，所以『聖人懷之，衆人辯之以相示也』。因此，在不能認知之處戛然而止，不『辯』也不『言』，心知其意而又保持沉默。這才是生命的天然府庫所儲存的無盡寶藏，也是可以永葆生命之光的活水源頭。

【繹文】

再説，思想的深度與心靈的境界是沒有止境的，語言的概括能力與思想的表達水平，也不是一成而不變的，因而觀察事物與認知世界，就會有不同的方法，便會形成各種不同的差異，當然就有各種不同的是非爭論。讓我説説這些區别與差異吧：有的採取左邊的觀察立場，有的採取右邊的觀察立場。有的事先要選擇觀察對象，有的在觀察之前便預設了主觀傾向。有的就單一問題條分縷析，細緻入微；有的就複雜對象區同别異，歸納分類。有的心平氣和地對等辯論，有的盛氣凌人地爭强好勝。

這些就叫作『八德』，亦即是非之爭的產生過程及其表現形式。因此，對於天地四方之外非人世間的事情，聖人祇是默默地觀察，不會憑想當然作任何選擇發表任何意見。而對於天地四方之内人世間的事情，聖人便祇是論說事理，並不加任何主觀判斷與評價。《春秋》這本書是有關先王治理國家的記載，聖人對這些歷史往事，雖然有所判斷與評價，但並不與人發生辯論與爭執。由此看來，天地内外，古往今來，各種事理，有可分、能分的，也有不可分、不能分的。有可以而且能夠加以分辨討論的，也有不可且不能加以分辨討論的。這是怎麼說呢？聖人識見遠大，胸襟開闊，含藏萬有，心知其意卻保持沉默，無須分辨。而眾人卻喋喋不休地爭論辯說，不過是互相矜誇與彼此炫耀自己的一孔之見而已。其實他們的眼光與見識還沒有達到那種高遠的境界，看問題並不通透，還存在著許多盲區。

相反，具有高遠的心靈境界用不著稱說也無從稱說，最深刻的辯論就是不須言辯也無從言辯，最普泛的仁愛近於無所仁愛，最高尚的廉潔並不意味著完全不受饋贈，最偉大的勇敢也不意味著好力鬬狠行兇。高遠的心靈境界一旦進入言說便與那『道』的境界相去甚遠了，巧妙的說辭也難以觸及外部世界的真相，普泛的仁愛如果落實到具體對象身上也就不可能是普泛的仁愛了，高尚的廉潔如果真的一塵不染也就近乎欺詐了，偉大的勇敢如果用之於鬬狠行兇也就不成其爲勇敢了。這五個方面的行爲旨趣是十分圓融而周洽的，也很不容易拿捏得準確而真切，稍有差池也就變味變質，從而走向它們的反面了。

因此，如果能把認知與判斷活動結束在不可認知與無法判斷的地方，就是最好不過的了。有誰能懂得辯論無須言說的玄妙之處呢，有誰能明白心知其意卻又保持沉默的超邁境界呢？如果真的有人明白了這個意義，參透了這一玄機，那就是在精神上擁有了無限豐富的寶藏，這也可以叫作天然的府庫。這智慧的大海，不斷地注入卻不會滿溢，永遠地取用也不會枯竭，可是不知它的源頭究竟來自何方。擁有這個智慧的心靈，可以說就是永遠蘊涵著生命的活力，就是永遠葆持著內在的光明。

〔二〕

故昔者堯問於舜曰：『我欲伐宗膾、胥、敖，南面而不釋然。其故何也？』〔一〕舜曰：『夫三子者，猶存乎蓬艾之間。若不釋然，何哉？〔二〕昔者十日並出，萬物皆照，而況德之進乎日者乎！』〔三〕

齧缺問乎王倪曰：『子知物之所同是乎？』曰：『吾惡乎知之！』〔四〕『子知子之所不知邪？』曰：『吾惡乎知之！』〔五〕『然則物无知邪？』曰：『吾惡乎知之！雖然，嘗試言之。庸詎知吾所謂知之非不知邪？庸詎知吾所謂不知之非知邪？〔六〕『且吾嘗試問乎女：民濕寢則腰疾偏死，鰌然乎哉？木處則惴慄恂懼，猨猴然乎哉？三者孰知正處？〔七〕民食芻豢，麋鹿食薦，蝍蛆甘帶，鴟鴉耆鼠，四者孰知正味？〔八〕猨猵狙以爲雌，麋與鹿交，鰌與魚游。〔九〕毛嬙麗姬，人之所美也，魚見之深入，鳥見之高飛，麋鹿見之決驟。四者孰知天下之正色哉？〔一〇〕自我觀之，仁義之端，是非之塗，樊然

殽亂，吾惡能知其辯！』〔一一〕

齧缺曰：『子不知利害，則至人固不知利害乎？』〔一二〕王倪曰：『至人神矣！大澤焚而不能熱，河漢沍而不能寒，疾雷破山、飄風振海而不能驚。〔一三〕若然者，乘雲氣，騎日月，而遊乎四海之外。〔一四〕死生无變於己，而況利害之端乎！』〔一五〕

【釋義】

〔一〕**故昔者堯問於舜**　故，承上啓下之詞。堯、舜，傳說時代之君臣。**我欲伐宗膾胥敖**　宗膾、胥、敖，莊子杜撰的三個部落小國之名。**南面而不釋然**　南面，爲君。釋然，成《疏》：『怡悅貌也。』行甫按：成說非。當以『不釋』連讀，猶言放置不下，解脫不了。《說文》：『釋，解也。從釆，釆，取其分別物也。』《左傳》襄公二十八年『釋盧蒲嫳於北竟』，杜預注：『釋，放也。』**其故何也**　其，猶此。

〔二〕**夫三子**　夫，彼。三子，三國之君，實指三國。**猶存乎蓬艾之間**　猶，尚，庶幾。存，在。乎，於。蓬艾，兩種草本植物，猶言草叢。**若不釋然**　若，爾。成《疏》：『乃不釋然。』亦通。**何哉**　何，何意，何爲。

〔三〕**昔者十日並出**　並出，同時升空。**萬物皆照**　十日並出，觸處皆無陰影，以喻萬物無所區分。**而況德之進乎日者乎**　德，合於道的行爲方式。之，猶乃。進，超過，勝過。乎，於。

〔四〕**齧缺問乎王倪**　齧（音涅）缺、王倪，亦莊子杜撰的寓言人名。齧缺猶言咬缺，王倪猶言崇圓。**子知物之所同是乎**　知，了解。物，人。行甫按：莊子多以『物』稱人。人者，『天籟』，實乃天地之間一『物』而已。之，猶有。所，猶可，何。同，一致。是，猶肯定，認可。行甫按：子知物之所同是乎，猶言你知道人可有共同的認知與判斷嗎？**曰吾惡乎知之** 惡乎，何以。行甫按：此問認知主體能否得到一致的認知結果。下文『正處』、『正味』、『正色』，是其事。

〔五〕**子知子之所不知邪** 知，了解。不知，不能認知。行甫按：二『知』字，其意有别。猶言你能了解你有何不能認知嗎？**曰吾惡乎知之** 行甫按：此問認知是否存在不能認知的止境。下文『仁義之端，是非之塗』，是其事。

〔六〕**然則物无知邪** 无知，沒有認知。**曰吾惡乎知之** 行甫按：此問人有無認知能力與認知活動。下文『不知利害』以及『神人』無所謂『利害』，是其事。**雖然** 即使這樣。**嘗試言之** 嘗試，試，同義複詞。**庸詎知吾所謂知之非不知邪** 庸詎，何，同義複詞。《經傳釋詞》引王念孫之說。之，而，乃。行甫按：此反問，言其所謂知乃不知。**庸詎知吾所謂不知之非知邪** 行甫按：此反問，言其所謂不知乃知。行甫又按：三問三不知，及二反問，猶言在『知』還是『不知』的問題上，問答雙方便已經產生了認知分歧，且王倪亦自有主張。

〔七〕**且吾嘗試問乎女** 且，又。女，通汝，你。**民濕寢則腰疾偏死** 民，人。偏死，猶言偏癱，半身不遂。馬敘倫《義證》：『偏，借爲㾫，《說文》：「㾫，半枯也。」』**鰌然** 鰌，泥鰍。**木處則惴慄恂懼** 木處，居住在樹木上。此承前省『民』字。惴慄恂懼，四字皆爲恐懼義。**猨猴然** 猨，即猿字。**三者孰知正處** 三者，人、泥鰍、猿猴。正，正當，適合。處，居處。

〔八〕**民食芻豢** 芻豢，《釋文》：『司馬云：牛羊曰芻，犬豕曰豢，以所食得名也。』**麋鹿食薦** 薦，猶草。《說文》：『薦，獸所食草，從廌艸。』**蝍蛆甘帶** 蝍蛆，蜈蚣。《釋文》：『《爾雅》云「蒺蔾，蝍蛆」，郭璞注云「似蝗，大腹長角，能食蛇腦」。』帶，司馬云：『小蛇，蝍蛆好食其眼。』甘帶，以蛇爲美食。**鴟鴉耆鼠** 鴟，音癡，貓頭鷹。鴉，烏鴉。耆，通嗜，嗜好，喜好。**四者孰知正味**　四者，人、麋鹿、蜈蚣、鴟鴉。味，味覺。

〔九〕**猨猵狙以爲雌**　猵（音邊）狙，獮猴。《戰國策·齊策三》：「猿獮猴錯木據水，則不若魚鱉。」雌，牝。行甫按：「猵狙以爲雌」，以猵狙爲雌。**麋與鹿交**　交，交配。**鰌與魚游**　游，交游，爲伍。

〔一〇〕**毛嬙麗姬**　麗姬，《釋文》：「晉獻公之嬖，以爲夫人。崔本作西施。」**人之所美**　美，以爲美。**魚見之深入**　之，代指毛嬙麗姬。**鳥見之高飛麋鹿見之決驟**　決，《釋文》：「崔云：疾走不顧爲決。」驟，《說文》：「驟，馬疾步也。」行甫按：決驟，猶奔跑，同義複詞。**四者孰知天下之正色哉**　四者，人、魚、鳥、麋鹿。行甫按：此以「正處」、「正味」、「正色」爲例，說明人與人之間的認知差異，亦如人與動物的生活習性一樣不啻霄壤，因而人不可能有共同一致的認知結果。

〔一一〕**自我觀之**　自，從。**仁義之端**　端，絲緒。《禮記·禮運》「心之大端也」，孔穎達《正義》：「端，謂頭緒也。」行甫按：《說文》：「緒，絲耑也。」耑同「端」。仁義之端，言仁義之說如同絲緒，愈理愈亂。**是非之塗**　塗，《說文》：「泥也。」行甫按：是非之塗，猶言是非之爭如同爛泥，越陷越深。**樊然殽亂**　樊然，錯綜複雜，如籬笆縱橫斜正相互交錯之狀。殽亂，雜亂。**吾惡能知其辯**　辯，通辨，分別。行甫按：仁義之說，漫無頭緒；是非之爭，一塌糊涂，乃人之所不能知者，故曰「莫若以明」。人的認知當止之於此。

〔一二〕**子不知利害**　利害，劉武《内篇補正》：「民濕寢，則腰疾偏死，害也；於鰌則利。木處則惴慄恂懼，害也；於猨猴則利。故此句渾括上文言之。」行甫按：劉說是。利害，即「適」與「不適」。不知利害，猶言没有正確的感官知覺。**則至人固不知利害乎**　固，通故，本來。行甫按：此照應上文「物无知邪」之問，謂「至人」是不是根本没有感知能力或認知活動。

〔一三〕**至人神** 不測之謂神。**大澤焚而不能熱** 大澤，水草叢生之地。《說文》：『藪，大澤也。』**河漢冱而不能寒** 河漢，黃河與漢水。行甫按：此與《逍遥遊》『河漢而無極』之『河漢』非一。冱，音戶，凍結。**疾雷破山** 疾雷，迅雷。**飄風振海而不能驚** 飄風，烈風。『飄』字原闕，王孝魚依趙諫議本補。振，動。驚，恐懼。

〔一四〕**若然** 若，如。然，猶是。**乘雲氣騎日月而遊乎四海之外** 乎，於。四海之外，猶言六合之外。

〔一五〕**死生无變於己** 无變，無生死之變。行甫按：生死之『變』，指飢渴疼痛之內部感覺所寓示的生命體徵，故曰『於己』。**而況利害之端乎** 端，末端。《墨子·經上》：『端，體之無序而最前者也。』行甫按：『端』與『己』對言，與上『仁義之端』異義。利害之端，乃由環境刺激於口耳鼻舌身所生之外部感覺。

此乃本篇第二章，言祇要是人，便免不了認知與偏見。然兩則寓言意連文不連：一言人的認知受制於一己之私，且偏見更是導致戰爭的根源。若如陽光普照，『以道觀物』，則公正平等，無所偏見。一言人與人之間的認知差異猶如人與動物在生活習性上的霄壤之別，因而人也不可能得到共同一致的認知結論。除非不食人間烟火的『至人』或『神人』，其實說穿了他們並不是真正的人，當然也無所謂認知。因爲他們既沒有人的內部感覺——飢渴疼痛，也沒有人的外部感覺——寒暑驚懼。由此可見，祇要是人，就有感覺與認知；有感覺與認知，自然便有各不相同的認知結果。

【繹文】

古時候，唐堯問於虞舜說：『我想去討伐宗膾國、胥國及敖國，雖然坐在帝王的寶座上，可我老是瞅著他們放不下心來，不知道原因在哪裏？』虞舜說：『那三個小國家嘛，祇不過是隱藏在蓬草艾叢之中的東西而已。你卻老是對他們放心不下，這是什麼東西在作怪呢？從前，十個太陽同時升在天空，整個大地沒有一處陰影，世界萬物無論小大，都沐浴在陽光之中。更何況道德境界、心胷懷抱比起陽光來更加寬容博大得多的帝王呢？』

齧缺向王倪請教說：『您知道人是否擁有共同一致的認知結果嗎？』王倪回答說：『我怎麼知道呢！』齧缺又問：『您能知道有什麼是您不能認知的嗎？』王倪回答說：『我怎麼知道呀！』齧缺又問說：『那麼人沒有認知能力嗎？』王倪又回答說：『我哪裏知道啊！不過，卽使如此，我還是試著說說我的看法吧：你怎麼能判斷我所說的「知道」就一定不是「不知道」呢？你又怎麼能判斷我所說的「不知道」就一定不是「知道」呢？

『而且我也嘗試問問你：人如果睡在潮濕地方就會腰痛偏癱乃至半身不遂，那長期生活在泥水之中的泥鰍會有這毛病嗎？人爬到樹枝上就驚恐不安，戰戰兢兢，生怕從樹枝上摔下來；那生活在樹林中的猿猴，整天從這根樹枝跳到另一根樹枝，它們有恐懼害怕的感覺嗎？你說人與泥鰍還有猴子，會認爲哪一處是他們共同適應的住地呢？人以牛羊豬狗等肉類動物作爲食材，麋鹿以草本類植物爲食料，蜈蚣喜歡吃蛇，烏鴉、貓頭鷹喜歡吃老鼠。你說人與麋鹿、蛇、烏鴉貓頭鷹，會認爲哪一種食物是他們應該共同享用的食物呢？還有，猿把獼猴作爲交配對象，麋與鹿互爲配偶，泥鰍和魚交遊爲伍。毛嬙與麗姬，是人見人愛的大美女，可是魚見了便嚇得潛入深水，鳥見了便嚇得飛向高空，麋鹿見了便嚇得疾逃而狂奔。你說猿猴、麋鹿、泥鰍和人，會認爲哪一個對象適合於作他們的公共情人呢？

在我看來，仁義之説，紛亂如麻，愈理愈亂；是非之爭，形如爛泥，越陷越深。這些問題，錯綜複雜，一塌糊涂，我憑什麽能爲它們理清頭緒，依什麽爲他們判斷曲直呢？』

齧缺説：『您没有感知能力，不知道什麽是適與不適。難道境界高遠的「至人」竟然没有適與不適的感覺嗎？』王倪説：『境界高遠的「至人」可是高深莫測的呀！大火燃燒，雜草叢生的水澤之地烤成焦土，他不會感覺到熱；天寒地凍，奔流不息的黄河、漢江結冰凝固，他都不會感覺到冷；電閃雷鳴，山陵爲之崩塌，狂風暴雨，大海爲之振蕩，他都不會有恐懼的感覺。像這樣，他可以騰雲駕霧，跨日騎月，遨遊於天地之外。他無生無死，那些飢渴疼痛之内部感覺所寓示的生命體徵没有任何變化，哪裏還會有從口耳鼻舌身的感覺器官所引發的適與不適的外部感覺呢？』

〔三〕

瞿鵲子問乎長梧子曰：〔一〕『吾聞諸夫子，聖人不從事於務，不就利，不違害，不喜求，不緣道；无謂有謂，有謂无謂，而遊乎塵垢之外。〔二〕夫子以爲孟浪之言，而我以爲妙道之行也。吾子以爲奚若？』〔三〕

長梧子曰：『是黄帝之所聽熒也，而丘也何足以知之？〔四〕且女亦大早計，見卵而求時夜，見彈而求鴞炙。〔五〕

『予嘗爲女妄言之，女以妄聽之。〔六〕奚旁日月，挾宇宙，爲其吻合，置其滑涽，以隸相尊。〔七〕衆人役役，聖人愚芚，參萬歲而一成純。萬物盡然，而以是相蘊。〔八〕

『予惡乎知說生之非惑邪？予惡乎知惡死之非弱喪而不知歸者邪！〔九〕麗之姬，艾封人之子也。晉國之始得之也，涕泣沾襟；及其至於王所，與王同筐牀，食芻豢，而後悔其泣也。〔一〇〕予惡乎知夫死者不悔其始之蘄生乎！〔一一〕

『夢飲酒者，旦而哭泣；夢哭泣者，旦而田獵。方其夢也，不知其夢也。夢之中又占其夢焉，覺而後知其夢也。〔一二〕且有大覺而後知此其大夢也，而愚者自以爲覺，竊竊然知之。〔一三〕

『君乎，牧乎，固哉！丘也與女，皆夢也；予謂女夢，亦夢也。〔一四〕是其言也，其名爲弔詭。萬世之後而一遇大聖，知其解者，是旦暮遇之也。〔一五〕

『既使我與若辯矣，若勝我，我不若勝，若果是也，我果非也邪？〔一六〕我勝若，若不吾勝，我果是也，而果非也邪？其或是也，其或非也邪？其俱是也，其俱非也邪？我與若不能相知也。〔一七〕

『則人固受其黮闇，吾誰使正之？使同乎若者正之？既與若同矣，惡能正之！〔一八〕使同乎我者正之？既同乎我矣，惡能正之！使異乎我與若者正之？既異乎我與若矣，

惡能正之！使同乎我與若者正之？既同乎我與若矣，惡能正之！然則我與若與人，俱不能相知也，而待彼也邪？〔一九〕

『何謂和之以天倪？曰：是不是，然不然。是若果是也，則是之異乎不是也亦无辯；然若果然也，則然之異乎不然也亦无辯。〔二〇〕化聲之相待；若其不相待，和之以天倪，因之以曼衍，所以窮年也。〔二一〕

『忘年忘義，振於无竟，故寓諸无竟！』〔二二〕

【釋義】

〔一〕**瞿鵲子問乎長梧子**　瞿鵲子、長梧子，皆莊子杜撰的寓言人名。《說文》：『瞿，鷹隼之視也。從隹眀，眀亦聲。眀，左右視也。』段玉裁注：『《毛傳》於《齊風》曰「瞿瞿無守之貌」，於《唐風》曰「瞿瞿然顧禮義也」，各依文立義，而爲驚遽之狀則一。』是驚遽疑惑、徬徨無依，正爲其人之形象。

〔二〕**吾聞諸夫子**　諸，之於。夫子，孔丘。**聖人不從事於務**　於，以。務，《說文》：『趣也。』段玉裁注：『趣者，疾走也。務者，言其促疾於事也。』劉武《補正》：『下四「不」字句，卽申說此義。』**不就利**　就，趨赴。**不違害**　違，避。**不喜求**　喜，好。求，干求。《達生》篇言張毅『高門縣薄，無不走也』，卽此『求』字之義。**不緣道**　緣，攀緣。緣道，刻意攀緣於道。行甫按：不緣道，猶言不高自標榜以嘩眾取寵。**无謂有謂**　謂，言說。無須言說卻有所言說，猶上文『不言之辯，不道之道』。《田子方》『目擊而道存』，亦是其意。**有謂无謂**　有所言說卻無所言說，猶言發言玄遠，不切中於人事，而旨趣難求。**而遊乎塵垢之外** 乎，於。塵垢，猶世俗。

〔三〕**夫子以爲孟浪之言** 夫子，孔夫子。孟浪，荒誕不經。**而我以爲妙道之行** 妙道之行，由高妙的心靈境界所生的行爲方式。**吾子以爲奚若** 吾子，尊稱，猶言先生。奚若，如何。

〔四〕**是黄帝之所聽熒** 聽，判斷。行甫按：《論語·顏淵》「聽訟吾猶人也」，《玄應音義》卷十「聽訟」注：「聽，謂察是非也。」熒，疑惑。**而丘也何足以知之** 足，猶可，至，得。以，猶而。

〔五〕**且女亦大早計** 女，同汝。大，讀太。大早計，過早下結論。**見卵而求時夜** 求，圖謀。時，通司，時夜，打鳴報曉，謂雞。**見彈而求鴞炙** 彈，彈丸。鴞，音消，鴟鴞，一説即鵩。炙，烤肉。

〔六〕**予嘗爲女妄言之** 嘗，試，先，暫。妄，《説文》：「亂也。」《周易》「無妄」，焦循《章句》：「妄者，虚而不實也。」**女以妄聽之** 以，爲。行甫按：妄言、妄聽，猶言隨便説説、隨便聽聽，不可當真。

〔七〕**奚旁日月** 奚，何。劉武《補正》：「「奚」字直貫至「以隸相尊」，其意言奚爲旁日月，挾宇宙，爲合置滑，以隸相尊？此皆衆人役役之所爲，聖人則不如此，惟愚芚而已。」行甫按：劉説可從。旁，《釋文》：「司馬云：依也。」劉武《補正》：「「旁日月」，縈情生死，依戀歲月，此衆人之役役也。」**挾宇宙** 挾，持。宇宙，郭慶藩《集釋》：「《尸子》云：天地四方曰宇，往古來今曰宙。」劉武《補正》：「《大宗師》「無古今，而後能入於不死不生」，無則不挾也。「挾宇宙」，亦衆人之役役也。」**爲其吻合** 爲，猶用。《荀子·富國篇》「仁人之用國」，楊倞注：「用，爲也。」是「用」與「爲」義得相通。吻，脣。吻合，如吻之合。行甫按：爲其吻合，用其相吻合者。**置其滑涽** 置，放置，舍棄。滑，紛亂。涽，音昏，迷惑。行甫按：置其滑涽，棄其紛亂迷惑者。行甫又按：「爲其吻合，置其滑涽」乃對文，猶言「是其所是，非其所非」。**以隸相尊** 以，因。隸，徒隸。相，自相。尊，高，重。《白虎通·封禪》：『天以高爲尊。』《戰國策·秦策五》『大臣之尊者也』，高誘注：『尊，重也。』行甫按：《秋水》言『不賤門隸』，而此言『以隸相尊』，則因其賤隸而自相尊貴，逐名有『己』之甚。

〔八〕**衆人役役** 役役，奔競不息。**聖人愚芚** 愚芚（音鈍），同義複詞，遲鈍而不敏鋭。**參萬歲而一成純** 參，糅雜不分。《荀子·賦篇》『大參天地』，楊倞注：『參，謂天地相似。』又，《王制》『天地之參也』，楊倞注：『參，謂與之相參，共成化育也。』一，皆。成，就，畢。純，一而不雜。**萬物盡然** 盡，皆。然，如此。言無彼此是非之別，亦無尊卑貴賤之分。**而以是相蘊** 是，此，此『純』與『盡』。蘊，蓄藏包含。《左傳》昭公十年『蘊利生孽』，杜預注：『蘊，畜也。』《後漢書·周榮傳》『蘊匵古今』，章懷注：『蘊，藏也。』行甫按：『相蘊』與上『相尊』反對。行甫又按：自『奚旁日月』至此，批評孔丘『以爲孟浪之言』乃判斷失誤。

〔九〕**予惡乎知説生之非惑** 惡乎，何以。説，通悦。之，而，乃。惑，誤。《呂氏春秋·不屈》『察而以飾非惑愚』，高誘注：『惑，誤也。』**予惡乎知惡死之非弱喪而不知歸** 惡，害怕。弱喪，幼童走失。不知歸，反認他鄉是故鄉。

〔一〇〕**麗之姬** 麗姬，晉獻公夫人，麗戎之子。之，助詞。**艾封人之子** 艾，地名。封，邊疆；封人，守護邊疆者。**晉國之始得之** 之，其。始，初。得之，虜得之。**涕泣沾襟** 沾，濡濕。**及其至於王所** 王，《釋文》：『崔云：六國時諸侯僭稱王，因此謂獻公爲王也。』**與王同筐牀食芻豢** 筐，飲食之器。《説文》：『匡，飯器，筥也，從匚王聲。筐，匡或從竹。』牀，坐臥之具。《説文》：『牀，安身之坐者。』段玉裁注：『牀之制略同几而庳於几，可坐。』王觀國《學林》卷四：『古人稱牀、榻，非特臥具也，多是坐物。』芻豢，肉食。行甫又按：同筐牀，與王共飲食，同坐榻。猶言受王寵愛，不離左右。食芻豢，食非貧者所得之食。行甫按：《淮南子·主術》

『匡牀蒻席，非不寧也』，高誘注：『匡，安也。』說者多引高注以『筐牀』爲『安牀』，未必貼切於莊子，茲不取。**而後悔其泣**　後，事後，與『始』字相照應。

〔一一〕**予惡乎知夫死者不悔其始之蘄生**　夫，彼。之，如此。蘄，通祈，求。

〔一二〕**夢飲酒者旦而哭泣**　夢飲酒，夢中飲酒。旦，早晨。**夢哭泣者旦而田獵**　田獵，圍獵。**方其夢也不知其夢**　方，當。**夢之中又占其夢焉**　占，臆度。《爾雅·釋言》『隱，占也』，郝懿行《義疏》：『占者，億度之詞。』**覺而後知其夢也**　覺，醒來。

〔一三〕**且有大覺而後知此其大夢**　且，而且。大覺，猶完全清醒。其，猶乃。大夢，完全爲夢。**而愚者自以爲覺竊竊然知之**　竊竊，私心以爲得計。《釋文》：『司馬云：猶察察也。』《庚桑楚》『竊竊乎又何足以濟世哉』，《釋文》：『竊竊，計較之貌。』行甫按：自『予惡乎知說生之非惑邪』至此，乃批評瞿鵲子『以爲妙道之行』乃過早下結論。

〔一四〕**君**　君主。**牧**　牧夫。**固**　故，必。行甫按：『君乎，牧乎，固哉』，猶言事實真相難以斷定。**丘也與女皆夢**　女，同汝。行甫按：自『君乎』至『皆夢』，言孔丘與瞿鵲子二人所作之判斷，亦未必與事實真相相符合，也許皆爲癡人說夢而已。**予謂女夢**　謂，評說。女，當爲復數之『汝』，猶言你們二人。**亦夢**　亦，也詞。行甫按：『亦夢也』，我對你們如此評說，也未必不是癡人說夢，猶言未必就是事實真相。

〔一五〕**是其言**　是，此，因此。其言，『予謂女夢，亦夢也』之言。**其名爲弔詭**　弔詭，可怪非常，不可思議。章太炎《解故》：『「弔詭」即《天下》篇之「諔詭」，與「俶儻」之「俶」同字。「弔」、「俶」古音相近。彝器「伯叔」字多作「弔」，「不弔」亦即「不淑」，皆其例。』行甫按：《德充符》『彼且蘄以諔詭幻怪之名聞』，則『諔詭』、『弔詭』之意皆爲奇怪非常。**萬世之後而一遇大聖** 而，猶能。一，忽然。吴昌瑩《經詞衍釋》：「一，猶『或』也，『或』者，不定之意，猶忽然之詞也。」**知其解者** 解，説。**是旦暮遇之** 是，寔，乃。旦暮，猶言偶然、難得。行甫按：自「是其言也」至「旦暮遇之」，猶言雖然人的認知結果是否與事實真相相符合不可知，但人卻無時無刻都在認知，都在不斷地下各種結論，作各種判斷，這就叫作「弔詭」，實在不可思議！

〔一六〕**既使我與若辯** 既，猶乃，既使，猶假使。若，爾，你。**若勝我** 勝，强，克。**我不若勝** 若勝，勝若，否定句代詞賓語前置。**若果是也** 果，實。**我果非也邪** 也邪，語詞連用。

〔一七〕**我勝若若不吾勝** 行甫按：此「吾」與「我」互用，無義例，與上文「真宰」之「我」與「真君」之「吾」不同。**我果是也而果非** 而，通爾，你。**其或是也其或非** 或，有。**其俱是也其俱非** 俱，皆，同。**我與若不能相知** 相知，相互判斷。

〔一八〕**則人固受其黮闇** 則，猶而。人，他人，第三者。固，必。受，承受。黮，深黑色。闇，同暗，不明。行甫按：黮闇，同義複詞。**吾誰使正之** 正，定。行甫按：二句爲倒語，即「吾誰使正之，則人固受其黮闇」，猶言他人不明事實真相，亦不過因其主觀判斷而是之非之，故與爭辯者或同或不同而已。**使同乎若者正之** 乎，於。**既與若同矣** 既，已。同，一致。**惡能正之** 惡，何。與若同者，不能正是非。

〔一九〕**使同乎我者正之既同乎我矣惡能正之** 與我同者，亦不能正是非。**使異乎我與若者正之** 異，不同。**既異乎我與若矣惡能正之** 其人自有是非，亦不能正我與若之是非。**使同乎我與若者正之既同乎我與若矣惡能正之** 同於我與若，依違於我與若之間，亦無所質正。**然則我與若與人俱不能相知也** 人與人無法相互知解。**而待彼也邪** 而，猶乃。待，依恃。彼，非我非若之第三者。

〔二〇〕**和之以天倪** 和，調和。天倪，《釋文》：『班固曰「天研」。』行甫按：『倪』與『研』，一聲之轉。《說文》『研，礳也』，段玉裁注：『研』亦作『硯』，『礳』今省作『磨』。是以『天倪』猶『天鈞』，皆取旋轉之象。則『和之以天倪』，亦即『和之以是非而休乎天鈞』。**曰是不是然不然** 以不是爲是，以不然爲然，猶言『和之以是非』。**是若果是也** 若，如。果，實。**則是之異乎不是也亦无辯** 之，乃。乎，於。辯，爭辯。**然若果然也則然之異乎不然也亦无辯** 然，亦是。

〔二一〕**化聲之相待** 化，外部世界之變化。《寓言》『萬物皆種也，以不同形相禪』，《大宗師》、《田子方》皆言『萬化而未始有極也』，則『化』者，代指變動不居的外部世界。声，声音，言論，指人的認知與判斷。之，猶乃。相待，相等。行甫按：化聲之相待，言外部世界與人的認知結論相關互對。**若其不相待** 行甫按：《天道》『悲夫，世人以形色名聲爲足以得彼之情！夫形色名聲果不足以得彼之情，則知者不言，言者不知』，可與此相參證。**和之以天倪** 以，猶於。**因之以曼衍** 因，隨順。之，代天倪。曼衍，天倪旋轉不息，是非界線乃模糊不可分辨。參見上文『休乎天鈞』釋義。**所以窮年** 所以，因此。窮年，盡年，盡其天年。王叔岷《校詮》：『褚伯秀《義海纂微》引呂惠卿注後附說云「化聲之相待」至「所以窮年也」合在「何謂和之以天倪」之上，簡編脫略，誤次於此，觀文意可知。』行甫按：呂氏之說有助於理解莊子文意，但未必是。『所以窮年也』正與下文『忘年忘義』文字相接，其一。『天倪』即是『天鈞』，上文已出現，此處發問並非突兀，其二。『何謂和之以天倪』云云，乃言其效果；『化聲之相待』云云，乃言其原因，其三。先言效果，後言原因，此亦莊子文法跳蕩之處，不必拘泥。

〔二二〕**忘年忘義** 忘年，忘記歲月時光也。忘義，忘記主觀偏見。**振於无竟** 振，奮起，超拔。《說文》：『振，舉救也。一曰奮也。』《爾雅·釋言》『振，訊也』，訊，當作迅。郭璞注：『振者，奮迅也。』邢昺《疏》：『振，謂振訊去塵也。』无竟，無限高遠，沒有止境。**故寓諸无竟** 寓，寄托。諸，之於。

此乃本篇第三章，言人的認知結果未必就是事實真相，事實真相是不可知的。因此，認知結論是否正確，也就完全沒有評判標準，因而任何人也無從評判他人的是非。既然沒有標準，也無從評判，便乾脆超越是非，不作任何評判，從世俗的紛爭之中超拔出來，樂得逍遥與自在。這也是生命的『天府』之源，同樣可以永葆生命之光。

【繹文】

瞿鵲子向長梧子請教說：『我從孔夫子那裏聽說，聖人是不會汲汲奔走於世俗事務的。他不追逐利益，也不逃避危害，不喜歡干謁於權貴之門，更不喜歡高自標榜，嘩衆取寵。他雖然不開口說話，但他一舉手一投足，無不意味深長。有時他也開口說話，但發言玄遠，不切於具體的人事，人們聽起來也琢磨不透，不知所云。因此，他似乎就是遊走在另外一個世界，與人的世俗社會完全無所沾染。孔老夫子以爲這是荒誕不經的胡說八道，而我卻認爲這可是遺世高蹈超拔脫俗的行爲。尊敬的先生，您怎麼看呢？』

長梧子說：『這種事情，就連黃帝都判斷不清楚，孔丘又憑什麼得出這個結論呢？而且你呀，也是過早地下結論，好像見了雞蛋就想到有大公雞打鳴報曉，見了彈丸便想到打下鴞鳥來吃烤肉。

『我姑且先隨意跟你說說，你也就隨意聽聽，不必那麼當真。人爲何要依戀著光陰歲月，放不下天地古今； 意氣相投，便沆瀣一氣； 一言不合，便視同路人； 用他人的卑賤來襯托自己的高貴！ 衆人碌碌奔忙，苦役人生； 聖人渾淪純樸，笨拙遲鈍。視古今爲一瞬，撫萬物成一純，無是無非，無貴無賤，含藏萬有，蘊藉古今。 這樣的人，孔丘又怎麼能理解得了呢？

『還有啊，我怎麼知道貪生怕死就不是愚蠢錯誤的想法呢？ 我又怎麼知道恐懼死亡便不是走失的幼童不知道回到自己最初的生身之地呢？ 那晉獻公的夫人麗姬，最初是艾地一名邊疆守衛者的女兒，在晉國剛剛俘獲她的時候，她哭得淚流滿面，沾衣濕裳。當她來到晉國的宮廷，與晉獻公共飲食同起居，受寵有加； 頓頓膏腴肥肉，鐘鳴鼎食，好不幸福！ 這時她才感到後悔，當初實在不該哭的！由此可見，我怎能知道那死去的人不也是同樣後悔自己當初不該如此求生的呢！

『夢見自己飲酒作樂的人，第二天醒來卻諸事煩擾，不免哭泣落淚； 夢見自己憂傷落淚的人，第二天醒來卻出城打獵，樂不可支。當他在睡覺做夢的時候，是不知道自己處在夢中的； 睡夢之中又在猜測自己的另一個夢境，祇有醒來之後才知道那是夢境，而且祇有徹底清醒之後才能知道那情景完全是夢境。可是愚蠢的人卻自以爲清醒，在那裏自以爲得計暗中慶幸自己終於可以分清哪個是夢境，哪個不是夢境。 我看你就是這種尚未清醒卻自以爲清醒，聲稱自己可以分清夢境與不是夢境的人！

『事實究竟如何，是君主呢，還是牧夫？ 這可不能貿然肯定。你以爲他是君主，他就一定是君主而不是牧夫嗎？ 你以爲他是牧夫，他就一定是牧夫而不是君主嗎？ 因此，孔丘說是荒誕不經，你說是遺世高蹈，你們的結論都是癡人說夢。 當然，我說你們二位癡人說夢，我自己也不免癡人說夢。說起這個話來呀，它的名字就叫作『弔詭』。 明明知道自己的結論未必與事實相符，卻無時無刻都在下判斷、作結論，這真是不可思議的悖論啊！　如果萬世之後忽然碰上一個大聖人，他能對這個現象作出解釋，那可真是千載難逢的事啊！

『由於判斷與結論未必與事實真相相吻合，所以如果我與你爭辯起來了，你強詞奪理爭贏了我，我沒有爭贏你，你就必定是對的嗎，我就必定是錯的嗎？　或者我爭贏了你，你輸給了我，我就一定是正確的嗎，你就一定是不對的嗎？　那麼有一個是對的，而有一個是不對的嗎？　或者說兩個都對呢，還是兩個都不對呢？　我與你是沒有辦法相互作出判斷的。

『那麼我們應該找誰來判定我們的是非呢？　可是任何人本來就不可能明白事實真相，找一個與你相同的人來判定我們的是非嗎？　既然與你相同了，他怎麼能判定我們的是非呢？　找一個與我相同的人來判定我們的是非嗎？　既然與我相同了，他又怎麼能判定我們的是非呢？　找一個既不同於我也不同於你的人來判定我們的是非嗎？　既然他既不同於我又不同於你，他又怎麼能判定我們的是非呢？　找一個與你和我都相同的人來判定我們的是非嗎？　既然他又同於我又同於你，他又如何能判定我們的是非呢？　由此可見，我與你與他，都無法互相做出判斷，你還能指靠任何一個第三者來斷定我們的是非嗎？

『什麼叫作調和是非於天然的大轉盤呢？　就是說，把不正確的當作正確的，把不是這樣的當作是這樣的。　試想，如果正確的在事實上就是正確的，那麼正確與不正確之間的是與非，衹要與事實稍一對照，也就無須爭辯了。　如果這樣的結論在事實上就應該是這樣的結論，那麼這樣的結論與不是這樣的結論之間的是與非，衹要以事實略加檢覈，也就沒有必要爭辯了。　外部世界的客觀事實如果與人的認知結論互相符合倒也罷了，如果不相符合，便把這些紛繁複雜的是是非非放在那個旋轉著的天然大轉盤上，隨著這個天然大轉盤的快速旋轉，這些是與非的界線也就逐漸模糊不清，分不出彼此了。用這種方法消除一切認知的煩惱，便可以無災無難地盡其天年了。

『忘記了歲月年華，忘記了個人偏見，超拔於無限高遠的宇宙時空，也就是寄心於無限自由的空靈境界！』

〔四〕

罔兩問景曰：『曩子行，今子止；曩子坐，今子起；何其无特操與？』〔一〕景曰：『吾有待而然者邪？吾所待又有待而然者邪？〔二〕吾待蛇蚹、蜩翼邪？惡識所以然！惡識所以不然！』〔三〕

昔者莊周夢爲胡蝶，栩栩然胡蝶也，自喻適志與！不知周也。〔四〕俄然覺，則蘧蘧然周也。〔五〕不知周之夢爲胡蝶與，胡蝶之夢爲周與？周與胡蝶，則必有分矣。此之謂物化。〔六〕

【釋義】

〔一〕**罔兩問景**　罔兩，郭象云：『景外之微陰也。』《釋文》：『向云：景之景也。』行甫按：向、郭之說恐非。《国語・鲁語下》『丘聞之，木石之怪曰夔、魍魎』，則『罔兩』即『魍魎』，當是『木石之怪』，莊子借爲寓言人物。景，同影。**曩子行今子止** 曩，昔。**何其无特操與** 其，如此。特，猶獨特，專一。操，持，守。

〔二〕**吾有待而然者邪** 待，依賴。有所待，影待形之行止而行止。而，乃。然，如此。者邪，虚詞連用。**吾所待又有待而然者邪** 吾所待又有待，影象待於形體之行止而行止，形體之行止又待於光源之位移。注家皆不了。

〔三〕**吾待蛇蚹蜩翼邪** 蛇蚹（音付），蛇之蛻皮。蜩翼，蟬之羽翅。行甫按：蛇之蛻皮與蜩之羽翅，皆爲薄鱗狀，故以二者相似無從辨識爲喻也。《寓言》曰『蜩甲也？蛇蛻也？似之而非也』，即其證。**惡識所以然** 識，識別。所，何。**惡識所以不然** 行甫按：影象的行止，究竟緣於形體的行止，還是由於光源的位移，因其效果相同，故二者不易分辨與識別。是以形體之成影，必待光源而後可。僅知形體之動可以導致影動，不知光源的位移亦可導致影動，猶言認知的層次及理解的深淺，也是影響認知結果的主體因素，以證『道未始有封，言未始有常』。

〔四〕**昔者莊周夢爲胡蝶** 昔者，夜間。《尚書・大誥》『若昔朕其逝』，章太炎《尚書說》：『昔即夕字。《春秋傳》「爲一昔之期」，是也。』**栩栩然胡蝶** 栩栩，成《疏》：『忻暢貌也。』《釋文》：『崔本作翩。』行甫按：當從崔本作『翩』，《說文》『翩，疾飛也』，是其義。然訛誤既久，約定俗成，不必更改。今成語『栩栩如生』，亦爲飛動如活物之意。**自喻適志與** 喻，曉解，明白。行甫按：《釋文》『李云：快也』，或以爲通『愉』樂之『愉』，皆似是而非。成《疏》『曉了分明』，是其義。《說文》無『喻』字，『喻』通『諭』。《漢書・翼奉傳》『何聞而不諭』，顏師古注：『諭，謂曉解之。』《王莽傳下》『於是莽遣發馳傳諭邑』，顏師古注：『諭，謂諭告之。』則『自喻』，猶言明白自己就是自己，亦即『方其夢也，不知其夢也』。適，往，去。志，心之所向。行甫按：適志，猶言隨意去自己想去的地方。**不知周**　不知現實之中的莊周。

〔五〕**俄然覺**　俄然，俄頃之間。覺，醒來。**則蘧蘧然周**　蘧蘧，《釋文》：『崔作據據，引《大宗師》云「據然覺」。』行甫按：蘧、據皆與『遽』通，匆遽疾速。《國語・晉語四》『公遽出見之』，韋昭注：『遽，疾也。』此『蘧蘧』作『蘧蘧』，猶『翩翩』作『栩栩』。遽遽然周也，猶言忽然醒來，仍爲忙碌匆遽之莊周。

〔六〕**不知周之夢爲胡蝶與**　之，猶乃。與，猶歟。**胡蝶之夢爲周與**　之，亦乃。**周與胡蝶則必有分**　分，區別。**此之謂物化**　物化，人之變化。行甫按：《則陽》『蘧伯玉行年六十而六十化，未嘗不始於是之而卒詘之以非也，未知今之所謂是之非五十九非也』，即此『物化』之義。猶言同一認知主體，處在不同的意識狀態，認知結果也是不一樣的。夢境與幻覺，由青年步入老境，不同的生命狀態對同一事物的看法也會大爲不同。此亦證『道未始有封，言未始有常』之義。

此乃本篇第四章，言認知結果之所以不能統一，還有與認知主體的生命質量相關的兩大原因：一是認知的層次與理解的深淺，二是生命的意識狀態與知解能力的差異。

【繹文】

名叫罔兩的木石之怪問不斷移動的影子說：『剛才您在行走，現在您又停下；不久前您是坐著的，現如今您又站起來；怎麼這樣沒有專一的操守呀？』影子說：『我是有所依賴才會這樣的吧！

或者我所依賴的東西又有別的依賴才會這樣的吧！我所依賴的東西就像蛇的蛻皮與蟬的羽翅相似一樣吧！我哪裏分辨得出哪一個是導致我行止坐起的原因呢？又哪裏分辨得出哪一個不是造成我行止坐起的原因呢？』

夜間，莊周夢見自己是一隻蝴蝶，扇動雙翅，翩翩飛翔。自己很清楚地明白自己就是自己，且想去哪兒便飛去哪兒，壓根兒就不知道有莊周這個人存在。突然之間驚醒過來，卻發現我還是那個整天忙忙碌碌的莊周。不知道是莊周做夢變成蝴蝶呢，還是蝴蝶做夢變成莊周呢？而莊周與蝴蝶，卻一定是有區別的。這就意味著人的意識與認知是隨著生命狀態的變化而變化的。

養生主第三

養生主，言養生之宗旨。生者，命也，生命也，故有『保身』與『盡年』；生者，性也，心性也，故有『緣督以爲經』，有『全生』與『養親』。『養生』者，養生命，養心性也。此乃逍遙必備的前提與條件，否則，纏綿於病榻，役情於外染，何所逍遥？

［一］

吾生也有涯，而知也无涯。〔一〕以有涯隨无涯，殆已；〔二〕已而爲知者，殆而已矣。〔三〕爲善无近名，爲惡無近刑。〔四〕緣督以爲經，可以保身，可以全生，可以養親，可以盡年。〔五〕

【釋義】

〔一〕**吾生也有涯** 生，生命。涯，《釋文》：『本亦作崖。』行甫按：『涯』與『崖』通，崖岸，引申爲盡頭。**而知也无涯** 知，認知，知識。

〔二〕**以有涯隨无涯** 隨，追隨，追逐。以有限之生命，追逐無窮之知識，則『逐物而不反』。**殆已** 殆，危殆。已，猶矣。

〔三〕**已而爲知者**　已，既。爲知，猶言追逐知識。**殆而已矣**　而已，罷了。行甫按：既已明了『以有涯隨无涯』則『殆』之理，仍然『爲知』不已，則無可救藥，唯『殆而已矣』。行甫又按：此就『知』言。

〔四〕**爲善无近名**　爲，行。名，名譽。行甫按：近名，則『爲善』失之於過。**爲惡無近刑**　爲惡，行爲不檢。刑，刑罰。行甫按：近刑，則『爲惡』失之於過。行甫又按：此就『行』言。

〔五〕**緣督以爲經**　緣，循。督，中。王叔岷《校詮》：『督借爲襀，《說文》「襀，衣躳縫」，字亦作裻，《說文》「裻，一曰背縫」，朱駿聲云「督，假借爲裻，衣之背縫。」』經，常，法。《左傳》襄公二十一年『禮之經也』，孔穎達《正義》：『經訓常也，法也。』鍾泰《發微》：『因中以爲常，猶是「得其環中，以應無窮」之旨。』行甫按：此句總關上文『知』與『行』二者爲言，猶言『爲知』與『爲行』皆須『緣督以爲經』也。又一解，督爲督脈，頸中央之脈，莊子借喻，故下文有保身全生語。**可以保身**　身，形體。**可以全生**　生，性，《呂氏春秋·本生》『以全生也』，高誘注：『生，性也。』行甫按：『生』之爲『性』，飲食男女之類與生俱來的自然天性。**可以養親**　養親，贍養父母。**可以盡年**　盡年，得其天年。行甫按：養親，猶言不中道夭折，於父母可養生送死；盡年，猶言健康長壽，無疾而終。王叔岷《校詮》讀『親』爲『新』，以爲『養親』乃養日新之德，過度詮釋，恐非。

此乃本篇第一章，爲全文總冒，言養生的原因、方法及其目的。原因者，『吾生也有涯，而知也无涯』也。方法者，『緣督以爲經』也。目的者，『保身』、『全生』、『養親』、『盡年』也。

【繹文】

我的生命是有限的，但知識卻是無窮的。用有限的生命去追逐無窮的知識，那種做法是非常危險的。既然懂得這個道理，仍然還要不停地追求知識，那就不可救藥，衹剩下危險了。行善做好事，不要太過分；太過分，就是沽名釣譽了。行爲不檢點，也不能太過分，太過分，就要觸犯刑律了。沿著中間的道路，既不可偏左，也不要偏右，以此作爲人生的行爲準則，就可以養護形體，可以保全天性，可以贍養父母，可以盡其天年。

〔二〕

庖丁爲文惠君解牛，手之所觸，肩之所倚，足之所履，膝之所踦，砉然嚮然，奏刀騞然，莫不中音。〔一〕合於《桑林》之舞，乃中《經首》之會。〔二〕

文惠君曰：『譆，善哉！技蓋至此乎？』〔三〕

庖丁釋刀對曰：『臣之所好者：道也；進乎技矣。〔四〕始臣之解牛之時，所見无非〔全〕牛者。三年之後，未嘗見全牛也。〔五〕方今之時，臣以神遇而不以目視，官知止而神欲行。〔六〕依乎天理，批大郤，導大窾，因其固然。技經肯綮之未嘗，而況大軱乎！〔七〕良庖歲更刀，割也；族庖月更刀，折也。〔八〕今臣之刀十九年矣，所解數千牛矣，而刀刃若新發於硎。〔九〕彼節者有間，而刀刃者无厚：以无厚入有間，恢恢乎其於遊刃必有餘地矣，是以十九年而刀刃若新發於硎。〔一〇〕雖然，每至於族，吾見其難爲，怵然爲戒，視爲止，行爲遲，動刀甚微。〔一一〕謋然已解，如土委地。提刀而立，爲之四顧，爲之躊躇滿志，善刀而藏之。』〔一二〕

文惠君曰：『善哉！吾聞庖丁之言，得養生焉。』〔一三〕

【釋義】

〔一〕**庖丁爲文惠君解牛**　庖，主屠宰割烹之人。庖丁，庖人之名丁者。爲，替。文惠君，劉武《補正》：『戰國時，人臣受有封地者稱君，如信安君、信陵君、靖郭君、孟嘗君是也。』解，宰殺而後分割其體，猶禮書所謂『肆解』。**手之所觸**　之，猶有。所，處所代詞。觸，抵。言以手抵而按之。**肩之所倚**　倚，依，任。《說文》：『倚，依也。』《漢書·韓安國傳》『上方倚欲以爲相』，顏師古注：『倚，謂仗任之也。』言以肩斜而扛之。**足之所履**　履，踩踏。以足踩而踏之。**膝之所踦**　踦，音倚，言以一膝頂而壓之。**砉然嚮然**　砉（音畫）然，象分割牛體所出之聲。行甫按：砉然，乃象聲詞，與『嚮然』爲同位語。**奏刀騞然**　奏，進。騞（音豁）然，進刀所出之聲，亦爲象聲詞。騞字從馬，乃砉聲之大者，古人於大物輒冠以馬字，馬藻、馬猴，是其例。**莫不中音**　中，合。音，音樂節奏。

〔二〕**合於桑林之舞**　《桑林》，舞蹈音樂之名。《左傳》襄公十年『宋公享晉侯於楚丘，請以《桑林》』，杜預注：『殷天子之樂名。』**乃中經首之會**　《經首》，樂舞名。王叔岷《校詮》：『《路史·後紀》十一謂陶唐氏「制

《咸池》之舞，而爲《經首》之詩，以享上帝』。」會，猶言旋律。劉武《補正》：「《急就篇》『五音總會歌謳聲』，顏師古注：『會，謂金石竹絲匏土革木總合之也。』又《楚辭・九歌》『五音兮繁會』。」

〔三〕**譆**　音熙，贊歎之詞。　**善哉技蓋至此**　蓋，同盍，何。王引之《經傳釋詞》引王念孫說：「盍，何也。字亦作蓋，又作闔，《莊子・養生主》篇『善哉，技蓋至此乎』，言技之善何至於此也。」

〔四〕**庖丁釋刀對曰**　釋，放下。對，答。　**臣之所好者道**　好，愛好，追求。黄生《字詁》：「好，人情慕好而惡惡，故轉去聲，爲愛慕之義。」道，自然規律。《天地》「行於萬物者道也」，是其義。行甫按：《莊》書「道」字所用多門，毋庸穿鑿爲說。　**進乎技**　進，盡。《齊物論》「其行盡如馳」，「盡」讀若「進」，則「進」亦讀如「盡」。乎，於。技，技藝。行甫按：所好者道也，進乎技矣，猶言愛好「道」超過了愛好「技」。庖丁「所好」之「道」，乃下文所謂「依乎天理」，「因其固然」而已。說者多所穿鑿，甚無謂。參見附録二《以技喻道：莊子技藝觀的變遷與道的境界分層》。

〔五〕**始臣之解牛之時**　始，初。之解牛之時，於解牛之時。　**所見无非〔全〕牛**　无非，無不。全，完整。「全」字，王孝魚依趙諫議本補。　**三年之後未嘗見全牛**　嘗，曾。未嘗見全牛，猶言牛的骨骼肌體筋絡臟腑了然於心。

〔六〕**方今之時**　方，當。　**臣以神遇而不以目視**　神遇，以心神墨識。　**官知止而神欲行**　官，器官。知，感知。欲，通猶，王引之《經義述聞》：「《文王有聲》『匪棘其欲』，《禮器》引《詩》作『匪革其猶』，引之謹案：欲、猶古字通。」行甫按：《大戴禮・朝事》「欲犯令者爲一書」，王聘珍《解詁》：「欲，《周禮》作猶。」亦其例。

〔七〕**依乎天理**　依，循。乎，於。理，肌理。《素問・刺要論》「各至其理」，張志聰《集注》：「理者，皮膚肌肉之文理也。」又，《至真要大論》「開發腠理」，《集注》：「理者，皮膚藏府之文理也。」**批大郤**　批，擊。郤，同隙。

導大窾　導，引，順。窾，音款，空。**因其固然**　因，依從。固然，本來狀態。**技經肯綮之未嘗**　技，通枝。經，經脈。肯，骨肉相連接。《説文》：『肎，骨間肉肎肎箸也。』段玉裁注：『肎肎，附箸難解之皃。』綮，音磬，筋韌相密結。行甫按：『枝經』與『肯綮』相並列，『枝經』，猶言經絡之末梢。『肯綮』，筋骨密附也。《説文》：『綮，致繒也』，段玉裁注：『凡細膩曰致，今之緻字也。』是『綮』本細密之義。之，猶所。嘗，試。行甫按：或據嚴靈峯引郭象注補『微礙』二字，非。『枝經肯綮所未嘗，而況大軱乎』，遞進句式，語氣乾淨利落，增『微礙』二字反成累贅。**而況大軱**　軱，音孤，《釋文》：『向云：戾大骨也。』

〔八〕**良庖歲更刀**　良，善，賢。《左傳》襄公二十九年『良敬仲也』，杜預注：『良猶賢也。』歲，年。更，换。**割也**　割，《釋文》：『崔云：歲一易刀，猶堪割也。』**族庖月更刀**　族，眾。**折**　斷，以刀斷骨。俞樾《平議》：『非謂刀折也，哀元年《左傳》曰「無折骨」。』

〔九〕**刀刃若新發於硎**　刃，鋒刃。新，初。發，出。硎，磨刀石。

〔一〇〕**彼節者有間**　彼，彼牛。節，骨節。間，縫隙。**而刀刃者无厚**　无厚，薄。**以无厚入有間**　入，進。**恢恢乎其於遊刃**　恢恢，寬綽。**是以十九年而刀刃若新發於硎**　是以，因此。若，如。

〔一一〕**雖然**　即使這樣。**每至於族**　每，當。族，聚，湊。《荀子·非相篇》『節族久而絶』，王先謙《集解》引郝懿行曰：『族者，聚也，湊也。湊、奏古今字。奏、湊、蔟、族，並聲義同。』**吾見其難爲怵然爲戒**　怵，音觸，驚聳。**視爲止**　爲，因。郭象注：『不復屬目於他物也。』**行爲遲**　遲，遲緩。郭象注：『徐其手也。』**動刀甚微**　微，輕微。行甫按：猶言小心謹慎。

〔一二〕**謋然已解**　謋，音哲，劃然體解。**如土委地**　委，隨，屬。《説文》：『委，委隨也。』《左傳》成公二年

『王使委於三吏』，杜預注：『委，屬也。』**提刀而立** 提，挈，持。**爲之四顧** 爲之，因此。四顧，四周環望。**爲之躊躇滿志** 躊躇，往來閒適之貌。滿志，滿意。**善刀而藏之** 善，通繕，修輯擦拭。行甫按：本章養生之旨全然寄寓於刀。

〔一三〕**得養生** 得，領會而獲得。

此乃本篇第二章，言養生盡年，當如庖丁之解牛，『依乎天理』，『因其固然』，不要違背規律，不要悖離天性。此爲養生的主動性，乃積極養生也。

【繹文】

一位名叫丁的廚師給文惠君宰牛，有時用手掌抵按著牛的身子，有時斜著肩膀扛住牛的大腿，有時用腳踩著牛的脖子，有時用膝蓋頂住牛的胷腔，不停割剝牛的肢體，嚯嚯嚯，響音不絕。揮刀進劃牛體，嚓嚓嚓，隨手應聲。無不與音樂旋律相符，節奏既清晰而又明快。動作可比於殷商天子《桑林》之舞的姿勢，音聲相合於唐虞盛世《經首》之樂的節拍。

文惠君看了庖丁解牛的動作節奏，不禁大加讚歎說：『哎呀，真是了不起啊！這解牛的技術怎么就到了如此地步呢？』

庖丁放下手中的刀子，回答文惠君說：『我所追慕喜好的，是事物的自然規律，不再滿足於嫻熟的技藝了。起初，我在分解牛體的時候，眼裏所看到的不外乎一頭完整無從下手的活牛。三年之後，我對牛的骨骼架構、經絡縱横、臟腑部位都一清二楚，眼裏就不再是一頭活生生的牛，而是一堆可以任意拆卸的部件組合了。到了現在，我已經是閉上眼睛都能在心裏感覺到牛的所有複雜結構了，即使我的外部感覺器官都停止活動了，我的心神卻依然能夠引導我完成分解牛體的全部程序。而且，在分解牛的過程中，也都能按照牛的天然結構，推刀插進大的縫隙之中，帶刀引入大的空虚之處，循著牛體的本原樣態得心應手地揮刀操作。哪怕是經絡骨骼的一段末梢，肌肉筋骨的一團結節，我都不曾碰過，更不用説拿著刀子與那些堅硬的大骨頭去硬碰硬了。優秀的廚師一年换一把刀，因爲他强行斷割筋肉；一般廚師每月换一把刀，因爲他使勁砍折骨頭。現在我手上這把刀已經十九年了，用它已殺過數千頭牛了，可是這把刀仍然鋒利無比，就像剛剛從磨刀石上磨過的。那牛的骨節是有空隙的，且刀片也是薄薄而没有多大厚度的。以没有厚度的刀片，進入骨節間的空隙之處，對於刀片的移動就必然會綽綽然留有較大剩餘空間了，所以我這把刀雖然用了十九年，可它的刀刃仍然無比鋒利，就像剛從磨刀石上出來一樣閃閃發光。不過，即使我對牛體的天然結構爛熟於心，但是每當我把刀推向經肉聚結之處，我感覺到那個地方很難辦，神經便突然緊張起來，小心翼翼，絲毫不敢鬆懈；目光於是就高度專注，行動也因此格外緩慢，屏息靜氣，拿著刀一點一點地剔析分撥，動作十分輕微。直到它劃然分離，如同土塊掉落在地，這才終於鬆一口氣，提著刀直起腰來，爲此暢快悠閒地四處觀望，爲此漫不經心地得意徘徊；然後將刀面上的污漬揩擦乾淨，把它好好地收藏起來。』

文惠君説：『講得真好啊！我聽了庖丁這番話呀，領會到養生的道理了！』

〔三〕

公文軒見右師而驚曰：『是何人也，惡乎介也？天與，其人與？』〔一〕曰：『天也，非人也。天之生，是使獨也；人之貌，有與也。以是知其天也，非人也。』〔二〕

澤雉十步一啄，百步一飲，不蘄畜乎樊中，神雖王，不善也。〔三〕

老聃死，秦失弔之，三號而出。〔四〕弟子曰：『非夫子之友邪？』曰：『然。』〔五〕『然則弔焉若此，可乎？』〔六〕

曰：『然。始也吾以爲其人也，而今非也。〔七〕向吾入而弔焉，有老者哭之，如哭其子；少者哭之，如哭其母。〔八〕彼其所以會之，必有不蘄言而言，不蘄哭而哭者。〔九〕是遁天倍情，忘其所受。古者謂之遁天之刑。〔一〇〕適來，夫子時也；適去，夫子順也。安時而處順，哀樂不能入也，古者謂是帝之縣解。〔一一〕

『指窮於爲薪，火傳也，不知其盡也。』〔一二〕

【釋義】

〔一〕**公文軒見右師而驚** 公文軒，人名。《釋文》：『司馬云：姓公文氏，名軒，宋人。』右師，《釋文》：

『簡文云：官名。』行甫按：宋有左師之官，故簡文以爲官名，而司馬以公文軒爲宋人，或由宋左師之官而推言之。**是何人** 是，此。**惡乎介也** 惡乎，何以。介，獨，一條腿。**天與** 天，天生如此。與，通歟。**其人與** 其，猶抑。人，人爲如此。

〔二〕**曰天** 曰，右師之答。或以爲公文軒觀右師之形而自悟之言，非。**非人** 行甫按：公文軒所謂『天』與『人』，乃『天生』與『人爲』之義；而右師所謂『天也，非人也』，謂『天命所致』而『非人力所能左右』，猶言『知其不可奈何而安之若命』。**天之生** 之，猶所。生，進，變。《說文》：『生，進也，象艸木生出土上。』慧琳《一切經音義》卷二十七『產生』注：『因物造變謂之生。』是其義。**是使獨** 是，是以，是故。獨，剩一條腿。**人之貌** 貌，形貌。**有與** 與，助，隨，從。《戰國策·齊策一》『君不與勝者而與不勝者』，高誘注：『與，猶助也。』《國語·齊語》『桓公知天下諸侯多與己也』，韋昭注：『與，從也。』《淮南子·墬形》『與月盛衰』，高誘注：『與，猶從也。』行甫按：此言天有所不測之變而使其獨，人之形貌又從而助天以爲之。《德充符》兀者申屠嘉曰：『自狀其過以不當亡者衆，不狀其過以不當存者寡。知不可奈何而安之若命，唯有德者能之。』謂遭此刖刑，並非自己有何過錯，全是命該如此，亦無須怨天恨命。可與此相參證。**以是知其天也** 以是，因此。其，猶乃。**非人** 行甫按：仍然歸結到安於天命，無須爲其介獨而煩惱不已。此乃消極被動之養生。

〔三〕**澤雉十步一啄** 澤雉，草澤中的野雞。啄，鳥喙啄食。**百步一飲** 一啄一飲，言澤雉之鳥在野地的生存樣態。呂惠卿《莊子義》：『澤雉飲啄自如，心與天遊，而適其性命之譬也。』林希逸《口義》：『言其飲啄之難也。』行甫按：莊文之旨實有此二義，猶言雖自由自在，卻覓食維艱。**不蘄畜乎樊中** 不蘄，錢穆《纂箋》引馬其昶曰：『不蘄，猶言不期。』畜，養。乎，於。樊，藩籬。**神雖王** 神，神氣。雖，通惟，爲。王，旺。朱駿聲《說文通訓定聲》：『暀，光美也；從日，往聲。字亦作旺。《爾雅・釋詁》：「暀暀，美也。」』**不善** 處境不良。行甫按：此言人生常有兩難之境，雖生養之資貧乏，但身心自由自在；若其生資豐足，不勞奔走覓食，卻身處藩籬之中。依莊子是非『兩行』之義，人生總是有所缺陷，不可能事事滿意。因此無論哪種生存樣態，皆可隨遇而安，是亦不役情於外染。此亦被動消極之養生。

〔四〕**老聃死** 老聃，姓李，名耳。**秦失弔之** 秦失，音逸，亦作佚。《史記・老子韓非列傳》言老子不知其所終，此言其死，莊子寓言。弔，問喪。《說文》：『弔，問終也。』段玉裁注：『謂有死喪而問之。』**三號而出** 三號，大哭三聲。呂惠卿《莊子義》：『弔之爲禮，哭死而弔生也。三號則哭死不哀，無所言而出則弔生爲不足，此弟子所以疑其非友。』林希逸《口義》：『三號而出，言不用情也。』

〔五〕**弟子曰** 弟子，秦失弟子。**夫子** 秦失。**曰然** 然，是。

〔六〕**然則弔焉若此** 然，既然如此。若此，如此。**可乎** 可，合適。

〔七〕**曰然** 然，可以，合適。**始也吾以爲其人** 其人，猶言他是人。**而今非也** 非，不是人。《至樂》云：『是其始死也，我獨何能無概然！察其始而本無生，非徒無生也而本無形，非徒無形也而本無氣。雜乎芒芴之間，變而有氣，氣變而有形，形變而有生，今又變而之死，是相與爲春秋冬夏四時行也。人且偃然寢於巨室，而我噭噭然隨而哭之，自以爲不通乎命，故止也。』行甫按：『始以爲其人』而『今非』，當與《至樂》『莊子妻死，惠子弔之，莊子則方箕踞鼓盆而歌』對讀，方得其解。古今之注，皆非。文如海本『其』作『至』，行草書『其』如『至』，因形似而致訛，不可據之以篡改莊子原文原意。

〔八〕**向吾入而弔** 向，剛才。**有老者哭之如哭其子** 老年人哭老聃如失其子。**少者哭之如哭其母** 少年人哭老聃如喪其母。

〔九〕**彼其所以會之**　彼，老少哭喪者。其，猶之。會，聚。會之，聚在一起哀哭老聃。**必有不蘄言而言**　不蘄，不期，猶情不自禁。言，哀傷痛悼之言。

〔一〇〕**是〔遁〕天倍情**　是，此，此哭人。遁，欺罔。《淮南子·繆稱》「非自遁」，高誘注：「遁，欺也。」《管子·法禁》「遁上而遁民」，王念孫《讀書雜志》：「遁，欺也。」《廣雅·釋詁三》：「遁，欺也。」皆是其例。行甫按：欺，亦訓「誣罔」，是「遁天」之爲「欺天」者，猶言「不通乎命」而將人意妄加於天也。「遁」字，王孝魚依世德本改。倍，通背，本又作背。情，實。行甫按：倍情，猶言背於生死乃形氣相變之實情。**忘其所受**　所受，受氣於陰陽，猶「雜乎芒芴之間，變而有氣」。**古者謂之遁天之刑**　謂，認爲。之，代指死亡。遁，逃避。天之刑，人生在世，便是遭受「天刑」，死亡便是逃避「天刑」。《德充符》「天刑之，安可解」，謂不死即不可解脫「天刑」。

〔一一〕**適來**　適，當。來，來到人世。**夫子時也**　夫子，彼人，並非僅指老聃。時，「形變而有生」之時。**適去**　去，死去。**夫子順也**　順，猶「變而之死」之「變」。**安時而處順**　安，亦處。處，亦安。行甫按：安時處順，猶安於生亦安於死。**哀樂不能入**　哀，死。樂，生。不能入，生死無以介懷。**古者謂是帝之縣解**　是，此，代死亡。帝，天。之，猶所。縣，同懸。解，解放。《釋文》：「崔云：以生爲縣，以死爲解。」行甫按：縣解，猶「解懸」。謂生如倒懸，死即解懸。

〔一二〕**指窮於爲薪**　指，通脂，油膏。窮，盡，燒完。爲薪，束薪爲火把。古以火把照明，綑紮乾柴灌注動物脂肪燃燒，《詩經》稱爲「庭燎」，莊子稱之「爲薪」。**火傳**　火把膏脂燃盡，則火傳於另一火把。**不知其盡**　薪火相傳，循環交替，無所窮盡，以喻生死即是形氣相續，猶如「相與爲春秋冬夏四時行也」。行甫按：明白了人的生命不過是形氣相續的自然本質，明白了人生的意義不過是如同倒懸的苦難，死亡就是解脫與生俱來的刑罰，則面對生死，即可『安時而處順，哀樂不能入』了。生死既已爲之勘破，人生還有什麼苦難與厄運不能坦然面對的呢？此亦消極養生之至大關節。

此乃本篇第三章，右師之介，澤雉之遇，秦失之弔，三者亦意連而文不連也。言養生盡年，更須洞徹生命的自然本質及其『天刑』苦厄的生存價值。勘破生死，即使遭受非人力所能抗拒與改變的任何災難與苦厄，亦當安時而處順，哀樂不能入。此爲養生的被動性，乃消極養生也。

【繹文】

公文軒見了右師的形貌之後大爲驚異地說：『這是個什麼人呢？怎麼就衹剩下一條腿呀？打從娘胎裏出生就是這樣的嗎？還是由於後天的人事結果呢？』右師說：『上天注定該是如此，不是人力所能改變的。上天發生了不可預測的災難，要以此讓我喪失一條腿；我的形貌就順著上天的旨意，果然就遭到變成獨腳子的厄運了。由此可見，這是上天給我的命運安排，不是人力所能抗拒的。』

生長在水草大澤之中的野雞，尋尋覓覓，生存維艱，十步才可啄一食，百步才能得一飲。沒存想被拘圍在藩籬之中，飲食豐足，再也無須四出尋覓，滋養得通體圓潤，毛色亮澤，神氣的確非常旺健，衹是處境不良，不能自由走動了。

老聃去世了，他的生前好友秦失上門問喪，大哭三聲便出來了。弟子們甚爲驚訝，不解個中原委，詢問秦失說：『老聃難道不是先生的好友嗎？』秦失回答說：『是我的好友呀。』

『既然是先生的好友，如此弔喪，未免不合時宜吧？』

秦失說：『不錯。不過，剛開始弔喪的時候，我的確很傷心，因爲那是把他作爲一個活人的死亡來看待的。現在，我不再這樣想了。人的生死不過是形與氣的不斷循環轉續而已。而且人生在世也備受苦難，死了反如解脫天刑。由此看來，人的死亡並沒有什麽值得悲哀的。剛才我進門來弔喪的時候，看到有老年人哀哭老聃，就如同失去了親生兒子一樣悲痛；有少年人悲哭老聃，就如同喪失了親生母親一樣哀傷。他們之所以聚集在一起哭喪，言辭哀傷，哭聲悲痛，當然是由於情不自禁而言，也是因爲情不自禁而哭的。這是因爲他們不懂得生命的自然本質，把自己對生命的理解妄加於天，因而有悖於生死形氣轉續的實情，忘記了自己因爲受氣於陰陽才會有形體的本來事實。古時候把人的死亡叫作逃脫了天的刑罰。因此，當他出生之時，就是他應該來到這個人世受苦的時候；當他死亡之時，也就是他順應生命的自然本性而走向苦難的終結之時。活著便安安心心地踏實活著，死亡便服服帖帖地順從死亡，活著未必就是快樂，死亡未必就是悲哀，生死兩由，無所挂礙，況且古時候也是把死亡稱之爲老天爺幫你解脫倒懸的。

『生命的形氣相續，就如同火把上的脂膏燃燒盡了，火種還會繼續傳給另一個火把。這種形氣相續的循環往復，並不能預知它的盡頭！』

人間世第四

人間世者，人間之世也，人世之間也。既爲人間之世，則人有人的社會尺度，事君與愛親、忠孝之事，乃是人生的義務與生命的擔當。奮身以進取，建家國之事功，實現人生之價值，也是爲人在世所必須承受的生命之重。然而人世之間，卻充滿暴君與闇主，官場相互傾軋，同僚彼此嫉忌，政治生態險象環生，以致有志之士，輕者事與願違，重則性命不保。至於其間之勞心傷神，降志辱身，又是熱衷於功名成就的有爲之士所司空見慣。最終，他們或者被迫放棄理想，隱身於市朝；或者遺世高蹈，退藏於草野，以求全身遠害，宣稱『無用』便是『大用』。然則以『无功』爲逍遥，卻未免苦澀與無奈，是以本篇多有憤激之言。

〔一〕

顏回見仲尼，請行。曰：『奚之？』曰：『將之衛。』〔一〕曰：『奚爲焉？』曰：『回聞衛君，其年壯，其行獨；〔二〕輕用其國，而不見其過；輕用民死，死者以國量乎澤若蕉。民其无如矣。〔三〕回嘗聞之夫子曰：「治國去之，亂國

就之，醫門多疾。」願以所聞思其則，庶幾其國有瘳乎！』〔四〕

仲尼曰：『譆！若殆往而刑耳！夫道不欲雜，雜則多，多則擾，擾則憂，憂而不救。〔五〕古之至人，先存諸己而後存諸人。所存於己者未定，何暇至於暴人之所行？〔六〕且若亦知夫德之所蕩而知之所爲出乎哉？德蕩乎名，知出乎爭。名也者，相軋也；知也者，爭之器也。二者凶器，非所以盡行也。〔七〕

『且德厚信矼，未達人氣；名聞不爭，未達人心。〔八〕而强以仁義繩墨之言術暴人之前者，是以人惡有其美也，命之曰菑人。〔九〕菑人者，人必反菑之，若殆爲人菑夫！〔一〇〕

『且苟爲悅賢而惡不肖，惡用而求有以異？〔一一〕若唯无詔，王公必將乘人而鬭其捷。而目將熒之，而色將平之，口將營之，容將形之，心且成之。〔一二〕是以火救火，以水救水，名之曰益多，順始无窮。若殆以不信厚言，必死於暴人之前矣！〔一三〕

『且昔者桀殺關龍逢，紂殺王子比干，是皆修其身以下傴拊人之民，〔一四〕以下拂其上者也，故其君因其修以擠之。是好名者也。〔一五〕昔者堯攻叢枝、胥、敖，禹攻有扈，國爲虛厲，身爲刑戮，其用兵不止，其求實无已。是皆求名實者也，而獨不聞之乎？〔一六〕名實者，聖人之所不能勝也，而况若乎！〔一七〕

『雖然，若必有以也，嘗以語我來！』〔一八〕

【釋義】

〔一〕**顔回見仲尼**　顔回，字子淵，魯人，孔門弟子。二人亦爲莊子寓言人物，不可以真實歷史人物當之。**請行**　辭行。**曰奚之**　奚，何。之，往。**曰將之衛**　衛，衛國，春秋時姬姓諸侯，始封君爲武王弟康叔封。

〔二〕**奚爲**　爲，作，事。**回聞衛君**　衛君，衛國君主，事屬虛擬，不定爲何君。**其年壯**　年壯，年輕氣盛。**其行獨**　行獨，行爲專斷。

〔三〕**輕用其國**　輕，輕易，不慎重。用，役使。**而不見其過**　其過，輕用其國之過。**輕用民死**　民死，竭盡民力。**死者以國量乎澤若蕉**　國，通域，區域。量，計數。澤，草野。行甫按：『以國量』，以成塊成片爲計，而非以單個爲計。若，如。蕉，薪樵。《呂氏春秋·不屈》『蕉火大鉅』，畢沅《新校正》：『蕉，薪樵也。』《列子·周穆王》『覆之以蕉』，張湛注：『蕉，與樵同。』行甫按：若蕉，如堆薪柴一般縱横相枕壓。**民其无如**　其，猶乃。如，往。无如，猶無處可逃。

〔四〕**回嘗聞之夫子**　嘗，曾。之，猶於。夫子，指孔子。**治國去之**　治，世道太平。去，離開。**亂國就之**　亂，動盪不安。就，往。**醫門多疾**　醫門，醫家之門。疾，病患者。**願以所聞思其則**　願，希望。以，因。則，猶同等之物。《說文》『則，等畫物也，從刀從貝。貝，古之物貨也』，段玉裁注：『等畫物者，定其差等而各爲介畫也。』行甫按：許君所謂『等畫物』恐非『定其差等』，當爲『同等劃分之物』，故引申而有『準則』之義。是『以所聞思其則』者，猶『因所聞而思其同等之物』，所謂『舉一隅而以三隅反』耳。江南李氏本『其』下有『所行』二字，以『則』字屬下句。乃因不明『則』字之意爲『同等劃分之物』，故增『所行』二字，而以『則』字屬下爲讀耳。各家校注增『所行』二字，大非。**庶幾其國有瘳**　庶幾，希冀之詞。有，猶以。瘳，音抽，病愈。

〔五〕**譆**　驚詫之詞。**若殆往而刑耳**　若，你。殆，近，幾，擬測之詞。刑，刑殺。**夫道不欲雜**　道，方法，主張。欲，貪好。雜，參雜不純。**雜則多**　多，紛亂。**多則擾**　擾，困擾無所擇。**擾則憂**　憂，焦慮不安。**憂而不救**　救，《說文》：「止也。」

〔六〕**古之至人先存諸己而後存諸人**　諸，之於。先存諸己，猶言首先自己應當有所計劃和打算。後存諸人，然後才能使人理解其計劃和打算。**所存於己者未定**　未定，沒有確定。**何暇至於暴人之所行**　暇，遑。至，猶及，達。暴人，殘暴之人。之，其。所行，所行之事。行甫按：此句猶言哪還管得著暴君的所作所爲。

〔七〕**且若亦知夫德之所蕩而知之所爲出乎**　且，況且，遞進連詞。若，你。夫，彼。德，品行。行甫按：單言『德』者，乃指由行爲方式所形成的品行；『道德』者，乃指由思想境界所支配的行爲方式而已。是『德』與『道德』之根本義，說莊子者無須過度詮釋。之，其。所，所以。蕩，超逸，溢出。《田子方》：『德溢乎名。』《淮南子·俶真》『德蕩者其行僞』，高誘注：『蕩，逸。』**德蕩乎名**　乎，於。名，聲名。**知出乎爭**　知，智力。爭，爭奪。**名也者相軋**　軋，車輪輾壓。郭慶藩《集釋》：『猶言相甲也。』行甫按：甲（音壓），讀如『桂林山水甲天下』之『甲』，猶言相勝。亦通。**知也者爭之器**　器，工具。**二者凶器**　二者，名與知。**非所以盡行**　所，可。盡，進，見《齊物論》『其行盡如馳』釋義。行，用。《周禮·司爟》『掌行火之政令』，鄭玄注：『行，猶用也。』行甫按：盡行，亦猶『行盡』，皆近義複詞。盡者，進也，進亦行。然『盡行』猶言『行用』，而『行盡』猶言『行進』，又各有其義。

〔八〕**且德厚信矼**　且，而且。厚，純厚，敦厚。信，信心。矼，音控，篤實。**未達人氣**　達，通達，了解。人氣，指社會風氣，朝廷氛圍也。**名聞不爭**　名聞，近義複詞，名聲。**未達人心**　人心，指風俗人情，市井百態。行甫按：未達人氣、未達人心，互文見義。

〔九〕**而强以仁義繩墨之言術暴人之前** 强，勉强，强行。仁義，猶今之所謂道德。繩墨，本爲工匠取直之具，引申爲法度規矩。術，江南古藏本作『衒』，《說文》：『衒，行且賣也，從行從言。衒，衒或從玄。』**是以人惡有其美** 惡，厭惡。有，《釋文》：『崔本作育，云：賣也。』俞樾《平議》：『「有」者，「育」字之誤。《說文·貝部》：「賣，衒也，讀若育。」此「有」字即「賣」之假字。經傳每以「鬻」爲之，「鬻」亦音「育」也，「以人惡育其美」，謂以人之惡鬻己之美也。』**命之曰菑人** 命，名。菑，音災，害。

〔一〇〕**菑人者人必反菑之** 害人者，人必反害之。**若殆爲人菑夫** 若，你。殆，近，幾。爲，被。夫，語氣詞。

〔一一〕**且苟爲悦賢而惡不肖** 且，況且，讓步假設之詞。苟爲，假使，同義複詞，爲亦使。悦賢，喜好賢人。不肖，不賢。行甫按：肖，似，與所期許之狀態不相似，稱爲『不肖』。所謂『不肖之子』，亦即其子沒有達到其父所期許的目標。**惡用而求有以異** 惡，何。用，以。而，猶乃。求，招求。《禮記·學記》『求善良』，鄭玄注：『求，謂招來也。』有，取。以，猶以爲。異，不同。

〔一二〕**若唯无詔** 若，爾。唯，祇好，除非。詔，明言相告語。**王公必將乘人而鬭其捷** 王公，猶言滿朝公卿。行甫按：既言『苟爲悦賢而惡不肖，惡用而求有以異』，則衛國滿朝公卿皆爲不肖。是知此『王公』乃指朝廷大臣而非單指衛君一人而已。乘，陵。《國語·周語中》『乘人不義』，韋昭注：『乘，陵也。』鬭，相爭。捷，疾捷，利口。**而目將熒之** 而，爾也，你。熒，成《疏》：『眩也，眼目眩惑也。』之，猶焉。行甫按：目將熒之，猶言眼目眩惑，不辨誰何。**而色將平之** 色，面色。平，緩和。行甫按：色將平之，猶言面色緩和，鬭志大消。**口將**

營之　營，通環，衛。《韓非子·五蠹》『蒼頡之作書也，自環者謂之厶』，《說文》『厶』字條引作『韓非曰：倉頡作字，自營爲厶』。《玄應音義》卷四『營衛』注引《蒼頡篇》：『營，衛也。』行甫按：口將營之，謂話語已無復條理，翻來覆去以自辯，但求自衛。**容將形之**　容，貌。形，有形可見。《荀子·勸學篇》『行無隱而不形』，楊倞注：『形，謂有形可見。』行甫按：容將形之，言態度謙恭，於體貌即有所表現。**心且成之**　且，猶乃。成，重，併。《儀禮·既夕禮》『俎二以成』，鄭玄注：『成，猶併也。』《山海經·南山經》『成山，四方而三壇』，郭璞注：『形如人築壇相累也，成亦重耳。』行甫按：心且成之，此乃最後之結果。言爲眾人所說服，內心已完全贊成，實即累增對方之惡。

〔一三〕**是以火救火以水救水**　是，此。王叔岷《校詮》：『是猶「猶」也。』**名之曰益多**　益多，增加。行甫按：此補充『心且成之』之意。**順始无窮**　順，從。行甫按：順始无窮，言順著這個開頭，將無窮無盡，永遠不可收拾。**若殆以不信厚言**　若，如。殆，始。《豳風·七月》『殆及公子同歸』，毛傳：『殆，始也。』李富孫《異文釋》：『《釋文》作迨，云：始也。案：殆、迨皆始之借字。』信厚，乃『德厚信矼』之省。**必死於暴人之前矣**　若始以不信厚言，則授人以柄，人亦無須與之『鬬其捷』而徒費口舌，直接予以處死了事。

〔一四〕**且昔者桀殺關龍逢**　且，而且。桀，夏末暴君。關龍逢，夏末賢臣，以忠諫被殺。**紂殺王子比干**　比干，商紂王叔父，因忠諫而剖心。**是皆修其身以下傴拊人之民**　是，此。修，修養，修治。以，猶而。下，猶臣下。傴，音余，俯身。拊，撫。人，在上位之人，指君主。民，在下之人。行甫按：『人』與『民』相對。句意猶言他們都是修養自己的身心並且降低身份去優撫人君的百姓。

〔一五〕**以下拂其上者**　拂，違背。**故其君因其修以擠之**　以，猶而。擠，排擠，擠兑。**是好名者**　是，此。好名者，關龍逢及比干，『修其身以下傴拊人之民』，此『好名』者；亦指夏桀與商紂，『因其修以擠之』，此『爭名』者。行甫按：君臣皆如此『好名』而相『爭』，是所謂『人氣』與『人心』。

〔一六〕**昔者堯攻叢枝胥、敖** 叢枝、胥敖，小國。奚侗曰：『枝當爲快誤。快與膾通。叢快，即宗膾也。』**禹攻有扈** 禹，夏禹。有扈，《尚書・甘誓》言夏啓伐有扈，大戰於甘。王國維説『有扈』在今鄭州以北黃河北岸之原陽、原武一帶。**國爲虛厲** 國，堯與禹之國。虛，府庫空虛。厲，吏民疲困。《説苑・修文》：『古者有菑者謂之厲。』**身爲刑戮** 身，自身，叢枝、胥、敖、有扈之身。爲，被。刑戮，近義複詞，死傷。行甫按：戰爭雙方，皆被其禍。**其用兵不止** 其，以，因。**其求實无已** 求實，掠奪財富。无已，不止。行甫按：『用兵』與『求實』爲互文。**是皆求名實者也** 求名實，求名與求實。求名者，夏桀與關龍逢，商紂與王子比干。求實者，堯與叢枝、胥、敖，禹與有扈。戰爭雙方互相掠奪，皆爲求實。

〔一七〕**名實者** 猶言求名求實者。**聖人之所不能勝** 之，猶而。所，猶或。勝，克，任。**而況若乎** 若，爾，你。

〔一八〕**雖然** 雖，即使；然，如此。**若必有以** 若，爾。以，猶因憑。**嘗以語我來** 嘗，試。語，告訴。來，語氣詞。

此乃本篇第一章第一節，言孔門弟子顔回一腔熱血，打算去衛國治理亂政，孔子給他潑出一瓢冷水。如果去了那個君主昏庸大臣姦惡的衛國，將一事無成；不是丢掉自己的性命，便是與他們同流合污。

【繹文】

顏回來拜見孔仲尼，向他辭行。仲尼問：『要去哪兒？』顏回說：『將去衛國。』

仲尼又問：『去衛國有什麼事嗎？』顏回說：『我聽說衛國君主，正處在血氣方剛的壯盛之年，行爲十分專斷。國家的重大舉措，從來不認真審慎地思考，隨心所欲地使用國力，完全意識不到自己犯了錯誤；動輒大興勞役，驅民於死地，死去的平民百姓不是用個而是用片來計算，那草野大澤之中成片成片的屍體，就像薪柴一樣堆積，慘不忍睹。老百姓已經痛苦不堪，沒有地方可以逃生了。我曾經聽老師說過：「太平富庶的國家，就可以放手離開它；貧窮混亂的國家，就應該去治理它。救死扶傷的醫家之門，等待醫治的病人便格外多。」我打算根據老師的教導去做與老師這個說法相當的事情，希望衛國的悲慘狀況能夠因此有所改善吧！』

仲尼不無驚訝地說：『哎呀，你去了衛國，差不多就是死定了吧！那思想主張及其處事方法，是不能貪圖駁雜的；駁雜起來就會有很多分歧，分歧起來就會引起很多困擾，困擾起來就會產生許多焦慮，焦慮起來就會沒完沒了。古時候最爲高明的人，一定是事先在心裏把一切都計劃盤算好了之後，才去說服別人接受他的打算與計劃。自己內心的計劃與盤算尚未確定下來，他還哪裏有精力去管行爲殘暴之人的所作所爲呢？況且你能知道人的品行是因爲什麼而超出了規範，智力是由於什麼而激發出來的嗎？品行是因爲追求名望才超出了規範的，智力是因爲爭奪利益才激發出來的。名望這個東西，必然會引起相互傾軋；智力這個東西，也就是爭奪利益的手段。這兩個東西，都是作惡的工具，是不能拿來盡行使用的！

『還有，卽使德行純厚而且信心滿滿，卽使既不爭名也不奪利，但是如果不了解社會風氣與朝廷氛圍，不懂得人情世故與市井風俗，便匆匆忙忙强行把有關仁義道德以及規矩法度的高深理論在那些暴君姦臣面前大加兜售，他們會因此以爲你喜歡在人前賣弄才華，當然就討厭你，而且毫不客氣地把你叫作「害人蟲」。被人們感覺到有危害的人，人們勢必反過來危害他。你去了之後，大概率怕是要遭人暗算的！

『再說了，如果衛君是一個喜歡臣子們品行端正而討厭他們姦佞逢迎的君主，那麼衛國朝廷早就是賢人濟濟了，哪裏還用得著找你來顯示出與他們有所不一樣呢？因此，除非你不開口表明自己的看法，如果你開口說話，那些王公大人們就會扎起堆來圍攻你，與你逞其口辯，鬪其機敏，甚至看透了你的心思，早就設好了圈套，備好了說辭，衹是瞪大眼睛等著你主動往裏跳。這時候你就暈頭轉向找不到北，不知道眼前這幫人都誰是誰了；你的臉皮便頓時鬆弛下來，耷拉腦袋，好像自己犯了多大錯誤似的；嘴巴也不利索了，嘟嘟囔囔地說些車軲轆話爲自己辯解；腰板也不知道什麼時候彎下來了，表現出格外謙卑恭順的樣子；而且心裏也衹是一個勁地佩服他們說得太對了！這就好比用火來滅火，用水來堵水，這就叫幫助添亂。一旦順著這個開頭繼續往前走下去，必然是同流合污，甚至爲虎作倀，也就永無終局！當然，如果你從一開始與他們說話便沒有信心，態度也不夠忠厚誠懇，這幫傢伙也就懶得與你耍心眼，費口舌，早就把你弄死在他們面前了！

『而且古時候夏桀處死了關龍逢，商紂王殺死了王子比干，這關龍逢和王子比干，都非常注意修養約束自己，而且還願意代替他們的君王降低身份優撫天下的平民百姓，當然這也是以臣子的身份觸犯了他們的君王的人，於是他們的君王認爲他們的修養約束所獲得的名聲大大地超過了自己，因而便設法擠兑他們，陷害他們。可見這夏王桀與關龍逢，商王紂與王子比干，君與臣都算得上是喜好名聲的人了。古時候還發生了帝堯攻打叢枝與胥、敖，夏禹討伐他的鄰邦有扈的事。勝利者弄得國家府庫空虚，百姓困苦疲憊；戰敗者就更是死傷無數，君主也不得全屍。他們之所以往來征戰，互相攻打，兵連禍結，就是爲了不停地掠奪財富。因此，所有這些人，有的是爲了名聲而相互擠兑，有的是爲了利益而互相攻打，難道這些你就没有聽説過嗎？好名聲，爭財富，即使是聖人也拿他們没有辦法，更何況是你呢！

『不過，雖然這麽説，你也一定有你的辦法，試請説來我聽聽吧！』

顏回曰：『端而虚，勉而一，則可乎？』〔一〕

曰：『惡！惡可！夫以陽爲充孔揚，采色不定，常人之所不違，因案人之所感，以求容與其心。〔二〕名之曰日漸之德不成，而況大德乎！將執而不化，外合而内不訾，其庸詎可乎！』〔三〕

『然則我内直而外曲，成而上比。〔四〕内直者，與天爲徒。與天爲徒者，知天子之與己皆天之所子，而獨以己言蘄乎而人善之，蘄乎而人不善之邪？〔五〕若然者，人謂之童子，是之謂與天爲徒。〔六〕外曲者，與人之爲徒也。擎跽曲拳，人臣之禮也，人皆爲之，吾敢不爲邪！〔七〕爲人之所爲者，人亦无疵焉，是之謂與人爲徒。〔八〕成而上比者，與古爲徒。其言雖教，謫之實也。〔九〕古之有也，非吾有也。若然者，雖直而不病，是之謂與古爲徒。若是則可乎？』〔一〇〕

仲尼曰：『惡！惡可！大多政！法而不諜，雖固亦无罪。〔一一〕雖然，止是耳矣，夫胡可以及化！猶師心者也。』〔一二〕

【釋義】

〔一〕**端而虛**　端，正直。虛，謙虛。行甫按：端而虛，乃回應『德蕩乎名，知出乎爭』。猶言既不求名，亦不爭利，更不會『强以仁義繩墨之言術暴人之前』。**勉而一**　勉，加强努力。一，一以貫之。行甫按：勉而一，乃回應『若殆以不信厚言』以及『順始無窮』。猶言堅持正義，決不妥協，自始至終，毫不動摇。**則可乎**　則，猶其，乃，即。

〔二〕**惡**　音好惡之惡，不然之詞。**惡可**　惡，猶焉，安。**夫以陽爲充孔揚**　夫，彼，指衛君。以，因。陽，陽剛之氣。充，滿。孔，甚。揚，飛揚。行甫按：衛君年壯行獨，陽剛之氣過於滿盛，因而其神情飛揚外露。**采色不定**　采色，神采氣色。不定，無常。行甫按：采色不定，猶言喜怒無常。**常人之所不違**　常人，庸碌之人。之，前置賓語。所，或。違，忤逆。**因案人之所感**　因案，根據，同義複詞。《荀子・不苟篇》『非案亂而治之之謂也』，楊倞注：『案，據也。』《漢書・司馬相如傳》『車案行』，顔師古注：『案，依也。』皆是其例。人，常人。所，可。感，感知。**以求容與其心**　以，乃，目的連詞。求，圖。容與，猶迎合。行甫按：三句謂常人或不敢忤逆君主，衹是察顔觀色，據其所觀之感，揣度君主，以圖迎合其心。

〔三〕**日漸之德不成**　日，每日。漸，漬，浸染。行甫按：日漸之德，猶言每日漸進之小德。不成，無所成就。**而況大德**　大德，猶言徹悟之德。**將執而不化**　將，猶。執，固執。化，改變。**外合而内不訾**　外合，表面附合。内，内心。訾，應。《韓非子・亡徵》：『心悁忿而不訾前後者，可亡也。』不訾前後，猶言前後不相應。**其庸詎可**　其，豈。庸詎，何，同義複詞。

〔四〕**然則我内直而外曲**　然，如此。則，卽。内直，内心坦直而誠懇。外曲，外形謙卑而恭敬。**成而上比**　成，就。上，前。比，比附。上比，猶言與前言往行相比附。行甫按：成而上比，目的雖然是達到成功，手段卻是旁敲側擊。

〔五〕**内直者與天爲徒**　天，人的自然屬性。徒，猶屬。**與天爲徒者知天子之與己皆天之所子**　天子，上天之子，人君。所，代詞，與動詞『子』字構成名詞性結構。子，猶生，養。行甫按：皆天之所子，猶言喜怒好惡皆與人同。**而獨以己言蘄乎而人善之**　而，猶然。獨，猶寧，豈，說見王引之《經傳釋詞》。言，勸告之言。蘄，通期，請求，企望。乎，猶於。而，猶其。而人，其人，指人君。善，贊同，接受。**蘄乎而人不善之邪**　邪，反詰語氣詞。行甫按：人同此心，心同此理，以此爲前提，則易於溝通，人豈不受邪？

〔六〕**若然者**　若，倘。然，如此。**人謂之童子**　童子，天真純樸童心未泯之人。行甫按：此言君臣之間，天然融洽，猶兩小無猜。**是之謂與天爲徒**　是，此。之，猶乃。

〔七〕**外曲者與人之爲徒**　人，與天相對，人的社會屬性。之，當是衍文。**擎跽曲拳**　擎，正襟危坐。跽，兩腿跪直。曲，鞠躬磬折。拳，握掌抱拳。皆古人行禮之體態，以此揖讓周旋。**人臣之禮**　禮，禮儀規範。**人皆爲之吾敢不爲**　爲，行。

〔八〕**爲人之所爲者人亦无疵焉**　疵，詬病，指責。**是之謂與人爲徒**　是，此。之，猶乃。

〔九〕**成而上比者與古爲徒**　古，古代，古人。**其言雖教**　教，教誨。**讁之實也**　讁，音哲，譴責，諷刺。實，實際目的。

〔一〇〕**古之有也非吾有也**　之，猶所。**若然者**　若然，如此。**雖直而不病**　直，效果直接而明顯。病，猶疵。不病，猶無可挑剔。**是之謂與古爲徒**　是，此。之，猶乃。**若是則可乎**　若是，如此。

〔一一〕**惡惡可大多政**　大，讀太。多，雜。政，法。行甫按：『多政』，指『與天爲徒』、『與人爲徒』及『與古爲徒』。**法而不諜**　法，合法，守法。諜，通喋，《史記·張釋之馮唐列傳》『豈斅此嗇夫諜諜利口捷給哉』，司馬貞《索隱》：『諜諜，《漢書》作喋喋，口多言。』行甫按：『不諜』，猶『口不多言』。李頤訓『安』，成《疏》訓『當』，皆非其義。**雖固亦无罪**　雖，通唯，衹是。固，牢固，周全，指『人亦无疵』及『雖直不病』。亦，特，直。无罪，不會獲罪。

〔一二〕**雖然止是耳矣**　止，僅。是，此。耳矣，罷了。**夫胡可以及化**　夫，彼。胡，何。及，達。化，改變。**猶師心**　猶，均。王引之《經傳釋詞》：『物相若則均，故猶又有均義。』師心，以心爲師，猶想當然也。行甫按：『端而虛，勉而一』及『內直外曲，成而上比』均爲『師心』，故下文顏回曰『無以進矣』。

此乃本篇第一章第二節，言顏回擬到衛國採取『端而虛，勉而一』的態度以及『內直而外曲，成而上比』的方法，試圖幫助衛國君主推進政治革新。但孔子認爲這些辦法衹能保證他自己的人身安全，並不能取得任何政治成效。

【繹文】

顏回說：『我爲人端直而謙虛，既不求名，也不爭利，更不會强行向人兜售自己所信奉的思想主張；而且我會堅持正義，決不妥協；努力打開局面，創造良好開端，然後一以貫之，毫不動搖。這樣總可以吧？』

仲尼說：『說什么呢？這怎麼行得通呢？那衛國君主，年輕力壯，獨斷專横，渾身充滿陽剛之氣尤其張揚外露。神采氣色游移不定，喜怒好惡變化無常。庸常之輩沒有人膽敢忤逆他的意志，祇是根據他們的察顏觀色，揣摩他的心態，試圖投其所好，迎合他的想法。這樣的話，稱之爲每日浸染的小小德行都成就不了，更何況那種洗心革面的德性徹底改觀呢！他會固執己見，怙惡不悛；即使有時他會表面附合你的建議，但內心却不肯由衷地應承。哪裏還能產生什麼效果呢？』

顏回說：『既然是這樣，那麼我可以做到內心裏坦直而誠懇，外形上謙卑而恭敬，爲達成諷諫目的，採用前言往行作爲比附。內心坦直誠懇，便是與人的自然本性爲伍。與人的自然本性爲伍，就是明白君主雖然是上天之子，可他仍然和我一樣都是上天所生、上天所養的人，都有同樣的七情六欲、喜怒哀樂好惡。這樣人同此心，心同此理，難道還用得著把自己想說的話事先去徵得他的同意而後才開口嗎？還用得著去徵求他的意見之後他不同意便不再開口嗎？這樣的話，人們便會認爲這是多麼天真純樸、親密無間、自然融洽的君臣關係，這就叫作與人的自然天性爲伍。外形上謙卑而恭敬，便是與人的社會屬性爲伍。挺直腰板，正襟危坐；舉身抬腚，跪直兩腿；鞠躬磬折，叩首拜手；曲掌抱拳，周旋揖讓。身爲人臣的這些繁文縟節，大家都能躬行不殆，我爲什麼就不可以照行不誤呢？照行人臣當行之禮，別人也就不可能對此有所挑剔的了，這就叫作與人的社會屬性爲伍。爲達成諷諫目的，採用前言往行作爲比附，就是與古人爲伍。所說的話表面雖然是循循善誘的教化與開導，實質上卻是剴切的諷刺與嚴厲的指責。這是古已有之的成例，不是我自己編造的誹謗。像這樣的話，即使忠言逆耳，也不便於對我發作，這就叫作與古人爲伍。如果做到這些方面，應該是可以了吧？』

仲尼說：『說什么呢？這怎麼可以呢？方法未免太多了！這些方法的確不悖禮儀，合於法度，也無須巧舌利口，喋喋不休。但這衹是比較穩固而周全的辦法，特别是不會因此獲得罪戾而遭到懲罰罷了。即使如此，也僅止於此而已，那又怎麼可以達到教化衛君、變革衛政的目的呢！你前後所說的這些辦法，都是師心自用，不過是想當然而已！』

顏回曰：『吾无以進矣，敢問其方。』〔一〕仲尼曰：『齋，吾將語若！〔二〕有〔心〕而爲之，其易邪？易之者，暤天不宜。』〔三〕

顏回曰：『回之家貧，唯不飲酒不茹葷者數月矣。如此，則可以爲齋乎？』〔四〕曰：『是祭祀之齋，非心齋也。』〔五〕

回曰：『敢問心齋。』仲尼曰：『若一志，无聽之以耳而聽之以心，无聽之以心而聽之以氣！聽止於耳，心止於符。〔六〕氣也者，虛而待物者也。唯道集虛，虛者，心齋也。』〔七〕

顔回曰：『回之未始得使，實自回也；得使之也，未始有回也；可謂虛乎？』〔八〕夫子曰：『盡矣！吾語若：若能入遊其樊而無感其名，入則鳴，不入則止。〔九〕無門無毒，一宅而寓於不得已，則幾矣。〔一〇〕絶跡易，无行地難。爲人使易以僞，爲天使難以僞。〔一一〕

『聞以有翼飛者矣，未聞以无翼飛者也；聞以有知知者矣，未聞以无知知者也。〔一二〕瞻彼闋者，虛室生白，吉祥止止。夫且不止，是之謂坐馳。〔一三〕夫徇耳目內通而外於心知，鬼神將來舍，而況人乎！〔一四〕

『是萬物之化也，禹、舜之所紐也，伏戲、几蘧之所行終，而況散焉者乎！』〔一五〕

【釋義】

〔一〕**吾无以進**　以，猶有。進，益。《大戴禮·四代》『進一不可』，王聘珍《解詁》：『進，猶益也。』**敢問其方**　方，法。

〔二〕**齋**　齋戒。《說文》：『齋，戒潔也。』**吾將語若**　語，告訴。若，爾。

〔三〕**有〔心〕而爲之**　『心』原闕，王孝魚據注文及張君房本補。有心，既有之心。爲，是。行甫按：有心而爲之，猶言以其既有之心爲是，此與上文『猶師心者也』相照應。**其易邪**　其，猶乃。易，輕慢。**易之者**　之，指『吾將語若』。**皞天不宜**　皞天，成《疏》：『言其氣皓汗也。』宜，正當。行甫按：仲尼曰齋云云，仲尼要求顏回虛心聽取其建議，不可以其既有之心爲是。如以既有之心爲是，則不能虛心。不能虛心，卽是輕忽將行之事。若輕忽將行之事，則老天爺亦以爲不當。

〔四〕**回之家貧**　貧，無資財。**唯不飲酒不茹葷者數月**　唯，猶以，因。茹，食。葷，有氣味之菜蔬，如姜、蒜之類。**如此則可以爲齋乎**　行甫按：顏回誤解師意，以爲祭祀之齋戒。

〔五〕**是祭祀之齋非心齋**　心齋，戒除內心的成見與雜念。《知北遊》『汝齊戒，疏瀹而心，澡雪而精神，掊擊而知』，可與此相參。

〔六〕**敢問心齋**　敢，冒昧。**若一志**　若，爾，你。一，專注，專一。志，心志。《說文》：『志，意也。從心㞢，㞢亦聲。』行甫按：若一志，宣穎本、釋德清本作『一若志』，廣異聞而已，無別義。**无聽之以耳而聽之以心**　无，猶毋。聽之以耳，以耳聽之。聽之以心，以心聽之。**无聽之以心而聽之以氣**　氣，虛無。聽之以氣，以氣聽之。行甫按：『无聽之以耳』至『聽之以氣』，卽層層剝離之意，亦感官逐步內斂，乃『心齋』之工夫過程。**聽止於耳**　止，停止。俞樾《平議》以爲當作『耳止於聽』，『言耳之爲用止於聽而已』。行甫按：俞氏之說大非，此謂停止耳之聽覺功能。**心止於符**　符，猶合。行甫按：心止於符，心不要與外物相印證。《公羊傳》僖公十六年：『隕石於宋五。曷爲先言隕而後言石？隕石記聞，聞其磌然，視之則石，察之則五。』隕石之聲入耳，乃起而視之，又悉心數之，此卽心思欲與外物相印證之例。

〔七〕**氣** 虛空無物之謂。**虛而待物** 待，備。空虛無物，乃可備以容物。**唯道集虛** 唯，祇，因。道，無限高遠之精神境界。集，就，止。行甫按：唯道集虛，無限高遠的精神境界，祇可在空明虛寂的心靈之中落腳。**虛者心齋** 濾去所有成心與雜念，達到纖塵無染的空靈狀態，即『心齋』。

〔八〕**回之未始得使** 之，猶於。使，令。未始得使，成《疏》：『未稟心齋之教。』**實自回也** 自，由。由，通猶，是自亦可訓猶。說見吳昌瑩《經詞衍釋》。**得使之也** 之，猶如是。**未始有回也** 不曾有回，忘掉了自己的存在。《達生》梓慶爲鐻，『齊七日，輒然忘吾有四枝形體也』，是其義。**可謂虛乎** 行甫按：顏回以『无己』爲『虛』，仲尼以『心齋』爲『虛』，則顏回進於孔子。

〔九〕**盡** 止，終。**吾語若** 語，告訴。**若能入遊其樊而無感其名** 若，爾，你。樊，藩籬。入遊其樊，喻進入衛國。感，猶惑。《呂氏春秋·有度》『物感之也』，高誘注：『感，惑也。』**入則鳴** 入，猶聽取。則，即，乃。鳴，開口說話。**不入則止** 止，止而不言。

〔一〇〕**無門無毒** 門，門戶。毒，臺階。郭慶藩《集釋》引李楨曰：『毒乃壔之叚借。許「壔」下云：「保也，亦曰高土也，讀若毒。」』行甫按：『無門無毒』，與下文『一宅』之喻相關，猶言無門徑、無臺階可入。**一宅而寓於不得已** 一宅，渾然之宅。寓，寄居。不得已，不得止，與『入則鳴，不入則止』相關聯。行甫按：二句與『人必反菑之』相關聯，猶言將自己嚴密包裹起來，不使他人有所侵入，以免於傷害。**則幾矣** 幾，庶幾，近。

〔一一〕**絕跡易** 絕，滅。跡，行跡。行甫按：滅去行跡，包裹自己較容易。**无行地難** 不行走於地上，猶言不與人打交道。難，做不到。**爲人使易以僞** 爲，由。人，人的社會屬性。以，於。僞，人爲，僞裝。行甫按：此申言『絕跡易』。**爲天使難以僞** 天，人的自然屬性。行甫按：此申言『无行地難』。行甫又按：此四句猶言無論如何包裹自己，逃避社會，但又必須與人羣打交道。解決這個難題，唯有高遠超邁的心靈境界，方可做到既能遊走於人間之世，又可以萬事不以挂懷。下文即申言之。

〔一二〕**聞以有翼飛**　聞，知。以有翼飛，用有形的翅膀飛翔。**未聞以无翼飛**　以无翼飛，喻內心馳騖不息。行甫按：以无翼飛，與下文『坐馳』相關聯。**聞以有知知**　以有知知，運用感官的認知活動。**未聞以无知知**　以无知知，無須感官的認知活動。行甫按：以无知知，與下文『夫徇耳目內通而外於心知，鬼神將來舍，而況人乎』相關聯。

〔一三〕**瞻彼闋者**　瞻，視。闋，《釋文》：『司馬云：空也。室比喻心，心能空虛，則純白獨生也。』行甫按：瞻彼闋者，猶言精神內視。**虛室生白**　虛室，虛空的心靈境界。生白，濾去一切成心與雜念，則心境一片空白，一無所有。**吉祥止止**　吉祥，同義複詞，善，福祉。止止，上止，乃『唯道集虛』之『集』；下止，即『之』字。行甫按：三句謂精神內視，則境界空虛；境界空虛，則無所挂懷；無所挂懷，則無人事之紛擾；無人事之紛擾，乃人生之福祉。**夫且不止**　夫且，若。**是之謂坐馳**　是，此。之，猶乃。坐馳，雖坐而馳，言紛擾不息。行甫按：二句謂倘若心齋戒潔了，仍然還有人事之紛擾堵塞於心，便如同坐在原地而心靈仍在奔馳不止。

〔一四〕**夫徇耳目內通而外於心知**　夫，若。徇，循，順。耳目內通，感官內向，不於外張。外於心知，將心智理解與感官知覺皆排除在外，即上文『聽止於耳，心止於符』。**鬼神將來舍**　鬼神，猶言幽冥之界。來舍，來止，來集。成《疏》：『虛懷任物，鬼神冥附而舍止。』**而況人乎**　人，人事。行甫按：成氏之說未盡。三句言收視反聽，心靈虛靜，則無論幽冥之界的鬼神，抑或大千世界的人事，皆可任其來來去去。雖然知有其事，默識而心通，卻一切不以挂懷。

〔一五〕**是萬物之化**　是，因此。行甫按：是，乃概指孔子與顏回所述全部内容。萬物，衆人。莊子多以物指人，《齊物論》釋義已有説。化，變化，改變，即『夫胡可及化』及『將執而不化』之『化』。**禹舜之所紐也**　所，所以。紐，結。《慧琳音義》卷九十一『接紐』注：『紐，結而不可解者。』**伏戲几蘧之所行終**　伏戲，即伏羲。几蘧，《釋文》：『向秀云：古之帝王也。』行終，走到盡頭。**而況散焉者乎**　散焉者，資質平庸之輩，指顏回，也包括孔子自己。行甫按：此言改變他人，改變世界，大聖亦束手無策，更何況平庸之輩呢！此與本章開頭『庶幾其國有瘳』相照應。

此乃本篇第一章第三節，言顏回無計可施，孔子乃教其『心齋』之法：閉目塞聽，虛己養神，無所事事，不要試圖改變這個難以改變的糟糕世界，妥協而已。

【繹文】

顏回説：『我再也沒有比這更好的辦法了。冒昧地問一下，還有什麽辦法嗎？』孔仲尼説：『戒除一下吧，我再告訴你。如果成心充塞，就是自以爲是；自以爲是，會不會把事情看得過於簡單與容易了呢？如果把事情看得過於容易與簡單，老天爺也不會認爲是正當的呢。』

顏回説：『顏回家庭貧困，因而不飲酒、不吃葷的生活狀況已持續幾個月了。像這樣的話，是不是可以算作戒除了呢？』仲尼説：『這是祭祀所要求的齋戒，不是心靈的戒除。』

顏回説：『膽敢問一下，什麽是心靈的戒除呢？』孔仲尼説：『你衹須把你的心志集中在一個往內的方向，逐漸排除你的一切外在的感官活動，不要用耳朵去聽聞外界的事情，祇須聽取你的內心世界；然後也無須聽取你的內心世界，祇須於虛空之中任其虛無之氣往來流動而已。聽的感覺活動，停止在耳朵這裏，思慮的心希求與外物相符印的認知慾望也停止下來了。氣這個東西，就是虛空無物的狀態，因爲虛空無物，所以它就可以容納任何之物了。因爲無限高遠超邁的道的精神境界，祇能在虛空無物的心靈狀態之中才能站住腳。這種虛空無物、纖塵無染的心靈狀態，就是心的戒除。』

過了一段時間，顏回說：『顏回沒有聽聞夫子心齋之教以前，顏回仍然祇是那個顏回。按照老師的心齋之教做了工夫之後，過去的那個顏回也就不復存在了。這樣的話，是不是可以叫作虛了呢？』孔夫子說：『了不起，工夫已做到家了！但我必須告訴你：你進入衛國的官場能夠做到不受名利的誘惑，衛君願意聽取你的建議，你就可以無所保留地發表你的意見。不願意聽取你的意見，你就沒有必要開口說話了。這個時候，你就應當像躲進一個既沒有門窗、也沒有臺階的空宅子裏一樣，不得不把自己封閉在這個混然無隙的宅子裏，以避免外界對你施加任何可能的傷害，這樣也就差不多可以保全自己了。不過，話得說回來，把自己包裹起來，不露行跡，是可以做到的；但是要做到不食人間烟火，不與社會人羣有所往來，那卻是很難做到的。而且，在人羣中要做到把自己僞裝起來以掩人耳目，也是比較容易的；但是要想把自己的自然本性完全隱藏起來，不露任何蛛絲馬跡，倒是難於做到的了。

『我們知道用有形的翅膀是可以飛行的，卻不知道不用有形的翅膀也是可以飛行的。我們知道憑借感官活動是可以感知事物的，卻不知道還有無須借助感官的認知活動。閉目塞聽，排除外部世界的一切干擾，精神專注於內部世界的心靈戒除之法，就是這種無須借助於感官的認知活動。內在精神洗脫了一切成心與雜念，虛靜的心靈便呈現出一片純粹的空白。達到這種虛空純白、纖塵無染的心靈境界，人生的福祉也就在此實現了。如果戒除了一切對外的感知活動，內心世界卻仍然存念著世事的紛擾，心猿意馬，奔競不息，這就叫作坐在原地奔跑。如果精神循著耳目感官通向內在的心靈世界，而且把可以思慮的心官也排除在外，在一片空靈寂靜的純白境界裏，不僅幽冥世界的鬼神可以任其來附，更何況人世之間熙攘不息的各種人和事呢！這種無論鬼神抑或人事都可以任其往來卻又無關於心，也就是無須借助感官心智的認知活動了。

『由我們上面所說的種種情形來看，想要改變他人，改變世界，是多麼不容易的事！這是就連夏禹與虞舜之類的聖人都解不開的死結，也是伏戲與几蘧這樣的帝王望而卻步的地方，更何況是你我這類資質平庸的一般人呢！』

〔二〕

葉公子高將使於齊，問於仲尼曰：〔一〕『王使諸梁也甚重，齊之待使者，蓋將甚敬而不急。〔二〕匹夫猶未可動，而況諸侯乎！吾甚慄之。〔三〕子常語諸梁也曰：「凡事若小若大，寡不道以懽成。〔四〕事若不成，則必有人道之患；事若成，則必有陰陽之患。若成若不成而後无患者，唯有德者能之。」〔五〕吾食也執粗而不臧，爨无欲清之人。〔六〕今吾朝受命而夕飲冰，我其內熱與？吾未至乎事之情，而既有陰陽之患矣；〔七〕事若不成，必有人道之患。〔八〕是兩也，爲人臣者不足以任之，子其有以語我來！』〔九〕

【釋義】

〔一〕**葉公子高將使於齊** 葉（音涉）公子高，姓沈，名諸梁，字子高。楚國大夫，食采於葉，其地當在今河南葉縣一帶，僭稱葉公。使，出使辦理外交事務。

〔二〕**王使諸梁也甚重** 王，當是楚昭王。甚重，使命非常重大。**齊之待使者** 之，於。待，接待。**蓋將甚敬而不急** 蓋，擬測之詞。甚敬，非常尊重，接待殷勤。不急，不急於達成外交協議。

〔三〕**匹夫猶未可動** 匹夫，平民。猶，尚，且。動，以言語改變其主意。**而況諸侯** 況，更，遞進之詞。**吾甚慄之** 慄，懼怕。

〔四〕**子常語諸梁** 子，你，指仲尼。語，告教。**凡事若小若大** 凡，不一之詞。若，猶或。**寡不道以懽成** 寡，少。道，由。以，猶於。懽，音灌，憂患。《爾雅·釋訓》『懽懽，憂無告也』。字亦通作灌，《大雅·板》『老夫灌灌』，是其例。成，成功。行甫按：寡不道以懽成，很少不是通過憂患而成功的。行甫又按：此句江南古藏本於作『寡有不道以成懽』，意爲少有不是由之而成憂患的。參照下文，無論成功與不成功皆有憂患，則江南古藏本於義爲長。

〔五〕**事若不成** 若，如，或。**則必有人道之患** 患，憂患，傷害。人道之患，擔心受到國法制裁。**事若成則必有陰陽之患** 陰陽之患，擔心生理紊亂導致疾病。**若成若不成而後无患者** 成而无患，無懼無喜則無陰陽之患；不成而无患，得失生死無以介懷則無人道之患。**唯有德者能之** 唯，祇有。德，通得，得於道。行甫按：有德者，得道之人，具有高遠超邁的精神境界及行爲方式者。

〔六〕**吾食也執粗而不臧** 執，持。臧，善，指飲食精美。**爨无欲清之人** 爨，生火做飯。清，清淡。行甫按：爨無欲清，猶言飲食清淡到不想再清淡了。

〔七〕**今吾朝受命而夕飲冰** 飲冰，腹内燥熱，以凉冰鎮之。**我其内熱與** 其，猶乃。内熱，《釋文》引向秀云：『食美食者必内熱。』行甫按：内熱，消渴症，今所謂糖尿病。『爨无欲清之人』而有『内熱』之症，其憂懼之甚以致生理紊亂。與，通歟。**吾未至乎事之情** 乎，於。情，實。行甫按：猶言尚未真正接觸到事情本身。**而既有陰陽之患** 而，轉折連詞。既，已。

〔八〕**事若不成必有人道之患** 辱其使命，必受懲罰。

〔九〕**是兩也** 是，此。兩，陰陽之患與人道之患。**爲人臣者不足以任之** 足，可，至，得。以，而。任，承受。**子其有以語我來** 以，猶所，可。來，語氣詞。

此乃本篇第二章第一節，言葉公諸梁受命出使齊國辦理外交，因爲擔心使命艱巨，事務繁劇，尚未真正赴任，便已生『陰陽之患』，得了『内熱』之病。

【繹文】

葉公諸梁受命出使齊國，赴任之前詢問仲尼説：『我們楚王派遣我出使齊國，國運攸關，任務非常艱巨。齊國在招待來使方面，大抵會非常殷勤，但不會很快與我達成外交協定。一般的平民百姓，尚且不容易說服打動他，讓他迅速改變主意，更何況是一方諸侯呢！所以我非常擔心，深怕有辱使命。先生您平時經常教導我說：「人世間無論是小事還是大事，很少不是由此而成憂患的。事情若是最終沒有辦成，便一定會受到君主與國法的懲罰。事情若是辦成了，那也是憂恐無日，勞精傷神的結果。最終還是落得生理紊亂，陰陽失調；拖垮了身子，患上了疾病。無論事情成與不成，都不會造成憂患與傷害，祇有道德境界無比高遠與超邁的人才可以做到。」我平日的飲食狀況呢，本來就是長期堅持粗茶淡飯，不太吃那些味道濃厚肥膩的東西，祇用一些清淡得不想再清淡的食物。可是我早上接受了任命，晚上便一個勁地想喝冰冷的涼水，我是不是已經患上消渴症了呀？但這還僅僅祇是事情的開始，並沒有真正接觸到事情的本身，我可是已然生理紊亂，陰陽失調了。事情要是辦得不如意，接受君主與國法的制裁，那自然也是逃避不掉的。這進退維谷的兩大憂患，作爲人臣的我實在是無法承受的。先生是不是有什麼好辦法可以爲我指點迷津，開導開導我呢？』

仲尼曰：『天下有大戒二：其一，命也；其一，義也。〔一〕子之愛親，命也，不可解於心；〔二〕臣之事君，義也，無適而非君也。〔三〕無所逃於天地之間，是之謂大戒。〔四〕是以夫事其親者，不擇地而安之，孝之至也；〔五〕夫事其君者，不擇事而安之，忠之盛也；〔六〕自事其心者，哀樂不易施乎前，知其不可奈何而安之若命，德之至也。〔七〕爲人臣子者，固

有所不得已。〔八〕行事之情而忘其身，何暇至於悅生而惡死夫！子其行可矣！〔九〕

【釋義】

〔一〕**天下有大戒二**　天下，人間之世。戒，通械，《列子·力命》「動若械」，《釋文》：「械，本又作戒。」是其例。《說文》：「械，桎梏也。」**其一命**　命，人的自然生命所賦予的血緣親情及其連帶的家庭責任與義務。**其一義**　義，人的社會角色所規定的現實職位及其必須承擔的政治責任與義務。行甫按：「命」與「義」，實取五種人倫關係之最近者父子與最遠者君臣。

〔二〕**子之愛親命**　之，猶於。愛，念。《呂氏春秋·節喪》「慈親之愛其子也」，高誘注：「愛，心不能忘也。」親，父母。**不可解於心**　解，解脫，鬆懈。

〔三〕**臣之事君義**　事，服事。**無適而非君**　適，往。

〔四〕**無所逃於天地之間**　所，可。逃，逃避。於，在。行甫按：「愛親」之「命」與「事君」之「義」，皆爲「無所逃於天地之間」的「大戒」，非僅「事君」之一端而已。各家標點注釋皆誤。**是之謂大戒**　是，此，此二者。之，猶乃。謂，猶爲。行甫按：此二句解釋何以爲「大戒」。

〔五〕**是以夫事其親者**　是以，因此。夫，若。**不擇地而安之**　不擇地，不論家庭條件及人生處境之如何。安，心安。行甫按：安，與下文「自事其心」及「安之若命」相關聯。安之，意動用法，以之爲安。之，代指事親之行爲。**孝之至也**　至，極。

〔六〕**夫事其君者不擇事而安之**　不擇事，不論事之難易小大。**忠之盛也**　盛，隆，大。

〔七〕**自事其心者**　自，猶苟。事，任，爲，聽從。《荀子・性惡篇》『不可學，不可事』，楊倞注：『事，爲也，任也。』《戰國策・秦策二》『是以弊邑之王不得事令』，鮑彪注：『事，猶聽從。』皆是其例。心，意願。行甫按：自事其心，苟若任其意願而行，猶言苟其行事心安理得。**哀樂不易施乎前**　哀樂，悲苦與快樂之不同處境。易施（音衣），同義複詞，遷移。乎，於。前，心目之前。行甫按：此『前』字猶《齊物論》『日夜相代乎前』之『前』。二句謂：如若其行事心安理得，則無論遭遇著悲苦抑或快樂的處境，都不會影響其『事親』與『事君』的心情，亦即『不擇地而安之』、『不擇事而安之』。**知其不可奈何而安之若命**　知，明白、知曉。其，此，指哀樂之處境。奈何，如何。安，安心。若，如。命，不可更改的人生軌跡。行甫按：《大宗師》『死生，命也；其有夜旦之常，天也；人之有所不得與，皆物之情也』，是其義。此所謂『命』，乃爲人力所不能變改的律則，祇能心安理得服服帖帖地接受它，順從它。**德之至也**　德，得之於道的超邁境界及行爲方式。至，極。

〔八〕**爲人臣子者**　爲，作，當。臣子，臣與子。**固有所不得已**　固，通故，本來，理所當然。所，猶許。吴昌瑩《經詞衍釋》：『許有多義，所亦可訓爲多矣。』不得已，不得止。行甫按：猶言不得不爲之事。

〔九〕**行事之情而忘其身**　行，爲。情，實。忘其身，不要考慮自己。**何暇至於悦生而惡死夫**　何暇，同義複詞，何。至於，同義複詞，及。夫，猶乎，嘆詞。行甫按：王孝魚於『死』字絕句，王叔岷以『夫』字屬上爲讀，兹據改。**子其行可矣**　子，你。其，寧，尚，願詞，亦希冀之詞。可，猶宜。行甫按：王孝魚讀『夫子其行可矣』，孔子稱諸梁爲『夫子』，恐非。

此乃本篇第二章第二節，言孔子勸告葉公諸梁：人生在世，爲人之子，爲人之臣，必有人生的義務與擔當，這也是人生的不得已之處。因此，有了事情，衹管順著自己的心意，該怎麼做就怎麼做，不必過多地考慮事情的結果，尤其不必計較生死榮辱得失的個人遭際。

【繹文】

仲尼說：『人間之世，有兩大枷鎖，一個是「命」，這是由人的自然生命所賦予的血緣親情以及由此而來的家庭責任與相關義務；　另一個是「義」，這是由人的社會角色所規定的具體職位以及由此而必須承擔的國家事務與相關職責。兒子將贍養關愛父母的責任與義務時常挂念在心，一刻也放鬆不下來，這就是「命」；　臣下服務於君長，無論到什麼地方都有應當爲之服務的君長，這就是「義」。無論在任何時間與任何地點，也無論有什麼遭際以及處在什麼境況，愛養父母，服務君長，都是人生無可逃避的責任與義務，這就是人生無法解脱的枷鎖。因此，如果在任何處境之中，都能夠心安理得、任勞任怨地贍養父母，關愛親人，這就是最大的孝行；　如果無論碰上多大的事情，无論遇到多大的艱苦，都能夠不計個人安危、心甘情願地去完成君長交辦的事務，這就是最大的忠貞。如果他按照自己的意願行事，心安理得地侍奉於父母，效忠於君長，那麼無論是在艱困與悲苦的遭際之下，抑或是在快樂與順適的環境之中，都不會影響他愛養父母及其服務君長的心情。知道這是他責無旁貸、不可推卸的職責與義務，從而心安理得、心甘情願地愛養其父母，敬事其君長。就像屈從於人力無法變改的生死律則，因而祇能默默地接受與服從造化的安排一樣，這就是精神境界極爲高遠的行爲。身爲他人的臣下與兒子，本來就有許多不想做卻又不得不做的事情，也有許多不願接受卻不得不接受的苦難。怎麼辦呢，祇管專心一意按照事情的實際去做好了，不要把個人的得與失看得太重，哪裏還會想到貪戀生存而害怕死亡呀！你還是出發赴任爲好！』

『丘請復以所聞：凡交近則必相靡以信，遠則必忠之以言。〔一〕言必或傳之，夫傳兩喜兩怒之言，天下之難者也。〔二〕夫兩喜必多溢美之言，兩怒必多溢惡之言。〔三〕凡溢之，類妄。妄則信之也莫，莫則傳言者殃。〔四〕故《法言》曰：「傳其常情，无傳其溢言，則幾乎全。」〔五〕

『且以巧鬬力者，始乎陽，常卒乎陰，泰至則多奇巧；〔六〕以禮飲酒者，始乎治，常卒乎亂，泰至則多奇樂。〔七〕凡事亦然：始乎諒，常卒乎鄙；其作始也簡，其將畢也必巨。〔八〕

『夫言者，風波也；行者，實喪也。風波易以動，實喪易以危。〔九〕故忿設无由，巧言偏辭。獸死不擇音，氣息茀然，於是並生心厲。〔一〇〕克核大至，則必有不肖之心應之，而不知其然也。苟爲不知其然也，孰知其所終！〔一一〕故《法言》曰：「无遷令，无勸成。」過度，益也。遷令勸成殆事，美成在久，惡成不及改，可不慎與！〔一二〕

『且夫乘物以遊心，託不得已以養中，至矣。〔一三〕何作爲報也！莫若爲致命。此其難者。』〔一四〕

【釋義】

〔一〕**丘請復以所聞**　復，又。以，於。聞，知。**凡交近則必相靡以信**　交，國與國之間的交往。近，近鄰言語相通之國。靡，通縻，猶維繫。《易·繫辭上》「吾與爾靡之」，《釋文》：「靡，本又作縻。」則，即。相，互。信，誠信無私。**遠則必忠之以言**　遠，遠方殊語轉迻之國。行甫按：西漢楊雄輯有《輶軒使者絕代語釋別國方言》一書。忠，誠實無隱。《左傳》文公十八年「忠肅共懿」，孔穎達《正義》：「忠者，與人無隱，盡心奉上也。」《論語·季氏》「言思忠」，劉寶楠《正義》：「忠者，誠實之謂。」言，言語，辭令。

〔二〕**言必或傳之**　或，有。傳，傳迻。**夫傳兩喜兩怒之言**　夫，猶若，如。兩喜兩怒之言，兩國君主夾雜著個人情緒之言辭。**天下之難者也**　難，不易。行甫按：外交辭令，多隱晦而含蓄。或言若在此，而意猶在彼；或激言以成事，或緩語而得志。至於夾雜著高興與不高興的情緒之言，尤須悉心體察。若準確傳迻而兩不失實，誠不易。

〔三〕**夫兩喜必多溢美之言**　夫，若，如。溢，增，過。美，讚譽。**兩怒必多溢惡之言**　惡，毀謗。王叔岷《校詮》：「兩喜之言，譽言也。兩怒之言，毀言也。《論衡·藝增篇》：「譽人不增其美，則聞者不快其意；毀人不益其惡，則聽者不愜於心。」」

〔四〕**凡溢之類妄**　類，同類。之，猶乃。妄，虛假。行甫按：溢美或溢惡，同屬虛妄，故曰「類」。**妄則信之也莫**　則，即。莫，無。**莫則傳言者殃**　殃，災禍。

〔五〕**故法言曰**　故，因此。《法言》，法語之言，有教益可效法之言。王先謙《集解》：「引古格言。楊子《法言》名因此。」行甫按：《論語·子罕》「法語之言，能無從乎？改之爲貴」，是其義。**傳其常情**　常情，無所增益之實情。**无傳其溢言** 溢言，過實之言。**則幾乎全** 則，乃。幾，近，庶幾。乎，於。全，保全其身，與『殃』相反。

〔六〕**且以巧鬬力** 且，若。以，用。巧，智巧。鬬力，以力相鬬。**始乎陽** 乎，於。陽，光明。**常卒乎陰** 常，猶往往。卒，終。陰，陰暗。**泰至則多奇巧** 泰，讀太。行甫按：泰至，近義複詞，極端過分。則，乃。多奇巧，詭計多端，伎倆時出。劉武《補正》：『此喻溢惡。』

〔七〕**以禮飲酒** 以，因。禮，賓主獻酬之禮。**始乎治** 治，循規蹈矩。**常卒乎亂** 亂，有失威儀體統。《小雅·賓之初筵》：『賓之初筵，溫溫其恭。賓既醉止，載號載呶。』是其事。**泰至則多奇樂** 多奇樂，手舞足蹈，號呶不休。《賓之初筵》：『側弁之俄，屢舞傞傞。』是其例。劉武《補正》：『此喻溢美。』

〔八〕**凡事亦然** 亦，也詞。**始乎諒** 諒，信。**常卒乎鄙** 鄙，詐。劉武《補正》：『《禮記·樂記》「致樂以治心，則易直子諒之心油然生矣」，「不和不樂，而鄙詐之心入矣」，正以諒與鄙相對也。諒承上文信字，鄙承上文妄字，脈絡分明。』**其作始也簡** 作，起。簡，簡易。**其將畢也必巨** 將，當。畢，終。巨，巨大。行甫按：此喻傳溢美溢惡之言，其始也簡，其終也大，以至不可收拾。行甫又按：外交場合，雙方鬬智鬬勇，互相周旋，導致事態不斷升級，亦是如此。

〔九〕**夫言** 夫，且。行甫按：王孝魚依世德堂本移『夫』字於『風波易以動』之上，茲據覆宋本正之。言，外交辭令。行甫按：此專指外交辭令之『言』，故以『風波』爲比況。**風波** 猶言隨風鼓浪，變動不息，且一波更推一波，是所謂『溢言』。**行** 亦言。《爾雅·釋詁下》『行，言也』，郭璞注：『今江東通謂語爲言。』郝懿行《義疏》：『行訓爲道，道亦言也。』俞樾《羣經平議·爾雅》：『行之訓言，猶道之訓言矣。』《小雅·巧言》『往來行言』，馬瑞辰《傳箋通釋》：『行、言二字平列而同義，猶云語言耳。』行甫按：此『行』字實兼『行人』與『辭令』二義。《管子・小匡》『隰朋爲行』，尹知章注：『行，謂行人也，所以通使諸侯。』且二句互文見義，此『言』與『行』皆指行人辭令。**實喪** 實，情實，實質，所指。《大戴禮・文王官人》『身近之而實不至』，王聘珍《解詁》：『實，情實也。』《淮南子・泰族》『知械機而實衰也』，高誘注：『實，質也。』《墨子・經說上》：『所以謂，名也；所謂，實也。』喪，失。行甫按：此『實』字既與行人辭令相關，即所言之內容。實喪，因行人辭令委婉含蓄，聽者難以準確把握其真實的言說意圖，往往令人僅得其『所以謂』，而喪失其『所謂』。**風波易以動** 風波，行人辭令不免『溢言』之蔽。以，猶於。動，變。**實喪易以危** 實喪，行人辭令難免失其主旨。危，通詭，《史記・天官書》『司危星出正西西方之野』，《漢書・天文志》作『司詭星』。《淮南子・說林》『尺寸雖齊必有詭』，《文子・上德》作『必有危』。是『危』與『詭』相通之證。李善注《海賦》『瑕石詭暉』，《與魏文帝牋》『僉曰詭異』，《宋書・謝靈運傳論》『故意制相詭』，陸機《辯亡論》『古今詭趣』，皆引《說文》：『詭，變也。』是『危』之義亦『動』。

〔一〇〕**故忿設无由** 故，因此。忿，怒。設，施。由，從。**巧言偏辭** 巧言，過實之言。偏辭，偏頗之辭。行甫按：此緊承『風波』與『實喪』爲言。因外交辭令造成言語交流障礙過多，事務進展不盡人意，使臣之怨怒無從發洩，乃出過實之言，偏頗之辭，致使雙方矛盾更加激化，尤爲難成。**獸死不擇音** 不擇音，隨其恐懼怨忿情緒加重而發出淒厲難聽之聲。喻外交事務進展不利，使臣情緒狂躁，或有大聲吼叫斥責之語，有失外交禮節。**氣息茀然** 氣息，喘息。茀，閉塞。《國語・周語中》『草茀路不可行』，韋昭注：『草穢塞路爲茀。』行甫按：氣息茀然，因怨忿而致窨悶氣短。**於是並生心厲** 於是，於此。並，交並。厲，病。行甫按：並生心厲，因『不擇音』與『氣息茀然』二者交相作用，以致心病發作。劉武《補正》：『此喻陰陽之患。』

〔一一〕**克核大至**　克，通刻，猶限期。《別雅》卷五：『克日，刻日也。』核，通覈，猶落實。《說文》：『覈，實也。』鍾泰《發微》：『「剋」如剋期之剋。「核」如核實之核，謂要必也。』行甫按：克，指限定日期；核，指苛求實利。大，讀太，大至，極端過分。**則必有不肖之心應之**　肖，似。行甫按：不肖，猶言不如所願、不似所期。不肖之心，超出預期與意料的想法與招數。應，報。**而不知其然**　其，猶所。然，如此。行甫按：不知其然，猶不知何以如此。**苟爲不知其然**　苟爲，同義複詞，若，假設之詞。**孰知其所終**　孰，誰。其，猶將，當。所，若何。終，止，後果。行甫按：孰知其所終，言無法預知其後果。行甫又按：此言使臣若急於求成，則敵國將以不可預知之招數應對之，其後果尤難逆料。假使外交活動陷於被動而最終失敗，則使臣必有『人道之患』。

〔一二〕**无遷令**　无，毋，禁止之詞。遷，變。令，辭令。行甫按：无遷令，無論理解對方意圖還是傳達我方意圖，皆不可失其本旨，不『傳其溢言』。**无勸成**　勸，助。行甫按：无勸成，不可苛求目的以求成功，卽不可『克核大至』。**過度益**　過度，超過限度。益，與『溢』爲古今字，增加。行甫按：過度，益也，言『遷令』與『勸成』超過了限度，便是增加了失敗的籌碼。**遷令勸成殆事**　殆，危害。**美成在久**　成功之事則爲美。在，於。久，長久。行甫按：在久，非倉促之間可成。**惡成不及改**　失敗之事卽爲惡。不及改，追悔莫及。**可不慎與**　可，通何。慎，謹慎。與，通歟。

〔一三〕**且夫乘物以遊心**　且夫，同義複詞，用於轉換話題，猶至於。乘，因。物，事。以，而。遊，猶放散。行甫按：乘物以遊心，因事之自然程序而無所用心，既不『遷令』，亦不『勸成』。**託不得已以養中**　託，寄托，依從。不得已，不得不爲。養，守。中，中度。行甫按：託不得已以養中，隨其事情本身的自然步驟，按部就班地操作，不疾不徐，不溫不火，保持中度，則不至『過度』。是養生之道，處事之方，皆在『養中』。**至矣**　至，極至。

〔一四〕**何作爲報**　作，猶及。說見王引之《經傳釋詞》。爲，猶於。報，回報，報答。行甫按：《說文》『報，當罪人也』，引申爲『善惡之報』。《荀子·正論篇》『皆報也』，楊倞注：『報，謂報其善惡。』是其例。行甫又按：此句照應諸梁所謂『若成若不成而後无患』，意即：哪裏還會去考慮事之成與不成而後有什麼報應呢？**莫若爲致命**　莫若，不如。爲，猶以。致，盡，極。《後漢書·荀爽傳》『人未自致者』，章懷注：『致，猶盡也，極也。』命，生命。《左傳》成公十三年：『民受天地之中以生，謂之命也。』行甫按：莫若爲致命，猶言不如以盡其生命之全力，所謂『鞠躬盡瘁，死而後已』。**此其難者**　此，代上二句。其，猶，尚。行甫按：此其難者，猶言不計成敗得失之後果，而窮其生命之全力以了卻君王之事，實在很不容易。

此乃本篇第二章第三節，言孔子告誡葉公子高：辦理外交，必須領會雙方君主的真實意圖，切忌傳遞『兩喜兩怒之言』。而且千萬不要被對方漂亮的外交辭令所迷惑，以免鑄成不可挽回的歷史錯誤因而招來殺身之禍。所以一方面必須全力以赴，不要考慮後果與得失；另一方面也應該保持超脫的心境與守中的態度，順勢而爲之，這才是做事的最高境界。不過，要做到這一點，也的確是非常不容易的。

【繹文】

『我還想就我所知道的再與你談談：大凡國與國之間的交往，對於近鄰之國，則必須通過誠實守信的態度與方式維繫其友好睦鄰關係；對於不相鄰的遠方之國，因其言語方俗不同，則必須通過誠實無欺的行人辭令締結雙邊關係。這樣一來，言語辭令有時便成爲傳達雙方政治目的與外交訴求的必要手段。如果要傳達兩國君主夾帶著個人情緒的喜怒之言，這可是天下最爲難辦的事情了。如果是兩國君主在心情愉快時所説的話，就必然會有很多過度讚美的言辭；如果是兩國君主在心情沮喪時所説的話，就必然會有不少過分毀謗的成份。無論是過度讚美，還是過分毀謗，同樣都是虛假不實的。虛假不實，便没有人會相信；没有人相信，傳言的人便會遭到災禍。所以《法言》這本書上説：「祇是傳達那些平實無欺的言論，不要傳達那些虛假過實的説法，如此尚可保全自己免遭傷害。」

『譬如通過翫弄機巧以比拼氣力一樣，開始的時候，大家還是循規蹈矩，光明磊落；到最後便往往互使陰招，甚至過分到相互使用各種鬼蜮伎倆與陰謀詭計以期暗算對方。又如依照禮節規程相聚飲酒，其情形也是一樣的。開始時人人衣冠楚楚，體貌端莊，往來酬酢，溫文爾雅；最後則衣冠不整，大呼小叫，一片混亂。到了酒興高張之時，更是不斷上演各種醉態，翫弄花式噱頭以打趣逗樂。任何事情的發展過程也都是與此相同的：往往以中規中矩、誠實無欺爲始，常常以陰謀欺詐、彼此暗算爲終。開始之時，都是坦誠樸素，簡單透明；及至結束，卻是複雜紛繁，尾大不掉。外交場合，同樣如此。雙方言語周旋，鬭智鬭勇，致使事態不斷升級。如果是傳達兩喜兩怒之言，雙方情緒不斷高漲，其終局必致不可收拾。

『至於外交辭令，多隱晦而含蓄。或言猶在此，而意則在彼；或激言以成事，或緩語而得志。亦如長河鼓浪，既波瀾不息，又飄浮不定；加之時有高興與不高興的情緒夾雜其中，因而多有虛妄不實之詞。轉達外交辭令，往往眩惑於漂亮的語言辭采，卻遺漏了真正的目的意圖。話語閃爍其詞，令人難以琢磨；傳達推波助瀾，不免逾失其真，這是國與國之間外交談判的大局與常態。因此，當外交事務進展不太順利，使臣的怨忿與怒氣無從發洩，往往會提出過激的主張，產生偏頗的言論，以致雙方劍拔弩張。而且情急之下還會發出一些難以入耳的言詞與論調，彷彿臨死的困獸，發出各種淒厲的慘叫。如果談判局勢出現極端不利，使臣的心理壓力過大，甚至還會感覺到連呼吸都十分困難。在各種變局相繼發生與心理壓力不斷加强的情況下，使臣從心理到生理都會發生極大的紊亂，由此大有可能生出極爲嚴重的疾病來。如果使臣爲了盡早結束談判乃至希望超額完成外交目標，以期爲國爭光爭利，給對方提出了十分苛刻的讓利條件或是過於促迫的交割限期，那麼對方爲了維護本國利益，也會想方設法找到許多出乎你的意想之外的應對方法來回敬你，可是你卻完全沒有識破他們的真實意圖之所在。如果你沒有識破他們的真實意圖，那麼最後的結局將是如何，也就更加難以逆料了。因此，等待使臣的命運將是一個什麼樣的結果，不用明說，也就可想而知了。所以《法言》這本書上又說：「不要改變辭令的真實意圖，不要私增目標以求額外成功。」無論哪種情況，都是超過限度，增加失敗的籌碼。改變辭令的真實意圖，私增目標以求額外成功，都是非常危險的操作。成功的美事需要時間，不可一蹴而就；失敗的惡事一旦形成，就來不及改正了。爲何不小心翼翼，謹慎以從事呢？

『至於能夠因循事態的自然發展而無所用心，當事情到了迫在眉睫而不得不爲的時候，再以不緊不慢，不溫不火的辦法泰然處之，這就是辦事的最佳境界了。爲什麼老是要把成功與不成功的辦事結果放在心上念念不忘呢？還不如放下思想包袱，盡其生命之全力去做該做的事，鞠躬盡瘁，死而後已。當然，要做到這一點，也的確是非常困難的。』

〔三〕

顏闔將傅衛靈公大子，而問於蘧伯玉曰：『有人於此，其德天殺。〔一〕與之爲无方，則危吾國；〔二〕與之爲有方，則危吾身。〔三〕其知適足以知人之過，而不知其所以過。〔四〕若然者，吾奈之何？』〔五〕

【釋義】

〔一〕**顏闔將傅衛靈公大子**　顏闔，姓顏，名闔，魯國賢人。傅，擔任太傅，教導儲君。衛靈公，名元。大，讀太，衛靈公太子，蒯聵。**而問於蘧伯玉**　而，猶乃。蘧伯玉，名瑗，字伯玉，衛國賢大夫。**有人於此**　於，猶如。**其德天殺**　德，品行。天殺，錢穆《纂箋》：『劉辰翁曰：如言天生刻薄人。』

〔二〕**與之爲无方**　與，相處。《説文》：『與，黨與也。』爲，猶以。无方，沒有原則，不合法度。行甫按：與之爲无方，與他以無規矩法度的方式相處。**則危吾國**　則，猶乃。危，危害。吾國，我國家。

〔三〕**與之爲有方則危吾身**　吾身，我本人。

〔四〕**其知適足以知人之過**　知，通智。適，但，祇。足，猶得，至。以，猶於。**而不知其所以過**　其，其人自己。所以，猶何以。行甫按：不知其所以過，既不知其過之果，更不知其過之因，猶言壓根兒就沒有意識到自己犯了錯。

〔五〕**若然者** 若，如。**吾奈之何** 奈，如。奈之何，如之何。

此乃本篇第三章第一節，言顔闔將擔任衛靈公太子的師傅，不知道與這個『其德天殺』的太子該如何打交道。是爲國家培養合格的儲君，還是保全自己的性命，他感到左右爲難。

【繹文】

顔闔將擔任衛靈公太子蒯聵的太傅，他頗爲躊躇，不知如何與太子相處，於是問計於衛國賢大夫蘧伯玉。他説：『有個這樣的人，其德性品行天生就非常頑劣，放蕩不羈。如果我與他相處，既不講原則，亦不遵法度，那麼將來他即位爲君，必然會危害我們的國家。如果我與他相處既講原則，又遵法度，那麼一定爲他所不容，必將招來殺身之禍。像這樣左右爲難的處境，我該如何是好呢？』

蘧伯玉曰：『善哉問乎！戒之，慎之，正女身也哉！〔一〕形莫若就，心莫若和。雖然，之二者有患。〔二〕就不欲入，和不欲出。〔三〕形就而入，且爲顛爲滅，爲崩爲蹶。〔四〕心和而出，且爲聲爲名，爲妖爲孽。〔五〕彼且爲嬰兒，亦與之爲嬰兒；〔六〕彼且爲无町畦，亦與之爲无町畦；〔七〕彼且爲无崖，亦與之爲无崖。達之，入於无疵。〔八〕

【釋義】

〔一〕**善哉問乎**　乎，猶於，感嘆語氣詞。**戒之**　戒，猶防備。**慎之**　慎，猶謹慎。行甫按：戒，關乎其人，此與『其德天殺』相關聯。慎，關乎自己，此與『其知適足以知人之過』相關聯。**正女身也哉**　正，中正。女，汝。身，自己。也哉，同義語氣詞。行甫按：正女身，猶言擺正你自己的位置，處理好你與太子的關係，非謂端正你的身體。

〔二〕**形莫若就**　形，外表。莫若，不如。就，遷就，順從。**心莫若和**　心，內心。和，中正，平和。行甫按：形之就，外表親近而不疏遠；心之和，內心中和而不苛慝。謂既不嚴苛，亦不放縱。**雖然**　即使如此。**之二者有患**　之，此。二者，形就與心和。患，難，害。《戰國策·秦策四》『而無後患』，高誘注：『患，難也。』《呂氏春秋·重己》『此陰陽不適之患也』，高誘注：『患，害也。』行甫按：若不得體，即生流弊。

〔三〕**就不欲入**　欲，須。《戰國策·燕策二》『又不欲王』，鮑彪注：『欲，猶須也。』入，深入。行甫按：就不欲入，雖與之親近而不疏遠，但亦須保持心理距離，既不同流合污，亦有利於規範與教導。**和不欲出**　出，顯露。行甫按：和不欲出，雖內心中和而不苛慝，但亦須在行爲上把握分寸，既把握原則與規範，又不至於露才揚己，引起反感與妒嫉。

〔四〕**形就而入**　而，猶如。就而入，形就心亦就。行甫按：形就而入，若與之同流合污，則於規範與教導之職有損。**且爲顛爲滅**　且，則。爲，猶乃。顛，顛覆。滅，滅絕。**爲崩爲蹶**　崩，崩塌。蹶，敗壞。行甫按：形就而入，則是『與之爲無方』，是以顛滅崩蹶皆言『危吾國』。

〔五〕**心和而出**　和而出，心和形亦和。行甫按：心和而出，若在行爲上把握不好分寸，有露才揚己之嫌，則易於引起逆反心理乃至妒嫉行爲。**且爲聲爲名**　爲，猶有。聲，聲聞。名，名譽。行甫按：聲名，言露才揚己，則有博取聲譽之嫌。**爲妖爲孽**　妖，凶兆。孽，惡萌。行甫按：妖孽，若露才揚己，必招忌恨。若有博取聲譽之嫌，必致凶惡之災。行甫又按：心和而出，則是『與之爲有方』，是以聲名妖孽皆言『危吾身』。

〔六〕**彼且爲嬰兒**　且，若。嬰兒，純樸天真。**亦與之爲嬰兒**　爲嬰兒，猶言無所猜忌。

〔七〕**彼且爲无町畦**　町畦，音停奇，田畔之界，引申爲限制與檢束。**亦與之爲无町畦**　无町畦，猶言無所限制與檢束。

〔八〕**彼且爲无崖**　崖，崖岸，引申之爲規矩與法度。**亦與之爲无崖**　无崖，猶言放蕩不羈，不守規矩與法度。**達之**　達，通。行甫按：達之，乃對上文『與之爲』三事之總結，猶言消除身份隔膜，打通心理障礙，建立和諧關係，是所謂『形莫若就，心莫若和』。**入於无疵**　入，進。於，猶之。疵，瑕疵。行甫按：入於无疵，猶言使之進入無過錯的人生境界，此乃『就』與『和』所生之效果。

此乃本篇第三章第二節，蘧伯玉告誡顔闔如何與太子相處：外表上要做到有所遷就，內心裏要保持中正和平。但無論遷就，還是中和，都不能露出痕跡，現出破綻。否則太子便有可能乘瑕蹈隙，抓住把柄，從而不是危其國，便是危其身；甚至既危其國，亦危其身。

【繹文】

蘧伯玉說：『你問得實在太好了！既然此人如此天性頑劣，放蕩不羈，便要對他有所提防呀；

而且他發現別人的過錯最爲擅長，你便更要小心翼翼，謹防被他抓著什麼把柄呀。你還要注意擺正自己的位置，處理好你與他的關係。你既要在外表上與他保持親近而不要與他疏遠，又要在內心裏保持中正平和的標準與尺度，不可對他過於嚴苛，也不要對他過於放縱。雖然是這樣說，但是如果這種外表親近與內心中正的兩個辦法處理不得當，也會有不少流弊，產生很嚴重的後果。所以，既要與之保持親近而不疏遠，但也應當與他保持一定的心理距離。這樣，就不會與他同流合污，也有利於對他進行規範與教導。此外，在內心裏保持中正平和的標準與尺度，既不嚴苛，也不放縱，但也必須在外在的行爲上拿捏好分寸。也就是說，你既要在內心裏掌握著原則與規範，又不至於在行爲上有露才揚己之嫌，引起他的反感甚至妒嫉。如果你在外表上遷就他，在內心裏也遷就他，那便是與他同流合污了，這就有害於你對他所承擔的規範與教導的職責了。果若如此，也就無異於和他沆瀣一氣，你們便是在一起無規矩法度地廝混了。他的道德如此敗壞，其後果必然導致國家顛覆滅亡，社會土崩瓦解。如果你把內心裏中正平和的標準與尺度在行爲上過於顯露出來，沒有把握好分寸，用力過猛，你便脫不了露才揚己的嫌疑。果若如此，也就無異於板起面孔訓斥他了，這必然會引起他的逆反心理，甚至還會因此而產生妒嫉的行爲。他會認爲你這是爲了賣弄才華，博取好聽的名聲，因此他會想法設法地陷害你。其結果就是讓你聲敗名裂，甚至死無喪身之地。總而言之，如果他像嬰兒那樣天真與純樸，你也要與他一樣天真純樸，不藏心計。如果他在生活上不太檢點，你也可以與他一樣不拘小節。如果他在原則與規範上也不怎麼計較，你也不妨有所變通，沒有必要與他特別較真。如果在這些方面都做得很好，你便與他消除了身份隔膜，打通了心理障礙，你們的關係自然也就親密和諧了。這樣，你就可以比較輕鬆地帶領他進入一種無可挑剔的人生境界，把他培養成一個品行端正的合格君主了。』

『汝不知夫螳蜋乎？怒其臂以當車轍，不知其不勝任也，是其才之美者也。〔一〕戒之！慎之！積伐而美者以犯之，幾矣。〔二〕汝不知夫養虎者乎？不敢以生物與之，爲其殺之之怒也；〔三〕不敢以全物與之，爲其決之之怒也；時其飢飽，達其怒心。〔四〕虎之與人異類而媚養己者，順也；故其殺者，逆也。〔五〕夫愛馬者，以筐盛矢，以蜄盛溺。〔六〕適有蚊虻僕緣，而拊之不時，則缺銜毁首碎胷。〔七〕意有所至而愛有所亡，可不慎邪！』〔八〕

【釋義】

〔一〕**汝不知夫螳蜋乎** 夫，彼。**怒其臂以當車轍** 怒，疾力而奮舉。以，而。當，同擋，古今字。轍，通軼，《説文》：『軼，車相出，從車，失聲。』行甫按：超車，其速必快。若『車轍』者，車既已過，何從『當』之邪？是『當車轍』者，應讀爲『當車軼』。《天地》云『螳蜋之怒臂以當車軼』，正作『當車軼』。**不知其不勝任** 勝任，同義複詞，猶承受。**是其才之美者也** 是，自是。才，才能。之，猶爲。美，善。

〔二〕**戒之** 戒，提防。行甫按：戒，其力量之大，足以陷人於死地。**慎之** 慎，謹慎。行甫按：慎，勿『是其才之美』。**積伐而美者以犯之** 積，重累，屢次。伐，矜誇，炫耀。而，汝。犯，冒犯。**幾矣** 幾，近。近於螳臂當車。行甫按：此喻强行規訓太子，必招殺身之禍。

〔三〕**汝不知夫養虎** 夫，彼。養虎，馴養老虎。**不敢以生物與之** 生物，活的動物。與，給予。**爲其殺之**

之怒 爲，因。殺，殺死。之，猶而。怒，怒烈，指獸性。

〔四〕**不敢以全物與之** 全物，完整的動物。**爲其決之之怒** 決，撕裂。**時其飢飽** 時，通伺，察。行甫按：時其飢飽，過飢之時不可與食，易激發其怨恨之心；飽腹之時亦不可與食，飽則對與食者不生感激之情。**達其怒心** 達，通，順。怒心，猶言脾氣發作的心理原因。

〔五〕**虎之與人異類而媚養己** 之，猶乃。媚，討好。**順** 隨其脾氣。**故其殺者** 故，猶若。殺，噬咬養虎之人。**逆** 違背其性情。行甫按：此喻傳太子必達其性情脾氣，否則亦必招來殺身之禍。

〔六〕**夫愛馬者以筐盛矢** 夫，且。矢，通屎。**以蜄盛溺** 蜄，音腎，蚌殼。溺，通尿。

〔七〕**適有蚊虻僕緣** 適，猶若。虻，音蒙，又稱牛虻、牛蠅，似蠅而稍大。僕緣，近義複詞，僕通附，緣猶因。**而拊之不時** 而，猶若。拊，拍。不時，不及時。**則缺銜毀首碎胷** 則，猶乃。缺，通決，斷。銜，馬嚼子。毀，傷。碎，破。行甫按：缺銜，咬斷馬嚼子。毀首碎胷，踢傷養馬人的腦袋與肋骨。

〔八〕**意有所至而愛有所亡** 意，關愛之心。至，周到，指『以筐盛矢，以蜄盛溺』。愛，『蚊虻僕緣』而爲之『拊』。亡，猶亡失。劉武《補正》：『器盛矢溺，愛馬之意有所至矣。然蚊虻僕緣，馬切身之患也，愛馬者尤當隨時拊之。今不時拊，則其愛有所遺亡矣。』**可不慎邪** 可，猶何。行甫按：此喻太子之惡劣根性難改，雖關愛之至而稍一不周即行毀傷之害。有此一喻，則與上文《顔回章》之『是萬物之化也，禹、舜之所紐也，伏戲、几蘧之所行終』以及《葉公子高章》『此其難者』之意從同，皆言入世用事、建功立業的萬般艱難與諸多險厄。

此乃本篇第三章第三節，言給品行惡劣的太子做老師，必須摸清他的性情與喜好，把握住調教的時機與節點，小心謹慎；否則，卽使對他關懷備至，也會事與願違。不但改變不了他惡劣的根性，反而還會遭受殺身之禍。

【繹文】

『你不知道那個不自量力的螳螂嗎？奮力張開它的臂膀去抵擋于車轍當中，卻不知道那車輪的壓力，根本就是它那細小的胳膊難以承受的。它這種自以爲是的愚蠢行爲，完全於事無補，不過是想炫耀一下它的勇氣而已。因此，一定要格外提防太子的惡劣品性。你自己也一定要小心謹慎，不要給那專愛挑人毛病的太子抓住什麼把柄呀！如果你總是不斷地教訓他，常常指責他的錯誤，他就會認爲你老是在他面前爲了炫耀你的才華而不惜輕易地冒犯他太子的尊嚴。這就跟那個螳螂奮力張臂抵擋車輪以炫耀勇氣的性質沒什麼兩樣了。太子的品行的確很糟糕，可你知不知道那馴養老虎的做法呢？不敢拿活著的動物去喂養它，擔心因爲捕殺活的動物而激起它的野性呀。也不敢拿完整的動物屍體去餵養它，擔心因爲撕裂動物屍體同樣會激起它的野性呀。而且，也祇是趁它在不飢不飽的時候才去喂它。當它吃得過飽的時候去喂它，它不會對你產生感激之情；等到它餓得難受的時候去喂它，它就會對你心生怨恨。因此，你必須摸清它的脾氣與性情，採取更加有效的方法馴服它。老虎與人類是完全不同的物種，卻也懂得如何討好與順從喂養它的人，這是什麼原因呢？順著它的性情脾氣馴服它而已。如果它哪天對你動了殺心，想咬死你，那一定是你違背了它的脾氣和性情而激怒了它。不過，那個對馬關愛有加的養馬人的故事，卻是值得汲取的慘痛教訓。那個愛馬的養馬人，每天用竹筐子接它的屎，還用大蚌殼接它的尿，生怕它拉在地上的馬屎馬尿，讓它感到難受。可是如果有些蚊子、牛蠅之類小蟲子驟附在它身上鑽它的皮、吸它的血，讓它感到痛癢難耐，那馬便咬斷銜勒嚼口，掙脱轡繩，奮起蹄子踢破了養馬人的腦袋，踩折了養馬人的肋骨。雖然平時對它關愛備至，十分周到，可是就因爲發生了沒有及時爲它拍趕蚊子、牛蠅這點小事，它的獸心野性就突然爆發，踢傷了喂養它的人。那太子的品行，天生就非常惡劣，恐怕他本性難改，你若稍有不周，就會對你加以傷害。你何不多加小心呢？』

［四］

匠石之齊，至於曲轅，見櫟社樹。〔一〕其大蔽數千牛，絜之百圍，其高臨山十仞而後有枝，其可以爲舟者旁十數。〔二〕觀者如市，匠伯不顧，遂行不輟。〔三〕弟子厭觀之，走及匠石，曰：『自吾執斧斤以隨夫子，未嘗見材如此其美也。先生不肯視，行不輟，何邪？』〔四〕曰：『已矣，勿言之矣！散木也。〔五〕以爲舟則沉，以爲棺槨則速腐，以爲器則速毁，以爲門戶則液樠，以爲柱則蠹。〔六〕是不材之木也，無所可用，故能若是之壽。』〔七〕

匠石歸，櫟社見夢曰：『女將惡乎比予哉？若將比予於文木邪？〔八〕夫柤梨橘柚，果蓏之屬，實熟則剥，剥則辱；大枝折，小枝泄。〔九〕此以其能苦其生者也，故不終其天年而中道夭，自掊擊於世俗者也。物莫不若是。〔一〇〕且予求无所可用久矣，幾死，乃今得之，爲予大用。〔一一〕使予也而有用，且得有此大也邪？〔一二〕且也若與予也皆物也，奈何哉其相物也？而幾死之散人，又惡知散木！』〔一三〕

匠石覺而診其夢。弟子曰：『趣取無用，則爲社何邪？』〔一四〕曰：『密！若無言！彼亦直寄焉，以爲不知己者詬厲也。不爲社者，且幾有翦乎！〔一五〕且也彼其所保與眾異，而以義喻之，不亦遠乎！』〔一六〕

【釋義】

〔一〕**匠石之齊**　匠，工匠。石，工匠之名。之，往。**至於曲轅**　曲轅，道路之名。**見櫟社樹**　櫟，音力，樹木名。社，土地神。行甫按：《周禮·大司徒》『各以其野之宜木，遂以名其社與其野』，此地所生以櫟樹爲多，故其社壇植櫟樹而名櫟社。

〔二〕**其大蔽數千牛**　蔽，遮蓋。**絜之百圍**　絜，音協，以雙臂合抱而度量。之，猶而。圍，義同絜，絜爲動詞，圍乃名詞。百圍，猶言百人合抱。**其高臨山十仞而後有枝**　臨，以上視下。十仞，八丈；八尺爲仞。**其可以爲舟者旁十數**　爲舟，刳空樹幹作獨木舟。旁，俞樾《平議》：『旁讀爲方，古字通用。方，且也，言可以爲舟者且十數也。』行甫按：俞說是，言可以爲舟之樹枝且十數。否則，『者』字無著落。

〔三〕**觀者如市**　如同趕集市的人一樣多。**匠伯不顧**　匠伯，即匠石。爲眾匠人之長，故稱。顧，回頭看。

遂行不輟　遂，直。《穀梁傳》襄公十年：『遂，直遂也。』輟，停止。

〔四〕**弟子厭觀之**　弟子，匠石徒弟。厭，飽。厭觀，看膩了，看夠了。**走及匠石曰**　走，跑。及，趕上。**自吾執斧斤以隨夫子**　自，從。斧斤，近義複詞，斧子與斵子。隨，追隨。夫子，先生。**未嘗見材如此其美也**　未嘗，未曾。材，樹材。其，猶之。**先生不肯視行不輟**　肯，願。

〔五〕**已**　止。**勿言之**　言，說。**散木**　散，紋理鬆散。行甫按：紋理疏鬆之木，材質不結實，無所可用，衹可當柴燒。

〔六〕**以爲舟則沉**　沉，沉沒。行甫按：紋理疏鬆，易於滲漏。**以爲棺槨則速腐**　棺槨，內棺外槨。腐，朽。行甫按：紋理疏鬆，易於腐爛。**以爲器則速毀**　器，器物。毀，壞。行甫按：紋理疏鬆，不耐摔碰。**以爲門戶則液樠**　半門爲戶。液樠（音滿），汁液滲出。行甫按：紋理疏鬆，易於受潮。濕氣滲下，入於戶樞，則成液體。**以爲柱則蠹**　蠹，蠹蟲，俗稱木魚。行甫按：紋理疏鬆，蠹蟲易於鉆孔爲穴。

〔七〕**是不材之木**　是，此。不材，不能爲材。**無所可用**　所可，猶何，同義複詞。**故能若是之壽**　能，猶而。若是，如此。之，是。行甫按：如是之壽，猶言如此這般長壽。

〔八〕**匠石歸**　歸，歸於舍。**櫟社見夢**　櫟社，櫟社樹。見，讀現；見夢，猶托夢。**女將惡乎比予**　將，當。惡乎，何以。比，考校。《墨子·經說上》：『比，度多少也。』《周禮·小胥》『掌學士之徵令而比之』，鄭玄注：『比，校也。』《漢書·萬石君傳》『是以切比閭里』，顏師古注：『比，校考也。』行甫按：比，猶考量評判。**若將比予於文木**　若，汝。文木，紋理密緻之木。行甫按：文木與散木，皆就木質紋理之疏密而言；有用與無用，乃由其材質所引申之義。

〔九〕**夫柤梨橘柚**　柤，音渣，字亦作樝，山楂樹。**果蓏之屬**　果，木本之實。蓏，音裸，草本之實。果蓏，猶瓜果。行甫按：果蓏，與『柤梨橘柚』爲同位語，偏義複詞，僅有果而無蓏。屬，類。**實熟則剝**　則，乃。剝，扑。**剝則辱**　辱，侵害。**大枝折**　折，折斷。**小枝泄**　泄，牽引。俞樾《平議》：『泄當讀爲抴，《荀子·非相》「接人則用抴」，楊注曰「抴，牽引也」，小枝泄，謂見牽引也。』行甫按：言『文木』而以『果蓏之屬』爲證，以顯而喻隱。『文木』之爲可用，由『散木』之不可用者見之，故借人之常見者以喻之。此乃莊生文章之妙。

〔一〇〕**此以其能苦其生者**　此，果蓏之屬。以，因。能，才能。苦，《釋文》：『崔本作枯。』行甫按：此當如字讀。苦，使其苦。生，生理。苦其生，猶言傷害其生理。**故不終其天年而中道夭**　天年，自然存活之年數。中道，中途。夭，折。**自掊擊於世俗**　自，用，因。掊擊，同義複詞，扑擊。於，表被動之介詞。**物莫不若是**　物，既指物，亦指人。莫，無。若，如。是，此。

〔一一〕**且予求无所可用久**　且，而且，遞進之詞。求，覓。**幾死**　幾，近。**乃今得之**　乃，於。**爲予大用**　爲，是。

〔一二〕**使予也而有用**　使，假使。而，猶故。行甫按：而有用，本來有用。**且得有此大**　且，猶其，豈。得，猶能。

〔一三〕**且也若與予也皆物**　且也，更端之詞。若，汝，你。**奈何哉其相物**　奈何，如何。其，猶而。相，人稱代詞，我。行甫按：《孔雀東南飛》『及時相遣歸』，『還必相迎取』，皆人稱代詞『我』字義。物，動詞，相物，猶言以物的標準對我加以評判。**而幾死之散人**　而，汝，你。幾，近。散，由木的紋理疏鬆，引申爲人的骨肉疏鬆，故言『幾死』。下文『支離疏』者，乃真『散人』。或以《墨子·非儒下》『散人焉知良儒』之『散人』釋爲『冗人』，非莊子之義。**又惡知散木**　惡，何。

〔一四〕**匠石覺而診其夢**　診，占，斷。王念孫《讀書雜志》以爲通『畛』，《爾雅》『畛，告也』。行甫按：王氏之説恐泥。匠石當與其弟子共同占斷其夢，非必特爲告之。**趣取無用**　趣取，同義複詞，猶求取。**則爲社何邪**　則，乃，而。

〔一五〕**密**　閉，猶言閉口。**若無言**　若，爾。無，毋，禁止之詞。**彼亦直寄焉**　亦，祇詞。直，特，亦祇詞。行甫按：亦直，虛詞連用，猶祇不過。寄，寓托。焉，於是。**以爲不知己者詬厲**　以，因。詬厲，訾議，指責。**不爲社者**　不爲社，不爲社樹。**且幾有翦**　且，將，當。幾，庶幾。翦，斬伐。

〔一六〕**且也彼其所保與衆異**　且，而且，遞進之詞。其，猶之。保，保全。**而以義喻之**　而，爾。義，宜，猶言常理。喻，理解。**不亦遠**　亦，祇詞，特詞。

此乃本篇第四章，言櫟社之樹，不僅材質惡劣，無所可用，而且還利用人們的敬畏之心，寄身於神聖的社壇之中，以避免人世間的侵削與砍伐。雖然這種『大隱隱於朝』的生存方式，極可能招徠『不義』的詬病，但終究可以盡其天年，且生長尤爲茂盛。

【繹文】

匠石率領他的一幫弟子到齊國去，經過曲轅這個地方，看見櫟社中有一株大樹。這株樹非常高大，樹底下濃蔭密蓋，可以隱蔽數千頭牛在此乘蔭納涼。樹幹粗壯，上百個壯漢合抱，才勉强把它圍過來。那樹的高度就沒法估量了，單看那樹身，就比旁邊的大山還高出了差不多十來丈，然後才開枝散葉。它的枝幹也粗大無比，可以直接用來刳成獨木舟的就有十幾枝。觀賞這棵樹的人非常多，簡直就像趕集一樣人頭攢動。可是那經驗豐富的木工匠石，卻連頭都不回，徑直從樹身旁邊一步不停地走過去了。他的徒兒們繞著那棵樹來來回回看了個夠，然後一路小跑追上了木工師傅匠石，問他說：『打從我們提著斧頭斲子來跟隨師傅學藝，就從來沒有見過如此這般漂亮的樹材。可是師傅您卻連看都不願看一眼，衹是不停腳地趕路，這是爲什麼呢？』匠石急忙說：『別呀，千萬不要提它了！不過是一株紋理疏鬆的大樹而已。用它去造船，船很快就會沉沒掉。用它去做埋死人的棺材板，要不了多久便完全腐爛了。用它來打造家具器皿，也經不住磕磕碰碰，用不了多久便很快壞掉了。用它來做門板遮風擋雨，又格外容易受潮，天氣陰濕，它就直往外冒水。用它來做房屋的柱子，它又格外招蛀蟲來鉆孔打洞。這確實是一棵做不得木材的樹，派不上任何用場，因而它才如此這般地長壽。』

匠石回去之後，晚上睡覺，櫟社樹給他托了一個夢，很不客氣地對匠石說：『你打算怎樣評判我呀？你打算用紋理密實的樹木爲標準來評判我嗎？別的不說，就說些顯而易見的吧：那些山楂樹、梨樹、橘樹、柚子樹，都是屬於果樹一類的植物，當樹上的果實相繼成熟之後，就被大人小孩不斷地敲打扑擊。被敲打扑擊，當然會受到很多傷害。大的枝頭被折斷，小的枝頭被扯彎，這都是由於它們能長果實而招來的麻煩，使它們正常的生存樣態横遭外來干擾。它們之所以活不到它們應當活到的年份就中途死掉了，還不是因爲經常遭到人世間大人小孩不斷敲打扑擊。事實上，人也是這樣，沒有誰能逃過被人利用與淩辱的厄運。而且，很久以來，我就一直在尋求怎樣才不被人利用與淩辱的生存狀態，差不多要死了，好不容易到現在才真正擁有了它。活下來，就是我最大的用處。假使我本來就有你說的那些用途，我哪裏還能夠生長到這麼高大呢？再說了，你和我都是一樣的東西，你憑什麼偏偏就把我當個東西來說三道四，妄加評論呢？你這個骨頭都散了架，自己都快要死的散人，又有什麼資格與理由對我這個紋理疏鬆的散木指指戳戳地評頭論足呀！』

匠石醒來後，與他的徒兒們推斷櫟社樹所托的這個夢。徒兒大惑不解地說：『既然是求取無用，那爲什麼還要去做社樹呢？』

匠石驚出了一身冷汗，連忙呵斥他說：『閉嘴，你不要說了！它衹不過是寄生在那裏而已。當然，這也是造成不理解它的人對它多有詬病與指責的原因。不過，話說得回來，如果它不去做社樹的話，豈不是還會遭到世俗之人的斬伐嗎？這麼說來，它這種利用世俗的敬畏心理來保全自己的方法確乎與衆不同，你用一般常理去衡量它的這種行爲取向，豈不是與事情的真相差得太遠了嗎？』

〔五〕

南伯子綦遊乎商之丘，見大木焉有異，結駟千乘，隱將芘其所藾。子綦曰：『此何木也哉！此必有異材夫！』〔一〕仰而視其細枝，則拳曲而不可以爲棟梁；俯而視其大根，則軸解而不可以爲棺槨；〔二〕咶其葉，則口爛而爲傷；嗅之，則使人狂酲，三日而不已。〔三〕子綦曰：『此果不材之木也，以至於此其大也。嗟乎，神人以此不材！』〔四〕

宋有荊氏者，宜楸柏桑。其拱把而上者，求狙猴之杙者斬之；〔五〕三圍四圍，求高名之麗者斬之；七圍八圍，貴人富商之家求樿傍者斬之。〔六〕故未終其天年，而中道之夭於斧斤，此材之患也。〔七〕故解之以牛之白顙者與豚之亢鼻者，與人之有痔病者不可以適河。〔八〕此皆巫祝以知之矣，所以爲不祥也。此乃神人之所以爲大祥也。〔九〕

支離疏者，頤隱於臍，肩高於頂，會撮指天，五管在上，兩髀爲脅。〔一〇〕挫鍼治繲，足以餬口；鼓筴播精，足以食十人。〔一一〕上徵武士，則支離攘臂而遊於其間；上有大役，則支離以有常疾不受功；上與病者粟，則受三鍾與十束薪。〔一二〕夫支離其形者，猶足以養其身，終其天年，又況支離其德者乎！〔一三〕

【釋義】

〔一〕**南伯子綦遊乎商之丘**　南伯子綦，成《疏》：『即南郭子綦也。』遊，觀光。《唐風・有杕之杜》『噬肯來遊』，毛傳：『遊，觀也。』《禮記・王制》『膳飲從於遊可也』，鄭玄注：『遊，謂出入止觀。』商之丘，宋國都城，在今河南商丘市。**見大木焉有異**　大木，大樹。焉，於此。有，猶爲。**結駟千乘**　結，連，聚。駟，四馬所拉之車。**隱將芘其所藾**　隱，藏。將，猶且，而。芘，通庇，蔭庇。其，猶於。藾，音賴，蔭。**此必有異材夫**　有，猶爲。異，殊，奇。劉武《補正》：『此「異」字，照應上「異」字。上言其形之異，此因其形異，而揣其材之亦必異也。』夫，語氣詞。

〔二〕**仰而視其細枝**　仰，舉頭，與下『俯』相對。**則拳曲而不可以爲棟梁**　則，乃。拳曲，卷曲，《逍遥遊》作『卷曲』。棟梁，同義複詞，房梁。**俯而視其大根**　根，主幹之底部。**則軸解而不可以爲棺槨**　軸，鍾泰《發微》：『木心之紋有如車之軸，今所謂年輪是也。』解，分。軸解，錢穆《纂箋》：『嚴復曰：軸解者，木横截時，見其由心而裂至於外也。』行甫按：嚴氏之説啓人心智，然猶有未盡。此當時『俯視』之象，非『横截』所見，綜合鍾氏與嚴氏二家之説，當是其根部已然深度開裂，由外觀即可知之，故言之如此。古樹多有此象，不足爲奇。

〔三〕**咶其葉**　咶，音氏，舐。**則口爛而爲傷**　爲，成。**嗅之**　嗅，以鼻吸其氣。**則使人狂酲**　酲，音呈，醉酒。狂酲，因醉酒而發狂。**三日而不已**　已，止。

〔四〕**此果不材之木**　果，實。**以至於此其大**　於，猶如。其，之，是。行甫按：此其，代詞連用。行甫又按：此以倒裝句式解之亦可，猶言其大也以至於此！**嗟乎**　嗟，嘆，嘆詞。**神人以此不材**　神人，《逍遥遊》『神人无功』。以，因。此，此木。不材，猶言不爲材。行甫按：『神人』由此木之不材而悟『无功』之妙用。

〔五〕**宋有荊氏者宜楸柏桑**　荊氏，《釋文》：『地名也。一曰里名。』行甫按：當是姓氏爲荊者所居之地，故以里名爲是。宜，適。楸，音秋，樹名。**其拱把而上者**　其，猶殆，大抵。拱把，近義複詞，雙手十指相對爲拱，單手以握爲把。而，以。**求狙猴之杙者斬之**　杙，短木樁。

〔六〕**三圍四圍求高名之麗者斬之**　名，大。《禮器》『因名山升中於天』，鄭玄注：『名猶大也。』麗，通欐，棟梁。**七圍八圍貴人富商之家求樿傍者斬之**　樿（音禪）傍，成《疏》：『棺之全一邊而不兩合者謂之樿傍。』

〔七〕**故未終其天年**　其，猶於。**而中道之夭於斧斤**　而，猶乃。之，猶以，而。**此材之患也**　患，害。

〔八〕**故解之以牛之白顙者與豚之亢鼻者**　故，通顧，反。説見吴昌瑩《經詞衍釋》。解，解除，祭祀以解罪求福。錢穆《纂箋》：「羅勉道曰：「解祠，見《郊祀志》。」穆按：《漢・郊祀志》：「古天子常以春解祠」，言解罪求福也。吴汝綸曰：《淮南》「禹之爲水，以身解於陽盱之河」。」行甫按：民間迷信至今仍有「做解」之說。行甫又按：此「解」字僅作「解脱」之義亦可通。之，猶者。以，用。顙，額頭。亢，仰。**與人之有痔病者不可以適河**　適河，沉於河。古有沉埋之祭，沉牲於河，埋牲於地。白顙，色不純；亢鼻，形不正；痔病，身荷疾；皆爲不祥之物，不可以祭河神。

〔九〕**此皆巫祝以知之**　巫，以舞降神。祝，祭主贊詞。以，通已。知之，知三者不可用之於祭。**所以爲不祥也**　所以，猶以，同義複詞。《尚書》「克堪」、「曷何」，《左傳》「克能」、「其抑」，皆是其例。祥，善，吉。**此乃神人之所以爲大祥**　乃，猶卽。之，猶且。行甫按：言巫祝以之爲不祥，此卽神人且以爲大祥。「神人无功」，故以此爲「大祥」。此與上文「嗟乎，神人以此不材」相照應。

〔一〇〕**支離疏者**　支離疏，《釋文》：「司馬云：形體支離不全貌。疏，其名也。」行甫按：「疏」乃釋「支離」之意，言其肢體鬆散，非「不全」。**頤隱於臍**　頤，下巴。隱，藏。臍，肚臍。**肩高於頂**　頂，《釋文》：「本作項。司馬云：言脊曲頸縮也。」**會撮指天**　會撮，髮髻。《釋文》引司馬云：「髻也。古者髻在項中，脊曲頭低，故髻指天。」**五管在上**　五管，五臟之脈所注之腧穴。《釋文》引李頤云：「管，腧也。五藏之腧皆在上也。」王叔岷《校詮》：「五管，五臟之腧穴也。腧，古作俞，《素問・欬論》王注引《靈樞經》：脈之所注爲俞。」**兩髀爲脇**　髀，音閉，髖關節。脇，音協，腋下曰脇，其骨曰肋，又曰幹。《釋文》引司馬云：「脊曲髀豎，故與脇並也。」

〔一一〕**挫鍼治繲**　挫鍼，當指扎針灸。治繲，猶治懈。《釋名・釋疾病》：「懈，解也，骨節解緩也。」是「繲」若「懈」者，所謂痺委無力之症。《釋文》云「崔本作𦇧」，「𦇧」卽「𨇤」，《大宗師》「跰𨇤將鑑於井」，司馬云：「病不能行，故跰𨇤也。』則『跰𨇤』卽行動無力之狀。**足以餬口** 足，猶得。餬，粥也。餬口，猶言恃粥爲飽。**鼓筴播精** 《釋文》：『崔云：鼓筴，揲蓍鑽龜也。播精，卜卦占兆也。鼓筴播精，言賣卜。』**足以食十人** 食，供食。猶今語所謂養活。行甫按：《釋文》引司馬云『挫鍼，縫衣也；治繲，浣衣也』；又云『簡米曰精』，注者多有從之。然其說恐非。支離疏者，形體之疾，其人既不能應『上有大役』，則縫衣洗衣、揚糠播米之體力勞作，當不能爲。《釋文》云『精，一音所』，段玉裁謂『音所，字當作糈』，《離騷》『懷椒糈而要之』，王逸注：『糈，精米，所以享神。』劉武《補正》：『古之買卜者，必出糈以享神，卜後，無論中否，糈歸卜者。支離賣卜得糈，故足以食十人。』古者巫醫同源，挫鍼治繲，醫；鼓筴播精，巫。

〔一二〕**上徵武士** 上，在上位者。徵，徵召，徵發。武士，有力能戰之士。**則支離攘臂而遊於其間** 則，而。攘臂，郭注：『恃其無用，故不自竄匿。』行甫按：攘臂，卽『攘卷』。《淮南子·原道》『短袂攘卷』，高誘注：『卷，卷臂也。』何寧《集釋》：『「攘」，假爲「纕」，《說文》「纕，援臂也。」援，引也，謂引袖而上，出其臂也。《孟子·盡心》篇「馮婦攘臂下車」，亦作「攘」，蓋「攘臂」行而「纕臂」廢。「卷」，《說文》作「絭」，糸部：「絭，纕臂繩也。」臂袖易流，以繩約之。字又作「帣」，《史記·淳于髡傳》「帣韝鞠腃」，徐廣曰：「帣，收衣袖也。」』是『攘臂』卽『纕臂』，猶卷袖而露臂，如馮婦『攘臂』以示其無懼。支離疏則因其『常疾』，亦有恃而無恐。其間，卽『上徵武士』之所。**上有大役** 役，勞役。**則支離以有常疾不受功** 以，因。常疾，常年之疾。受，承担。功，事。**上與病者粟** 與，給予。**則受三鍾與十束薪** 鍾，六斛四斗曰鍾。十束薪，十捆薪柴。

〔一三〕**夫支離其形者** 夫，猶故。其，猶之。**猶足以養其身** 猶，尚，得。養，贍養。行甫按：足以養其身，指『挫鍼治繲』、『鼓策播精』以及『上與病者粟』。**終其天年** 終，盡。行甫按：終其天年，指不應『武士』之『徵』，不受『大役』之『功』。**又況支離其德者** 其，之。德，猶才能。

此乃本篇第五章，商丘之大木，支離之形體，亦意連而文不連。言不材無能，不僅可以終其天年，反而還能博得世俗的同情，得到社會的救濟。這大抵是莊生的憤激之語。

【繹文】

南伯子綦在商丘這個地方遊覽觀光，在那裏見到一株頗爲奇特的大樹。連結上四匹馬拉的大車一千輛，都可以全部隱藏而且無所暴露地遮蔽在它的樹蔭之下。子綦情不自禁地發出贊歎說：『這是一株什麼樣的樹呀！它必定具有非常少見的特殊材質吧！』於是他從上到下十分仔細地觀察起來：他仰起脖子，觀察它的細枝，其形狀卻彎彎曲曲，因而不能用它作爲棟梁之材。他俯下身子，仔細察看它的根部，卻發現底下的樹幹上長著一道道又深又大的裂口，所以即使是拿它去做棺材板都不合適。摘下它的樹葉舔了一下，嘴巴舌頭便立即出現很多水泡，顯見是受了毒汁的刺激而疼痛難忍。再用鼻子嗅一嗅它的氣味，立馬就像喝得酩酊大醉一般頭暈目眩，讓人三天三夜都處在狂醉不醒的狀態。南伯子綦十分詫異地說：『這果然是沒有任何實際用途的一棵樹啊，以至於能夠在這個地方獨自生長得如此高大茂盛！唉，那些境界高遠卻隱藏在民間的有道之士，之所以不願在世俗人間建立事功，原來竟是從這個沒有任何實際用途卻生長得格外茂盛的大樹身上悟出的人生道理呀！』

事實也是如此。宋國有個名叫荊氏的地方，適宜於栽種楸樹、柏樹與桑樹。當這些樹木生長到一兩把以上粗的時候，那些求取木樁用作拴猴子的人便把它砍走了。待它生長到可以三四個人合抱的時候，那些尋求高大梁木的人又把它砍走了。至於它生長到七、八個人合抱的時候，那些有錢有勢的高官權貴以及那些腰纏萬貫的富商大賈爲了炫耀他們的勢力與財富，想用整塊木料做棺材板埋葬他們的父母，也來毫不手軟地把它砍走了。所以，沒等盡到它們生長的自然年份，就在半道上被人拿著斧頭斲子砍光了。這就是因爲它們的材質有多種用途所造成的傷害。相反，再看看用犧牲消解災禍祈求福祉的那些祭祀活動吧：用額頭上有白毛的牛做犧牲與用翹鼻子的豬做犧牲以及用患有痔瘡的人做犧牲，是絕對不可能的事。因爲這些毛色不純，形體不正，身荷疾病的人畜是沒有資格作爲犧牲拿去祭祀河神的。這些內情，那些跳大神、唱禱詞的巫婆神漢們都是早已心知肚明的了，以爲這都是一些不吉不利的東西。可是，在那些不願建功立業的有道之士的眼裏，這些不吉不利沒有資格做犧牲的東西卻被認爲擁有無比大吉大利的福份！

而且，有一個形體生得鬆鬆垮垮的人，下巴像是藏在肚臍眼裏，肩膀高過了脖子，腦殼後的髮髻指到天上，脊背上的脈穴朝著上面，兩個髖關節和肋骨無法分辨。給人扎針灸治癱瘓，也足夠維持自己的生活；給人算個命卜個卦，掙來的精米也足夠養活十來個人。國家要打仗，徵發全國的戰士，那個形體鬆鬆垮垮的人用不著東躲西藏地逃避兵役，反而擼起袖子大搖大擺地在徵兵的地方來來去去，一點都不害怕被抓了壯丁。國家大興土木，要徵調大批勞力，而那個形體鬆鬆垮垮的人因爲有長年之疾而不必承擔任何勞役之事。國家對殘疾人頒發救濟糧，還可以得到好幾百斤小米和十捆柴火。由此看來，一個在形體上鬆鬆垮垮手無縛雞之力的人，尚且能夠養活他自己，還既不用去當兵打仗，也不用去服勞役出苦力，可以無災無難地活到他該活的歲數，更何況在才能上庸庸碌碌百事一無所長的人呢！

〔六〕

孔子適楚，楚狂接輿遊其門曰：『鳳兮鳳兮，何如德之衰也！〔一〕來世不可待，往世不可追也。〔二〕天下有道，聖人成焉；天下無道，聖人生焉。〔三〕方今之時，僅免刑焉。〔四〕福輕乎羽，莫之知載；禍重乎地，莫之知避。〔五〕已乎已乎，臨人以德！殆乎殆乎，畫地而趨！〔六〕迷陽迷陽，無傷吾行！吾行郤曲，無傷吾足！』〔七〕

【釋義】

〔一〕**孔子適楚**　適，往。**楚狂接輿遊其門**　狂，狂症。接輿，楚國賢人，託於狂以避亂世。**鳳兮鳳兮**　鳳，鳳鳥。兮，語氣詞。行甫按：《尚書·君奭》『我則鳴鳥不聞』，枚《傳》：『我周則鳴鳳不得聞。』《國語·周語上》『周之興也，鸑鷟鳴於岐山』，韋昭注：『鸑鷟，鳳之別名也。』《論語·子罕》載孔子『鳳鳥不至，河不出圖，吾已矣夫』之嘆。是兩周之世，皆有盛世鳳鳥呈祥之說。**何如德之衰**　何如，何奈。德，猶社會秩序。衰，衰亂。行甫按：鳳鳥不應該出現在衰亂之世，接輿以之喻孔子，謂孔子生當亂世，能有什麼作爲呢？

〔二〕**來世不可待**　來世，未來之世。待，等待。《左傳》襄公八年：『《周詩》有之曰：俟河之清，人壽幾何？』**往世不可追**　往世，過去之世。追，及也。《呂氏春秋·聽言》：『往者不可及，來者不可待。』

〔三〕**天下有道**　道，社會秩序安定。《論語・季氏》：『天下有道，禮樂征伐自天子出。』行甫按：道，與『德之衰』之『德』互文見義。**聖人成焉**　聖人，精神境界高遠的人。成，成就聲名。行甫按：《逍遥遊》『聖人无名』，則『聖人成焉』，謂太平盛世，聖人可以成就事業而垂聲名於不朽。**天下無道**　無道，猶言亂世。**聖人生**　生，存，亦猶性。行甫按：天下無道，則『聖人无名』，養其身全其性而已。諸葛亮《出師表》『苟全性命於亂世，不求聞達於諸侯』是也。

〔四〕**方今之時**　方今，當今。行甫按：方今之時，即上言當代『德衰』之世。**僅免刑**　僅，少。《漢書・董仲舒傳》『厪能勿失耳』，顔師古注：『厪，與僅同，僅，少也。』刑，刑戮。行甫按：言當今之世，恐身亦不可保，性亦不可全。

〔五〕**福輕乎羽**　乎，於。羽，羽毛。**莫之知載**　莫，無人。之，否定句代詞賓語前置。載，收載。**禍重乎地**　禍，禍害。**莫之知避**　避，回避。

〔六〕**已乎已乎**　已，止，休。**臨人以德**　臨，以上視下。德，才能。**殆乎殆乎**　殆，危。**畫地而趨**　畫地，圈畫一隅以自限。而，猶以。趨，奔，赴。行甫按：畫地而趨，比喻首先設定功名富貴之類價值觀念把自己束縛起來，然後爲實現這些價值而奔趨勞累。

〔七〕**迷陽迷陽**　迷陽，荊棘。王先謙《集解》：『謂棘刺也，生於山野，踐之傷足。至今吾楚輿夫遇之，猶呼「迷陽踼」也，迷音如麻。』行甫按：楊樹達亦以長沙方言證王氏之說，謂前面轎夫視線開朗，常以途中所遇呼告後面轎夫。遇人及牛羊動物即呼『活踼』，遇樹枝低下礙於轎身即呼『挂踼』，遇地上荊棘則呼『芒陽踼』，『芒陽』即『迷陽』之遺語（《積微居小學金石論叢・長沙方言考》）。**無傷吾行**　傷，妨礙。行，道路，一說通胻，《說文》：

『胻，脛耑也。』段玉裁注：『耑猶頭也，脛近膝者曰胻。』**吾行郤曲**　吾行，張君房本作『郤曲』。郤，同隙，狹窄之處。曲，紆曲之處。**無傷吾足**　足，脛以下。

此乃本篇第六章，言楚狂接輿諷勸孔子：往世的輝煌，已然成爲過去；來世的鼎盛，也無從期待。處身於亂世，不必忘身以用世；沉淪隱退，苟全性命。亂世爲人，活著才是第一要義。

【繹文】

孔子到楚國去，楚國有一個名叫接輿的賢人，假裝瘋瘋顛顛的，借此逃避亂世。一天，他晃晃悠悠地來到了孔子落腳的驛館門前，唱道：

『鳳鳥呵，鳳鳥呵！面對衰亂的世道，你能有什麼高招！往世的輝煌，何處還能尋找；美好的未來，你也等不到！社會安寧，聖人成就他的名聲；天下混亂，聖人祇好修他的身、養他的性；當今之世，罪多如毛，祇求不受肉刑！福祉啊輕於鴻毛，可沒人知道把它拾起；禍害啊重於泰山，也沒人知道將它回避！罷了呵，罷了呵，何必要在人前展示你的才能；危險呵，危險呵，那官場就是你自囚的牢籠！荊棘遍地啊，遍地荊棘，不要擋住了我的腳步；我們走在狹窄紆曲的路上，可別傷了我的足！』

［七］

山木自寇也，膏火自煎也。〔一〕桂可食，故伐之；漆可用，故割之。〔二〕人皆知有用之用，而莫知无用之用也。〔三〕

【釋義】

〔一〕**山木自寇**　自，自爲。寇，伐。**膏火自煎**　膏，脂肪。煎，熬。

〔二〕**桂可食**　桂，肉桂，其皮可爲調料。**伐**　砍伐。**漆可用**　漆，漆樹，其汁液可制作涂料，用於防水。**割**　割其表皮使汁液流出。

〔三〕**人皆知有用之用**　有用，使用。之用，功用。**而莫知无用之用**　无用之用，不可使用的功用。行甫按：總結全篇大旨，苟全性命，沒有使用的功能與價值，便是最大的功能與價值。

此乃本篇最後一章，總攝全文宗旨，身處亂世，無用便是大用。

【繹文】

山中的樹木，因有各種材用而招致砍伐，説到底，還是自己砍伐了自己。動物的脂肪，因其可以燃燒而用於照明，究其實，還是自己煎熬著自己。肉桂的樹皮，因其可作食用調料，因而遭到世人的翦伐；漆樹可產涂料，因而遭到人類的割傷。人們都知道具有使用功能的功用價值，卻沒人知道沒有使用功能的功用價值。

德充符第五

德充符者，德之充與德之符也。德之充，充實於形骸之内；德之符，符應在形骸之外。德之爲言得也，故曰『德者，成和之修也』。此一由修成所得的『和』之德，其要義有二：一是心如止水，不爲外物所動，所謂『内保之而外不蕩』。二是心無好惡，不爲欲望所累，所謂『无以好惡内傷其身』。『和』之德充實於形骸之内，則必有形骸之外者所以符而應之。其一，内充之『和』德，既造就了無可名狀的精神輻射力，也形成了無須明言的心靈感召力，因而雖『无君人之位以濟乎人之死』，亦『无聚禄以望人之腹』，卻能深受國人愛戴乃至人君竟有授國之舉。其二，内充之『和』德，既蟬蛻於世俗人生的卑微，也超越了外在形骸的醜陋，所謂『德有所長而形有所忘』。要之，既不爲外物所動，亦不爲内情所傷，『遊心乎德之和』，所謂『至人无己』。

〔一〕

魯有兀者王駘，從之遊者與仲尼相若。〔一〕常季問於仲尼曰：『王駘，兀者也，從之遊者與夫子中分魯。立不教，坐不議，虚而往，實而歸。〔二〕固有不言之教，無形而心成者邪？是何人也？』〔三〕仲尼曰：『夫子，聖人也，丘也直後而未往耳。丘將以爲師，而況不若丘者乎！奚假魯國！丘將引天下而與從之。』〔四〕

常季曰：『彼兀者也，而王先生，其與庸亦遠矣。若然者，其用心也獨若之何？』〔五〕仲尼曰：『死生亦大矣，而不得與之變；雖天地覆墜，亦將不與之遺。審乎无假而不與物遷，命物之化而守其宗也。』〔六〕

常季曰：『何謂也？』仲尼曰：『自其異者視之，肝膽楚越也；自其同者視之，萬物皆一也。〔七〕夫若然者，且不知耳目之所宜，而遊心乎德之和；物視其所一而不見其所喪，視喪其足猶遺土也。』〔八〕

常季曰：『彼爲己，以其知，得其心；以其心，得其常心，物何爲最之哉？』〔九〕

仲尼曰：『人莫鑑於流水而鑑於止水，唯止能止衆止。〔一〇〕受命於地，唯松柏獨也[正]，在冬夏青青；受命於天，唯[堯]、舜獨也正，[在萬物之首]。〔一一〕幸能正生，以正衆生。〔一二〕夫保始之徵，不懼之實。勇士一人，雄入於九軍。〔一三〕將求名而能自要者，而猶若是，而況官天地，府萬物，直寓六骸，象耳目，一知之所知，而心未嘗死者乎！〔一四〕彼且擇日而登假，人則從是也。彼且何肎以物爲事乎此！』〔一五〕

【釋義】

〔一〕**魯有兀者王駘**　兀，通趴，同刖，《説文》：『刖，斷足也。』王駘，王叔岷《校詮》：『駘借爲嬯，《説文》：嬯，遲鈍也。』行甫按：『王』，即下文『而王先生』之『王』。『王駘』，猶言雖然遲鈍卻興旺。**從之遊者與仲尼相若**　從，追隨。遊，遊學。相若，相等。

〔二〕**常季問於仲尼**　常季，姓常，名季。或爲孔門弟子，或爲魯之賢人。**王駘兀者**　斥爲兀者，鄙夷而不屑。**從之遊者與夫子中分魯**　夫子，先生，指孔子。中分魯，即『相若』。**立不教坐不議**　教謂教授，議謂討論。行甫按：二句爲互文，猶言無實際教學活動。**虚而往**　虚，空虚，猶言無知識學問。往，去。**實而歸**　實，滿腹，猶言滿腹經綸。歸，返家。

〔三〕**固有不言之教**　固，故，本來。不言，猶不用語言，指『立不教，坐不議也』。**無形而心成者**　形，猶形式、手段。心，心靈。劉武《補正》：『「心」字爲篇中眼目，於此提出。』行甫按：心指心靈，精神，猶今所謂思想、意識、觀念。成，形成，成就。**是何人**　是，此。何人，怪訝之詞。

〔四〕**夫子聖人**　夫子，彼人。聖人，聰明睿智之人。**丘也直後而未往**　直，特，祇不過。後，晚。**丘將以爲師**　將，猶，尚。以，使。**而況不若丘者**　而，轉折之詞。況，況且，遞進之詞。若，如。**奚假魯國**　奚，何。假，但，止，郭象注：『奚但一國而已哉！』**丘將引天下而與從之**　將，尚，猶。引，猶率領。與，俱，偕。從，追隨。

〔五〕**彼兀者**　又斥其爲兀者，仍然不屑。**而王先生**　而，猶乃。王，勝過，超過。《説文》『暀，光美也』，今字作『旺』。先生，指孔子。**其與庸亦遠**　其，猶且。與，比。庸，庸常之輩。亦，且，尚；不過之義，祇詞。遠，差距很大。**若然者** 若然，如此。**其用心也獨若之何** 用，動。《素問·六微旨大論》『有用有變』，張志聰《集注》：『用者，體之動。』心，思。行甫按：用心，猶今所謂運思。獨，特。若之何，如之何。

〔六〕**死生亦大** 亦，特。**而不得與之變** 而，轉折之詞。不得，不會。之，代死生。與，隨，從。變，動。行甫按：此與下文『心未嘗死』相照應，猶言面對死亡，心亦不隨之而有所變動，則心之『止』、『和』可知。**雖天地覆墜** 雖，即使。覆，天覆。墜，地墜。猶言天塌地陷。**亦將不與之遺** 亦，也詞。將，猶，尚。遺，落。**審乎無假而不與物遷** 審，明悉。乎，於。假，借。行甫按：无假，無所假借，亦即無待，猶言無所牽挂。遷，變。行甫按：不與物遷，不隨外在形體之變動而變動，是亦『止』、『和』。**命物之化而守其宗** 命，明。《易·繫辭下》『而命之』，《釋文》：『命，孟作明。』《左傳》桓公二年『命之曰仇』，《漢書·五行志》引作『名』。《釋名·釋言語》：『名，明也。』《冀州從事郭君碑》『喪子失名』，《老子》四十七章『不見而名』，皆以『名』爲『明』。行甫按：命、名、明三字聲同互訓通用。『命』與『審』字相對，且二句互文見義。物，形軀。行甫按：與物遷、物之化，皆指外在形體之衰老與死亡而言，非泛言萬物之變化，不必穿鑿爲今之所謂『宇宙』或『物質』。待常季問『何謂』而後，孔子方闡發其義曰『萬物皆一』，始有其義。學者無須『見卵而求時夜』。守，保。宗，主。行甫按：守其宗，即『內保之而外不蕩』之『和』德。

〔七〕**何謂** 猶何指。**自其異者視之** 自，若。其，於。異者，不同之處。**肝膽楚越** 肝膽，二者緊密相連。楚越，吳國廁於楚與越之間，言相距甚遠。**自其同者視之** 同者，相同之處。**萬物皆一** 一，相同。行甫按：此言認知方法與認知立場的相對性，與《齊物論》『天地與我並生，而萬物與我爲一』的趣味命題意義不同，不可混爲一談。

〔八〕**夫若然者**　夫，若，如。行甫按：夫之若、如，假設之詞；如之若、如，比況之詞。**且不知耳目之所宜**　且，猶乃。知，分辨。宜，適，合。《說文》：『宜，所安也。』《荀子·大略篇》『不時宜』，楊倞注：『謂合宜。』行甫按：猶言不必分辨何者合於聽覺，何者合於視覺。**而遊心乎德之和**　而，順接兼因果連詞。遊，散，放。乎，於。德，心之所得。下文『以其知，得其心；以其心，得其常心』，卽是其證。和，調和，中和，平和。行甫按：『和』之意涵，雖甚爲廣泛，要不離『平停』二義，故莊子或以『止水』爲喻，或言『平者，水停之盛也』，皆是其例。**物視其所一而不見其所喪**　物，猶萬物。其，指物。所，可。一，相同。而，轉折之詞。喪，亡失。劉武《補正》：『「物」字讀應逗。』行甫按：劉說是。言若自萬物皆可爲一以視之，則物不見其可亡。**視喪其足猶遺土也**　猶，如。言視亡失其足猶如掉落一塊土。

〔九〕**彼爲己**　彼，指王駘。爲己，爲自己。行甫按：猶『古之學者爲己』，言王駘祇是修養自己。其『爲己』之法在下文。**以其知**　以，用。其，此。知，通智，智慧。**得其心**　得，得到。行甫按：以其知，得其心，用『自其同者視之，萬物皆一』的理論智慧，得到了『視喪其足猶遺土』的精神解脫。**以其心**　其心，此心。**得其常心**　常心，恆定不變之心。行甫按：根據『視喪其足猶遺土』的精神解脫，又得到了『遊心於德之和』的高遠境界，從而以此作爲支配其人一切言行舉止的思想指南，是『以其心，得其常心』。各家之注皆不了。**物何爲最之哉**　物，人，指『從之遊』者。最，聚，當是『冣』字之訛，至南北朝二字已不分別。行甫按：常季之言，乃謂其人修己得和，乃其個人之事，與他人無干。

〔一〇〕**人莫鑑於流水**　人，與『物視其所一』云云句法同，亦當讀逗。鑑，臨水照面。流水，流動之水。**而鑑於止水**　止水，平靜之水。**唯止能止衆止**　唯，祇詞，祇有。止，止水。止，留止。止，停止。行甫按：猶言唯有平靜不流之水才能留住行人停下來照面。

〔一一〕**受命於地**　受，猶寄託。《周禮·大司徒》「五比爲閭，使之相受」，鄭玄注：「受者，宅舍有故，相受寄託也。」命，生命。**唯松柏獨也〔正〕**　獨，專，特。正，定。《周禮·宰夫》「歲終則令羣吏正歲會」，鄭玄注：「正，定也。」行甫按：上言「唯止能止衆止」，下言「獨也正」，實爲語義雙關。「止」，定；「正」，亦定。故二字可互用。《應帝王》「萌乎不震不正」，《釋文》：「崔本作不誫不止。」《小雅·賓之初筵》「屢舞僛僛」，毛傳「僛僛，舞不能自正也」，《釋文》：「正，本或作止。」是其例。行甫又按：此「正」字，原奪，據王孝魚依張君房本補。**在冬夏青青**　在，於。**受命於天**　受，猶秉承。**唯〔堯〕舜獨也正**　「堯」，原奪，據王孝魚依張君房本補。**〔在萬物之首〕**　萬物，猶言萬民。在，於，爲。首，元首。行甫按：此句原奪，據王孝魚依張君房本補。

〔一二〕**幸能正生**　幸，猶賴。正，定。生，性，命。**以正衆生**　衆生，衆人的性與命。

〔一三〕**夫保始之徵**　夫，且，若。徵，猶象。《慧琳音義》卷一「可徵」注：「事有象可驗曰徵。」《說文》：「象也。」《左傳》昭公十七年「是其徵也」，杜預注：「始有形象可徵也。」**不懼之實**　猶言內心不恐懼。行甫按：實與徵相對，具有無所畏懼的內在勇氣，故而可以自始至終保持無所畏懼的戰鬭形象。**勇士一人**　勇士，勇敢之士。**雄入於九軍**　雄，猶勇敢。九軍，猶言人馬衆多。行甫按：此四句乃倒敍法，猶言「夫勇士一人，雄入於九軍；保始之徵，不懼之實」。

〔一四〕**將求名而能自要者**　將，其，此，指勇士。求名，追求勇敢之名。自要，自我約束。**而猶若是**　而，乃。猶，尚，且。若是，如此。行甫按：「是」代「保始」，言如此自始至終無所改變。與上文「常心」及下文「心未嘗死」相關互照。**而況官天地**　官天地，猶言以天地爲器官。**府萬物**　府，通腑，府萬物，猶言以萬物爲臟腑。

直寓六骸　直，祇，特。寓，通偶，木偶。章太炎《解詁》：『《郊祀志》「木寓龍一駟，木寓車馬一駟」，「寓」即今「偶像」字，「偶六骸，像耳目」，所謂使形如槁木也。』行甫按：章說是。『器官』與『臟腑』同類，則『寓』與『象』亦必同類。寓六骸，猶以六骸爲木偶。**象耳目**　象，通像，雕像。象耳目，猶言以耳目爲偶像。行甫按：以天地爲器官，以萬物爲腑臟；祇是以六骸爲木偶，以耳目爲雕像。前二句言其因，後二句言其果，故以『直』言之。行甫又按：四句猶言外其形骸而『无己』。**一知之所知**　一，猶一貫。知，通智。所知，全部認知。行甫按：一知之所知，猶言用其智慧所得之理將所有知識貫通起來，與上文『以其知，得其心』相照應。**而心未嘗死者**　而，猶故。行甫按：心未嘗死，猶言其理貫通於一切行爲之中，因而其理亦將永久存乎其心，與上文『以其心，得其常心』相關聯。據上下文意，此『未嘗死』之『常心』，即『和德』之『心』。

〔一五〕**彼且擇日而登假**　彼，王駘。且，若。擇，異。《呂氏春秋·離謂》『其與橋言無擇』，高誘注：『擇，異也。』行甫按：擇日，猶異日，言不定哪一天。登，升。假，通遐，遠。登假猶言升天。**人則從是也**　則，即。從，追隨。是，此，指登假。**彼且何肎以物爲事**　且，猶又。肎，任。物，人。以物爲事，以他人之事爲事。行甫按：此答常季『物何爲最之哉』，言從之遊者，皆其自發，非由其人鼓動慫慂。

此乃本篇第一章，言魯有兀者王駘，其高遠而超邁的精神境界具有潛移默化的社會感召力，吸引了魯國一半的年輕人到他那裏去學習。王駘的心靈境界之所以如此高遠而超邁，具有如此强大的精神感召力，是因爲他能夠無所挂礙地『遊心乎德之和』。即使面對死生之大變，也能無動於衷；視其喪足，亦如『遺土』。無他，『聖人无己』而已。

【繹文】

魯國有一個腦瓜子非常遲鈍雙腳被砍掉的人名叫王駘，可願意追隨他向他學習的人數卻與孔子旗鼓相當。魯國有一位名叫常季的人爲此特來詢問孔子，說：『那個遲鈍的王駘，還被砍了雙腳，可是追隨他向他學習的人卻與先生平分秋色。既沒見他開壇授課，也沒見他切磋學問。從學的人枵腹而往，卻滿腹而歸。難道真有不用語言的教學、不用任何手段便可以讓別人成就道德學問的事情嗎？這是個什麽人呀，怎麽有這麽大的能耐呢？』孔子說：『你說的那個人呀，是一個非常聰明又有智慧的人，我孔丘呀不過是落在後面，有些晚了，還没有去他那裏學習罷了。連我孔丘都準備拜他爲老師，更何況那些道德學問還不如我的人呢？而且何止是魯國，我還要引領全天下的年輕人一道去師從他。』

常季仍然覺得不能理解，說：『這個王駘，不過是個剁了雙腳的可憐人而已，即使與那些平庸之輩相比，他也相差十萬八千里，可他的聲望竟然超過了先生您呀！既然他的名聲這麽大，他的運思方式是不是有什麽特别過人的地方呢？』孔子說：『這麽跟你說吧，生死之事，對於任何人來說，都是頭等的大事。在生死攸關的緊要時刻，王駘卻能夠做到心如止水，表情十分平静；面對死亡，没有絲毫懼色。這樣，即使是天塌地陷，他也不會害怕隨著墜落下去。他非常明白：人生在世本來就是赤條條地來又赤條條地去，没有任何牽挂。因而形體軀殼的衰亡，便絲毫不會引起他的情緒波動；面對死亡的來臨，他的内心也會自始至終保持著一團平和之氣。』

常季聽了孔子這番話，更加糊塗了，說：『您指的是什麽呀？』孔子解釋說：『如果從不同的角度看問題的話，人體內緊密相連的肝和膽也可以看作如同楚國和越國之間相隔著一個吳國那麼遙遠；如果從相同的角度看問題的話，世界上的萬事萬物都不存在什麼本質的差別。假如按照這樣一種運思方式來觀察事物，也就用不著分辨哪些事物是適合用耳朵去聽的，哪些事物是適合用眼睛去看的，因而也就得到了一種無限高遠而且十分和柔的精神境界，他便在這個超邁曠達而又平靜溫和的境界之中無所拘束地放任自己的心靈。如果任何事物都被看成是沒有任何差別的，那麼按照這種想法，也就看不出會有什麼可以喪失的，因此他便把喪失一雙腳權當是扔了兩塊土。』

常季這時似有所悟了，但仍然還有些疑惑，說：『這樣看來，他是修養他自己的身心：運用這種萬物皆同的運思智慧，悟得了喪足如掉落土塊的精神解脫；又將這種喪足如掉落土塊的精神解脫，提升到更加曠達寧靜而調適和柔的心靈境界，從而永遠把這種和適曠達的心靈境界當作自己爲人處事的行動指南，這的確是非常了不起的。可是這也衹是他自己的身心修養，與其他人毫不相干，爲什麼有那麼多人圍聚在他的身旁呢？』

孔子說：『人們沒有誰會用流動的水來照視自己的面孔，衹會用靜止的水來照視自己的容貌，因此，唯有靜止的水才能讓眾人停止腳步以靜止下來。其實呀，這個靜止、停止的「止」字，意思就是正人、正己的「正」字。從這個意義上說，同樣是託命寄生在大地之上的樹木，卻唯有松樹與柏樹有止而能正，所以它們能夠經冬歷春四季常青因而領秀眾木；同樣是受命於陰陽在藍天白雲之下生活的古人和今人，卻唯獨唐堯和虞舜有止而能正，所以他們可以做萬民的元首，受萬民的擁戴。幸賴能夠自止其心而自正其性，因而也就能止眾人之心而正眾人之性。你看那獨自一人英勇地衝進千軍萬馬之中的勇武之士，自始至終都保持著英勇殺敵的光輝形象，正是由於他的內心具有一股强大的英雄氣概，才使他在衝鋒陷陣的全程之中毫無懼色。由此可見，卽使是這類爲了求取戰功而能自我約束的勇武之士，尚且能夠做到把無所畏懼的勇武精神貫穿於戰鬬的自始至終，更何況把天地作爲器官，把萬物作爲臟腑，反而把自己的形體軀殼看作木偶，把自己的耳目面孔看作雕像的通達之人呢？他豈不是更容易把自己用智慧所悟得的思想貫穿於整個人生的一切行動之中，從而自始至終永遠保持著那顆平和而安寧、靜如止水的高尚心靈嗎？如果哪一天他升天遠逝，突然成僊了，恐怕人們也會跟著他一起升天的。他又哪裏會著意於衆人之事，大力鼓動慫恿他們來追隨自己呢？』

〔二〕

申徒嘉，兀者也，而與鄭子産同師於伯昏无人。〔一〕子産謂申徒嘉曰：『我先出則子止，子先出則我止。』〔二〕其明日，又與合堂同席而坐。子産謂申徒嘉曰：『我先出則子止，子先出則我止。今我將出，子可以止乎，其未邪？且子見執政而不違，子齊執政乎？』〔三〕申徒嘉曰：『先生之門，固有執政焉如此哉？子而說子之執政而後人者也？〔四〕聞之曰：「鑑明則塵垢不止，止則不明也。久與賢人處則無過。」〔五〕今子之所取大者，先生也，而猶出言若是，不亦過乎！』〔六〕

子產曰：『子既若是矣，猶與堯爭善，計子之德不足以自反邪？』〔七〕申徒嘉曰：『自狀其過以不當亡者衆，不狀其過以不當存者寡。知不可奈何而安之若命，唯有德者能之。〔八〕遊於羿之彀中。中央者，中地也；然而不中者，命也。〔九〕人以其全足笑吾不全足者多矣，我怫然而怒；而適先生之所，則廢然而反。不知先生之洗我以善邪，［吾之自寤邪］？〔一〇〕吾與夫子遊十九年矣，而未嘗知吾兀者也。今子與我遊於形骸之內，而子索我於形骸之外，不亦過乎！』〔一一〕子產蹵然改容更貌曰：『子无乃稱！』〔一二〕

【釋義】

〔一〕**申徒嘉** 申徒，姓氏。嘉，名。**兀** 通跀，同刖，遭刖刑而斷足。**而與鄭子產同師於伯昏无人** 而，猶乃。與，猶跟，介詞。鄭，鄭國。子產，姓公孫，名僑如，字子產。師，師從。伯昏无人，《釋文》：『无人，《雜篇》作瞀人。』行甫按：无、瞀聲同，昏、瞀義同，猶昏瞶。名其人之師曰昏瞶，幽默語。

〔二〕**我先出則子止** 子，你。止，留。則，猶或。出，出門。**子先出則我止** 子產歧視申徒嘉，乃以此言戒之。

〔三〕**其明日** 其，此。明日，第二天。**又與合堂同席而坐** 與，相與，副詞。**子產謂申徒嘉** 謂，指說。**我先出則子止** 行甫按：既爲預戒之，又爲申斥之。**今我將出** 今，現在。將，當。**子可以止** 可，所；所以，因此。**其未** 其，猶寧。未，沒有。**且子見執政而不違** 且，況且，遞進之詞。見，猶遇見，碰上。執政，子產自稱。違，猶迴避。**子齊執政**　齊，平。

〔四〕**先生之門**　先生，伯昏无人。門，門牆。**固有執政焉如此哉**　固，猶顧，反。行甫按：此『固』讀如《人間世》『故解之以牛之白顙者』之『故』，由『相反』、『反而』引申爲『不意』、『竟然』之義。焉，猶於此。行甫按：焉乃範圍副詞。**子而說子之執政而後人**　而，猶乃。說，通悅，喜好。執政，子産之官職。後，猶下。行甫按：後，與上『齊』字相關聯，義即爲下。『後』之爲下，猶『先』之爲上。《大宗師》『在太極之先而不爲高』，即其證。

〔五〕**聞之**　聞，相傳而聞。**鑑明則塵垢不止**　鑑，鏡子。明，明淨。則，猶故。**止則不明**　止，謂塵垢之止。明，指鏡子之明。行甫按：止則不明，言子產之言行有污師門。**久與賢人處則無過**　久，長久。處，居。行甫按：猶言子產遊於師門之日尚淺。

〔六〕**今子之所取大**　今，若，且。取大，看重。劉武《補正》：『取大，猶言引重也。』**先生**　此指伯昏无人。王叔岷《校詮》：『此謂子產之所取大者當是先生，不當自大也。』**而猶出言若是**　而，猶乃。猶，尚，且。若是，如此。**不亦過**　亦，特。

〔七〕**子既若是**　既，已。若是，如此，譏其曾受刖刑。**猶與堯爭善**　猶，尚。爭善，猶言媲美。行甫按：子產乃以堯自比。**計子之德不足以自反邪**　計，慮。德，行爲表現。足，得也。自反，自省。

〔八〕**自狀其過以不當亡者衆**　自，從。狀，摹狀。行甫按：狀，名詞爲形狀，動詞爲摹狀。此與上『計』字、『反』字相關聯，由回憶與反省而摹狀前情。其，猶爲。行甫按：自狀其過，言從有過錯一面回憶與反省當時之情狀。以，猶而。不當亡者衆，不應當亡足的理由很多。**不狀其過以不當存者寡**　不狀其過，不從有過錯一面回憶與反省當時之情形。不當存者寡，應當亡足的理由很少。**知不可奈何而安之若命**　命，人生的偶然性與必然性所構成的生命軌跡。行甫按：此言無論就有過與無過兩面反省其情狀，皆不當亡；則申徒嘉乃無辜而亡足，故歸之於『命』；既是『命』，衹得安然接受。**唯有德者能之** 德，心性平和之德。

〔九〕**遊於羿之彀中** 遊，猶走動。羿，古之善射者。彀，弓箭射程。**中央者中地** 二句申言『彀中』之義，猶言處於羿之射程的中間地帶，而非射程極限之地，乃强調百分之百的命中率。行甫按：此二句爲插入語。**然而不中** 不中，沒有被射中。**命** 猶言命運中的極大偶然性。行甫按：此言申徒嘉極端無辜，亡足乃是自己完全不能掌控的巨大偶然性，並非其品行有虧。

〔一〇〕**人以其全足笑吾不全足者多** 以，因，用。笑，譏笑。**我怫然而怒** 怫然，怒而變色之貌。而，猶以。怒，奮起反擊。**而適先生之所** 而，猶及。適，往，來。所，猶處所。**則廢然而反** 則，即。廢，罷，退。《禮記·中庸》『半途而廢』，鄭玄注：『廢，猶罷止也。』《周禮·太宰》『三曰廢置』，鄭玄注：『廢，猶退也。』反，返於平和。**不知先生之洗我以善邪** 知，分辨。之，乃。洗，洗刷。行甫按：洗亦讀『太子洗馬』之『洗』，先也，猶引導。以，用。善，善良，善道。**吾之自寤邪** 之，猶乃。寤，通悟。行甫按：二『邪』字，皆自問之詞。此句據王孝魚校引張君房本補。郭《注》：『我爲能自反邪？』成《疏》：『爲是我之性情自反覆？』足證原文有此句。且『不知』猶『不能分辨』，亦當有此句。

〔一一〕**吾與夫子遊十九年** 與，從。遊，遊學。**而未嘗知吾兀者** 未嘗，未曾。知，猶言關注。**今子與我遊於形骸之内** 形骸之内，猶言内心之和德。**而子索我於形骸之外** 索，求。形骸之外，猶言軀殼與形體。**不亦過** 亦，特。

〔一二〕**子產蹵然** 蹵，音促，心口不安之貌。**子无乃稱** 乃，猶如此。稱，謂，言。

此乃本篇第二章，言兀者申屠嘉與鄭國執政大臣子產同師於伯昏无人，而子產以其執政的高貴身份歧視其地位卑微的兀者申屠嘉。然而申屠嘉既沒有把子產貴爲執政的顯赫地位放在眼裏，也沒有把自己不幸喪足的悲慘遭遇放在心上。他之所以能蟬蜕於人生的卑微地位，而視喪足爲『不可奈何而安之若命』，直是因爲受到伯昏无人的精神洗禮，拂去了心靈上的塵垢，從而『遊於形骸之內』的結果。

【繹文】

申徒嘉原是個無辜遭了刖刑而被砍掉一雙腳的人，卻與鄭國執政大夫叔孫子產僑如一道師從號稱昏瞶糊塗的伯昏无人先生。一天，子產指著申徒嘉警告他說：『如果我先出門，你就應當停下腳步讓我先走；如果你先出門，我也會停下腳步讓你先走。』第二天，兩人又在同一個大堂上共席而坐。出門之時，子產又指著申徒嘉責怪他說：『不是已經警告過你了嗎？我先出門，你就應當停下來讓我先走；你先出門，我也會停下來讓你先走。現在正當我出門的時候，你就必須停下來讓我先走，你怎麼不停下來呢？而且你遇見執政大夫竟然也不迴避，你這是要跟執政大夫平起平坐嗎？』申徒嘉則說：『伯昏先生的門牆之內，想不到竟然還有這樣令人不堪的執政大夫混跡於其中嗎？你是那種看重你執政大夫的高貴身份而瞧不起普通人的人嗎？聽說過這樣的話吧：「鏡面明淨光潔，灰塵污垢便沾不上去。如果灰塵污垢都沾上去了，就會玷污明淨光潔的鏡面。如果長期與品行端正的人一起相處便不會有過錯。」看來，你怕是要給咱們老師這面光潔明淨的鏡子抹上污垢了呢；也許你進入師門的日子還太淺，尚未上道吧。如果你看重的是我們先生的道德文章，卻竟然說出這等渾話來，不是大錯而特錯嗎？』

子產很不高興，說：『你已經落得砍腳的如此下場了，卻自以爲了不起，居然還想與帝堯相媲美！想想你自己過去的所作所爲，難道不值得你好好地反省一下自己嗎？』申徒嘉聽了子產的這番話，心情反而平靜下來，他說：『從有過錯一面回憶與反省我當年的情狀，我總覺得這雙腳不應當被砍的理由實在太多；從沒有過錯一面回憶與反省我當年的情形，我還是覺得這雙腳應當被砍的理由實在太少。明白人生的某些遭遇是事先無從預測且事後也無法避免的，因而心安理得地服從於命運的播弄，衹有那些心靈境界十分高遠的通達之士才可能做得到。什麽是命運呢？比如説，當你遊走在百發百中的神箭手后羿的射程範圍之中，就是説在他射程範圍之内的中心地帶而不是他的射程極限之處。可是，你竟然沒有被他的箭所射中，這就是天意，這就是命了。先前有很多人依仗他們完好的雙腳而嘲笑我沒有完整的雙腳，我總是忿然作色，怒氣沖沖地奮起反擊。待我進入了先生的門牆之後，我便翻然悔悟，心境也重新恢復到平靜和適的正常狀態了，就不再對著那些有意無意譏笑我的人發脾氣了。我搞不清這是因爲先生教導有方，用善良平和的品德洗刷了我心靈上的污垢呢，還是我自己漸漸參透了人的命運與偶然性的某種關係的結果。我追隨先生從學已經十九年了，先生從來沒有關注我是否有腳趾。可現在你與我本應相交於形骸軀殼之内的精神世界，而你卻從形骸軀殼之外來要求我，這不是大錯特錯的嗎？』子產聽完申徒嘉這番話，神情極度不安，臉漲得通紅，張口結舌地說：『你還是別這麽說吧。』

[三]

魯有兀者叔山无趾，踵見仲尼。〔一〕仲尼曰：『子不謹前，既犯患若是矣。雖今來，何及矣！』〔二〕无趾曰：『吾唯不知務而輕用吾身，吾是以亡足。今吾來也，猶有尊足者存，吾是以務全之也。〔三〕夫天無不覆，地無不載，吾以夫子爲天地，安知夫子之猶若是也！』〔四〕孔子曰：『丘則陋矣。夫子胡不入乎，請講以所聞！』〔五〕

无趾出。孔子曰：『弟子勉之！夫无趾，兀者也，猶務學以復補前行之惡，而況全德之人乎！』〔六〕

无趾語老聃曰：『孔丘之於至人，其未邪？彼何賓賓以學子爲？〔七〕彼且蘄以諔詭幻怪之名聞，不知至人之以是爲己桎梏邪？』〔八〕老聃曰：『胡不直使彼以死生爲一條，以可不可爲一貫者，解其桎梏，其可乎？』〔九〕无趾曰：『天刑之，安可解！』〔一〇〕

【釋義】

〔一〕**魯有兀者叔山无趾** 兀，通跀，跀字之異體，受刖刑而砍掉腳趾。叔山无趾，莊子杜撰的人名。**踵見仲尼** 踵，足根。踵見，《釋文》：『崔云：無趾，故踵行。』

〔二〕**子不謹前**　謹，慎。前，猶於前，省『於』字。《釋文》：『「子不謹前」絶句。一讀以「謹」字絶句。』行甫按：當以『謹前』爲讀，其句法猶『懲前毖後』。**既犯患若是矣**　既，已。犯，猶遭，觸。患，災禍，禍難。若是，如此。**雖今來**　雖，即使。**何及矣**　及，逮。

〔三〕**吾唯不知務而輕用吾身**　唯，因。務，猶趨赴，勉强。而，猶乃。輕用吾身，猶言不重吾身。行甫按：不知務、輕用吾身，乃互爲作解，猶言不知取捨，貪功圖得，以致於毀傷了自己的身體。下文所謂『蘄以諔詭幻怪之名聞』，即此『不知務』之意涵。**吾是以亡足**　是以，因此。亡足，猶言遭了刖足之刑。**今吾來也**　今，現在。**猶有尊足者存**　猶，尚。尊，猶重。尊足，尊於足，省『於』字。存，在。**吾是以務全之**　是以，因此。務，求。《呂氏春秋·孝行》『務其人也』，高誘注：『務，猶求也。』全，成全。行甫按：无趾之來，有其目的：其一，勉修和德，使自忘『亡足』之痛；其二，以『不知務』悟孔子，使之『解其桎梏』。

〔四〕**夫天無不覆**　夫，猶若，如。覆，覆蓋。**地無不載**　載，承載。**吾以夫子爲天地**　以，猶今之介詞『把』。爲，當作。**安知夫子之猶若是**　安，如何。之，猶乃。猶，尚，且。若是，如此。行甫按：若是，孔子首重形骸，揭无趾之痛，則勉修和德之目的落空。

〔五〕**丘則陋**　則，猶乃。陋，見識短淺。**夫子胡不入乎**　夫子，先生。行甫按：由稱『子』而稱『夫子』，其態度有所變改。胡，何。入，進門。**請講以所聞**　講，讀若溝，今所謂討論、切磋。所聞，猶所學。《論語·述而》『德之不修，學之不講；聞義不能徙，不善不能改』，『修』與『講』韻，『徙』與『改』韻，是『講』讀若『溝』之證。

〔六〕**无趾出**　成《疏》：『无趾惡聞，故默然而出也。』行甫按：孔子所講，即勉其弟子之言，故『无趾惡聞』。**弟子勉之**　勉，勸勉，猶言努力。**夫无趾**　夫，猶彼，若。**兀者也**　兀者，刖足之人。**猶務學以復補前**

行之惡　猶，尚。務，勉力。復補，近義複詞，猶補救。前行，過去的行爲。惡，過錯。**而況全德之人乎**　全德，猶品行無虧且肢體健全。行甫按：孔子以『全德務學』訓勉弟子，則悟孔子『解其桎梏』之目的落空。

〔七〕**无趾語老聃曰**　語，告訴。**孔丘之於至人**　之，猶若。於，猶爲。至人，精神境界高遠之人。行甫按：孔子之於至人，孔子若爲至人，猶言孔子比於至人。**其未邪**　其，猶，尚。未，未至，未達。**彼何賓賓以學子爲**　賓賓，猶頻頻。俞樾《平議》：『《漢書·司馬相如傳》「仁頻並閭」，顔注曰：「頻字或作賓。」是其例也。』以，猶用。行甫按：『以』後省『之』字，指上文孔子所言。學，通教。學子，教授門弟子。《禮記·學記》『學學半』，鄭玄注：『言學人乃益己之學半。』《釋文》：『學人，音教。』鄭之所謂『學人』，卽此之『學子』。郭象注：『怪其方復學於老聃。』劉武《補正》：『如果學聃，何至蘄諔詭幻怪之名聞乎？』爲，句末語氣詞。

〔八〕**彼且蘄以諔詭幻怪之名聞**　且，又。蘄，通期，企望。諔詭，音義同弔詭，奇怪非常。說見《齊物論》『其名爲弔詭』釋義。幻怪，欺詐惑人爲幻，荒誕不經爲怪。《說文》『幻』字『從反予』，解其義爲『相詐惑也』。**不知至人之以是爲己桎梏邪**　之，猶乃。以是，以此。桎梏，刑具。《說文》：『桎，足械也。梏，手械也。』

〔九〕**胡不直使彼以死生爲一條**　直，特。死生爲一條，死與生無所差別。一，猶同。**以可不可爲一貫者**　可不可爲一貫，是與不是無須分辨。貫，貫穿，連貫。**解其桎梏**　解，脱。其，彼。**其可乎**　其，猶寧，且。

〔一〇〕**天刑**　天然刑戮。王先謙《集解》引宣穎曰：『根器如此。』劉武《補正》：『彼之本性，自願受此桎梏。』行甫按：『根器』猶言自然秉賦，『本性』猶言個人秉賦。縱使綜合二氏之說，亦有未盡。天刑之，猶言人生在世，皆欲建功立名，實現人生價值，故而遭受百般苦楚。《人間世》所述顔回治衛，葉公諸梁使齊，顔闔傅衛靈公太子，及此所謂孔子『蘄以諔詭幻怪之名聞』，無非『自願受此桎梏』之人之事，此之謂『天刑』。錢穆《纂箋》乃云

『此章淺薄不類』，乃尊孔之論，非解莊之言。**安可解** 安，如何。

此乃本篇第三章，言魯之兀者叔山无趾拜見孔子，本想以自己因爲汲汲用世而喪足的經歷作爲現身說法，勸告孔子放棄一切入世有爲的價值觀念，不要讓那些虛幻不實的道德功名成爲人生的枷鎖。然而孔子並不能理解叔山无趾的來意，以爲他是由於先前作惡而遭了刖足之刑，現在有所後悔希望『復補前行之惡』，還苦口婆心地教導他的弟子要引以爲戒，努力完善自己的德行。而叔山无趾與老聃則認爲孔子汲汲用世追求道德功名的觀念實在根深柢固，以至心安理得地戴著這副自作自受的人生枷鎖不願脫棄。然而，在『无名』的『聖人』看來，孔子實在是執迷不悟，甘愿遭受不『可解』的『天刑』而已。

【繹文】

魯國有一個遭過刖刑的人名叫叔山无趾，因其受了刖刑砍掉了腳趾頭，因而靠著一雙無趾的腳跟走來拜訪孔子。剛一見面，孔子便盯住他那雙無趾的腳跟說：『你以前生活不檢點，已經犯下了罪過，所以你的兩隻腳就成這個樣子了。雖然你今天到我這裏來，是希望有所補救，但你的腳趾早已被砍掉了，哪裏還來得及呢？』一見面便是這番說辭，叔山无趾大爲不高興，說：『我衹是因爲不懂事，不知道哪些是我應該做的，哪些是我不應該做的，所以輕率地使用我的身軀和體力，於是我的這雙腳就因此而喪失了。今天我來貴府，還有比我的腳更爲重要的目的在，我想在此把這些目的全部完成。

可是，看您老這架式，我還真有些失望。比如說，皇天在上，沒有什麼東西不被它所覆蓋的；大地在下，沒有什麼東西不爲它所承載的。我把您老視爲無不覆載的皇天大地，哪知道您老竟然也是如此看重形體外貌呀！』孔子一聽，連忙道歉，說：『對不起呀，我孔丘的確識見淺陋。先生何不進得屋來，好讓我們把各自的學問互相交流切磋一下呢？』

由於道不同不與相謀，二人交談半日，不歡而散。最後叔山无趾乃默然無語，離開了孔丘的學府。待叔山无趾走後，孔子便告誡他的門徒說：『諸位徒兒，可要加緊努力呀！那位无趾先生，雖然已經遭了刖足之刑，卻仍然追求學問，希望補救先前在行爲上的過失，更何況你們這些道德無虧且肢體健全的年輕人呢！』

叔山无趾把事情的經過告訴了老聃，然後感嘆，說：『孔丘這個人呀，如果把他與道德學問最爲高超、精神境界至爲高尚的人士相比，恐怕他還差得太遠了吧？他怎麼能夠反反覆覆、喋喋不休地如此教訓他的弟子呢？而且更加不可思議的是，他還老想通過宣講一些奇奇怪怪、誘惑誤導年輕人的說法來留名青史。殊不知他的那些想法與做法，在境界高遠的有道之士看來，就是套在自己身上的鐐銬與枷鎖呀！』老聃說：『爲什麼不特別對他强調一下，讓他不要把人的事功聲名看得那麼重要，也不要把是非價值看得那麼認真。人的生死也不過就是那麼一回事，是非價值也沒什麼本質的區別。讓他把這些從思想到行爲的一切枷鎖與鐐銬都卸下來，豈不是很好嗎？』叔山无趾絕望地說：『這是老天爺對人的刑戮，他自己對這種刑戮更是樂之不疲，如何替他解脫呢？』

〔四〕

魯哀公問於仲尼曰：『衛有惡人焉，曰哀駘它。丈夫與之處者，思而不能去也。婦人見之，請於父母曰「與爲人妻，寧爲夫子妾」者，十數而未止也。〔一〕未嘗有聞其唱者也，常和人而已矣。无君人之位以濟乎人之死，无聚祿以望人之腹。又以惡駭天下，和而不唱，知不出乎四域，且而雌雄合乎前，是必有異乎人者也。〔二〕寡人召而觀之，果以惡駭天下。與寡人處，不至以月數，而寡人有意乎其爲人也。〔三〕不至乎期年，而寡人信之。國无宰，寡人傳國焉。〔四〕悶然而後應，氾而若辭。寡人醜乎，卒授之國。〔五〕無幾何也，去寡人而行，寡人卹焉若有亡也，若無與樂是國也。是何人者也？』〔六〕

仲尼曰：『丘也嘗使於楚矣，適見㹠子食於其死母者，少焉眴若皆棄之而走。不見己焉爾，不得類焉爾。〔七〕所愛其母者，非愛其形也，愛使其形者也。戰而死者，其人之葬也不以翣資；刖者之屨，无爲愛之：皆无其本矣。〔八〕『爲天子之諸御，不爪翦，不穿耳；取妻者止於外，不得復使。形全猶足以爲爾，而況全德之人乎！〔九〕今哀駘它未言而信，无功而親，使人授己國，唯恐其不受也，是必才全而德不形者也。』〔一〇〕

哀公曰：『何謂才全？』仲尼曰：『死生存亡，窮達貧富，賢與不肖毀譽，飢渴寒暑，是事之變，命之行也；日夜相代乎前，而知不能規乎其始者也。〔一一〕故不足以滑和，不可入於靈府。使之和豫通而不失於兑；〔一二〕使日夜无郤而與物爲春，是接而生時於心者也。是之謂才全。』〔一三〕

『何謂德不形？』曰：『平者，水停之盛也。其可以爲法也，内保之而外不蕩也。德者，成和之修也。德不形者，物不能離也。』〔一四〕

哀公異日以告閔子曰：『始也吾以南面而君天下，執民之紀而憂其死，吾自以爲至通矣。今吾聞至人之言，恐吾無其實，輕用吾身而亡其國。吾與孔丘非君臣也，德友而已矣。』〔一五〕

【釋義】

〔一〕**魯哀公問於仲尼曰衛有惡人**　魯哀公，名蔣。惡，形貌醜陋。《説文》：『亞，醜也。象人局背之形。』是『惡』乃『亞』之借字。**曰哀駘它**　它，讀若駝，駝背。駘它，頭腦遲鈍，形貌駝背。**丈夫與之處者**　丈夫，男人。**思而不能去**　思，慕。**婦人見之**　婦人，女子。**請於父母曰與爲人妻寧爲夫子妾**　請，求，告。與，猶與其。寧，寧可。行甫按：與……寧……，選擇關聯詞。妾，側室，非正妻。**十數而未止**　十數，以十爲數。

〔二〕**未嘗有聞其唱**　未嘗，未曾。唱，主動宣講。**常和人**　和，隨聲附和。**无君人之位以濟乎人之死**

君人，爲人之君。以，而。濟，振救。**无聚祿以望人之腹** 聚祿，厚祿。以，而。望，通朢，滿。《說文》：『朢，月滿也。』**又以惡駭天下** 以，因。駭，使驚駭。**和而不唱** 而，猶乃。**知不出乎四域** 知，通智。出，超出。乎，於。四域，猶天下。**且而雌雄合乎前** 且，又。而，猶能。雌雄，指上文丈夫與婦人。合，聚合。前，猶言周圍。**是必有異乎人** 是，此。異，不同。

〔三〕**寡人召而觀之** 召，呼。**果以惡駭天下** 果，果然。**與寡人處** 處，猶相與。**不至以月數** 以，用。月數，與上『十數』構詞從同，以月爲數。**而寡人有意乎其爲人** 而，乃。有意，屬意。猶言比較看重。爲人，猶做人。

〔四〕**不至乎期年** 乎，於。期年，滿一年。**而寡人信之** 信之，信任他。**國无宰** 宰，冢宰，首席執政大臣。**寡人傳國焉** 傳國，以國事相託。焉，猶於此。

〔五〕**悶然而後應** 悶然，默然。**氾而若辭** 氾而，漫然，不確定，不明顯之貌。而，猶然，《左傳》宣公四年『若敖氏之鬼不其餒而』，是其例。若，如。辭，推讓。王叔岷《校詮》：『《道藏》成疏本、趙諫議本、覆宋本皆作「氾若而辭」，與成《疏》合。』王孝魚校刪『而』字。行甫按：觀其文法以及上下文意，參以郭注與成疏，此當爲『悶然而後應，氾若而後辭』，言其應，不聲不響；其辭，漫不經心。實則其人既沒有應，亦無所謂辭。**寡人醜乎** 醜，猶類。《國語·楚語下》『官有十醜』，韋昭注：『醜，類也。』《方言》卷三：『醜，同也，東齊曰類。』《廣雅·釋詁三》『醜，類也』，王念孫《疏證》：『類之言儔也。』行甫按：《釋文》引崔譔云：『醜，慚也。』注家一皆從其說，大誤。下文『不得類焉爾』之『類』，正照應此『醜』字之義。此言魯哀公認爲哀駘它與其意向之冢宰人選相類同。乎，也。**卒授之國** 卒，終。

〔六〕**無幾何**　幾，動之微。行甫按：幾，言徵兆；何，言原因。無幾何，猶言無任何徵兆，亦無任何原因。古今注家無發其義者。**去寡人而行**　去，離。行，走。**寡人卹焉若有亡**　卹，猶少。《說文》：『卹，憂也。』一曰鮮少也。』王叔岷《校詮》：『「卹焉」猶「卹然」，少貌。蓋它遁去，少此一人，哀公因有亡失之感也。』**若無與樂是國**　若，如。無與，相共。是國，此國。樂是國，猶樂於是國。**是何人**　是，此。

〔七〕**丘也嘗使於楚**　嘗，曾。使，出使。《釋文》：『本亦作遊。本又直云嘗於楚矣。』**適見㹠子食於其死母者**　適，適然，猶言恰巧。㹠，音豚，豬。食，猶吃奶。**少焉眴若皆棄之而走**　少焉，不多時。眴（音順）若，驚懼貌。**不見己焉爾**　不見己，死母不見㹠子。焉爾，語氣詞連用，而已。焉猶乎，爾同耳。**不得類**　不得類，㹠子印象中的生母與此死母不相類。行甫按：魯哀公自以爲了解哀駘它，自以爲他就是心目中的冢宰人選。此則喻言哀駘它認爲魯哀公並不了解自己，其印象中的冢宰人選也與他自己不相類。故『少焉眴若棄之而走』。

〔八〕**所愛其母**　所，所以。**非愛其形**　形，外在形體，猶言屍體。**愛使其形者**　使其形者，驅使其形體者，猶言精神。行甫按：此就上喻完足其意，言所愛在其德。**戰而死者**　陣亡者。**其人之葬也不以翣資**　翣，音啥，棺飾。《釋名·釋喪制》：『翣，齊人謂扇爲翣。此似之也，象翣扇爲清涼也。翣有黼有畫，各以其飾名之也。』參見《達生》『腞楯之上，聚僂之中』釋義。資，齎送。行甫按：資通『齎』，《周禮·外府》『齎賜予之財用』，鄭司農云：『今禮家定齎爲資。』《典婦功》『以授嬪婦及内人女功之事齎』，鄭玄注：『齎，故書齎爲資。』《列禦寇》：『萬物爲齎送，吾葬具豈不備邪。』俗字作『賫』。《周禮·冢人》：『凡死於兵者，不入兆域。』祖宗墓地都不可入，故葬無所飾。翣資，概言一切齎送之物。**刖者之屨**　屨，鞋。**无爲愛之**　爲，猶使。**皆无其本**　無喪禮，則齎送之物無所依；無足，屨爲無用，是『皆无其本』。『本』喻『使其形者』。行甫按：此一小節釋哀駘它去魯之原因。

〔九〕**爲天子之諸御** 御，使，用。諸御，衆宮女與男傭。**不爪翦** 爪翦，刮鬢。馬敍倫《義證》：『不爪鬅者，不刮鬢也。借爪爲搔，借翦爲鬅。《說文》：「搔，刮也。鬅，女鬢垂貌。」』**不穿耳** 錢穆《纂箋》引馬其昶曰：『「不爪翦，不穿耳」，疑古女子在室之容。今新婦始翦面髮，是其遺意。此言女御；娶妻者不使，言男御。蓋天子諸御，必男女之未婚娶者，體純全也。』行甫按：馬氏所言『新婦始翦面髮』，吾鄉俗稱之爲『開臉』或『扯臉』。**取妻者止於外** 止，宿。**不得復使** 使，猶事。《禮記·禮運》：『新有昏者，期不使。』《荀子·大略篇》：『新有昏，期不事。』《釋文》：『崔本作不得復使入，云不復入直也。』行甫按：入直，入宮當直。**形全猶足以爲** 足，得。爲，猶使，用。《國語·晉語八》『爲後世之見之也』，韋昭注：『爲，使也。』《左傳》宣公二年『棄人用犬，雖猛何爲』，十二年『師無成命，多備何爲』，吳昌瑩《經詞衍釋》：『爲並訓用。』行甫按：爲字與上『御』字相關聯。爾，猶耳，而已。**而況全德之人** 全德之人，品行無虧且肢體健全之人也，與上文『全德之人』義同。郭象注：『德全而物愛之，宜矣。』行甫按：此以形反襯德，形猶爲重，德更爲重。至於哀駘它，則形雖不全而德全，故爲衆人所愛。

〔一〇〕**今哀駘它未言而信** 今，猶故。信，符應。行甫按：信與下『親』字相對，亦有『親』義。未言而信，不以言相號召卻有符應之者。照應上文『雌雄合乎前』。**无功而親** 功，猶恩惠。親，親近，親附。照應上文『无君人之位以濟人之死，无聚祿以望人之腹』。**使人授己國** 照應『寡人傳國』。**唯恐其不受** 照應『悶然而後應』。**是必才全而德不形者** 才，亦德。全，完整，充實。行甫按：所謂『才全』，乃指下文『事之變，命之行』亦『不足以滑和』，是知『才』亦『德』。『才全』與『德不形』互文見義，猶言才德充實於內而不形於外。行甫又按：

此小節乃釋哀駘它所以受人愛戴的原因。

〔一一〕**何謂才全**　才德充實於內與才德不形於外，究竟有所區分，故先問『才全』。**死生存亡**　關乎生命壽夭。**窮達貧富**　關乎人生際遇。窮，無出路。達，聞達。**賢與不肖毀譽**　關乎生存價值。不肖，不合於世俗期待。**飢渴寒暑**　關乎自然生理。**是事之變**　事，事態。變，變化。**命之行也**　命，命運。行，推移。**日夜相代乎前**　相代，相互交替。前，眼前，面前。**而知不能規乎其始者**　知，智慧。規，規劃，預測。乎，猶於。始，未發之前。

〔一二〕**故不足以滑和**　故，所以。足，得。滑，亂。和，平和之德。**不可入於靈府**　靈府，猶心宅。行甫按：二句爲倒文。『不可入於靈府』而後『不足以滑和』。**使之和豫通而不失於兑**　之，代其人，指哀駘它。和，平和。豫，愉快。通，通達。兑，通遂，《大雅·綿》『行道兑矣』，毛傳：『兑，成蹊也。』陳奐《詩毛氏傳疏》：『兑者，遂之假借字。遂，古隧字。』遂，猶順。行甫按：兑之爲『順』，即『安時而處順』之『順』，亦與下文『與物爲春』、『接而生時』相關聯。古今注家解『兑』字之義，皆曲說。

〔一三〕**使日夜无郤而與物爲春**　郤，通隙，間隙。春，和適，和煦。章太炎《解故》：『《説文》：「春，推也。」與物爲春者，與物相推移也。』行甫按：許君以『推』説『春』，本爲聲訓。此處則用爲諧聲雙關語，兼『推』與『春』二義焉，故下文曰『生時』。此『春』與『推』語義雙關之用字，與上文『止』與『正』雙關互用從同。**是接而生時於心者**　是，此。接，合，猶『與物』。生時，猶『爲春』。行甫按：上下二句文意互釋。**是之謂才全**　是，此。之，猶乃。謂，猶爲。行甫按：以此知『才全』非天所賦之。

〔一四〕**德不形**　形，猶現於外。**平者水停之盛**　平，平靜。停，止。盛，極。**其可以爲法**　可以，所以。

法，法則。行甫按：水可爲取平之具。**內保之而外不蕩** 保，守。外，外物。蕩，動。行甫按：言內心保持平和而不爲外物所動。**德者** 德，得；由修養而得之精神境界。**成和之修也** 成，動詞，成就。和，和適；說已見第一章『遊心乎德之和』釋義。之，猶以。修，修養。**德不形者** 內在之和德不顯於外。**物不能離** 物，猶人。行甫按：此小節總言哀駘它雖爲兀者與惡人，猶有感召力與輻射力，由其內在之和德。

〔一五〕**哀公異日以告閔子曰** 異日，他日。閔子，孔門弟子閔子騫，名損。**始也吾以南面而君天下** 南面，猶爲君。君，動詞，猶統理。**執民之紀而憂其死** 執，猶執掌。紀，法度。憂，患。**吾自以爲至通** 至，極。通，通達，順遂。行甫按：通字與上文『兌』字相照應。**今吾聞至人之言** 至人之言，即孔子『才全而德不形』之言。**恐吾無其實** 無其實，徒有虛名，猶言無內心之『和』德。**輕用吾身而亡其國** 輕用吾身，猶言無『和』德而多暴政。**吾與孔丘非君臣也** 非君臣，無尊卑等級。**德友而已矣** 德友，猶言以『和』德爲其本的朋友關係。

此乃本篇第四章，言魯国有位形貌醜陋的哀駘它，『无君人之位以濟乎人之死，无聚祿以望人之腹』，卻深受國人的愛戴，甚至魯哀公都願意任他爲冢宰傳國於其人。這個形貌醜陋的人，其精神感召力之所以如此巨大，乃是取決於他『內保之而外不蕩』的精神定力。他『和豫』而通達的寧靜心態，不會因爲『死生存亡、窮達貧富』等等人生的意外事變而受到干擾。他的心靈永遠如同春天般的和煦與溫暖，也永遠如同平靜的止水一樣不起絲毫的波瀾，這正是他深受國人愛戴的根本原因。而魯哀公則從哀駘它心如止水的心靈境界中悟出了另外一番道理：一個是『成和之修』因而不可『輕用吾身而亡其國』的國家治理思想；另一個是與孔子不再是高下尊卑的君臣關係，而是以『日夜无郤而與物爲春』的內心『和』德爲『其本』的朋友關係。

【繹文】

魯哀公請教孔子説：『衛國有一個形貌醜陋的人名叫哀駘它。與他相處的男人很思慕他，不願意離開他。女人見了他，向她們的父母請求説「與其做別人的正房妻子，還不如做那位先生的小妾」，這樣的女人已經有好幾十位了，好像還不算完。也不曾聽説他提出個什麼主張，不過是常常跟在別人後面鸚鵡學舌，説一些大家都知道的話而已。既沒有高高在上的統治地位可以隨時拯救別人的死亡，也沒有豐厚的俸祿可以讓人吃飽肚子。而且還因爲長得奇醜無比嚇壞了天下人，沒有自己的思想主張，衹是人云亦云，知識學問也沒有超出一般人的水平，這還能讓那些男男女女自覺自願地聚合在他面前不想離開他，此人一定有什麼超乎常人的不同之處。我把他召進宮來看了一下，果然長相奇醜無比，真要嚇死天下人了。可是與我相處還不到一個月的時間，我便對他的處事做人有些欣賞了。不到一個年頭，我便對他產生很大信任了。國家沒有首輔大臣，我便打算把國家傳給他。可是，他悶聲悶氣地既沒有明確地答覆我，更心不在焉地也沒有明確表示推辭。我衹是覺得他正是我心目中想要的那個首輔人選，終於把國家託付給他了。可是有一天，事先既沒有任何徵兆，也沒有什麼特別的原因，他就離開我一走了之。他走了之後，我時時感覺到沒有他的日子心裏總是空蕩蕩的，好像丢了什麼寶貝似的怪難受，好像在這個國家裏再也沒有人和我一起快快樂樂地過日子了。這是個什麼人呢？真有些叫人琢磨不透啊！』

孔子聽了之後，說：『在下曾經出使到過楚國，剛好在路邊看到一羣小豬崽正在圍著一頭死母豬吃奶。可不一會兒，這羣小豬崽突然像受到驚嚇似的一哄而散，丟下它們的死母豬便落荒而逃了。因爲死母豬不能睜眼看它們這些小豬崽了，小豬崽們也覺得死母豬不再是它們印象中的活母豬了。這就好比你認爲哀駘它就是心目中的那個首輔人選，可是他並不認爲你就真正了解他；並且他還認爲當宰相已失去了他過去自由自在的日子，剝奪了他自然活潑的天性，所以就不辭而別了。再說，小豬崽們之所以愛它們的母親，並不是愛母親的僵屍，而是愛那使它的形體具有活力的內在精氣神。哀駘它喜愛的也不是當首輔那僵屍般的沉悶日子，因爲它失去了人生的本來意義。這就像犧牲在戰場上的士兵，連自家的祖墳墓地都葬不進去，哪裏還談得上有什麼陪葬品呢？受了刖刑砍了腳趾的人，對他所用的鞋子，是怎麼也喜歡不起來的。因爲這陪葬品與鞋子都已失去了它所賴以存在的根本前提。所以，剝奪了人生自然活潑的天性，這正是哀駘它之所以離你而去的根本原因。

『至於哀駘它爲什麼有那麼大的人格魅力，也是有原因的。譬如，在天子門下當差的那些男男女女，都是一羣未曾婚配的宮女與侍臣。宮女們不能刮去臉上的茸毛，不在耳朵上打窟窿。男傭們娶了妻子破了童貞就要居住在宮外，不能再去宮中當班任值了。由此可見，形體健全的人才得以去宮中當差任值。連健全的形體都被看得這麼重要，更何況是體格也健全、德行也純備的人呢？所以哀駘它並沒有主動去號召眾人聚集到他身邊來，可眾人還是不約而同地聚集在他周圍了。他也沒有什麼功德與恩惠施舍給眾人，眾人卻願意無償地親近他，愛戴他。他能讓國君把權力交付給他，還唯恐他不願意接受，他必定是一個道德純備卻不表露在外的高人了。』

魯哀公說：『什麼叫道德純備呢？』孔子說：『生死存亡，關乎人的生命長短；窮達貧富，關乎人的人生遭際；賢能還是不賢能，招毁謗還是受讚譽，關乎人的生存價值；飢渴與冷熱，關乎人的自然生理。這些都是事態的不同變化，也是命運的不斷流行，無時不刻都在面前不斷地彼此交替與相互隱現，但並不是用智慧所能夠在事態發生之前有所預測與規劃的。既然如此，也就沒有必要讓這些事變擾亂了内心的平和與寧静，不要讓它們進入心靈之中從而引起不必要的煩惱。讓心靈永遠保持平和、愉快與通達以隨時順應事態的不同衍變，使自己永遠保持如同春天般和煦的心情，日日夜夜無所間斷地與外在環境相推移，這就是與外在環境相互調適的心態能夠永遠流涌著春天般和適與溫情的人生境界。這就叫作道德純備。』

哀公說：『那什麼叫道德純備而不顯現在外呢？』孔子說：『平，這個現象，是水在静止時最爲顯著的特徵，它之所以能夠成爲測平的標準並且成爲取平的工具，就因爲它可以保持自身内部的均平，而不受外部環境的影響，把它倒入任何器皿或者放在任何地方，它最終都是平静而均匀的。但是，人擁有道德純備的精神境界，並不是與生俱來的，而是經過後天修養而成的一種心如止水般的平静與安寧。雖然這種心如止水的平和境界，不可能在外表上顯現出來，卻深受人們的愛戴，以致人們都不願意離開他。』

後來有一天，魯哀公把這件事告訴了閔子蹇，説：『起初，我以爲做君主治理國家，就是執掌著治理民人百姓的綱紀與法度，操心他們的生存狀態，我自認爲做到這樣就算很通達了。現在我聽了孔丘這位高人的一番説辭之後，我忽然擔心自己實際上徒有虛名，並没有孔丘所説的那種内在的平和之德，更擔心我會因爲没有這種平和之德而輕率地多行暴政最終導致亡國的慘劇。此外，我還覺得我與孔丘也不再是上下尊卑的君臣關係了，而是成爲以内心的平和之德爲基礎的朋友關係了。』

［五］

闉跂支離无脤説衛靈公，靈公説之；而視全人，其脰肩肩。〔一〕甕㼜大癭説齊桓公，桓公説之；而視全人，其脰肩肩。〔二〕故德有所長而形有所忘，人不忘其所忘而忘其所不忘，此謂誠忘。〔三〕故聖人有所遊，而知爲孽，約爲膠，德爲接，工爲商。〔四〕聖人不謀，惡用知？不斲，惡用膠？无喪，惡用德？不貨，惡用商？〔五〕四者，天鬻也。天鬻者，天食也。既受食於天，又惡用人！有人之形，无人之情。〔六〕有人之形，故羣於人；无人之情，故是非不得於身。〔七〕眇乎小哉，所以屬於人也！謷乎大哉，獨成其天！〔八〕

【釋義】

〔一〕**闉跂支離无脤説衛靈公**　闉，音因，小腿攣曲，猶今所謂靜脈曲張。跂，音企，腳跟不著地。支離，肢體畸形鬆散。脤，音脣。无脤，没有嘴脣齒牙外露。闉跂支離无脤，虛構人名，集各種醜形於一身。説，遊説。靈

公說之　說，通悅。**而視全人**　全人，正常人。**其脰肩肩**　脰，音豆，脖頸。肩，通顅，《周禮·梓人》『數目顅脰』，鄭玄注：『顅，長脰貌。』行甫按：蓋支離無脤頸短脖子縮，故視正常人過長而難看。

〔二〕**甕㼜大癭說齊桓公**　甕㼜，音翁央，水缸，酒罈子。癭，音嬰，《說文》：『癭，瘤也。』行甫按：癭，俗稱大脖子。**桓公說之而視全人其脰肩肩**　行甫按：脖子有癭瘤，顯得頸部粗短，故視正常人過長而難看。

〔三〕**故德有所長而形有所忘**　德，內在的精神境界。所長，充實過於常人。所忘，有所遺忘。**人不忘其所忘而忘其所不忘**　其，於。所，可。其所忘，外在形體。其所不忘，內在德性。**此謂誠忘**　謂，猶爲。誠，實，信。

〔四〕**故聖人有所遊**　故，通顧，反，言與『誠忘』相反。行甫按：此『故』字用法與《人間世》『故解之以牛之白顙者』之『故』字從同。有所遊，遊於心。**而知爲孽**　知，通智。孽，通蘖，餘蘖。**約爲膠**　約，契約。《釋名·釋書契》：『約，約束之也。』膠，膠漆，猶今言粘合劑。**德爲接**　德，恩德。接，接交。行甫按：『德』與『得』語義雙關，與上文『春』與『推』、『止』與『正』用法從同。德爲接，言以恩『德』爲接交手段以『得』人。**工爲商**　工，工巧。商，商賈。

〔五〕**聖人不謀**　謀，謀慮。**惡用知**　惡，何。行甫按：不謀，則智爲多餘。**不斲**　斲，斬斷。行甫按：不斲，猶言不毀約。**惡用膠**　守信用，故無需契約。**無喪**　喪，失。心境平和，無所謂得人與失人。**惡用德**　無須用恩德以得人。**不貨**　貨，交易。不爲商賈，故不交易。**惡用商**　無須用工巧以經商圖利。

〔六〕**四者**　不用知，不用約，不用德，不用工。**天鬻**　鬻，通育，養。天鬻，天養，以天爲養。**天鬻**　以天爲養，即天食。**天食**　天食，即食之於天。**既受食於天**　既，已。受食於天，即食之於天。**又惡用人**　用人，人爲用心。既無須人爲操心，則無所謂好惡。**有人之形** 形，形體。**无人之情** 情，好惡。

〔七〕**有人之形故羣於人** 羣，合羣，共處。**无人之情** 無好惡之情。**故是非不得於身** 得，猶得來。於，猶到。身，猶自己。

〔八〕**眇乎小哉** 眇乎，小貌。**所以屬於人** 所以，所。屬，歸。所屬於人，歸屬於人的東西，即好惡之情。**謷乎大** 謷，音敖，大貌。**獨成其天** 獨，特。成，修成。其，猶於。天，無是非之情的純樸狀態。

此乃本篇第五章，言即使是具有某些生理缺陷的人，如果『德有所長』則『形有所忘』。因此，超越世俗而心『有所遊』的『聖人』衹注重內在心靈的平静，而不去計較外在形體的美醜，更不會把世俗之間的各種算計、約束、討好、交易之類的瑣瑣屑屑放在人生的重要位置。雖然他們也有人的外在形體，也生存在人羣之中，但他們卻致力於修養與成就天性的自然與純樸，保持内心的寧静與平和，超拔脱俗，不讓是非好惡擾亂身心。

【繹文】

有一個小腿彎曲、腳跟不能落地、肢體鬆鬆垮垮，甚至沒有嘴脣的人前來遊説衛靈公。因其德行純樸，衛靈公格外喜歡他。當他轉眼看正常人，就覺得那正常人的長相很不對勁，脖子細長細長的，不好看。另有一個人，頸部長著一顆大肉瘤，看上去活像在脖子上挂著一口大水缸。他去遊説齊桓公，齊桓公也對他喜歡得不得了，再看正常人的形體，卻怎麼也看不習慣，覺得那脖子怎麼就生得又細又長的，不好看。由此可見，如果內在的道德境界超出了一般人的水平，人們對他的外在形體也就不太在意了。當然，如果人們對於可以忘記的卻沒有忘記，反而對不可忘記的卻忘記了，這就是真正的忘記了。相反，那些聰明智慧的人則是忘掉他應當忘掉的，記住他應當記住的，因而他們便遊走在一個超邁而高遠的精神世界：把智慧看作是枯木朽枝上生出的餘蘖，把契約看作是膠漆之類的粘合劑，把施德行惠看作是接交得人的手段，把技術工巧看作是商賈謀利的工具。聰明智慧境界高遠的人，心胷坦蕩，用不著謀劃與算計，要那多餘的智慧有何用呢？他們向來誠實守信，從不背信棄義，要那如同膠漆的契約有何用呢？他們深受愛戴，頗得人心，還用得著去刻意施德行惠，討好籠絡那些不相干的人嗎？他們生活簡樸，自耕自養，有必要利用技術工巧去與人做生意以牟取好處嗎？他們不需要智慧，也無須契約，用不著通過施恩德以得人心，亦無須用工巧去經商以牟取利益，如果這四個方面都做到了，那就是一種純樸自然的生活樣態。純樸自然的生活樣態，就是受到天的恩養，符合自然天性的生活。既然受到天的恩養，符合自然天性，又哪裏還需要人爲的作用參與其中呢？雖然有常人的形體軀殼，卻沒有常人的情感好惡。有常人的形體軀殼，所以生存在人羣之中；沒有常人的情感好惡，所以是非得失便無從擾亂他們的身心。情感好惡，是非得失，這些屬於常人的東西，是十分眇小而微不足道的；無比偉大而至關重要的東西，唯獨在修養純樸自然的天性上有所成就！

〔六〕

惠子謂莊子曰：『人故无情乎？』莊子曰：『然。』〔一〕惠子曰：『人而无情，何以謂之人？』莊子曰：『道與之貌，天與之形，惡得不謂之人？』〔二〕惠子曰：『既謂之人，惡得无情？』莊子曰：『是非吾所謂情也。吾所謂无情者，言人之不以好惡內傷其身，常因自然而不益生也。』〔三〕惠子曰：『不益生，何以有其身？』〔四〕莊子曰：『道與之貌，天與之形，无以好惡內傷其身。今子外乎子之神，勞乎子之精，倚樹而吟，據槁梧而瞑。天選子之形，子以堅白鳴！』〔五〕

【釋義】

〔一〕**惠子謂莊子曰人故无情乎**　謂，猶言向談話對象發表自己的見解。故，本來。情，好惡。**然**　是的。

〔二〕**人而无情**　而，若。**何以謂之人**　何以，憑什麽。**道與之貌**　道，天。行甫按：莊子之『道』意義多門，不可執一而論。此與『天』相對，卽『天』。與，賦予。貌，形貌。**天與之形**　形，亦貌。行甫按：二句互文見義，『天』與『道』皆指自然造物者。**惡得不謂之人**　惡，何。得，至。

〔三〕**既謂之人惡得无情**　既，既然。**是非吾所謂情**　是，此，指無情。**吾所謂无情者言人之不以好惡**

內傷其身　之，猶乃。以，用。內，在內。行甫按：《黄帝内經・五運行大論》有『怒傷肝』、『喜傷心』、『思傷脾』、『憂傷肺』、『恐傷腎』之説，是『以好惡内伤其身』。**常因自然而不益生**　因，循。自然，本來狀態。益，增加，助長。行甫按：益生，以人爲的方式干預自然之生理。

〔四〕**不益生**　惠子誤解莊子『不益生』之意，以爲是『不進食』，故有是言。**何以有其身**　有，猶爲。《大宗師》『莫然有間』，《釋文》：『本一作爲間。』《禮記・檀弓下》『蠶則績而蟹有匡』，俞樾《平議》：『有與爲古字通。』爲其身，猶言滋養其身。

〔五〕**道與之貌天與之形**　行甫按：言『有人之形』。**无以好惡内傷其身**　无以，不用。行甫按：言『无人之情』。**今子外乎子之神**　今，若。外，神逐於外。行甫按：惠施乃自然哲學家，故而常常思考天地宇宙之外的事理，參見《天下》篇所記惠施『厤物』十事。子，你。神，卽精，與下句爲互文。行甫按：據《齊物論》，莊子認爲『六合之外，聖人存而不論』。**勞乎子之精**　勞，勞累，毀傷。乎，於。**倚樹而吟**　倚，依。樹，代指琴瑟。吟，嗟吟歌唱。**據槁梧而瞑**　據，按，撫。槁梧，乾枯的梧桐樹，代指琴瑟。瞑，合眼而眠。行甫按：二句亦爲互文，言惠子日夜以音樂演奏而勞精傷神。行甫又按：惠子亦爲音樂家，已於《齊物論》發其義。**天選子之形**　選，通撰，具。猶上文『道與之貌，天與之形』。**子以堅白鳴**　堅白，名家有關堅與白相離或相盈之論爭，實欲論證堅與白於實體相盈，而於概念可離。鳴，猶放言。

此乃本篇最後一章，乃惠子與莊子有關形貌與好惡的爭論。『无以好惡内傷其身』，亦卽『遊心乎德之和』的另一種説法。前者是『成和之修』，著眼於手段；後者猶『修成之和』，乃著眼於結果。然惠施則內傷其精，外勞其神，與『和』德之內充與外符，恰爲反對。

【繹文】

惠子向莊子討教說：『人真的本來就沒有情感嗎？』莊子說：『是呀。』惠子說：『人如果沒有情感，憑什麼叫作人呢？』莊子說：『老天爺給了你容貌，也給了你形體，怎麼就不可以叫作人呢？』惠子說：『既然叫作人了，又何至於沒有情感呢？』莊子說：『我所說的沒有情感，不是你說的這個意思呀。我所說的沒有情感，是說人們不要拿是非好惡的情緒傷害了你身體內部的臟器，養生家們所說的怒傷肝、喜傷心、思傷脾、憂傷肺、恐傷腎，指的就是這個意思。而且還要按部就班地遵從生命的自然規律與本來樣態生活，不要一會兒吃吃這個，一會兒吃吃那個，人爲地干預生命的自然生理過程。』惠子說：『這也不吃，那也不吃，拿什麼來滋養人的身體呢？』莊子覺得惠施這個人頭腦固執，乾脆說：『老天爺給了你容貌，給了你形體，你就不要用各種喜樂好惡的情緒傷了你的內臟，毀了你的身體。像你這樣：要麼是一天到晚冥思苦索，勞精傷神，偏要探討那些天地宇宙之外聖人存而不論的大道理；要麼就是多情善感，撫琴哀歌，憂愁幽思，喜樂無常；再或者就是放言高論，與一些好事之徒爭辯什麼堅呀、白呀在一起還是不在一起的那些玄虛無聊的問題。老天爺具備了你的容貌，造就了你的形體，你就這樣不停地糟蹋它吧！』

大宗師第六

大宗師，大宗與大師。宗者，爲主爲尊；師者，可師可法。而宗師之大者，道也。道惡乎在？無所不在，又所在皆無。無所不在者，『自本自根，未有天地，自古以固存』；所在皆無者，『无爲无形』，『可得而不可見也』。然則道者，果爲何物？曰：天地宇宙，充虛之一氣而已，豈有他哉！因此，無聲亦無形，無始且無終，無邊又無際之虛而無物的時空框架，這就是道。然而，道雖爲空虛無物的時空架構，但天地萬物又無所不在此時空框架中不斷地生死變滅，大化流行，這就是道的功能。然而，何謂得道？不過是將這個空虛無物的時空架構內化爲一種超邁曠達無限高遠的精神境界而已。生死變滅，大化流行之道的功能，便隨之而內化爲心靈之德，順應此大化流行之德而心無所動，便是德之和。至於如何可以得道，亦無他途，顏回之所謂『心齋』與『坐忘』的自我修養工夫是已。但內化於人心之道，依然是『可傳而不可受，可得而不可見』，所謂『才全而德不形』也。

〔一〕

知天之所爲，知人之所爲者，至矣。知天之所爲者，天而生也；知人之所爲者，以其知之所知以養其知之所不知，終其天年而不中道夭者，是知之盛也。〔一〕雖然，有患。夫知有所待而後當，其所待者特未定也。庸詎知吾所謂天之非人乎？所謂人之非天乎？〔二〕且有真人而後有真知。何謂真人？古之真人，不逆寡，不雄成，不謨士。若然者，過而弗悔，當而不自得也。〔三〕若然者，登高不慄，入水不濡，入火不熱。是知之能登假於道者也若此。〔四〕

古之真人，其寢不夢，其覺無憂，其食不甘，其息深深。真人之息以踵，衆人之息以喉。〔五〕屈服者，其嗌言若哇。其耆欲深者，其天機淺。〔六〕

古之真人，不知說生，不知惡死；其出不訢，其入不距；翛然而往，翛然而來而已矣。〔七〕不忘其所始，不求其所終；受而喜之，忘而復之，是之謂不以心捐道，不以人助天。是之謂真人。〔八〕

若然者，其心志，其容寂，其顙頯，淒然似秋，暖然似春，喜怒通四時，與物有宜而莫知其極。〔九〕故聖人之用兵也，亡國而不失人心；利澤施乎萬世，不爲愛人。〔一〇〕故樂通物，非聖人也；有親，非仁也；天時，非賢也；利害不通，非君子也；行名失己，非士也；亡身不真，非役人也。〔一一〕若狐不偕、務光、伯夷、叔齊、箕子、胥餘、紀他、申徒狄，是役人之役，適人之適，而不自適其適者也。〔一二〕

古之真人，其狀義而不朋，若不足而不承。與乎其觚而不堅也，張乎其虛而不華也。〔一三〕邴邴乎其似喜乎！崔乎其不得已乎！滀乎進我色也，與乎止我德也。〔一四〕厲乎其似世乎，謷乎其未可制也。連乎其似好閉也，悗乎忘其言也。〔一五〕以刑爲體，以禮爲翼，以知爲時，以德爲循。〔一六〕以刑爲體者，綽乎其殺也；以禮爲翼者，所以行於世也；〔一七〕以知爲時者，不得已於事也；以德爲循者，言其與有足者至於丘也，而人真以爲勤行者也。〔一八〕故其好之也一，其弗好之也一。其一也一，其不一也一。〔一九〕其一與天爲徒，其不一與人爲徒。天與人不相勝也，是之謂真人。〔二〇〕

【釋義】

〔一〕**知天之所爲**　爲，行。天之所爲，雲行雨施，四時代序；生生不息，大化流行。行甫按：天之所爲，亦道之所爲。**知人之所爲者**　人之所爲，禮樂與刑法，價值與規範，認知與語言，維繫社會羣體生存的一切人倫舉措。**至矣**　至，猶達。行甫按：能分辨與明確二者之分，卽是通達物理與事理。**知天之所爲者天而生**　而，猶之。生，存，活。天而生，猶言順其自然，不違天道。**知人之所爲者以其知之所知**　以，用。其知，通智。所知，認知。行甫按：知之所知，卽人之所爲，舉凡一切禮義刑法與人倫規範，皆由人事的努力行之於己，人力可以規劃與掌控。**以養其知之所不知**　以，猶而。養，守，治。知之所不知，卽天之所爲。壽夭禍福，窮達富貴，皆爲人的智力所無法預測與規避，亦卽『事之變』與『命之行』。行甫按：以其知之所知以養其知之所不知，有二義焉： 一則盡人事而聽天命，二則順其變而安其命。皆爲德之和。**終其天年而不中道夭者** 終，盡。夭，折。**是知之盛也** 知，通智。盛，極。

〔二〕**雖然** 即使如此。**有患** 患，流弊。行甫按： 有患，一是認知有主體先入性與立場片面性； 二是人事與天命，不可截然而分。**夫知有所待而後當** 夫，若。待，憑借。當，相值。行甫按： 知有所待而後當，依賴某些條件或憑借某種前提，才可以考量認知結果是否確當。**其所待者特未定** 特，猶尤其。行甫按： 所待者特未定，認知主體有智愚不同，認知立場亦有視同視異之分，則認知結果便陷入相對性而無從判斷其確當與否。此義已於《齊物論》發之殆盡。**庸詎知吾所謂天之非人乎** 庸詎，何。**所謂人之非天乎** 行甫按： 天之非人與人之非天，就客觀事實言，人事與天命本來不可截然而分； 就主體認知言，人事與天命或可互易其觀。行甫又按： 此二句與上二句乃相互作解。

〔三〕**且有真人而後有真知** 且，況且。真人，境界超邁、心胷曠達之人，即有道之士。真知，無主體先入性與立場片面性之認知，即以和德而知。**何謂真人** 謂，猶爲。**古之真人不逆寡** 逆，猶違。寡，少。**不雄成** 不以成功爲雄，即不矜誇成功。**不謨士** 謨，謀劃思慮。士，通事。**若然** 若，如。然，這樣。**過而弗悔** 過，有所失誤。悔，猶言遺憾。**當而不自得** 當，猶成。自得，自以爲得。行甫按： 此言隨遇而安，無心而爲，亦不計其成敗得失。

〔四〕**登高不慄** 登，升。慄，恐懼。**入水不濡** 濡，沾濕。**入火不熱** 熱，灼熱。行甫按： 言環境雖有各種險惡，亦不以介懷。**是知之能登假於道者也若此** 是，此。知，認知，識見。之，猶乃。登，升。假，通格，至。若此，如此。行甫按： 登假於道，猶言精神超拔脫俗而進入道的境界。

〔五〕**古之真人其寢不夢** 寢，睡覺。夢，猶言日有所思。**其覺無憂** 覺，醒來。憂，思。**其食不甘** 甘，甜美。行甫按：猶言沒有什麼慾望。**其息深深** 息，呼吸。深深，悠長貌。行甫按：無憂無慮，無所用心，故心寧而神安。**真人之息以踵** 之，猶乃。以，用。踵，腳後跟。**眾人之息以喉** 息以喉，用喉嚨呼吸。行甫按：此乃莊子幽默夸張之語，不必爲奇，亦不必當真。

〔六〕**屈服** 屈，曲橈。《左傳》襄公二十九年「曲而不屈」，杜預注：「屈，橈。」服，伏，古字通用。行甫按：屈服，彎腰折體而下伏。**其嗌言若哇** 其，猶則，乃。嗌，音愛，喉嚨。《說文》：「嗌，咽也。𦬸，籀文嗌，上象口，下象頸脈理也。」言，猶發聲。若，如。哇，象聲詞。《說文》：「哇，諂聲也。讀若醫。」桂馥《義證》：「哇，或借鼁字。」行甫按：嗌言若哇，身體折而下伏，氣息發聲皆不暢，喉嚨有所堵塞，故而說話如同蛙鳴之聲。**其耆欲深** 耆欲，嗜好與慾望。深，重。**其天機淺** 天機，由天賦而來的機智與靈動。淺，猶遲鈍。行甫按：此反襯真人因心寧而神安，故其天機靈動。

〔七〕**古之真人不知說生** 說，通悅。**不知惡死** 說生惡死，貪生怕死。**其出不訢** 出，猶生。訢，同欣，喜。**其入不距** 入，猶死。距，同拒。**翛然而往** 翛，音蕭，翛然，悠然自得之貌。往，去，猶死。**翛然而來** 來，猶生。

〔八〕**不忘其所始** 忘，錢穆《纂箋》：「疑「志」字之譌。」王叔岷《校詮》：「《呂氏春秋·貴公》「上志而下求」，亦以志、求對言。」行甫按：忘字當與下文「其心志」之「志」字互譌。不志其所始，猶言不記識其生。**不求其所終** 求，知。終，死。**受而喜之** 受，接受。喜，無所推辭。**忘而復之** 忘，通亡，復，返還。行甫按：莊子以人之生死乃不同物種之氣化與組合，所謂鼠肝蟲臂是也。生由何而來，死復何反而去，皆無所關心。前後二句乃相互作解。**不以心捐道**　捐，損字之譌。朱桂曜《證補》：『「捐」蓋「損」之壞字。《則陽》篇郭注「捐其」，《釋文》：「本亦作損。」《荀子·大略》「是棄國捐身之道也」，宋本「捐」作「損」。「不以心損道」，不以心害道也。』道，大化流行。**不以人助天**　助，增益。天，道。**是之謂真人**　之，猶乃。謂，猶爲。面對生死，安時而處順，不以人力干預大化流行，是爲真人。

〔九〕**若然者**　若然，如此。**其心志**　志，當爲『忘』。褚伯秀《義海纂微》：『趙氏正爲「忘」字，與「容寂」義協。』**其容寂**　容，容貌。寂，平靜。**其顙頯**　顙，額。頯，音逵，高大。《天道》『而顙頯然』，郭象注：『高露發美之貌。』鍾泰《發微》引《庚桑楚》『宇泰定者發乎天光』曰：『宇謂眉宇之間，正顙之地。泰定，大定也。』**淒然似秋**　淒，冷漠。**暖然似春**　暖，和煦。**喜怒通四時**　通四時，猶『接而生時於心』。**與物有宜而莫知其極**　物，人。宜，調適。極，猶準則。行甫按：真人無所用心，面容安詳寂寞，眉宇光亮，或如秋霜之冷峻，或如春日之和煦，情緒隨四時推移而無所凝滯，與人處則相得甚歡，無所不宜，以致世人不知其處世原則。

〔一〇〕**故聖人之用兵**　故，所以。之，猶若。用兵，猶言征戰。**亡國而不失人心**　亡國，亡人之國。不失人心，不會招致亡國之民怨恨。**利澤施乎萬世**　利澤，猶恩澤。施，舍。乎，於。萬世，千秋萬代。**不爲愛人**　爲，音未，表目的。行甫按：之字轄『用兵』與『利澤』二句，言攻國施利，皆不存心而有所圖。

〔一一〕**故樂通物**　故，通顧，相反。樂，樂意。通物，與人交接相通。**非聖人也**　聖人不刻意與人交往。**有親**　有意親近。**非仁**　仁，仁人。**天時**　時，讀若『時夜』之『時』，伺。王叔岷《校詮》：『天時，蓋誤倒也。』伺候天意，猶言占卜。**非賢**　非賢能之人。**利害不通**　利害，猶得失。通，通爲一。《齊物論》：『道通爲一。』**非君子**　君子，有德者。**行名失己**　行名，爲名而行。失己，喪失自我。行甫按：行名失己與行己有恥文法從同，不必以爲『徇』字之譌。**非士** 士，男子之大號。**亡身不真** 亡身，猶失己。不真，虛僞。**非役人** 役，使，事。役人，可役使用事之人。行甫按：役人，猶言有擔當能辦事之人。行甫又按：『故』字領起之人，率與真人相反，有心而爲之，皆爲矯揉造作。

〔一二〕**若狐不偕** 若，如。狐不偕，不受堯禪讓，投河而死。《韓非子·說疑》作『狐不稽』，則偕當讀皆，稽皆聲轉。**務光** 夏時人，湯讓天下不受，負石沉於廬水。**伯夷叔齊** 孤竹君之子，不受周粟，餓死於首陽山。**箕子** 商紂王叔父。**胥餘** 或以爲即楚狂接輿。**紀他** 殷初隱士。他，音駝。**申徒狄** 亦殷初隱士。**是役人之役** 是，此。役，使。**適人之適** 適，適意。**而不自適其適者** 自適其適，使自己快樂適意。行甫按：此數人乃與真人相反，皆不無矯揉造作、行名失己之嫌。

〔一三〕**古之真人其狀義而不朋** 狀，行狀。猶今所謂行事風格。義，宜，適中之謂。朋，朋黨比周。**若不足而不承** 若，如。不足，猶匱乏。承，奉。行甫按：自此至『悗乎忘其言也』，鍾泰《發微》：『仔細推尋，大抵表兩端以見中道。』**與乎其觚而不堅** 與，相與。乎，與下文各句乎字同，猶也。觚，方正而有稜角。堅，固執。**張乎其虛而不華** 張，開。虛，謙虛而心無所欲。《淮南子·氾論》『恆虛而易足』，高誘注：『虛，無欲也。』華，猶光華。行甫按：四句兩兩相對，互相平抑。真人與人相處有稜角而不固執。無稜角、不固執，故以虛心謙退之德示人，然而並非故作姿態，做表面文章，浮華矯飾以邀譽。

〔一四〕**邴邴乎其似喜** 邴，通怲，《爾雅·釋訓》：『怲怲，憂也。』其，猶。真人憂而猶似喜。行甫按：下文各句之『其』，皆『猶』。**崔乎其不得已** 崔，通摧，折。《易·晉》初六『晉如摧如』，《釋文》：『摧，鄭讀如「南山崔崔」。』行甫按：二句貼『刑』爲說，言真人沖虛恬淡，樂而忘憂，雖處憂而猶似喜。即使有所摧折與毀傷，亦視之爲不得已而安之。**滀乎進我色**　滀，通嬸，《廣雅・釋詁》：『嬸，好也。』《孟子・梁惠王下》：『畜君者，好君也。』是『畜』亦『嬸』之借字。進，引。《釋名・釋言語》：『進，引也，引而前也。』色，美色。**與乎止我德**　與，通譽，《禮記・射義》『則燕則譽』，鄭玄注：『譽或爲與。』《廣雅・釋詁》：『與，譽也。』《禮記・表記》『君子不以口譽人』，鄭玄注：『譽，繩也。』《說文》：『譽，稱也。』止，止步。德，道德律令。行甫按：二句貼『德』爲說。猶言面貌姣好的美人也會引起我對女色的欲望，但事關名譽，我必須止步不前，以道德規範自律。

〔一五〕**厲乎其似世**　厲，通勵，勉力。世，俗世。劉武《補正》：『勉厲於禮，其狀如世人之所爲也。』**謷乎其未可制**　謷，高遠。制，限制。成玄英《疏》：『謷然高遠，超於世俗，故不可禁制也。』劉武《補正》：『勉厲於禮，特似世人耳，實則謷然高遠，不爲世俗所拘制也。』行甫按：二句貼『禮』爲說。言真人心存高遠，超邁脫俗，但世俗之禮，亦不妨行之，是亦心平氣和『不與之爲怪』而『與人爲徒』。**連乎其似好閉**　連，郭象注：『綿邈深遠。』《釋文》引李頤云：『綿長貌。』好，喜。閉，錢穆《纂箋》：『姚鼐曰：閉當作閑。』鍾泰《發微》：『閑與言韻。』**悗乎忘其言**　悗，音悶，難以開口。《靈樞經・本藏》：『心高則滿於肺，中悗而善忘，難開以言』，與此『悗乎忘其言』正合。『閑』與『言』相對，且皆就『知』言，猶《齊物論》『大知閑閑，小知間間；大言炎炎，小言詹詹』之『知』與『閑』與『言』相關爲義。行甫按：二句貼『知』爲說。言真人思緒綿長，智大才贍而深謀遠慮，但胷臆悶塞似忘卻言辭而難以開口。

〔一六〕**以刑爲體**　刑，刑法。體，主幹。**以禮爲翼**　禮，禮儀。翼，羽翼。行甫按：刑爲主，禮爲輔。**以知爲時**　知，智。時，時機。成玄英《疏》：『運知以應時。』**以德爲循**　德，道德品行。循，遵循，依歸。

〔一七〕**以刑爲體者綽乎其殺**　綽，饒，寬綽有餘地。乎，於。殺，刑殺。行甫按：中正行己，遵紀守法，則刑法如同虚設，不爲所傷。**以禮爲翼者所以行於世**　所，猶可。行甫按：遵紀守法並輔以禮儀規範，乃可以在人世間暢行無礙。

〔一八〕**以知爲時者不得已於事**　已，止。行甫按：運用智慧以應對時局，則事至卽爲時至，乃不得已而爲之，所謂迫而後動。**以德爲循者言其與有足者至於丘**　有足者，凡人。丘，山坡。**而人真以爲勤行者**　勤行，勤於行。行甫按：遵行世俗的道德準則，衹爲混跡黎甿，無須驚世駭俗而已。

〔一九〕**故其好之也一**　故，因此。其，猶於。好，喜愛。之，猶者。一，無所分別。**其弗好之也一**　弗好，不喜愛。行甫按：於『好』與『弗好』皆『一』，則『參萬歲而一成純』。此就價值判斷而言。**其一也一**　一，本身無所分別。**其不一也一**　不一，本身有所分別。行甫按：其『一』與『不一』皆『一』，則『恢恑憰怪，道通爲一』。此就事實判斷而言。

〔二〇〕**其一與天爲徒**　與天爲徒，合於自然。行甫按：自然本身無所分别，故無分辨，無好惡，卽與自然爲徒。**其不一與人爲徒**　分辨與好惡，皆起於人心，故隨人分辨，隨人好惡，卽與衆人爲徒。**天與人不相勝**　勝，克也。既知自然本身無所分辨，無所好惡；又隨衆人有所分辨，有所好惡；則各行其是，兩不相妨。**是之謂真人**　真人境界高遠，超越世俗；卻又混跡黎甿，不離於世俗。此《天下》所謂『獨與天地精神往來而不敖倪於萬物，不譴是非，以與世俗處』。

此乃本篇第一章，言天有『天之所爲』，人有『人之所爲』。『天之所爲』在於大化流行，生生不息；『人之所爲』在於刑、德、知、禮之人倫規範及其相應的行爲方式。而天與人又有不可分辨之處：天有大化流行，生生不息；人有生死之化與窮達之命。『古之真人』通達於『天之所爲』與『人之所爲』，因而既明於大化流行而同一生死，境界高遠而心靈曠達；又知天與人不可相互替代，是以其心靈可以超拔於世俗，其行爲卻可以混跡於黎甿。荀子乃謂莊子『蔽於天而不知人』，豈知言之論也！

【繹文】

有天所做的事情，有人所做的事情。雲行雨施，四時代序，生生不息，大化流行，這是天所做的事。制訂禮儀法規，遵守人倫道德，規範言語交際，這是人所做的事。既懂得什麼是天所做的事情，也懂得什麼是人所做的事情，便是上達於天理，下通於人倫。如果懂得什麼是天所做的事情，那麼其爲人處事便知順其自然，不違天理。如果懂得什麼是人所做的事情，那麼一切禮儀法規、人倫道德、言語交際，皆可由人事的努力行之於己且加以規劃與掌控；而且對於人的智力無法預測與規避的諸如壽夭禍福、窮達富貴之事，也有比較妥善的處理辦法；這便是首先盡人事而聽天命，事後則順其變而安其命。於是心氣和平，委運隨化，便可以活到他該活的年壽而不致中途夭折。這樣的心態與見識，就非常通達與通透了。不過，話雖這麼說，卻還有它的流弊與不周洽之處。就人的認知活動而言，認知結果之確當與否，是與認知的主體與認知的方式密切相關的。因此，認知主體與認知方式不同，其認知結果便不一樣。就事態之性質而言，人事與天命本來也不是截然而分的；不同的認知主體，也是可以互易其觀的。所以，你怎麼知道我所說的天事就不是人事，所說的人事就不是天事呢？

況且祇有境界高遠、心胷曠達的悟道真人，才會有超越主體認知局限的見識與胷襟。什麼叫作真人呢？古時候的真人，不會拒絕寡少，不會因成功而自傲，也不會用心算計與謀劃一應事務。像這樣的話，即使有什麼過失，他也不會爲之後悔；處理得正當適宜，也不會自以爲得了什麼好處。果真如此的話，那麽升到高空不會害怕，潛入深水不會沾濕，鑽進大火不會灼傷。這樣他的見識與心智也就達到了如此超邁與曠達的人生境界了。

古時候的真人，他晚上睡覺不會做夢，白天醒來也沒有愁思，吃的食物也不品嚐不出它的香甜，呼吸深之又深。真人用腳根呼吸，衆人用喉嚨呼吸。一般人腰板彎曲身子下伏的時候，氣息閉塞不暢，聲音壓在喉嚨裏發不出來，說話就像青蛙一樣咕咕地叫。因此，嗜好太多，慾望太重，天賦的機智與靈動便遲鈍了。

古時候的真人，不知道貪生，也不會怕死。生而爲人，並不感到歡喜而高興；死而入土，也不會排斥與拒絕。他悠悠然漫不經心地離開了這個世界，正如他悠悠然漫不經心地來到這個人間，如此而已。用不著記住先前是個什麽樣子，也不想知道未來又是個什麽樣子。接受了上天組裝的這副形體，便踏踏實實地在世上爲人；一旦喪失了這副形體，便讓它重新回到它們曾經存在的樣態。這就叫作不用人的主觀願望破壞自然天道的大化流行，也不用人的主觀努力去改變自然天道的運行節律。這就是真人。

這樣的話，他的心裏空無所有，他的面容靜寂安詳，他的印堂燦然發亮。他的情緒有時就像秋天一樣沉著而冷峻，有時又像春日一樣和煦而溫暖，高興與不高興都與冬夏四時的天道相吻合，與任何人交往都相契相得。可以說，這個世界上就沒有與他合不來的人，所以人們根本就摸不清他的交往原則究竟是什麼。所以說，聰明智慧的人是不帶任何心機的，他用兵打仗，不過勝殘去殺，別無他圖，哪怕是滅亡了別人的國家，也不會招致亡國之人的怨恨。而且他的行爲雖然可以造福於千秋萬代，卻不存任何刻意的愛人之心。與此相反，凡是刻意而爲的人，刻意而爲的事，他們的動機，他們的目的，都是不純潔的。因此，帶著某種企圖而刻意與人交往，便不是聖人的作派。有意表示親近，就不是仁愛的行爲。依賴占卜探知天意，賢能之人不會這麼幹。把利害得失看得很重要，算不上有德君子。追逐名聲而喪失了自我，也不是有識之士。狡詐虛僞、自欺欺人，也不是有擔當能辦事的男子漢。比如像狐不偕、務光、伯夷、叔齊、箕子、胥餘、紀他、申徒狄之流，都是沒有擔當也成不了大事，祇能替人跑跑腿，洗洗腳，幹些雞毛蒜皮之事的小人；不過是一些祇知道讓別人快樂舒服，而不知道自己快樂舒服的勞力者而已。說穿了，這些人就是一幫虛僞狡詐的沽名釣譽之徒！

古時候的真人，他們的行事風格，平和中正，不偏不倚，決不用矯揉造作的方式，故意驚世駭俗，沽名釣譽。他們爲人正派，決不會拉幫結派，狼狽爲姦。生活清貧卻決不阿諛逢迎，溜鬚拍馬。與人交往有原則，有稜角，卻決不剛愎自用，頑固不化。平生示人以謙恭大度，虛懷若谷，卻決不浮華虛僞，譁眾取寵。他無憂無喜，憂亦似喜。偶有無妄之災，小有折損，也不過是看作命運的不濟，一笑了之而已。見了二八佳麗，他也照樣會勾起好色的慾望，但考慮到名聲與道德，也會自我約束而有所檢點，決不會有半點不堪與不雅的行爲。他努力進取，奮發有爲，好像與世俗之人沒有什麼不同，照樣循規蹈矩，但他境界高遠，超凡脱俗，其心志卻不可限量。他智慧超羣，思緒綿渺，卻好像悠閒無事而漫不經心，甚至連開口說話都像是忘了言辭。因此，他認爲刑法是維繫社會安定的主體，禮儀是規範社會人倫的羽翼，言語智慧是應時而用的交際工具，道德觀念是個體生存的指導原則。刑法作爲主體，是爲了制裁犯罪，維護治安，如果中正行己，寬以待人，不觸法網，不遭刑憲，刑法就如同虛設。禮儀作爲羽翼，是每個社會成員依其不同的角色與地位，與他人相處的風俗與習慣。生而爲人，熟悉這套風俗與習慣，就不會遭到世人的白眼與不屑。言語智慧作爲應時而用的工具，也是隨著事態的發展該用的時候便用，不該用的時候便可以緘口不言。道德觀念作爲個體生存的指導原則，對人生自由也在一定程度上有所限制，但也是維護羣體和諧相處的必要手段，好比說這時你的同伴都要去做爬山的戶外活動，你也就隨大流跟著他們一起去爬山了，但這並意味著你真心實意地想去戶外遠足，而是不願意顯示出你與衆不同，讓人覺得你標新立異故作清高而有矯揉造作之嫌。這樣說來，無論你喜歡也罷，不喜歡也罷，都是一樣的，並沒有什麼區別。正如無論你喜歡女色，還是不喜歡女色，其結果都是一樣，你並沒有去碰她；無論你喜歡爬山，還是不喜歡爬山，其結果也是一樣，你還是去爬了。因此，無論是一樣，還是不一樣，到頭來都是一樣的。把這些事都一一想通了，你就心平氣和，沒有什麼事是過不去的了。再就更深層的意義來說，把什麼東西都看作一樣的，無所區別，這本身就是與天道自然相適合的，因爲天下萬事萬物本來就沒有什麼本質的不同。而把各種事物看作是不一樣的，是有所分別的，這可是與人類社會相適應的。人們爲了維護羣體相安無事，制訂各種不同的制度與法規，而且也承認對於同樣的人和事，會帶有各種不同的看法。這就是天與人的不同之處。這種天與人的不同之處，完全可以並行而不悖，也是不能互相取代的。因此，心靈高遠而曠達，超脱於世俗；其行爲又混跡於黎甿，不脱離於世俗，這就是真人。

［二］

死生，命也；其有夜旦之常，天也。人之有所不得與，皆物之情也。〔一〕彼特以天爲父，而身猶愛之，而況其卓乎！人特以有君爲愈乎己，而身猶死之，而況其真乎！〔二〕泉涸，魚相與處於陸，相呴以濕，相濡以沫，不如相忘於江湖。與其譽堯而非桀也，不如兩忘而化其道。〔三〕夫大塊載我以形，勞我以生，佚我以老，息我以死。故善吾生者，乃所以善吾死也。〔四〕

夫藏舟於壑，藏山於澤，謂之固矣。然而夜半有力者負之而走，昧者不知也。藏小大有宜，猶有所遯。若夫藏天下於天下而不得所遯，是恆物之大情也。〔五〕特犯人之形而猶喜之。若人之形者，萬化而未始有極也，其爲樂可勝計邪！故聖人將遊於物之所不得遯而皆存。〔六〕善妖善老，善始善終，人猶效之，又況萬物之所係，而一化之所待乎！〔七〕

夫道，有情有信，无爲无形；可傳而不可受，可得而不可見；自本自根，未有天地，自古以固存；〔八〕神鬼神帝，生天生地；在太極之先而不爲高，在六極之下而不爲深；先天地生而不爲久，長於上古而不爲老。〔九〕狶韋氏得之，以挈天地；伏戲氏得之，以襲氣母；〔一〇〕維斗得之，終古不忒；日月得之，終古不息；〔一一〕堪坏得之，以襲崐崙；

馮夷得之，以遊大川；肩吾得之，以處大山；〔一二〕黄帝得之，以登雲天；顓頊得之，以處玄宫；禺强得之，立乎北極；〔一三〕西王母得之，坐乎少廣，莫知其始，莫知其終；〔一四〕彭祖得之，上及有虞，下及五伯；〔一五〕傅說得之，以相武丁，奄有天下，乘東維，騎箕尾，而比於列星。〔一六〕

【釋義】

〔一〕**死生** 死生，就人而言。**命也** 命，生命，命運。**其有夜旦之常** 其，猶且。夜旦，就天而言。常，猶推移流轉之律則。**天也** 天，宇宙自然。**人之有所不得與** 之，猶乃。與，參與，干預。**皆物之情也** 皆，命與天二者。物，指與命與天相關之事事物物。情，實。行甫按：生死與晝夜不是人力所可改變的東西，暗示道的性質亦是如此。

〔二〕**彼特以天爲父** 彼，指衆人。特，獨。**而身猶愛之** 身，自己。猶，尚，且。**而况其卓乎** 其，猶於。卓，超出，高出。行甫按：卓以高言，猶『在太極之先而不爲高』。**人特以有君爲愈乎己** 以，因。有，爲。爲，猶而。愈，勝過。乎，於。**而身猶死之** 死之，爲之而死，猶言效忠（宣穎說）。**而况其真乎** 其，猶於。真，真實不虚。行甫按：君與父，乃有形之物，終有没去之時；而道則永恒而在，『長於上古而不爲老』，故以真言之。行甫又按：此以君父暗示道之尊貴。

〔三〕**泉涸** 泉，猶言水。涸，枯竭。**魚相與處於陸** 相與，一同。處，居。陸，陸地。**相呴以濕** 呴，音虚，吹。濕，水分。**相濡以沫** 濡，同濡，沾濕。沫，口水。**不如相忘於江湖** 忘，猶言不認識。行甫按：魚『相忘於江湖」與人「兩忘而化其道」爲比喻關係。**與其譽堯而非桀也** 與其、不如，爲選擇句式之關聯詞。譽堯，讚美唐堯。非桀，指責夏桀。**不如兩忘而化其道** 兩忘，忘掉堯與桀，即忘掉是與非。化，改變。其，猶於。行甫按：此言道之運化功能。生死，是非，在道的大化流行之中一切皆變動不居。

〔四〕**夫大塊載我以形** 夫，猶若。大塊，本指大地，此猶言天地之間。載，收載。以，猶之。形，形體。**勞我以生** 勞，勤勞。生，生命，生存。**佚我以老** 佚，通逸，安逸。老，年邁體衰。**息我以死** 息，止。**故善吾生者** 善，猶善待。**乃所以善吾死** 乃，又，且。所以，可以。行甫按：言人亦在道中生老病死，以引出下文「不得所遯」之義。

〔五〕**夫藏舟於壑** 夫，若。壑，山谷。**藏山於澤** 澤，大澤。**謂之固矣** 謂，爲，二字通用。之，猶其。固，猶牢靠。**然而夜半有力者負之而走** 夜半，半夜。負，背。**昧者不知也** 昧，讀如寐，錢穆《纂箋》：「奚侗曰《淮南·俶真訓》『昧』作『寐』。」**藏小大有宜** 有，猶雖。說見吳昌瑩《經詞衍釋》。宜，適宜。謂藏小於小，藏大於大。**猶有所遯** 猶，尚，且。有，猶爲。所，猶可。遯，逃走。**若夫藏天下於天下而不得所遯** 若夫，若乃，猶至於。**是恆物之大情** 是，此。恆物，永在之物，指道。情，猶實。大情，猶言最大的實情。行甫按：此言萬事萬物都逃不出道這個時空框架。

〔六〕**特犯人之形而猶喜之** 特，一。犯，成玄英《疏》：「遇也。」行甫按：或讀「犯」爲「範鑄」之「範」，非。見下文釋義。而，猶乃。猶，以，因。**若人之形者** 若，猶此。《說苑·善說》「若三子之行，未得爲孔子駿徒也」，猶「此三子」，是其例。**萬化而未始有極也** 萬化，猶無數次變化。極，止。**其爲樂可勝計邪** 其，將，且。爲，猶於。可，通何。勝，任，克。計，計算。行甫按：自然化生萬物，以不同形相禪，或有比人更爲快樂之形，亦未可知。**故聖人將遊於物之所不得遯而皆存**　聖人，悟道之人。遊，遊心。物，人，亦萬物。存，在。行甫按：不得遯而皆存，言時空框架之道，乃苞舉宇内而涵藏萬有。有道之人，境界超邁高遠，胸襟博大開闊，亦有以似之。

〔七〕**善妖善老**　善，猶善待。妖，年少者。老，年高者。**善始善終**　始，生。終，死。**人猶效之**　猶，尚，且。效，取法。行甫按：聯繫上文『身猶死之』，則『效』亦兼有效忠、效命之意。**又況萬物之所係**　況，遞進關聯詞。係，屬。**而一化之所待**　一，皆，凡。行甫按：『一化』與『萬物』互文，猶言舉凡天下萬事萬物皆係屬之，不僅止於人之一物而已。待，猶恃。行甫按：此言道爲人所尊，爲人所法。

〔八〕**夫道**　夫，若，彼。道，指涵藏萬有的時空框架。**有情有信**　情，實。信，亦實。行甫按：道乃真實不虚的存在。**无爲无形**　爲，作爲。行甫按：无爲无形，無動静，亦無形體。**可傳而不可受**　傳，告。下文女偊告南伯子葵曰『吾猶守而告之』，是。受，接受。行甫按：能以口傳之，未必能以心悟，如南伯子葵之『非其人』。**可得而不可見**　得，内化於心。行甫按：道由心悟，故不可見。**自本自根**　本，亦根。**未有天地**　行甫按：二句互爲解釋，言天地未形之前。**自古以固存**　古，昔。固，故，本然之詞。行甫按：言自無始以來即已存在。

〔九〕**神鬼神帝**　神，《說文》：『神，天神引出萬物者也。』**生天生地**　行甫按：二句對文，『神』亦生。言天地鬼神盡在其後，補足『自古以固存』之義。**在太極之先而不爲高**　極，至。太極，猶至遠無端。先，上。與『下』爲對文，故言『不爲高』。行甫按：以『先』爲『上』，猶以『上』爲『先』。《老子》道經第十四章『一者，其上不皦，其下不昧』，是其例。校勘家或以『先』爲『上』字之誤，泥矣。爲，謂。**在六極之下而不爲深**　六極，上下四方之至遠無端。下，關『深』字言，乃地之下。行甫按：二句言空間廣大，無邊無際。**先天地生而不爲久**　先天地生，猶『生天生地』。**長於上古而不爲老**　上古，遠古。老，亦久。行甫按：二句言時間綿長，無始無終。行甫又按：「夫道」至此，乃莊書對道的描述極明極簡之處。此無邊無際、無始無終的時空架構，亦即道之本身（此處不用「本體」而用「本身」，杜絕好事之徒以西人學說穿鑿附會於其間）。

〔一〇〕**狶韋氏得之** 狶（音希）韋氏，傳說的遠古帝王。得，猶言悟得。行甫按：得之，即將此無始無終、無邊無際的時空框架，內化爲超邁曠達、高遠無際的心靈境界，是爲得道。而心靈所得之道，即爲德。得，德。**以挈天地** 挈，提攜。行甫按：此下各類帝王鬼神的得道表現，無非是說道的精神境界乃不爲人間俗世所羈勒，是一種極端自由的心靈狀態，故用超常的神話想象以描述之。因此，無須坐實「挈」是提攜，是協助，還是參贊。執筌蹄而棄魚兔，則莊生之諧趣已失之殆盡。**伏戲氏得之** 伏戲氏，即伏羲氏。**以襲氣母** 襲，合。氣母，元氣之始。行甫按：此以傳說的帝王言。

〔一一〕**維斗得之** 維斗，北斗。《釋文》引李頤云：「所以爲天下綱維。」**終古不忒** 終古，猶言自始至終。忒，差。**日月得之終古不息** 息，通熄。行甫按：此以日月星辰言。

〔一二〕**堪坏得之** 堪坏（音披），山丘之神。《說文》：「坏，丘再成者也。」**以襲崐崙** 襲，重，增。行甫按：襲即「丘再成」之義。崐崙，神山之名。**馮夷得之** 馮夷，河水之神。**以遊大川** 游於黃河。**肩吾得之** 肩吾，樹木之神。吾，通梧，《反離騷》「雲走乎彼蒼吾」，朱熹《楚辭集注》：「吾與梧同。」《齊物論》有「瞿鵲子問乎長梧子」，以鳥與樹爲寓言。《集韻·模韻》：「吾，棒名。」則漢代武官有名「執金吾」者，執金屬棍棒爲禦。**以處大山** 處，居。大山，泰山。行甫按：以處大山，注家皆因之以「肩吾」爲山神，非。堪坏既爲山神，肩吾不得再爲山神。行甫又按：此以山川樹木言。

〔一三〕**黃帝得之** 黃帝，修道成僊者。**以登雲天** 登，升。成玄英《疏》：「（黃帝）採首山之銅，鑄鼎於荊山之下，鼎成，有龍垂於鼎以迎帝，帝遂將羣臣及後宮七十二人，白日乘雲駕龍，以登上天，僊化而去。』**顓頊得之** 帝高陽氏。**以處玄宮** 玄宮，水宮。《禮記·月令》『其帝顓頊，其神玄冥』，鄭玄注：『玄冥，爲水官。』**禺强得之** 禺强，《山海經》謂北海之神。**立乎北極** 立，同位。乎，於。北極，猶北海。

〔一四〕**西王母得之** 西王母，西方女神，《山海經》言其『蓬髮戴勝』。**坐乎少廣** 少廣，《釋文》：『司馬云：穴名。崔云：山名。或云：西方空界之名。』行甫按：當以『或云』爲是，『少廣』猶言『稍廣』。**莫知其始** 莫，無人。**莫知其終** 其始、其終，猶言其生、其死，言長壽。行甫按：自『黄帝』至『西王母』，當是以四方之位言。顓頊爲高陽氏，《離騷》『帝高陽之苗裔兮』，則顓頊爲南方之神。禺强立乎北極，自是北方之神。西王母，其名本有西字，爲西方之神無疑。唯黄帝不知所在，當爲東方之神。莊子居於商蒙，地近於楚，或南方文化有以黄帝爲東方之神者歟？此必爲五行說尚未及於南方之時。識之，以俟博學君子考焉。

〔一五〕**彭祖得之** 彭祖，傳說中的高壽者。**上及有虞** 及，至。有虞，虞舜之時。**下及五伯** 五伯，猶五霸，春秋時。

〔一六〕**傅說得之** 傅說（音悅），殷高宗武丁之相。**以相武丁** 相，輔佐。武丁，殷高宗之名。**奄有天下** 奄有，撫有。**乘東維** 東維，東方之宿。**騎箕尾** 箕尾，箕宿與尾宿，東方之星宿名。行甫按：二句乃互文，猶言乘騎東方箕宿與尾宿之星。**而比於列星** 比，並，列，亦並列。行甫按：彭祖以時間言，傅說以空間言，則以時空構架總束道之本質。

此乃本篇第二章，言道的客觀本質及其運化功能。道雖然『无爲无形』，但的確『有情有信』，是一種真實不虛的存在。而且『在太極之先而不爲高，在六極之下而不爲深；先天地生而不爲久，長於上古而不爲老』，無邊無際，無始無終的時空構架，便是道的本質。這虛空無物的時空架構，卻是『萬物之所係，而一化之所待』的背景與場域；也是人之所尊崇，人之所師法的對象。因此，得道，便是以此虛空無物的時空架構內化爲精神境界，從而遊心於『物之所不得遯而皆存』。

【繹文】

有死有生，是人之生命的正常軌跡；而且有白晝與黑夜的推移，也是自然天道的正常運行。這都是人力所不能參與改變的鐵定事實。人們獨獨把上天當作父親一樣，對他敬愛有加，更何況對於比父親更爲尊貴的道呢！人們獨獨覺得現在作爲君主的人比自己高出一頭，尚且願意爲他效忠赴死，更何況對於那永遠高高在上不死不滅的道呢！

池塘裏的水枯竭了，水中的魚兒被迫處在陸地上了，它們互相吹著濕氣，吐著泡沫，濕潤著對方的身子。這種互相關愛的情形的確非常令人感動，但與其像這樣處於艱難竭蹶之中相互救助，還不如從前處身於大江大湖之中彼此誰都不認識誰。因此，與其讚美唐堯政治清明而批判夏桀荒淫無道，還不如既不知道唐堯，也不知道夏桀，在無災無難的日子裏平平安安地老此一生。當然，無論魚處身於江湖還是喪失江湖，人的日子好過還是不好過，都是在這個大化流行的天地之間經歷的不同遭遇。這就好比我託身在這個天地之間，便在這裏辛勤勞作以養活我的生命，休閒娛樂以安度我的晚年，生命停止便安葬我的屍首。因此，這個天地之間既然善待了我的生命，必然也就會善待我的死亡。我的勞作與休閒，生存與死亡，都在這個天地之間，決不可能逃到另外的天地去。

假如把船藏匿在狹窄的山谷裏，把山藏匿在寬闊的湖澤中，應該說這是非常牢靠的了。可是，半夜裏有位大力神人把它們偷偷地扛起來便跑，熟睡之中的人卻一點都察覺不到。把小大之物藏匿在具有安全保障的地方，尚且還有逃走的可能。至於把天下藏匿在天下，便最終無處可逃了。這包羅萬象，涵藏萬有、正是永恆之道最爲顯著的特徵。如果偶然之間碰巧變成了人的形體便因此高興得不得了，卻不知這個人的形體是由什麼東西經過了多少次的變化所形成的這個模樣，而且它最終將變成什麼東西，也是無法預知的。說不定在這些無數的變化過程中，有比變成人的模樣多得多的幸福時光，那怎麼高興得過來呢？因此，聰明智慧的人便祇是在那個涵藏萬有、包羅萬象任何東西都逃不出其範圍的宇宙時空之中自由自在地活動。而且對於那個作爲道而涵藏萬有的宇宙時空，更是敬愛有加。所以僅僅祇是因爲善待了人們的幼年與老年，善待了人們的生存與死亡這一個方面，人們便對它頂禮膜拜，虛心師法學習，甚至不惜生命，效忠赴死；更何況作爲宇宙時空的道更具備涵藏萬有、包羅萬象，萬事萬物都在它的範圍之內大化流行、生生不息的偉大功能呢！

可想而知，那個道是真實不虛的存在，它本身毫無動靜，也沒有形狀與色彩。可以口耳相傳，卻未必可以領受。可以由心悟而得，但旁人未必能夠察覺得到。在鴻蒙未開、天地未成之前，它就一直存在著。因此，鬼神是在它裏面產生的，天地也是在它裏面形成的。在極爲遥遠的太空之上不能形容它的高，在六合之下極遠之處也不能形容它的深。在天地產生之前也無法形容它的久遠，比遠古時代更加遥遠也無法形容它的老壽。因此，正是這個無邊無際、無始無終的時空架構，才可以涵藏萬有、包羅萬象；天地之間，萬事萬物，才可以在它的範圍之內大化流行，生生不息。把這個無始無終、無邊無際的時空框架，内化爲超邁曠達、高遠無際的心靈境界，便是得了道。因而這個道爲心靈所得，便稱之爲德了。而得道之後的心靈，便不受人間世俗的一切價值所束縛，從而進入了一種極其自由而又無法形容的精神狀態。據説：狶韋氏得道之後，便把天地拎在手上任意把玩。伏戲氏得道之後，便和元氣之母合體了。天上的北斗星得道之後，便成爲恆星永久不挪動了。太陽月亮得道之後，便永遠照耀大地而不熄滅了。山神堪坏得道之後，便把崑崙山增高了兩層。河神馮夷得道之後，便可以到黄河裏去游泳了。木神肩吾得道之後，便可以到泰山登頂了。東方的黄帝得道之後，便升天成僊了。南方的顓頊得道之後，便居住在南海水宫爲龍王了。北方的禺强得道之後，便在北極登上帝位了。西王母得道之後，便端坐在西方少廣之虚而成爲披頭散髮的女怪了，也没人知道她到底活了多大歲數。長壽的彭祖得道之後，上自唐虞，下至殷周，活了八百多年。傅説得道之後，輔佐殷王武丁，建功立業，席捲天下，死後神靈上登天宇，乘騎東方星辰箕宿與尾宿，因而與衆多星宿並列在天穹了。你就想吧，得道之後，心情是多麼輕鬆愉快啊！

〔三〕

南伯子葵問乎女偊曰：『子之年長矣，而色若孺子，何也？』曰：『吾聞道矣。』〔一〕南伯子葵曰：『道可得學邪？』曰：『惡！惡可！子非其人也。〔二〕夫卜梁倚有聖人之才而无聖人之道，我有聖人之道而无聖人之才，吾欲以教之，庶幾其果爲聖人乎！不然，以聖人之道告聖人之才，亦易矣。〔三〕吾猶守而告之：參日而後能外天下；已外天下矣，吾又守之，七日而後能外物；已外物矣，吾又守之，九日而後能外生；〔四〕已外生矣，而後能朝徹；朝徹，而後能見獨；見獨，而後能无古今；无古今，而後能入於不死不生。〔五〕殺生者不死，生生者不生。其爲物，無不將也，無不迎也；無不毀也，無不成也。其名爲攖寧。〔六〕攖寧也者，攖而後成者也。』〔七〕

南伯子葵曰：『子獨惡乎聞之？』曰：『聞諸副墨之子，副墨之子聞諸洛誦之孫，〔八〕洛誦之孫聞之瞻明，瞻明聞之聶許，聶許聞之需役，需役聞之於謳，〔九〕於謳聞之玄冥，玄冥聞之參寥，參寥聞之疑始。』〔一〇〕

【釋義】

〔一〕**南伯子葵問乎女偊**　南伯子葵，即南伯子綦，葵與綦，當爲聲轉之字，未必爲誤字。女偊（音羽），學道之人，或爲女子，故稱女偊。**子之年長**　年長，猶年高。**而色若孺子**　色，面色。若，如。孺子，嬰兒。**何也**　何，問原因。**曰吾聞道**　聞道，對得道、悟道的謙遜說法。

〔二〕**道可得學**　得，猶取。行甫按：南伯子葵以道爲有形之物，故言取而得之。**曰惡**　不然之詞。**惡可**　不可。**子非其人**　非其人，猶言非學道之才。

〔三〕**夫卜梁倚有聖人之才而无聖人之道**　夫，若。卜梁倚，猶經師而非人師。才，可教之才。行甫按：《孟子·盡心上》「得天下英才而教育之」，即此「才」字義。古今注皆誤。无聖人之道，卜梁倚無道以教人，不過誤人子弟而已。**我有聖人之道而无聖人之才**　雖有道，而無才可教。**吾欲以教之**　欲，將。劉淇《助字辨略》：「凡云欲者，皆願之而未得，故又得爲將也。」行甫按：願之而未得，則爲假設之詞。以，猶今之助詞「來」字。吾欲以教之，猶言我如果來教他們。**庶幾其果爲聖人**　庶幾，近，猶今語差不多。其，猶將。果，必然。**不然**　然，指我與卜梁倚皆有所欠缺的現狀。**以聖人之道告聖人之才亦易**　亦，特。易，不難。

〔四〕**吾猶守而告之**　猶，尚，且。雖非其人，勉而教之。守而告之，聞一多《校釋》據成玄英《疏》校爲「告而守之」，是。而，爾，你。守，猶言堅持。**參日而後能外天下**　參日，三日。而，猶之。外，遺忘。**已外天下矣吾又守之**　成《疏》：「天下疏遠易忘。」**七日而後能外物**　郭《注》：「物者，朝夕所須，切己難忘。」**吾又守之九日而後能外生**　外生，忘我之形體生命。

〔五〕**已外生矣而後能朝徹**　朝，旦。徹，通。朝徹，一朝而徹，後世禪家所謂「頓悟」。**朝徹而後能見獨**　獨，一。見獨，一心志而無邊際，猶言「乃入於寥天一」。**見獨而後能无古今**　无古今，一古今而無終始，猶「參萬歲而一成純」。**无古今而後能入於不死不生**　不死不生，一死生無動静而成空寂。行甫按：見獨而後能无古今，無邊無際，無始無終的時空框架内化爲心靈境界，亦即體道。无古今而後能入於不死不生，心靈寂然而空虚，則生命的内部感官亦全然停止活動。至此，則一切通達無礙，無可無不可，即悟道。是悟道之於體道，猶進一階矣。

〔六〕**殺生者不死**　殺生，使生者死。使生者有死，自己不死。**生生者不生**　生生，使生者生。使生者有生，自己不生。行甫按：言道爲永恆之物，本身並無生死，但道所涵藏之物則有生有死。**其爲物** 其，彼，指道。行甫按：凡欲規定某物的性質，輒言『其爲物』以發其端。**無不將** 將，送往。**無不迎** 迎，迎來。**無不毀** 毀，毀滅。**無不成** 成，生成。**其名爲攖寧** 成玄英《疏》：『攖，擾動也。寧，寂靜也。』行甫按：攖寧，並列複詞。攖，謂道中之物紛然遷化；寧，謂道本身寂然不動。

〔七〕**攖寧也者攖而後成者也** 也者，猶也也。後，猶終。成，猶定。行甫按：攖而後成，言雖紛然擾動而生生不息，最終亦是寂然未動，謂涵動態於永恆。行甫又按：此乃悟道者所悟之理，亦即任憑世事紛擾而我心亦自寧之『和』德。

〔八〕**子獨惡乎聞之** 獨，特。惡乎，如何。聞，悟，與上文『吾聞道矣』相關聯。之，指『攖寧』之理。**聞諸副墨之子** 諸，之於。副，貳。墨，翰墨。林希逸《口義》：『副墨，文字也。因有言而後書之簡冊，故曰副墨。』**副墨之子聞諸洛誦之孫** 洛誦，反復誦讀。洛，同絡，連絡，連續。行甫按：洛誦之孫，猶口口相傳誦。

〔九〕**洛誦之孫聞之瞻明** 瞻，視。視而有見曰明。瞻明，目之所視。**瞻明聞之聶許** 聶，耳語。《說文》：『聶，附耳私小語也。從三耳。』許，聽從。聶許，耳之所聽。行甫按：猶言口頭傳誦來源於感官知覺。所以『瞻明聞之聶許』者，視爲近而聽猶遠。**聶許聞之需役** 需，止而不動。《說文》：『需，䇓也。遇雨而不進，止䇓也。』役，動而有行。《廣雅·釋詁》『役，爲也』，王念孫《疏證》：『役訓作爲之爲，又訓「夫子爲衛君」之爲。』行甫按：需役，並列複詞，猶今之所謂動靜、行止、作息之意，實指人類的一切生產與生活。聶許聞之需役，猶言人的感性認知來源於人的社會活動。**需役聞之於謳** 於謳，生物之氣。《天地》『於于以蓋衆』，《釋文》：『於于，本或作吙吁。』《刻意》『吹呴呼吸』，《藝文類聚》七十五引作『吹吁呼吸』，是『吁』與『呴』相通。『呴』又通『傴』，

《駢拇》『呴俞仁義』，《釋文》：『呴，本又作傴。』於謳，雙聲疊韻連綿詞，猶言生物之氣。《至樂》『雜乎芒芴之間，變而有氣』，是其義。行甫按：需役聞之於謳，猶言人的社會活動來源於人的生命之氣。

〔一〇〕**於謳聞之玄冥**　玄冥，同義複詞，猶暗而不明。《知北遊》『夫昭昭生於冥冥』，《天地》『動於無方，居於窈冥』，其例亦其義。行甫按：玄冥，猶《至樂》之芒芴；芒芴，恍惚。『於謳聞之玄冥』者，猶言生命之氣源於鴻濛未開。**玄冥聞之參寥**　參，入。寥，虛空。參寥，猶『乃入於寥天一』。**參寥聞之疑始**　疑始，猶言究竟是有始還是無始，尚在然疑之間。行甫按：將宇宙萬物以及人類文明不斷地從記憶之中由近及遠地統統抹去，最後連同自己的生命意識及其內部感覺也一起遺忘掉，這就是體道的全部過程。女偊已告之於南伯子綦，然南伯子綦能體悟而得之邪？是『可傳而不可受』。

此乃本篇第三章，言可能得道的才質及其得道的方法。道是一種超邁曠達無限高遠的精神境界，雖然可以傳授，但未必能得，需有悟道的才質與根器。而得道的方法與途徑，便是『外生』與『見獨』，排除一切外在的人事干擾以及內部的感官知覺，從而使精神進入一種虛寂無物的空靈狀態。

【繹文】

南伯子葵問女偊說：『您的年輩很高了，可您臉上的氣色卻像嬰兒似的又白又嫩，這是怎麽回事呢？』女偊回答說：『我聞道了呀。』南伯子葵說：『道可讓人學嗎？』女偊說：『什么？怎麽可以呢？你也不是學道的那塊料呀。就說卜梁倚吧，在他門下聚集了一幫聰明智慧可堪造就的人才，但卜梁倚自己卻沒有本事把他們培養成聰明智慧的可用之才。我自己空有培養才智之士的辦法，我門下卻沒有聰明智慧值得用心栽培的人才。如果讓我來栽培卜梁倚的那些門徒，說不定他們個個都差不多可以成爲聰明智慧的才智之士呢！要不然的話，用培養才智之士的辦法來培養才智之士，當然就不是什麼難事了。雖然你不是學道的那塊料，但我還是把修道的方法告訴你，你自己再去堅持修養體會吧：我保持靜心息念，三天之後便能把天下遺忘掉。已經把天下遺忘了，我繼續保持靜息狀態，七天之後便能把我生存所需的一切外部事物都遺忘掉。已經把生存所需的一切外部事物遺忘了，我還是繼續保持入靜狀態，九天之後便能把我的生命也遺忘掉。已經把我的生命遺忘了，繼續保持入靜，我便有一種豁然開朗的感覺。有了這種豁然開朗的感覺之後，我仍然繼續保持入靜狀態，眼前就出現一種茫然一片、無限寬廣的視覺狀態。出現這種茫然一片、無限廣闊的視覺狀態之後，眼前又出現一種上不著天、下不著地、不知身在何時何處的瞬間漂浮狀態。出現這種不知身在何時何處的瞬間漂浮狀態之後，我的身體也隨之進入一種內外透明、寂然不動的靜止狀態。進入這種內外透明、寂然不動的靜止狀態之後，我仿佛感覺到在這個寂然不動的靜止狀態之中，天地之間的萬事萬物在不斷地像閃電一樣生生死死，來來往往。可這個寂然不動的靜止狀態，絲毫沒有受到影響。它仍然是不停地送走那些走的，迎來那些來的；毀掉那些破敗的東西，生成那些嶄新的東西。這樣，一面是不停紛擾不安的動盪，一面是永遠寂然不動的靜止，它的名字就叫作動態永恆。所謂動態永恆，就是外部世界永不停息地擾動，自身卻始終保持著永恆的寧靜。』

南伯子葵說：『唯獨您是怎樣領悟到這些的呢？』女偊說：『我是從有關記載讀來的，這個記載又是通過長期口耳相傳得來的。長期的口耳相傳也不是無中生有的，而是通過眼睛的視覺觀察而驗明的。眼睛的視覺觀察所驗明的，也是通過耳朵的聽覺感官所感知的。聽覺感官所感知的，也是從人們日常的生息勞作得來的。人們的日常生息勞作，來源於生命的元氣，生命的元氣來自鴻濛恍惚的混沌，鴻濛恍惚的混沌又來自纖塵無染的澂明，纖塵無染的澂明來自不知其始的開始。』

[四]

子祀、子輿、子犁、子來四人相與語曰：『孰能以无爲首，以生爲脊，以死爲尻，孰知死生存亡之一體者，吾與之友矣。』四人相視而笑，莫逆於心，遂相與爲友。〔一〕

俄而子輿有病，子祀往問之。曰：『偉哉，夫造物者，將以予爲此拘拘也！』〔二〕曲僂發背，上有五管，頤隱於齊，肩高於頂，句贅指天。陰陽之氣有沴，其心閒而无事，跰𨇤而鑑於井，曰：『嗟乎！夫造物者又將以予爲此拘拘也！』〔三〕

子祀曰：『女惡之乎！』曰：『亡，予何惡！浸假而化予之左臂以爲雞，予因以求時夜；浸假而化予之右臂以爲彈，予因以求鴞炙；浸假而化予之尻以爲輪，以神爲馬，予因以乘之，豈更駕哉！〔四〕且夫得者，時也；失者，順也。安時而處順，哀樂不能入也。〔五〕此古之所謂縣解也，而不能自解者，物有結之。且夫物不勝天久矣，吾又何惡

焉！』〔六〕

俄而子來有病，喘喘然將死，其妻子環而泣之。〔七〕子犁往問之，曰：『叱！避！无怛化！』〔八〕倚其戶與之語曰：『偉哉造化！又將奚以汝爲，將奚以汝適？以汝爲鼠肝乎？以汝爲蟲臂乎？』〔九〕子來曰：『父母於子，東西南北，唯命之從。陰陽於人，不翅於父母；彼近吾死而我不聽，我則悍矣，彼何罪焉！〔一〇〕夫大塊載我以形，勞我以生，佚我以老，息我以死。故善吾生者，乃所以善吾死也。〔一一〕今大冶鑄金，金踊躍曰「我且必爲鏌鋣」，大冶必以爲不祥之金。今一犯人之形，而曰「人耳人耳」，夫造化者必以爲不祥之人。〔一二〕今一以天地爲大爐，以造化爲大冶，惡乎往而不可哉！』〔一三〕成然寐，蘧然覺。〔一四〕

【釋義】

〔一〕**子祀子輿子犁子來四人相與語**　四人皆莊子所杜撰，不必實有其人。與，共。**孰能以无爲首**　孰，誰。无，未有生命之前。行甫按：此以身體爲喻，故曰『爲首』。**以生爲脊**　生，活著。**以死爲尻**　尻，屁股。**孰知死生存亡之一體者**　之，猶爲。**吾與之友矣**　之，知此理之人。**四人相視而笑**　猶言心領神會。**莫逆於心**　逆，違。猶言靈犀相通。**遂相與爲友**　遂，於是。

〔二〕**俄而子輿有病**　俄，傾。而，然。**子祀往問之**　問，探訪。**曰**　子輿曰。**偉哉**　偉，奇。**夫造物者**

夫，彼。造物者，天。**將以予爲此拘拘**　將，當。予，子輿自指。王叔岷《校詮》引車柱環說，以此爲子祀語，『予』乃『子』字之誤。行甫按：車說非。子祀稱子輿用『女』不用『子』，下文『女惡之乎』，是其證。爲，變，化。以，使。拘拘，馬敘倫《義證》：『拘借爲痀，《說文》：「痀，曲脊也。」』

〔三〕**曲僂發背**　曲僂，腰背彎曲。發，露。發背，脊背凸出。**上有五管**　五管，五臟的腧穴。**頤隱於齊**　頤，下巴。隱，藏。齊，讀臍。**肩高於頂**　頂，頭頂。**句贅指天**　形容雙肩各高於頭頂，共同形成勾狀，各指向天，如生成贅物於人身。《釋文》引李云：『句贅，項椎也。其形似贅，言其向上也。』**陰陽之氣有沴**　陰陽之氣，猶生理平衡系統。沴，音利，淩亂。**其心閒而无事**　心閒，心態平和。**跰䠥而鑑於井**　跰䠥，音駢鮮，行動無力之狀。鑑，照形。行甫按：此爲子祀所觀察到的子輿病狀。

〔四〕**曰嗟乎**　曰，子輿曰。嗟，嘆息聲。**夫造物者又將以予爲此拘拘**　又，猶乃。將，當。爲，化。爲化古音同。**女惡之**　女，同汝，你。惡，憎。**亡予何惡**　亡，通無，否。**浸假而化予之左臂以爲雞**　浸，漸進。假，假使。而，猶乃。化，變。以，猶而。**予因以求時夜**　以，使。求，猶取。《孟子·公孫丑上》『勿求於氣』，趙岐注：『求者，取也。』時，通司。時夜，猶言打鳴報曉，與《齊物論》『見卵而求時夜』爲『雞』的代名詞不同。**浸假而化予之右臂以爲彈**　而，乃。以，而。**予因以求鴞炙**　鴞，鴟鴞。炙，烤肉。**以神爲馬**　神，驅使形體的內動力。**予因以乘之豈更駕**　更，另外。

〔五〕**且夫得者**　且夫，更端之詞。得，生。**時也**　時，是，適時。**失者**　失，死。**順**　變。**安時而處順**　安亦處，處亦安。**哀樂不能入**　入，入於心。

〔六〕**縣解**　縣，通懸。縣解，猶解懸。**而不能自解**　而，若。自解，自我解脫。**物有結之**　物，人。有，又。

結，繫。**且夫物不勝天久** 且夫，更端之詞。物不勝天，猶言人不勝天。**吾又何惡焉** 又，有。

〔七〕**俄而子來有病** 俄而，突然。**喘喘然將死** 喘喘然，氣息迫促貌。**其妻子環而泣之** 妻子，妻與子。環，圍繞。

〔八〕**子犁往問之** 問，探問。**叱** 呵斥之聲。**避** 退避。**无怛化** 无，毋，禁止之詞。怛，音達，驚。化，將死未死之際。

〔九〕**倚其戶與之語曰** 倚，靠。戶，半門。曰，子犁曰。**偉哉造化** 偉，奇。造化，造與化，代指天。**又將奚以汝爲** 將，當。以，使也。爲，化。**將奚以汝適** 適，往。**以汝爲鼠肝** 鼠肝，鼠之肝。**以汝爲蟲臂** 蟲臂，蟲之臂。行甫按：爲鼠肝、爲蟲臂，猶言化於異物。莊子認爲生命的本質就是『假於異物，託於同體』，由不同的物種轉化與組合而成。

〔一〇〕**父母於子** 於，猶與。**東西南北唯命之從** 唯，惟，以。之，是，爲。從，聽從。**陰陽於人** 陰陽，天，與上文『造化』同義。於，猶與。**不翅於父母** 翅，同啻，祇，止。於，猶爲。**彼近吾死而我不聽** 彼，陰陽。近，接近。聽，從。**我則悍** 則，猶乃。悍，忤逆。**彼何罪** 彼，造化。罪，過錯。

〔一一〕**夫大塊載我以形** 大塊，大地。以，猶之。**勞我以生** 勞，勤勞。以，之。**佚我以老** 佚，同逸，安逸。老，晚年。**息我以死** 息，止息。**故善吾生者** 善，善待。生，生命。**乃所以善吾死** 所，猶可。

〔一二〕**今大冶鑄金** 今，若。大冶，冶煉工匠。鑄金，熔鑄金屬以爲劍器。**金踊躍** 踊躍，跳躍。**我且必爲鏌鋣** 且，猶將。鏌鋣，古代名劍之稱。**大冶必以爲不祥之金** 不祥，不吉利。**今一犯人之形** 今，若。一，特。犯，遭，遇。行甫按：注者多以此『犯』爲『範』之假借，非。此以大冶鑄金比喻造化者爲人，故下文言『以造化爲大冶』。以喻體爲本體，顛矣！ **人耳人耳** 以成爲人而興奮不已，自鳴得意。 **夫造化者** 夫，彼。

〔一三〕**今一以天地爲大爐** 今，故，若。一，猶皆，總。 **以造化爲大冶** 以天地爲洪爐，以造化爲工匠。**惡乎往而不可** 可，適。

〔一四〕**成然寐** 成，定。成然，猶安然。寐，睡。 **蘧然覺** 蘧然，清醒貌。覺，醒。行甫按：成然寐，蘧然覺，猶言睡時便安靜地入睡，醒時便清朗地醒來，不以生死爲意。

此乃本篇第四章，言道的功能本是大化流行，生生不息；因而悟道便是安時而處順，勘破生死，哀樂不能入。

【繹文】

子祀、子輿、子犂、子來四個人在一起討論生死，他們說：『誰能把沒有生命之前看作人的腦袋，把有生命看作人的脊背，把生命的死亡看作人的屁股；誰能懂得生死存亡本是一個整體的各個不同部分的話，我們便可以與他作朋友了。』說完，四個人互相點頭微笑，各自心領神會，於是他們在一起做朋友相得甚歡。

可是過了沒多久，子輿便生病了，子祀去探望他。子輿對子祀說：『神奇啊，那個創造萬物的老天爺呀，恰好把我變成這個彎腰駝背，縮成一團的樣子啊！』子祀看他的病狀，實在病得很厲害。整個腰身都彎曲了，脊背凸露，撅向上方。背上的五臟血脈穴位暴露在外面。下巴看起來像是隱縮在肚臍眼裏，肩膀比脖子還高，雙肩構成勾狀贅物，向上指著天了。看來體內陰陽失去平衡，整個生理系統發生嚴重的紊亂了。可是子輿的心態卻很平靜，若無其事地慢慢挪到井水旁邊，看著自己在井水中映出的模樣說：『哎呀！那創造萬物的老天爺可真還把我的身子骨變成這麼無比親密一團緊湊的模樣了呀！』

子祀看到這般情景，問子輿說：『你討厭這副模樣嗎？』子輿說：『沒有呀，我有什麼討厭的呀！如果把我的左臂一點一點地變成了一隻雞，我便用它來做打鳴報曉的事。如果把我的右臂悄無聲息地變成了一個彈弓，我便用它來打鴟鴞做成燒烤吃。如果把我的屁股不知不覺地變成了車輪，我便把我的精神變成拉車的馬，我便把它當作我的坐駕，哪裏還用得著另外再去駕車呢？更何況生而爲人，便是適逢其時；死不爲人，也是應當有的變化。生便安安心心地生，死便服服帖帖地死，這樣心態平和，生也無所謂快樂，死也無所謂悲哀了。這在古代便把死亡叫作解脫倒懸。如果倒懸臨近解脫了，自己卻不願意解脫，那便是人還想繼續把自己牢牢地弔著。況且從來就沒有人能在老天爺面前爭强好勝的，我哪裏還有什麼討厭和不高興的呢！』

沒多久子來又生病了，氣喘吁吁，奄奄一息，馬上就要死了。他的老婆孩子圍在身邊不停地哭泣。這時，子犁去探望他，見此情景，便叱斥他老婆孩子說：『嘖！走開！不要打擾他彌留之際的安詳吧！』於是便靠在門邊與子來開始小聲說話。子犁說：『神奇的老天爺啊！又會把你變成什麼呢？會把你送到哪裏去呢？把你變成老鼠的肝嗎？還是把你變成蟲子的臂呢？』子來說：『父母雙親對他們的兒子，無論東西南北，父母要他去哪兒便去哪兒，衹要父母有所指派，他便要無條件地聽從。

天地造化對人，也不亞於父母對兒子。老天爺把我推向了彌留之際，如果我不願意聽從他的旨意，我便是不受父母指派的忤逆不肖之子了，造化能有什麼過錯呢？而且，我生存在這片土地上，有地方居住來寄托我的形體，有地方勞作來養活我的生命，有地方休息來安度我的晚年，有地方埋葬來安頓我的屍骨。所以能夠善待我生命的地方，也就是可以善待我死亡的地方。如果冶鑄的工匠正在冶金鑄劍，那塊正在被冶鑄的銅突然跳躍起來説「我一定要變成鏌鋣」，冶鑄的工匠必定會認爲這是一塊不吉利的銅了。如果偶然變成了一個人的形狀，便興奮得不得了，因而興奮地大聲叫嚷説「成人了，成人了」，那麼造物的老天爺一定會認爲這是個不吉利的人。所以如果總是把天地看作一座巨大的熔爐，把老天爺看作一個偉大的冶鑄工匠，那麼自己會變成個什麼東西然後到哪裏去，又有什麼應當違抗的呢！』看來，這子來還真沒把生死當一回事，該睡覺時便安安靜靜地睡去，該醒來時便清清朗朗地醒來。

〔五〕

子桑戶、孟子反、子琴張三人相與友，曰：『孰能相與於无相與，相爲於无相爲？孰能登天遊霧，撓挑無極；相忘以生，无所終窮？』三人相視而笑，莫逆於心，遂相與爲友。〔一〕

莫然有間而子桑戶死，未葬。〔二〕孔子聞之，使子貢往侍事焉。〔三〕或編曲，或鼓琴，相和而歌曰：『嗟來桑戶乎！嗟來桑戶乎！而已反其真，而我猶爲人猗！』〔四〕子貢趨而進曰：『敢問臨尸而歌，禮乎？』二人相視而笑曰：『是惡知禮意！』〔五〕

子貢反，以告孔子，曰：『彼何人者邪？修行无有，而外其形骸，臨尸而歌，顔色不變，无以命之。彼何人者邪？』〔六〕孔子曰：『彼，遊方之外者也；而丘，遊方之內者也。外內不相及，而丘使女往弔之，丘則陋矣。〔七〕彼方且與造物者爲人，而遊乎天地之一氣。彼以生爲附贅縣疣，以死爲決疣潰癰，夫若然者，又惡知死生先後之所在！〔八〕假於異物，託於同體；忘其肝膽，遺其耳目；反覆終始，不知端倪。〔九〕芒然彷徨乎塵垢之外，逍遥乎无爲之業。彼又惡能憒憒然爲世俗之禮，以觀衆人之耳目哉！』〔一〇〕

子貢曰：『然則夫子何方之依？』孔子曰：『丘，天之戮民也。雖然，吾與汝共之。』〔一一〕子貢曰：『敢問其方。』孔子曰：『魚相造乎水，人相造乎道。〔一二〕相造乎水者，穿池而養給；相造乎道者，无事而生定。〔一三〕故曰，魚相忘乎江湖，人相忘乎道術。』〔一四〕子貢曰：『敢問畸人。』曰：『畸人者，畸於人而侔於天。〔一五〕故曰，天之小人，人之君子；人之君子，天之小人也。』〔一六〕

【釋義】

〔一〕**子桑戶孟子反子琴張三人相與友**　三人，或有其人，或爲莊子杜撰。有其人，不過老聃孔子之比；

無其人，不過肩吾連叔之倫。無須考實證虛，有礙閱讀。相與，共同。友，交友。**曰孰能相與於无相與**　相與，相交往。於，猶而、以。行甫按：此『於』可訓『而』，亦可訓『以』。訓『而』，猶言相交往又不相交往。訓『以』，猶言以不相交往的方式相交往。言雖不同，義則不異，『君子之交淡若水』。**相爲於无相爲**　相爲，相互幫助。於，亦猶以、而。**孰能登天遊霧**　登天遊霧，喻言境界高遠，超脱世俗。**撓挑無極**　撓挑，音鐃滔，同義複詞，猶往來。行甫按：撓挑，猶挑達（音滔塔）。《鄭風·子衿》『挑兮達兮』，毛《傳》：『挑達，往來相見貌。』無極，猶無止境。行甫按：上句爲下句作喻。**相忘以生**　以，猶於。**无所終窮**　所，猶可。終窮，同義複詞，終止。行甫按：二句言超脱生死。**三人相視而笑**　相視，相對。**莫逆於心**　莫逆，不違。**遂相與爲友**　爲友，交友。

〔二〕**莫然有間而子桑戶死**　莫，通驀，《説文》：『驀，上馬也。』劉淇《助字辨略》卷五：『驀，忽也。』朱駿聲《説文通訓定聲》：『叚借今用爲猝乍之詞曰驀然。』行甫按：莫然有間，即『俄然有間』。『俄』言傾頓，『驀』言上馬，皆爲『猝乍』之事。古今注者不知『莫』之通『驀』，皆以『漠』字讀之，甚無謂。**未葬**　停尸而未下葬。行甫按：古人葬禮，在小殮（穿上壽衣）、大殮（裝入棺材）至下葬之前，每日早晚於棺材所在之處哭奠，爲朝夕哭、朝夕奠。若有賓客來弔唁致奠，主人亦迎送答拜。下葬前兩晚，作最後一次哭奠，爲既夕哭。此『未葬』，當是在朝夕哭與既夕哭之間。

〔三〕**孔子聞之**　聞其死訊。**使子貢往侍事**　侍事，幫助辦理喪事。

〔四〕**或編曲**　或，有人。編曲，猶譜曲。**或鼓琴**　鼓琴，彈琴。**相和而歌**　相和，輪番唱和。**嗟來桑戶**　嗟來，嘆詞複用。**而已反其真**　而，爾，你。其，猶於。真，本來狀態，猶言返回到芒芴之氣。**而我猶爲人猗**　而，轉折連詞。猶，尚。爲，是。猗，語氣詞，猶兮，古音爲開口呼。行甫按：四句爲歌詞，上二句以『戶』爲韻，下二句以『真』與『人』爲韻。

〔五〕**子貢趨而進曰**　趨，小步快走，以示尊敬。進，上前。**敢問臨尸而歌**　未葬之前當哭。**禮乎**　問合於禮儀否。**二人相視而笑曰是惡知禮意**　是，此人。禮意，行甫按：二人以爲禮儀對於敬重朋友毫無意義，不過是表演給活著的人看而已。

〔六〕**子貢反**　反，還。**以告孔子曰彼何人者邪**　何人者邪，不可思議。行甫按：此爲疑問之詞。**修行无有**　德行修養有所欠缺。**而外其形骸**　不循規矩，不拘形跡。**臨尸而歌顏色不變**　無哀戚之容。**无以命之**　命，通名，無話可說，猶不屑。**彼何人者邪**　行甫按：此爲指責之詞。

〔七〕**彼遊方之外**　遊，猶言生存，生活。方，禮儀法度。遊方之外，超越了禮法，脱離了塵世。**而丘遊方之內者也外內不相及**　不相及，不相干，猶不沾邊，不搭界。**而丘使女往弔之**　女，汝。弔，問喪。《説文》：『弔，問終也。』**丘則陋矣**　則，猶乃。陋，猶淺薄，疏漏。

〔八〕**彼方且與造物者爲人**　方，並。方且，並且。與造物者爲人，郭慶藩《集釋》引王引之曰：『人，偶也；爲人，猶爲偶。』**而遊乎天地之一氣**　乎，於。天地之一氣，猶言道的境界。行甫按：無邊無際、無始無終的時空框架，虛而無物，而充虛者唯以氣耳，是氣之所以又爲道之代名詞。二句言彼超拔於世俗，遊心於高遠，乃悟道的心靈境界。**彼以生爲附贅縣疣**　贅，身體上多長的肉結團塊。疣，音尤，亦贅。**以死爲決𤴯潰癰**　決，切破。𤴯，音患，身體上的腫塊。潰，破泄。癰，身體上的膿腫。**夫若然者**　若然，如這樣。**又惡知死生先後之所在**　知，猶分辨。之，與。死生與先後。先後之所在，生前之所在，死後之所在。『奚以汝爲』、『奚以汝適』，是其義。

〔九〕**假於異物**　假，借。異物，不同之物。**託於同體**　託，寄。同體，同一形體。**忘其肝膽**　其，此。忘其肝膽，不知此同體之肝膽假之於何物。**遺其耳目**　遺，亦忘。亦不知此同體之耳目假之於何物。**反覆終始**　反覆，來回。終始，終而又始。行甫按：言人的生與死，便是在『同體』與『異物』之間來回交替，循環往復。**不知端倪**　端，有起始。倪，通硯，本爲磨盤，引申爲無起始。說見《齊物論》『和以天倪』之『倪』。行甫按：端倪、終始，皆反義並列結構。不知端倪，言不知起始之有無，言『同體』與『異物』乃『反覆終始』而無止境。行甫又按：此六句言不知『生死先後之所在』。

〔一〇〕**芒然彷徨乎塵垢之外**　芒然，漫無目的，無所牽挂。彷徨，亦逍遙。乎，於。塵垢之外，世俗之外。**逍遙乎无爲之業**　逍遙，悠然自適。業，事。行甫按：无爲之業，猶言自由自在，不以世俗之事爲事也。**彼又惡能憒憒然爲世俗之禮**　憒憒然，昏聵煩亂貌。爲，行。**以觀衆人之耳目哉**　觀，示。猶言做給別人看。

〔一一〕**然則夫子何方之依**　依，偏向。《說文》：『依，倚也；倚，依也。』《中庸》『中立而不倚』，朱熹《集注》：『倚，偏著也。』行甫按：孔子自言『遊方之內』，子貢猶問『何方之依』，是問孔子傾向於何方。**丘天之戮民也**　戮，傷害。行甫按：天之戮民，言人生在世，遵循禮法，積極任事，實現人生價值，受盡苦難，乃遭受不可解的『天刑』。**雖然**　雖，唯。雖然，唯其如此。**吾與汝共之**　同是天之戮民。

〔一二〕**敢問其方**　方，別。行甫按：猶言方内之人『依』於方外，與方外之人有何區別。**魚相造乎水**　造，詣，達。乎，於。**人相造乎道**　道，高遠的心靈境界。

〔一三〕**相造乎水者穿池而養給**　穿池，掘池通水。養，養生之資。給，足。**相造乎道者无事而生定**　无事，卽上文『无爲之業』。生，同性。定，安定。俞樾《平議》以爲『定』乃『足』字形近而譌。行甫按：作『足』字，則『生』字不可讀『性』。『生足』，養生之資豐足。養生之資豐足則無欲，無欲則『性定』矣。然說乃迂曲，仍當以作『定』字讀『性定』爲長。

〔一四〕**魚相忘乎江湖** 相忘，彼此不相識。**人相忘乎道術** 人遊心於高遠曠達的道的境界，自由適意，亦可以『相與於无相與，相爲於无相爲』。

〔一五〕**敢問畸人** 畸，音基，通踦（音齊），《漢書·宣帝紀》『詹事畸』，顔師古引蘇林曰：『畸，音踦隻之踦。』《說文》：『踦，一足也。』行甫按：畸人，猶言一足之人。**畸人者畸於人而侔於天** 人，方內。侔，合。天，方外。行甫按：畸於人，對於方內而言，乃爲一足之人；侔於天，對方外而言，則與之相合。

〔一六〕**天之小人** 小人，德行不備者。對方外而言，僅插一足而已，故曰『天之小人』。**人之君子** 對方內而言，插一足於方外，則究竟比起世俗之人，其境界有所超越，故爲『人之君子』。**人之君子天之小人也** 王孝魚等近代各家校此二句爲『天之君子，人之小人』，其說是也，否則乃同義反覆。行甫按：方外道行高超之君子完全不遵世俗之禮儀法度，故爲方內之小人。行甫按：四句中『君子』與『小人』意義一以貫之。

此乃本篇第五章，言『遊方之外』的有道之士與『遊方之內』的世俗之人雖然有所區別，但『遊方之內』的俗世之人，有時也會嚮往『遊方之外』的有道之士『登天遊霧，撓挑無極』的自由生活；認爲那種自由活潑通達無礙的生存方式，雖與世俗生活有所矛盾與對立，但那卻是更加符合自然天性的生存樣態，故曰『畸於人而侔於天』。

【繹文】

子桑戶、孟子反、子琴張三個人在一起相互交朋友，他們說：『有誰能夠做到相互之間有所交往卻又無所交往，相互之間有所幫助卻又無所幫助，各自保持獨立與自由，又不乏彼此關愛的這種清淡如水的君子之交呢？有誰能夠做到超脱塵世，境界高邁，在無限廣闊的自由世界作心靈的放飛，彼此之間忘情於生死與存亡，醉心於永恆與無限呢？』三個人彼此點頭微笑，相互由衷讚賞，於是在一起相交爲友。

沒過多久，忽然之間，子桑戶死去了，尚在停屍未葬期間，孔子聽説子桑戶死了，便讓子貢去幫助辦理喪事。子貢去了之後，發現他們有的在編詞譜曲，有的在彈琴鼓瑟，還一起輪番唱和道：『哎喲喲，我的桑戶哥！哎喲喲，我的桑戶哥！你回老家去快活喲，我還在人世受折磨喲！』子貢很恭敬地加快腳步走上前，問道：『斗膽問一下：朋友剛剛死去，你們便對著他的屍首大聲唱歌，這是否符合禮儀呀？』子貢話音剛落，孟子反與子琴張便相互對視一眼，笑著説：『這位老兄哪裏懂得禮是什麼意思啊！』意思是説，禮儀對死者毫無意義，不過是表演給活人看的劇目。這位老兄哪裏明白這個道理呢！

子貢回去之後，把他的所見所聞告訴了孔子，説：『那幫傢伙是些什麼人呀？連起碼的道德修養都沒有，瘋瘋顛顛的，把禮儀法度完全不當一回事！朋友死了，屍骨尚在，便鼓琴唱歌，看不出臉上有一點悲傷哀戚的表情。我真不知道該怎麼形容那幫傢伙！他們還是不是人類呀！』孔子説：『他們呀，都是生活在世俗之外的人；可我孔丘呢，卻是生活在世俗之内的人。世俗之外與世俗之内，本來就毫不相干，可我卻讓你去弔喪，我孔丘實在是太淺薄，太疏漏了。再說，他們遺世高蹈，超絕人寰，與造物者相互平等，遊心於無限高遠與超拔的精神世界。他們已經看破了生死，認爲人活著就好像身上弔著個大肉瘤，長著個大膿瘡一樣痛苦不堪；死去了卻好像是割掉了身上的大肉瘤，擠掉了身上的大膿瘡一樣輕鬆愉快。既然是這樣的話，又何必去分辨生與死有什麼不同呢？又何必去追問生命從哪裏來，又到哪裏去呢？現存的生命形體，不過是從別的生命形體假借而來，因而暫時堆放與寄存在這同一個形體之上而已。也根本不知道這個肝、這個膽究竟從何而來，也完全不知道這耳朵、這眼睛先前是個別的什麼東西。從生到死，從死到生，也就是形體的各個部件不斷地寄存與堆放，又不停地分離與分散而已。如此反覆開始，反覆終結，循環無端，根本沒有止境。他們勘破生死，因而漫不經心，無所牽挂，在空明澄澈，纖塵無染的精神世界，隨心所欲，自由遨遊。他們洞明世情，因而超凡脫俗，與世無爭，在自由通達、無所拘滯的心靈世界，放飛自我，心與天遊。又哪裏會昏聵糊塗，手忙腳亂地遵循世俗的禮儀規範，在世俗庸人面前公開表演，顯擺炫耀自己呢！』

子貢說：『這麼說來，您是傾向於方內還是傾向於方外呢？』孔子說：『我孔丘呀，是一個被世俗的禮法規範所戕害因而成爲受到天刑懲罰的人。唯其如此，你也與我一樣，都是受到天刑懲罰的人。』子貢有些不太明白，於是說：『難道處身方內，還會嚮往方外嗎？』孔子說：『魚兒相伴而遊向深水之處，人羣相伴而奔向道的境界。相伴遊向深水之處，便是爲它們掘開水池通向江湖，給它們提供更爲充足的生存環境；人羣相伴奔向道的境界，便是擺脫世俗的一切束縛，無私無欲，從而進入一種安寧平靜，與世無爭的心靈狀態。所以大江大湖，水域寬闊，魚可以隨心所欲，任情游弋，誰也用不著認識誰；道的境界，超凡脫俗，人可以輕鬆愉快，與世無爭，誰也沒必要依賴誰。』子貢聽了孔子這番話，總覺得有些奇怪，他說：『身在方内，遊心方外，腳踩兩隻船，豈不是方内與方外兩邊都是一隻腳的踦人嗎？』孔子說：『踦人呀，對於世俗的方内來說是一隻腳，但可以與方外的自然天性相匹合啊！所以說，對於自然天性的方外來說，踦人是腳踩兩隻船的小人。但他們超越世俗，與世無爭的心靈，卻比方内世俗之人要高尚得多，所以對於世俗方内而言，這腳踩兩隻船的踦人又是人中君子。然而，符合自然天性的方外君子完全不遵世俗的禮儀法度，在世俗方内看來卻是放蕩無忌的小人。』

〔六〕

顔回問仲尼曰：『孟孫才，其母死，哭泣无涕，中心不戚，居喪不哀。无是三者，以善處喪蓋魯國。固有无其實而得其名者乎？回壹怪之。』〔一〕仲尼曰：『夫孟孫氏盡之矣，進於知矣。唯簡之而不得，夫已有所簡矣。〔二〕孟孫氏不知所以生，不知所以死；不知就先，不知就後；若化爲物，以待其所不知之化已乎！〔三〕且方將化，惡知不化哉？方將不化，惡知已化哉？吾特與汝，其夢未始覺者邪！〔四〕且彼有駭形而无損心，有旦宅而无情死。孟孫氏特覺，人哭亦哭，是自其所以乃。〔五〕且也相與吾之耳矣，庸詎知吾所謂吾之乎？〔六〕且汝夢爲鳥而厲乎天，夢爲魚而没於淵。不識今之言者，其覺者乎，其夢者乎？〔七〕

造適不及笑，獻笑不及排，安排而去化，乃入於寥天一。』〔八〕

【釋義】

〔一〕**孟孫才** 孟孫，氏。才，名。魯國三桓之後。**其母死哭泣无涕** 涕，淚。**中心不戚** 戚，哀。**居喪不哀** 居，處。**无是三者** 是，此。**以善處喪蓋魯國** 處，居。蓋，猶遍布。**固有无其實而得其名** 固，通顧，猶反而。**回壹怪之** 壹，猶完全，一直。

〔二〕**夫孟孫氏盡之** 盡，猶完備。**進於知** 進，猶入。進於知，言孟孫氏處理喪事很周到，對於葬禮有較深的認知。**唯簡之而不得** 唯，雖。簡，擇，略。喪禮繁縟，相因成習，難以簡省。**夫已有所簡** 夫，彼。

〔三〕**不知所以生不知所以死** 所，猶何。以，猶爲。**不知就先** 就，王叔岷《校詮》：『疑「孰」之誤。』先，生而有形之前。**不知就後** 後，死而形變之後。**若化爲物** 若，如，成玄英《疏》：『順也。』化，變。爲，猶成。物，異物。**以待其所不知之化已乎** 以，猶乃。待，等待。其，猶於。所，助語，無義。已，猶而已。

〔四〕**且方將化** 且，而。方將，同義複詞，當。**惡知不化哉** 惡知，何知。言當死之時，何知不死之時？**方將不化** 不化，生。**惡知已化哉** 已化，死後。言當生之時，何知死後之時。行甫按：四句謂任其生死，無須預知。**吾特與汝** 特，獨。**其夢未始覺者邪** 其，猶殆。夢未始覺，猶言執著於生死，尚未勘破生死。

〔五〕**且彼有駭形而无損心** 且，而。彼，彼死者，或指孟孫才之母，或指凡人。有，或。駭形，駭人之形。無損心，其形雖變，其心坦然自若。**有旦宅而无情死** 旦宅，《釋文》：『李本作怛咤，云：驚惋之貌。』情，實。行甫按：二句爲互文，言死者於其死亡過程中，衹是在形體上有令人驚怖駭怪之變，但其心卻泰然自若，並無真正的死亡。此即上文『進於知矣』之『知』，亦即下文『孟孫氏特覺』之『覺』。**孟孫氏特覺**　特，獨。覺，悟。**人哭亦哭**　隨人而哭。**是自其所以乃**　是，此。自，猶苟，姑且。其，猶於。乃，章太炎《解故》：『乃，以雙聲借爲然，如此也。』行甫按：孟孫氏之哭，不過是姑且爲之如此而已。

〔六〕**且也相與吾之耳矣**　且，又。吾，通虞，章太炎《解詁》：『《晉語》云「暇豫之吾吾」，「吾」與「虞」同。如「騶虞」亦作「騶吾」也。古作「吾」作「虞」，今則作「娛」。言直以哭爲娛戲也。古本有虞殯之歌。』行甫按：章說可從。相與吾之耳矣，猶言相與爲娛樂，今之鄉俗稱婚禮爲『紅喜事』，又稱喪事爲『白喜事』，是其遺意。若爲『相與我之』，則與上下文不相貫。郭注云『夫死生變化，吾皆吾之』，既死矣，何『皆吾之』？**庸詎知吾所謂吾之乎**　庸詎，如何。知，猶理解。行甫按：此設問以解『吾之』之意。

〔七〕**且汝夢爲鳥而厲乎天**　且，猶若，如。《淮南子·俶真》『譬若夢爲鳥而飛於天』，以『譬若』對譯『且』字。而，則，乃。厲，至。乎，於。**夢爲魚而沒於淵**　沒，潛入。行甫按：此二句解『吾之』之意。孟孫氏姑且哭之，又相與以之爲娛而已。如何理解我所說的以之爲娛呢？比如你夢見自己是一隻鳥，便飛到天上去；你夢見自己是一條魚，便潛入水底去。猶言以此境遇爲前提，必有相應的行爲與結果。孟孫氏以哭喪爲娛，亦爲『白喜事』之環境所使然，並不值得奇怪。**不識今之言者**　識，知，別。今，現在。今之言者，孔子自指。**其覺者**　其，猶乃，是。覺，清醒。**其夢者**　其，抑，或。夢，睡夢。行甫按：覺，則知『有駭形而无損心，有旦宅而无情死』，勘破生死；夢，則『夢爲鳥而厲乎天，夢爲魚而沒於淵』，渾渾噩噩以隨人『吾（娛）之』而已，尚未勘破生死。

〔八〕**造適不及笑**　造，達到。適，適宜。造適，猶言『犯人之形』。及，逮。行甫按：不及，猶言來不及。笑，高興。猶言『人耳人耳』，『特犯人之形而猶喜之』。行甫按：造適不及笑，生而爲人，來不及高興，便死了。

獻笑不及排 獻，《釋文》：『王云：章也。意有適，章於笑，故曰獻笑。』及，逮。行甫按：不及，猶言趕不上。排，郭象注：『排者，推移之謂也。』行甫按：正當爲人而高興，卻趕不上造化的推排。**安排而去化** 安，安心。去，往，從。郭象注：『安於推移，而與化俱去。』**乃入於寥天一** 寥，空虛。天，猶無邊際。一，猶無終始。行甫按：入於寥天一，猶言進入無限高遠的境界。

此乃本篇第六章，言人的死亡本是參與道的大化流行，喪葬之禮的有無從根本上說無關緊要。且人的形骸，不過是不斷地化來化去，由何物化之而來，又向何物化之而去，無須計較。相反，死亡便是進入了一種無限寥廓的自由境界，哀戚之情，無所寄託。明於此理，則所謂葬禮與哭泣，不過是活著的人舉辦一場自娛自樂的深度遊戲而已。

【繹文】

顏回問孔子說：『孟孫才，他母親死了，哭喪時不流一滴眼淚；內心裏也沒有一點悲傷；居喪的日子沒有一點哀痛。不流淚，不悲傷，不哀痛，沒有這三種行爲，卻以善於處理喪事傳遍了整個魯國。哪有無其實反而得其名的道理呢？我一直以來覺得這事很奇怪。』孔子說：『那孟孫氏爲他母親辦理喪事也是很周到的了，對於喪事有超乎常人的獨到理解。雖然對於喪禮的繁縟儀式不能作大幅度的簡省，可他還是有些相應的簡省了。孟孫氏不知道何爲生，也不知道何爲死；不知道是死在前還是生在前，也不知道是死在後還是生在後。若要變化成異物，便等待著那不可預知的變化而已！

而且當死亡來臨之際，何須要知道不死是個什麼樣子呢？當死亡沒有來臨之時，何須要知道死後是個什麼樣子呢？我和你，大概尤其是那種糊裏糊塗在睡夢中還沒有醒來的人吧！而且，那卽將死去的人，或者祇是在外形上有些嚇人的變化，內心裏其實是很平靜的；或者死相確實有些難看，但其實並不是真正的死亡。孟孫氏對於死亡的這種理解是特別透徹通達的，所以他母親死了，大家都在哭，他也隨著一起哭，這不過是姑且在活人面前做做樣子罷了，如此而已。更何況爲長壽的老人辦理喪事，往往帶有大家在一起娛樂的意思，要不怎麼叫「白喜事」呢。怎麼理解我所說的大家在一起娛樂的意思呢？這麼說吧，好比你在睡覺時夢見你是一隻鳥，你自然就會因此而飛向高空；要是夢見你是一條魚，你當然會因此而潛入水底。爲什麼呢？因爲在這樣的夢境前提下，你必然會那麼做。所以孟孫氏把他母親的喪事辦成喜事，也是有親朋好友們要借此機會在一起娛樂的心理前提的，這絲毫也不奇怪。不過，有意思的是，現在正在和你說話的人，究竟是清醒的就像孟孫才那樣懂得死亡的道理呢，還是渾渾噩噩在睡夢中夢見自己是一隻鳥或一條魚不過是隨人一起娛樂的人呢？總而言之，處於適意爲人的時刻卻來不及高興便死去了，此時正在自以爲人的高興頭上卻趕不上造化的推排了。因此，祇有安心於造化的推排而與死亡同行，便是進入了一個非常高遠而遼闊的精神境界。』

［七］

意而子見許由，許由曰：『堯何以資汝？』意而子曰：『堯謂我：「汝必躬服仁義而明言是非。」』〔一〕許由曰：『而奚來爲軹？夫堯既已黥汝以仁義，而劓汝以是非矣，汝將何以遊夫遙蕩恣睢轉徙之途乎？』〔二〕意而子曰：『雖然，吾願遊於其藩。』〔三〕許由曰：『不然。夫盲者无以與乎眉目顔色之好，瞽者无以與乎青黄黼黻之觀。』〔四〕意而子曰：『夫无莊之失其美，據梁之失其力，黄帝之亡其知，皆在爐捶之間耳。〔五〕庸詎知夫造物者之不息我黥而補我劓，使我乘成以隨先生邪？』〔六〕許由曰：『噫！未可知也。我爲汝言其大略。吾師乎！吾師乎！〔七〕𩐈萬物而不爲義，澤及萬世而不爲仁，長於上古而不爲老，覆載天地、刻雕衆形而不爲巧。此所遊已。』〔八〕

【釋義】

〔一〕**意而子見許由** 意而子，人名，而，猶之，臆想之人。**許由曰堯何以資汝** 資，通齎，送。**意而子曰堯謂我** 謂，指教。**汝必躬服仁義而明言是非** 躬，親身。服，行。明，辯明。

〔二〕**而奚來爲軹** 而，爾，你。奚，何。來，以，目的連詞。爲，幹，做。軹，同只，《説文》：『只，語已詞也。』**夫堯既已黥汝以仁義** 夫，彼。既已，同義複詞。黥，墨刑，刺面而後塗以墨。以，用。**而劓汝以是非矣** 劓，截鼻之刑。**汝將何以遊夫遙蕩恣睢轉徙之途乎** 將，當。夫，猶於。遙蕩，《釋文》：『王云：縱散也。』恣睢，自得貌。轉徙，行動自由。成玄英《疏》：『汝既被堯黥劓，拘束性情，如何復能遨遊自得，逍遥放蕩，從容自適於變化之道乎？』

〔三〕**雖然**　雖，猶唯，惟；以。然，如此。**吾願遊於其藩**　願，希望。藩，樊籬。行甫按：願遊其藩，希望繞著圍欄看一看，猶言不敢深入其中。謙辭。

〔四〕**不然**　然，如此。**夫盲者无以與乎眉目顏色之好**　夫，猶若。以，猶爲，用。與，參與，同爲。乎，於。眉目顏色，面容姣美。好，賞心悦目。**瞽者无以與乎青黄黼黻之觀**　瞽，盲。青黄黼黻，色彩花紋。《周禮·考工記》：『白與黑謂之黼，黑與青謂之黻。』觀，華麗美觀。

〔五〕**夫无莊之失其美**　夫，彼。无莊，美人。之，猶若。**據梁之失其力**　據梁，力士。**黄帝之亡其知**　黄帝，多智。《齊物論》『是黄帝之所聽熒也』，是其例。亡，失。**皆在爐捶之間耳**　爐，爐火。捶，風箱排囊通接冶爐以熾火的管道。《釋文》：『捶，本又作錘。李云：錘，鴟頭頗口，句鐵以吹火也。』《淮南子·本經》『鼓橐吹埵，以銷鋼鐵』，高誘注：『橐，冶爐排橐也。埵，銅橐口鐵筒。埵入火中吹火也。』行甫按：李頤所謂『句鐵』或爲『包鐵』之誤。字作『埵』者，以泥土爲之；字作『錘』者，以金屬爲之。其本字當作『捶』，熾火之義。行甫又按：皆在爐捶之間耳，猶言皆是造化的播弄而已。

〔六〕**庸詎知夫造物者之不息我黥而補我劓**　庸詎，如何。之，猶乃。息，平息。補，修補。**使我乘成以隨先生邪**　乘，因。成，完全。以，猶而。隨，追隨，從學。

〔七〕**噫**　嘆息聲。**未可知**　結果不可預知。**我爲汝言其大略**　略，概略。**吾師乎**　師，以道爲師。**吾師乎**　復言之，尊之甚。

〔八〕**䪡萬物而不爲義**　䪡，通濟，成就。錢穆《纂箋》引陶光曰：『䪡讀爲濟。䪡或體作齏，與濟皆從齊聲。《爾雅》：「濟，成也。」』行甫按：陶説是。《説文》：『䪡，墜也。從韭，次朿皆聲。齏，䪡或從齊。』《尚書·禹貢》『達於濟』,《漢書·地理志》引作泲,從水𠂔聲。亦是𤏡與濟通用之證。爲,是。**澤及萬世而不爲仁** 澤,恩澤。及,達。**長於上古而不爲老** 上古,遠古。**覆載天地** 覆,上覆。載,下載。**刻雕衆形而不爲巧** 刻雕,猶雕刻。刻雕衆形,猶言創造萬物。行甫按:此言道的功能。**此所遊已** 所,處所。遊,遊心。已,而已。

此乃本篇第七章,言仁義是非的價值觀念是戕害身心的刑罰,是限制人生自由的枷鎖。祇有排除了人世間的一切價值觀念,進入曠達而高遠的精神境界,以道爲師,方可修復文明與價值對人所造成的心靈創傷。

【繹文】

意而子拜見許由,許由問意而子說:『堯拿什麼話送給你作臨別贈言呀?』意而子說:『堯指教我:「你一定要在行動上躬踐仁義並且在言語上明辯是非。」』許由說:『那麼你還能幹什麼呀?堯已經用仁義的謊言給你的臉施了墨刑了,又用是非的誤導把你的鼻子割掉了。你的價值觀念與判斷能力已經嚴重受損了,你當如何在逍遥自得、無所拘束、自由自在的高遠境界中放飛自我呢?』意而子回答說:『正是因爲如此,所以我不敢說深入其中有所造詣,祇是希望能夠繞在圍欄旁邊轉一轉,想象一下那種境界而已。』許由說:『話可不是這樣說的。如果是失明的瞎子,他是沒有辦法欣賞面目姣好的漂亮美人的,也是沒有辦法觀賞五彩繽紛的漂亮圖案的。』意而子說:『那可不一定啊。那美麗無比的無莊如果失去了她的漂亮,力氣過人的據梁如果喪失了他的勇力,智慧絕倫的黃帝如果丟失了他的智慧，那都是由於他們遭受著造化的無情播弄而已。怎麼可以認定那偉大的造物主就不會撫平我受過墨刑的痕跡，修復我那被割掉的鼻子，然後讓我全鬚全眼，義無反顧地追隨先生呢？』許由不無感嘆地說：『唉——，這可難說啊！我就給你說説大致梗概吧：我那偉大的老師啊！我那偉大的老師啊！他成就了天地萬物，可他並不認爲那就是正義。他把恩惠施予後世千秋萬代，可他並不認爲那就是仁愛。他眼光深遠，穿透遠古，可他並不認爲那就是閱歷豐富。他心胷廣闊，涵藏萬有，造化衆形，創生萬物，可他並不認爲那就是心靈手巧。這就是我的心靈可以自由放飛的地方，如此而已。』

［八］

顏回曰：『回益矣。』仲尼曰：『何謂也？』曰：『回忘仁義矣。』曰：『可矣，猶未也。』〔一〕他日，復見，曰：『回益矣。』曰：『何謂也？』曰：『回忘禮樂矣。』曰：『可矣，猶未也。』〔二〕他日，復見，曰：『回益矣。』曰：『何謂也？』曰：『回坐忘矣。』〔三〕仲尼蹵然曰：『何謂坐忘？』顏回曰：『墮肢體，黜聰明，離形去知，同於大通，此謂坐忘。』〔四〕仲尼曰：『同則无好也，化則无常也。而果其賢乎！丘也請從而後也。』〔五〕

【釋義】

〔一〕**回益矣** 益，進，增。**何謂也** 謂，指說。**回忘仁義** 仁義，爲觀念形態，無形之物，故易忘。**猶未** 猶，尚。未，不夠。

〔二〕**他日復見** 他日，異日。復，又。**回忘禮樂** 禮樂，具體行爲，有形之物，故不易忘。**猶未** 行甫按：『仁義』與『禮樂』，乃人類所創造的文明與文化成果。

〔三〕**回坐忘** 坐忘，靜坐而忘。行甫按：猶言『外天下』與『外物』。

〔四〕**仲尼蹵然** 蹵然，臉色驟變而不安貌。**墮肢體** 墮，廢除。肢體，身體。**黜聰明** 黜，去除。耳聽曰聰，目視曰明。行甫按：墮肢體，黜聰明，猶言排除一切感官知覺。**離形去知** 離形，即『墮肢體』。去知，即『黜聰明』。**同於大通** 同，合。大通，無限通達。**此謂坐忘** 行甫按：坐忘、心齋，乃莊子體道的修養工夫。

〔五〕**同則无好** 同，無所分辨。則，猶乃。好，偏私。无好，無是非。**化則无常** 化，猶隨緣自適。无常，不執一而不變。**而果其賢** 而，爾，你。果，實。其，猶乃。**丘也請從而後** 從，追隨。而，猶於。

此乃本篇第八章，言得道的修養工夫。『離形去知，同於大通，此謂坐忘』，便是忘掉一切文明與價值，排除是非與好惡，不執念於生死，隨大道而遷化。

【繹文】

一天，顏回拜見孔子，說：『我有進步了。』孔子說：『你說什麽？什麽有進步了？』顏回說：

『我已經忘掉了仁義了。』孔子說：『不錯，但還不夠。』過了幾天，顔回又來拜見孔子，說：『我又有進步了。』孔子說：『你又有什麼進步呀？』顔回說：『我已經忘掉禮樂了。』孔子說：『很好，但仍然有所欠缺。』又過了幾天，顔回再來拜見孔子，說：『我又有所進步了。』孔子說：『你進步到什麼程度了？』顔回說：『我已經進入靜坐而忘空一切的狀態了。』孔子頗爲驚詫地說：『什麼叫靜坐而忘空呀？』顔回說：『忘掉了我的形體所在，排除了我的感官知覺，把我當下的形體與過往的知識，一切的一切，統統忘得一乾二淨，然後進入一種虛寂空靈、隨緣自適的精神狀態，這就叫作靜坐而忘空了。』孔子說：『好啊！虛寂空靈，也就是無所區別了；無所區別，當然就是無所謂好惡了。忘掉一切，也就是隨緣自適了；隨緣自適，當然就是無所謂執著了。你果然聰明智慧啊！我也希望追隨你了。』

〔九〕

子輿與子桑友，而霖雨十日。〔一〕子輿曰：『子桑殆病矣！』裹飯而往食之。〔二〕至子桑之門，則若歌若哭，鼓琴曰：『父邪！母邪！天乎！人乎！』有不任其聲而趨舉其詩焉。〔三〕子輿入，曰：『子之歌詩，何故若是？』〔四〕曰：『吾思夫使我至此極者而弗得也。父母豈欲吾貧哉？〔五〕天无私覆，地无私載，天地豈私貧我哉！求其爲之者而不得

也。〔六〕然而至此極者，命也夫！』〔七〕

【釋義】

〔一〕**子輿與子桑友**　子輿與子桑，上文已見，皆莊子虛擬人名。友，交友。**而霖雨十日**　霖雨，久雨不停。《左傳》隱公九年：『凡雨，自三日以往爲霖。』

〔二〕**子桑殆病**　殆，大約，揣度之詞。**裹飯而往食之**　裹，包裹。食之，使之食。

〔三〕**至子桑之門**　子輿至其門。**則若歌若哭**　則，猶乃。若，如。歌哭者，子桑。**鼓琴曰**　曰，嘆而呼。**父邪母邪**　呼父母，疾痛之甚。**天乎人乎**　呼天人，疑惑之甚。**有不任其聲而趨舉其詩焉**　有，或。任，勝。精力不濟，人聲低於琴聲。趨，增加語速。舉，抬高音量。行甫按：趨舉其詩，言氣力不支，不能長歌，乃盡力增加語速，抬高聲音直誦詩句，所謂『不歌而誦』。

〔四〕**子之歌詩**　歌詩，歌與詩。**何故若是**　若是，如此。

〔五〕**吾思夫使我至此極者**　夫，彼。極，猶言絕境。

〔六〕**天无私覆地无私載**　私，偏私。**求其爲之者而不得**　求，尋找。

〔七〕**然而至此極者命也夫**　也夫，感嘆語氣詞。

此乃本篇最後一節，言個人的貧窮富貴，既非父母的責任，也非天地的不公，乃是命運的遭際。如何面對這特殊的個人命運，子桑卻徘徊在『安』與不能『安』之間，從而陷入了『若歌若哭』之超越與不能超越的尷尬狀態。然而，究竟能否超越，莊子留有餘地。這爲主爲尊、可師可法的大宗師，倘若面臨生存的切膚之痛，是否真能奏效？然則王叔岷所謂『此篇深而不淳』者，是邪，非邪？

【繹文】

子輿與子桑相交爲友。可這時天氣綿綿陰雨十來天，子輿設想：『子桑大概經受不住了，一定生病了。』於是帶著食物去接濟他。子輿到了子桑家門口，便聽見子桑如歌如泣，彈著琴唱著歌道：『我的老父啊，我的娘親啊！蒼天在上呀，人間作證呀！』唱著唱著，他的聲音便嘶啞下來，壓不住琴聲了。於是趕忙盡力抬高腔調直接朗誦歌詞了。這時，子輿方才進門說：『你的歌和詩我都聽到了，爲什麼會如此淒慘呀？』子桑回答說：『我這會兒在想呀，那個讓我陷入如此絕境的原因究竟在哪裏呢？我思來想去，怎麼也找不到答案呀。我的生身父母難道希望我如此貧困嗎？頭頂上的蒼天，也不會偏偏照顧哪一個人呀；腳底下的大地，也不會唯獨承載哪一個人啊；這蒼天大地難道就偏偏讓我一個人如此貧困嗎？我左思右想，是誰讓我陷入如此絕境呢？實在不得其解呀。可是，竟然還是讓我陷入這般絕境了，不就是命嗎！』

應帝王第七

『夫無心而任乎自化者，應爲帝王也』，郭象對『應帝王』篇名的這個解釋，近乎瞽說。細讀文本而悉心考察莊子的思想邏輯，所謂『應帝王』者，猶言應有之帝王與應付已有之帝王也。應有之帝王者：『其臥徐徐，其覺于于；一以己爲馬，一以己爲牛』，無須帝王也。因此，『遊无何有之鄉，以處壙埌之野』，作爲莊子的生存理念，則知識的荒原，文化的沙漠，質樸無文的洪荒之世，乃是人類最爲適宜的生存環境。然而歷史的車輪不可逆轉，人類社會不可能重回洪荒之世，帝王的存在已然成爲永遠不可改變的既定事實，唯一可行的便是應付已有之帝王了。當然，應付亦有主動與被動之二法。主動之法曰『避』，被動之法曰『因』。『鳥高飛以避矰弋之害，鼷鼠深穴乎神丘之下以避熏鑿之患』，斯『避』也。而『虛而委蛇，不知其誰何，因以爲弟靡，因以爲波流』，此『因』也。職是之故，亦無庸諱言，無論是應有之帝王，抑或是應付已有之帝王，在莊子的思想深處，實實在在地隱藏著某種抗拒文明、抗拒社會乃至抗拒歷史頹勢的思想傾向。

〔一〕

齧缺問於王倪，四問而四不知。齧缺因躍而大喜，行以告蒲衣子。〔一〕蒲衣子曰：『而乃今知之乎？有虞氏不及泰氏。有虞氏，其猶藏仁以要人；亦得人矣，而未始出於非人。〔二〕泰氏，其臥徐徐，其覺于于；一以己爲馬，一以己爲牛；其知情信，其德甚真，而未始入於非人。』〔三〕

【釋義】

〔一〕**齧缺問於王倪**　齧缺、王倪，莊子虛構的寓言人物，説已見《齊物論》。**四問而四不知**　四問：子知物之所同是乎？一。子知子所不知邪？二。物無知乎？三。至人固不知利害乎？四。行甫按：《齊物論》齧缺所問之事，乃關乎人的認知與感覺。本篇歸納爲『四問而四不知』，則有放逐一切文化與文明而返回洪荒無文之意。**齧缺因躍而大喜**　躍，跳躍。**行以告蒲衣子**　蒲衣子，《天地》、《知北遊》作『被衣』，聲轉之字。

〔二〕**而乃今知之**　而，爾，你。乃，於，之。**有虞氏不及泰氏**　有虞氏，虞舜，居於虞，故以地爲氏。泰氏，成玄英《疏》：『即太昊伏羲也。』行甫按：泰氏，想象中的古代君王，所謂『太昊伏羲』，亦復如此。**有虞氏其猶藏仁以要人**　其猶，副詞連用，尚。藏，懷藏。仁，鄭玄《論語注》：『仁，相人偶，以人意相存問也。』以，猶而。要，約束，要遮，皆是其義。**亦得人**　以束縛而得，乃迫不得已。**而未始出於非人**　而，猶乃。未始，未曾。非人，不相人偶，不以人意相存問。行甫按：非人，猶言不把人當人。

〔三〕**泰氏其卧徐徐** 徐徐，舒緩安適貌。**其覺于于** 于于，自由自在貌。行甫按：于以及從『于』得聲之字，皆有寬鬆迂大之意。**一以己爲馬** 一，猶或。行甫按：一，時間副詞，猶今語有時。以，認爲。爲，是。**一以己爲牛** 行甫按：洪荒無文之世，人與牛馬同羣，自然天放，既無自我意識，亦無物種觀念。**其知情信** 知，認知。情，實也。信，真實。**其德甚真** 德，行爲方式。真，無詐僞。**而未始入於非人** 猶言一切皆無差别。

此乃本篇第一章，言不違反人的自然天性，便是最好的社會。然人類文明既開，自然天放的坦誠與真實，衹在洪荒無文之世。

【繹文】

齧缺向王倪討教，王倪卻四問四不知。齧缺以爲王倪放逐了人類一切認知與文化，高興得歡呼雀躍，奔走相告於蒲衣子。蒲衣子説：『你到現在才明白嗎？有虞氏的時代趕不上泰氏的時代。有虞氏的時代，依然是偷偷地用關懷與愛撫的手段籠絡人心，他的確也收買了不少人，但是在有虞氏的時代，卻從來沒有把人當人。泰氏的時代，人們晚上睡覺舒舒服服，白天起床自由自在。一會兒覺得自己是一匹馬，便與馬羣混在一起；一會兒覺得自己是一頭牛，便與牛羣混在一起。他們的認知簡單而確信不疑，他們的行爲坦誠而天真純樸。在泰氏的時代，從來沒有把人不當人。』

〔二〕

肩吾見狂接輿。狂接輿曰：『日中始何以語女？』〔一〕肩吾曰：『告我君人者以己出經式義度，人孰敢不聽而化諸！』〔二〕狂接輿曰：『是欺德也；其於治天下也，猶涉海鑿河而使蚉負山也。夫聖人之治也，治外乎？〔三〕正而後行，確乎能其事者而已矣。〔四〕且鳥高飛以避矰弋之害，鼷鼠深穴乎神丘之下以避熏鑿之患，而曾二蟲之無知！』〔五〕

【釋義】

〔一〕**肩吾見狂接輿**　肩吾，已見《逍遙遊》。狂接輿，已見《人間世》。**狂接輿曰日中始何以語女**　日，往日。中始，莊子虛構人名。

〔二〕**告我君人者以己出經式義度**　出，制訂。經式義度，劉武《補正》：『焦竑云「經之式，義之度，皆所以正人」，林雲銘云「經常之法式，義理之制度，如三綱五常，皆所以正人也」。二説「義」並如字讀，非不可通。《釋名》「義，裁制事物使各宜也」，《説文》「度，法制也」，亦有裁制義。』**人孰敢不聽而化諸**　聽，服從。化，馴化。諸，猶之乎。

〔三〕**是欺德**　是，此。欺，欺詐。德，行爲。**其於治天下**　其，此，指代經式義度。**猶涉海鑿河而使蚉負山**　猶，如。涉海，猶跨越大海。鑿河，平地鑿河。負，背負。行甫按：三者皆爲難能之事。『涉海』與『鑿河』爲二事。**夫聖人之治也治外乎** 夫，猶且。治外，猶言限制人的行爲，而非提升人的內心。

〔四〕**正而後行** 正，猶止。行甫按：《德充符》既言『唯止能止衆止』，又言『幸能正生，以正衆生』，則『正』與『止』相關互用。『正而後行』者，聖人以『止』爲『正』，猶言端拱而無爲。行，衆人自行。是『功蓋天下而似不自己，化貸萬物而民弗恃』。行甫按：正而後行，猶言君主端拱無爲，而後民人自行其事。**確乎能其事者而已** 確，堅而不可移。能，善。行甫按：能其事，善其事，猶言『聖人之治』不强行有爲而人自善其事。

〔五〕**且鳥高飛以避矰弋之害** 且，況且，讓步假設之詞。矰，音增，帶繩的短箭。弋，音義，以矰射鳥。**鼷鼠深穴乎神丘之下以避熏鑿之患** 鼷（音奚）鼠，小鼠。乎，猶於。神丘，社壇。熏，烟熏。鑿，挖其穴。**而曾二蟲之無知** 而，猶則。曾，此。《廣雅·釋言》：『曾，是也。』之，猶其，且。知，智。

此乃本篇第二章，言試圖以法度禮儀以規範社會人心，猶如涉海鑿河之不可能，衹會讓更多的有識之士或小隱於野乃至大隱於朝了。

【繹文】

肩吾拜見狂人接輿，狂人接輿問肩吾說：『日前，中始跟你談論了些什麼話題呀？』肩吾回答說：『他告訴我：作爲君主統治民人，就是根據自己的意願制訂一系列制度規範與倫理綱常讓他們遵行，他們誰敢不遵守制度法規，誰敢不順應綱常倫理呢？』狂人接輿說：『這根本就是騙人的謊言！用他那一套治理天下，如同跨越大海，平地鑿河，甚至讓蚊子背大山一樣，是絕對不可能的事！

况且，聰明睿智的人治理天下，就是爲了用制度法律與綱常倫理去限制與規範人的行爲嗎？君主端拱無爲於上，而後民人自行其事於下，堅定不移地做到讓天下之人做他們願意做的而不要强迫他們做不願意做的，如此而已！再説了，飛鳥高入雲端不近人羣，是爲了逃避被帶繩的短箭射中的危害；鼷鼠深藏於神壇之下的洞穴之中，是爲了躲避人們烟熏洞口乃至挖鑿洞穴的災難。然而，這二個微不足道的小生命，它們能有什麼智慧呢？』

〔三〕

天根遊於殷陽，至蓼水之上，適遭无名人而問焉，曰：『請問爲天下。』〔一〕无名人曰：『去！汝鄙人也，何問之不豫也！〔二〕予方將與造物者爲人，厭，則又乘夫莽眇之鳥，以出六極之外，而遊无何有之鄉，以處壙埌之野。〔三〕汝又何帠以治天下感予之心爲？』〔四〕又復問。无名人曰：『汝遊心於淡，合氣於漠，順物自然而無容私焉，而天下治矣。』〔五〕

【釋義】

〔一〕**天根遊於殷陽**　天根，莊子虛構人名。遊，觀光。殷陽，殷山南面。**至蓼水之上**　蓼水，水名。**適遭**

無名人而問焉　無名人，亦虚構人名。**請問爲天下**　爲，猶治。行甫按：天根當問『爲天下何術』。話未完，被無名人打斷了。

〔二〕**去**　走開。**汝鄙人**　鄙，淺陋。**何問之不豫**　豫，悦，預。《荀子·大略篇》：『先患慮患謂之豫。』《禮記·學記》：『禁於未發之謂豫。』行甫按：此『豫』兼『悦豫』與『預先』之二義焉，因不『預先』而不『悦豫』。王孝魚校：『世德堂本作預。』行甫按：『豫』與『預』通。

〔三〕**予方將與造物者爲人**　方將，猶當，虚詞連用。爲人，爲偶。**厭**　厭，滿足，厭倦。**則又乘夫莽眇之鳥**　乘，騎。夫，彼。莽眇，王叔岷《校詮》：『大貌。』**以出六極之外而遊无何有之鄉**　六極，天地四方。**以處壙埌之野**　壙埌，音礦浪，虚空貌。行甫按：莽眇，雙聲連綿詞。壙埌，疊韻連綿詞。

〔四〕**汝又何帠以治天下感予之心爲**　帠，孫詒讓《札迻》以爲『叚』字隸變爲『帠』，朱桂曜《證補》以爲『何帠』即『何暇』。行甫按：帠當是篆文『爲』字譌脱之形，傳抄者以譌傳譌而已。感，動，打擾。爲，猶乎。

〔五〕**又復問**　行甫按：天根繼續問尚未問完的話。**汝遊心於淡**　淡，寧静。王叔岷《校詮》：『借爲憺，《廣雅·釋詁四》：「憺，静也。」』**合氣於漠**　漠，清静。《爾雅·釋言》：『漠，清也。』氣，氣息。行甫按：二句互文見義，猶言遊心於無爲之境，同息於清静之場。**順物自然而無容私焉**　物，人。自然，自成。容，含容，隱藏。**而天下治**　而，猶則。

此乃本篇第三章，言最好的社會治理便是無須治理，『順物自然而無容私焉，而天下治矣』，其義也。

【繹文】

一個名叫天根的人在殷山南面觀光，到達蓼水時，恰好碰上一個沒有名字的人，然後在那裏向他討教說：『請問：治理天下——』，天根話還沒說完，便遭到無名人的嚴厲呵斥：『走開！你這個淺陋之人！想問話也不事先看看對象，實在是掃興得很！我當以造物主爲翫伴，跟他要夠了，翫膩了，再去騎上一隻體能碩大無朋的飛鳥，翱翔到天地六合之外，在一片什麼都沒有的地方盡情觀光遊賞，在一片廣闊無垠的曠野之中隨意寢臥休息。你在這個時候又憑什麼用治理天下來打擾我的好心情呢？』天根本想問治理天下用什麼辦法，被無名人打斷了，所以繼續問剛才沒有問完的話。無名人說：『你祇要散放你的心靈於無爲之境，鬆緩你的呼吸於清靜之場，順應蒼生黎民的自然天性，從而不要摻進半點你的個人私意在裏面，那麼天下就太平無事了！』

〔四〕

陽子居見老聃，曰：『有人於此，嚮疾强梁，物徹疏明，學道不勸。如是者，可比明王乎？』〔一〕老聃曰：『是於聖人也，胥易技係，勞形怵心者也。〔二〕且也虎豹之文來田，猨狙之便執斄之狗來藉。如是者，可比明王乎？』〔三〕陽子居蹵然曰：『敢問明王之治。』〔四〕老聃曰：『明王之治，功蓋天下而似不自己，化貸萬物而民弗恃；有莫舉名，使物自

喜；立乎不測，而遊於无有者也。』〔五〕

【釋義】

〔一〕**陽子居見老聃** 陽子居，或説爲戰國時魏人楊朱，主張『拔一毛而利天下不爲』。然此陽子居無此義，其名爲莊子所借而已，猶孔子、老聃之比。**曰有人於此** 於，猶如。**嚮疾强梁** 嚮疾，如嚮之疾，言其敏捷。强梁，强悍果敢。**物徹疏明** 物徹，通解人情。疏明，聰慧明達。**學道不勌** 學道，修道。勌，同倦。**如是者可比明王乎** 比，視，同，猶言符合。

〔二〕**是於聖人也** 是，此。**胥易技係** 胥，有才智。《小雅·桑扈》『君子樂胥』，鄭《箋》：『胥，有才知之名也。』《周禮·秋官·序官》『象胥』，鄭玄注：『胥，其有才知者也。』易，通瘍，病狂也。《説文》『瘍，脈瘍也』，段玉裁注：『脈瘍者，善驚之病也，《漢書》所云易病者，當是瘍之假借。《王子侯表》「樂平侯訢病狂易」。』行甫按：《周禮·閽人》『奇服怪民不入宫』，鄭玄注：『怪民，狂易。』孫詒讓《正義》引《漢書·五行志》載漢成帝綏和二年八月庚申有男子因『病狂易』而帶劍入宫，以證鄭説。是『易』乃『瘍』字之借。技，技能。係，猶今所謂捆綁。行甫按：此『技』卽《養生主》『進乎技矣』之『技』，無須别解。**勞形怵心** 勞，辛勞。形，形體。勞形，因技能所累，故能者多勞。怵，驚。心，精神。怵心，因聰明才智所累，故患狂瘍驚心之症。

〔三〕**且也虎豹之文來田** 且，猶若。文，皮毛有花紋。來，招來。田，捕獵。**猨狙之便執斄之狗來藉** 猨狙，獼猴。便，敏捷。執，抓捕。斄，音離，狸貓。藉，借助，猶言敏捷的猴子被當作戲耍的對象，而能抓捕野貓的狗被當作獵狗役使。**如是者，可比明王乎** 是，指虎豹、猨狙與狗。比，猶同。明王，明智的君王。

〔四〕**蹵然**　驚詫改容貌。**敢問明王之治**　敢，冒昧。

〔五〕**明王之治功蓋天下而似不自己**　蓋，覆蓋。自，猶從。**化貸萬物而民弗恃**　貸，施。萬物，天下。恃，依賴。**有莫舉名**　有，有功績。莫，無人，無事。舉，稱。名，說。**使物自喜**　物，人。自喜，自得其樂。**立乎不測**　立，位，猶處身。乎，於。測，朱桂曜《證補》：『測當訓盡。「立乎不測」，猶言立乎不盡，與下句「遊於无有」相對也。』行甫按：不測之『不盡』，猶言無窮，卽上文『壙埌之野』。**而遊於无有**　遊，猶遊心。行甫按：无有，卽上文『无何有之鄉』。二句亦互文見義，猶上文『遊心於淡，合氣於漠』。

此乃本篇第四章，言治理天下無須『勞形怵心』，明智的治理，不過是清靜無爲，使民自化而已。

【繹文】

陽子居見老聃，說：『有這麼一個人，他才思敏捷，果敢强悍；而且通解人情，聰慧明達；又勤奮好學，孜孜不倦。像他這樣，可以夠得上一個明智的君王嗎？』老聃說：『這種人呀，在聖人看來，他就是因爲聰明才智過人因而患上了驚厥顛狂之症，或者是被才幹和技能綁架了因而最終累垮了身子骨的那種人。比如說，虎豹因爲有漂亮花紋的毛皮便招來人們的捕獵，猿猴因爲身手敏捷便被人捉來耍弄，會捕捉野貓的狗便被人當作打獵的工具來役使。像它們這樣，各有本領與專長，也可以夠得上一個明智的君王嗎？』陽子居驚詫莫名，臉色大變，原來做一個明智的君王竟有這般苦楚，於是說：『斗膽請教一下，明智的君王治理天下，要怎樣做才可避免如此不堪呢？』老聃說：『明智的君王治理天下呀，他功業蓋世但不像是他自己做出來的；教化施行天下蒼生，但黎民百姓並不覺得沒有他就活不下去。天下太平無事，萬民安居樂業，但沒有什麼人歌功頌德。當然，也沒有什麼事值得人們歌功頌德的，他衹是讓天下老百姓喜歡幹什麼就幹什麼罷了。而他自己卻好像處身於一個廣漠無垠的地方，遊心於一個曠無人烟的所在，一無所事，清靜無爲而已。』

［五］

鄭有神巫曰季咸，知人之死生存亡，禍福壽夭，期以歲月旬日，若神。鄭人見之，皆棄而走。〔一〕列子見之而心醉，歸，以告壺子，曰：『始吾以夫子之道爲至矣，則又有至焉者矣。』〔二〕壺子曰：『吾與汝既其文，未既其實。而固得道與？衆雌而无雄，而又奚卵焉！〔三〕而以道與世亢，必信，夫故使人得而相汝！嘗試與來，以予示之。』〔四〕

明日，列子與之見壺子。出而謂列子曰：『嘻！子之先生死矣！弗活矣！不以旬數矣！吾見怪焉，見濕灰焉。』〔五〕列子入，泣涕沾襟以告壺子。壺子曰：『鄉吾示之以地文，萌乎不震不正。是殆見吾杜德機也。嘗又與來。』〔六〕

明日，又與之見壺子。出而謂列子曰：『幸矣子之先生遇我也！有瘳矣，全然有生矣！吾見其杜權矣。』〔七〕列子入，以告壺子。壺子曰：『鄉吾示之以天壤，名實不入，而

機發於踵。是殆見吾善者機也。嘗又與來。』〔八〕

明日，又與之見壺子。出而謂列子曰：『子之先生不齊，吾无得而相焉。試齊，』且復相之。〔九〕列子入，以告壺子。壺子曰：『吾鄉示之以太沖莫勝。是殆見吾衡氣機也。鯢桓之審爲淵，止水之審爲淵，流水之審爲淵。淵有九名，此處三焉。嘗又與來。』〔一〇〕

明日，又與之見壺子。立未定，自失而走。壺子曰：『追之！』列子追之不及。反，以報壺子曰：『已滅矣，已失矣，吾弗及已。』〔一一〕壺子曰：『鄉吾示之以未始出吾宗。吾與之虛而委蛇，不知其誰何，因以爲弟靡，因以爲波流，故逃也。』〔一二〕

然後列子自以爲未始學而歸，三年不出。爲其妻爨，食豕如食人。於事無與親，雕琢復樸，塊然獨以其形立。紛而封哉，一以是終。〔一三〕

【釋義】

〔一〕**鄭有神巫曰季咸**　巫，見鬼神知吉凶者。以其靈驗，故稱爲神巫。曰，名叫。**知人之死生存亡禍福壽夭**　知，預知。**期以歲月旬日若神**　期，指定，斷言。以，猶於。歲，年。旬，由甲至癸十日。若神，應驗不爽。**鄭人見之皆棄而走**　棄，不顧。走，奔逃。郭象注：『不喜自聞死日也。』

〔二〕**列子見之而心醉**　心醉，因羡慕其術以致神情癡迷。**歸以告壺子**　壺子，名林，列子之師。《列子·仲尼》稱壺丘子林。**曰始吾以夫子之道爲至矣則又有至焉者矣**　夫子，壺子。道，道術。至，極。則，猶今。

焉，於是。

〔三〕**吾與汝既其文** 與，授。既，盡。文，淺表。**未既其實** 實，與文相對，實質。**而固得道與** 而，爾，你。固，通顧，反。與，同歟，反詰之詞。行甫按：而固得道與，猶言我僅授爾以文，未授爾以實，爾反以爲得道邪？**衆雌而无雄而又奚卵** 衆雌而无雄，喻僅有多文而無有一實。奚，何。卵，小雞。《説文》『雛，雞子也』，段玉裁注：『卵謂少雞，古者少雞亦曰卵。』焉，如是。行甫按：又奚卵焉，承上文以爲喻，猶言列子學道無所收穫。

〔四〕**而以道與世亢** 而，猶若。以，用。道，既有文亦有實之全道。亢，通抗，對抗，較量。**必信** 信，通伸，王先謙《集解》：『信讀曰伸。』行甫按：王説是，信（伸），猶言得志。**夫故使人得而相汝** 夫故，虚詞連用，故，通顧，反。相，占。所謂相面，相骨法是也。行甫按：三句謂如果以有文有實之全道與世人相對抗，必然得伸其志；而你反而讓人相出你的底細來，猶是學道不精。**嘗試與來** 嘗試，同義複詞，試。與來，與之來。**以予示之** 以，使。示，通視。

〔五〕**明日** 第二天。**列子與之見壺子** 與之，與季咸。**嘻** 自得之詞。**子之先生死矣弗活** 復言之，示其必驗。**不以旬數矣** 數，計也。不過十日。**吾見怪** 怪，異。**見濕灰** 濕灰，灰燼而又濕，絶無生機可言。

〔六〕**列子入泣涕沾襟以告壺子** 沾，濕。以告，以之告。**鄉吾示之以地文** 鄉，通向，剛才。示，現。地文，山川草木，皆地之文。**萌乎不震不正** 萌，始。《漢書·司馬相如傳下》『蓋明者見於未萌』，顔師古注：『萌謂事始，若草木初生者也。』乎，猶於。震，動。正，止。《釋文》：『崔本作不誫不止，云：如動不動也。』行甫按：誫，與『震』通。江南古藏本『正』亦作『止』，『正』與『止』聲同義通。行甫又按：崔譔説是，此言始於不動亦不止。**是殆見吾杜德機** 是，此。殆，大抵。杜，閉。德，行爲。機，通幾，動之微。**嘗又與來** 嘗，試。

〔七〕**幸** 慶幸。**有瘳** 瘳，音抽，病瘉。**全然有生** 生，生機。**吾見其杜權** 杜，閉。權，變。杜權，猶言雖閉而有變。

〔八〕**鄉吾示之以天壤** 天壤，天地相隔。**名實不入** 名實，猶表裏，精粗。入，透入。行甫按：天壤相隔，故表裏精粗皆不可入。**而機發於踵** 機，通幾，動之微。踵，腳後根。**是殆見吾善者機** 善，好也。善者機，猶言向好的方向動了。**嘗又與來** 欲再試之。

〔九〕**子之先生不齊** 齊，通齋。**吾無得而相** 相，占視。**試齊** 試，請。行甫按：試齊，請齋戒入靜。**且復相之** 且，猶於是，順接連詞。復，又。行甫按：且復相之，猶言壺子齋而靜心之後，季咸重新相之。

〔一〇〕**吾鄉示之以太沖莫勝** 沖，搖動。《說文》「沖，涌繇也」，段玉裁注：「繇、搖古今字。涌，上涌也。搖，旁搖也。」勝，猶盛。《素問·瘧論》「陰陽更勝也」，王冰注：「勝，謂强盛於彼之氣也。」行甫按：太沖莫勝，猶言陰陽二氣相互沖激搖蕩，但無一氣强盛於對方。**是殆見吾衡氣機** 衡氣，陰陽二氣平衡。**鯢桓之審爲淵** 鯢，音尼，鯨。桓，盤桓。審，通瀋，深水。淵，停水。《管子·度地》「（水）出地而不流者命曰淵」，是其義。行甫按：鯢桓，猶如太極雙魚圖。故「鯢桓之審」，喻「太沖莫勝」之「衡氣機」，謂陰陽二氣相互均衡。**止水之審爲淵** 行甫按：止水之審，喻「地文」之「杜德機」，謂生機閉藏不動不止。**流水之審爲淵** 行甫按：流水之審，喻「天壤」之「善者機」，謂生機有所流動。**淵有九名** 九，言其多，非實數。說見汪中《釋三九》。僞《列子》誤讀莊子，乃實之以「九淵」之名。**此處三焉** 處，居。**嘗又與來** 欲重試之。

〔一一〕**立未定** 立，通位，立未定，猶言尚未落座。**自失而走** 自失，坐立不安，進退失據。成玄英《疏》

『奔逸而走也』，讀『失』爲『佚』。**壺子曰追之列子追之不及** 及，趕上。**已滅** 滅，不見蹤跡。**已失** 失，不知去向。**吾弗及已** 已，通矣。

〔一二〕**鄉吾示之以未始出吾宗** 未始，不曾。宗，本，主。**吾與之虛而委蛇** 委蛇，音亦，順從。**不知其誰何** 誰，何人。何，幹什麼。**因以爲弟靡** 以，猶與。弟，夷字之譌（奚侗說）。夷，平。靡，倒伏。夷靡，隨之俯仰。**因以爲波流** 波流，隨波而流。**故逃也** 不得而相，故逃。

〔一三〕**然後列子自以爲未始學而歸** 未始，未曾。行甫按：自以爲未始學而歸，言列子盡棄其學而歸。所以然者，一則爲『審』爲『淵』者多，上下之間各使機巧，相勝相克，不欲立身於險途。二則學而爲己，不欲『以道與世亢』而求『信』。**三年不出** 不出，杜門。**爲其妻爨** 爨，生火炊飯。爲妻炊爨，則家內之事，與天下不相干。**食豕如食人** 人豕無所分別，一團和氣。**於事無與親** 親，近。行甫按：三年不出云云，不與世事，不欲立身於機巧勝克的險途。**雕琢復樸** 雕琢，文飾。復，返還。樸，原木。**塊然獨以其形立** 塊然，獨立之貌。獨，祇，僅。以其形立，內無道術。行甫按：雕琢復樸云云，言盡棄其所學，不欲『以道與世亢』。**紛而封哉** 紛，韜藏。《說文》：『紛，馬尾韜也。』《釋名·釋車》：『紛，放也。防其放弛以拘之也。』封，封藏，緘固。行甫按：紛而封哉，猶言封閉自己，與世隔絕。**一以是終** 一，猶乃，皆。是，指『紛而封』的狀態。終，盡，終身。行甫按：或據崔譔本改『哉』爲『戎』，以與『終』爲韻，不知韻在『封』與『終』。崔本作『戎』，乃『哉』之誤字，不可從。古今各家釋義皆非。

此乃本篇第五章，以壺子應對神巫季咸的寓言，言帝王之術卽使如何神祕莫測，總有窺破其祕而技窮之時。且招招以行之於上，必有冥冥之策應之於下。且列子亦於壺子與季咸之鬬智鬬法，深感失望與厭倦，從而盡棄其學而歸，『雕琢復樸，塊然獨以其形立』。從此遠離塵世，自我雪藏，『紛而封哉，一以是終』，再也不願與聞人世之間任何權謀與譎詐。

【繹文】

鄭國有一位相術頗爲靈驗的巫師名叫季咸，他能預判人的生死禍福乃至壽命長短，斷定期限能夠準確到某年某月某旬某日，無不應時而驗，簡直就像神人一樣。鄭國人見了他便害怕，個個扭頭便跑，深怕被他說出什麼讓人忌諱的事情來。列子見了他卻羨慕不已，對他的相術心醉神迷。回來後，便將此人此事告訴他的老師壺子，還說：『我以前覺得先生您的道行已經是至高無上的了，現在看來，在這個行當里面，又出現最高的人了。』壺子說：『我教授給你的道術，祇是盡其皮毛，還沒有盡其精髓。你反而以爲真得了道術嗎？祇知皮毛，不懂精髓，哪裏會有什麼成就呢？這就跟僅有一大羣母雞而沒有公雞不可能有小雞是一樣的道理。如果你用真正的道術去與天下人較量，你必定所向披靡，無往不勝；反而讓人給相出了你的底細，足見你學道不精！好吧，你把他帶來試試，拿我讓他好好瞅瞅。』

第二天，列子便把季咸帶來見壺子。出門之後，季咸對列子說：『哎呀！你的老師要死了，活不成了！不出十天了。我在他身子裏看出了怪異的東西，看到的是一堆濕灰，絕無活的可能了。』列子送走季咸，進門之後，把事情告訴了壺子，哭得眼淚都霑濕了衣大襟。壺子說：『剛才我給他看的是地文，山川草木還處在不動也不止的初始階段，這大概是見到我閉塞活動機能的狀態了。再讓他來試試。』

第二天，列子又帶他來見壺子。出門後季咸對列子說：『你的老師很幸運地遇上我了。症狀有所痊癒了，完全有生的希望了。我已經見到他的閉塞狀態有所鬆動了。』列子進門，將季咸的話轉告給壺子。壺子說：『剛才我給他看的是天壤，天地相隔，任何東西無論表裏精粗，都不可透入，而且我是有意將生命活動從腳後根上微微發動。這大概是他看到我的生命活動在向好的方向變化了。再讓他來試試吧。』

次一日，列子又帶季咸來見壺子。季咸出門後又對列子說：『你的老師沒有齋戒入靜，在這種狀態下，我沒有辦法爲他看相了。還是請他齋戒入靜吧。』然後季咸又相了壺子一次。於是列子進去把季咸看相的結果告訴了壺子。壺子說：『我剛才給他看的是陰陽沖涌無所偏勝，這大概是看到我平衡的氣息變動。如果用平停的深水池來作比喻，這個陰陽沖涌無所偏勝的氣息變動狀態，就好比是有鯨鯢盤旋相逐的深水池；那個不動不止閉塞活動機能的狀態，就好比是靜止不流的深水池；那個生命活動發於腳根而體能有所好轉的狀態，就好比是有所流動的深水池。各種不同名稱的深水池共有九個，這裏衹佔了三個。讓他再來試試吧。』

次一日，列子再一次帶季咸來見壺子。剛一進門，尚未落座，季咸便神情不安，進退失據，於是便奪門而逃。壺子說：『把他追回來！』列子急忙追趕，但還是沒有追上。列子回來報告壺子說：『已經看不見他的蹤跡了，已經逃得不知去向了，我怎麼也追不上他了。』壺子說：『剛才我給他施的是障眼法，讓他看不出我的底細。我祇是與他虛與周旋，他既看不出我是誰，也看不出我在幹什麼。因此要麼我就與他玩仰臥起坐的遊戲：他的眼光掃過來，我就爬下躺平；他的眼光挪過去，我又抬起身子坐起來。要麼我就與他玩游龍戲水的勾當，他的眼光快要接觸到我時，我便潛到水裏去；待他尋我不得時，我便浮出水面來。就用這種辦法挑逗耍弄他，所以他祇好逃跑了。』

經過這事之後，列子翻然悔悟，於是盡棄其學，拜別老師回家了。再也不問世事，三年不出家門。祇是爲他老婆燒火做飯，幹幹家務活；喂豬就像養人一樣，格外心平氣和，也從來不過問外面的事情。把過去在壺子那裏學得的道術忘得一乾二淨，完全回到他學道以前的狀態，內心裏一片空白，僅如一塊行屍走肉了。他就這樣把自己裝在套子裏完全封藏起來，平平淡淡地過了一輩子。

〔六〕

无爲名尸，无爲謀府；无爲事任，无爲知主。〔一〕體盡无窮，而遊无朕；盡其所受乎天，而无見得，亦虛而已。〔二〕至人之用心若鏡，不將不迎，應而不藏，故能勝物而不傷。〔三〕

南海之帝爲儵，北海之帝爲忽，中央之帝爲渾沌。〔四〕儵與忽時相與遇於渾沌之地，渾沌待之甚善。〔五〕儵與忽謀報渾沌之德，曰：『人皆有七竅以視聽食息，此獨无有，嘗試鑿之。』〔六〕日鑿一竅，七日而渾沌死。〔七〕

【釋義】

〔一〕**无爲名尸**　无，毋。名，名聲。尸，主。行甫按：尸乃代爲受祭者。名尸，猶言名聲的代受者。**无爲謀府**　謀，謀略。府，府庫。**无爲事任**　任，承擔。行甫按：事任，猶事之任。**无爲知主**　知，智慧。行甫按：知主，智慧之主。行甫又按：此四句總冒本節下文兩個不同敘述對象。

〔二〕**體盡无窮**　體，主體。行甫按：此『體』字就心神言，略當於今所謂主體人格或主體精神。盡，猶進，說見《齊物論》『其行盡如馳』釋義。无窮，猶無始無終，無邊無際之道。**而遊无朕**　遊，精神之遊。朕，縫隙。段玉裁《說文》『朕』字條注曰：『朕在舟部，其解當曰舟縫也。戴先生曰「舟之縫理曰朕，故札續之縫亦謂之朕」，所以補許書之佚文也。本訓舟縫，引伸爲凡縫之偁。』无朕，無縫隙。行甫按：无朕與『无窮』相互補充，猶言無始無終，連綿相續，無縫無際。**盡其所受乎天**　乎，於。行甫按：盡其所受乎天，猶言『盡其天年』。**而无見得**　見，現。得，德。行甫按：德本指個人的行爲表現，就君王而言，則指治國舉措。**亦虛而已**　亦，特。虛，虛寂無爲。行甫按：此九句就應有之帝王言。

〔三〕**至人之用心若鏡**　至人，精神境界高遠超邁者。用心若鏡，將心當作鏡子一樣使用。**不將不迎**　將，送往。迎，迎來。**應而不藏**　應，應付，應對。藏，收藏。**故能勝物而不傷**　勝，任。行甫按：勝物，總言『不將不迎，應而不藏』之義，猶言任物之來而自照，任物之往而不藏。不傷，不會傷害自己。行甫按：此四句就應付已有之帝王而言。

〔四〕**南海之帝爲儵**　南海，南方極邊遠之地。爲，謂。儵，音書，帝之名曰儵。**北海之帝爲忽**　北海，北方極邊遠之地。忽，帝之名曰忽。行甫按：儵與忽，皆取疾速之義，喻忙碌而有爲。**中央之帝爲渾沌**　渾沌，無孔竅，即無感官，無知覺，喻無知無識。

〔五〕**時相與遇** 時，時時。遇，會。**待之甚善** 待，猶待。善，猶言周到體貼。

〔六〕**謀報渾沌之德** 謀，商量。報，報答。德，恩惠。**皆有七竅以視聽食息** 竅，孔道。息，呼吸。**此獨无有** 獨，特。**嘗試鑿之** 嘗試，試。鑿，開通。

〔七〕**日鑿一竅** 日，每日。**七日而渾沌死** 七日，七竅鑿通。

此乃本篇第六章，上下兩節，意聯文不聯。上言無智無爲之益，下言有智有爲之殤。

【繹文】

不要成爲名聲的代受者，不要成爲謀略的倉府庫，不要成爲事務的承擔者，不要成爲智慧的主人翁。主體進入無始無終，無邊無際的精神空間，暢遊於無限高遠而超邁的道的境界；無思無慮，無災無難，盡享受之於天的自然壽命，並且不要展露任何才德，更不能在治理天下方面自以爲是，因而不過是虛寂無爲，任其自化而已。這便是作爲帝王所應有的表現。至於境界高遠的有道之士，沒有任何主觀的好惡，他運用心智就像鏡子一樣，任物自照，來而不迎，去也不送，應付自如而纖塵無染。所以境界高遠的有道之士，也應該遺世高蹈而任物之自然，從而也不會受到絲毫的傷害。這便是應付已有帝王的最好辦法。

南方極爲邊遠的地方有一個帝王名叫儵，北方極爲邊遠的地方有一個帝王名叫忽，地處中央的帝王名叫渾沌。儵忽二帝時時在渾沌的中央之地相會晤，渾沌之帝照顧他們非常周到體貼。儵忽二帝商量報答渾沌帝的恩德，他們説：『人都有七個孔道用來看和聽以及吃飯和呼氣，唯獨這個渾沌帝沒有，我們試著給他鑿出來吧。』於是，他們每天給渾沌帝鑿通一個孔道，到第七天鑿完最後一個時，渾沌便被他們鑿死了。

外篇

今傳本《外篇》共十五篇，成玄英《莊子序》説，『《內篇》明於理本，《外篇》語其事跡』，『自《外篇》以去，則取篇首二字爲其題目』。除卻成氏所言之外，《外篇》各文主題比較繁蕪，不像《內篇》主旨相對集中，此其一。《外篇》發揮《內篇》思想，但多有『見之弗逮，求肖而不能』（王夫之《莊子解》）之弊，此其二。然而或以爲《外篇》皆非莊子之書，則不免疑之太過。

外篇

駢拇第八

駢拇，以篇首二字爲題。本篇認爲以仁義爲核心的文明理念與人的自然本性相衝突，倡導仁義道德，會給人類自身帶來無窮後患；惑於仁義與惑於名利，同樣喪失人的自然本性。本篇乃内篇《大宗師》『意而子章』及《應帝王》首章的緒餘。

〔一〕

駢拇枝指，出乎性哉！而侈於德。附贅縣疣，出乎形哉！而侈於性。〔一〕多方乎仁義而用之者，列於五藏哉！而非道德之正也。〔二〕是故駢於足者，連無用之肉也；枝於手者，樹無用之指也；多方駢枝於五藏之情者，淫僻於仁義之行，而多方於聰明之用也。〔三〕

是故駢於明者，亂五色，淫文章，青黄黼黻之煌煌非乎？而離朱是已。〔四〕多於聰者，亂五聲，淫六律，金石絲竹、黄鐘大吕之聲非乎？而師曠是已。〔五〕枝於仁者，擢德塞性以收名聲，使天下簧鼓以奉不及之法非乎？而曾、史是已。〔六〕駢於辯者，累瓦結繩，竄句〔棰辭〕，遊心於堅白同異之間，而敝跬譽無用之言非乎？而楊、墨是已。〔七〕故此皆多駢旁枝之道，非天下之至正也。〔八〕

【釋義】

〔一〕**駢拇枝指**　駢，連，合。拇，足大指。駢拇，足大指與二指相連而合爲一指。枝，歧。枝指，手大拇指傍生一指而成六指。**出乎性哉**　乎，於。性，生。**而侈於德**　侈，多餘。德，功用。行甫按：古人言『德』，就人言，言其品行；就物言，言其功用。『駢拇枝指』雖出天生，但就功用而言，純屬多餘，故曰『侈於德』。**附贅縣疣**　附贅縣疣，已見《大宗師》。**出乎形哉**　形，形體。**而侈於性**　性，生。行甫按：贅瘤膿腫，雖出於形體之上而生，但對於生命本身而言，亦爲多餘。

〔二〕**多方乎仁義而用之者**　方，道術。用，行。**列於五藏哉**　列，分布。藏，通臟。楊樹達《拾遺》：『仁義列於五藏者，《白虎通·性情》篇云：「肝仁，肺義，心禮，腎智，脾信」也。此蓋周季學士通行之說，故莊子稱之。』**而非道德之正也**　道德，行爲規範。正，本。

〔三〕**是故駢於足**　是故，因此。**連無用之肉**　連，合。**枝於手者**　枝，歧。**樹無用之指**　樹，立。**多方駢枝於五藏之情**　多方，猶言多途。行甫按：或以爲『多方』二字爲衍文，非。此指『多方乎仁義』而『列於五藏』而言，『駢枝』二字承上文『駢於足』與『枝於手』之比喻，故曰『多方駢枝』。情，實。**淫僻於仁義之行**　淫僻，淫濫邪僻。行，用。**而多方於聰明之用**　而，猶如，若。多方，馬其昶曰：『方、旁古通用。「多方」二字平列。』

行甫按：馬氏之說本指上文『多方乎仁義而用之者』而言，然詳上下文意，施之於彼則不妥，解之於此則甚安。此『多方』與上文『駢枝』、『淫僻』爲對文，下文亦以『駢』、『多』、『枝』、『駢』相對爲文，而結曰『多駢旁枝』，即是其證。聰，耳。明，目。用，行。

〔四〕**駢於明** 駢，猶多，侈。明，猶目。**亂五色** 五色，青、黄、赤、白、黑。**淫文章** 文章，以各種色彩調配而成的花紋。**青黄黼黻之煌煌非乎** 青黄，代色彩。黼黻，代圖案。煌煌，光彩奪目貌。非，不是。**離朱是已** 《釋文》引司馬云：『黄帝時人，百步見秋毫之末。一云：見千里針鋒。《孟子》作離婁。』行甫按：朱與婁，古皆爲舌頭音。是已，猶是矣。行甫按：是與非相對，『非乎』，不是嗎？可離朱『是』之。俞樾《平議》讀『而』爲『如』，則離朱爲色彩矣，誤。

〔五〕**多於聰者** 多，猶侈。聰，猶耳。**亂五聲** 五聲，宫、商、角、徵、羽五度音高。**淫六律** 六律，黄鐘、大呂、姑洗、蕤賓、無射、夾鐘之六種音律。**金石絲竹黄鐘大呂之聲非乎** 金石絲竹，代樂器。古代樂器用八種材質製作，另四種爲土匏木革，分别爲鐘、磬、琴、簫管、塤、葫蘆絲、柷梧、鼓。黄鐘大呂，代樂調。**而師曠是已** 師曠，晉國樂師。

〔六〕**枝於仁者** 枝，猶多，旁。**擢德塞性以收名聲** 擢，拔高。德，品行。性，生。收，收獲；收名聲，猶言沽名釣譽。**使天下簧鼓以奉不及之法非乎** 簧鼓，簧以吹，鼓以擊，猶言吹吹打打，熱熱鬧鬧。奉，承用。不及，達不到，不可企及。法，猶言規範、準則。**而曾史是已** 曾，曾參，孔門弟子。史，史鰌，衛國大夫。《釋文》：『曾參行仁，史鰌行義。』

〔七〕**駢於辯者** 辯，爭辯。**累瓦結繩** 累瓦，《釋文》：『瓦當作丸。』累丸，累疊彈丸爲戲，以累疊多者爲勝。結繩，小兒遊戲，今之鄉俗稱爲『翻叉』。以繩索爲工具，交叉挽繫於手指之間，成各種形狀；讓對方以手指撥翻過去，變爲另一交叉形狀，以繩不死結爲勝。如此反覆撥翻，繩死結於誰手，誰卽爲輸家。行甫按：累丸結繩，言辯者之徒，逞口舌之快，猶小兒遊戲，不足挂齒。**竄句［棰辭］**　竄句，穿鑿文句。王叔岷《校詮》：『敦煌唐寫本《釋文》「竄句」下有「棰辭」二字，是也。「累丸結繩，竄句棰辭」，文正相偶。《後漢書·張衡傳》注引此作「竄句籍辭」，「籍辭」猶「措辭」。』行甫按：竄句棰辭，猶言穿穴於文句，錘鍊於言辭。**遊心於堅白同異之間**　遊心，猶言浪擲心力。堅白同異，辯者論題。《齊物論》、《德充符》言惠施等『以堅白之昧終』、『以堅白鳴』，《天下》言墨徒『以堅白同異之辯相訾』。**而敝跬譽無用之言非乎**　敝跬，《釋文》：『司馬云：「罷也。」一云：分外用力之貌。』譽，稱揚。**而楊、墨是已**　楊，楊朱。墨，墨翟。

〔八〕**多駢旁枝之道**　多駢旁枝，四字義同，多，侈。道，猶言做法。**非天下之至正**　至正，猶言終極根本。

此乃本篇第一章第一節，言以仁義爲核心的價值觀念，如同駢拇與枝指，不能代表人的自然本性。而五色文章，五聲六律，乃至堅白同異之辯，楊墨是非之爭，皆屬人類文明的過限行爲，亦無異於人體之有駢拇與枝指。

【繹文】

連指與六指，的確是從娘胎裏帶出來的，可它們對於指頭的功用來說卻完全是多餘的。贅瘤和膿腫，的確是從身體上長出來的，可它們對於人的生命來說也完全是無用的。採取各種方式推行仁義作爲教化的手段，把它們分別與人的五臟肝肺心腎脾相提並論，但它們並不能作爲人的思想意識及其行爲規範的根本。所以說，腳上的連指，不過是連在一起而毫無用處的一塊肉罷了。手上的六指，也不過是多樹了一根毫無用處的指頭而已。想方設法在五臟的實際功用之外增加仁義，讓人們過分地信奉仁義從而走向了邪路，如同在正常的聽覺與視覺之外，給耳朵與眼睛增加某個多餘的功能一樣，毫無用處。

因此，對於眼睛的視覺功能來說，那些混雜五彩，過分調色，製造出各種絢麗的色彩與怪異的圖案讓人眼花繚亂的事情，不對是吧？可是卻得到離朱的大加肯定了。對於耳朵的聽覺來說，那些混雜五音，濫用六律，用各種不同樂器演奏出各種不同的旋律來衝擊人們的聽覺，這種事情不對是吧？可是師曠卻認爲絕對是正確的。對於人的正常行爲方式來說，不必要地提倡仁義的説教，過分拔高人的行爲規範，窒息人的正常生命，借此作爲沽名釣譽的手段，讓天下之人都來搖脣鼓舌，吹吹打打地鼓噪吹噓這種讓人不可企及的行爲標準，這不是坑人的事嗎？可是曾參與史鰌之流卻非常賣力。對於正常的辯論來說，那些穿鑿文句，錘鍊語辭，就像要把式疊彈丸、小兒玩結繩遊戲，把心思浪擲在什麼堅呀白呀、什麼同呀異呀之類的無聊爭論，浪費精力爭論這些毫無實用的話題，這種做法不對是吧？可楊朱和墨翟之徒卻是樂此不疲的。因此，所有這些做法，都是如同連指與六指一樣多餘無用的勾當，究竟不是天下人生的終極根本。

彼正正者，不失其性命之情。故合者不爲駢，而枝者不爲跂；長者不爲有餘，短者不爲不足。〔一〕是故鳧脛雖短，續之則憂；鶴脛雖長，斷之則悲。故性長非所斷，性短非所續，無所去憂也。〔二〕意仁義其非人之情乎！彼仁人何其多憂也？〔三〕

且夫駢於拇者，決之則泣；枝於手者，齕之則啼。〔四〕二者，或有餘於數，或不足於數，其於憂一也。〔五〕今世之仁人，蒿目而憂世之患；不仁之人，決性命之情而饕貴富。〔六〕故意仁義其非人情乎！自三代以下者，天下何其囂囂也？〔七〕

【釋義】

〔一〕**彼正正者**　正正，上『正』字乃『至』字之誤（俞樾《平議》）。**不失其性命之情**　其，猶於。性命，猶生命。情，實。**合者不爲駢**　爲，謂。駢，連指。**枝者不爲跂**　枝，歧。《說文》：『枝，木別生條也。』跂，同枝，歧。《說文》『跂，足多指也』，段玉裁注：『跂蓋俗體。』王叔岷《校詮》：『「枝者不爲跂」，當作「岐者不爲枝」，與「合者不爲駢」對言。』**長者不爲有餘**　長者當長。**短者不爲不足**　短者當短。

〔二〕**鳧脛雖短續之則憂**　鳧，野鴨。脛，小腿。續，猶增加。則，猶乃。憂，亦悲。**故性長非所斷性短非所續**　性，猶天生。《禮記·中庸》『天命之謂性』，是其義。**無所去憂也**　所，可。去，去掉。行甫按：無所去憂，猶言無可去之憂，亦卽無憂可去。

〔三〕**意仁義其非人之情乎**　意，抑，表猜度之疑詞。《釋文》『意，又作醫。』說見王引之《經傳釋詞》。其，猶乃。**彼仁人何其多憂也**　其，猶爲。多，增加。憂，憂勞，憂患。行甫按：仁義非人之本性，故爲之者多憂勞。仁義非人之本性，不能爲之者多，故仁人以爲憂患。

〔四〕**且夫駢於拇者決之則泣** 且夫，更端之詞。決，斷開。**枝於手者齕之則啼** 齕，音禾，咬傷。

〔五〕**二者** 駢拇與枝指。**或有餘於數** 枝指，於數多於五。**或不足於數** 駢拇，於數少於五。**其於憂一也** 其，此。一，相同。

〔六〕**今世之仁人蒿目而憂世之患** 蒿，通眊，章太炎《解故》：『蒿借爲眊，猶蓫字今作耄。《說文》「眊，目少精也」，《孟子章句》「眊者，蒙蒙目不明之貌」，憂勞者多秏損，故令目眊。』**不仁之人決性命之情而饕貴富** 決，潰決。饕，貪。行甫按：上句爲果，下句爲因。

〔七〕**故意仁義其非人情乎** 故，因此。意，揣度。其，殆。**自三代以下者** 自，若。三代，夏殷周。**天下何其囂囂** 其，爲。囂囂，衆口憂愁而喧嘩貌。《釋文》：『崔云：憂世之貌。』行甫按：何其囂囂，與『何其多憂』同義，崔譔之說義較長。王叔岷《校詮》引奚侗說：《小雅·十月之交》『讒口囂囂』，《漢書·劉向傳》作『嗸嗸』，嗸卽嗷，《說文》『嗷，衆口愁也』，是其證。

此乃本篇第一章第二節，言仁義的價值觀念如同駢拇枝指不合人的本性，但後患卻難以消除，因爲有了仁義的價值尺度，仁人便多了『憂世之患』。

【繹文】

那個終極根本，就是不至於喪失生命的自然本性。因此，本該連在一起的便不能叫作連指，本該分開來的便不能叫作歧指；本該是長的不能叫作多餘，本該是短的也不能叫作欠缺。所以說，野鴨的小腿雖然短，人爲給它加長，它就愁苦了；白鶴的小腿雖然長，如果把它截短了，它就悲痛了。因此，本身是長的就不可人爲地截短它，本身是短的就不可强行地加長它，這樣便不會有愁苦，當然也就無所謂愁苦須去掉了。大概把仁義作爲人的行動準則不符合人的本性吧，否則，那些所謂仁人爲什麽會有那麽多的憂勞與愁苦呢？

再説了，長在腳上的連指，强行把它分開，便疼痛難忍，涕泣漣漣；生在手上的六指，不小心咬到它了，也會痛得啼哭起來。這兩樣東西，一個是多於五指，一個是少於五指，但它們給人帶來的愁苦卻是完全一樣的。當今之世，那些仁義之人，深怕世人少了仁義，勞精傷神地推行仁義。而那些不仁不義的人，卻又大肆放縱人的貪婪之情，不要命地貪求富貴。這兩種人都偏離了人的終極根本。由此可見，大概仁義這東西確實不符合人的終極根本吧，要不然的話，比如説打從夏殷周三代以來，天下之人爲什麽總是在憂心忡忡之中喧鬧不休地過日子呢？他們不是勞精傷神地鼓吹仁義，便是滿心愁苦地反對不仁義。

〔二〕

且夫待鉤繩規矩而正者，是削其性者也；待繩約膠漆而固者，是侵其德者也；屈折禮樂，呴俞仁義，以慰天下之心者，此失其常然也。〔一〕天下有常然。常然者，曲者不以鉤，直者不以繩，圓者不以規，方者不以矩，附離不以膠漆，約束不以纆索。〔二〕故天下誘然皆生而不知其所以生，同焉皆得而不知其所以得。故古今不二，不可虧也。〔三〕則仁義又奚連連如膠漆纆索而遊乎道德之間爲哉，使天下惑也！〔四〕

【釋義】

〔一〕**且夫待鉤繩規矩而正者**　且夫，且，若。待，需。鉤，曲尺。**是削其性者也**　削，奪。**待繩約膠漆而固**　約，束。**侵其德**　侵，奪。德，品性，與性爲互文。**屈折禮樂**　屈折，屈體折腰。**呴俞仁義**　呴俞，猶吹噓。行甫按：《釋文》云本又作『傴呴』，亦《大宗師》『於謳聞之玄冥』之『於謳』。《刻意》『吹呴呼吸』，是其義。**以慰天下之心**　慰，怨怒，鬱悶。《說文》：『慰，一曰恚怒也。』《小雅·車舝》『以慰我心』，《釋文》：『慰，怨也。王申爲怨恨之意。《韓詩》作「以慍我心」，慍，恚也。』錢穆《纂箋》：『吳汝綸曰：「慰，鬱也。見《外物》篇釋文。」』行甫按：禮樂仁義，非人本性所有，皆由外加，故使天下人心怨恚而鬱悶。**此失其常然**　其，猶於。常，通當。《韓非子·十過》『願聞古之明主得國失國何常以』，《說苑·反質》『常』作『當』。《史記·儒林列傳》『當與計偕詣太常』，《漢書·儒林傳》『當』作『常』。

〔二〕**天下有常然**　常，當。**常然者曲者不以鉤**　以，用。鉤取曲。**直者不以繩**　繩取直。**圓者不以規**　規取圓。**方者不以矩**　矩取方。**附離不以膠漆**　離，麗。附離，猶粘合。**約束不以纆索**　約束，捆綁。纆，亦繩索。

〔三〕**故天下誘然皆生而不知其所以生**　誘，進，遂；誘然，蓬勃貌。其，猶於。所以，何以。**同焉皆得而不知其所以得**　同，通侗，無知貌。王叔岷《校詮》：『「同焉」猶「侗然」。』得，得志。行甫按：『生』就生命言，『得』就心志言。**故古今不二** 不二，古今當然之理皆同。**不可虧也** 虧，損。

〔四〕**則仁義又奚連連如膠漆纆索而遊乎道德之間爲哉** 奚，何。連連，攜手並肩，連續不斷。遊，遊蕩。道德，行爲規範。爲哉，皆句末語氣詞。**使天下惑** 惑，迷失，猶言無所適從。

此乃本篇第二章第一節，言人的自然本性無須仁義的價值規範，因而以仁義爲道德價值，令人無所適從，是使天下多惑。

【繹文】

而且如果需要用曲尺、繩墨、圓規、矩尺才能有所矯正的話，這就是削奪本性的行爲；需要用繩索與膠漆才能加固的話，這也是侵害本性的行爲。屈體彎腰恭行禮樂，搖脣鼓舌吹噓仁義，因而使天下人心怨忿鬱悶，這就是忘記了天下理所當然的原則。天下是存在著理所當然的原則的。理所當然的原則就是：彎曲的不需要用曲尺，正直的不需要用繩墨，圓的不需要用圓規，方角的不需要用矩尺，粘附在一起的不需要用膠漆，捆綁在一起的不需要用繩索。所以天下所有人都能夠蓬蓬勃勃地順利生長卻不知道爲什麼能夠順利生長，所有的人都不知不覺地如願以償卻不知道爲什麼能夠如願以償。因此，天下理所當然的原則，從古到今都是沒有變化的，更不會有什麼虧損。那麼仁義的幽靈又怎麼可以成羣結隊地遊蕩在人世之間，如同膠漆繩索一樣對人們的思想行爲作道德綁架，讓天下人像中了邪一樣迷失方向而無所適從呢？

夫小惑易方，大惑易性。〔一〕何以知其然邪？自虞氏招仁義以撓天下也，天下莫不奔命於仁義，是非以仁義易其性與？〔二〕

故嘗試論之，自三代以下者，天下莫不以物易其性矣。〔三〕小人則以身殉利，士則以身殉名，大夫則以身殉家，聖人則以身殉天下。〔四〕故此數子者，事業不同，名聲異號，其於傷性以身爲殉，一也。〔五〕臧與穀，二人相與牧羊而俱亡其羊。問臧奚事，則挾筴讀書；問穀奚事，則博塞以遊。二人者，事業不同，其於亡羊均也。〔六〕伯夷死名於首陽之下，盜跖死利於東陵之上，二人者，所死不同，其於殘生傷性均也，奚必伯夷之是而盜跖之非乎！〔七〕天下盡殉也，彼其所殉仁義也，則俗謂之君子；其所殉貨財也，則俗謂之小人。〔八〕其殉一也，則有君子焉，有小人焉；若其殘生損性，則盜跖亦伯夷已，又惡取君子小人於其間哉！〔九〕

【釋義】

〔一〕**夫小惑易方** 夫，若。易，變。方，方向。**大惑易性** 性，本性。

〔二〕**何以知其然邪** 以，用。**自虞氏招仁義以撓天下** 自，從。虞氏，當爲有虞氏，虞舜。王夫之《莊子解》作『自有虞氏招仁義』，是。招，揭，高舉。撓，擾亂。**天下莫不奔命於仁義** 奔命，猶言赴命。《左傳》哀公六年『未臣而有伐之，奔命焉』，孔穎達《正義》：『言「奔命」，則有命乃奔之。』於，爲。行甫按：奔命於仁義，猶言爲仁義而赴命。**是非以仁義易其性與**　是，此。與，同歟，反問語氣詞。

〔三〕**故嘗試論之**　故，今。嘗試，同義複詞，猶試。論，辯，議。**自三代以下者**　三代，夏殷周。**天下莫不以物易其性**　物，外物。

〔四〕**小人則以身殉利**　則，猶乃。以，用。殉，猶追逐。《釋文》：『司馬云：營也。崔云：殺身從之曰殉。』**士則以身殉名**　士，王叔岷《校詮》：『《白帖》引此文一作「烈士徇名」，「小人」與「烈士」對言，猶《伯夷列傳》「貪夫」與「烈士」對言也。』**大夫則以身殉家**　大夫，朝廷官員。家，家邑。《周禮·載師》『家邑之田任稍地』，鄭玄注：『大夫之采地。』**聖人則以身殉天下**　聖人，聰明智慧者。殉天下，猶言追逐王業。

〔五〕**故此數子**　數子，上述四種人。**事業不同**　事業，事，同義複詞。**名聲異號**　名聲，名號。號，稱。**其於傷性以身爲殉**　傷性，傷害本性。**一也**　一，無別。

〔六〕**臧與穀**　臧，猶奴僕。《釋文》：『崔云：《方言》云「齊之北鄙，燕之北郊，凡民男而壻婢謂之臧」，張揖云「壻婢之子謂之臧」。』穀，孺子。**二人相與牧羊而俱亡其羊**　與，共。俱，同。亡，走失。**問臧奚事**　奚，何。事，爲。**則挾筴讀書**　則，猶乃。挾，猶持。筴，簡冊。《國語·魯語上》『使書以爲三筴』，韋昭注：『筴，簡書也。』行甫按：王先謙《集解》讀『筴』爲《左傳》文公十三年『繞朝贈之以策』之『策』，杜預注：『策，馬檛。』可備一說。**博塞以遊**　博塞，通簙簺，棋類遊戲。《說文》『簙，局戲也，六箸十二棊也。古者烏曹作簙。簺，行棊相塞謂之簺。』**二人者**　者，也。**事業不同其於亡羊均**　均，等，同。

〔七〕**伯夷死名於首陽之下**　伯夷，殷末孤竹君之子。死名，爲名而死。首陽，首陽山，《釋文》：『山名，在河東蒲坂縣。』**盜跖死利於東陵之上**　盜跖，兇人。《一切經音義》八五引《莊子》云『盜跖者，兇人名也，展季之弟也。』東陵，《釋文》：『李云：謂泰山也。一云：陵名，今名東平陵，屬濟南郡。』**二人者所死不同**　所，所以；所猶何，所以，猶何以。**其於殘生傷性均**　其，此。殘，害。傷，損。**奚必伯夷之是而盜跖之非**　奚，何。之，猶爲。

〔八〕**天下盡殉**　盡，皆。殉，以身相從。**彼其所殉仁義**　彼其，彼，代詞連用。所，猶若，或。**則俗謂之君子**　則，與所字搭配，乃。**其所殉貨財也則俗謂之小人**　所，或，若。

〔九〕**其殉一**　一，與『均』同意，等。**則有君子焉**　有，猶或。**若其殘生損性**　若，及，至。其，猶於。損，傷。**則盜跖亦伯夷已**　已，猶而已。**又惡取君子小人於其間哉**　惡，何。取，擇。《漢書·賈誼傳》『莫如先審取舍』，顏師古注：『取，謂所擇用也。』其，代盜跖與伯夷。

此乃本篇第二章第二節，言惑於仁義與惑於名利，雖其所以惑者有所不同，但其失性也均。

【繹文】

若是小的迷惑，所改變的祇是方向；至於大的迷惑，所改變的卻是本性。憑什麼知道是這樣呢？看吧，自從有虞氏高舉仁義的大旗擾動天下人心之後，天下所有人便不遺餘力地拚命響應仁義的號召了，這不是用仁義來迷惑人們的本性又是什麼呢？

現在試請分辯一下這個現象吧：自從夏殷周三代以來，天下之人無不讓外物變改了自己的本性了。身份卑微的人便拚命追逐財利，有所作爲的人便拚命追逐名聲，在朝做官的人便拚命追逐家產，聰明智慧的人便拚命追逐王霸之業。因此，這一批批人雖然所在的行當不同，名稱叫法也不一樣，但都是傷害本性以命相搏，所以這些行爲的性質並沒有什麼兩樣。比如說，奴僕臧與童兒穀二人同時一起放羊，他們都把自己的羊給丟失了。責問奴僕臧因何事丟了羊，回答是因爲持冊讀書分了心；責問童兒穀因何事丟了羊，回答是因爲下棋翫耍誤了事。這兩個人，事情原委各不相同，但他們丟了羊的後果卻是完全一樣的。這樣看來，伯夷在首陽山下爲名節而餓死了，盜跖在東陵山上爲財利而困死了，這兩個人的死因雖然有所不同，但他們殘害生命損傷本性的行爲性質卻完全是一樣的，爲什麼人們一定要以伯夷爲是而以盜跖爲非呢？天下所有人都在不要命地追逐這、追逐那，他們或者追逐仁義，於是世俗之人便說他們是君子；他們或者追逐財貨，於是世俗之人便說他們是小人。其實他們一樣都是在追逐，卻或以爲是君子，或以爲是小人；如果從殘害生命損傷本性的結果來看，其實盜跖也不過是伯夷，伯夷也不過是盜跖而已，又何必在他們之間選擇誰是君子誰是小人呢！

〔三〕

且夫屬其性乎仁義者，雖通如曾、史，非吾所謂臧也；屬其性於五味，雖通如俞兒，非吾所謂臧也；〔一〕屬其性乎五聲，雖通如師曠，非吾所謂聰也；屬其性乎五色，雖通如離朱，非吾所謂明也。〔二〕吾所謂臧者，非仁義之謂也，臧於其德而已矣；吾所謂臧者，非所謂仁義之謂也，任其性命之情而已矣；〔三〕吾所謂聰者，非謂其聞彼也，自聞而已矣；吾所謂明者，非謂其見彼也，自見而已矣。〔四〕夫不自見而見彼，不自得而得彼者，是得人之得而不自得其得者也，適人之適而不自適其適者也。夫適人之適而不自適其適，雖盜跖與伯夷，是同爲淫僻也。〔五〕

余愧乎道德，是以上不敢爲仁義之操，而下不敢爲淫僻之行也。〔六〕

【釋義】

〔一〕**且夫屬其性乎仁義者**　且夫，且。屬，係。乎，於。**雖通如曾史**　雖，卽使。通，通曉。曾，曾參。史，史鰌。**非吾所謂臧**　臧，善。**屬其性於五味**　五味，酸苦甘辛鹹。説見《周禮·疾醫》『以五味五穀五藥養其病』孔穎達《疏》。**雖通如俞兒**　俞兒，《釋文》：『司馬云：古之善識味人也。《淮南》云：俞兒、狄牙，嘗淄澠之水而别之。』

〔二〕**屬其性乎五聲**　五聲，宫商角徵羽。**雖通如師曠**　師曠，晉國樂師。**非吾所謂聰**　聰，聰慧。**屬其性乎五色**　五色，青黄赤白黑。**雖通如離朱**　離朱，離婁。**非吾所謂明也**　明，明察。

〔三〕**臧於其德而已矣**　德，基本品行。**任其性命之情而已矣**　任，隨。情，實。

〔四〕**自聞**　自聞於内心。**自見**　見於内心。

〔五〕**夫不自見而見彼**　夫，猶若。**不自得而得彼者**　自得，得其志。**是得人之得而不自得其得者也**

得人之得，使人得志。**適人之適而不自適其適**　適，安逸。**夫適人之適而不自適其適**　夫，猶若。**雖盜跖與伯夷是同爲淫僻**　雖，即使。淫，過分。僻，偏。

〔六〕**余愧乎道德**　愧，慚。乎，於。**是以上不敢爲仁義之操**　是以，因此。不敢，不願。操，行。**淫僻之行**　行，行爲。

此乃本篇第三章，言『任其性命之情』是爲大善，仁義道德乃『適人之適而不自適其適』，不過是讓別人快活而不讓自己快活。

【繹文】

再說，把人的本性弔死在仁義上，即使是通達如曾參與史鰌，也不是我所說的行爲高尚，沒什麽了不起。把人的本性弔死在五味上，即使是通曉如俞兒，並不是我所說的烹飪高手，沒什麽了不起。把人的本性弔死在五音上，即使是精通如師曠，也不是我所說的聽力高超，沒什麽了不起。把人的本性弔死在五色上，即使是通曉如離朱，也不是我所說的鑑賞高明，沒什麽了不起。我所說的高得了不起，並不是針對仁義而說的，是針對人最爲根本的德性品行而說的。因此，我所說的高得了不起，並不是指人們所說的那個仁義有多麽高得了不起，而是依隨生命的本原真實才是高得了不起。我所說的聽覺聰慧，不是說能聽到外面的動静，而是能夠聽見他自己的内心而已。我所說的視覺明察，不是說能明察外面的事物，而是能夠明察自己的内心而已。如果不能内視其心衹會外視其物，不能自得其志衹會讓他人得志，這是讓他人得志而不是讓自己得志，是讓他人快樂適意而不是讓自己快樂適意的做法。如果衹是讓他人快樂適意而不是讓自己快樂適意，即使盜跖與伯夷有天大的不同，他們也都是行爲過火且性情偏執的人。

我很愧疚自己在道德境界上還有所欠缺，因此向上我不敢在仁義方面有所作爲，但向下我也不敢有什麼出格與偏執的行爲。

馬蹄第九

馬蹄，取首二字爲篇名。本篇以伯樂治馬而致馬死過半爲喻，主張無治主義，亦是《應帝王》『應有之帝王』的思想延伸。

〔一〕

馬，蹄可以踐霜雪，毛可以禦風寒，齕草飲水，翹足而陸，此馬之真性也。雖有義臺路寢，無所用之。〔一〕及至伯樂，曰：『我善治馬。』燒之，剔之，刻之，雒之，連之以羈馽，編之以皁棧，馬之死者十二三矣；〔二〕飢之，渴之，馳之，驟之，整之，齊之，前有橛飾之患，而後有鞭筴之威，而馬之死者已過半矣。〔三〕陶者曰：『我善治埴，圓者中規，方者中矩。』〔四〕匠人曰：『我善治木，曲者中鉤，直者應繩。』〔五〕夫埴木之性，豈欲中規矩鉤繩哉？然且世世稱之曰『伯樂善治馬而陶匠善治埴木』，此亦治天下者之過也。〔六〕

【釋義】

〔一〕**馬蹄可以踐霜雪**　可，適。踐，踏。**毛可以禦風寒**　禦，抵擋。**齕草飲水**　齕，音禾，咬嚼。**翹足而陸**　翹，揚，舉。足，《釋文》云崔本作『尾』。行甫按：朱駿聲《說文通訓定聲》：『翹，假借爲趬。』《說文》：『趬，一曰舉足也。』是『翹』假借爲『趬』，崔本作『尾』則不可從。陸，跳。章太炎《解故》：『陸訓跳者，古只作先，《說文》云：「竃，其行先先。」又云：「夌，越也。從夂從先。」先亦跳也。』**此馬之真性**　真性，本性。**雖有義臺路寢**　義，通峨，高。章太炎《解故》：『義借爲巍，《說文》「巍，高也。從嵬委聲。」委從禾聲，與義從我者同部，故「巍巍」即「峨峨」也。巍臺者，《周禮》有象巍，鄭司農云「闕也」，《釋宮》「觀謂之闕」，《左氏》僖五年傳「遂登觀臺以望」，是巍闕有觀臺，故曰巍臺。』路，大。寢，寢宮。**無所用之**　所，猶可。

〔二〕**及至伯樂**　伯樂，《釋文》：『姓孫，名陽，善馭馬。石氏《星經》云：伯樂，天星名，主典天馬。孫陽善馭，故以爲名。』**曰我善治馬**　治，馭。**燒**　以烙鐵燒其皮膚印字編號。**剔**　通鬄，今字作剃，剃翦其鬣毛。**刻**　刻削馬蹄以套馬掌。**雒**　通絡，裝馬籠頭。**連之以羈馽**　連，猶拴係。羈，勒。馽，音執，絆馬足。行甫按：馽乃『馽』字之隸變。《說文》：『馽，絆馬足也。從馬，囗其足。』**編之以皁棧**　皁，《釋文》：『櫪也。一云：槽也。崔云：馬閑也。』棧，編木施於地以防潮濕。**馬之死者十二三矣**　之，以，因。

〔三〕**飢之渴之**　使馬飢渴。楊樹達《拾遺》：『《韓非子·右儲說下》云：「造父爲齊王駙駕，渴馬服成」，注云：「以渴服馬，百日服習之，故成也。」是「渴之」之事也。』**馳之驟之**　使馬奔馳。**整之齊之**　使同轅之馬協調步伐。**前有橛飾之患**　橛，馬銜鐵。飾，馬轡頭上的各種裝飾。患，害。**而後有鞭筴之威**　而，猶且。鞭筴，驅馬的工具。威，猶畏。**而馬之死者已過半**　而，猶乃。之，猶以。

〔四〕**陶者**　瓦器匠人。**我善治埴**　善，嫻熟。埴，音直，粘土。治埴，製作瓦器。**圓者中規**　中，合。規，作圓之器。**方者中矩**　矩，作方之器。

〔五〕**匠人**　木工。**我善治木**　治木，製作木器。**曲者中鉤**　鉤，曲尺。**直者應繩**　應，合。繩，繩墨取直。

〔六〕**夫埴木之性**　埴木，粘土與木材。性，本性。**豈欲中規矩鉤繩哉**　欲，願意。**然且世世稱之**　稱，讚揚。**伯樂善治馬而陶匠善治埴木**　而，猶與。**此亦治天下者之過**　亦，也詞。

此乃本篇第一章第一節，言馬生活在野外，本來自由自在，渴則飲水，飢則食草。由於有了伯樂善於馴馬，於是馬死過半。由此聯想到治理天下亦是如此。

【繹文】

生長在野外的馬，四蹄不怕踩霜踏雪，毛皮適於抗風擋寒，餓了便啃滿地的青草，渴了便喝四處的清泉，昂首揚蹄，歡騰跳躍，這才是馬的真性情。即使有多麼高大的觀臺與華麗的寢宫，對於它們來說，完全派不上用場。等到出了個伯樂，說：『我會馴馬。』從此以後，馬的厄運便臨頭了。燒傷皮膚，給它打上烙印；翦掉鬣毛，給它加上横軛；刻削蹄甲，給它釘上馬掌；捆住嘴巴，給它套上籠頭。拴係上韁繩足絆，關進了柵欄馬棚，馬遭此困厄，十個之中已有二三個熬不住死掉了。再加上不讓它吃，不讓它喝；趕著它跑，打著它奔；讓它做服馬駕轅，讓它做驂馬拉套。前面既有銜勒籠頭拘束其嘴臉，後面又有箠杖鞭策抽打其屁股，於是馬被如此折騰而死者已經超過半數了。瓦器陶工說：『我會甄弄泥巴，圓的正圓合規，方的正方合矩。』木工匠人說：『我會砍削木頭，彎的合於曲尺，直的合於繩墨。』那些泥巴木頭的本性，哪裏願意中規中矩合鉤合繩呢？ 然而人們卻世世代代稱讚他們說：『伯樂會馴馬，陶匠木工會甄泥巴削木頭。』由此可以想見，那些號稱會治理天下的人，不也是與伯樂陶匠們一樣有過錯嗎？

吾意善治天下者不然。彼民有常性，織而衣，耕而食，是謂同德；一而不黨，命曰天放。〔一〕故至德之世，其行填填，其視顛顛。〔二〕當是時也，山无蹊隧，澤无舟梁。萬物羣生，連屬其鄉。禽獸成羣，草木遂長。〔三〕是故禽獸可係羈而遊，鳥鵲之巢可攀援而窺。〔四〕夫至德之世，同與禽獸居，族與萬物並，惡乎知君子小人哉！〔五〕同乎无知，其德不離；同乎无欲，是謂素樸；素樸而民性得矣。〔六〕及至聖人，蹩躠爲仁，踶跂爲義，而天下始疑矣；澶漫爲樂，摘僻爲禮，而天下始分矣。〔七〕故純樸不殘，孰爲犧尊！白玉不毁，孰爲珪璋！〔八〕道德不廢，安取仁義！性情不離，安用禮樂！〔九〕五色不亂，孰爲文采！五聲不亂，孰應六律！〔一〇〕夫殘樸以爲器，工匠之罪也；〔一一〕毁道德以行仁義，聖人之過也。〔一二〕

【釋義】

〔一〕**吾意善治天下者不然**　意，認爲。**彼民有常性**　常性，普遍而通行的生存方式。**織而衣**　織，紡織。而，猶乃。**耕而食**　耕，耕種。**是謂同德**　是，此。德，猶言行爲方式。**一而不黨**　一，猶同。黨，知。《方言》『黨，知也』，錢繹《箋疏》：『今人謂知爲懂，其黨聲之轉歟。知謂之黨，不知亦謂之儻，以相反爲義也。《莊子·山木》篇「侗乎其無識，儻乎其怠疑」，是也。』《荀子·非相篇》『順禮義，黨學者』，《王制篇》『而黨爲吾所不欲於是者』，俞樾《平議》及王先謙《集解》皆引《方言》『黨，知也，楚謂之黨』爲說，是其例。行甫按：一而不黨，與『同德』相關聯，謂『同而不知』。下文『同乎無知』、『同乎無欲』，乃張其義。古今注者皆以『黨』爲『偏』，大誤。**命曰天放**　命，名。天放，天然恣縱。

〔二〕**故至德之世**　至德，社會風尚最爲純樸。**填填**　《釋文》：『質重貌。崔云：重遲也。』**顛顛**　直視之貌。林希逸《口義》：『形容其人樸拙無心之意。又就「其臥徐徐，其覺于于」《應帝王》中翻出此語。』行甫按：林氏之說是。填填、顛顛，猶如醉酒之狀，腳步沉重，眼光直滯，然心靈樸拙，忘情世外。

〔三〕**當是時也**　是，此。**山无蹊隧**　蹊，小路。隧，通道。**澤无舟梁**　梁，橋梁。**萬物羣生**　人畜雜處。**連屬其鄉**　連屬，相連而無分界。鄉，鄉黨。**禽獸成羣**　動物繁殖。**草木遂長**　遂，蕃茂。

〔四〕**是故禽獸可係羈而遊**　是故，因此。係羈，以繩索拴著。**鳥鵲之巢可攀援而窺**　攀援，攀爬。成玄英《疏》：『人無害物之心，物無畏人之慮。故山禽野獸，可羈係而遨遊；鳥鵲巢窠，可攀援而窺望也。』

〔五〕**夫至德之世**　夫，猶故。**同與禽獸居**　同，聚合。《小雅·吉日》『獸之所同』，鄭箋：『同，猶聚也。』**族與萬物並**　族，羣。並，合。**惡乎知君子小人哉**　惡，豈。知，分辨。

〔六〕**同乎无知** 同，讀侗，無知貌，與上『黨』字義相反。乎，猶然。**其德不離** 德，生活方式與風俗習慣。離，分。行甫按：不離，無君子小人之分。**同乎无欲** 无欲，無私欲。**是謂素樸** 素，無色繒。樸，原木。**素樸而民性得矣** 而，猶乃。得，德。行甫按：民性得，民性得其素樸之德。

〔七〕**及至聖人** 聖人，聰明智慧之人，此指倡導仁義之人。**蹩躠爲仁** 蹩躠，音别屑，行動無力之狀。行甫按：蹩躠與《大宗師》之『跰躃』、《駢拇》之『敝跬』，皆字異音同的同義連綿詞。**踶跂爲義** 踶跂，音提企，用力抬起脚跟狀。《釋文》：『李云：蹩躠、踶跂，皆用心爲仁義之貌。』爲，行。**而天下始疑** 而，猶乃。疑，惑。行甫按：天下始疑，仁義的價值觀與人的本性相衝突，民無所適從，所謂『大惑易性』。**澶漫爲樂** 澶（音但）漫，疊韻連綿詞，《釋文》：『李云：猶縱逸也。崔云：但曼，淫衍也。』**摘僻爲禮** 摘僻，郭慶藩《集釋》引郭嵩燾曰：『當作摘擗，王逸注《楚詞》：擗，析也。摘者，摘取之；擗者，分之：謂其煩碎也。』**而天下始分** 分，别。行甫按：天下始分，以仁義的價值觀判分所謂『君子小人』之别。

〔八〕**故純樸不殘** 故，通顧，相反。純樸，全木。殘，破。**孰爲犧尊** 孰，猶何。爲，作。犧尊，《釋文》：『尊，或作樽，司馬云：畫犧牛象以飾樽也。王肅云：刻爲牛頭。鄭玄云：畫鳳皇羽飾尊，婆娑然也。』**白玉不毁孰爲珪璋** 珪璋，玉器。鋭上方下爲琰珪，曲上方下爲琬珪。半珪爲璋。

〔九〕**道德不廢** 道德，合於自然本性之行爲方式。廢，廢止。**安取仁義** 安，猶何。取，猶用。**性情不離** 性情，或作情性，並列結構，情與性。離，情與性分離。行甫按：素樸之民，無私無欲，則情與性不相分離。**安用禮樂** 用，猶取。

〔一〇〕**五色不亂** 五色，青黄赤白黑。**孰爲文采** 文采，彩色花紋圖案。**五聲不亂** 五聲，宫商角徵羽。

孰應六律 應，合。六律，黄鐘、大呂、姑洗、蕤賓、無射、夾鐘。

〔一一〕**夫殘樸以爲器** 夫，猶故。殘，破。樸，原木。器，器具。**工匠之罪也** 工匠，木工。

〔一二〕**毁道德以行仁義** 毁，殘。道德，符合人的自然本性的生活方式。**聖人之過** 聖人，聰明智慧之人，倡言仁義説教者。

此乃本篇第一章第二節，言上古素樸之民天放自得，無拘無束，『同與禽獸居，族與萬物並』。但自從出了聖人治理天下，倡言仁義，分出君子與小人，古樸自在的初民樣態便一去不復反了。

【繹文】

我認爲善於治理天下的做法不應該是這樣的。民衆是有普遍的通性的，他們織布而衣，耕田而食，這些可以説是基本相同的生活方式。大家都是這樣生活，並没有意識到這種生活有什麽不妥，這就叫作天然的散放。因此，生活方式與社會風氣最爲純樸的時代，人們心靈樸拙，忘情物外，生活如醇酒酣醉，腳步沉重而緩慢，眼光遲滯而溫軟。在這個純樸的時代，山裏没有大小通道，水上没有船隻橋樑。人們大片大片地居住在一起，共同生活，不分彼此。禽畜成羣結隊，草木茂盛繁蕪。因此，人們可以把獸類動物用繩子係著牽在手上到處遊翫，還可以爬到樹上去窺探鳥鵲的窩裏的情況。

由此可見，社會風氣純樸生活方式簡單的時代，人們與動物禽獸共同棲居，互不傷害；大大小小的家族不分彼此，共同生活，哪裏有什麽君子與小人的分别呢？人們純樸天真，無知無識，生活方式簡單；無私無欲，人情風俗樸素。生活簡單，風俗樸素，民眾的心靈與性情也就簡單樸素了。等到某些聰明智慧的人出來治理天下了，便開始費盡心機地倡言仁，不遺餘力地宣講義，於是天下民眾便無所適從了；便開始無休無止地施行音樂教化，便開始細碎煩瑣地推行禮節儀式，於是天下民眾便有了君子小人之分了。當然話得說回來，如果不是完整的原木遭到殘破，用什麼來做酒具呢？如果不是潔白的玉石遭到毀壞，拿什麼來做珪璋呢？如果不是合於天性的生活方式遭到廢棄，哪裏用得著鼓吹仁義呢？如果不是人們的天性與情欲發生了分離，哪裏需要用禮樂文明來加以調節呢？如果五種色彩不加混合，哪裏有什麼花紋與圖案呢？如果五等音高不相雜揉，又哪裏可能配成各種不同的旋律呢？由此可見，把好好的原木破壞了來制作器物，這是木工的罪過；把自然純樸的生活方式毀壞了來推行仁義，這是聰明人的罪過。

〔二〕

夫馬，陸居則食草飲水，喜則交頸相靡，怒則分背相踶。馬知已此矣。〔一〕夫加之以衡扼，齊之以月題，而馬知介倪闉扼鷙曼詭銜竊轡。〔二〕故馬之知而態至盜者，伯樂之罪也。〔三〕

夫赫胥氏之時，民居不知所爲，行不知所之，含哺而熙，鼓腹而遊，民能以此矣。〔四〕及至聖人，屈折禮樂以匡天下之形，縣跂仁義以慰天下之心，〔五〕而民乃始踶跂好知，爭歸於

利，不可止也。此亦聖人之過也。〔六〕

【釋義】

〔一〕**夫馬** 夫，猶故。**陸居則食草飲水** 陸，陸地。則，猶；猶，尚。不過之義。**喜則交頸相靡** 靡，通摩，摩擦。**怒則分背相踶** 分，分開。背，背向。踶，讀若踢。**馬知已此** 知，智。已，盡，止。

〔二〕**夫加之以衡扼** 夫，若。衡，車轅前横木縛馬軛者。扼，通軛，叉於馬頸的軛頭。**齊之以月題** 齊，猶匹配。行甫按：朱駿聲《說文通訓定聲》：「齊，假借又爲儕。」《荀子·樂論篇》「先王喜怒皆得其齊焉」，王先謙《集解》：「齊作儕。」《楚辭·九思·悼亂》「靡有兮齊倫」，舊校曰：「齊，一作匹。」月題，額頭上銅製飾物，形如半月，又名當顱。**而馬知介倪闉扼鷙曼詭銜竊轡** 而，猶然。介，獨，隔。《養生主》「惡乎介」，「天之生是使獨也」，是「介」有「獨」義。《左傳》昭公二十年「偪介之關」，杜預注：「介，隔也。」倪，通輗，《說文》「輗，大車轅端持衡者也。」行甫按：介倪，猶言馬臨駕車之前後腿直立不願就車之貌。闉，塞。《周禮·掌蜃》「以共闉壙之蜃」，鄭玄注：「闉，猶塞也。」扼，通軛，叉馬頸之曲木。行甫按：闉扼，猶言馬用力抵制軛頭不願就範之貌。《釋文》引司馬云「言曲頸於扼以抵突也」，是其義。鷙，音執，《說文》：「鷙，擊殺鳥也。」《後漢書·吳漢傳》「其人勇鷙有智謀」，章懷注：「凡鳥之勇銳，獸之猛悍者，皆名鷙也。」曼，《說文》：「引也。」行甫按：鷙曼，猶言馬猛悍狂突以引頸伸腿扭動身軀之貌。《釋文》引李頤云「鷙，抵也。曼，突也」，其義近之。行甫又按：「鷙曼」廁於「介倪闉扼」與「詭銜竊轡」兩者之間，乃以挽接前後。詭，變。李善注《海賦》「瑕石詭暉」，《與魏文帝牋》「僉曰詭異」，《宋書·謝靈運傳論》「故意制相詭」，陸機《辯亡論》「古今詭趣」，皆引《說文》「詭，變也」，是其例。銜，馬嚼鐵。

行甫按：詭銜，猶言咬斷馬勒。《釋文》引崔譔云「戾銜橛」，是其義。「戾」亦「變」。竊，逃出。《說文》：「盜自中出曰竊。」轡，韁繩。行甫按：竊轡，猶言逃脱韁繩。

〔三〕**故馬之知而態至盜**　故，因此。知，智。而，猶乃。態，成玄英《疏》：「姦詐也。」盜，逃。《小雅·小言》「君子信盜」，毛傳：「盜，逃也。」孔穎達《正義》引《風俗通》：「盜，逃也。言其晝伏夜奔逃避人也。」行甫按：上述馬之種種表現皆爲逃避駕車，故曰「態至盜者」。**伯樂之罪**　伯樂馴馬之罪。

〔四〕**夫赫胥氏之時**　夫，猶若。赫胥氏，《釋文》引司馬彪云：「上古帝王也。」**民居不知所爲**　居，猶處。所，猶何。**行不知所之**　之，往。**含哺而熙**　哺，嚼而未咽之食物。熙，通嬉，嬉戲。**鼓腹而遊**　鼓，敲擊。遊，猶言翫耍，與「熙」同義。**民能以此矣**　能，通態，讀如耐。以，通已，止。王叔岷《校詮》：「此與上文「馬知已此矣」對言，以猶已也。」

〔五〕**及至聖人**　聖人，治理天下之人。**屈折禮樂以匡天下之形**　屈折，屈體彎腰。匡，猶言矯抑。**縣跂仁義以慰天下之心**　縣，通懸。跂，通企。行甫按：縣跂，猶言提高標準，使人難以企及。慰，怨恚。

〔六〕**而民乃始踶跂好知**　踶跂，猶抬起腳跟企踵而立。知，智。**爭歸於利不可止**　歸，趣。**此亦聖人之過**　亦，也詞。

此乃本篇第二章，言馬之所以性情暴怒，是由於伯樂馴馬的手段過於殘忍；民之所以好知爭利不止，也是由於聖人以仁義禮樂激之而來的逆反行爲。

【繹文】

因此，馬生活在陸地上，不過是吃草喝水罷了。高興了便伸長脖子相互摩挲表示喜愛，不高興了便抬起屁股揚起後腿撂蹶子表示憤怒。馬的智慧也就僅止這一點而已。如果給它的脖子加上車轅軛頭，再在它的腦門上配一些當顱之類的飾物，然後讓它去駕轅拉車，馬便開始知道反抗了。祇見它在車轅旁邊直立後腿，揚起前蹄拚命咆哮；又用脖子頂撞軛頭，不願就範。它那引頸伸腿扭動身軀的猛悍狂突勁兒，恨不得要把嘴巴裏的鐵嚼子都要咬斷，甚至把轡繩都要掙脱了。所以説，馬的智慧竟如此狡詐以至於要從人手裏逃跑了，這都是伯樂自吹善於馴馬的罪過。

如果是在赫胥氏的時代，民衆平時過日子不知道自己要幹什麼，出門也漫無目的不知道要到哪裏去，嘴裏含著食物都可以嬉戲打鬧，吃飽了無所事事敲著肚皮翫耍取樂，民衆的能耐也就僅止於此罷了。等到某些聰明智慧的人出來治理天下了，於是用屈體彎腰跪拜躬行禮儀規範來矯抑人們的形體，又標榜一個無法企及的仁義使天下民衆心生鬱悶。天下民衆便開始不遺餘力地翫弄智巧，費盡心機地爭相趨利，從此便一發而不可收。這就是聰明智慧的人治理天下的罪過。

胠篋第十

胠篋，取首句第一個實詞爲篇名。本篇認爲人類現有的一切制度文明與文化設施無一不是培養盜賊的溫床。祇有徹底毁掉這些制度文明與文化設施，人類才有可能回到純樸無知、和睦相處的『至德之世』。由此可見，本篇仍然是發揮《應帝王》『應有之帝王』的思想，其否定人類既有文明的態度也更爲堅決與徹底，且不乏憤激之情。

〔一〕

將爲胠篋探囊發匱之盜而爲守備，則必攝緘縢，固扃鐍，此世俗之所謂知也。〔一〕然而巨盜至，則負匱揭篋擔囊而趨，唯恐緘縢扃鐍之不固也。〔二〕然則鄉之所謂知者，不乃爲大盜積者也？〔三〕

故嘗試論之，世俗之所謂知者，有不爲大盜積者乎？所謂聖者，有不爲大盜守者乎？〔四〕何以知其然邪？昔者齊國鄰邑相望，雞狗之音相聞，罔罟之所布，耒耨之所刺，方二千餘里。〔五〕闔四竟之内，所以立宗廟社稷，治邑屋州閭鄉曲者，曷嘗不法聖人哉！〔六〕然而田成子一旦殺齊君而盜其國。所盜者豈獨其國邪？並與其聖知之法而盜之。〔七〕故田成子有乎盜賊之名，而身處堯舜之安；小國不敢非，大國不敢誅，十二世有齊國。〔八〕則是不乃竊齊國，並與其聖知之法以守其盜賊之身乎？〔九〕

嘗試論之，世俗之所謂至知者，有不爲大盜積者乎？所謂至聖者，有不爲大盜守者乎？〔一〇〕何以知其然邪？昔者龍逢斬，比干剖，萇弘胣，子胥靡，故四子之賢而身不免乎戮。〔一一〕故跖之徒問於跖曰：『盜亦有道乎？』跖曰：『何適而无有道邪！夫妄意室中之藏，聖也；入先，勇也；出後，義也；知可否，知也；分均，仁也。五者不備而能成大盜者，天下未之有也。』〔一二〕由是觀之，善人不得聖人之道不立，跖不得聖人之道不行；天下之善人少而不善人多，則聖人之利天下也少而害天下也多。〔一三〕故曰，脣竭則齒寒，魯酒薄而邯鄲圍，聖人生而大盜起。掊擊聖人，縱舍盜賊，而天下始治矣。〔一四〕夫川竭而谷虛，丘夷而淵實。聖人已死，則大盜不起，天下平而无故矣。〔一五〕

【釋義】

〔一〕**將爲胠篋探囊發匱之盜而爲守備**　將，殆。爲，以。胠，音區，打開。《釋文》：『司馬云：從旁開爲胠。一云：發也。』篋，音切，箱類也。探，深取之。囊，中間開口，兩頭盛物，又稱搭褳、褡褳。發，開。匱，與櫃爲古今字，今字又作柜。盜，竊賊。爲，作。守，守護。備，防備。**則必攝緘縢** 則，猶乃。必，必定。攝，收攏。緘縢，近義複詞，繩索。**固扃鐍** 固，加固。扃鐍，音迥決，同義複詞，鎖環。行甫按：攝緘縢，就『囊』言；固扃鐍，就『篋』與『匱』言。**所謂知** 知，同智。

〔二〕**然而巨盜至** 巨盜，大盜。**則負匱揭篋擔囊而趨** 則，猶乃。負，背。揭，舉。擔，荷，搭。趨，奔跑。**唯恐緘縢扃鐍之不固** 唯恐，衹怕。之，猶乃。

〔三〕**然則鄉之所謂知者** 鄉，通向，以前。知，同智。**不乃爲大盜積者也** 不乃，猶無乃，豈非。積，積累，做準備。也，讀邪。

〔四〕**故嘗試論之** 故，因此。嘗試，同義複詞，試。**世俗之所謂知者** 知，同智。**有不爲大盜積者乎** 有，或。**所謂聖者有不爲大盜守者乎** 聖，聰明智慧。有，或。守，守護。

〔五〕**何以知其然邪** 然，如此。**昔者齊國鄰邑相望** 齊國，周武王初封太公姜尚於呂，故又稱呂尚。成王時，周公移封於營丘，今山東淄博境。邑，城邑。**雞狗之音相聞** 聞，聽。行甫按：此言齊國人口衆多，富庶而繁榮，與形容小國寡民之《老子》八十章『鄰國相望，雞犬之聲相聞』之意不同。**罔罟之所布** 罔，通網。罟，音古。網罟，同義複詞。所，猶可。布，鋪。行甫按：此指齊國濱海之地，有魚鹽之利。**耒耨之所刺** 耒，音壘，犁。耨，奴豆切，鋤。所，猶可。刺，插。**方二千餘里** 方，縱橫。

〔六〕**闔四竟之內** 闔，猶合，全。竟，同境，古今字。**所以立宗廟社稷** 所，可。宗廟，祭祀祖先之處。社稷，祭祀土神與穀神之處。**治邑屋州閭鄉曲者** 治，設。邑，地方四里。屋，地三百畝。行甫按：邑屋，人口田制概念。《周禮·小司徒》『九夫爲井，四井爲邑，四邑爲丘』，鄭玄注：『九夫爲井者，方一里，九夫所治之田也。

四井爲邑，方二里。四邑爲丘，方四里。《司馬法》曰：「六尺爲步，步百爲畝，畝百爲夫，夫三爲屋，屋三爲井，井十爲通。』州，二千五百家。閭，二十五家。行甫按：州閭，戶籍政區概念。《周禮·大司徒》『五家爲比，五比爲閭，四閭爲族，五族爲黨，五黨爲州，五州爲鄉』，是其義。鄉，鄉黨。曲，部曲。《孫子兵法·計》『法者，曲制官道主用也』，杜牧注：『曲者，部曲隊伍有分畫也。』行甫按：鄉曲，軍政管制概念。總『邑屋』與『州閭』而言之，即《周禮》所謂『因內政寄軍令』。在家五家爲比，在軍五人爲伍；則家出一人，一鄉一萬二千五百家出一軍，一萬二千五百人。**曷嘗不法聖人哉**　曷，何。嘗，曾。法，效法。

〔七〕**然而田成子一旦殺齊君而盜其國**　田成子，田常，齊國大夫陳恆。齊君，齊簡公，名壬。盜其國，魯哀公十四年（前四八一年），陳恆弒其君齊簡公於舒州，立簡公之弟驁爲平公，並自專國政，且割安平以東至瑯琊自爲封邑。由齊平公歷齊宣公至齊康公，田常之曾孫田和乃逐君自立爲諸侯，國號仍爲齊，則齊國乃由姜氏之齊而爲田氏之齊矣。**所盜者豈獨其國邪**　獨，僅。**並與其聖知之法而盜之**　聖知之法，即上文『立宗廟社稷，治邑屋州閭鄉曲』的文化設施及治理格局。

〔八〕**故田成子有乎盜賊之名**　乎，猶其。**而身處堯舜之安**　處，據。《戰國策·東周策》『必不處矣』，鮑彪注：『處，猶據也。』堯、舜之安，如堯使舜代攝天子之事一樣安穩。**小國不敢非**　非，指責。**大國不敢誅**　誅，討伐。行甫按：《左傳》哀公十四年：『齊陳恆弒其君壬於舒州，孔丘三日齊，而請伐齊三。公曰：「魯爲齊弱久矣，子之伐之，將若之何？」』是其事。**十二世有齊國**　十二世，錢穆《纂箋》：『《史記》自成子至王建之滅，僅十世。據《紀年》，中脫悼子、侯剡兩世。此亦本篇晚出之證。』行甫按：于鬯《香草續校書》說之較詳。

〔九〕**則是不乃竊齊國**　是，此。不乃，猶無乃。**並與其聖知之法以守其盜賊之身乎**　以，猶用來，目的連詞。守，守護。乎，猶邪。

〔一〇〕**至知者** 至，極。**有不爲大盜積者** 有，或。爲，替。**至聖者** 聖，聰明。**有不爲大盜守者** 有，或。守，守護。

〔一一〕**何以知其然邪** 然，如此。**昔者龍逢斬** 關龍逢，夏桀賢臣。**比干剖** 王子比干，紂王叔父，剖心而死。**萇弘胣** 萇弘，周大夫。《外物》篇：『萇弘死於蜀。』胣，音齒，刳腸。**子胥靡** 伍子胥，名員，楚平王大夫伍奢之次子。平王七年，楚殺伍奢，子胥逃入吳。諫吳王夫差而賜劍以死，並浮屍於江。靡，爛。**故四子之賢而身不免乎戮** 四子之賢，言四子皆爲暴君『守』，然忠而見殺。戮，殺。行甫按：聯下文，四子忠而見殺，反不如盜之有道。

〔一二〕**故跖之徒問於跖** 故，通顧，相反。跖，盜跖，已見《駢拇》釋義。**盜亦有道** 道，規矩，道義。**跖曰何適而无有道** 適，往。**夫妄意室中之藏** 夫，若。妄，無據。意，揣度。藏，貨藏。**聖** 聰明智慧。**入先勇也** 先，第一個。**出後義** 後，最後一個。**知可否知也** 可，宜。行甫按：知可否，猶言知時之宜不宜。知，智。**分均仁** 分，分贓。**五者不備而能成大盜** 五者，聖勇義知仁。備，全。**天下未之有** 之，代詞賓語前置。

〔一三〕**由是觀之** 是，此。**善人不得聖人之道不立** 立，同位，不立，猶言不得位也。**跖不得聖人之道不行** 跖，盜跖，泛指凡盜。行，行盜竊之事。**天下之善人少而不善人多** 而，轉折連詞。**則聖人之利天下也少而害天下也多** 聖人，聰明智慧治理天下者。

〔一四〕**故曰脣竭則齒寒** 竭，通揭，舉。孫詒讓《札迻》：『《战國策·韓策》作「脣揭則齒寒」，鮑注云：「揭，猶反也。」《素問·五藏生成論》云「多食酸則肉胝䐢而脣揭」，王冰注云：「脣皮揭舉也。」』**魯酒薄而邯鄲**

圍　魯酒薄，《釋文》：『楚宣王朝諸侯，魯恭公後至而酒薄，宣王怒，欲辱之。恭公不受命，乃曰：「我周公之胤，長於諸侯，行天子禮樂，勳在周室。我送酒已失禮，方責其薄，無乃太甚！」遂不辭而還。宣王怒，乃發兵與齊攻魯。梁惠王常欲擊趙，而畏楚救。楚以魯爲事，故梁得圍邯鄲。許慎注《淮南》云：「楚會諸侯，魯、趙俱獻酒於楚王。魯酒薄而趙酒厚，楚之主酒吏求酒於趙，趙不與。吏怒，乃以趙厚酒易魯薄酒，奏之。楚王以趙酒薄，故圍邯鄲也。」』邯鄲，趙國都城。**聖人生而大盜起**　郭象注：『夫竭脣非以寒齒而齒寒，魯酒薄非以圍邯鄲而邯鄲圍，聖人生非以起大盜而大盜起。此自然相生，必至之勢也。』行甫按：此言歷史進程的伴隨性後果遠遠超出意料，令人瞠目結舌。**掊擊聖人**　掊擊，近義複詞，擊破。**縱舍盜賊**　縱舍，釋放。**而天下始治矣**　始，猶乃。劉淇《助字辨略》卷三：『溫飛卿詩：「霸才無主始憐君」，此「始」字，猶云乃也，然後也。』

〔一五〕**夫川竭而谷虛**　夫，猶若。川，溪。竭，涸。谷，山谷。虛，空。**丘夷而淵實**　丘，山。夷，平。淵，深水。實，填塞。行甫按：二句皆前爲因，後爲果，且與下文構成比喻關係。猶言山間的溪流乾涸了，山谷方可成爲空虛；附近的山坡挖平了，深淵方可填平塞滿。**聖人已死**　已死，死了之後。**則大盜不起**　則，乃。**天下平而无故**　平，太平。故，事故。

此乃本篇第一章，言人類一切現行文明成果，不僅爲盜賊準備了充足的物質基礎，甚至連教化天下百姓向善的仁、知、義、勇等道德觀念也成爲盜賊竊用的思想武器。所謂『聖知之法』，反『爲大盜積』。

【繹文】

大抵人們爲了防備發生箱子被撬、搭褳被掏、櫃門被卸的事件所採取的安全保護措施，那一定便是收緊繩索，加固鎖鑰，這就是世俗所說的智慧巧妙了。然而，大盜來了，背起櫃子、扛著箱子、披上搭褳便跑，且唯恐繩子紮得不結實，鎖鑰做得不牢固。如此說來，先前所說的那些智慧巧妙的辦法，到頭來豈不都是替盜賊做準備了嗎？

因此，我們試著討論一下這個現象吧。世俗所說的那些智慧巧妙的辦法，是不是有不替大盜做準備的呢？世俗所說的那些聰明智慧的人，是不是有不替大盜當安全保衛的呢？憑什麽可以這樣說呢？從前的齊國，都邑與都邑比鄰相望，雞鳴狗吠之聲彼此相聞。濱海地區遍佈漁網，有豐富的魚鹽之利，內陸大片土地可供耕種，出産富饒。整個國土面積，方圓二千多里。全國範圍之內，可以建立宗廟社稷的地方都建立了宗廟社稷，按照邑與屋的人口田制逐級劃分土地，按照州與閭的居民戶籍逐級劃分政區，按照鄉與軍的軍政制度逐級實現國家管理，所有這些從意識形態到經濟基礎再到上層建築的治理舉措，哪一樣不是從善於治理國家的聰明人那裏學來的呢？然而，突然有一天，田成子殺掉了齊國君主齊簡公姜壬而專有國政，最後由他的曾孫田和自立爲諸侯，齊國便由姜氏之齊搖身一變而成田氏之齊了。而且田氏所盜竊的豈止是齊國本身呢？他是連同齊國那些由聖人制訂的所有土地制度與治理體制一起給盜竊了。因此，田成子雖然背上了竊國大盜的名聲，實際上卻享有堯使舜代攝天子之事一樣的安全性與合法性。所以實力弱小的國家不敢說半個不字，實力强大的國家也不敢興兵討伐，終於自田成子開始，田氏先後十二世享有齊國。這豈不是既盜竊了齊國，又連同齊國所有的政治制度與管理舉措一並竊取了，並且用這些制度與舉措來保衛竊國大盜自己的人身安全了嗎？

請再試著討論一下，世俗所說的極爲聰明的辦法，是不是有不替大盜們做鋪墊的呢？世俗所說的極爲聰明睿智的人，是不是有不替大盜們做安全保衛的呢？憑什麼可以這樣說呢？自古以來，關龍逢被夏桀斬了首，王子比干被商紂王剖了心，萇弘被周王朝刳了腸，伍子胥的屍體被吳王夫差裝進皮袋裏投了江，由此可見，這四位賢能的大臣雖然忠心耿耿爲暴君當守衛卻不免殺身之禍。相反，盜跖的嘍囉們問盜跖說：『當盜賊是不是也有規矩和道義呢？』盜跖回答說：『到哪裏會沒有規矩和道義呢？譬如說，沒有進屋就能知道室内藏有什麼財貨，這就是聰明；最先鑽進去動手，這就是勇氣；最後鑽出來逃跑，這就是仗義；把握進退時機，這就是機智；分贓公正平均，這就是仁心。這五個方面的素質不完備卻能夠成爲巨盜的，天下是從來沒有的。』由此可見，好人如果沒有學到聖人制定的法則是得不到應有的社會地位的，盜跖如果沒有學到聖人制定的法則也是不能横行天下的。可是天下的好人少而惡人多，所以聖人制定的法則有利於天下的事少得可憐，而不利甚至有害於天下的事卻多得多。所以說，嘴脣翹起來了並不是爲了讓牙齒受風寒，但其結果的確是讓牙齒受到風寒；魯國給楚國送了薄酒，其本意不是要讓趙國的都城邯鄲遭到圍困，而其結果又的確是讓趙國都城邯鄲受到圍困。聰明睿智的聖人生而治世的目的也不是要培養盜賊，可其結果的確是讓盜賊們鑽了空子。所以盜賊蜂起的總根源還是在聖人，衹要推倒了聖人，釋放了盜賊，天下也就太平無事了。這就好比說，山間的溪澗乾涸了，山谷也就空虛安静了；附近的山坡挖平了，深水池也就填平塞滿了。所以聰明睿智的聖人死絶了，那麼大盜就不發產生了，天下也就太平無事，不會發生什麼意外了。

〔二〕

聖人不死，大盜不止。雖重聖人而治天下，則是重利盜跖也。〔一〕爲之斗斛以量之，則並與斗斛而竊之；爲之權衡以稱之，則並與權衡而竊之；爲之符璽以信之，則並與符璽而竊之；爲之仁義以矯之，則並與仁義而竊之。〔二〕何以知其然邪？彼竊鉤者誅，竊國者爲諸侯，諸侯之門而仁義存焉，則是非竊仁義聖知邪？〔三〕故逐於大盜，揭諸侯，竊仁義並斗斛、權衡、符璽之利者，雖有軒冕之賞弗能勸，斧鉞之威弗能禁。此重利盜跖而使不禁者，是乃聖人之過也。〔四〕

故曰：『魚不可脱於淵，國之利器不可以示人。』彼聖人者，天下之利器也，非所以明天下也。〔五〕故絶聖棄知，大盜乃止；擿玉毁珠，小盜不起；焚符破璽，而民朴鄙；掊斗折衡，而民不爭；殫殘天下之聖法，而民始可與論議。〔六〕擢亂六律，鑠絶竽瑟，塞瞽曠之耳，而天下始人含其聰矣；滅文章，散五采，膠離朱之目，而天下始人含其明矣；〔七〕毁絶鉤繩而棄規矩，攦工倕之指，而天下始人有其巧矣。故曰：『大巧若拙。』〔八〕削曾、史之行，鉗楊、墨之口，攘棄仁義，而天下之德始玄同矣。彼人含其明，則天下不鑠矣；人含其聰，則天下不累矣；人含其知，則天下不惑矣；人含其德，則天下不僻矣。〔九〕彼

曾、史、楊、墨、師曠、工倕、離朱，皆外立其德而以爚亂天下者也，法之所无用也。〔一〇〕

【釋義】

〔一〕**聖人不死**　聖人，制定治法者。**大盜不止**　止，停息。**雖重聖人而治天下**　雖，猶若。重，崇尚。**則是重利盜跖**　則，乃。是，爲。重，積，厚。行甫按：此『重』字有相因之二義焉，一爲重累，一爲豐厚。

〔二〕**爲之斗斛以量之**　爲，製作。之，猶有。行甫按：爲之猶作有。斛，十斗爲一斛。以，而。量，概度。**則並與斗斛而竊之**　則，卽。並與，連同。**爲之權衡以稱之則並與權衡而竊之**　權，稱錘。衡，稱桿。稱，權輕重。**爲之符璽以信之則並與符璽而竊之**　符，符節。朝廷與官員各執其半以驗真僞。璽，音洗，印信，秦王朝始爲皇帝之印。**爲之仁義以矯之則並與仁義而竊之**　矯，正。

〔三〕**何以知其然邪**　知，分辨。然，如此。**彼竊鉤者誅**　彼，猶夫，夫猶若。鉤，衣帶鉤。誅，責罰。**竊國者爲諸侯**　爲，作爲。**諸侯之門而仁義存焉**　而，卻。焉，於此。**則是非竊仁義聖知邪**　知，讀智。

〔四〕**故逐於大盜**　逐，追逐。**揭諸侯**　揭，高舉。行甫按：揭、逐互文，言競相爲盜者又揭舉諸侯以爲追逐的目標。**竊仁義並斗斛權衡符璽之利者**　仁義，屬於觀念形態。斗斛云云，屬於制度形態。**雖有軒冕之賞弗能勸**　軒，大夫以上所乘之車。冕，侯王卿大夫所戴之禮帽。賞，賞賜。勸，勸勉。行甫按：此『勸』猶言勸勉其爲善而不爲盜。**斧鉞之威弗能禁**　鉞，大斧。行甫按：軒冕、斧鉞，皆爲借代修辭，前者代官爵，後者代刑罰。**此重利盜跖而使不禁者**　重，厚。**是乃聖人之過也**　是，此。

〔五〕**故曰魚不可脱於淵**　脱，離。淵，深水。行甫按：魚脱於淵，死地。**國之利器不可以示人**　國之利器，國家法度。示人，給人看。行甫按：言國家制度與治理思想，不可爲盜賊所用，與《老子》三十六章言『柔弱勝剛强』之韜晦手段不可示人不同。**彼聖人** 彼，猶夫，若。聖人，兼指其人及其法。**天下之利器** 天下之利器，猶言天下所共之利器，盜賊亦可用之。**非所以明天下** 所以，猶可以。明，猶示。

〔六〕**故絶聖棄知** 故，通顧，相反。絶，斷絶。聖，聰明。棄，廢棄。知，智。**大盜乃止** 乃，猶即。止，絶跡。**擿玉毀珠小盜不起** 擿，音至，棄擲。**焚符破璽而民樸鄙** 樸，樸素。鄙，質直。**掊斗折衡而民不爭** 掊，砸破。**殫殘天下之聖法** 殫，盡。殘，毀。**而民始可與論議** 始，猶乃。論，討論。議，建議。

〔七〕**擢亂六律** 擢，拔。行甫按：擢亂，猶今語擣亂，古讀擢如擣，同爲舌頭音。**鑠絶竽瑟** 鑠絶，《釋文》：『崔云：燒斷之也。』**塞瞽曠之耳** 塞，杜塞。瞽曠，晉國樂師。師曠目盲，故稱瞽曠。**而天下始人含其聰** 始，乃。含，猶懷藏。聰，聽覺敏鋭。**滅文章** 文章，花紋圖案。**散五采** 五采，青黄赤白黑之五色。**膠離朱之目** 膠，粘。**而天下始人含其明** 始，乃。明，視覺敏鋭。

〔八〕**毀絶鉤繩而棄規矩** 鉤繩規矩，工匠所用之標準器具。**攦工倕之指** 攦，音麗，通櫪，《説文》：『櫪㯻，柙指也。』工倕，帝堯時巧工。行甫按：攦工倕之指，言將巧匠工倕的手指用夾棍夾斷。**而天下始人有其巧矣** 始，乃。巧，智巧。**故曰大巧若拙** 若，如。拙，笨拙。行甫按：猶言使天下之人皆笨拙了，便是最大的智巧。

〔九〕**削曾史之行** 削，消除。行，行爲。**鉗楊墨之口** 鉗，用鐵鉗夾住。**攘棄仁義** 攘，除。**而天下之德始玄同矣** 德，行爲方式。玄，深遠。行甫按：玄同，深遠無跡之同。**彼人含其明** 彼，猶夫，若。**則天下不鑠** 鑠，通爍，灼爍。行甫按：鑠，猶言光芒太盛而灼眼。**人含其聰則天下不累** 累，及，牽連拖累。**人含**

其知則天下不惑　惑，迷惑。**人含其德則天下不僻**　德，正確的行爲方式。僻，邪侈。

〔一〇〕**彼曾史**　彼，猶夫，若。曾史，行仁義者。**楊墨**　莊子以爲辯者。見《駢拇》篇。**師曠工倕離朱**　皆有智巧者。**皆外立其德而以爚亂天下**　外立，公然標榜。德，行爲操守與職業技能。爚，音樂，通爍。行甫按：爚亂，光芒灼爍，眼花繚亂。**法之所无用**　法，取法。之，代上述諸人。所，猶多。説見吴昌瑩《經詞衍釋》。

此乃本篇第二章，言人類的一切制度建設與文明規範，雖然都是聖人們嘔心瀝血的智慧結晶，但所有這些，既然已經成爲天下盜賊所利用的武器，那麼毁掉這些制度文明，拒絶這些智慧的聖人，天下也就太平無事了。

【繹文】

善於治國的聰明人不死，天下的大盜賊就不會絶跡。如果推崇聰明人來治理天下，便是積累厚利給盜跖。製作了斗與斛的量器，便連同斗與斛的量器一並盜竊了；製作了用於稱重的權衡稱桿，便連同權衡稱桿一起盜竊了；製作了符節與璽印作爲檢驗真僞的信物，便連同符節與璽印一並盜竊了；設計了仁義的觀念用來矯正人們的思想與行爲，便連同仁義的觀念一起盜竊了。憑什麼可以分辨他們如此這般的種種跡象呢？比如説，盜竊了一隻小小的衣帶鈎便要受到處罰，但是盜竊了整個國家卻成爲諸侯，而且一旦成爲諸侯，自然就有理由標榜仁義的門風了，這不是盜竊仁義的觀念與聖人的智慧又是什麼呢？ 正是由於這個原因，那些竟相追逐著當大盜並把進身於諸侯作爲最高目標，同時竊取仁義的觀念以及斗斛、權衡、符璽等一系列制度與法物從而獲得巨大利益與好處的人，即使是用象徵身份高貴的車馬服飾來激勵他們棄惡從善，他們也絲毫不爲所動； 即使是用斧鉞之誅嚴刑峻法的懲罰與威懾來禁止他們爲盜，他們也毫無畏懼之心。 給盜跖帶來如此巨大的利益，讓他們的盜竊行爲禁而不止，這都是由於聖人治理天下的過錯。

所以說：『就像不能讓魚脫離了深淵一樣，不要把國家的重要殺器輕易拿出來顯擺。』比如說，聰明智慧的聖人，就是天下的重要殺器，是不可以拿出來公之於眾的。 相反，衹有斷絕聰明，廢棄智慧，大盜姦賊才沒有滋生的土壤； 衹有棄擲玉石破毀珠寶，小盜小賊才沒有行竊的可能； 衹有焚燒了符節，砸破了印璽，百姓才能回到樸素與質直； 衹有打碎了斗斛，折斷了稱桿，平民才有可能不生爭奪； 衹有乾淨徹底地破壞了聖人先前所制訂的天下一切法規制度，才有可能與平民百姓進行商談並給他們出主意。 打亂了六種音樂調式，銷毀掉各種演奏樂器，堵上了盲人音樂大師曠的耳朵，於是天下之民便各自擁有敏銳的聽覺能力了； 消滅了各種花紋圖案，散落了五種不同色彩，用膠水粘上離朱的眼睛，於是天下之民便各自擁有敏銳的視覺能力了； 毀滅了鉤尺繩墨，拋棄了圓規方矩，夾傷了技藝精湛的巧匠工倕的手指，於是天下之民便人人心靈手巧了。 所以說：『最高的智巧看起來卻如同笨拙。』削去了曾參與史鰌的行爲，鉗住了楊朱與墨翟的嘴巴，排除並丟棄了仁義的觀念，於是天下之民的行爲方式便冥然混同了。 如果天下人人視覺敏銳，那麼天下就沒有什麼炫人眼目的東西了； 如果天下人人聽覺靈敏，那麼天下就沒有什麼聳人聽聞的事情了； 如果天下人人擁有智慧，那麼天下就不會有什麼東西可以讓人迷惑了；如果天下人人擁有正確的行爲方式，那麼天下就不會有什麼邪僻的行爲發生了。至於像曾參、史鰌、楊朱、墨翟、師曠、工倕、離朱這些人，都是公然標榜他們的行爲與技巧從而炫惑擾亂天下的一幫傢伙，效法他們的行爲技巧根本就是毫無用處的。

［三］

子獨不知至德之世乎？昔者容成氏、大庭氏、伯皇氏、中央氏、栗陸氏、驪畜氏、軒轅氏、赫胥氏、尊盧氏、祝融氏、伏犧氏、神農氏，〔一〕當是時也，民結繩而用之，甘其食，美其服，樂其俗，安其居，鄰國相望，雞狗之音相聞，民至老死而不相往來。若此之時，則至治已。〔二〕今遂至使民延頸舉踵曰，『某所有賢者』，贏糧而趣之，〔三〕則內棄其親而外去其主之事，足跡接乎諸侯之境，車軌結乎千里之外。則是上好知之過也。〔四〕

上誠好知而无道，則天下大亂矣。〔五〕何以知其然邪？夫弓弩、畢弋、機變之知多，則鳥亂於上矣；〔六〕鉤餌、罔罟、罾笱之知多，則魚亂於水矣；〔七〕削格、羅落、罝罘之知多，則獸亂於澤矣；〔八〕知詐、漸毒、頡滑、堅白、解垢、同異之變多，則俗惑於辯矣。〔九〕故天下每每大亂，罪在於好知。〔一〇〕故天下皆知求其所不知而莫知求其所已知者，皆知非其所不善而莫知非其所已善者，是以大亂。〔一一〕故上悖日月之明，下爍山川之精，中墮四時之施；〔一二〕惴耎之蟲，肖翹之物，莫不失其性。甚矣夫好知之亂天下也！〔一三〕自三代以下者是已，舍夫種種之民而悅夫役役之佞，釋夫恬淡无爲而悅夫哼哼之意，哼哼已亂天下矣！〔一四〕

【釋義】

〔一〕**子獨不知至德之世** 獨，豈。知，聞知。至德之世，社會風尚純樸之世。**昔者容成氏大庭氏伯皇氏中央氏栗陸氏驪畜氏軒轅氏赫胥氏尊盧氏祝融氏伏犧氏神農氏** 成玄英《疏》：『已上十二氏，並上古帝王也。當時既未有史籍，亦不知其次第前後。』

〔二〕**當是時** 是，此。**民結繩而用之** 結繩，無文字，結繩以提示記憶。**甘其食** 甘，以之爲甜。**美其服** 美，以之爲美。**樂其俗** 樂，以之爲樂。俗，風俗習慣。**安其居** 居，處。**鄰國相望** 國，邦域。望，遙望。**雞狗之音相聞** 聞，聽見。**民至老死而不相往來** 老死，猶言終身。**若此之時則至治已** 已，猶矣。

〔三〕**今遂至使民延頸舉踵** 遂，進。至，到。延頸，伸長脖子。舉踵，抬起腳跟。**某所有賢者** 某，某人。所，猶可。有，猶爲。賢，聰明智慧。**贏糧而趣之** 贏，擔負。趣，通趨，奔赴。

〔四〕**則內棄其親而外去其主之事** 則，猶乃。內，家內。親，父母。外，鄉邦。主，主君。事，侍奉。行甫按：事字關『親』與『主』二者言之。**足跡接乎諸侯之境** 接，連接。乎，於。**車軌結乎千里之外** 軌，車徹。結，連。行甫按：結、接，同義互文。**則是上好知之過** 則，乃。是，爲。上，在上位者。

〔五〕**上誠好知而无道** 誠，猶若，苟。无道，猶言沒有正確的方法與途徑。**則天下大亂** 則，猶乃。

〔六〕**何以知其然**　知，猶分辨。**夫弓弩畢弋機變之知多**　弩，用機牙發箭的勁弓。畢，帶柄的網。弋，繫繩的短箭。機，《釋文》：『李云：弩牙曰機。』變，王叔岷《校詮》：『奚(侗)氏謂變爲罬之誤。竊疑變本作䜌，䜌卽罬之借字，《爾雅·釋文》：「罬，莫潘反。」罬從网，䜌聲，故與䜌通。後人罕見䜌，習見變，故誤爲變耳。』**則鳥亂於上**　亂，惶恐，慌亂。上，空中。

〔七〕**鉤餌罔罟罾笱之知多**　鉤，魚鉤。餌，挂在鉤上的魚食。罔，通網。罾，音增，以兩隻竹竿交叉支撐的魚網。笱，音苟，投入水中之捕魚竹器，形如長頸瓶，頸內施有倒鬚彈片，魚能進不能出。**則魚亂於水**　則，乃，於是。

〔八〕**削格羅落置罘之知多**　削格，所以施網的木架。章太炎《解故》：『削，借爲箾。《說文》：「箾，以竿擊人也。」格，《說文》云：「木長皃。」竹竿、長木，皆所以施羅網。』落，通絡，羅落，猶羅網。罝罘，音居浮，捕兔網。**則獸亂於澤矣**　澤，澤藪。

〔九〕**知詐漸毒頡滑堅白解垢同異之變多**　知，智巧。詐，欺詐。漸，詐。毒，憎惡。頡滑，《釋文》：『崔云：纏屈也。』《徐无鬼》『頡滑有實』，《釋文》引向秀云：『頡滑，錯亂也。』行甫按：頡滑，猶司馬談《六家要旨》論名家『苛察繳繞』。堅白，戰國名家有關認知與概念關係的論題。解垢，無據而妄言。錢穆《纂箋》：『武延緒曰：《淮南·俶真》「孰肯解構人間之事」，《後漢·魏囂傳》「勿用傍人解構之言」。』行甫按：《淮南子·人間》『或解搆妄言而反當』，『搆』與『構』同，則『解構妄言』與《魏囂傳》『解構之言』義合。又，《後漢書·竇融傳》『欲設離間之說，亂惑真心，轉相解構』，亦是其例。『解構』卽『解垢』，皆妄言之義。無根據而妄言爲『解垢』，無約期而相遇爲『邂逅』，其義一。同異，戰國名家有關事物分類的論題。變，通辯，二字音同互用，《逍遙遊》『御六氣之辯』，是其例。**則俗惑於辯矣**　惑，疑。辯，與上『變』字爲互文。

〔一〇〕**故天下每每大亂**　每每，《釋文》：『李云：猶昏昏也。』郭慶藩《集釋》：『每每卽夢夢也。《爾雅·釋訓》：「夢夢、訰訰，亂也。」夢之爲每，猶甍之爲甒。』**罪在於好知**　知，智巧。

〔一一〕**故天下皆知求其所不知**　求，索求。其所不知，身外之物。**而莫知求其所已知**　莫，無人。已，猶以，下已字同。其所以知，身内之心。者，也。**皆知非其所不善**　非，指責。其所不善，盜跖之惡徒。**而莫知非其所已善者**　其所以善，用以教化爲善之聖法。**是以大亂**　是以，因此。

〔一二〕**故上悖日月之明**　悖，日月之蝕。《釋文》：『司馬云：薄食也。』行甫按：悖，通孛，遮蔽。《穀梁傳》文公十四年：『秋七月，有星孛入於北斗。孛之爲言猶茀也。』《左傳》昭公十七年『有星孛於大辰』，孔穎達《正義》：『《公羊傳》曰：「孛者何？彗星也。」彗爲帚也，言其狀似掃帚，光芒孛孛然。』**下爍山川之精**　爍，灼爍。行甫按：『爍』與『悖』乃互文。遮蔽日月之明者，必灼爍山川之精。**中墮四時之施**　墮，音惰，毁。施，行。

〔一三〕**惴耎之蟲**　惴耎（音軟），無足而蠕動貌。**肖翹之物**　肖翹，微小而飛動貌。**莫不失其性**　性，生。**甚矣夫好知之亂天下**　夫，猶彼。

〔一四〕**自三代以下者是已**　已，矣。**舍夫種種之民而悦夫役役之佞**　種種，《釋文》：『李云：謹慤貌。一云：淳厚也。』役役，《釋文》：『李云：鬼黠貌。』行甫按：種讀若『童』，通『侗』，無知之貌。役役，汲汲鉆營之貌。佞，巧言讒説。**釋夫恬淡无爲而悦夫哼哼之意**　釋，舍棄。恬淡，淡泊無欲之貌。哼哼，王叔岷《校詮》：『奚侗云：《家語·五儀解》「無取哼哼」，王肅注：「哼哼，多言。」哼卽諄字，《説文》：「諄，告曉之孰也。」』**啍啍已亂天下**　天下已亂，不可復逆。

此乃本篇第三章，言上古至德之世，人們心地純樸，生活簡單，沒有任何智巧與欺詐。然而，自從有了『好知而无道』的君上，便開始倒行而逆施，『釋夫恬淡无爲而悦夫啍啍之意』，於是天下從此大亂。

【繹文】

你難道沒聽説過社會風尚純樸的時代嗎？古代有容成氏、大庭氏、伯皇氏、中央氏、栗陸氏、驪畜氏、軒轅氏、赫胥氏、尊盧氏、祝融氏、伏犧氏、神農氏十二代帝王，在他們治理天下的時候，沒有文字，人們用結繩幫助記憶，覺得吃的食物特別甘甜，穿的衣服非常好看，民情風俗令人愉快，生活環境十分安寧。周圍的部族與村落可以互相張望，雞鳴狗吠之聲也可以互相聽到，但它們的居民卻一輩子都不相互走動。像這樣的時代，就是最好的太平盛世了。可是到了如今的世道，就是讓老百姓伸長脖子，踮起腳跟盼望聖賢，說：『某某人可是個賢人。』於是人們絡繹不絕地挑著糧食去投奔他，拋棄家裏的父母不贍養，逃離自己的主人不盡責。他們的腳步踏遍了各個諸侯的國境，車跡延伸到了幾千里之外。所有這些，都是高高在上治理天下的人喜好智巧的過錯。

高高在上的人如果喜好知巧而沒有正確的原則，那麼天下就要出現大混亂了。憑什麼可以這麼說呢？比如射殺飛鳥的那些弓弩機巧不斷花樣翻新，那麼在天上的飛鳥便惶恐不安了；如果用於捕魚的那些釣鈎漁網種類繁多，那麼在水中的魚便恐懼不安了；假若用於捕捉野獸的棍棒羅網之類的手段層出不窮，那麼在草澤的動物便難以安身了；各種欺騙與狡詐盛行，糾纏不休地辯論堅呀、白呀，毫無根據地區分同呀、異呀之類的口舌之爭蜂起，那麼整個世俗社會就不能分辨對錯了。所以天下陷入一團漆黑湣然大亂，罪過就在於偏好智巧。因此，天下人衹知道一味地追求認知外部事物，卻沒有人去探索自己的內在心靈。都知道指責盜跖之類的壞人壞事，卻沒有人知道去指責那些勸善的仁義說教，所以才導致天下大亂。於是這種種亂象，在上掩蔽了太陽與月亮的光輝，在下灼燒了山川大地的精華，中間則毀壞了春夏秋冬四時的正常運轉；於是那些可憐的無足蠕動的爬蟲，生命弱小的飛蟲，無不喪失了性命。糟糕透了啊！偏好智巧無非就是讓天下大亂啊！自從夏商周三代以來所發生的事情，便無不如此了！拋棄那些純樸厚道的百姓而青睞那些投機鉆營的說客，丟掉那種淡泊無爲的純樸風尚而推崇那些七嘴八舌的各種主張，那些七嘴八舌的各種主張已經搞得天下大亂了！

在宥第十一

在宥，取首句中第一個雙音節實詞爲篇名。陸德明《經典釋文》以爲本篇乃『以義名篇』，實見卵而求時夜也。本篇内容不主一端，思想比較蕪雜，除卻禮樂、仁義、聖智不可以治天下的無治思想之外，尚別有二事焉：其一，雜無爲於養身，此乃由道學趨於道教之痕跡。其二，雜自由與養身於無爲與無治，此乃黄老道學之先聲；且黄老政治哲學的君道『無爲而尊』、臣道『有爲而累』的核心觀念，已在本篇初露端倪。由此可見，本篇既是老莊思想之由道學轉向道教的關捩，亦開老莊哲學向黄老哲學遞嬗之先河。

〔一〕

聞在宥天下，不聞治天下也。在之也者，恐天下之淫其性也；宥之也者，恐天下之遷其德也。〔一〕天下不淫其性，不遷其德，有治天下者哉！〔二〕昔堯之治天下也，使天下欣欣焉人樂其性，是不恬也；桀之治天下也，使天下瘁瘁焉人苦其性，是不愉也。夫不恬不愉，非德也。非德也而可長久者，天下无之。〔三〕

人大喜邪？毗於陽；大怒邪？毗於陰。陰陽並毗，四時不至，寒暑之和不成，其反傷人之形乎！〔四〕使人喜怒失位，居處无常，思慮不自得，中道不成章，於是乎天下始喬詰卓鷙，而後有盗跖、曾、史之行。〔五〕故舉天下以賞其善者不足，舉天下以罰其惡者不給，故天下之大，不足以賞罰。〔六〕自三代以下者，匈匈焉終以賞罰爲事，彼何暇安其性命之情哉！〔七〕

而且説明邪？是淫於色也；説聰邪？是淫於聲也；〔八〕説仁邪？是亂於德也；説義邪？是悖於理也；〔九〕説禮邪？是相於技也；説樂邪？是相於淫也；〔一〇〕説聖邪？是相於藝也；説知邪？是相於疵也。〔一一〕天下將安其性命之情，之八者，存可也，亡可也；天下將不安其性命之情，之八者，乃始臠卷獊囊而亂天下也。〔一二〕而天下乃始尊之惜之，甚矣天下之惑也！豈直過也而去之邪！〔一三〕乃齊戒以言之，跪坐以進之，鼓歌以儛之，吾若是何哉！〔一四〕

故君子不得已而臨莅天下，莫若无爲。無无也而後安其性命之情。〔一五〕故貴以身於爲天下，則可以託天下；愛以身於爲天下，則可以寄天下。〔一六〕故君子苟能无解其五藏，无擢其聰明；尸居而龍見，淵默而雷聲，神動而天隨，從容无爲而萬物炊累焉。吾又何暇治天下哉！〔一七〕

【釋義】

〔一〕**聞在宥天下** 在，存而不問。行甫按：在之『存』，猶《齊物論》『六合之外，聖人存而不論』之『存』，故《爾雅·釋詁下》『在，存，察也』，郝懿行《義疏》：『在，見物之察；存，問之察。』是在、存有察視因任之意。王叔岷疑『在』爲『任』字之誤，非。宥，寬。**不聞治天下** 治，施政法而統理之，有爲。**在之也者** 之，指天下。也者，猶者，虛詞複用。**淫其性** 淫，過度。性，猶情性。行甫按：存而不問，放任自流，其蔽在淫逸而無檢。**宥之** 寬宥天下。**遷其德** 遷，移。德，行爲方式。行甫按：寬宥無度，其蔽在放縱而無節。此與《養生主》『爲善無近名，爲惡不近刑，緣督以爲經』相表裏。然彼以養生言，此以治國言，《天下》所謂『内聖外王』之道歟！

〔二〕**天下不淫其性不遷其德有治天下者哉** 有，王叔岷《校詮》：『《初學記》二〇引有上有則字，則猶尚也。《御覽》六二四引有上有豈字。』行甫按：引者以意增之，然『哉』乃反詰語氣詞，無則字、豈字，意亦不晦，猶言若非淫其性，遷其德，何須治天下？

〔三〕**昔堯之治天下** 之，猶且。**使天下欣欣焉人樂其性** 欣，《說文》：『笑喜也。』焉，然。樂，逸。**是不恬** 恬，安靜。**桀之治天下也使天下瘁瘁焉人苦其性** 瘁，病，憂。**是不愉** 愉，和悅。**夫不恬不愉非德** 夫，猶若。非德，不合自然本性的生存方式。行甫按：非德，就『不恬』而言，則導致胡作非爲；就『不愉』而言，則導致鋌而走險。**非德也而可長久者** 長久，猶言長治久安。**天下无之** 之，此。

〔四〕**人大喜邪** 大喜，過度興奮。邪，猶也。**毗於陽** 毗，破傷。俞樾《平議》：『「毗」當讀爲「毗劉暴樂」之「毗」，《爾雅·釋詁》：「毗劉，暴樂也。」合言之則曰「毗劉」，分言之則或止曰「劉」，《詩·桑柔》篇「捋采其劉」是也；或止曰「毗」，此言「毗於陽」、「毗於陰」是也。暴樂，毛《傳》作「爆爍」，鄭《箋》云「捋采之則爆爍而疏」，然則「爆爍」猶「剝落」也。喜屬陽，怒屬陰，故大喜則傷陽，大怒則傷陰。毗陰毗陽，言傷陰陽之和也。」**大怒邪毗於陰** 陰，與陽相對。就人體言，內屬陰，外屬陽。**陰陽並毗** 並，同。**四時不至** 不至，猶失序。**寒暑之和不成** 寒暑，猶言冷熱。**其反傷人之形乎** 其，猶乃，則。

〔五〕**使人喜怒失位** 使，假使。失位，猶失常。**居處无常** 居處，猶動靜。**思慮不自得** 思慮，思考。自得，滿意。**中道不成章** 中道，中途。章，竟。《說文》：『樂竟爲一章；竟，樂曲盡爲竟。』行甫按：中道不成章，猶言半途而廢。**於是乎天下始喬詰卓鷙** 始，猶乃。喬，通矯，猶非。《玄應音義》卷十『矯異』注：『非先王之法曰喬，今皆作矯。』詰，責問。行甫按：喬詰，近義複詞，猶非毀指責。《釋文》引崔譔云『意不平也』，是。卓，高遠。鷙，猛厲。行甫按：卓鷙，近義複詞，猶猛厲難制。《釋文》引崔譔云『行不平也』，是。行甫按：『喬詰』指言論，『卓鷙』指行爲。**而後有盜跖曾史之行** 盜跖，指『卓鷙』者。曾史，指『喬詰』者。

〔六〕**故舉天下以賞其善者不足** 舉，用，取。足，猶周備充足。**舉天下以罰其惡者不給** 給，猶足。**故天下之大** 之，猶如是。**不足以賞罰** 以，猶於。

〔七〕**自三代以下者** 者，也。**匈匈焉終以賞罰爲事** 匈匈，喧嘩。焉，猶然。終，猶盡。**彼何暇安其性命之情哉** 安，安撫。其，代天下。情，實。

〔八〕**而且說明邪** 而且，更端之詞。說，通悅。明，猶視覺。**是淫於色也** 淫，放縱。色，色彩。**說聰邪** 聰，聽覺。**是淫於聲** 聲，音聲。

〔九〕**說仁邪是亂於德** 德，行爲方式。**說義邪是悖於理** 悖，猶亂。行甫按：悖、亂，互文。理，性。《禮記·樂記》『天理滅矣』，鄭玄注：『理，猶性也。』

〔一〇〕**說禮邪是相於技**　相，輔助。技，伎藝。王叔岷《校詮》：『技謂節文。』行甫按：此『技』字乃以倡優之伎藝喻禮儀之節文，猶今所謂表演。**說樂邪是相於淫**　淫，過而無度。《論語·八佾》『樂而不淫』，朱熹《集注》：『淫者，樂之過而失其正者也。』

〔一一〕**說聖邪**　聖，聰明，通達。**是相於藝**　藝，事鬼神的技能。《周禮·春官·敘官》『以其藝爲之貴賤之等』，孫詒讓《正義》：『此藝當謂技能，卽指事神之事，不涉六藝也。』行甫按：《尚書·金縢》『乃元孫不若旦多材多藝，不能事鬼神』，卽此『相於藝』之『藝』。**說知邪**　知，通智。**是相於疵**　疵，通訾，《戰國策·齊策一》『齊貌辨之爲人也多疵』，《呂氏春秋·知士》作『訾』。行甫按：訾，猶言爭辯。《天下》『以堅白同異之辯相訾，以觭偶不仵之辭相應』，是其例。《呂覽》『齊貌辯之爲人多訾』，此人辯士，與人相爭辯乃其積習，故爲靖郭君門人『弗說』。行甫又按：『說知』而『相於疵』，猶言好『知』乃助長好爭辯之習性，王叔岷《校詮》引《人間世》『知也者，爭之器也』以說之，是。

〔一二〕**天下將安其性命之情**　將，猶如。安，安定。**之八者**　之，此。**存可也**　存，猶有。**亡可也**　亡，猶無。**天下將不安其性命之情**　將，猶若。情，實。**之八者**　八者，指上文明、聰、仁、義、禮、樂、聖、知。**乃始臠卷獊囊而亂天下**　始，猶乃。乃始，虛詞連用。臠（音戀），拘曲。卷，卷縮。《釋文》：『司馬云：臠卷，不申舒之狀也。』獊，通搶。囊，通攘。《釋文》：『崔云：戕囊猶搶攘。』行甫按：獊囊、戕囊、搶攘，皆疊韻連綿詞。《漢書·賈誼傳》『國制搶攘』，顏師古引晉灼曰：『搶音傖。吳人罵楚人曰傖。傖攘，亂貌也。』

〔一三〕**而天下乃始尊之惜之**　尊，重。之，代上述八者。惜，愛。**甚矣天下之惑**　之，猶如是。**豈直過也而去之邪**　直，猶特。過，過錯。王先謙《集解》引宣穎云：『豈但過時便任其去乎？』行甫按：宣穎以『過』

爲過時，非。此言『尊之惜之』之爲過錯。而，猶以，因。去，棄。邪，猶乎，句末語氣詞。

〔一四〕**乃齊戒以言之**　乃，猶而，轉折連詞。齊，通齋。戒，除。以，猶乃。之，代上述八者。行甫按：齊戒以言，言語之尊。**跪坐以進之**　跪坐，猶禮儀。進，猶盡。行甫按：跪坐以進，猶言頂禮膜拜，行爲之尊。**鼓歌以儛之**　鼓歌，敲鼓唱歌。儛，通舞。行甫按：鼓歌以儛，猶言大力宣傳，鼓吹歌頌。**吾若是何哉**　若，猶奈。是，此。代上述『尊之惜之』之種種行爲。若是何，猶奈此何。

〔一五〕**故君子不得已而臨莅天下**　故，通顧，相反。臨莅，猶南面。**莫若无爲**　莫若，不如。**无爲也而後安其性命之情**　而，猶乃。

〔一六〕**故貴以身於爲天下**　故，猶夫，若。貴，珍重。以，猶爲。於，猶比。**則可以託天下**　則，猶乃。託，猶交付，託付。**愛以身於爲天下**　愛，珍惜。**則可以寄天下**　寄，猶託。

〔一七〕**故君子苟能无解其五藏**　故，因此。解，散。五藏，五臟。**无擢其聰明**　擢，引拔。行甫按：此『擢』字與上文『相於技』、『相於淫』諸『相』字同義，猶助長。**尸居而龍見**　尸，尸主，代爲受祭者。尸居，《禮記·曲禮上》『坐如尸』，孔穎達《正義》：『尸居神位，坐必矜莊。』龍見，喻精神活躍。**淵默而雷聲**　淵默，沉默如深淵。行甫按：淵默而雷聲，猶《禮記·樂記》『天則不言而信，神則不怒而威』。**神動而天隨**　神動，精神活動。天隨，如天相隨，合於自然天性。行甫按：神動而天隨，猶孔子所謂『隨心所欲而不逾矩』之意。**從容无爲而萬物炊累焉**　從容，隨順而不迫蹙。炊累，隨風而浮遊。《史記·老子韓非列傳》『不得其時則蓬累而行』，張守節《正義》：『累，轉行貌也。』行甫按：炊累，猶言如風之吹而轉行。**吾又何暇治天下哉**　又，猶豈。何暇，何遑。

此乃本篇第一章，言禮樂、仁義、聖知，皆不可以治天下。唯一可以治天下者，乃『在』之、『宥』之。如果實在把握不住『在』與『宥』的分寸，但又『不得已而臨莅天下』，便衹有『從容无爲』一途，不必爲治天下而勞形苦心而已。

【譯文】

聽說過因任寬容天下，沒聽說過用什麼方法治理天下的。不過，因任天下吧，又擔心天下人放縱他們的性情；寬容天下呢，又害怕天下人遷就自己的行爲。如果天下人不會放縱他們的性情，不會遷就他們的行爲，又哪裏用得著治理天下呢！看來，這的確是個悖論。先前帝堯且治理天下了，讓天下人樂呵呵地依著自己的性情愛幹什麼就幹什麼，這樣天下人心便不安分了。夏桀曾治理天下了，讓天下人慘兮兮地苦逼自己的性情去幹這個幹那個，這樣天下人心便不安寧了。如果天下人心不安分，就會胡作非爲；天下人心不安寧，就會鋌而走險。天下人或胡作非爲，或鋌而走險，還能夠長治久安的事情，天下是沒有的。

人過度興奮吧，那會傷了陽氣。人過度憤怒吧，那會傷了陰氣。陰陽兩傷，四時不調，冷暖不適，天地的和氣受到了傷害，反過來就會傷害人的形體了！假使人喜怒沒有節制，作息沒有規律，思慮沒有滿意的結果，辦事有始無終，半途而廢，於是天下便是非蜂起而言語粗暴，戾氣衝霄而行爲狂驁，然後就有盜跖之徒的鋌而走險與曾參、史鰌之輩的矯揉造作。這樣，即使把天下財富都用來獎賞人們行善都不夠花，把天下刑罰都拿來懲治人們的爲惡都不夠用。因此，雖然天下如此之大，卻既不夠賞也不夠罰。自從夏商周三代以來，就這麼鬧哄哄地忙著行賞與行罰的事情，他們哪裏還有工夫去滿足天下人真正的生命需求呢！

再説，喜歡視覺敏鋭嗎？這會導致人們過度地沉迷色彩；喜歡聽覺靈敏嗎？這會導致人們過度地沉迷音聲；喜歡仁愛嗎？這會擾亂人們的行爲取向；喜歡道義嗎？這會干擾人們的思維邏輯；喜歡禮儀嗎？這會助長人們的做戲技巧；喜歡音樂嗎？這會助長人們的奢侈習氣；喜歡明達嗎？這會鼓勵人們去裝神弄鬼；喜歡知識嗎？這會鼓勵人們以口舌相爭。天下之人如果要想滿足自己真正的生命需求，這八種東西，有也可以，無也可以。天下之人如果不想滿足自己真正的生命需求，這八種東西，便成爲嚴重扭曲人性顛倒常理使天下混亂不堪的關鍵要素了。可是天下人卻對這些東西備加尊重，無比愛惜，這實在是太過分了，天下人怕是個個昏了頭了吧！這些東西哪裏僅僅衹是錯誤而應當扔掉便完事的呢！然而人們卻把它奉若神明，似乎提起它都要沐浴齋戒似的，對它頂禮膜拜，五體投地，還要對它弦歌鼓舞地吹捧與贊頌。對於這些愚蠢的做法，我又能把它怎麼樣呢！

與此相反，君子如果不得已非南面君臨天下不可，最好的辦法就是無所作爲。衹有無所作爲才能滿足天下人真正的生命需求。因此，如果把修身養性看得比治理天下更爲重要，便可以把天下交付給他；如果把珍惜自己的生命看得比治理天下更爲重要，便可以把天下託付給他。所以君子倘若不爲治理天下而滿腹憂慮，愁腸百結，不過度地運用聰明與才智，像祭主之尸一樣端拱於君主的位置無所作爲，他便神采奕奕，滿面靈光。雖然他沉默不語卻力量無窮，如同萬鈞雷霆，聲震百里。他的每個意念都與大自然的節奏相協調，所以他從容不迫，無所事事，天下萬民便在他的治下，就如同空氣中的浮塵一樣無拘無束、自由自在地自主活動。這樣的話，我們哪裏還需要花工夫去治理天下呢？

〔二〕

崔瞿問於老聃曰：『不治天下，安藏人心？』〔一〕

老聃曰：『女愼無攖人心。人心排下而進上，上下囚殺；淖約柔乎剛强，廉劌雕琢；其熱焦火，其寒凝冰。〔二〕其疾俛仰之間而再撫四海之外，其居也淵而靜，其動也縣而天。〔三〕僨驕而不可係者，其唯人心乎！〔四〕昔者黄帝始以仁義攖人之心，堯、舜於是乎股無胈，脛無毛，以養天下之形；愁其五藏以爲仁義，矜其血氣以規法度。〔五〕然猶有不勝也，堯於是放讙兜於崇山，投三苗於三峗，流共工於幽都，此不勝天下也。〔六〕夫施及三王而天下大駭矣。下有桀、跖，上有曾、史，而儒、墨畢起。〔七〕於是乎喜怒相疑，愚知相欺，善否相非，誕信相譏，而天下衰矣；大德不同，而性命爛漫矣；天下好知，而百姓求竭矣。〔八〕於是乎釿鋸制焉，繩墨殺焉，椎鑿決焉。天下脊脊大亂，罪在攖人心。〔九〕故賢者伏處大山嵁巖之下，而萬乘之君憂慄乎廟堂之上。〔一〇〕今世殊死者相枕也，桁楊者相推也，刑戮者相望也，而儒、墨乃始離跂攘臂乎桎梏之間。意，甚矣哉！其無愧而不知恥也甚矣！〔一二〕吾未知聖知之不爲桁楊椄槢也，仁義之不爲桎梏鑿枘也，焉知曾、史之不爲桀、跖嚆矢也！故曰「絕聖棄知，而天下大治。」』〔一三〕

【釋義】

〔一〕**崔瞿問於老聃曰**　崔瞿，虚構人名。鍾泰《發微》：『向、崔本並作臞。臞之爲言，即下文「股無胈，脛無毛」以及「愁其五藏」、「矜其血氣」之狀，言治天下之勞瘁有如是耳。』**不治天下安藏人心**　藏，王先謙《集解》：『古字止作「臧」。』行甫按：臧，善；與『藏』爲古今字，當是注家讀爲收藏字而改之。

〔二〕**女慎無攖人心**　女，通汝，爾。攖，干擾，束縛。**人心排下而進上**　排，推抑。進，争。王叔岷《校詮》：『謂人心排抑卑下而競争高上也。』**上下囚殺**　囚，禁。殺，滅。行甫按：上下囚殺，與『排下而進上』相貫，猶言在下者囚禁之遏絕之，在上者不容而滅殺之。此言人心險惡自私。**淖約柔乎剛强**　淖約，柔弱貌。乎，於。成玄英《疏》：『矯情行於柔弱，欲制服於剛强。』王叔岷《校詮》：『柔弱欲勝剛强之意。』**廉劌雕琢**　廉，稜角。劌，鋒利。雕琢，切削。行甫按：廉劌雕琢，承『淖約柔乎剛强』而言，雖柔弱卻勝過剛强，鋒芒所向，刻削衆物。此言人心陰刻殘忍。**其熱焦火**　熱，熱情。焦火，燃燒之火。**其寒凝冰**　寒，冷酷。凝冰，凝結之冰。行甫按：其熱焦火，其寒凝冰，言人心偏執無度。

〔三〕**其疾俛仰之間而再撫四海之外**　疾，快速。俛，通俯。再，二次。撫，猶覆蓋。行甫按：此言人心放縱無跡，如天馬行空。**其居也淵而靜**　居，處。淵而靜，深沉而安靜。**其動也縣而天**　動，活動。縣，通懸，遠。

而，猶如。縣而天，懸遠如天。行甫按：此言人心動靜無常，高深莫測。

〔四〕**僨驕而不可係者** 僨（音奮）驕，郭象注：『僨驕者，不可禁之勢也。』行甫按：僨驕，詞例與詞義，猶『俯仰』。僨，仆。《左傳》昭公十三年『牛雖瘠僨於豚上』，杜預注：『僨，仆也。』驕，亢。《鶡冠子·近迭》『其君不賢而行驕溢也』，陸佃注：『己亢爲驕。』又，驕亦寫作『橋』，《則陽》『欲惡去就於是橋起』，是『橋』亦『起』。僨驕，猶言一僨一驕，與《天運》『一僨一起』義同，《釋文》引司馬彪云：『僨，仆也。』卽其證。係，羈縻。**其唯人心乎** 其，猶乃。唯，爲。

〔五〕**黄帝始以仁義攖人之心** 始，乃。以，用。**堯舜於是乎股無胈** 股，大腿。胈，音拔，大腿肌肉。**脛無毛** 脛，小腿。行甫按：股無胈，言其羸瘦。脛無毛，言其勞累。長期勞作於泥水之中，則腿毛盡行脱落。**以養天下之形** 言讓天下百姓吃飽肚子。**愁其五藏以爲仁義** 五藏，五臟。爲，化。爲仁義，教化仁義。**矜其血氣以規法度** 矜，奮。《呂氏春秋·重言》篇『手足矜者』，王念孫《讀書雜志·餘篇上》：『矜猶奮也，言手足奮動也。《燕策》曰「矜戟砥劍」，言奮戟也。』規，規劃，制定。

〔六〕**然猶有不勝** 猶，仍，尚。勝，任。不勝，猶言不起作用。**堯於是放讙兜於崇山** 放，流放，放逐。讙（音歡）兜，《尚書·堯典》作『驩兜』，堯臣。崇山，孔穎達《尚書正義》：『《禹貢》無崇山，不知其處，蓋在衡嶺之南。』**投三苗於三峗** 投，棄。三苗，上古部族之名。《戰國策·魏策一》吴起曰『昔者三苗之居，左彭蠡之波，右有洞庭之水』，則古三苗在今湖北、湖南、江西三省交界處。三峗，《堯典》作『三危』，張守節《史記正義·五帝本紀》引《括地志》：『三危山有三峯，故曰三危，俗亦名卑羽山，在沙洲敦煌縣東南三十里。』**流共工於幽都** 流，放。共工，堯時水官。幽都，《五帝本紀》作『幽陵』，裴駰《史記集解》引馬融曰：『北裔也。』**此不勝天下也** 不勝，猶不能制服。

〔七〕**夫施及三王而天下大駭** 夫，猶且。王先謙《集解》從宣穎「夫」字屬上讀。行甫按：「夫」字屬下讀，表遞進關係。施，音易，延及。三王，夏商周三代之王。駭，亂。《戰國策·宋策》「而國人大駭」，高誘注：「駭，亂。」**下有桀跖** 下，行盜乃爲下流。**上有曾史** 上，行仁乃爲上流。**而儒墨畢起** 儒，主張愛親。墨，主張兼愛。畢，俱。

〔八〕**於是乎喜怒相疑** 喜怒，猶好惡。疑，惑亂。**愚知相欺** 愚知，愚智。欺，詐。**善否相非** 否，音匹，不善。**誕信相譏** 誕，浮夸虚僞。信，誠實。譏，非笑。**而天下衰** 衰，衰落。**大德不同** 大德，正確的行爲取向。**而性命爛漫** 性命，生命，人生。爛漫，潰亂，糜爛。**天下好知** 知，智。**而百姓求竭** 求竭，求竭其智。竭，盡，極。行甫按：上言「説知邪？是相於疵也」，則「求竭」，猶言將是非之爭推向極至。章太炎《解故》引《王制》「東膠」注云「膠或作絿」，以證「求竭」爲「膠葛」，爲雙聲詞，與上文「爛漫」爲疊韻詞相對。王叔岷《校詮》申章説以「膠葛」爲「轇轕」。然「膠葛」若「轇轕」者，猶糾纏不休，亦言「好知」則是非蜂起，訢訢交爭。

〔九〕**於是乎釿鋸制** 釿，通斤，斧子。鋸，刀鋸。制，折。《尚書·呂刑》「制以刑」，《墨子·尚同篇》作「折以刑」。**繩墨殺** 繩墨，猶言法律。**椎鑿決** 椎鑿，猶言刑具。**天下脊脊大亂** 脊脊，混亂貌。**罪在攖人心** 罪，罪過。攖，擾亂，束縛。

〔一〇〕**故賢者伏處大山嵁巖之下** 伏處，隱逸。嵁（音堪）巖，深巖。**而萬乘之君憂慄乎廟堂之上** 憂，憂慮。慄，恐懼。廟堂，朝廷。

〔一一〕**今世殊死者相枕** 殊，斷決。殊死，古代斬首的刑罰。枕，積壓。**桁楊者相推** 桁（音航）楊，腳上及頸上的刑具。推，擁擠。**刑戮者相望** 相望，猶言密集。**而儒墨乃始離跂攘臂乎桎梏之間** 離跂，抬起腳跟離開地面。攘臂，捥起袖子。行甫按：離跂攘臂，猶言極力宣揚仁義說教。**意** 通噫，嘆詞。**甚矣哉** 甚，過分。**其無愧而不知恥** 愧，慚。

〔一二〕**吾未知聖知之不爲桁楊椄槢** 聖知，聰明才智。椄槢，音接習，成玄英《疏》：『楔也。』行甫按：椄槢，木枷上插栓。**仁義之不爲桎梏鑿枘** 桎梏，刑具。鑿，榫眼。枘，榫卯。**焉知曾史之不爲桀跖嚆矢** 嚆(音蒿)矢，響箭。行甫按：此言曾、史乃號召桀、跖的先聲。**故曰絕聖棄知而天下大治** 絕，斷。知，智。棄，抛棄。

此乃本篇第二章，言天下之所以難治，在於人心不可測。自黃帝唐虞以來，便企圖用仁義收攝人心，雖『愁其五藏』，『矜其血氣』，但終究事與願違。於是大開殺戒，以致天下『殊死者相枕』，『桁楊者相推』，則仁義反成號召夏桀之惡政與盜跖之惡人的響箭。

【繹文】

崔瞿這個瘦老頭問老聃說：『如果不治理天下，如何讓天下人心善良呢？』

老聃說：『你千萬不要去招惹人心。人心險惡自私，貶抑排擠比他低的人，競爭攀附比他高的人。圍堵圈禁在他之下的人，不讓別人有出頭的機會；又中傷毀滅在他之上的人，不容別人阻礙他的出路。人心陰刻殘忍，假裝柔情似水，意在克服壓制剛硬與堅强的人；它稜角鋒利，就像雕琢玉石，對剛强的人一點一點地雕刻切削，消磨他的個性。人心偏執無度，對人熱情便如燃燒的火，對人冷酷便如凝結的冰。人心放縱無拘，猶如天馬行空，就在一俯首、一抬頭之間，便可以兩次飛越天地之外，其速度之快讓人瞠目結舌。人心動静無常，莫測高深，安静不動便如沉淵止水，深不見底；躁動不安便如懸于天上，高不可攀。它起伏不定，俯仰無蹤，最是不可束縛羈勒的東西就是人心了。先前黄帝曾試圖用仁義綁架天下人心，唐堯、虞舜於是便辛勤勞累，疲於奔命了，大腿瘦得皮包骨，小腿汗毛都掉光，爲的是讓天下人吃飽肚子，不會因爲活不下去而引起天下大亂。雖然他們搜腸刮肚損陰傷肺炮製一套仁義説教，試圖誘導人們的思想；鼓足心力膨脹氣血制訂一些法度規範，用來限制人們的行爲。然而所有這些，還是起不到任何作用，於是帝堯便把讙兜流放到南方的崇山，把三苗驅趕到大西北的三危山，又把共工放逐到北方的幽都。這不就是因爲征服不了天下人心嗎？到了夏商周三代的君王，更是天下大亂了。下作的便出現了夏桀和盜跖這類暴君與强盜，體面的便出現了曾參與史鰌之類的榜樣與楷模。於是便有儒家主張愛親，墨家提倡兼愛，大家都來出謀劃策，希望拯救世道人心。於是乎好惡是非便相互衝突而思想混亂了，聰明的人愚弄笨拙的人，不善良的人反而指責善良的人，不誠實的人反而譏笑誠實的人，因而天下人心便敗壞透頂了。人們的行爲取向五花八門，沒有統一的價值標準，因而天下之人失去精神支柱，導致人心涣散了。而且天下人心喜好智慧機巧，所以百姓之間也就是非蜂起，訢訢交爭而無休無止了。於是乎南面君人者便開始動用斧鋸刑罰，採取法律手段，舉起屠刀，大開殺戒，企圖制服天下百姓。牢獄之災四起，人間一片狼藉，天下洶洶，大亂不止，其罪魁禍首就在招惹人心。所以賢能的人便隱退深山老林懸崖絶壁之下，全生遠害；大國君主則愁容滿面坐在朝堂之上，憂恐無狀。當今之世，被處死的人屍首堆積如山，相互枕壓；披枷帶鎖的囚犯成羣結隊，相互擁擠；遭過刑憲割鼻砍腳的刑徒多如牛毛，相互注視。而儒、墨之徒卻在到處都是身遭刑憲披枷帶鎖的人羣中間捋起袖子高喊什麽要愛親呀、要兼愛呀，不遺餘力地宣揚什麽仁心呀、道義呀之類的大話空話。唉——，太過分了啊！這幫傢伙真是既不知慚愧又不知羞恥啊，簡直是太過分了呀！我實在難以判斷聖人的聰明才智是不是加固那些刑具的木栓與楔子，仁義的説教是不是拼接那些枷鎖的榫眼與鉚釘。哪裏知道曾參與史鰌之流不就是引導與號召夏桀與盜跖的響箭與先聲呢！所以説：「滅絶了聖人的聰明，抛棄了人們的智慧，天下便太平無事了。」

［三］

黄帝立爲天子十九年，令行天下，聞廣成子在於空同之山，故往見之，曰：『我聞吾子達於至道，敢問至道之精。吾欲取天地之精，以佐五穀，以養民人；吾又欲官陰陽，以遂羣生，爲之奈何？』〔一〕

廣成子曰：『而所欲問者，物之質也；而所欲官者，物之殘也。自而治天下，雲氣不待族而雨，草木不待黄而落，日月之光益以荒矣，而佞人之心翦翦者，又奚足以語至道！』〔二〕黄帝退，捐天下，築特室，席白茅，閒居三月，復往邀之。〔三〕

廣成子南首而臥，黃帝順下風膝行而進，再拜稽首而問曰：『聞吾子達於至道，敢問，治身奈何而可以長久？』〔四〕廣成子蹶然而起，曰：『善哉問乎！來！吾語女至道。至道之精，窈窈冥冥；至道之極，昏昏默默。无視无聽，抱神以靜，形將自正。〔五〕必靜必清，无勞女形，无搖女精，乃可以長生。目无所見，耳无所聞，心无所知，女神將守形，形乃長生。愼女內，閉女外，多知爲敗。〔六〕我爲女遂於大明之上矣，至彼至陽之原也；爲女入於窈冥之門矣，至彼至陰之原也。天地有官，陰陽有藏，愼守女身，物將自壯。我守其一以處其和，故我修身千二百歲矣，吾形未常衰。』〔七〕

黃帝再拜稽首曰：『廣成子之謂天矣！』〔八〕

廣成子曰：『來！余語女。彼其物无窮，而人皆以爲有終；彼其物无測，而人皆以爲有極。得吾道者，上爲皇而下爲王；失吾道者，上見光而下爲土。〔九〕今夫百昌皆生於土而反於土，故余將去女，入无窮之門，以遊无極之野。吾與日月參光，吾與天地爲常。當我，緡乎！遠我，昏乎！人其盡死，而我獨存乎！』〔一〇〕

【釋義】

〔一〕**黃帝立爲天子十九年**　立，同位，在位。**令行天下**　令，政令。行，施。**聞廣成子在於空同之山**　廣成子，虛構人名，取道廣大而功有成之意。在，存。空同，猶倥侗，取愚昧無知之意。**故往見之**　往，去。見，拜訪。**曰我聞吾子達於至道** 達，通，至。至道，最高境界。**敢問至道之精** 精，微，純。《呂氏春秋·大樂》「至精也」，高誘注：「精，微也。」《素問·靈蘭祕典論》「余聞精光之道」，王冰注：「精，純粹也。」**吾欲取天地之精** 既言「至道之精」，此又言「天地之精」，則「至道」者，天地之境界。行甫按：道與天地宇宙之關係，參見《大宗師》解題。**以佐五穀** 佐，助。五穀，泛指糧食。**以養民人** 養，活。**吾又欲官陰陽** 官，猶管。《儀禮·士冠禮記》「以官爵人」，賈公彥《疏》：「官者，管領爲名。」《禮記·王制》「諸侯之上大夫卿」，孔穎達《疏》：「其諸侯以下及三公至士，總而言之皆謂之官。官者，管也，以管領爲名。」陰陽，天地。**以遂羣生** 遂，生長，育養。羣生，猶衆生。行甫按：羣生，兼動物與植物，與上文「民人」相對。**爲之奈何** 爲，猶如。之，此。奈何，如何。

〔二〕**廣成子曰而所欲問者** 而，猶爾，你。問，求。《孟子·盡心上》「而問無齒決」，朱熹《集注》：「問，講求之意。」行甫按：欲問，即上文「欲取」，則「問」猶「講求」。**物之質** 物，猶言事物，此指「至道」。質，猶本。行甫按：精亦有「本」義，《素問·金匱真言論》「夫精者，身之本也」，是其例。「物之質」，猶言「道之精」。**而所欲官者物之殘** 殘，餘。行甫按：物之殘，猶天地陰陽。《大宗師》言「夫道」，「自本自根，未有天地，自古以固存，神鬼神帝，生天生地」。**自而治天下** 而，通爾，你。**雲氣不待族而雨** 待，猶及。族，猶聚。《釋文》：「司馬云：未聚而雨，言澤少。」**草木不待黃而落** 黃而落，枯黃而葉落。《釋文》：「司馬云：言殺氣多也。」**日月之光益以荒** 益，更加。荒，昏而不明。《尚書·呂刑》「王享國百年耄荒」，目不明是爲「荒」。**而佞人之心翦翦** 而，爾，你。佞人，巧言之人。翦翦，巧善，淺薄。行甫按：翦翦，即《尚書·秦誓》「截截善諞言」之「截截」，《公羊傳》文公十二年作「諓諓」，《說文》二引其文，一作「戔戔」，一作「㦰㦰」。參見拙著《尚書釋讀·秦誓》「惟截截善諞言」釋讀。**又奚足以語至道** 奚，何。語，談論。

〔三〕**黃帝退**　退，歸。與上『往』字照應。**捐天下**　捐，猶棄。**築特室**　特室，單獨小屋。**席白茅**　席，猶鋪墊。白茅，成玄英《疏》：『藉白茅以絜淨。』**閒居三月**　閒居，不問世事。**復往邀之**　邀，請求。

〔四〕**廣成子南首而臥**　南首，頭朝南邊。**黃帝順下風膝行而進**　順下風，從下方。**再拜稽首而問**　再拜，拜兩次。拜稽首，既跪而拱手，頭俯至於手與心平，然後納頭至於地。**聞吾子達於至道敢問治身奈何而可以長久**　治身，猶養身。奈何，如何。行甫按：上問『養民人』、『遂羣生』，此問『治身』，則已『捐天下』而欲長生。

〔五〕**廣成子蹶然而起**　蹶，猶機弩蹶張之蹶，猛蹬。郭慶藩《集釋》：『《文選·張景陽〈七命〉》注引司馬云：「蹶，疾起貌。」』是其義。**曰善哉問乎**　乎，也。**來吾語女至道**　來，呼語詞，或獨用，或與『吁』、『嗟』連用。**至道之精窈窈冥冥**　窈，通杳，《說文》：『杳，冥也。』窈冥，深遠無形。**至道之極昏昏默默**　極，精。昏默，幽暗無聲。**无視无聽**　无視，窈冥無形。无聽，昏默無聲。**抱神以靜**　抱神，猶凝神。以，猶而。**形將自正**　形，形體。將，當。正，止，定。行甫按：『正』與『止』互訓互用，見《德充符》『幸能正生，以正眾生』釋義。行甫又按：『抱神以靜，形將自正』，猶言神靜形自定。

〔六〕**必靜必清**　清靜，靜。**无勞女形**　勞，勤。女，汝。**无搖女精**　搖，擾動。精，精氣。**乃可以長生**　乃，如此。**目无所見**　關閉視覺感官。**耳无所聞**　閉塞聽覺感官。**心无所知**　心止於符。**女神將守形**　將，當。神，精神。守，守護。**形乃長生**　形，形體。**慎女內**　內，內部感官。**閉女外**　外，外部感官。**多知爲敗**　知，感覺與認知。行甫按：知既指內部感覺，飢渴疼痛之類；亦指外部感覺，口耳鼻舌身所生的感覺。參見《齊物論》『死生無變於己，而況利害之端乎』釋義。

〔七〕**我爲女遂於大明之上**　爲，助。女，汝。遂，進，順而上。**至彼至陽之原**　至陽，大明。原，廣平曰原。**爲女入於窈冥之門**　窈冥，幽暗深遠。**至彼至陰之原**　至陰，窈冥。行甫按：至陽之原、至陰之原，互文見義，皆指道而言。**天地有官**　官，管。**陰陽有藏**　藏，蓄積。行甫按：二句互文。言天地陰陽自有其管，自有其藏。**慎守女身**　守，養護。**物將自壯**　壯，盛。**我守其一以處其和**　一，道。以，猶而。處，猶調理。和，陰陽之和。**故我修身千二百歲**　修，養。**吾形未常衰**　常，通嘗。衰，老。

〔八〕**廣成子之謂天矣**　之，猶乃。謂，爲。天，猶言至高無上。

〔九〕**來余語女**　來，呼語詞。語，告訴。**彼其物无窮**　其物，指道。无窮，指邊際言。**而人皆以爲有終**　終，止境。行甫按：《大宗師》「先天地生而不爲久，長爲上古而不爲老」，是。**彼其物无測**　測，盡。行甫按：測指高深言，《說文》「測，深所至也」，是其義。**而人皆以爲有極**　極，終極。行甫按：《大宗師》「在太極之先而不爲高，在六極之下而不爲深」，是。**得吾道者**　者，也。**上爲皇而下爲王**　上，首，次序之詞。皇，大君。《白虎通義·號》：「皇，君也，美也，大也。天人之總，美大之稱也。」下，低，猶其次。王，君。《禮記·祭法》「曰王考廟，曰皇考廟」，鄭玄注：「王、皇皆君也。」行甫按：由「皇」字同於「王」字義，知本篇成書較晚，近於黃老道。**失吾道者上見光而下爲土**　上，高，亦次序之詞。見光，猶言爲動物。爲土，猶言爲植物。行甫按：《大戴禮·曾子天圓》「天之所生上首，地之所生下首」，孔廣森《補注》：「上首謂動物，下首謂植物。」此「見光」猶言「上首」，「爲土」猶言「下首」。注家多解爲「生而上見光，死而下爲土」，此涉下文「生於土而反於土」而誤。不知如此說之，無論其文法抑或其文義，皆與「上爲皇而下爲王」不相類，是知其非。

〔一〇〕**今夫百昌皆生於土而反於土**　今，故，故猶顧，相反。夫，猶彼。百昌，《說文》：「昌，一曰日光也。《詩》曰：「東方昌矣。」』生於土，生存於土地之上。反於土，返回於土地之下。行甫按：百昌，猶言所有爲日光所照的物種。此句既承上文『得吾道者』與『失吾道者』而總言之，又啓下文『人其盡死』，猶言無論是『爲皇』與『爲王』，還是『見光』與『爲土』，皆將『盡死』，唯我『獨存』。因爲『我』就是『天』，『我』就是『道』；『得吾道者』既非『我』亦非『道』，遑論『失吾道者』，故皆有死。**故余將去女**　去，離開。女，汝。行甫按：此承上文，猶言我也終將離你而去，因爲你有死而我無死。**入无窮之門以遊无極之野**　進入無邊無際無始無終的境界而自由往來。**吾與日月參光**　參，同叁，言與日月相並而成三光。**吾與天地爲常**　爲，猶成。常，長，久。**當我緡乎**　當，逆，迎。緡，通泯，滅。**遠我昏乎**　遠，去，離。昏，與緡同，泯，滅。行甫按：道無始無終而永存，道中之物則生死變滅大化流行。『當我』、『遠我』，猶《老子》第十四章『迎之不見其首，隨之不見其後』之『迎之』、『隨之』。猶言無論將來之物抑或過去之物，盡皆消亡。舊注皆非，不可從。**人其盡死**　其，猶將。**而我獨存乎**　獨，猶猶，仍。

此乃本篇第三章，言黃帝向廣成子請教『至道』與治天下之法，廣成子以爲黃帝治天下，草木黃落，日月無光，更不足以語『至道』。於是黃帝乃捐棄天下，築室閒居，靜心養性，學廣成子『治身』之法，以求長生久視之道。則本節雖無爲於養身，由道學趨於道教，於此已露其跡、開其端矣。

【繹文】

黃帝居天子之位已經十九年了，政教命令廣泛施行於天下。聽說境界高遠的廣成子居住在無識無文的空同之山，於是慕名前去拜訪他，說：『我聽說先生進入了道的最高境界了，斗膽問一下，最高境界的精髓在哪裏呢？ 我想把這個天地之間最高境界的精髓拿回去，讓它幫助五穀的生長，讓它滋養天下的百姓。還有，我想掌管天地陰陽的秩序，讓它風調雨順，好讓天下蒼生黎民能夠順利地長養。要做到這些，該怎麼辦呢？』

廣成子說：『你希望求取的，祇是道那個東西的本質部分。可是你希望掌管的，卻是道那個東西的剩餘部分。自從你治理天下以來，天上的雲霧來不及聚集起來便下了雨，地上的草木還沒有變黃葉子便枯萎而凋落了，本該有光的太陽與月亮卻變得更加暗淡無光了。你這個狡猾讒巧的傢伙，心胷實在太狹隘，見識實在太淺薄，又哪裏值得與你談論作爲最高境界的道呢？』黃帝從空同山回來之後，便拋棄了天下，造了一間單獨的小屋，地面鋪上潔白的茅草，在裏面不問世事閒居靜養了三個月，然後再去空同山求見廣成子。

廣成子頭朝南面躺著，黃帝順著下風跪在地上用膝蓋行走挪向廣成子躺臥的地方，跪拜兩次，都把頭叩向地面，行了大禮，然後說：『聽說先生進入了道的最高境界了，斗膽問一句：修身養性要怎樣做才可長生久視，永不衰老呢？』廣成子蹭的一下跳起來說：『好啊！這回算是問對了！好吧，我來告訴你什麼是最高境界吧。最高境界的精神實質，就是無限高遠，什麼也看不見；最高境界的終極狀態，就是無比幽深，什麼也聽不見。你想體會道的境界，你就不要看，也不要聽，把你的精神凝聚起來，把你的心靈安靜下來，然後你的身體形軀也就自然而然地安定下來了。一定要做到清靜無爲，不要勞苦你的形體，不要擾動你的精神，如此便可以長生了。眼睛見不到任何事物，耳朵聽不到任何聲音，心靈也不要去追逐外界的任何動靜。你的精神就會守護你的形體，你的形體便會長生不老。尤其要小心不要開啓你的內部感官，也不要開啓你的外部感官。如果你既開啓內部感官，又開啓外部感官，這樣感官知覺越多，你體道的經驗就會失敗。我已經幫助你上進到大光明的境界了，到達了陽光燦爛的廣闊原野了。我也幫助你進入了無限深遠的境界了，到達了幽深寧靜的無限空間了。在這個無限廣闊幽深的境界之中，你不必過問世間之事。宇宙自然，自有其主司與掌管；天地四時，自有其府庫與蓄藏；所有這些，都無需你勞形費心。你衹是謹慎地守護與保養你自己的身心，天地萬物都會自己茁壯成長。你看我吧，我保持著道的境界因而調和陰陽，所以我修身養性已有一千二百歲了，我的形體未嘗有絲毫衰老的跡象。』

黃帝跪拜兩次，都把頭叩到地上，極爲崇拜地說：『境界高遠的廣成子啊，這就可稱爲至高無上了！』

廣成子繼續說：『好吧，我再告訴你。那個道是無窮無盡的，可是人們都以爲它是有止境的。那個道是無邊無際的，可是人們都以爲它是有盡頭的。得到了我說的這個道的人，了不起的可以成爲皇，次一點的可以成爲王；失去了我說的這個道的人，幸運的還可做個腦袋在地面上的動物，糟糕的便衹能做個腦袋埋在土裏的植物了。不過，話說回來，無論是皇、王也好，還是動物、植物也罷，那些生存在日光之下的所有物種，無一例外地都是生存在大地之上繼而返回到大地之下的。因此我終將會離開你，進入無窮無盡無邊無際的時空之中，遨遊於無限超拔高遠的道的境界。我將與太陽月亮相並列，成爲天空中的第三個光源，我將與天地一樣長久，永不衰亡。在我前面的，已經死去了；在我後面的，也必將死亡。所有的人都有死，祇有我會永遠活下去！』

［四］

雲將東遊，過扶搖之枝而適遭鴻蒙。鴻蒙方將拊脾雀躍而遊。雲將見之，倘然止，贄然立，曰：『叟何人邪？叟何爲此？』

鴻蒙拊脾雀躍不輟，對雲將曰：『遊！』〔一〕

雲將曰：『朕願有問也。』

鴻蒙仰而視雲將曰：『吁！』

雲將曰：『天氣不和，地氣鬱結，六氣不調，四時不節。今我願合六氣之精以育羣生，爲之奈何？』

鴻蒙拊脾雀躍掉頭曰：『吾弗知！吾弗知！』〔二〕

雲將不得問。又三年，東遊，過有宋之野而適遭鴻蒙。雲將大喜，行趨而進曰：『天忘朕邪？天忘朕邪？』再拜稽首，願聞於鴻蒙。〔三〕

鴻蒙曰：『浮遊，不知所求；猖狂，不知所往；遊者鞅掌，以觀无妄。朕又何知！』〔四〕

雲將曰：『朕也自以爲猖狂，而民隨予所往；朕也不得已於民，今則民之放也。願聞一言。』

鴻蒙曰：『亂天之經，逆物之情，玄天弗成。解獸之羣，而鳥皆夜鳴。災及草木，禍及止蟲。意，治人之過也！』〔五〕

雲將曰：『然則吾奈何？』

鴻蒙曰：『意，毒哉，僊僊乎！歸矣。』

雲將曰：『吾遇天難，願聞一言。』

鴻蒙曰：『意！心養。汝徒處无爲，而物自化。墮爾形體，吐爾聰明，倫與物忘，大同乎涬溟，解心釋神，莫然无魂。萬物云云，各復其根，各復其根而不知。渾渾沌沌，終身不離。若彼知之，乃是離之。无問其名，无窺其情，物固自生。』〔六〕

雲將曰：『天降朕以德，示朕以默；躬身求之，乃今也得。』再拜稽首，起辭而行。〔七〕

【釋義】

〔一〕**雲將東遊** 雲將，虛構人名。將，送。駕雲而行，謂之雲將。遊，飄遊。**過扶搖之枝而適遭鴻蒙** 扶搖，《釋文》：『李云：神木也，生東海。』行甫按：扶搖，《逍遙遊》『摶扶搖而上者九萬里』。風之枝，幽默語。

適遭，恰好碰上。鴻蒙，虛構人名。《釋文》：『司馬云：自然元氣也。』行甫按：鴻，大。蒙，覆冒。猶言太空覆冒萬有，喻道，故下文雲將稱之爲『天』。行甫又按：鴻蒙以飛鳥爲喻，故言遇之於『扶搖之枝』。**鴻蒙方將拊脾雀躍而遊** 方將，當，虛詞複用。拊，拍。脾，通髀，大腿。行甫按：拊脾雀躍，鴻蒙以飛鳥爲喻，故以此描述其煽動翅膀飛翔之狀。遊，飛動。**雲將見之倘然止** 倘，通惝；倘然，驚訝自失貌。**贄然立** 贄然，不動貌。**叟何人邪** 叟，老者之稱。**叟何爲此** 爲，猶如。**鴻蒙拊脾雀躍不輟** 輟，停止。**對雲將曰遊** 對，答。行甫按：此遊字，乃鴻蒙與雲將相遇而邀其同遊，猶今口語『走吧』。

〔二〕**雲將曰朕願有問也** 朕，我。願，希望。有問，有聞。行甫按：問、聞，音同通用。**鴻蒙仰而視雲將曰吁** 仰而視，鴻蒙如飛鳥，故仰視雲將。吁，象聲詞，猶今人發『噓』聲禁人說話。**雲將曰天氣不和** 天氣，陽氣。和，調和。**地氣鬱結** 地氣，陰氣。鬱結，結而不散。**六氣不調** 六氣，成玄英《疏》：『陰陽風雨晦明，此六氣也。』**四時不節** 不節，失序。**今我願合六氣之精以育羣生** 合，調和。精，精氣，精微。育，養。羣生，衆生。**爲之奈何** 爲之，如此。奈何，如何。**鴻蒙拊脾雀躍掉頭曰吾弗知吾弗知** 掉頭，搖頭。《說文》：『掉，搖也。』

〔三〕**雲將不得問** 不得問，不得聞。**又三年東遊過有宋之野而適遭鴻蒙** 有宋，宋國。野，郊外。**雲將大喜行趨而進曰** 趨，小步快走，以示尊敬。**天忘朕邪** 天，尊稱，猶言至高無上。**再拜稽首願聞於鴻蒙** 稽首，頭叩於地。

〔四〕**浮遊** 浮，漫無目的。**不知所求** 所，何。**猖狂** 無拘無束。**不知所往** 所往，何往。**遊者鞅掌** 者，也。鞅掌，紛紜衆多。《小雅·北山》『王事鞅掌』，馬瑞辰《毛詩傳箋通釋》：『鞅掌二字疊韻，即秧穰之類。

《説文》「秧，禾若秧穰也。」《集韻》曰：「禾下葉多也。」禾之葉多曰秧穰，人之事多曰鞅掌，其義一也。」**以觀无妄**　無妄，不虛，真相。**朕又何知**　又，猶寧，豈。

〔五〕**朕也自以爲猖狂**　自以爲，自認爲。猖狂，隨心所欲。**而民隨予所往**　而，然。隨，從。**朕也不得已於民**　已，猶止。**今則民之放也**　今，現在。則，卽。放，縱。陳壽昌《南華真經正義》：「放，釋也。言百姓暫時相釋，故得至此也。」行甫按：注家多讀「放」爲「依仿」字，不知「今」、「則」，皆爲轉折之詞，與上文並非順接關係，不重虛詞之過。**願聞一言**　聞，猶受。**亂天之經**　經，常。**逆物之情**　逆，違。情，實。**玄天弗成**　玄天，玄遠之天。弗成，不成就。《人間世》「皞天不宜」，是其義。**解獸之羣**　解，解散。**而鳥皆夜鳴**　而，且。夜鳴，不安。**災及草木禍及止蟲**　止蟲，《釋文》：「本亦作『昆蟲』。崔本作『正蟲』。」顧炎武《日知錄》：「『古止、豸通用。』」行甫按：止與正，音同互用。止猶集，集猶衆。止蟲，猶衆蟲。昆蟲，亦卽衆蟲。**意**　通噫，嘆詞。**治人之過**　過，錯。

〔六〕**雲將曰然則吾奈何**　然，如此。則，卽。奈何，如何。**鴻蒙曰意毒哉**　意，通噫，怪訝之詞。毒，《廣雅·釋詁三》：「惡也。」王念孫《疏證》：「凡相憎惡亦謂之毒。」**僊僊乎**　僊僊，音千，屢次，不止。行甫按：《小雅·賓之初筵》「屢舞僊僊」，「屢舞僛僛」，「屢舞傞傞」，毛《傳》：「屢，數也，僊僊然；僛僛，舞不能自正也；傞傞，不止也。」是「僊僊」、「僛僛」、「傞傞」，皆聲轉義通。「不能自正」，亦「不能自止」。則「僊僊」，猶屢問不止。行甫又按：當讀「毒哉，僊僊乎」，不當讀「僊僊乎歸矣」爲句。「毒哉，僊僊乎」，乃鴻蒙煩怨雲將屢問不止。古今注家皆不得其解。**歸矣**　行甫按：鴻蒙厭惡雲將屢問，自言歸去了，非遣雲將歸。**吾遇天難**　遇天難，挽留之意。**願聞一言**　聞，猶受。**意**　通噫，嘆詞。**心養**　養，通懩，心有所欲。《文選·潘岳〈射雉賦〉》

『徒心煩而伎懩』，徐爰注：『有伎藝欲逞曰伎懩。』鍾泰《發微》以爲即《鄘風・二子乘舟》『中心養養』之『養』，毛《傳》：『憂不知所定。』行甫按：鍾氏破舊注『養心』之説是，然意有未盡，此乃鴻蒙責雲將慾望過多。**汝徒處无爲** 徒，但。**而物自化** 化，衍變。**墮爾形體** 墮，忘記。**吐爾聰明** 吐，吐棄，捨去。又郭慶藩《集釋》：『王引之曰：吐當爲咄，咄與黜同。韋昭注《周語》曰：「黜，廢也。」黜與墮，義相近。』**倫與物忘** 倫，類，順。《禮記・禮器》『君臣之義，倫也』，鄭玄注：『倫之言順也。』行甫按：倫與物忘，猶言我即物而物即我，因而物我兩忘。**大同乎涬溟** 涬（音幸）溟，渾然無際。行甫按：此言放棄外部感覺也。**解心釋神** 解，脱。釋，放。神，精神。行甫按：神，猶今所謂理性抑或理智。**莫然无魂** 莫，通漠，漠然，無知貌。行甫按：此言放棄内部感覺。**萬物云云** 云云，猶蕓蕓，衆多貌。**各復其根** 復，回歸。根，本。行甫按：復其根，由生而滅。**各復其根而不知** 不知，生滅自任，因其自然。行甫按：萬物云云二句，語本《老子》第十六章。然《老子》意在説明『反者道之動』，此言因物自然生滅。言各有當，不可混爲一談。**渾渾沌沌** 渾沌，無知無識。**終身不離** 不離，形神不分。**若彼知之** 若，如。知之，與上『不知』相反對。**乃是離之** 離，形神分離。**无問其名** 問，聞。閉塞聽覺。**无窺其情** 窺，見。關閉視覺。情，實。**物固自生** 固，本來。

〔七〕**天降朕以德** 降，賜。德，合於道的行爲方式。**示朕以默** 默，無語，猶言無爲。**躬身求之** 躬身，猶言親身。**乃今也得** 乃今，至今。**再拜稽首** 跪拜叩頭於地。**起辭而行** 辭，告別。

此乃本篇第四章，借雲將與鴻蒙之寓言，謂天地六氣不和，禍及草木鳥獸，皆因『治人之過』。不如『解心釋神』，『渾渾沌沌』，而『浮遊』於天地宇宙的無限境界，『大同乎涬溟』，則萬物皆『自生』而『自化』。則本節又雜自由與養身於無爲與無治，開黄老道學清静無爲之先聲也。

【繹文】

駕著雲彩的雲將往東邊去遊觀，經過一片風吹搖擺的樹林，剛好碰上了鴻蒙。鴻蒙正拍著大腿蹦跳著高興地遊翫。雲將見了鴻蒙，非常驚訝，情不自禁地停了下來，站穩腳跟之後説：『老先生是什麽人啊？老先生爲何如此呀？』

鴻蒙繼續拍著大腿蹦跳不止，對雲將説：『一起去翫吧！』

雲將跟隨鴻蒙，説：『我想向您請教。』

鴻蒙抬起頭看著雲將，不耐煩地發出一聲：『噓！』

雲將仍然接著説：『上天之氣剛猛而不柔和，地下之氣凝結而不發散，陰天與晴天，颳風與下雨，黑夜與白天，六種天候發生紊亂了，春夏秋冬四季也失去了次序。所以我希望聚合天地四方的陰陽精氣拿來養育衆生，要做到這樣該如何是好？』

鴻蒙繼續拍打大腿蹦跳著把頭摇得像撥浪鼓似的説：『我不知道，我不知道！』

雲將一無所得，悻悻地離開了鴻蒙。過了三年，雲將又到東邊去遊觀，經過宋國都城的郊外時，恰好碰上鴻蒙。雲將非常高興，加快速度上前對鴻蒙説：『至高無上的您，忘記了我嗎？至高無上的您，沒有忘記我吧？』於是跪下來把頭叩到地上恭敬地拜了兩次，希望得到鴻蒙的指教。

鴻蒙説：『漫無目的地浪遊，不知有什麽可求；自在無所拘束，不知到哪裏去。遊觀的東西實在很多，就想看真相究竟如何。你問我，我哪裏知道！』

雲將說：『我呢，自認爲隨心所欲無所拘束，可是我到哪裏，民衆便追隨我到哪裏。現在民衆剛好對我有所放鬆，所以很想聽聽您的指教。』

鴻蒙說：『打亂了天地之間的自然規律，違背了天地萬物的實際情形，老天爺也是不會贊成的。强行驅散了鳥獸的羣體，使得鳥兒無處安身而夜半悲鳴。災難殃及草木，禍害波及昆蟲。唉！都是治人惹的禍！』

雲將說：『那麼我該怎麼辦呢？』

鴻蒙有些不耐煩了，說：『哎呀，真討厭啊，問起來沒完沒了！我得回去了。』

雲將懇求著說：『我能碰上至高無上的您很不容易啊，迫切希望得到您的指教。』

鴻蒙說：『唉！你的想法真多。你最好自處無爲狀態，任由萬物自行生長發育。忘記你的形體，放棄你的視聽，等同於萬物，做到既無我也無物，無知無識，混泯於虛空與無限。同時，放下思慮的心靈，解除認知的理智，空空然既無内感亦無外感，内外通透，全然無我。雖然萬物紛然雜陳，卻各自歸其根本，它們各自歸其根本而與我無關。渾渾然無知無識，無思無慮，永遠也不要開啓自己的内外感官，使自己形與神互相分離。如果開啓感官有了認知，便是形神分離了。不要探求事物的名稱與外表，也不要了解事物的本質與實情，萬事萬物本來就是自己生長自己發育，無須任何外力干預的。』

雲將說：『至高無上的您給我賜下了合於道的行爲方式，讓我看到了什麼是清静無爲。我曾經親身苦苦尋求，到今天才算終於得到了。』說完，兩次跪拜叩頭，然後起身告辭鴻蒙便消失在雲端了。

〔五〕

世俗之人，皆喜人之同乎己而惡人之異於己也。同於己而欲之，異於己而不欲者，以出乎衆爲心也。〔一〕夫以出乎衆爲心者，曷常出乎衆哉！因衆以寧所聞，不如衆技衆矣。〔二〕而欲爲人之國者，此攬乎三王之利而不見其患者也。此以人之國僥倖也，幾何僥倖而不喪人之國乎！〔三〕其存人之國也，無萬分之一；而喪人之國也，一不成而萬有餘喪矣。〔四〕悲夫，有土者之不知也！〔五〕

夫有土者，有大物也。有大物者，不可以物；物而不物，故能物物。明乎物物者之非物也，豈獨治天下百姓而已哉！〔六〕出入六合，遊乎九州，獨往獨來，是謂獨有。獨有之人，是謂至貴。〔七〕

大人之教，若形之於影，聲之於響。有問而應之，盡其所懷，爲天下配。〔八〕處乎无響，行乎无方。挈汝適復之撓撓，以遊无端；出入无旁，與日无始；頌論形軀，合於大同，大同而无己。〔九〕無己，惡乎得有有！睹有者，昔之君子；睹无者，天地之友。〔一〇〕

賤而不可不任者，物也；卑而不可不因者，民也；匿而不可不爲者，事也；〔一一〕麤而不可不陳者，法也；遠而不可不居者，義也；親而不可不廣者，仁也；節而不可不積者，禮也；中而不可不高者，德也；一而不可不易者，道也；神而不可不爲者，天也。〔一二〕故聖人觀於天而不助，成於德而不累，出於道而不謀，會於仁而不恃，薄於義而不積，應於禮而不諱，接於事而不辭，齊於法而不亂，恃於民而不輕，因於物而不去。物者莫足爲也，而不可不爲。〔一三〕不明於天者，不純於德；不通於道者，無自而可；不明於道者，悲夫！〔一四〕

何謂道？有天道，有人道。无爲而尊者，天道也；有爲而累者，人道也。主者，天道也；臣者，人道也。〔一五〕天道之與人道也，相去遠矣，不可不察也。〔一六〕

【釋義】

〔一〕**世俗之人皆喜人之同乎己而惡人之異於己也**　乎，於。喜於同而惡於異，人之常情。**同於己而欲之異於己而不欲者**　欲，好，樂。**以出乎衆爲心也**　出，勝過。乎，於。心，主。《淮南子·詮言》「聖人勝心」，高誘注：「心者，欲之主也。」

〔二〕**夫以出乎衆爲心者曷常出乎衆**　曷，何。常，通嘗。行甫按：同己，異己，出衆，皆因有我。有我，則未離於世俗矣。**因衆以寧所聞**　因，依托，憑借。以，猶而。寧，安。所聞，非己之有，故不能自定其真僞。**不如衆技衆**　衆，衆人。技，技能，才藝。衆，多。鍾泰《發微》：「因衆人之同己，以安其所聞而堅其自信，是《大宗師》所謂『役人之役，適人之適』者。其不如衆人之技亦多矣，則何嘗出乎衆哉！」

〔三〕**而欲爲人之國**　而，猶如。爲，治。**此攬乎三王之利而不見其患者**　攬，通覽，《釋文》：『本亦作覽。』是。乎，於。患，害。行甫按：言徒因三王治國之利而不見其害，乃『因衆以寧所聞』之失。**此以人之國僥倖也**　僥倖，苟且而爲，以求一逞。此乃『因衆以寧所聞』之後果。**幾何僥倖而不喪人之國**　幾，動之微。何，動之因。行甫按：幾何，猶言無論徵兆抑或原因。參見《德充符》『無幾何』釋義。

〔四〕**其存人之國也無萬分之一**　其，猶若。**而喪人之國也一不成而萬有餘喪**　一，一旦。一不成，猶今語一旦有所閃失。有，又。萬有餘喪，猶今語萬劫不復。行甫按：此言『因衆以寧所聞』而以『僥倖』治國。

〔五〕**悲夫**　夫，感嘆語氣詞。**有土者之不知**　有土者，有國土而爲治者。之，猶乃。

〔六〕**夫有土者**　夫，彼，若。**有大物**　大物，天下。**有大物者**　治理天下者。**不可以物**　以，猶爲。物，受主宰之對象。**物而不物**　物，主宰萬物。不物，不受萬物主宰。行甫按：此從俞樾《平議》之說爲讀。奚侗讀『不可以物物』，而以『不』字爲衍文。王叔岷從奚氏讀，又疑『不物』下當疊一『物』字。三復其文，俞氏之讀，文從字順。奚氏衍文、王氏疊字之說，改動原文，皆不可取。王孝魚點校本不依郭象注，卽從俞氏。**故能物物**　物物，主宰萬物。行甫按：物物，猶言物此大物。**明乎物物者之非物**　乎，於。之，猶乃。非物，不爲被主宰之對象。**豈獨治天下百姓而已**　獨，特，僅。已，止。

〔七〕**出入六合**　六合，天地四方。**遊乎九州**　九州，夏禹任土作貢之九個行政區劃，卽冀、兖、青、徐、揚、荊、豫、梁、雍。**獨往獨來**　獨，猶且，專。**是謂獨有**　獨有，超越萬物之高遠境界。**獨有之人**　具有高遠境界之人。**是謂至貴**　至貴，最爲難得，猶言少有。行甫按：此言超越於萬物而不爲萬物所累，不僅僅是治理天下之一端而已，而在超越者的心靈具有更大的自由空間。

〔八〕**大人之教** 大人，治國之人。教，教化。**若形之於影** 若，如。影隨形。**聲之於響** 響應聲。行甫按：言效果明快。**有問而應之** 而，猶乃。**盡其所懷** 其，指大人。所懷，猶所知。**爲天下配** 爲，猶使。配，合。行甫按：爲天下配，使天下受其影響而相配合。

〔九〕**處乎无響** 處，居。響，通嚮，褚伯秀《義海纂微》：『宜讀同嚮。嚮，猶方也。《養生主》「砉然嚮然」，讀同響；《應帝王》「嚮疾强梁」，舊注云「如響，應聲之疾」。則二字古通互用，此處緣上文有「聲之於響」字混肴差誤耳。』**行乎无方** 二句爲互文。**挈汝適復之撓撓** 挈，提攜。汝，『有土者』與『大人』。適，往。復，《說文》：『往來也。』行甫按：適復，同義並列複詞，進入，『復』取其『往』而遺其『來』之義。之，猶於。撓撓，猶撓挑。《說文》：『挑，撓也。』行甫按：撓挑，往來貌，說見《大宗師》『撓挑無極』釋義。此處意爲反覆終始，無始無終。『挈汝適復之撓撓』，猶言帶領你進入無始無終之境界。下文『以遊无端，出入无旁，與日无始』云云，乃補充此句之意。**以遊无端** 无端，無始終。**出入无旁** 无旁，無邊際。《釋名·釋道》：『在邊曰旁。』是其義。**與日无始** 與，猶如。日无始，日落日出，永無終始。**頌論形軀** 頌，《說文》：『皃也。』《釋名·釋言語》：『容也。』論，章太炎《解故》：『論，倫等字。與「類」雙聲互轉，如蜦亦作蜧。論借爲「類」，《說文》「類」下云「種類相似，唯犬爲甚」，故「類」有「似」訓。「似」下云「象也」。《廣雅·釋詁》「類，象也」，「類」與「象」本一義。』行甫按：頌論，近義複詞，猶言容貌長相。**合於大同** 大同，猶玄同。《胠篋》『天下之德始玄同矣』。行甫按：合於大同，猶『大同乎涬溟』。**大同而无己** 而，猶則。行甫按：形體相貌，溟合玄同，則無跡；既無跡矣，則無己。

〔一〇〕**無己** 沒有認知主體。**惡乎得有有** 惡乎，如何。有有，認知存在之物。**睹有者** 睹，感覺，認知。**昔之君子** 指『有土者』及『大人』。**睹无者** 睹无，無認知主體，則無所認知。**天地之友** 心靈超越，境界高遠，自然不與世俗同流。

〔一一〕**賤而不可不任**　賤，卑下。徐鍇《說文繫傳》：『賤之言踐，輕也。』任，依賴，憑借。**物**　外物。**卑而不可不因**　卑，徐鍇《說文繫傳》：『賤也，執事者。』因，任。**民**　《說文》：『衆萌也。』賈誼《新書·大政下》：『夫民之爲言萌也，萌之爲言氓也。』**匿而不可不爲**　匿，隱。《爾雅·釋詁下》『匿，微也』，邢昺《疏》：『匿者，微昧不顯揚也。』**事**　爲。《呂氏春秋·諭大》『故務在事』，高誘注：『爲也。』行甫按：『事』，任物因民之所爲，猶政事。

〔一二〕**麤而不可不陳**　麤，粗疏。陳，設。**法**　禁非。行甫按：『法』乃粗陳大綱，不可事無巨細兼涉，故曰『麤』。**遠而不可不居者**　遠，疏遠，居，處。**義**　適宜。行甫按：『法』者，必須；『義』者，應當；此法律與道德之區別所在。道德祇在『應當』，非如『法』之有强迫性，故曰『遠』。**親而不可不廣**　親，愛。廣，推廣。**仁**　同情心。行甫按：仁者，『老吾老以及人之老』，愛其親而推廣之，故曰『親』。**節而不可不積**　節，節制。積，積而習之。《荀子·解蔽篇》『私其所積』，楊倞注：『積，習。』**禮**　身體履行之規範。行甫按：《春秋繁露·天道施》『禮，體情而防亂者也』，禮於性情有所節制，故曰『節』。**中而不可不高**　中，和。《德充符》『德者，成和之修也』，是其義。高，猶言弘揚。**德**　合於道的行爲方式。**一而不可不易**　一，純而不雜，整而不分。《齊物論》『道通爲一』、『參萬歲而一成純』，皆是其義。易，變動不居。**道**　時空框架，參見《大宗師》解題。行甫按：『道』乃無邊無際無始無終之時空架構，而萬物皆在此時空架構之中生死變滅，大化流行，故曰『一』曰『易』。**神而不可不爲**　神，變化莫測。爲，猶事。**天**　自然，雲行雨施，四時代序，大化流行。

〔一三〕**故聖人觀於天而不助**　觀，觀察。助，以人力推動。**成於德而不累**　成，修成。修成和德，則不爲外物所累。**出於道而不謀** 出，猶順。謀，人謀。順從於道的自然流衍，則人力不必預謀。**會於仁而不恃** 會，符合。恃，依賴，仗恃。**薄於義而不積** 薄，迫近。積，久。《漢書·嚴助傳》「非一日之積也」，顏師古注：「積，久也。」行甫按：義，宜，猶言應時而爲，短暫之事。**應於禮而不諱** 諱，迴避。行甫按：禮，履，禮當爲者爲之，不可迴避。**接於事而不辭** 接，應。辭，推辭。行甫按：「事」當爲而不得不爲，故曰「不辭」。**齊於法而不亂** 齊，整齊，規範。亂，混亂。**恃於民而不輕** 恃，依賴。輕，輕視。**因於物而不去** 因，任。去，棄。**物者莫足爲** 莫足，不值得。爲，作爲，猶言重視。**而不可不爲** 行甫按：物者，雖賤而不足貴，然其爲生生之資，亦不可不重視。

〔一四〕**不明於天** 天，自然，變化莫測而人力不可助推也。**不純於德** 純，不雜。德，和，合於道的行爲方式。行甫按：「明於天」而「純於德」，猶言懂得天之不可測而不可助，則中和之德更其純一。**不通於道者** 通，達，明。道，萬物皆於時空框架之中大化流行。**無自而可** 自，由，從。可，相適。**不明於道者悲夫** 夫，猶哉，句末語氣詞。

〔一五〕**何謂道** 道，法則。行甫按：此「道」意即法則與秩序，已經脱離了莊子宇宙時空大化流行的意涵。**有天道有人道** 天道，大化流行。人道，仁義禮法。**无爲而尊者天道** 无爲，無所事。尊，高。**有爲而累者人道** 累，羈絆。**主者天道** 主，人主。人主體天道，無爲。**臣者人道** 人臣行禮儀法度，倡言仁義而已。行甫按：此乃黄老政治思想，實爲韓非李斯之變種。

〔一六〕**天道之與人道** 之，猶其。**相去遠** 相去，相距。**不可不察** 察，知。

此乃本篇第五章，言民不可治，亦不得不治。因此，治國者不可心存僥倖而爲之，必須高居端拱於道的境界，無己而『因於物』，則『无爲而尊』。否則，卽『有爲而累』。此亦黄老道學的政治思想，尤其君道『无爲而尊』，臣道『有爲而累』，實爲黄老政治哲學的核心觀念。

【繹文】

世俗的人，都喜歡別人贊同自己而不喜歡別人不贊同自己。贊同自己的便與他親近，不贊同自己的便與他疏遠，這是因爲他有出人頭地的想法。如果把出人頭地作爲心理目標，又何嘗能出人頭地呢！況且，用大衆流行的意見證明自己的想法，借此安撫自信心，那麽大衆的意見可是多如牛毛，又何所適從呢？比如想替人治理國家，這是衹見夏商周三代君王治理國家的成功卻没有見到他們的失敗，這就是拿別人的國家來碰運氣。這種拿人們的國家碰運氣的做法，便在不知不覺與無緣無故之中把人們的國家給敗亡了。碰運氣的治理方法，能讓人們的國家幸存下來的不到萬分之一，而敗亡人們的國家實在太容易，且一旦敗亡便萬劫不復了。可悲啊，擁有國土的君王卻不明白這個道理！

如果擁有國土，便是擁有一個龐然大物。擁有這個龐然大物，就不能被這個大物所主宰。主宰外物而不被外物所主宰，所以才有可能主宰萬物。懂得了主宰萬物而不是被萬物所主宰的道理，哪裏又僅僅是用於治理天下百姓這麽簡單呢！那便是超越了世俗進入了一個無限高遠的境界了。天地四方，神州大地，可以任其自由來往，没有任何障礙。這就叫作獨自擁有道的高遠境界。獨自擁有道的高遠境界的人，就可以叫作最爲高貴。

擁有國土治理百姓的人，他們推行教命，就如同影子跟隨形體，聲音隨著響動一樣明顯而快捷。有所詢問必然應答，竭盡他們的能力與見識，使天下百姓聞風而響應，大力配合。但如果是獨自擁有道的高遠境界的人，他可是動靜不拘，來去自由，他可以把你引領到無限高遠的境界，在無始無終無邊無際的宇宙時空之中自由翱翔，他可以與太陽一樣起落無窮，音容笑貌與身體形軀可以跟大千世界合爲一體；音容笑貌與身體形軀跟大千世界合爲一體，便沒有了自我。沒有了自我，又哪裏還有萬物的存在呢！祇能看到萬物的存在，那是過去的君子。看不到萬物的存在，境界高遠，心靈超越，那就是天地宇宙的朋友。

輕賤而不能不依賴的，就是外物；卑下而不能不憑借的，就是民衆；前景不明朗卻又不得不盡力而爲的，就是政事；粗疏不密卻又不能不建立的，就是法律；疏遠不親而不得不處置的，就是正義；愛親而不能不推廣的，就是仁心；節制性情卻又不得不踐習的，就是禮儀；中正平和而不得不弘揚的，就是德性；純全整一而又大化流行的，就是大道；變化不測而不得不敬事的，就是自然。因此聰明智慧的人觀察自然的變化卻不以人力助推自然的運行，成就了中正平和的行爲方式便不會爲外物所羈絆，順從大化流行之道而不須人力預爲之謀，符合仁心推擴的行爲不會以此而自負，近於正義的行爲必須當機立斷不可拖延太久，回應對方的禮節儀式必須親自履行不可迴避，迫在眉睫的事情乃是當務之急不可推辭，整齊於法度的事情不可滋生混亂，依賴於民衆的事情不可掉以輕心，憑借於外物的事情不可輕易放棄。外物本來不值得重視，但又不得不重視。不懂得宇宙自然的運化不由人力所推助，便不能練就中正平和的行爲方式。不通達於萬物皆在宇宙時空之中大化流行，便動輒得咎沒有一件順心如意的事情。由此可見，不懂得宇宙時空的大化流行，真是可悲啊！

什麽叫作法則與秩序呢？有自然的法則與秩序，有社會的法則與秩序。無所作爲，至高無上，這是自然的法則；有所作爲，付出艱辛，這是社會的法則。人主所執行的是無所作爲的自然法則，人臣所執行的是辛勞付出的社會法則。自然法則與社會法則，彼此之間差距很大，這是不可不知的道理與事實。

天地第十二

天地，取首句二字爲篇名。本篇内容相對蕪茂，沒有明確而一以貫之的突出主旨，但毫無疑問，各章段皆是對《内篇》思想的引申與發揮，而尤對《應帝王》的無治思想申論較多，當然也有流於神僊思想的明顯傾向。且本篇所言之道，比較强調道對於萬物的覆蓋性與法則性（尤指秩序性），卻不太注重道的時空境界及其大化流行的本質内涵。值得一提的是，本篇「子貢南遊而遇漢陰丈人」一節，對於《大宗師》悟道「真人」心存高遠而又混跡黎甿的處世方法，作了精彩的補充與完善。此外，《人間世》所强調的世俗社會的倫理價值對於人生的桎梏，在本篇則被看作更加深沉的道德困境與價值綁架。所有這些，都是對《内篇》思想的重要展開。

〔一〕

天地雖大，其化均也；萬物雖多，其治一也；人卒雖衆，其主君也。〔一〕君原於德而成於天，故曰，玄古之君天下，无爲也，天德而已矣。〔二〕以道觀言而天下之君正，以道觀分而君臣之義明，以道觀能而天下之官治，以道汎觀而萬物之應備。〔三〕故通於天地者，德也；行於萬物者，道也；上治人者，事也；能有所藝者，技也。〔四〕技兼於事，事兼於義，義兼於德，德兼於道，道兼於天。〔五〕故曰：古之畜天下者，无欲而天下足，无爲而萬物化，淵靜而百姓定。〔六〕《記》曰：『通於一而萬事畢，无心得而鬼神服。』〔七〕

【釋義】

〔一〕**天地雖大其化均** 化，生化，化育。均，齊等，公平。**萬物雖多其治一** 治，猶理。**人卒雖衆其主君** 人卒，民衆。主，主宰。君，長。行甫按：三句謂從自然到社會，皆有自身既定之秩序。

〔二〕**君原於德而成於天** 君，長。原，猶本。德，合於道的行爲方式。成，成就。天，指天的覆蓋性，與上文『均』字相關聯。**玄古之君天下无爲** 玄古，遠古。君天下，爲天下之長。**天德而已** 天德，如天之德。行甫按：天德，『均』而無所偏私。『均』而無所偏私，無爲也。

〔三〕**以道觀言而天下之君正** 道，法則，秩序。行甫按：本篇之道，大抵主法則與秩序而言。觀，考察，考量。言，名。鍾泰《發微》：『以道觀言，謂覩名也。』君正，君長之名正。**以道觀分而君臣之義明** 分，差別。君臣之義，君尊而臣卑。行甫按：《人間世》『臣之事君，義也，無適而非君也』，以『君臣之義』爲『天下大戒』之一而無可奈何，此處則加以肯定性的承認，是所不同。**以道觀能而天下之官治** 能，才能。治，理。行甫按：人之才能有高下，勝任之事卽有大小，其職位乃有高低，是『觀能』而『官治』之意。**以道汎觀而萬物之應備** 汎觀，廣泛觀察。應，當。《呂氏春秋·論人》『何物之不應』，《淮南子·原道》『事無不應』，高誘注：『應，當也。』備，具。行甫按：萬物之應備，猶言萬物各有所當，各種用途卽有物當之而爲備，如造鐘磬必有金石爲之備。

〔四〕**故通於天地**　通，行，達。**德**　合於道的行爲方式。**行於萬物**　行，流行。**道**　法則。陳碧虛引江南古藏本作『故通於天者，道也；順於地者，德也；行於萬物者，義也』，王叔岷《校詮》：『下文「義兼於德，德兼於道」，卽承道、德、義而言。』行甫按：『道』之『通於天』，則言其覆蓋性。『德』之『順於地』，則言其承受性與順從性。『義』之『行於萬物』，則言其普遍性。與覆宋本原文意義相差甚遠，尤其『道』與『德』分屬於『天』與『地』，實有割裂『道』與『德』之嫌；又以『義』爲『行於萬物者』，皆與莊子思想不相符。疑此處原文當是『德』與『道』字互易，又奪一句有關『義』的界定。據《人間世》『臣之事君，義也』與《在宥》『主者，天道也；臣者，人道也』以及上文『以道觀分而君臣之義明』，應有『明於君臣者，義也』一句。此文當補正爲：『故通於天地者，道也；行於萬物者，德也；明於君臣者，義也。』行甫又按：若『德』與『萬物』相關，則指萬物各自不同的體和用。**上治人**　上，長上，合君臣而言。人，民。**事**　政事。**能有所藝**　能，才能。所，猶可。藝，才能有所體現。《文選·張衡〈思玄賦〉》『雜伎藝以爲珩』，舊注：『體才曰藝。』是。**技**　技能，技巧。

〔五〕**技兼於事**　兼，統。猶言技能統屬於治人之政事。**事兼於義**　政事統屬於君臣之義，猶言君無爲而臣有爲。**義兼於德**　君臣之義統屬於合於道的行爲，猶言君臣的行爲必須合於人主之道與人臣之道。**德兼於道**　行爲方式統屬於天地之法則。**道兼於天**　天，自然。天地法則統屬於自然。行甫按：此處言『道兼於天』，明顯與莊子道『生天生地』之思想不相符，亦與老子『天法道，道法自然』之思想大相逕庭。是學者不可不知。

〔六〕**古之畜天下**　畜，養。**无欲而天下足**　欲，慾望，目的。足，滿足。無慾望無目的，故滿足。**无爲而萬物化**　化，化育。**淵靜而百姓定**　淵，深。靜，止。定，安寧。行甫按：『欲』與『足』爲韻，『爲』與『化』爲韻，『靜』與『定』爲韻。此當是黃老學派之政治格言，或說本於《老子》五十七章。

〔七〕《記》曰　《釋文》：「書名也，云老子所作。」行甫按：若有其書，亦當是黄老學派著作。**通於一而萬事畢**　一，道。畢，終，成。**无心得而鬼神服**　无心，無思無慮。得，德，合於道。服，從。行甫按：「一」與「畢」爲韻，「得」與「服」爲韻，亦當是黄老學派之政治格言，或説以爲託於老子所作之《西升經》。

此乃本篇第一章，言天地之大，民人之衆，其要歸在順乎天道自然無爲而治，與《應帝王》應有之帝王思想比較接近。但是，本章言「道兼於天」，則與《大宗師》所謂道「生天生地」顯然不同。而且「以道觀言而天下之君正，以道觀分而君臣之義明」云云，以尊卑秩序强調道的意涵，此亦爲老莊之道向黄老之道的演變痕跡。

【繹文】

天地雖然廣大，但它化育天下羣生卻是公平的；天下萬物雖然數量很多，但它們的道理與秩序卻是相同的；天下民人雖然衆多，但無處不有家君長上統領他們。君長統領民衆根源於與道相合的方法因而成就於自然無爲，所以説在遥遠的古代，君主治理天下的方法就是無爲，無爲就是合於自然法則的治國方式。從道的法則來觀察名稱，那麽天下君主的名號就是恰如其分的。從道的法則來觀察君臣的職分，那麽君主與臣子的合理關係就明確了。從道的法則來觀察人的才能，那麽天下大小官吏的能力與職位就有條而不紊了。從道的法則來泛觀博覽天下萬物的性能，那麽與其性能相適應的各種不同用途就全部具備了。所以流行於天地之間的，是道的法則；貫通於萬物之間的，是萬物各自不同的體和用；（顯明於君主與臣子之間的是尊與卑、有爲與無爲的合理關係。）處在君主與長上的位置治理民眾，這就是政治事務；才能得到施展之處，就能形成得心應手的技巧。技巧從屬於政事，政事從屬於合理的君臣關係，合理的君臣關係從屬於君臣各自的行爲方式，君臣各自的行爲方式從屬於道的法則，道的法則從屬於自然的規律。所以說，古代治理天下的君長，沒有目標也沒有慾望，天下人人心滿意足不存非分之想；無所作爲不繁縟於政事，天下萬事欣欣向榮萬物生生不息；拱默寧極不用教命，天下萬民百姓生活安定。稱爲《记》的書說：『通達於大道，精純守一，萬事圓滿而不遺。依於道而行，無思無慮，鬼神心悦而誠服。』

〔二〕

夫子曰：『夫道，覆載萬物者也，洋洋乎大哉！君子不可以不刳心焉。〔一〕无爲爲之之謂天，无爲言之之謂德，愛人利物之謂仁，〔二〕不同同之之謂大，行不崖異之謂寬，有萬不同之謂富。〔三〕故執德之謂紀，德成之謂立，循於道之謂備，不以物挫志之謂完。〔四〕君子明於此十者，則韜乎其事心之大也，沛乎其爲萬物逝也。〔五〕若然者，藏金於山，藏珠於淵，不利貨財，不近貴富；〔六〕不樂壽，不哀夭；不榮通，不醜窮，不拘一世之利以爲己私分，不以王天下爲己處顯。顯則明。〔七〕萬物一府，死生同狀。』〔八〕

夫子曰：『夫道，淵乎其居也，漻乎其清也。〔九〕金石不得，无以鳴。故金石有聲，不考不鳴。萬物孰能定之！〔一〇〕夫王德之人，素逝而恥通於事，立之本原而知通於神。故其德廣，其心之出，有物採之。〔一一〕故形非道不生，生非德不明。存形窮生，立德明道，非王德者邪！〔一二〕蕩蕩乎！忽然出，勃然動，而萬物從之乎！此謂王德之人。〔一三〕視乎冥冥，聽乎无聲。冥冥之中，獨見曉焉；无聲之中，獨聞和焉。〔一四〕故深之又深而能物焉，神之又神而能精焉。故其與萬物接也，至无而供其求，時騁而要其宿。〔一五〕大小，長短，脩遠。』〔一六〕

【釋義】

〔一〕**夫子曰夫道**　夫子，孔子。夫，猶彼。**覆載萬物**　覆，覆蓋。載，承受。**洋洋乎大哉**　洋洋，盛大貌。**君子不可以不刳心焉**　刳，音枯，《說文》：『判也。』焉，於是。行甫按：刳心焉，分心於此，猶今所謂留意於此。舊注皆非。

〔二〕**无爲爲之之謂天**　无爲爲之，无心而爲，無目的而爲。之，猶乃。天，雲行雨施，無心而爲。**无爲言之之謂德**　言，名言，言說。德，行爲方式，施政舉措。行甫按：德，就個人言，即行爲方式；就治國言，即政策法令等行政舉措。此無言之『德』，猶無言之教。**愛人利物之謂仁**　仁，仁心，仁政。

〔三〕**不同同之之謂大**　同，猶包容。**行不崖異之謂寬**　行，行爲。崖，岸。異，不同。寬，寬容。**有萬不**

同之謂富　有，包容。萬不同，形形色色，林林種種。富，富有。

〔四〕**故執德之謂紀**　執，持。德，合於道的行爲方式。紀，頭緒，綱紀。**德成之謂立**　成，成就，成功。立，成。**循於道之謂備**　循，順。備，具，全。**不以物挫志之謂完**　物，外物。挫，傷敗。志，心志，志向。完，全。

〔五〕**君子明於此十者**　明，明白。**則韜乎其事心之大也**　韜，通滔，大。行甫按：『韜』與『大』相對爲用，則『韜』亦『大』。其，猶而。事心，有事於心。行甫按：事心，與『剚心』相關聯，『剚心』猶言分心，『事心』猶言挂心。**沛乎其爲萬物逝也**　沛，大。行甫按：沛與『韜（滔）』、『大』相關聯。其，猶乃。爲，猶與。逝，往，行。行甫按：爲萬物逝，猶言與萬物偕行，亦即無所私。

〔六〕**若然**　若，如。然，如此。**藏金於山**　藏，猶存。**藏珠於淵**　藏，張君房本作『沉』。**不利貨財**　利，以之爲利。**不近貴富**　近，猶言接觸。貴富，與貴富相關之人之事。

〔七〕**不樂壽**　樂，以之爲快樂。壽，長壽。**不哀夭**　哀，以之爲悲傷。夭，短命。**不榮通**　榮，以之爲榮耀。通，顯達。**不醜窮**　醜，以之爲恥辱。窮，處境卑賤。**不拘一世之利以爲己私分**　拘，通鉤，章太炎《解故》：『拘與鉤同，《天運》篇「一君無所鉤用」，《釋文》云：「鉤，取也。」此拘亦訓取。』以，猶而。私分，個人份額。**不以王天下爲己處顯**　處，居。顯，顯赫。**顯則明**　明，通名，《老子》四十七章『不見而名』，『名』，通『明』。《釋名·釋言語》：『名，明也；名實使事相明也。』《隸續》卷十九《冀州從事郭君碑》：『卜商唬咷，喪子失名。』子夏喪子而哭，以致雙目失明，是『名』與『明』通之證。《山木》『道流而不明居，得行而不名處』，是以『明』與『名』爲互文。行甫按：顯則明，謂處於顯達，則有聲名，《應帝王》『無爲名尸』，是其義。

〔八〕**萬物一府**　一，同。齊物忘我。**死生同狀**　狀，樣態。死生一貫。

〔九〕**夫道淵乎其居也**　淵，沉靜。居，處，止。**漻乎其清也**　漻，音劉，《說文》：「清深也。」

〔一〇〕**金石不得**　金石，鐘磬。得，得道。**无以鳴**　鳴，發聲。**故金石有聲**　故，通顧，相反。**不考不鳴**　考，擊。蘇軾《琴詩》：「若言琴上有琴聲，放在匣中何不鳴？若言聲在指頭上，何不於君指上聽？」行甫按：道在萬物，弘道在人。**萬物孰能定之**　孰，誰。定，正。行甫按：孰能定之，猶言能確定萬物性能者，道邪，人邪？

〔一一〕**夫王德之人**　夫，彼。王，皇，大。行甫按：王，發皇，張大。「王德之人」，猶弘道之人，故下云「德廣」。**素逝而恥通於事**　素，無所雕飾。逝，往，行。行甫按：「素」與「本原」爲互文，「逝」與「立」爲對文。「素逝」，猶依道而行。恥通於事，以「通於事」爲「恥」，無爲。《應帝王》「无爲事任」，是其義。**立之本原而知通於神**　立，猶基，本。之，猶於。本原，道。知，通智。神，精微。行甫按：通於神，與「通於事」相對。「事」者，粗；「神」者，精。**故其德廣**　德，合於道的行爲。廣，大。行甫按：德廣，與「王德之人」相關聯。**其心之出**　心，弘道王德之心。出，推擴而出。**有物採之**　物，外物。採，取。行甫按：其心之出，有物採之，猶言弘道之心發而出，外物乃有取之。行甫又按：此與「萬物孰能定之」相照應，道在物，弘道在人，物與人相感而道乃顯，猶「金石有聲，不考不鳴」。

〔一二〕**故形非道不生**　生，猶成。**生非德不明**　生，通性。德，得，得於道者。明，彰顯。**存形窮生**　窮，盡。生，命。王叔岷《校詮》：「窮生，謂盡其天年。」**立德明道**　立，建樹。德，合於道的行爲方式。明，彰顯。**非王德者邪**　猶言此乃弘道。

〔一三〕**蕩蕩**　廣大貌。**忽然出**　忽然，疾速貌。出，王德之心出。**勃然動**　勃然，奮起貌。動，感而動。行甫按：二句與上文『其心之出，有物採之』相關聯。**而萬物從之** 從，隨。**此謂王德之人** 此，以弘道之心而動物。

〔一四〕**視乎冥冥** 道之在物，無形體。**聽乎无聲** 道之在物，無音聲。**冥冥之中** 冥冥，無形而不明。**獨見曉焉** 獨，猶將，且。曉，光明。**无聲之中** 无聲，寂然無聲。**獨聞和焉** 和，應和。行甫按：此言『王德之人』能於物中見其道而聞其道。

〔一五〕**故深之又深而能物焉** 之，猶而。能物，能使物之成爲物。**神之又神而能精焉** 神，不可測。精，精粹，精微。能精，能使物之精粹凝聚成精粹。**故其與萬物接** 其，指道。接，結合。**至无而供其求** 至，極。无，無形無聲。供，具備。其，指『王德之人』。求，取。**時騁而要其宿** 時，寔。騁，縱放。行甫按：道覆載萬物，故言『騁』。要，結。《國語·晉語三》『以要晉國之成』，韋昭注：『要，結也。』行甫按：要，與上『接』字相照應。宿，舍止。行甫按：句意謂道雖通於天地覆載萬物，但仍然歸結止宿於物之中，此亦言道的法則性。

〔一六〕**大小長短脩遠** 脩，通修，長。遠，近。猶落之訓始，亂之訓治。行甫按：此言道之在物，無論物之小大長短遠近皆有道。《淮南子·原道》『至無而供其求，時騁而要其宿，大小修短，各有其具』，是其義。

此乃本篇第二章，言道的覆蓋性與法則性。上節言道的覆蓋性。道覆載萬物，遵循於道亦即隨物而遷，則『不以王天下爲己處顯』，突出道對於萬物的覆蓋性，而道的大化流行之義則有所隱晦。下節言道的法則性。若無道的法則性，則『萬物孰能定之』。然而『形非道不生，生非德不明』，道的法則性，藏之於物便是『德』，這種隱藏於物的道，必須由得道之人來弘揚與展開。因此，『王德之人』，便是將道的法則性發皇弘揚出來的人，『立德明道，非王德者邪』，卽是其義。

【繹文】

孔老夫子說：『那個道，覆蓋承托著天下萬物，浩浩然無比盛大啊！　君子不可以不對它有所分心留意呀。　以漫無目的的行動方式而有所行動便叫作自然，以漫無目的的行動方式而有所言說便叫作合於道的行爲方式，愛護人類保護動物便叫作有同情心，包容不同的人和事便叫作心胷博大，行爲沒有歧視性便叫作胷懷寬廣，含藏萬有兼收並蓄便叫作富足。　因此保持合於道的行爲方式便叫作有條理，合於道的行爲方式有所成就便叫作有所建樹，遵循道的法則便叫作準備充分，不讓外物挫傷了心志便叫作完美無缺。　君子能夠弄明白這十個方面的要求，那就是無所不包而且也是頭等掛懷的大事了，也就可以氣勢充沛地與天地萬物一往無前了。　如果能做到這些的話，也就是把金子埋在深山裏，把珍珠沉在深水中，不把貨物財富當作利益，不會與達官貴人及富商大賈有所沾染；　不會因爲長壽而高興，不會因爲短命而悲傷；　不會因爲飛黃騰達而感到榮耀，不會因爲困頓窘迫而感到羞恥；不會取全天下的利益作爲自己的私有財產，不會把統治天下作爲自己立身顯赫的標誌，把它作爲立身顯赫的標誌便是炫耀名聲，而是把自己看得與萬物沒有區別，把生與死也看作是同條共貫的。』

孔老夫子又說：『那個道，不動的時候是多麼深沉而平靜呀，清洌的時候又是多麼清明澂澈呀。金屬與石塊沒有道的支配，便無從發出聲音。　當然金屬與石塊藏有聲音，但沒有人敲擊它們也不會發出聲音。　有誰可以確定萬物的性能呢？　當然是道的法則決定萬物的性能，但萬物的性能也需要有人來把它彰顯出來。那個把萬物爲道所決定的性能弘揚彰顯出來的人，衹是依照道的法則而行，他並不願意按部就班地做具體的事情，他衹是站在以道爲法則的高度，用智慧去把握事物的精髓。所以他便能夠把含藏在事物之中的道弘揚推廣出來，他的弘道之心衹要有所發動，便有外物與他的弘道之心相配合從而把物中之道彰顯出來。因此，形體如果沒有道的法則支配便沒有生命，生命沒有得到道的法則支配便無法彰顯活力。保持形體，盡其天年，建立合於道的行爲方式便是彰顯道的法則，這不就是弘道嗎？沛然流行啊！弘道之心瞬間發動，外物便立即響應，因此萬事萬物就是這樣把它們含藏在內的道的法則隨之而彰顯出來了！這就叫作彰顯萬物之道的人。道的法則含藏於萬物，沒有形狀，是沒有辦法看得見的；也沒有聲音，是沒有辦法聽得見的。但在無形無狀之中，可以看見道的光明；在無聲無息之中，可以聽見道相應和的聲音。因此，道的法則深而又深地隱藏於萬物之中而能使萬物成其爲萬物，神祕而又神祕全然不可測度但卻能使萬物的精髓成其爲精髓。也因此那道的法則與萬物相結合，無形無聲極爲玄妙，但又可以讓彰顯物中之道的人得到它，實在是既廣大流行卻又止宿在萬物之中。無論事物之大小，長短，遠近，都有道的法則含藏其中。』

〔三〕

黃帝遊乎赤水之北，登乎崑崙之丘而南望，還歸，遺其玄珠。〔一〕使知索之而不得，使離朱索之而不得，使喫詬索之而不得也。〔二〕乃使象罔，象罔得之。〔三〕黃帝曰：『異哉！

象罔乃可以得之乎？』〔四〕

【釋義】

〔一〕**黄帝遊乎赤水之北**　赤水，水名，《釋文》：『水出崑崙山下。』**登乎崑崙之丘而南望**　乎，於。南望，向南而望。行甫按：身處水之北而遊觀必然南向而望，無須穿鑿爲説。**還歸**　《釋文》：『還音旋。』**遺其玄珠**　遺，遺失。玄珠，黑色之珠，喻道。

〔二〕**使知索之而不得**　知，同智。索，求，尋覓。**使離朱索之而不得**　離朱，目明者，代指感官。**使喫詬索之而不得**　喫詬，言語辯詰，與《胠篋》『解垢』之義從同。

〔三〕**乃使象罔**　乃，於是。象罔，覆宋本作『罔象』，當從之。罔象，猶言無象。**象罔得之**　無象得之，猶《人間世》『唯道集虚，虚者，心齋也。』

〔四〕**異哉**　異，怪訝。**象罔乃可以得之**　乃，猶反而。

此乃本篇第三章，言黄帝遺珠而『象罔得之』，以喻悟道不是感官的認知活動，也不是依賴知識與言辯所能獲得，而是心靈虚空淨化的結果。此乃《大宗師》篇『坐忘』思想之餘緒。

【繹文】

黄帝到崐崘山下的赤水北岸遊覽觀光，然後登上崐崘之山向南邊遠眺觀望。在回去的路上丢失了一枚黑色珠玉。黄帝派智慧去尋找而没有找到，又派明目的離朱去尋找也没找到，又派能言善辯的喫詬去尋找還是没有找到。最後派虚無的罔象去尋找才找到了。黄帝説：『奇怪啊！衹有虚無的罔象反而可以找到嗎？』

〔四〕

堯之師曰許由，許由之師曰齧缺，齧缺之師曰王倪，王倪之師曰被衣。〔一〕堯問於許由曰：『齧缺可以配天乎？吾藉王倪以要之。』〔二〕許由曰：『殆哉圾乎天下！齧缺之爲人也，聰明睿知，給數以敏，其性過人，而又乃以人受天。〔三〕彼審乎禁過，而不知過之所由生。與之配天乎？〔四〕彼且乘人而無天，方且本身而異形，方且尊知而火馳，成玄英疏以爲不能忘智，馳驟奔逐，其速如火。〔五〕方且爲緒使，方且爲物絯，方且四顧而物應，〔六〕方且應衆宜，方且與物化而未始有恆。夫何足以配天乎？〔七〕雖然，有族，有祖，可以爲衆父，而不可以爲衆父父。〔八〕治，亂之率也，北面之禍也，南面之賊也。』〔九〕

【釋義】

〔一〕**堯之師曰許由**　曰，猶爲。許由，傳説堯時高士，已見《逍遥遊》。**齧缺**　虚構人名，已見《齊物論》。

王倪　虛構人名，齧缺問於王倪，見《齊物論》與《應帝王》。**被衣**　虛構人名，《應帝王》作『蒲衣子』。

〔二〕**配天**　適合爲天子。**吾藉王倪以要之**　藉，通借，因。要，約，請。

〔三〕**殆哉圾乎天下**　殆，危。圾，通岌，危險。**齧缺之爲人**　之，猶其。爲，作。**聰明睿知**　耳聽爲聽，眼見曰明。睿，深通。知，智慧。**給數以敏**　給，快捷。數，王叔岷《校詮》：『讀爲速，數速古通。』行甫按：給數，同義複詞，猶言反應敏捷，行動疾速。以，猶而。敏，疾捷。**其性過人**　性，猶才幹。過人，超過他人。**而又乃以人受天**　而又乃，三字並列爲用，表遞進關係，猶加之，更。受，讀授。行甫按：以人受天，猶言將人的意志强加於天。

〔四〕**彼審乎禁過**　審，明。乎，於。禁，阻止。過，過錯。**而不知過之所由生**　之，猶乃。所，何。由，從。**與之配天乎**　與，猶以。

〔五〕**彼且乘人而無天**　且，而且。乘，因，憑。無天，猶言藐視天。**方且本身而異形**　方且，並且。本，憑借。身，身體。行甫按：本身，與『尊知』相對，則『身』乃就形軀言，上文『給數以敏』，皆言其身體捷疾。形，通行，《列子·湯問》『太形王屋二山方七百里』，張湛注：『形當作行。』朱駿聲《說文通訓定聲》：『形，叚借又爲行。』行甫按：『形』與『馳』相對爲文，乃『形』借爲『行』字之證。本身而異行，猶言恃其體魄强壯敏疾故而胡作非爲，如《尚書·臯陶謨》堯子丹朱『罔水行舟』之類。然而此其意古今注者皆不得其解。**方且尊知而火馳**　成玄英疏以爲不能忘智，馳驟奔逐，其速如火。火，或以爲北字之譌。王叔岷《校詮》：『火蓋北之形誤，「北馳」即「背馳」，猶「舛馳」也。《外物》篇「火馳而不顧」，火亦當作北。《史記·太史公自序》「北正黎以司地」，《索隱》以作「火正」爲是，亦火、北相亂之例。』行甫按：尊知而北馳，猶言逞其『聰明睿知』故而行事與常理背道而馳，猶

《淮南子・説山》『操釣上山，持斧入淵』。行甫又按：二句言其人不僅不能無爲，且『乘人而無天』，尤其胡作非爲。

〔六〕**方且爲緒使**　緒使，錢穆《纂箋》引馬其昶曰：『《爾雅》：「緒，事也。」《荀子》注：「使，役也。」』行甫按：爲緒使，猶言爲小事所驅使。**方且爲物絯**　物，大物。行甫按：『物』與『緒』相對，則爲大物之意。《説文》：『物，萬物也，牛爲大物，天地之數起於牽牛，故從牛，勿聲。』是『物』有『大』義。《荀子・正名篇》：『物也者，大共名也。』亦其例。絯，音該，《釋文》：『束也。』成玄英《疏》：『礙也。』**方且四顧而物應**　四顧，左顧右盼。物，猶物物，每物，名詞作狀語。應，當，對。行甫按：四顧而物應，猶言顧盼自雄而事事物物皆應對無遺。

〔七〕**方且應衆宜**　應，當。宜，適當。王先謙《集解》：『事事求合。』**方且與物化而未始有恒**　與物化，猶言隨外物而變遷，未始，未嘗。恒，常，不變。**夫何足以配天乎**　夫，彼。足，得。

〔八〕**雖然**　即使如此。**有族**　族，族羣。**有祖**　祖，始祖。行甫按：『族』，指堯、許由、齧缺、王倪、被衣等高士羣體。『祖』乃指被衣。**可以爲衆父**　父，尊。《素問・陰陽類論》『三陽爲父』，王冰注：『父，所以督濟羣小，言高尊也。』是其義。行甫按：衆父，齧缺爲許由之師，爲堯與許由之徒所高尊。**而不可以爲衆父父**　爲衆父父，爲衆人所高尊者之所高尊，即『配天』。

〔九〕**治**　治理。**亂之率**　率，先導。王叔岷《校詮》：『案率借爲逹，《説文》「逹，先道也」，段玉裁注：「道，今之導字。」』《説苑・叢篇》：「治者，亂之先也。」』**北面之禍**　北面，爲臣。之，猶有。**南面之賊**　南面，爲君。之，猶有。賊，害。行甫按：爲『治』者，君臣共謀之，故『亂』既由君『賊』，亦由臣『禍』。

此乃本篇第四章，言齧缺其人『聰明睿智，給數以敏』，不可以治理天下，且治理天下，便是亂天下之先導。此亦與《應帝王》應有之帝王思想相表裏。

【繹文】

堯的老師是許由，許由的老師是齧缺，齧缺的老師是王倪，王倪的老師是被衣。堯問許由說：『齧缺可以配得上天子的大位嗎？我可以借助齧缺的老師王倪去約請他。』許由說：『危險啊！天下岌岌可危了！齧缺這個人呢，眼觀六路，耳聽八方，思慮深通，智慧超羣，身材矯健靈敏，行動勁疾飛快，反應急速輕捷，他有過人的能力與才幹，而且還往往把人的意志强加給天道自然。他這個人對於如何禁止與防範過錯想得十分清楚周到，卻不明白過錯發生的原因。怎麽能把他配上天子的大位呢？他常常憑借個人之力藐視天意，並且依仗自己身手矯捷便胡作非爲，並且憑借自己腦袋聰明便馳驟奔逐，並且被細事所驅使，並且被大事所纏繞，並且顧盼自雄而事事親力親爲，並且還希望人人讚許八面玲瓏，並且還與周遭人物一再妥協而未嘗有自己一貫的主見。他有哪一點能夠配得上天子的大位呢？不過，即使是這樣，他也屬於高士這一羣體，還有他的祖師爺被衣，算得上是一個爲衆人尊重擁戴的人物，但是還不一定能夠受到衆人所尊重擁戴的那些人物的尊重與擁戴。治理天下，就是導致天下大亂的行爲，當然也是臣子與君主共同造成的災難與禍害。』

〔五〕

堯觀乎華。華封人曰：『嘻，聖人！請祝聖人。使聖人壽。』堯曰：『辭。』〔一〕『使聖人富。』堯曰：『辭。』『使聖人多男子。』堯曰：『辭。』〔二〕

封人曰：『壽、富、多男子，人之所欲也。女獨不欲，何邪？』〔三〕堯曰：『多男子則多懼，富則多事，壽則多辱。是三者，非所以養德也，故辭。』〔四〕

封人曰：『始也我以女爲聖人邪，今然君子也。〔五〕天生萬民，必授之職。多男子而授之職，則何懼之有！〔六〕富而使人分之，則何事之有！〔七〕夫聖人，鶉居而鷇食，鳥行而无彰；〔八〕天下有道，則與物皆昌；〔九〕天下无道，則脩德就閒；〔一〇〕千歲厭世，去而上僊；乘彼白雲，至於帝鄉；〔一一〕三患莫至，身常无殃；則何辱之有！』〔一二〕

封人去之，堯隨之，曰：『請問。』〔一三〕

封人曰：『退已！』〔一四〕

【釋義】

〔一〕**堯觀乎華**　觀，遊觀。乎，於。華，成玄英《疏》：『地名，今華州。』行甫按：唐華州，今陝西渭南市。

華封人曰嘻　封人，守衛邊境的人。嘻，驚訝之詞。**聖人**　聖，聰明智慧。**請祝聖人**　請，願。祝，祈福也。《淮南子·說山》「尸祝齊戒」，高誘注：「祝，祈福祥之辭。」**使聖人壽**　使，祈。壽，長壽。**辭**　謝絕。

〔二〕**使聖人富**　富，財富。**使聖人多男子**　多男子，多生男兒。

〔三〕**壽富多男子人之所欲也**　欲，希望。**女獨不欲**　女，同汝，你。獨，猶乃。

〔四〕**多男子則多懼**　懼，擔心。鍾泰《發微》：「懼無以爲之養也。」**富則多事**　多事，多故。**壽則多辱**　辱，老侮。行甫按：開成石經《尚書·盤庚》「無老侮成人」，《漢書·趙充國傳》「時充國年七十餘，上老之」，皆此「辱」、「輕忽」義。**是三者**　是，此。行甫按：「三者」當參照下文爲說。**非所以養德也故辭**　所，猶可。養，修養。德，品行操守，行爲方式。

〔五〕**始也我以女爲聖人邪**　始，初。女，同汝，你。聖人，聰明智慧境界高遠之人。**今然君子**　今，現在。然，章太炎《解詁》：「以雙聲借爲乃。」君子，恭儉謙卑謹言慎行之人。

〔六〕**天生萬民必授之職**　職，事業，專業。《廣雅·釋詁四》「專、職，業也」，王念孫《疏證》：「專、職皆主其事之名，故爲業也。」**多男子而授之職**　授之職，授其業。**則何懼之有**　使其自業而自養。

〔七〕**富而使人分之**　財富分於人。**則何事之有**　無劫盜之事。

〔八〕**夫聖人鶉居而鷇食**　夫，猶若。鶉居，如鶉鳥之居，言簡樸。鷇（音扣）食，如雛鳥之食，言寡少。王叔岷《校詮》：「喻居食儉薄耳。」**鳥行无彰**　彰，猶行跡。

〔九〕**天下有道**　有道，太平無事，秩序井然。**則與物皆昌**　昌，盛。《說文》：「一曰日光也。」

〔一〇〕**天下无道**　无道，混亂無序。**則脩德就閒**　脩，通「修」，養。就，即。閒，閒適，閒散。

〔一一〕**千歲厭世** 厭世，對人世厭倦了。**去而上僊** 上僊，上天而成僊。**乘彼白雲** 乘，因。**至於帝鄉** 帝鄉，上帝之鄉。

〔一二〕**三患莫至** 三患，多懼、多事、多辱。**身常无殃** 殃，災難。**則何辱之有** 行甫按：自『夫聖人鶉居』以至『身常无殃』，皆就『壽』而『多辱』言之，『三患』於長壽之人生，即爲『辱』。

〔一三〕**封人去之** 去之，離開堯而去。**堯隨之** 隨，跟從。**曰請問** 欲進有所問。

〔一四〕**退已** 退，歸去。已，矣。行甫按：封人自言歸去了，不予理睬。

此乃本篇第五章，以華封人教訓堯爲喻，言爲人不可偏執，當順勢而爲，與《大宗師》『以德爲循』，『以禮爲翼』的思想較接近。但『天下有道，則與物皆昌；天下无道，則脩德就閒』，乃引申《應帝王》應付已有的帝王之說，然頗雜神僊思想。

【繹文】

堯在華這個地方觀光遊覽，華地守衛邊界的人見到堯，十分驚訝地說：『呀！聰明睿智的人啊！請讓我爲您祈求福祉吧。祈求您長壽。』堯說：『謝謝，我不需要。』『祈求您富足。』堯說：『謝謝，我不需要。』『祈求您多生男兒。』堯說：『謝謝，我不需要。』

守邊人說：『長壽，富足，多生男兒，這是人人都想要的，你卻不願意，爲什麼呀？』堯說：『多男兒，便要多操心；財富多了，便會多事故；活得久了，便多受欺辱。這三個東西，不可用來修養德性，所以就謝絶了。』

守邊人説：『起初我以爲你是個聰明睿智境界高遠的人，現在看來，你不過是謹小慎微、循規蹈矩的人而已。上天造就了天下萬民，必然會授予他們各自不同的職業。多生男兒，必然會給予他們一份職業讓他們自食其力，有什麼需要你操心的呢？多有財富，可以讓其他人來分享，又會發生什麼事故呢？如果是聰明睿智境界高遠的人，他像鶉鵲一樣棲居簡樸，像雛禽一樣所食無多，像飛鳥一樣自由自在地來去無蹤；天下太平，社會安定，便與大家一起沐浴著燦爛的陽光；天下不安定，秩序混亂，便投閒就散，修養自己的德性。等到千歲之後對這個世界厭倦了，便離開人世到天上去成僊；乘著那潔白的雲彩，去那美麗的天國。既不用擔心兒子多，也不用害怕財富不安全，更不會有人欺侮你，這三種麻煩都不會發生，永遠身心平安，無災無難，又哪裏來受辱的事情呢？』

守邊人説完便走了。堯急忙追趕上去，説：『請問——』

守邊人頭也没回，説了一聲：『走了！』

［六］

堯治天下，伯成子高立爲諸侯。堯授舜，舜授禹，伯成子高辭爲諸侯而耕。〔一〕禹往見之，則耕在野。禹趨就下風，立而問焉，〔二〕曰：『昔堯治天下，吾子立爲諸侯。堯授舜，舜授予，而吾子辭爲諸侯而耕，敢問，其故何也？』〔三〕

子高曰：『昔堯治天下，不賞而民勸，不罰而民畏。〔四〕今子賞罰而民且不仁，德自此衰，刑自此立，後世之亂自此始矣。夫子闔行邪？〔五〕无落吾事！』俋俋乎耕而不顧。〔六〕

【釋義】

〔一〕**伯成子高立爲諸侯**　伯成子高，古代隱士。立，通位。**堯授舜**　堯讓帝位於舜，見《尚書·堯典》。**舜授禹伯成子高辭爲諸侯而耕**　禹，夏代受禪開國之君。

〔二〕**禹往見之則耕在野**　在，猶於。野，郊外謂之野。**禹趨就下風**　趨，小步快走。就，近前。下風，取風向在下的位置，表謙卑之意。**立而問焉**　立，同位，猶言停下來。

〔三〕**昔堯治天下吾子立爲諸侯**　昔，以前。吾子，尊稱，先生。**堯授舜舜授予**　予，我禹。**而吾子辭爲諸侯而耕**　而，猶然。而耕，以耕。**敢問**　敢，表敬副詞，斗膽，冒昧。**其故何**　其，此。故，原因，理由。

〔四〕**不賞而民勸**　勸，努力爲善。**不罰而民畏**　畏，不敢爲非。

〔五〕**今子賞罰而民且不仁**　而，猶然。且，猶乃。不仁，沒有仁心。**德自此衰**　德，猶言良好的社會風氣。衰，衰敗。自此，從此。**刑自此立**　刑，刑罰。立，建立，設置。**後世之亂自此始**　後世，未來之世。**夫子闔行邪**　闔，何不。行，走開，離開。

〔六〕**无落吾事**　落，耽誤。《釋文》：『猶廢也。』**俋俋乎耕而不顧**　俋俋，音義，專注貌。顧，回頭。

此乃本篇第六章，以伯成子高辭諸侯之位而隱居耕於野，言以賞罰治天下，乃亂天下之始。此亦

《應帝王》無治思想之緒餘也。

【繹文】

唐堯治理天下之時，伯成子高位爲諸侯。唐堯把帝位讓給虞舜，虞舜又把帝位讓給了夏禹，這時伯成子高便辭去了諸侯的位置耕種於田畝了。夏禹去拜見他，他正在田野裏耕作。夏禹便非常恭敬地來到伯成子高身邊，很謙卑地站在他的下方問伯成子高說：『過去唐堯在位治理天下的時候，老先生位爲諸侯。唐堯把帝位讓給了虞舜，虞舜又把帝位讓給了我，可是老先生卻辭去了諸侯的位置而親自耕田，斗膽問一句，這是什麽原因呢？』

伯成子高説：『過去唐堯治理天下，不須獎賞而民衆努力向善，不用刑罰而民衆害怕作惡。現在你既用賞賜勸人向善，又用刑罰禁人爲惡，可是老百姓卻毫無同情之心，社會風氣從此便衰敗了，刑罰殺戮從此便建立了，未來社會的亂象也就從此開始了。先生還不走嗎？別耽誤了我的事！』説完便專心致志地耕作，連頭也不回。

［七］

泰初有无，无有无名；一之所起，有一而未形：物得以生，謂之德；未形者有分，且然无間，謂之命；〔一〕留動而生物，物成生理，謂之形；形體保神，各有儀則，謂之性。〔二〕性脩反德，德至同於初。同乃虛，虛乃大。〔三〕合喙鳴，喙鳴合，與天地爲合。〔四〕其合緡緡，若愚若昏，是謂玄德，同乎大順。〔五〕

【釋義】

〔一〕**泰初有无**　泰初，最早的開始。有，猶爲。无，虛无。**无有无名**　无有，虛而無物。无名，無物當然無名稱。**一之所起**　一，渾淪虛空而無限。行甫按：一，虛空之氣，亦指道。之，猶以，由。所，處所。起，開始。**有一而未形**　未形，沒有形狀，虛空之氣。**物得以生**　得，得此虛空之氣，亦是得道。以，猶乃。生，產生，形成。**謂之德**　德，得，得道。行甫按：物得以生，謂之德，此就『有一』而言，下『未形者有分』三句乃就『未形』而言之。此謂物得道乃成爲物，而物中所得之道，便稱爲『德』。這個『德』，就是由道賦予事物而互不雷同的體和用，通常稱之爲『德性』者，是其事。**未形者有分**　分，分際。行甫按：未形者有分，雖然沒有形狀與形體，但已經有了分際，猶言事物德性的差別在此『未形』之時便已經注定了。**且然无間**　且，音居，《說文》：『且，薦也。從几，足有二橫，一，其下地也。』行甫按：且，今所謂托盤或稱爲墊板。且然，猶言事物的德性就像托盤一樣承托著這個事物。也就是說，事物的體和用就是事物成爲此事物的基礎。无間，沒有間隔，沒有間斷。行甫按：无間，猶言事物的德性與事物永遠不可分離。**謂之命**　命，生命，命運。行甫按：有此德性，生命便有此相應的遭際，這就是命運。今所謂『性格決定命運』。

〔二〕**留動而生物**　留，通流，《釋文》：『留或作流。』物在道的大化流行過程之中產生。行甫按：莊子之道，乃虛無的時空框架，大化流行是它的基本功能，參見《大宗師》解題。**物成生理**　成，成熟。理，條理。猶言事物成熟了，其條理與結構便相伴而生了。**謂之形** 形，形體。行甫按：形，有廣延性，有形體之事物，皆有其既定的結構與條理，所謂『麻雀雖小，肝膽俱全』。**形體保神** 保，保有。神，精神。行甫按：神，變化不測，此指生命的靈動性。**各有儀則** 儀，形式。則，法則。**謂之性** 性，由事物的形式與條理所決定的自然秉賦。如鳥有翅則飛，獸有足則走，魚無足無翅則遊，人有智慧則具有創造力。行甫按：上言『德』，此言『性』。此『德』乃側重在生命由道所分而得的才能與品行，『德』與道近；此『性』乃側重在由形體的生理條件所決定的自然秉賦，『性』離道遠。

〔三〕**性脩反德** 脩，修養。反，同返。行甫按：『性』通過修養才可能返回到『德』。**德至同於初** 至，極。同，合。初，泰初，虛無。**同乃虛** 虛，空而無物。**虛乃大** 大，無限高遠。

〔四〕**合喙鳴** 合，混合。喙，音會，鳥嘴。行甫按：合喙鳴，猶言與羣生相混同。**喙鳴合與天地爲合** 與羣生相混同，也就是與天地自然相混同，猶言無私無欲，無憂無慮。

〔五〕**其合緡緡** 緡緡，猶泯泯，沒有分別，沒有界線。**若愚若昏** 愚，無知無識。昏，無是無非。**是謂玄德** 玄，遠大。行甫按：玄德，猶言大德。**同乎大順** 大順，順從於道，大化流行。行甫按：此所謂『性脩反德』最終『同乎大順』，其實質就是大德者安於命而已。

此乃本篇第七章，言德、命、形、性四者乃生命之構成因素，然『性脩反德，德至同於初』，終歸於虛無而『同乎大順』。此乃《德充符》『知其不可奈何而安之若命』的理論化。

【譯文】

最早的開端是虛無，既沒有任何東西存在，也沒有事物的名稱。那個渾淪如氣的道，就是從這個虛無之處開始的；這個渾淪如氣的道還沒有形狀，更談不上有形體。但事物獲得了這個道便使這個事物成其爲事物了，這個得道而生的結果就叫作德，也就是萬物所擁有的各不相同的體和用；各物的體和用在其物尚未成形的時候就已經有了區分，便已經由道所注定了；這個體和用便永遠成爲該事物成其爲該事物的基礎與底盤，這就叫作生命，當然也可以叫作命運；事物在道的大化流行過程中從產生到成熟，事物產生並成熟了自然便有了它既定的條理與結構，這就是事物的形體；各種形體保持著它自身的靈動性，也各自擁有其自身獨特的形式與法則，這就叫作性，其實就是自然秉賦。這種自然秉賦得到修煉和保養便返回到由道所分而得的德，這種德修養到極致就與最初的道相吻合了。與最初的道相吻合，便是等同於虛無與無限了，等同於虛無與無限，就是具有了超邁而高遠的博大境界了。到了這種超邁而高遠的博大境界，也就與萬物羣生相混同了。與萬物羣生相混同，也就是與天地宇宙相混同。這種混同，沒有一絲絲的縫隙與隔膜，於是一切界線與邊際都消失了，這樣的生存方式就如同生而愚蠢一樣無知無識，就如同生而昏昧一樣無是無非，這就叫作大德，大德便是順從於道的大化流行。

〔八〕

夫子問於老聃曰：『有人治道若相放，可不可，然不然。辯者有言曰，「離堅白若縣寓。」若是則可謂聖人乎？』〔一〕

老聃曰：『是胥易技係勞形怵心者也。執留之狗成思，猿狙之便自山林來。〔二〕丘，予告若，而所不能聞與而所不能言。〔三〕凡有首有趾无心无耳者衆，有形者與无形无狀而皆存者盡无。其動，止也；其死，生也；其廢，起也。此又非其所以也。〔四〕有治在人，忘乎物，忘乎天，其名爲忘己。〔五〕忘己之人，是之謂入於天。』〔六〕

【釋義】

〔一〕**夫子問於老聃曰**　夫子，孔丘。**有人治道若相放**　治道，治理道術。若，而。放，通方，並。《釋文》：『方，本亦作放。』行甫按：相放，猶相並。**可不可**　可，適合。**然不然**　然，如此。行甫按：以『可』與『不可』相並，以『然』與『不然』相並，則違反矛盾律。**辯者有言曰**　辯者，名家之徒。有言，立論。**離堅白若縣寓**　離堅白，就存在而言，堅與白相盈而不相離。就存想而言，堅與白乃不同之概念，概念須有清晰性，故可離。辯者之言『離堅白』，就存想之概念而言。若，如。縣，猶久，代指時間。《管子·事語》『縣時積歲』，張佩倫云：

『縣，遠也。』《淮南子・主術》『其於以御兵刃，縣矣』，高誘注：『縣，遠也。』行甫按：王叔岷《校詮》引奚侗云《史記・孝文本紀》『歷日縣長』，《漢書》作『歷日彌長』，以爲縣彌同義相假之證。然奚氏之説不可從。《孝文本紀》之『縣長』，乃『緜長』之譌，王念孫《讀書雜志》辯之甚詳。寓，《説文》籀文宇字，代指空間。縣寓，時間與空間。行甫按：就概念言，時間不等於空間；就存在言，不可能存在沒有空間的時間，亦不可能存在沒有時間的空間。辯者之徒，所辯在概念而非存在本身。莊子主張齊物，反對辯論，故曰『治道相放』。**若是則可謂聖人乎**

若是，如此。聖人，聰明睿智境界高遠之人。

〔二〕**是胥易技係勞形怵心者也** 胥，才智。易，狂易。技，技能。係，拘係。勞，苦。形，身體。怵，驚駭。心，心智。行甫按：《應帝王》亦有此語，可參見該篇相關釋義。**執留之狗成思** 留，《釋文》：『本又作㹚，一本作狸，司馬云：竹鼠也。』思，章太炎《解詁》：『校以《應帝王》篇，思者，田之誤。』孫詒讓《札迻》以爲『累』字之誤。**猿狙之便自山林來** 猿狙，猿猴。之，猶以。便，便捷。自山林來，猶言從山林捕捉而來。

〔三〕**丘予告若** 予，我。若，爾，你。**而所不能聞與而所不能言** 而，爾，你。

〔四〕**凡有首有趾无心无耳者衆** 凡，大凡，大抵。首，頭。趾，足。行甫按：有首有趾，有人之形體。无心，無思慮。无耳，無感覺。**有形者與无形无狀而皆存者盡无** 有形者，泛指一切事物，當然包含有首有趾之人。无形无狀，道。而，猶其。盡，皆。行甫按：二句猶言體道學道者多有，而悟道得道者無有。**其動** 其，指與道相偕者。動，動而不止。**止** 止而不動。**死** 當作生字。**生** 當爲死字。死與止、起，以爲韻。**廢** 毁。**起** 始。**此又非其所以** 此，指動止、死生、廢起。其，指與道相偕者。所，猶可。以，猶爲。行甫按：動止、生死、廢起，皆依從道之大化流行，非其人之所爲。

〔五〕**有治在人** 有，猶爲。治，即上『治道』之治。行甫按：此回照上文『有人治道若相放』、『若是則可謂聖人乎』，猶言如何治道術在於其人，至於爲聖人則在於己。**忘乎物** 乎，猶於。忘物，猶言外物。**忘乎天** 忘天，猶言見獨。**其名爲忘己** 忘己，無己。無己，則無勞形怵心之累。

〔六〕**忘己之人是之謂入於天** 是，此。之，猶乃。入於天，猶言進入道的超邁高遠境界。

此乃本篇第八章，言治道術，辯名理，皆勞形怵心，爲人所役使而已。有道者因其自然，動止、生死、起廢，皆物之隨道而化。若『忘乎物，忘乎天』，便是『忘己』，『忘己』則進入道的超邁境界。此乃《齊物論》『莫若以明』之『止辯』思想的引申與發揮。

【繹文】

孔老夫子問老聃說：『有人治理道術討論學問一把抓，將各種互相矛盾的概念混爲一談，把適當的說成不適當的，把不是這樣的說成是這樣的。喜歡討論名理的辯者之徒還有一種說法：「石頭的堅硬與白色是可以分離的，就像時間的長久與空間的寬廣可以分離一樣。」如果能這樣仔細辯析名理的話，是不是可以稱之爲聰明睿智的人呢？』

老聃說：『這種人就是因聰明而患了精神病，因才能便累垮了身子骨，一輩子勞形操心的命。就像那會抓竹鼠的狗便被用來打獵，身手敏捷的猴子便被從山林中抓來耍把式一樣。孔丘，我告訴你，是你不能聽到的也是你說不出來的道理。大抵有頭有腳不用心思不用感覺，像這樣一味想體道學道的人很多，但有形體卻能與沒有形狀的道同在，像這樣能夠悟道得道的人卻完全沒有。事物有運動的時候，也有靜止的時候；有出生的時候，也有死亡的時候；有毀壞的時候，也有重新開始的時候；所有這些，並不是事物自身所能夠決定的，都是道之大化流行的結果。因此，有人願意治理道術談論名理，那是他們的事；而學道體道之人則先要忘記外在的一切事物，然後再忘記整個的外部世界，這就叫作忘記自己。忘記了自己的人，便是進入道的高遠超邁境界了。』

［九］

將閭葂見季徹曰：『魯君謂葂也曰：「請受教。」辭不獲命，既已告矣，未知中否，請嘗薦之。〔一〕吾謂魯君曰：「必服恭儉，拔出公忠之屬而无阿私，民孰敢不輯！」』〔二〕

季徹局局然笑曰：『若夫子之言，於帝王之德，猶螳蜋之怒臂以當車軼，則必不勝任矣。〔三〕且若是，則其自爲處危，其觀臺多，物將往，投跡者衆。』〔四〕

蔣閭葂覤覤然驚曰：『葂也汒若於夫子之所言矣。雖然，願先生之言其風也。』〔五〕

季徹曰：『大聖之治天下也，搖蕩民心，使之成教易俗，舉滅其賊心而皆進其獨志，〔六〕若性之自爲，而民不知其所由然。若然者，豈兄堯、舜之教民，溟涬然弟之哉？欲同乎德而心居矣。』〔七〕

【釋義】

〔一〕**將閭葂見季徹曰** 將閭葂，虛構人名。《釋文》：「將，一本作蔣，葂，字亦作莬，音免。」季徹，虛構人名。**魯君謂葂也曰** 謂，猶言說。**請受教** 請，希望。受教，接受教誨。**辭不獲命** 辭，謝絕。不獲命，沒有得到允許。**既已告** 既，猶終。行甫按：《詩·終風》「終風且暴」，王引之《經傳釋詞》：「終猶既也。」是終可訓既，既亦可訓終。已，猶以。告，教。**未知中否** 中，猶得。**請嘗薦之** 嘗，試。薦，再，重。《漢書·敍傳下》「窘世薦亡」，顏師古注：「薦讀曰荐，荐，再也。」《左傳》僖公十三年「晉薦饑」，杜預注：「薦，重也。」行甫按：猶言請讓我嘗試復述一下。

〔二〕**吾謂魯君曰** 謂，言說。行甫按：此乃復述之辭。**必服恭儉** 服，事，行。恭，勤於職守。《堯典》「允恭克讓」，孔穎達《疏》引鄭玄注云：「不懈於位曰恭。」儉，檢約。**拔出公忠之屬而无阿私** 拔，選拔。出，顯揚。公，無私。忠，忠誠。屬，猶類。阿，曲護。私，偏愛。**民孰敢不輯** 孰，誰。輯，和。

〔三〕**季徹局局然笑曰** 局局，笑得直不起腰。**若夫子之言** 若，如。夫子，先生，指將閭葂。**於帝王之德** 於，猶與。德，合於道的施政舉措。**猶螳蜋之怒臂以當車軼** 猶，如。之，猶而，轉折連詞。怒，奮力而張。以，猶而，目的連詞。當，擋。軼，《說文》：「車相出也，從車，失聲。」行甫按：車軼，猶言車輛之飛奔。《人間世》作「當車轍」，「轍」乃「軼」之假借。**則必不勝任** 勝任，同義複詞，猶言承擔。

〔四〕**且若是** 且，而且。若，如。是，此。**則其自爲處危** 則，猶乃。其，猶將。自爲，自行。處，居。危，危機。**其觀臺多** 其，猶若。觀臺，遊觀之臺。**物將往** 物，人。**投跡者衆** 投跡，猶言跟隨，模仿，造假。行甫按：東漢桓靈之際謠諺云：『舉秀才，不知書。察孝廉，父別居。寒素清白濁如泥，高第良將怯如雞。』是『投跡』之比。

〔五〕**蔣閭菀覤覤然驚曰** 蔣閭菀，世德堂本獨此處作『蔣』。覤，音細。覤覤然，驚疑貌。**菀也汒若於夫子之所言矣** 汒，通茫，若，猶然。汒若，不能理解之貌。於，對於。**雖然** 即使如此。**願先生之言其風也** 之，猶乃。風，通凡。俞樾《平議》：『風當讀爲凡，猶云「言其大凡」也。風本從凡聲，故得通用。』

〔六〕**大聖之治天下也** 之，猶其。**搖蕩民心** 搖蕩，即《大宗師》『遙蕩恣睢』之『遙蕩』，《釋文》引王穆夜云：『縱散也。』錢穆《纂箋》引曹受坤云：『猶今言解放。』**使之成教易俗** 之，指天下。成教易俗，形成教化，改變風俗。**舉滅其賊心而皆進其獨志** 舉，猶皆。賊，害。進，猶盡。獨，不與人同。志，志向。行甫按：獨志，不與人同之個人意志，猶今言自由意志。

〔七〕**若性之自爲** 若，猶順。之，猶所。自爲，猶言自己行動。**而民不知其所由然** 所，猶何。由，因。然，猶焉，句末語詞。**若然者** 若，如。然，如此。行甫按：若然者，言如像大聖這樣治天下，非『若』將閭菀所言於魯君者。**豈兄堯舜之教民** 兄，《說文》：『長也。』行甫按：『兄』與『弟』字相關爲用，猶推崇。**溟涬然弟之哉** 溟涬，《在宥》作『涬溟』，渾然無際貌。此則爲渾然無識貌。弟，次。《呂氏春秋·原亂》『亂必有弟』，高誘注：『弟，次也。』**欲同乎德而心居** 乎，猶於。德，合於道的治國舉措。行甫按：同乎德，即『同』於上言『帝王之德』。居，猶安。心居，民之心安。行甫按：『民不知其所由然』，則其心安。

此乃本篇第九章，言『服恭儉』、『拔公忠』的治理舉措，不僅如螳臂當車『必不勝任』，而且還會大開奔競投機之路。不如使民性之『自爲』而『不知其所由』，以無治治之。

【繹文】

將閭葂拜見季徹時說道：『魯國君主要求我說「希望得到教誨」，我百般推辭，但得不到他的允許，終於對他講了一番治國的方法，不知道我說得對還是不對，讓我試著跟你復述一下吧。我對魯國君主說：「必須勤於職守，檢束權力；提拔與顯揚沒有私心忠於國家的那些人，而不要曲護與偏愛自己喜歡的那些人，這樣，老百姓還有誰敢鬧意見的！」』

季徹聽完，忍不住笑得肚子痛，連腰都直不起來，說：『按照您老這個說法，與帝王合於道的施政舉措相比，實在是太微不足道了；就好像螳螂奮力張開雙臂去阻擋車輪的飛奔一樣不自量力，他如何能承受得住這個巨大壓力呢！況且如果他真這麼幹，那麼他就是把自己放在非常危險的局勢上了。因爲這種提拔顯揚的門徑一開，那些投機鑽營，弄虛作假，投其所好的人便越來越多。這就好比可以遊覽參觀的亭臺樓閣太多，人們都想去觀光遊覽，於是無數的觀光客便絡繹不絕地接踵而至了。』

蔣閭葂聽了季徹這番話，無比驚訝，他說：『我呀，對您老說的這些話實在茫然不能理解是何意了。雖然如此，還希望您老給我說個大概吧。』

季徹說：『偉大的聖人他治理天下呀，解放民衆的思想，使天下成就了教化，改變了風俗，全天下都克服了害人之心而所有人都能夠按照自己的想法自由發展，順著他們的自然本性想幹什麼便幹什麼，而天下百姓卻並沒有意識到他們爲什麼要這麼幹的理由。如果是這樣治理天下的話，哪裏還用得著推崇唐堯、虞舜教化百姓的方法，而糊裏糊塗地羨慕它呢？祇是希望能夠推行合於道的施政舉措，好讓老百姓心境安寧罷了。』

［一〇］

子貢南遊於楚，反於晉，過漢陰，見一丈人方將爲圃畦，鑿隧而入井，抱甕而出灌，搰搰然用力甚多而見功寡。〔一〕子貢曰：『有械於此，一日浸百畦，用力甚寡而見功多，夫子不欲乎？』〔二〕

爲圃者卬而視之曰：『奈何？』曰：『鑿木爲機，後重前輕，挈水若抽，數如泆湯，其名爲槔。』〔三〕爲圃者忿然作色而笑曰：『吾聞之吾師，有機械者必有機事，有機事者必有機心。機心存於胷中，則純白不備；〔四〕純白不備，則神生不定；神生不定者，道之所不載也。吾非不知，羞而不爲也。』〔五〕

子貢瞞然慙，俯而不對。有間，爲圃者曰：『子奚爲者邪？』曰：『孔丘之徒也。』〔六〕

爲圃者曰：『子非夫博學以擬聖，於于以蓋衆，獨弦哀歌以賣名聲於天下者乎？〔七〕汝方將忘汝神氣，墮汝形骸，而庶幾乎！而身之不能治，而何暇治天下乎！子往矣，无

乏吾事！』〔八〕

子貢卑陬失色，頊頊然不自得，行三十里而後愈。〔九〕其弟子曰：『向之人何爲者邪？夫子何故見之變容失色，終日不自反邪？』〔一〇〕曰：『始吾以爲天下一人耳，不知復有夫人也。吾聞之夫子，事求可，功求成。用力少，見功多者，聖人之道。〔一一〕今徒不然。執道者德全，德全者形全，形全者神全。神全者，聖人之道也。〔一二〕託生與民並行而不知其所之，汒乎淳備哉！功利機巧必忘夫人之心。〔一三〕若夫人者，非其志不之，非其心不爲。雖以天下譽之，得其所謂，謷然不顧；以天下非之，失其所謂，儻然不受。天下之非譽，无益損焉，是謂全德之人哉！我之謂風波之民。』〔一四〕

反於魯，以告孔子。孔子曰：『彼假脩渾沌氏之術者也；識其一，不知其二；〔一五〕治其內，而不治其外。夫明白入素，无爲復朴，體性抱神，以遊世俗之間者，汝將固驚邪？〔一六〕且渾沌氏之術，予與汝何足以識之哉！』〔一七〕

【釋義】

〔一〕**子貢南遊於楚反於晉**　子貢，孔子弟子，衛人。反，同返。**過漢陰**　漢，漢水。陰，水南爲陰。**見一丈人方將爲圃畦**　丈人，老者。方將，將，虚詞連用。爲，治。圃，菜園子。畦，音其，菜壟。**鑿隧而入井**　鑿，挖通。隧，隧道。**抱甕而出灌** 甕，陶罐。出灌，由隧道從水井出來。**搰搰然用力甚多而見功寡** 搰搰（音骨）然，用力貌。見，同現。寡，少。

〔二〕**有械於此** 械，機械。於，猶如。**一日浸百畦** 浸，澆灌。**用力甚寡而見功多** 而，猶卻。**夫子不欲乎** 夫子，先生。欲，想要。

〔三〕**爲圃者卬而視之曰奈何** 爲圃者，指漢陰丈人。卬，通仰。奈何，如何。**鑿木爲機** 鑿，削。**後重前輕** 後重，重力在後。**挈水若抽** 挈，提升。若，如。抽，《説文》：『搯，引也。抽，搯或從由。』《釋文》：『司馬、崔本作流。』**數如泆湯** 數，疾。泆，通溢。湯，滚動的沸水。**其名爲槔** 槔，音高，桔槔，利用杠桿原理製作的機械。

〔四〕**爲圃者忿然作色而笑曰** 忿然，不高興貌。作色，變臉色。**吾聞之吾師** 之，猶於。**有機械者必有機事** 機械，設有機關省力的裝置。機事，用機械圖省力之事。**有機事者必有機心** 機心，投機取巧之心。**機心存於胷中** 存於胷中，猶言形成固有觀念。**則純白不備** 純白，樸素清白。備，具。行甫按：純白不備，猶言不能光明磊落，心靈遭到污染。

〔五〕**純白不備則神生不定** 神，神情。生，猶進，變。《説文》：『生，進也，象艸木生出土上。』慧琳《一切經音義》卷二十七『産生』注：『因物造變謂之生。』是其義。不定，不安寧。**神生不定者** 神情不安寧，即不能虛靜。**道之所不載** 之所，猶所以，虛詞連用。載，集，止。行甫按：《人間世》『唯道集虛』，是『神生不定，道之所不載也』。**吾非不知羞而不爲也** 羞，恥。爲，用。

〔六〕**子貢瞞然慙** 瞞然，無精打采貌。慙，同慚，羞愧。**俯而不對** 俯，低頭。對，答。**有間** 過了片刻。

子奚爲者邪　奚爲，何爲。**孔丘之徒**　徒，弟子。

〔七〕**子非夫博學以擬聖**　夫，彼。擬，比。擬聖，以當聖人爲目標。**於于以蓋衆**　於于，呼吸之氣息。《釋文》：『於于，本或作唹吁。』行甫按：《大宗師》『於謳聞之玄冥』，《刻意》『吹呴呼吸』，《藝文類聚》七十五引作『吹吁呼吸』，《駢拇》『呴俞仁義』，《釋文》：『呴，本又作傴。』是『於于』、『於呴』、『呴俞』、『唹吁』、『於謳』，皆聲同通用，義皆爲呼吸之氣。於于以蓋衆，猶言鼻息干虹霓，氣焰熏天以壓倒衆人。**獨弦哀歌以賣名聲於天下者**　獨弦，以一弦琴演奏。哀歌，聲情動人之歌。賣，衒賣。行甫按：此喻玩弄機巧以博取聲名。

〔八〕**汝方將忘汝神氣**　方將，當。神氣，精神氣焰。行甫按：指博學擬聖，於于蓋衆。**墮汝形骸**　墮，廢黜。**而庶幾乎**　庶，有幸。幾，近。庶幾，幸詞，猶今言差不多。**而身之不能治**　而，爾，汝。身，自己本人。之，猶尚，猶。**而何暇治天下**　暇，遑。**子往**　往，去。**无乏吾事**　乏，妨礙。《釋文》：『乏，廢也。』

〔九〕**子貢卑陬失色**　卑陬，《釋文》：『李云：愧懼貌。』章太炎《解故》：『卑陬，即顰蹙。《説文》「顰，從卑聲」，故卑得借爲顰。陬即趣之借，趣蹙聲義近。』**項項然不自得**　項項然，《説文》：『項，頭項項，謹皃。』《釋文》：『李云：自失貌。』**行三十里而後愈**　愈，復。

〔一〇〕**向之人何爲者**　向，剛才。之，猶其。何爲，猶言修何道術，治何學問。**夫子何故見之變容失色**　夫子，先生。**終日不自反**　終日，王叔岷《校詮》：『王念孫《雜志》云「猶良久也」。』不自反，不能恢復正常。

〔一一〕**始吾以爲天下一人耳**　始，當初。天下一人，指其師孔丘。耳，而已。**不知復有夫人也**　復，又。夫人，彼人。**吾聞之夫子**　夫子，孔丘。**事求可**　可，適合。《論語·衛靈公》：『子貢問爲仁。子曰：工欲善其事，必先利其器。』**功求成**　功，事。**用力少見功多者**　見，同現。**聖人之道**　聖人，聰明睿智之人。道，方法。

〔一二〕**今徒不然** 今，現在。徒，猶獨，特。**執道者德全** 執，守。德，合於道的行爲方式。全，完美。**德全者形全** 形全，形象完美。**形全者神全** 神全，精神完美。**神全者聖人之道** 聖人之道，聰明睿智之人的境界。

〔一三〕**託生與民並行而不知其所之** 託，寄託。生，長養。《史記·孟嘗君列傳》『其母竊舉生之』，司馬貞《索隱》：『生，謂長養之也。』行，行走，行甫按：『與民並行』，與衆人一樣過日子。所，猶何。之，往。**汒乎淳備哉** 汒乎，猶茫然。淳，純。備，全。行甫按：汒乎，言其無功利之心；淳備，言其無機巧之心。**功利機巧必忘夫人之心** 忘，忘記也。行甫按：忘下省略『於』字，『忘於夫人之心』。

〔一四〕**若夫人者** 若，如。夫人，彼人。**非其志不之** 之，往。**非其心不爲** 爲，作。**雖以天下譽之** 雖，即使。以，猶使。譽，讚譽。**得其所謂** 得，中。其，指天下。所謂，所言。行甫按：以天下譽之，得其所謂，猶言讓全天下都讚譽他，並且全天下讚譽的話都很中肯。**謷然不顧** 謷然，傲然。**以天下非之** 以，使。非，指責，誹謗。**失其所謂** 失，不中。指責不中肯。**儻然不受** 儻然，《集韻·蕩韻》：『儻，倜儻，卓異貌。』行甫按：儻然，當與『謷然』義同，超然物外。**天下之非譽无益損焉** 益損，猶今語影響。**全德之人** 全德，行爲方式合於道而境界完美。**我之謂風波之民** 之，猶乃。風波，意志不堅定。《人間世》『風波易以動』，是。

〔一五〕**反於魯** 自晉而返魯。**以告孔子** 以告，以之告。**孔子曰彼假修渾沌氏之術者也** 假，僞。行甫按：此『假』，並非欺世盜名之『假』，而是誤入歧途，不知其真之『假』。脩，行。郭象注：『以其背今向古，羞爲世事，故知其非真渾沌也。』行甫按：渾沌氏之術，乃隱遁不露痕跡之生存方式，而丈人則偏執不化，以至不免索隱行怪驚世駭俗之嫌。郭注不誤，今之注者反誤也。**識其一**　識，知。**不知其二**　行甫按：知其一，以爲修道便是『背今向古，羞爲世事』；不知其二，不知有道之士既有曠達高遠的人生境界，亦與世俗和光同塵而不相捍格，《山木》所謂『與時俱化』、『以和爲量』。

〔一六〕**治其内**　治，修。行甫按：修其内，内心境界高遠，超越世俗。**而不治其外**　行甫按：不治其外，外在行爲矯揉造作，索隱行怪。**夫明白入素**　夫，若。明，透明。白，白色。素，未經染色之白絲。**无爲復朴**　无爲，無須矯揉造作。復朴，返回到純樸自然狀態。**體性抱神**　體性，踐行人的自然本性。抱神，堅持高遠的精神境界。**以遊世俗之間者**　遊，遊走，生活。**汝將固驚邪**　將，猶尚。固，胡，何。俞樾《平議》：『固讀爲胡，胡、固皆從古聲，故得通用。』王叔岷《校詮》：『俞讀固爲胡，胡猶何也。「汝將固驚邪」，猶言「汝尚何驚邪」。』郭象注：『此真渾沌也。故與世同波而不自失，則雖遊於世俗而泯然無跡，豈必使汝驚哉！』得其義。

〔一七〕**且渾沌氏之術**　且，而且，況且。**予與汝何足以識之哉**　何足以，如何得以。識，知道，識破。行甫按：心存高遠，而又混跡黎甿，語云『真人不露相』者也。

此乃本篇第十章，以子貢讚歎漢陰丈人爲『全德之人』而孔子卻批評他『假脩渾沌之術』故作驚世駭俗，説明悟道並不意味著索隱行怪與矯揉造作，而是在精神境界上可以無限超拔與高遠，在行爲方式上卻又與時俱化而隨緣自適。因此，『明白入素，无爲復朴』，『以遊世俗之間』，所謂真人不露相，正是《大宗師》所謂『古之真人』心存高遠而又混跡黎甿的傳神寫照。

【繹文】

子貢到南方楚國去，歸途折返到晉國，經過漢水南邊，見到一位老者將要打理澆灌園子裏的菜地。老者事先開鑿了一條隧道通往井底，正抱著一口瓦罐從隧道進入井底舀上一罐水，然後呼哧呼哧地從井底爬出來澆在菜地裏，非常吃力卻見不到多少成效。子貢便建議老者說：『有一種像這樣的機械，一天能澆灌上百壟菜，花的力氣很少，見到的成效卻很多，先生想要用嗎？』

灌園的老者抬起頭來看著子貢說：『什麼樣的東西呢？』子貢說：『削木製造一種機械，重力放在後面，前面很輕以便起重時保持平衡。用它從井裏提水就像引流一樣，速度飛快，井水如同開鍋的滾水一樣從井底漫溢出來，它的名字叫作桔槔。』灌園老者聽完子貢的話，滿臉堆著不高興的神色，笑著對子貢說：『我謹遵師門教導，使用了機關工具，做事便會偷姦耍滑不踏實，做事偷姦耍滑不踏實，就容易產生投機取巧的計較之心。有了投機取巧的心計保留在胷中，那麼心地就不能做到樸素純潔，就不能做到光明磊落；心地不能純潔磊落，那就一定會心猿意馬，見異思遷；一旦心猿意馬，見異思遷，心靈中便不可能爲道的境界留下地盤。你說的那個東西，我不是不知道，而是覺得用那種投機取巧的東西很可恥。』

子貢聽了老者這番話，滿面慚愧，低下頭一句話也說不出來。過了一會兒，灌園老者打破了沉寂問子貢：『你是幹什麼營生的呢？』子貢回答說：『孔丘的弟子。』

灌園老者似乎有些激憤了，他說：『你不就是那個學問很淵博一心想著攀比聖人，而且鼻息衝天口氣狂傲想要壓倒眾人，用一根琴弦一邊彈奏一邊唱著動聽的歌曲，想用這種賣弄機巧的辦法換取名聲的傢伙嗎？你衹要忘掉了你這些一心想著出人頭地的狂傲之氣，忘掉了炫耀膚末小技收賣名聲的心思，甚至連你自己的身體也一起忘掉了，那就離道的境界差得不太遠了。看來你連你自己都沒有治理好，你還哪有工夫去治理天下呢！你還是走吧，別在這裏礙我的事！』

子貢聽了老者這番振振有詞的訓斥，慚愧得無地自容，悶悶不樂地走了三十里，方才回過神來。他的弟子說：『剛才那位老者是做什麼學問的呢？老師爲什麼見了他之後臉色變得非常難看呢？大半天的，都沒能回過神來！』

子貢自我反省說：『以前我以爲孔老夫子就是天下第一人而已，真不知道天下竟然還有這等了不起的人物。我以前聽孔老夫子說過，做事情必須要找到合適的工具，當然也應該謀求做事的效果，用最小的代價換取最大的成功，這就是聰明睿智的人做事的法則。今天所見到的這個人卻完全不是這樣。擁有高遠境界的人，他的行爲方式便非常完美；行爲方式非常完美，他的人物形象也十分高大完美；形象高大完美，他的心靈也非常高大完美。心靈高大完美，這就是聰明睿智的聖人所達到的精神境界了。依托在這個世界上生息長養，與衆人過著同樣的日子，但是他卻沒有絲毫個人的目的。他光明磊落，純潔無瑕，內心裏沒有半點急功近利投機取巧的想法。像他這樣的人，不是他想去的地方，他便不去；不是他想做的事情，他便不做。卽使全天下的人都讚揚他，哪怕是那些讚揚恰如其分，符合他的實情，他也高傲地連看都不看一眼；卽使是全天下人都指責他，而且這種指責完全與事實不相符，全是無中生有，他也若無其事地懶得理睬。天下人指責也罷，讚揚也罷，對他產生不了絲毫影響，既不會給他增加點什麼，也不會讓他失去點什麼。這就叫作行爲方式高大完美具有高遠心靈境界的人，而我呢，卻是受到一點批評便垂頭喪氣，得到一點讚揚便趾高氣揚，這祇能叫作意志不堅定有風便起浪的人。』

子貢回到魯國，把途中所見告訴了他的老師孔老夫子。孔子說：『那是一個假裝修養渾沌道術的人。他祇知道事情的一個方面：以爲修道就是超逸絕倫，索隱行怪，拒絕機械工具；殊不知，事情還有另外一個方面：真正的有道之士，既有曠達而高遠的人生境界，又與世俗和光同塵而兩不相妨。他祇是修養自己的內心，淨化自己的心靈，卻在外在行爲上不能做到混跡黎甿不露痕跡，還沒有修煉到通達無礙無可無不可的灑脫境界。就像把一個透明無色的東西放進白色的東西裏面一樣，不要這樣矯揉造作引人注目，回到自然純真的狀態，既擁有高遠曠達的精神境界，又按照人的自然本性而生活在人間世俗之中。這樣的有道之人，你還會對他有什麽大驚小怪的呢？再說了，真人不露相，真正境界高遠而不露痕跡的人，我和你又怎麽能夠識破他呢！』

〔一一〕

諄芒將東之大壑，適遇苑風於東海之濱。〔一〕苑風曰：『子將奚之？』曰：『將之大壑。』〔二〕曰：『奚爲焉？』曰：『夫大壑之爲物也，注焉而不滿，酌焉而不竭；吾將遊焉。』〔三〕

苑風曰：『夫子无意於橫目之民乎？願聞聖治。』〔四〕

諄芒曰：『聖治乎？官施而不失其宜，拔舉而不失其能，畢見其情事而行其所爲，〔五〕行言自爲而天下化，手撓顧指，四方之民莫不俱至，此之謂聖治。』〔六〕

『願聞德人。』曰：『德人者，居无思，行无慮，不藏是非美惡。〔七〕四海之内共利之之謂悦，共給之之爲安；怊乎若嬰兒之失其母也，儻乎若行而失其道也。〔八〕財用有餘而不知其所自來，飲食取足而不知其所從，此謂德人之容。』〔九〕

『願聞神人。』曰：『上神乘光，與形滅亡，此謂照曠。致命盡情，天地樂而萬物銷亡，萬物復情，此之謂混冥。』〔一〇〕

【釋義】

〔一〕**諄芒將東之大壑**　諄芒，虚構人名，諄通淳，芒通茫，取淳樸渾茫之義。之，往。大壑，大溝壑，指大海。**適遇苑風於東海之濱**　適遇，恰遇。苑風，虚構人名，鍾泰《發微》：『長養之風，謂東風也。』

〔二〕**子將奚之**　奚之，何往。**將之大壑**　之，往。

〔三〕**奚爲焉**　奚爲，何爲。**夫大壑之爲物**　夫，若，列舉之義。之，猶其。**注焉而不滿**　注，流入。焉，於此。**酌焉而不竭**　酌，挹出。**吾將遊焉**　遊，心遊，身遊。行甫按：此以『大壑』比喻超邁而高遠的智慧心靈，即《齊物論》所謂『天府』者。

〔四〕**夫子无意於横目之民**　夫子，先生。意，屬意，關注。横目，人類。行甫按：靈長類動物皆『横目』，故以『民』字爲限。**願聞聖治** 聖治，聖人之治。

〔五〕**諄芒曰聖治乎** 乎，句末語氣詞。**官施而不失其宜** 官施，設官分職，施行政令。宜，得當。行甫按：猶言官職無曠無冗，政令無缺無濫。**拔舉而不失其能** 拔舉，提拔選舉。能，才能，能力。**畢見其情事而行其所爲** 畢，悉，盡。見，察。情事，猶事情，事之實。所，可。行其所爲，猶言採取適當措施。

〔六〕**行言自爲而天下化** 行言，行與言，猶政教舉措。自爲，自作。行甫按：行言自爲而天下化，猶《應帝王》所謂『君人者以己出經式義度，人孰敢不聽而化諸』之義。**手撓顧指** 手撓，動手以指揮。顧指，動目以指使。**四方之民莫不俱至** 莫不，無不。俱，皆。**此之謂聖治** 之，猶乃。

〔七〕**願聞德人** 德人，猶言德人之治。**曰德人者** 行甫按：德人之治，猶言合於道的施政舉措。**居无思** 居，處。**行无慮** 行，動。**不藏是非美惡** 藏，懷。美惡，猶言好惡。

〔八〕**四海之内共利之之謂悦** 共利之，猶言共同獲利。謂，猶爲。**共給之之爲安** 共給之，猶言共同富足。爲，猶謂。爲與謂聲轉互通。**怊乎若嬰兒之失其母也** 怊（音條）乎，惆悵貌。**儻乎若行而失其道也** 儻乎，迷失貌。行甫按：失其母、失其道，以喻天下民衆無所依賴，因而無所管束；沒有方向，因而無需引領。

〔九〕**財用有餘而不知其所自來** 所自，何從。**飲食取足而不知其所從** 所從，何自。行甫按：財富食物皆爲公有，按需自取。**此謂德人之容** 容，狀。德人之容，猶言德人之治狀。

〔一〇〕**願聞神人** 神，神僊。神人，猶神僊之治。**曰上神乘光** 上神，最高之神人。乘，在上。光，日月之光。**與形滅亡** 與，王叔岷《校詮》：『猶其也。《周禮·考工記·弓人》「射利侯與弋」，鄭注：「故書與作其。」』行甫按：與形滅亡，神僊來去無影無蹤，自然沒有形體。**此謂照曠** 謂，爲。曠，大，空。照曠，無所不照，亦所照皆無。錢穆《纂箋》：『姚鼐曰：晉人諱昭，皆書作照。』行甫按：本書昭字屢見，姚說非。**致命盡情**　致，盡。盡，致。命，生命，性命。情，性情，情性。行甫按：致命盡情，猶言使天下之民皆盡其天年，盡其天性。**天地樂而萬物銷亡**　天地樂，猶言與天地爲樂。萬物銷亡，萬物不復存在，猶言外物之累皆無。**萬物復情**　萬物，猶言萬民。行甫按：莊書『物』字多指人，人亦物。且同一語境既云『萬物銷亡』，不可再言『萬物復情』。復情，猶言返於真。**此之謂混冥**　之，猶乃。混，混然不分。冥，暗而不見。行甫按：『神人』之治，乃無治。

此乃本篇第十一章，言社會治理有三個高下不同的層次。最下爲『手撓顧指』的有爲之治。有爲之治，『聖治』也。其次爲無思無慮『不藏是非美惡』的無爲而治。無爲而治，『德人』之治也。太上爲『致命盡情』的無治之治。無治之治，『神人』之治也。此亦《應帝王》篇應有之帝王思想的申發。

【繹文】

性情淳樸渾茫的諄芒要到東邊的大川谷去，恰巧在東海的沙灘上碰到能滋人養物的苑風。苑風問諄芒說：『你要到哪裏去？』諄芒答道：『要去大川谷。』苑風又問：『去那裏幹什麼？』諄芒說：『說起大川谷那個東西呀，山泉不斷地流進去卻永遠不會滿溢，人們不停地舀出來也永遠不會枯竭。我想到那兒去看看。』

苑風說：『先生對於眼睛橫排並生的老百姓沒有留意嗎？希望聽聽有關聰明睿智之人治理天下的事情。』

諄芒說：『聖人治理天下嘛？設立官職必然適於需要，施行政令必然合於時宜。選拔官吏及舉薦人才，必然注重他們的能力。任何事情都是經過充分調查研究才決定採用那些行之有效的辦法，一切行政措施和政策法令都是經聖人親自制訂出來然後讓天下廣泛實行。聖人用手臂指揮行動，用眼神示意方向，天下百姓無不雲集響應聽從他的號召，這就叫作聖人治理天下。』

苑風說：『還想聽聽有關境界高遠的得道之人是如何治理天下的。』

諄芒說：『境界高遠的得道之人治理天下吧，沒有行動的時候不會考慮要做什麼，開始行動的時候不會考慮要如何做，心裏不裝絲毫是非的觀念與好惡的情感。普天之下共同獲得利益，大家都很高興；普天之下共同達到富足，大家都很心安。每個人都悵悵然像失去母親的嬰兒一樣無所依賴，也無人管束；每個人都昏昏然像迷失了道路的旅客一樣沒有方向，也無需引領。有用不完的財富卻不知道這些財富從何而來，有吃不完的食品卻不知道這些食品是從哪裏來的。這些財富與食品都是大家共同擁有的，各人按需自取，當然無須知道它們從哪裏來。這就是境界高遠的得道之人治理天下的狀況。』

苑風說：『還想聽聽神僊中人是如何治理天下的。』諄芒說：『至高無上的神僊居住在日月之上，來無影去無蹤，這就是光明虛空，朗照無限。普天之下的民眾都能盡其天年，盡其天性。心情愉快，歡天喜地，沒有任何心理負擔與生存壓力。天下萬民都回到了嬰兒般的真性情，這種狀態可以叫作渾沌不分、幽暗不清。』

〔一二〕

門无鬼與赤張滿稽觀於武王之師。赤張滿稽曰：『不及有虞氏乎！故離此患也。』〔一〕

門无鬼曰：『天下均治而有虞氏治之邪？其亂而後治之與？』〔二〕

赤張滿稽曰：『天下均治之爲願，而何計以有虞氏爲！有虞氏之藥瘍也，秃而施髢，病而求醫。〔三〕孝子操藥以脩慈父，其色燋然，聖人羞之。〔四〕至德之世，不尚賢，不使能；上如標枝，民如野鹿；〔五〕端正而不知以爲義，相愛而不知以爲仁，實而不知以爲忠，當而不知以爲信，〔六〕蠢動而相使，不以爲賜。是故行而無跡，事而無傳。』〔七〕

【釋義】

〔一〕**門无鬼與赤張滿稽觀於武王之師**　門，姓；无鬼，名。赤張，姓；滿稽，名。皆虛構人名。觀，旁觀。武王，周武王姬發。師，軍隊。**不及有虞氏**　有虞氏，虞舜。唐堯讓帝位於虞舜，虞舜『讓於德弗嗣』，而周武王則攻伐商紂王以奪取天下，故曰『不及』，德不如。**故離此患也**　離，通罹，遭受。患，禍亂。行甫按：猶言令天下遭受兵革戰亂之禍。

〔二〕**天下均治而有虞氏治之邪**　均，《説文》：『平徧也。』行甫按：均治，處處太平安定。而，猶然。**其**

亂而後治之與　其，猶寧。與，通歟。

〔三〕**天下均治之爲願**　之，猶若。爲願，如願。**而何計以有虞氏爲**　而，猶且，又。計，謀，慮。以，使。爲，猶乎。**有虞氏之藥瘍**　之，猶乃。藥，猶治療。瘍，頭瘡。**禿而施髢**　禿，頭髮脱落。髢，音迪，假髮。**病而求醫**　求醫，尋醫。

〔四〕**孝子操藥以脩慈父**　操，持。脩，通羞，進。**其色燋然**　色，臉色。燋，通憔，憔悴。**聖人羞之**　羞，薦，進。行甫按：聖人羞之，言聖人對孝子滿臉憔悴地操藥治療慈父表示讚許，以喻有虞氏治亂世亦爲聖人所推崇。古今注家皆以『羞』爲恥，既不合人情，亦不符語境，大誤也。行甫又按：此言有虞氏治亂世，孝子操藥醫慈父，皆不得已而爲之也。若至德之世，慈父未病，何須治與醫邪？

〔五〕**至德之世**　至德，無爲而治。**不尚賢**　尚，上，推崇。**不使能**　使，進用。能與賢爲互文。**上如標枝**　上，君上。標，樹木末梢。枝，樹枝。高高在上，無爲無事，與下民無關。**民如野鹿**　如野鹿，散漫自由。

〔六〕**端正而不知以爲義**　端正，行爲端莊正直。以爲義，用義的概念去規範。行甫按：猶言至德之世，人們並沒有這些價值觀念。**相愛而不知以爲仁**　相愛，互相關愛。仁，同情之心，愛心。**實而不知以爲忠**　實，誠實。**當而不知以爲信**　當，相值。信，信用。行甫按：以物易物而相值爲『當』，故曰『爲信』。

〔七〕**蠢動而相使**　蠢，《説文》：『蟲動也。』蠢動，猶言如蟲相擁而動。行甫按：請參閲拙著《尚書釋讀·大誥》『今蠢今翼』釋讀。相使，猶相感而使動，非有心指使而動。**不以爲賜**　賜，猶賜施，欺謾。《方言》卷十『脈蝪、賜施，皆欺謾之語也。楚郢以南東揚之郊通語也』，錢繹《箋疏》：『單言之則曰脈，曰蝪。上文云南楚以南凡非議人或曰帪，注云：「今名黠爲鬼帪。」』行甫按：賜，即『賜施（音易）』之單言。連上文，言民衆羣動乃互感而動，皆其自動，並非以爲相互欺謾哄騙而動。行甫又按：此與上文乃正反相對，然古今注家皆讀『賜』爲『恩賜』字，『動而相使』何有於『恩賜』邪，是知前人之注皆非其義。**是故行而無跡**　是故，因此。行，行動。無跡，沒有痕跡。**事而無傳**　事，事情。無傳，沒有流傳。

此乃本篇第十二章，言『至德之世』無須治理，『上如標枝，民如野鹿』，因而『行而無跡，事而無傳』。而世傳所謂有虞氏之治，不過是病態社會的補救之藥而已。衹是把病急亂投醫，當作救世良方，因而爲精英人士所大力推崇，所謂『聖人羞之』，是也。

【繹文】

門无鬼與赤張滿稽觀看周武王討伐商紂王的軍隊，赤張滿稽不無感慨地說：『趕不上虞舜的道德水平啊！唐堯把天下拱手相讓，他都辭而不受。所以天下便遭到這樣慘烈的兵革之禍。』

門无鬼說：『是天下處處都太平無事然後有虞氏繼續治理天下呢，還是天下大亂然後有虞氏把它治理好了呢？』

赤張滿稽說：『天下到處太平真是如願以償成爲事實的話，那麽還有必要去考慮讓有虞氏來治理天下嗎？有虞氏治理天下，就好比頭上生瘡了，需要藥物治療；就好比頭髮掉光了，腦袋禿瓢了，然後給戴上假髮頭套一樣，不過是病急了才投醫問藥，或者是事後的補救而已。因此，人們之所以推崇有虞氏治理天下，就像孝子滿臉憔悴地捧著藥碗送給生病的慈父，從而受到天下精英人士的吹捧，是一樣的道理。可想而知，在社會風尚淳厚素樸的時代，既不推崇智慧，也不推崇才能，高高在上的君主，就像大樹末梢的枝條一樣，與廣大民衆沒有絲毫牽連與關係； 老百姓也如同生活在野地裏的小鹿一樣，自由自在，無拘無束。人們行爲端莊正直，但並沒有意識到這就是正義； 相互關愛，也沒有意識到這就是仁心； 老實誠懇，也沒有意識到這就是忠誠； 物品相值，也沒有意識到這就是誠信；至於人們羣體相感而相動，也不會認爲是受了欺騙。因此，當時的行爲沒有跡象可以追尋，當時的事情也就沒有流傳下來。』

〔一三〕

孝子不諛其親，忠臣不諂其君，臣子之盛也。〔一〕親之所言而然，所行而善，則世俗謂之不肖子； 君之所言而然，所行而善，則世俗謂之不肖臣。〔二〕而未知此其必然邪？ 世俗之所謂然而然之，所謂善而善之，則不謂之道諛之人也。然則俗故嚴於親而尊於君邪？〔三〕謂己道人，則勃然作色； 謂己諛人，則怫然作色。〔四〕而終身道人也，終身諛人也，合譬飾辭聚衆也，是終始本末不相坐。〔五〕垂衣裳，設采色，動容貌，以媚一世，而不自謂道諛，〔六〕與夫人之爲徒，通是非，而不自謂衆人，愚之至也。〔七〕知其愚者，非大愚也； 知其惑者，非大惑也。 大惑者，終身不解； 大愚者，終身不靈。〔八〕三人行而一人惑，所適

者猶可致也，惑者少也；二人惑則勞而不至，惑者勝也。〔九〕而今也以天下惑，予雖有祈嚮，不可得也。不亦悲乎！〔一〇〕

大聲不入於里耳，《折楊》、《皇荂》，則嗑然而笑。是故高言不止於衆人之心；至言不出，俗言勝也。〔一一〕以二缶鍾惑，而所適不得矣。而今也以天下惑，予雖有祈嚮，其庸可得邪！〔一二〕知其不可得也而强之，又一惑也，故莫若釋之而不推。不推，誰其比憂！〔一三〕厲之人夜半生其子，遽取火而視之，汲汲然唯恐其似己也。〔一四〕

【釋義】

〔一〕**孝子不諛其親**　諛，《說文》：『諂也。』《逸周書·芮良夫解》『惟以貪諛爲事』，孔晁注：『曲從爲諛。』**忠臣不諂其君**　諂，《說文》：『諛也。』《左傳》襄公三年『稱其讎，不爲諂』，杜預注：『諂，媚也。』**臣子之盛也**　臣子，臣與子。盛，隆。行甫按：孝而不失於諛，忠而不失於諂，實爲難能，故言『盛』。

〔二〕**親之所言而然**　然，猶認可。**所行而善**　善，猶鼓勵。**則世俗謂之不肖子**　不肖，猶不似。**君之所言而然所行而善**　猶言不分是非，不分可否。**則世俗謂之不肖臣**　不肖臣，不符合爲臣之本分。

〔三〕**而未知此其必然邪**　而，猶然，轉折之詞。未知，猶言不能保證。此，指世俗所謂。其，猶乃，爲。必然，必定如此。行甫按：此句猶言但不能保證世俗所指之不肖是不是可以處處通用。**世俗之所謂然而然之**　世俗，與君親相對。然，認可。**所謂善而善之**　善，鼓勵。**則不謂之道諛之人也**　道諛，諂諛。郭慶藩《集釋》：『《漁父》篇曰「希意道言謂之諂」，道與諂同義。《荀子·不苟篇》「非諂諛也」，《賈子·先醒篇》「君好諂諛而惡至言」，《韓詩外傳》並作「道諛」，諂與道，聲之轉。』**然則俗故嚴於親而尊於君邪**　然，如此。則，猶乃。俗，世俗。故，猶顧；顧，猶但。嚴、尊，皆尊重。行甫按：此言世俗有兩套價值標準，媚君親則謂之諂，而媚世俗則不謂之諂。

〔四〕**謂己道人**　謂，指謂。道人，諂諛之人。**則勃然作色**　勃然，臉色驟變貌。**謂己諛人則怫然作色**　怫然，猶勃然。

〔五〕**而終身道人也**　道，諂。**終身諛人也**　諛，諂。**合譬飾辭聚衆也**　合譬，聯合成片之譬喻。飾辭，修飾華麗之言辭。聚衆，拉攏衆人，聚積人氣。**是終始本末不相坐**　是，此。終始本末，猶言始終前後。相坐，相因。鍾泰《發微》：『既有道人、諛人之實，而不願受道人、諛人之名，是終不因始，末不因本。』

〔六〕**垂衣裳**　垂，猶懸。垂衣裳，言服飾端莊。**設采色**　言衣服上施以各種紋飾。《尚書·皐陶謨》『以五采彰施於五色作服』，是其義。**動容貌**　言做出各種面部表情。**以媚一世**　以，猶而，目的連詞。媚，取悦。**而不自謂道諛**　自謂，自己認爲。道諛，諂諛。

〔七〕**與夫人之爲徒**　夫人，猶人人。《國語·楚語下》『夫人作享』，韋昭注：『夫人，人人也。』之，猶以。爲徒，猶言成伙。**通是非**　通，猶共。**而不自謂衆人**　衆人，猶言凡人。**愚之至也**　愚，惑。至，極。

〔八〕**知其愚者**　知，自知。**非大愚**　大，猶言完全。**知其惑者**　惑，愚。**非大惑也**　大惑，完全惑。**大惑者終身不解**　解，覺悟。**大愚者終身不靈**　靈，明白。《釋文》：『司馬云：曉也。』

〔九〕**三人行而一人惑**　惑，不明方向。**所適者猶可致**　適，往。猶，尚。致，達。**惑者少也**　三之一。

二人惑則勞而不至　勞，辛苦。**惑者勝也**　勝，猶多。

〔一〇〕**而今也以天下惑**　而，然。以，猶乃。天下惑，天下之人皆愚惑。**予雖有祈嚮不可得**　有，猶爲。祈嚮，呼告嚮導。章太炎《解故》：『《詩·大雅傳》「祈，報也」，《釋詁》「祈，告也」，《釋言》「祈，叫也」。嚮，即今鄉導字。凡鄉導主呼路徑以報告人，故謂之祈鄉。《左氏》昭十二年傳有祈招，祈招者，告詔也；是因穆王欲周行天下，故諷諫者先舉鄉導爲言。祈招與祈鄉，一也。』**不亦悲乎**　亦，特。悲，悲哀。

〔一一〕**大聲不入於里耳**　大聲，高雅音樂。里，基層居民組織，二十五家爲里。**折楊皇荂**　皇，通黄。荂，通華。《折楊》、《皇荂》，皆民間俚曲小調。**則嗑然而笑**　嗑，音客，笑聲。**是故高言不止於衆人之心**　是故，因此。高言，高深理論。止，猶留。**至言不出**　至言，深刻言論。**俗言勝也**　俗言，流俗之言。勝，超出。

〔一二〕**以二缶鍾惑**　缶，瓦器。《釋文》：『司馬本作「二垂鍾」。』行甫按：司馬本作『垂』，乃『⿱垂缶』字之借。《廣雅·釋器》『甀，瓶也』，王念孫《疏證》：『《説文》「⿱垂缶，小口罌也」，徐鍇《繫傳》云《周禮注》：「鑑如⿱垂缶，大口」，是⿱垂缶小口也。⿱垂缶與甀同，字亦作垂。《墨子·備城門篇》云「救門火者各一垂水，容三石以上」。』鍾，聚。行甫按：此乃詼諧語，稱惑者爲瓦器，猶今言榆木腦袋。且垂容三石，則『二缶鍾惑』，見其所容糊塗之多。**而所適不得**　適，往，之。**而今也以天下惑予雖有祈嚮其庸可得**　其，猶寧。庸，猶何。其庸，虚詞連用。

〔一三〕**知其不可得也而强之**　强，勉强，强迫。**又一惑也**　又，猶增。**故莫若釋之而不推**　釋，放棄。推，推移。行甫按：不推，不繼續推移而滋惑。**不推誰其比憂**　其，猶則，乃。比，通俾，使。《大雅·皇矣》『克順克比，比於文王』，《禮記·樂記》作『克順克俾，俾於文王』，是其證。《尚書·無逸》『文王卑服』，《釋文》：『馬本作「俾」，使也。』

〔一四〕**厲之人夜半生其子**　厲，長相醜惡。《齊物論》「厲與西施」對比，是「厲」乃醜惡之名。夜半，黑暗之中。**遽取火而視之**　遽，快速。**汲汲然唯恐其似己**　汲汲，猶彶彶，《爾雅·釋訓》：「彶彶，劇也。」汲汲然，猶遽遽然。似己，長相如己之醜惡。行甫按：厲人生子唯恐似己，喻其「惑」唯恐繼續推移延續。言下之意是說將徹底放棄「祈嚮」。

此乃本篇第十三章，言媚君親世人以爲不肖，而媚俗世人卻不以爲非。事實上，二者皆爲諂媚，祇是媚君親世人知之，媚世俗則世人不知而已。雖然一世皆在諂媚卻不自知，且若有人指其諂媚，勢必「勃然作色」，是終身之愚。然衆人皆惑而我獨醒，如果還想唤醒世俗之人，且明知「其不可得也而强之」，此惑上加惑。這種爲世俗的價值所綁架欲進不能欲罷不忍的道德困境，在《人間世》祇是初露端倪，然此處的憤激之情則有過之而無不及。

【繹文】

孝順的兒子不阿諛他的父母，忠貞的臣子不諂媚他的君主，這是作爲臣子和兒子最好的品行了。如果父母說的話句句都同意，父母做的事樣樣都支持，那麽世俗之人就認爲他是個不像話的兒子；如果君主說的話句句都贊成，君主做的事件件都叫好，那麽世俗之人就認爲他是個不像話的大臣。但是，能不能肯定這種評價方式就必然具有普遍性呢？我看未必。世俗所肯定的便加以肯定，所讚揚的便加以讚揚，可是世俗並不認爲這是諂媚討好的人。這麽說來，難道世俗對於父母、對於君主就是格外地尊敬嗎？如果有人指你是一個喜歡阿諛奉承的人，你一定會勃然大怒；指你是一個喜歡諂媚討好的人，你一定對他不客氣。所以一輩子都在討好人，一輩子都在奉承人，爲了拉攏衆人聚積人氣，用一大堆漂亮的比喻和華麗的言辭四處獻媚，卻又不願意接受阿諛奉承討好賣乖的名聲，這種行爲就自始至終都是名實不副，表裏不一。把衣服穿得整整齊齊，打扮得漂漂亮亮，逢人便點頭哈腰，脅肩諂笑，試圖討好所有人，自己卻意識不到這就是阿諛諂媚。與每個人都親密，無論對錯都以對方的是非爲是非，卻自以爲不同凡響而鶴立雞羣，真是愚蠢透頂了。要是知道自己愚蠢，還不算完全愚蠢；知道自己糊塗，還不算徹底糊塗。徹底糊塗，是一輩子都不能明白；完全愚蠢，是一輩子都不會聰明。三人結伴而行，其中一人糊塗，還不至於到不了目的地，畢竟糊塗的人少。如果其中有二個人糊塗，哪怕是累死也到不了目的地，因爲糊塗人實在太多。可是現在全天下都是糊塗蟲，我雖然可以作嚮導引領正確的道路，可是也沒有辦法做到了。豈不特別悲哀嗎！

高雅的音樂不可能進入俗人的耳朵，《折楊》、《黃華》之類的村歌小調，卻讓他們嘻嘻哈哈笑樂不止。因此高深的理論不可能留在衆人的心裏，至理名言不被人接受，俗言俚語卻廣爲流傳。用二隻瓦罐腦袋裝著滿腦子的糊塗，是不可能達到目的地的。可是現在全天下都糊塗，我雖然可以作嚮導引正路，又哪裏可以做得到呢？知道那是不可能做到的卻强行去做，豈不是糊塗之上再加糊塗，因此不如乾脆放棄不再繼續推移這個糊塗了。不繼續推移糊塗，還有什麼可以讓我發愁的呢！這種不想繼續爲糊塗而發愁的心情，就像長得醜惡難看的人半夜裏生了孩子，趕緊拿起火把來照一照，急急忙忙地要看看孩子的長相，深怕長得像自己一樣醜陋。

〔一四〕

百年之木，破爲犧尊，青黄而文之，其斷在溝中。比犧尊於溝中之斷，則美惡有間矣，其於失性一也。〔一〕跖與曾、史，行義有間矣，然其失性均也。〔二〕且夫失性有五：一曰五色亂目，使目不明；二曰五聲亂耳，使耳不聰；〔三〕三曰五臭薰鼻，困惾中顙；四曰五味濁口，使口厲爽；〔四〕五曰趣舍滑心，使性飛揚。此五者，皆生之害也。〔五〕而楊、墨乃始離跂自以爲得，非吾所謂得也。夫得者困，可以爲得乎？則鳩鴞之在於籠也，亦可以爲得矣。〔六〕且夫趣舍聲色以柴其內，皮弁鷸冠搢笏紳修以約其外，內支盈於柴柵，外重纆繳，〔七〕晥晥然在纆繳之中而自以爲得，則是罪人交臂歷指而虎豹在於囊檻，亦可以爲得矣。〔八〕

【釋義】

〔一〕**百年之木** 生長百年之久的樹木。**破爲犧尊** 犧尊，有雕刻文飾之酒器。**青黄而文之** 文之，飾以花紋圖案。**其斷在溝中** 其，猶爲。斷，截斷之木。**比犧尊於溝中之斷** 比，較。於，猶以。**則美惡有間矣** 則，猶雖。間，差距。**其於失性一也** 其，猶而。於，猶在。失性，喪失本性。

〔二〕**跖與曾史**　跖，盜跖。曾，曾參。史，史鰌。**行義有間矣**　行義，猶行爲道義。**然其失性均**　均，等。

〔三〕**且夫失性有五**　且夫，若夫，更端之詞。**一曰五色亂目使目不明**　曰，猶爲。五色，青、赤、黄、白、黑。**五聲亂耳使耳不聰**　五聲，宫、商、角、徵、羽。不聰，失聽。

〔四〕**五臭薰鼻**　五臭，五種氣味，成玄英《疏》：『謂羶薰香腥腐。』薰鼻，猶言嗆鼻。**困惾中顙**　困惾（音宗），窒塞不通。中顙，直傷腦門。**五味濁口**　五味，甜、酸、苦、辣、鹹。濁，污濁。**使口厲爽**　厲，病傷。爽，差忒。

〔五〕**趣舍滑心**　趣舍，猶言取舍。滑，亂。**使性飛揚**　性，性情。飛揚，虚幻輕浮，不切實際。**此五者皆生之害**　生，生命。行甫按：生，兼形與性。

〔六〕**而楊墨乃始離跂自以爲得**　楊，楊朱，主張爲我。墨，墨翟，主張兼愛。乃始，乃，虚詞連用。跂，通歧。行甫按：離跂，猶言分離，偏執。得，得意，滿足。**非吾所謂得**　楊墨互歧，皆不合人之本性。**夫得者困夫，猶若。困，猶言束縛。可以爲得**　可，讀何。爲，猶謂。**則鳩鴞之在於籠也**　籠，鳥籠。**亦可以爲得**　亦，也詞。爲，猶謂。

〔七〕**且夫趣舍聲色以柴其内**　且夫，若夫。趣舍，取，偏義複詞。柴，猶支拄，撐塞。**皮弁鷸冠搢笏紳修以約其外**　皮弁，士大夫以上所戴之皮帽。鷸（音喻）冠，飾有鷸鳥羽毛之冠。搢，插。笏，朝板；面君時執之於手，不用時插於腰帶。紳，朝服腰間大帶。修，長。紳帶下垂，故曰『修』。**内支盈於柴柵**　支，拄，塞。盈，滿。柴柵，木材柵欄。**外重纆繳**　重，復。纆繳，音墨濁，繩索，近義複詞。行甫按：二句言聲色充於内，勢利束於外。

〔八〕**睆睆然在纆繳之中而自以爲得** 睆睆（音綏）然，瞠目貌。**則是罪人交臂歷指而虎豹在於囊檻** 交臂，雙臂反縛於背後。歷，通櫪，《說文》：『櫪榔，柙指也。』行甫按：歷指，卽櫪指，擠夾手指之刑具。而，且，並列連詞。囊，套。檻，櫳。囊檻，並列複詞。**亦可以爲得矣** 得，滿意，自足。

此乃本篇第十四章，言無論盜跖與曾、史，無論楊朱與墨翟，亦如犧尊與斷木，皆爲失其本性。因此，無論治世與亂世，皆爲失性之世。以身處治世而自鳴得意，不過讚美囚徒的生活而已。這也是爲《應帝王》篇之無治思想抒論而揚波。

【繹文】

長生百年的參天大樹，砍來製成雕琢精美的酒器，塗上漂亮的顏色花紋，或者截斷了抛在水溝裏。將精美的酒器與溝中的斷木相比較，雖然有美觀與難看的差距，但就其失去樹木的本性而言，卻都是一樣的。盜跖與曾參及史鰌，雖然他們的行爲主張有很大的不同，但他們喪失了人的本性也都是相同的。至於說喪失本性，大抵有五個方面：一是五種色彩擾亂視覺，使眼睛失明；二是五聲音階擾亂聽覺，使耳朵失聰；三是五種氣味刺激鼻子，閉塞嗅覺悶傷腦門。四是五種口味傷害味蕾，使口舌生病味覺失靈；五是取捨擾亂心志，使性情輕佻虛浮。這五個方面無論哪一個出了毛病，都是對生命的傷害。可是楊朱與墨翟之徒以性情偏執爲自我滿足，這不是我所說的滿足。如果滿足就是束縛，怎麼可以叫作滿足呢？果如此，那麼斑鳩、貓頭鷹之類的鳥兒被關在籠子裏，也可以叫作滿足了。至於取舍抉擇與聲色羶好塞滿了內在心靈，峨冠博帶華服朝板束縛了外在形體，內心裏堆滿了各種慾望，儀表上又爲名位勢利重重圍困，眼睜睜地在各種束縛之中動彈不得反而自以爲滿足，那麼罪犯囚徒縛臂枷指遭受種種刑罰以及猛虎野豹落入陷阱關在牢籠之中，也就可以叫作滿足了。

天道第十三

天道，取篇首二字爲名也。本篇大旨，其要在闡明清靜無爲的政治哲學思想，但也雜有儒家的秩序觀念以及法家的形名（刑名）之學。王夫之《莊子解》曰：『此篇之説，有與莊子之旨迥不相侔者；特因老子守靜之言而演之，亦未盡合於老子。』又曰：『其文辭汗漫冗沓，氣弱而無神，所見者卑下，故所言者頹靡。』王氏之説，大抵近於實情。但也無庸諱言，本篇亦有精妙之論，如末章『意之所隨者，不可以言傳也』，闡發語言文字的表達局限性十分深刻，乃本篇著名章節，對後世文學理論以及美學思想的發展與研究產生了極其深遠的影響。

〔一〕

天道運而无所積，故萬物成；帝道運而无所積，故天下歸；聖道運而无所積，故海内服。〔一〕明於天，通於聖，六通四辟於帝王之德者，其自爲也，昧然无不靜者矣。〔二〕聖人之靜也，非曰靜也善，故靜也；萬物无足以鐃心者，故靜也。水靜則明燭鬚眉，平中準，大匠取法焉。水靜猶明，而況精神！〔三〕聖人之心靜乎！天地之鑑也，萬物之鏡也。夫虚靜恬淡寂漠无爲者，天地之平而道德之至，故帝王聖人休焉。〔四〕休則虚，虚則實，實者倫矣。虚則靜，靜則動，動則得矣。〔五〕靜則无爲，无爲也則任事者責矣。无爲則俞俞，俞俞者憂患不能處，年壽長矣。夫虚靜恬淡寂漠无爲者，萬物之本也。〔六〕明此以南鄉，堯之爲君也；明此以北面，舜之爲臣也。以此處上，帝王天子之德也；以此處下，玄聖素王之道也。〔七〕以此退居而閒游江海，山林之士服；以此進爲而撫世，則功大名顯而天下一也。〔八〕靜而聖，動而王，无爲也而尊，樸素而天下莫能與之爭美。〔九〕夫明白於天地之德者，此之謂大本大宗，與天和者也；所以均調天下，與人和者也。與人和者，謂之人樂；與天和者，謂之天樂。〔一〇〕

莊子曰：『吾師乎！吾師乎！𩐋萬物而不爲戾，澤及萬世而不爲仁，長於上古而不爲壽，覆載天地刻雕衆形而不爲巧，此之爲天樂。〔一一〕故曰：「知天樂者，其生也天行，其死也物化。靜而與陰同德，動而與陽同波。」〔一二〕故知天樂者，无天怨，无人非，无物累，无鬼責。〔一三〕故曰：「其動也天，其靜也地。一心定而王天下；其鬼不祟，其魂不疲，一心定而萬物服。」〔一四〕言以虚靜推於天地，通於萬物，此之謂天樂。天樂者，聖人之心，以畜天下也。』〔一五〕

【釋義】

〔一〕**天道運而无所積** 天道，自然運行規律。運，運行。日月星辰之運行，春夏秋冬之代序，是其事。所，猶可。无所，不可。積，停滯。**故萬物成** 成，成長，生成。**帝道運而无所積** 帝道，帝王運作方法。**故天下歸** 歸，歸附。**聖道運而无所積** 聖道，聖人運作方式。**故海内服** 海内，猶天下。服，從。

〔二〕**明於天** 明，理解。天，天道。**通於聖** 通，通達。聖，聖道。**六通四辟於帝王之德** 六通，《釋文》：『謂六氣，陰陽風雨晦明。』四辟，《釋文》：『謂四方開也。』俞樾《平議》：『曰六、曰四，極言其無所不通，無所不辟也。《天下》篇「六通四辟，小大精粗，其運無乎不在」，是其義也。』帝王之德，帝道。行甫按：六氣暢達，則『萬物成』。四方開辟，則『天下歸』而『四海服』。明於天道，通於聖道，則帝道集其大成者，處靜無爲而自爲。下文或言聖，或言帝，或復言帝王聖人，其義一也。**其自爲** 其，猶乃。自爲，任天下自爲。王孝魚校記曰張君房本『自』下有『然』字。行甫按：有『然』字非，張本當是衍文。**昧然无不靜** 昧然，無知識貌。无不靜，萬物皆靜。行甫按：昧然，指帝道之運默無聲息。无不靜，指天下萬物之自爲。

〔三〕**聖人之靜** 聖人，猶帝道，說見上。**非曰靜也善故靜** 曰，猶爲。善故靜，以靜爲善所以靜。猶言有選擇之心。**萬物无足以鐃心者** 无足以，猶不至於。鐃，通撓，擾亂。**靜** 猶言本性卽爲靜。**水靜則明燭鬚眉** 燭，照。鬚眉，言燭照幽微。古人以水爲鑑，《德充符》『人莫鑑於流水而鑑於止水』。**平中準** 平，水靜而平。中，合。準，準則。**大匠取法焉** 取法，效法。**水靜猶明** 猶，尚。明，照。**而況精神** 精神，聖人之心靜。

〔四〕**聖人之心靜** 心靜，心靈平靜。**天地之鑑** 鑑，鏡子。**萬物之鏡** 鏡，鑑。二句爲互文，皆言虛靜。**夫虛靜恬淡寂漠无爲** 夫，猶若。虛靜恬淡，指心境淡泊。寂漠无爲，指行動靜止。**天地之平而道德之至**

平，平靜，平和。道德，心靈境界與行爲方式。**故帝王聖人休焉**　休，止息。焉，於此。

〔五〕**休則虛**　休，止；則，猶乃，下同。虛，靜。**虛則實**　虛靜若鏡，則萬物皆照焉，故曰實。**實者倫**者，猶則。倫，張君房本作備，猶具。**虛則靜**　虛，亦靜。行甫按：虛、靜，對言有別，散文則通。此猶言由心之虛而致心之靜。**靜則動**　由虛靜而生動。**動則得矣**　得，猶言中，合宜。

〔六〕**靜則无爲**　虛靜无爲，指君主。**无爲也則任事者責矣**　任事者，指臣下。責，職責。**无爲則俞俞**　俞俞，猶愉愉，喜悦貌。**俞俞者憂患不能處**　處，居，止。**年壽長**　長，久。**夫虛靜恬淡寂漠无爲**　夫，猶彼。**萬物之本**　猶言無爲乃萬物之本。

〔七〕**明此以南鄉**　南鄉，南面。**堯之爲君**　堯爲君而無爲。**明此以北面**　北面，爲臣。**舜之爲臣**　臣者有爲，亦須明君主無爲之理。**以此處上**　此，無爲。處上，居上。**帝王天子之德**　德，無爲之德。**以此處下**　處下，居下。**玄聖素王之道**　玄聖，遠聖，不居帝王天子位之聖。素王，有王者之資質而無王者之勢位。

〔八〕**以此退居而閒游江海**　此，無爲。退居，隱居。江海，猶江湖。**山林之士服**　山林之士，隱居之士。服，服膺。**以此進爲而撫世**　進爲，進身於朝而有所作爲。撫世，猶言治民。**則功大名顯而天下一**　一，猶言純一無事。

〔九〕**靜而聖**　靜，心靜。聖，聰明睿智。行甫按：靜而聖，内聖。**動而王**　動，行動。王，天下歸往。行甫按：動而王，外王。**无爲也而尊**　尊，貴。**樸素而天下莫能與之爭美**　樸，未斲之原木。素，無染色之絲帛。樸素，喻虛靜無爲。與之爭美，與樸素爭美。

〔一〇〕**夫明白於天地之德者**　夫，猶若。德，得，猶言品德，體現。行甫按：天地之德，自然無爲之德。

此之謂大本大宗　大本大宗，宗亦本，猶言終極根源。**與天和者**　天，天地自然。行甫按：天地乃萬物之根本，故以『大本大宗』而『與天和』。和，調適。**所以均調天下**　均調，和調。**與人和者**　均調天下，乃與人和。**與人和者謂之人樂**　人樂，與人爲樂。**與天和者謂之天樂**　與天爲樂。

〔一一〕**吾師乎吾師**　師，可爲法取效者，此指道。**韲萬物而不爲戾**　韲，齏，《列禦寇》『子爲韲粉夫』，是其義。戾，暴戾。賈誼《新書・道術》『反仁爲戾』，是其義。行甫按：《大宗師》『韲萬物而不爲義』，『韲』通『濟』。此處用《說文》『韲』字細切、齏粉之本義。**澤及萬世而不爲仁**　澤，恩惠。仁，仁愛。行甫按：上言『戾』，下言『仁』，乃『戾』之言殺，『仁』之言生。**長於上古而不爲壽**　壽，《大宗師》作『老』。不爲壽，就時間言。**覆載天地刻雕衆形而不爲巧**　覆載，就空間言。刻雕，就創造言。巧，智巧。行甫按：《大宗師》此爲許由語。且『韲萬物而不爲戾』與『韲萬物而不爲義』尤爲不同。言非一端，各有所當，不可强爲彼此遷就。**此之爲天樂**　之，猶乃。

〔一二〕**故曰知天樂者其生也天行**　生，活著。天行，依自然而生存。**其死也物化**　物化，如物體之變化。**靜而與陰同德**　靜止故爲陰。德，行爲方式。**動而與陽同波**　運動故爲陽。波，流。行甫按：陰與陽，中國古代世界觀的一對思想範疇，二者相對，相沖，相和。《老子》第四十二章：『萬物負陰而抱陽，沖氣以爲和。』

〔一三〕**故知天樂者无天怨**　怨，憤怒。**无人非**　非，指責。**无物累**　累，羈絆。**无鬼責**　責，責難。

〔一四〕**故曰其動也天**　天，陽。**其靜也地**　地，陰。**一心定而王天下**　一心定，用心專一而安定。**其鬼不祟**　不祟，不爲禍。**其魂不疲**　魂，猶言精神。疲，乏，倦。**一心定而萬物服**　服，伏，從。

〔一五〕**言以虛靜推於天地**　推，推擴。**通於萬物**　通，達。**此之謂天樂**　之，猶乃。**天樂者聖人之心**

聖人，帝王天子。**以畜天下** 畜，養，安。

此乃本篇第一章，言虛靜無爲，是爲天樂。聖人之心，以天樂畜養天下。

【繹文】

自然天道運行而沒有滯留，所以萬物便順利生長；帝王之道運行而沒有滯留，所以天下萬民便歸附；聖王之道運行而沒有滯留，所以四海之内便服從。懂得自然天道，通達聖王治道，六氣通暢而四方暢通，便形成了帝王治理天下的行政舉措，這就是讓天下自由自在，不加任何政治干涉，帝王懵然不知天下之事，天下也海晏河清，太平無事。聰明睿智的聖王，他的清靜無爲呢，並不是覺得清靜無爲有什麼好處所以才選擇清靜無爲的；而是天下萬事萬物都不能夠擾亂他的心境，所以是自然而然的清靜無爲。水靜止不動便可以清楚地照見鬍鬚與眉毛，水面均平符合標準，能工巧匠便效法它，把它作爲取平的工具。水的靜止尚且可以燭照幽微，更何況清靜無爲的心境與思想呢！治理天下的聖人，心如止水，清靜無爲，便可以燭照天地萬物，便是照見天地萬物的鏡子。如果能做到虛無清靜，從容淡泊，無聲無息，無所事事，那便是天地萬物的取平工具，即思想境界與行爲方式達到了最高水平，所以聖帝明王紛紛止息在它的下面。休息停止便是虛靜無爲，虛靜無爲反而内心充實，内心充實便是萬物皆備於我了。精神空虛而無物，便是心靈清靜而無慾；心靈清靜而無慾，便可以漫無目的地自由行動；漫無目的地自由行爲，也就是事事合宜了。帝王心靈虛靜便是無爲而治，帝王無爲而治，那麽辨事大臣們便自然會負起責任來了。清静無爲便心情愉快，心情愉快的人，什麽焦慮與煩惱都不會找上門來，所以他便能健康長壽，活得久遠了。那虚無清静，從容淡泊，無聲無息，無所事事，便是天地萬物的根本。懂得這一點，並用於南面爲君，帝堯作爲君主就是這樣的；懂得這一點，並用於北面爲臣，虞舜作爲臣子就是這樣的。以清静無爲居於君主的位置，就是帝王天子的行爲方式；以清静無爲居於平民的位置，就是有帝王資質卻無帝王寶座的那些精神領袖們的行爲方式。以清静無爲的方式退避隱居因而浪跡江湖，那些避居在深山老林之中的隱士們都服膺他；以清静無爲的方式進用於朝廷而治理民衆，也會功成名就而顯揚於天下，天下民風也會清静而純一。内心虚静無爲便是心靈聰明睿智，外在有所行動便影響天下萬民，清静無爲是最爲崇高的境界，雖然質樸無華，但天下卻没有什麽東西能與它相爭媲美。因此，懂得天地自然的無爲品性，它就是天地萬物的大本大根，也就是與天地自然相調和了；懂得天地自然的無爲品性，便可以用它均匀調節天下萬民，也就是與天下人民相協調了。與天下人民相協調，便稱之爲與人爲樂；與天地自然相調和，便稱之爲與天爲樂。

莊子説：『我的師父啊，我的師父啊！即使把天地萬物化爲齏粉也算不上暴戾，即使是恩惠施於千秋萬代也不會以仁愛自居，比遥遠的古代更久遠也不算長壽，包絡天地萬物，創生萬事萬物，也不以爲心靈手巧，這就是與天爲樂。所以説：「懂得與天爲樂的人，他活著就是與天地自然而同行，他死去也就是與天地萬物而同化。因此，虚静無爲與大地之陰氣同操，微有所動與上蒼之陽氣同流。」所以懂得與天爲樂的人，不會遭到天的怨恨，不會受到衆人的詬病，不會遭受外物的拖累，不會受到鬼神的責難。所以説：「他行動便與天相侔，他虚静便與地相合，用心專一安静，天下民人便來歸附；他的鬼魂不會製造禍害，他的精神不會感到疲乏，心志專一安靜，天下萬物便俯首而服從。」意思就是說，把虛靜無爲推擴到天地之間，普及到萬物之中，這就叫作與天爲樂。與天爲樂，就是聖帝明王的心境，也是養護天下萬民的做法。』

〔二〕

夫帝王之德，以天地爲宗，以道德爲主，以无爲爲常。〔一〕无爲也，則用天下而有餘；有爲也，則爲天下用而不足。故古之人貴夫无爲也。〔二〕上无爲也，下亦无爲也，是下與上同德，下與上同德則不臣；下有爲也，上亦有爲也，是上與下同道，上與下同道則不主。上必无爲而用天下，下必有爲爲天下用，此不易之道也。〔三〕故古之王天下者，知雖落天地，不自慮也；辯雖彫萬物，不自說也；能雖窮海內，不自爲也。天不産而萬物化，地不長而萬物育，帝王无爲而天下功。〔四〕故曰莫神於天，莫富於地，莫大於帝王。故曰帝王之德配天地。此乘天地，馳萬物，而用人羣之道也。〔五〕

本在於上，末在於下；要在於主，詳在於臣。〔六〕三軍五兵之運，德之末也；賞罰利害，五刑之辟，教之末也；禮法度數，形名比詳，治之末也；鐘鼓之音，羽旄之容，樂之末也；哭泣衰絰，隆殺之服，哀之末也。〔七〕此五末者，須精神之運，心術之動，然後從之

者也。〔八〕

末學者，古人有之，而非所以先也。君先而臣從，父先而子從，兄先而弟從，長先而少從，男先而女從，夫先而婦從。夫尊卑先後，天地之行也，故聖人取象焉。〔九〕天尊，地卑，神明之位也；春夏先，秋冬後，四時之序也。萬物化作，萌區有狀；盛衰之殺，變化之流也。〔一〇〕夫天地至神，而有尊卑先後之序，而况人道乎！宗廟尚親，朝廷尚尊，鄉黨尚齒，行事尚賢，大道之序也。語道而非其序者，非其道也；語道而非其道者，安取道！〔一一〕

是故古之明大道者，先明天而道德次之，道德已明而仁義次之，仁義已明而分守次之，分守已明而形名次之，形名已明而因任次之，因任已明而原省次之，原省已明而是非次之，是非已明而賞罰次之。〔一二〕賞罰已明而愚知處宜，貴賤履位。仁賢不肖襲情，必分其能，必由其名。以此事上，以此畜下，以此治物，以此修身，知謀不用，必歸其天，此之謂大平，治之至也。〔一三〕

故書曰：『有形有名。』形名者，古人有之，而非所以先也。古之語大道者，五變而形名可舉，九變而賞罰可言也。〔一四〕驟而語形名，不知其本也；驟而語賞罰，不知其始也。倒道而言，迕道而說者，人之所治也，安能治人！〔一五〕驟而語形名賞罰，此有知治之具，非知治之道，可用於天下，不足以用天下；此之謂辯士，一曲之人也。〔一六〕禮法數度，形名比詳，古人有之，此下之所以事上，非上所以畜下也。〔一七〕

【釋義】

〔一〕**夫帝王之德**　夫，若夫，更端之詞。德，行爲方式及施政舉措。**以天地爲宗**　宗，本。**以道德爲主**　道德，高遠境界以及與之相應的行爲方式。**以无爲爲常**　常，法則。

〔二〕**无爲**　不施政治舉措。**則用天下而有餘**　用，猶資取。《素問·調經論》「用形哉」，張兆璜注：「用，取也。」《戰國策·魏策四》「吾用多」，姚宏注：「用，資也。」行甫按：用天下，猶言資取天下之智，故言「有餘」。**有爲**　自出經式義度。**則爲天下用而不足**　不足，智力枯竭。**故古之人貴夫無爲**　貴，重視。夫，猶此，是。

〔三〕**上无爲**　上，君主。**下亦无爲**　下，臣子。**是下與上同德**　是，此。德，行爲方式。**下與上同德則不臣**　不臣，猶言僭越。**下有爲**　有爲，發號施令。**上亦有爲也**　上下皆有爲，君臣異政。**是上與下同道**　同道，行爲方式從同。**上與下同道則不主**　不主，猶言君道替廢。**上必无爲而用天下**　用，取資。**下必有爲爲天下用**　有爲，用智任事。**此不易之道**　不易，不變。道，猶言規律。

〔四〕**故古之王天下**　王，統治。**知雖落天地**　知，同智。落，通絡，包絡。**不自慮**　慮，思。**辯雖彫萬物**　辯，辯說。彫，通周。章太炎《解故》：「彫借爲周，《易》曰『知周乎萬物』，魏徵《羣書治要·序》曰『雖辯周萬物，愈失司契之原』，是唐人尚知彫卽周字。」**不自說**　說，言說。**能雖窮海內**　能，才能。窮，盡，猶言超出。**不自爲**　自爲，自動。**天不產而萬物化**　產，生。化，生長。**地不長而萬物育**　長，生長。育，長養。**帝王无爲**

而天下功　功，成功。

〔五〕**故曰莫神於天**　神，不測。**莫富於地**　富，備。**莫大於帝王**　大，偉大。**故曰帝王之德配天地**　配天地，虛靜無爲，莫神於天；　無爲而天下功，莫富於地。**此乘天地**　此，虛靜無爲。乘，因。天地，自然無爲。**馳萬物**　馳，縱放。**而用人羣之道**　用，資取。道，方法。

〔六〕**本在於上**　本，猶本質。上，君。**末在於下**　末，猶形式。下，臣。**要在於主**　要，綱領。**詳在於臣**　詳，細目。

〔七〕**三軍五兵之運**　三軍，左中右三軍。五兵，五種兵器，弓、殳、矛、戈、戟。運，用。**德之末**　德，政治舉措。末，與內核相對應的形式。**賞罰利害**　賞爲利，罰爲害。**五刑之辟**　五刑，墨、劓、刖、宮、大辟。辟，罪。**教之末**　教，政治教化。**禮法度數**　度數，計量規範。**形名比詳**　形名，名實。比，比對。詳，審。**治之末**　治，社會治理。**鐘鼓之音**　音，音樂。**羽旄之容**　羽，雉鳥羽。旄，旄牛尾。行甫按：　羽、旄，皆舞者所持之道具。容，舞容。**樂之末**　樂，音樂。**哭泣衰絰**　哭泣，服喪期間按禮儀而哀哭。衰，音崔，同縗，粗麻布製成之喪服。絰，粗麻布製成的帶子，纏於頭部者稱首絰，纏於腰部者稱腰絰。**隆殺之服**　隆，通降；　降殺，遞減。服，喪服。喪服之制，有斬衰、齊衰、大功、小功、緦麻五等。**哀之末**　哀，哀喪。

〔八〕**五末**　德、教、治、樂、哀。**須精神之運**　運，動。**心術之動**　心術，精神。動，運。行甫按：　精神、心術，猶今言思想內核。二句爲互文。**然後從之**　從之，猶言五末依從於精神或心術。

〔九〕**末學者**　末學，五末之學。**古人有之**　有之，猶言古人對於上述五種形式早有研究。**而非所以先**　所，猶可。先，首要，猶言重視。**君先而臣從**　君率臣。**父先而子從**　父領子。**兄先而弟從**　弟隨兄。**長先**

而少從　少後於長。**男先而女從**　女後於男。**夫先而婦從**　婦後於夫。**夫尊卑先後**　夫，猶彼。**天地之行也**　行，運行。行甫按：天地之行，春生夏長，秋收冬藏，天地四時之序。**故聖人取象**　取象，猶取法。

〔一〇〕**天尊地卑**　天在上，地在下。**神明之位**　神，天。明，地。鍾泰《發微》：『《天下》篇曰「神何由降，明何由出」，神言降，屬天可知；明言出，屬地可知。』行甫按：鍾説是。《田子方》云『至陰肅肅，至陽赫赫；肅肅出乎天，赫赫發乎地』，亦是其證。**春夏先**　先，前。**秋冬後**　後，從。**四時之序**　序，次序。**萬物化作**　化，變化。作，産生。**萌區有狀**　萌區，萌芽。楊樹達《拾遺》：『區當讀爲句，《禮記·月令》云「季春之月，句者畢出，萌者盡達」。《莊》云「萌區」，即《月令》所云「萌者」、「句者」也。句、區音近相通。』**盛衰之殺**　殺，遞減。**變化之流**　流，行。

〔一一〕**夫天地至神**　神，神明。張君房本神下有矣字。**而有尊卑先後之序**　而，猶乃。**而況人道**　而，猶且，又。**宗廟尚親**　尚親，以親爲上。《尚書·高宗肜日》『典祀無豐於昵』，是宗廟祭祀之禮隆盛於父廟之證。**朝廷尚尊**　尊，爵位高。**鄉黨尚齒**　鄉黨，猶鄉黨行鄉飲酒禮。齒，年高。**行事尚賢**　賢，才能。**大道之序**　大道，猶言宇宙秩序。行甫按：儒家之道，就秩序言；老子之道，就方法言；莊子之道，就境界言。參見拙著《中國早期文化意識的嬗變》第二卷、第三卷相關章節。**語道而非其序者**　語，談論。非其序，失其序。**非其道也**　失序則非道。**語道而非其道者**　者，也。**安取道**　安，猶何。取，法。

〔一二〕**是故古之明大道者**　是故，因此。**先明天而道德次之**　明，懂得，明白。道德，心靈境界與行爲方式。**道德已明而仁義次之**　明，明確。**仁義已明而分守次之**　分守，猶言社會角色。**分守已明而形名次之**　形名，實體與名稱。錢穆《纂箋》：『王安石曰：仁有先後，義有上下，謂之「分」，先不擅後，下不侵上，謂之

「守」。「形」者，物此者也；「名」者，命此者也。』**形名已明而因任次之** 因任，因其實而任之。**因任已明而原省次之** 原省，猶考核，同義複詞。俞樾《平議》：『《晏子春秋・問下》篇「春省耕而補不足者，謂之遊」，《管子・戒》篇作「春出原農事之不本者，謂之遊」，是原、省義同也。』**原省已明而是非次之** 是非，可否。**是非已明而賞罰次之** 賞罰，賞是而罰非。

〔一三〕**賞罰已明而愚知處宜** 愚知，愚智。處宜，居於合適的位置。**貴賤履位** 履位，猶言就職。**仁賢不肖襲情** 襲，因。情，實。**必分其能** 能，才能。分其能，分能任事。**必由其名** 由，循。由其名，循名責實。**以此事上** 事，服事。**以此畜下** 畜，養。**以此治物** 治物，治人。**以此修身** 修身，治身。**知謀不用** 知謀，智謀。**必歸其天** 歸，猶隨。其，猶於。天，自然。**此之謂大平** 大平，太平。**治之至也** 至，極。

〔一四〕**故書曰有形有名** 書，古書。行甫按：古名家、法家皆言形名，此當爲名家之書，下言『驟語形名賞罰』，『此之謂辯士』，是其證。**形名者** 者，也。**古人有之** 有之，猶言有形名之學。**而非所以先** 所，猶可。先，重視。**古之語大道者** 語，談論。**五變而形名可舉** 五變，天、道德、仁義、分守、形名。舉，稱說。**九變而賞罰可言** 九變，五變之後，又有因任、原省、是非、賞罰。言，猶討論。行甫按：五變、九變，猶言依此一至『五』、『五』而『九』之次序而爲，事理乃得。

〔一五〕**驟而語形名** 驟，猶言突然。**不知其本** 本，天。五變而至形名。**驟而語賞罰** 而，猶然。**不知其始** 始，初。九變而至賞罰。**倒道而言** 倒，逆。道，猶次序。**迕道而說者** 迕，逆。**人之所治** 之，猶乃。**安能治人** 安，何。行甫按：逆其次序者，受人所治，不能治人。

〔一六〕**驟而語形名賞罰** 而，猶然。**此有知治之具** 知，爲。《呂氏春秋・長見》『三年而知鄭國之政也』，高誘注：『知，猶爲也。』**非知治之道** 道，猶次序。**可用於天下不足以用天下** 不足，不能。**此之謂辯士** 謂，爲。辯士，名辯之士。**一曲之人** 一曲，一隅。章太炎《解故》：『一曲者，一藝也。《天下》篇亦云「一曲之士也」。』

〔一七〕**禮法數度** 禮法，禮儀法度。數度，計量規範。**形名比詳** 比詳，對比審察。**古人有之** 猶言此『知治之具』，古人亦有。**此下之所以事上** 事，服事。**非上所以畜下** 畜，養。

此乃本篇第二章，言合於大道的帝王之治，以無爲爲本。然此章間以秩序爲大道之本質，又頗近於儒家之思想；而參以形名數度，亦近於法家之言。要之，乃黃老政治學說耳。

【繹文】

至於帝王治理天下的施政舉措，以天地自然作爲根本，以合於自然的治理方式作爲主旨，以清靜無爲作爲法則。如果帝王無爲而治，那麼取資於天下的智慧便綽綽有餘；如果帝王親力親爲，制定禮儀法度，那麼便被天下所取資以致智力枯竭。所以古代的人們尊崇那種無爲而治的生存狀態。如果君主清靜無爲，臣下也清靜無爲，這便是臣下與君主的行爲方式相同，臣下與君主的行爲方式相同，便是臣子以下僭上；臣下發號施令有所作爲，君主也發號施令有所作爲，這是君主與臣下的思想方法相同，君主與臣下的思想方法相同，便是沒有上下主次。君主一定要清靜無爲而取資天下人的智慧，臣下一定要有所作爲爲天下履行職責，這是不可改變的天經地義。所以古代治理天下的帝王，即使他們的智力包絡天地，他們也從來不親自思考；即使他們能言善辯，他們也從來不親口説話；即使他們的才能天下首屈一指，他們也不親力親爲。上天不會生長萬物，而是讓萬物自行生長；大地不會長養萬物，而是讓萬物自行養育；帝王清靜無爲，讓天下取得巨大成就。所以説，衹有上天神祕不測，衹有大地物產富饒，衹有帝王英明偉大。所以説，帝王的行爲方式上能配天，下能配地。這就是因襲天地，縱放萬物而取資人羣的思想方法。

本質掌控於君主，形式發揮於臣下；綱領由君主所把握，細目由臣下所實施。軍隊的調動與兵器的使用，這是國家政治的末流形式；興利除害，賞善罰惡，利用五種刑法加罪於人，這是國民教化的末流形式；禮儀法度，計量規範，循名責實，據實控名，相互參詳比對，這是社會治理的末流形式；撞鐘擊鼓，演奏音樂，執羽揮旄，手舞足蹈，這是音樂教化的末流形式；據節哭泣，佩戴縗絰，喪服依親疏次序以遞減，這是喪親舉哀的末流形式。這五種末流形式，都需要精神本質作支撑，都需要內心實情爲依據，衹有精神本質運作起來，內心實情有所驅動，這些末流形式才能隨之而起，隨之而動。

這些末流形式的學問，古人早已有之，但並沒有得到充分重視。君主在先，臣下隨後；父親在先，兒子隨後；兄長在先，小弟隨後；長老在先，幼小隨後；男人在先，女人隨後；丈夫在先，妻子隨後。這些尊與卑、先與後的次序，就是天地宇宙的運行秩序，所以聰明睿智的帝王便取法它，倣效它。天在上而尊，地在下而卑，這就是神明所安排的永恆位置。春季與夏季在前，秋季與冬季在後，這是天地四時所具有的既定秩序。萬事萬物的化育與生長，草木萌芽與種子勾頭的姿態，都是由盛而衰的變化過程，變動不居的大化流行。因此，天地神妙無比，至高無上，也都有尊與卑、先與後的次序，更何況人世間當然也應該有天經地義的自然法則！宗廟祭祀以親親爲上，朝廷爵祿以尊尊爲上，鄉黨飲酒以年齒爲上，執行事務以才能爲上，這就是天地宇宙之間的大規律、總秩序。談論規律而違背了它的秩序，也就是違背了規律本身；談論規律而違背了規律本身，又何以懂得規律呢！

因此，古代懂得大規律、大秩序的人，首先要懂得自然規律，而思想境界與行爲方式處在其次；思想境界與行爲方式已經理解清楚了，而仁愛之心與正義之感處在其次；仁愛之心與正義之感已經理解明白了，而社會角色的分工處在其次；社會角色的分工已經明確了，名稱與實體的關係又在其次；名稱與實體的關係已經明確了，因實際才能而有所任用又在其次；因實際才能而有所任用已經弄清楚了，觀察與考核又在其次；觀察與考核已經完成了，是非可否的判斷又在其次；是非可否的判斷已經完成了，賞善罰惡又在其次。如果賞善罰惡，進可替否已經明確了，那麼對愚蠢與智慧的人分別處置便會合情合理，職位高低與身份貴賤都會適得其所。仁愛賢能與才德不堪的人，各依其實際情況，必定按其能力大小分別處理，必定循名責實從而讓他們各自實至名歸。用這種方法爲上級服務，用這種方法爲下級致福，用這種方法治理民眾，用這種方法修養自身，無須運用智慧與思慮，一切順從於自然規律，這就叫作太平盛世，同時也是國家治理的最高境界。

所以書上有記載說：『有實體，有名稱。』實體與名稱的學問，古人早已有之，但並沒有受到世人的重視。古代談論大規律、大秩序，從懂得自然規律開始，依次經過五次遞降才稱舉實體與名稱的關係；經過九次遞降才輪到談論賞善罰惡的方法。離開自然規律而突然談論實體與名稱的關係，是不懂得什麼是根本的做法；離開自然規律而突然談論賞善罰惡，是不懂哪裏是開端的做法。違背大規律、大秩序而談論形名，悖逆大規律、大秩序而談論賞罰的人，祇能由別人來統治，哪裏還能統治別人！因此離開根本而突然談論形名與賞罰，他們祇有爲治的工具，而不具有爲治的思想。他們可以爲天下所取資與利用，但不能取資與利用天下。這些人就是能言善辯的談客，祇是懂得某一方面的偏才而已。禮儀法度，計量規範，名稱實體，相互參詳比對，古代早有其人，但這些東西都是臣下用來爲君主服務的工具，而不是君主用來接遇臣下的方法。

〔三〕

昔者舜問於堯曰：『天王之用心何如？』〔一〕

堯曰：『吾不敖无告，不廢窮民，苦死者，嘉孺子而哀婦人。此吾所以用心已。』〔二〕

舜曰：『美則美矣，而未大也。』〔三〕

堯曰：『然則何如？』

舜曰：『天德而出寧，日月照而四時行，若晝夜之有經，雲行而雨施矣。』〔四〕

堯曰：『膠膠擾擾乎！子，天之合也；我，人之合也。』

夫天地者，古之所大也，而黃帝、堯、舜之所共美也。故古之王天下者，奚爲哉？天地而已矣。〔五〕

【釋義】

〔一〕**天王之用心何如**　天王，天子。

〔二〕**吾不敖无告**　敖，通傲，侮慢。告，求。《爾雅·釋言》『告，請也』，郭璞注：『告，求請也。』行甫按：无告，求請無門之人。**不廢窮民**　廢，棄。窮民，走投無路之人。**苦死者**　苦，悲憫哀傷。**嘉孺子而哀婦人**　嘉，愛護鼓勵。孺子，幼子。哀，愛念憐惜。《呂氏春秋·報更》『人主胡可以不務哀士』，高誘注：『哀，愛也。』《釋名·釋言語》『哀，愛也，愛乃思念之也。』婦人，無夫之寡婦。**此吾所以用心已**　已，矣。

〔三〕**美則美**　美，善。則，猶乃。**未大**　猶言範圍太小。

〔四〕**然則何如**　然，如此。**天德而出寧**　天德，如天之德。出寧，當爲土寧。孫詒讓《札迻》：『「出」當爲土，形近而誤。《墨子·天志中》「君臨下土」，今本土譌出。』行甫按：孫説可從，『天德』與『土寧』相對爲文。**日月照而四時行**　照，天光普照。**若晝夜之有經**　有經，有常。**雲行而雨施矣**　普降甘霖。行甫按：三句言『天德』，乃自然無爲之德。

〔五〕**膠膠擾擾乎**　膠，通謬，《廣雅·釋詁三》『謬，擾也』，王念孫《疏證》引此文爲説。擾擾，《廣雅·釋訓》：『擾擾，亂也。』行甫按：此乃堯自悟之辭，意識到自己治理天下『用心』過多而成擾亂之勢。郭象注云『自嫌有事』，是。**子**　子所言。**天之合**　之，猶所。猶言合於天德。**我**　我所治。**人之合**　合於人治。**夫天地者**　夫，若。者，也。**古之所大**　天與地，皆古人所尊大。**而黃帝堯舜之所共美**　共美，共同讚賞，推尊。**故古之王天下者**　王天下者，統治天下者。**奚爲**　奚，何。**天地而已**　天地，效法天地，自然無爲。

此乃本篇第三章，言天德之治與人德之治。天德之治，無爲而已；人德之治，仁義而已。

【繹文】

從前，虞舜問帝堯說：『天子治理天下動用了哪些心思？』

帝堯說：『我不侮慢求告無門的弱勢羣體，我也不廢棄那些窮困沒有出路的民眾。對於死去的人表示哀悼，愛護幼年兒童，憐憫孤寡婦人。這就是我治理天下的用心之處呀。』

虞舜說：『好倒是很好了，但範圍還不算廣泛。』

帝堯說：『既然如此，那該怎麼做呢？』

虞舜說：『像上天所做的那樣，大地便安寧了：日月普照，光被四表；四時推移，順勢而行；清靜無爲，如同白天夜晚一樣永恆不動；雲行於天，雨施於地，潤物無聲，讓天下百姓自生自養。』

帝堯說：『實在是紛紛擾擾啊！您所說的，是合於天的行爲；我所做的，是合於人的治理。』

至於那上天與大地，自古以來便是備加尊崇的對象，也是黄帝以及唐堯與虞舜共同讚美的。所以自古以來統理天下的君王們，有什麼可幹的呢，不就是效天法地，自然無爲而已嗎！

〔四〕

孔子西藏書於周室。子路謀曰：『由聞周之徵藏史有老聃者，免而歸居，夫子欲藏書，則試往因焉。』

孔子曰：『善。』〔一〕

往見老聃，而老聃不許，於是繙十二經以說。

老聃中其說，曰：『大謾，願聞其要。』

孔子曰：『要在仁義。』〔二〕

老聃曰：『請問，仁義，人之性邪？』

孔子曰：『然。君子不仁則不成，不義則不生。仁義，真人之性也，又將奚爲矣？』〔三〕

老聃曰：『請問，何謂仁義？』

孔子曰：『中心物愷，兼愛无私，此仁義之情也。』〔四〕

老聃曰：『意，幾乎後言！夫兼愛，不亦迂乎！无私焉，乃私也。〔五〕夫子若欲使天下无失其牧乎？則天地固有常矣，日月固有明矣，星辰固有列矣，〔六〕禽獸固有羣矣，樹

木固有立矣。夫子亦放德而行，循道而趨，已至矣；〔七〕又何偈偈乎揭仁義，若擊鼓而求亡子焉？意，夫子亂人之性也！』〔八〕

【釋義】

〔一〕**孔子西藏書於周室** 西，東周在洛邑，在魯之西。藏書，藏其所著之書。**子路謀** 子路，孔門弟子。謀，建議。**由聞周之徵藏史有老聃者** 由，仲由，子路之名。徵藏史，負責徵集天下圖書以收藏管理的史官。行甫按：此當爲漢文帝除挾書之律以後之語。太史公《史記·老子韓非列傳》作『守藏史』。**免而歸居** 免，免官。**夫子欲藏書** 夫子，先生。**則試往因焉** 試，嘗試。因，託。焉，猶之。**善** 善，好。

〔二〕**往見老聃** 見，拜見。**而老聃不許** 不許，不可。猶言不接受孔子藏書。**於是繙十二經以說** 繙，字又作幡，《說文》：『幡，書兒拭觚布也。』行甫按：『繙』若『幡』，小兒學書拭觚布，則無論書觚或拭布皆反覆用之者，故當引申爲反覆之意。十二經，《春秋》十二公之經。行甫按：陸氏《釋文》有三說，一、六經加六緯；二、《易經》十二篇；三、《春秋》十二公經。然緯書起於哀平之末，《易》之十翼在孔子後，《春秋》十二公經，較近實。說，猶說服。**老聃中其說** 中，中止。**曰大謾** 大，讀太。謾，通漫，繁而寡要。行甫按：孔子翻來覆去講說《春秋》十二公之經，故老聃謂其汗漫無歸，中止其說。**願聞其要** 要，簡約，結論。**孔子曰要在仁義** 仁義，仁愛與正義。

〔三〕**請問仁義人之性邪** 性，本性。**然** 然，如此。**君子不仁則不成** 成，成人。**不義則不生** 生，生存。**仁義真人之性也**　真，的確。**又將奚爲**　將，當。奚，何。爲，謂。

〔四〕**請問何謂仁義**　謂，爲。**中心物愷**　物愷，錢穆《纂箋》：『馬其昶曰：「物愷」猶「樂愷」。「物」、「勿」通。《禮》鄭注：「勿勿，慤愛之貌。」』行甫按：馬氏之說可從。《釋文》：『物，本亦作勿。愷，司馬云：樂也。』是『物愷』者，快樂而充滿愛意，故曰『兼愛无私』。**兼愛无私**　兼愛，泛愛。行甫按：兼愛，墨子主之，此以孔子言之，司馬遷所謂『剽剝儒墨』。**此仁義之情**　情，猶實。

〔五〕**意**　通噫，驚訝之詞。**幾乎後言**　幾，殆。後言，後續之言。行甫按：『後言』有二義焉：其一，後有相反之言。《尚書·益稷》：『汝無面從，退有後言。』其二，後有增益之言。後，猶厚，《釋名·釋言語》：『厚，後也，有終後也。故青徐人言厚如後也。』《爾雅·釋詁下》『惇，厚也』，郝懿行《義疏》：『厚，爲增益之義也。』綜此二義，則『幾乎後言』者，猶謂推其言而廣之，益其言而厚之，則危殆矣。**夫兼愛**　夫，彼。**不亦迂乎**　亦，特詞。迂，迂闊。**无私焉**　焉，於此。**乃私**　乃，猶而。有私則欲去之。

〔六〕**夫子若欲使天下无失其牧**　夫子，先生。若，如。失其牧，失其養。**則天地固有常**　固，本來。常，規律。**日月固有明矣**　明，光輝。**星辰固有列**　列，秩序。

〔七〕**禽獸固有羣**　羣，羣體。**樹木固有立**　立，位置。**夫子亦放德而行**　亦，猶尚，庶幾，幸詞。放，通仿，猶循。**循道而趨**　趨，行。**已至**　已，通以，猶乃。

〔八〕**又何偈偈乎揭仁義**　偈，通揭，偈偈乎，高自標榜，强自出頭之貌。揭，舉。**若擊鼓而求亡子焉**　亡子，逃匿之人。**意**　通噫。**夫子亂人之性**　亂，擾亂。

此乃本篇第四章，以老聃之言鄙薄儒家之仁義及墨家之兼愛。謂行儒墨之道，『若擊鼓而求亡子』；歸極於『放德而行，循道而趨』，無爲而已矣。

【繹文】

孔子想把自己所著的書放在位於西邊的東周王室收藏起來。他的門徒子路建議說：『我聽說東周王室負責徵集與管理書籍收藏的史官有位名叫老聃的，免去了官職因而回家閒居了，先生想收藏書籍，當可以去老聃那裏讓他引薦一下看看。』

孔子說：『好主意。』

孔子去拜見老聃，可是老聃卻不答應爲他引薦，於是孔子便反覆講說十二篇經典的意義與價值，想以此說服老聃。

老聃中途打斷孔子的話，說：『太冗散了，想聽聽它的要點。』

孔子說：『要點就在仁義。』

老聃說：『請問，仁義，是人的本性嗎？』

孔子說：『是的呀！有身份的人沒有同情之心便算不上成人，沒有正義之感就無法生存。同情心與正義感，的確是人的本性，否則又當如何說呢？』

老聃說：『請問什麼是仁義呢？』

孔子說：『心中快樂而有同情心，泛愛所有人，不自私不自利，這就是仁義的實際內涵。』

老聃說：『哎呀，把你的這些話引申推究下去，就很危險了！那所謂泛愛所有的人，便無君無父，這不是特別迂闊不近人情嗎！高喊著消滅私心，就說明私心太重。先生如果真的不想讓天下百姓失去他們自長自養的能力，那麼天地自然本來就有它自身的規律，太陽月亮本來就有它們自身的光輝，天上的星辰本來就有它們自身的排列，飛禽走獸本來就有它們自己的羣體，樹木植物本來就有它們適宜的位置。先生還是按照自然天道而動，遵循自然規律而行，這就是最好的做法了。又何必高自標榜，强行出頭，舉著仁義的大旗招搖過市，就像敲鑼打鼓地尋找逃亡的人一樣生怕他藏匿得不夠深似的？唉！先生是要擾亂人的本性了！』

〔五〕

士成綺見老子而問曰：『吾聞夫子聖人也，吾固不辭遠道而來願見，百舍重趼而不敢息。〔一〕今吾觀子，非聖人也。鼠壤有餘蔬，而棄妹之者，不仁也，生熟不盡於前，而積斂无崖。』

老子漠然不應。〔二〕

士成綺明日復見，曰：『昔者吾有刺於子，今吾心正卻矣，何故也？』〔三〕

老子曰：『夫巧知神聖之人，吾自以爲脫焉。昔者子呼我牛也而謂之牛，呼我馬也

而謂之馬。〔四〕苟有其實，人與之名而弗受，再受其殃。吾服也恆服，吾非以服有服。』〔五〕

士成綺鴈行避影，履行遂進而問：『修身若何？』〔六〕

老子曰：『而容崖然，而目衝然，而顙頯然，而口闞然，而狀義然，似繫馬而止也。〔七〕動而持，發也機，察而審，知巧而睹於泰，凡以爲不信。邊竟有人焉，其名爲竊。』〔八〕

夫子曰：『夫道，於大不終，於小不遺，故萬物備。廣廣乎其无不容也，淵乎其不可測也。〔九〕形德仁義，神之末也，非至人孰能定之！夫至人有世，不亦大乎！而不足以爲之累。〔一〇〕天下奮棅而不與之偕，審乎無假而不與利遷，極物之真，能守其本，故外天地，遺萬物，而神未嘗有所困也。〔一一〕通乎道，合乎德，退仁義，賓禮樂，至人之心有所定矣。』〔一二〕

【釋義】

〔一〕**士成綺見老子**　士成綺，虛構人名。**吾聞夫子聖人**　夫子，先生。聖人，聰明睿智、境界高遠之人。**吾固不辭遠道而來願見**　固，猶故。不辭，猶不言，不推。願，希望。**百舍重趼而不敢息**　舍，宿止，三十里一舍。趼，今作繭，老繭。息，止息，休息。

〔二〕**今吾觀子**　今，現在。子，先生您。**非聖人也**　非，不是。**鼠壤有餘蔬**　鼠壤，老鼠穿洞排出之土。餘蔬，剩餘飯菜。**而棄妹之者**　棄妹，拋棄妹妹。之，猶如此。行甫按：妹，舊注或讀爲『末』，或讀爲『昧』。以爲『末學』或『愚昧』，殊爲牽强。**不仁** 飯食有餘，而胞妹棄之不養，不仁之甚。**生熟不盡於前** 生熟，生食熟食。不盡，堆積。**而積斂无崖** 積，聚。斂，藏。无崖，無止境。**老子漠然不應** 漠然，神情恬淡貌。

〔三〕**士成綺明日復見** 復，又。**昔者吾有刺於子** 昔，昨。刺，譏刺。**今吾心正卻矣何故** 正，猶止。行甫按：正訓止，本書屢見。參閲《德充符》『唯松柏獨也正』釋義。卻，退去。行甫按：吾心正卻，猶言息止且退去了譏刺之心。

〔四〕**夫巧知神聖之人** 夫，猶若。巧知，巧慧機智。神聖，神妙聰明。行甫按：巧知、神聖，以同位語爲並列複詞，此回照『吾聞夫子聖人也』一語。**吾自以爲脫焉** 脫，猶脫離。焉，於此。行甫按：此回照『非聖人也』一語。**子呼我牛也而謂之牛** 呼，稱呼。而，猶乃。謂，猶爲。之，猶其。**呼我馬也而謂之馬** 呼牛則爲牛，呼馬則爲馬。《應帝王》『一以己爲馬，一以己爲牛』，是其義。

〔五〕**苟有其實** 苟，若。**人與之名而弗受** 與之名，據其實而與其名。**再受其殃** 殃，咎。行甫按：有其實而不承認，有其名而不接受，是兩重罪過。**吾服也恆服** 服，從。行甫按：服，即『呼我馬也而謂之馬』，猶言呼我爲何，我乃應之爲何。**吾非以服有服** 以服有服，爲從而從。有，猶爲。

〔六〕**士成綺鴈行避影** 鴈行，側身斜行。避影，迴避老子身影，以示尊敬。**履行遂進而問** 履行，穿著鞋子走。遂進，徑直而進。行甫按：古人升堂入室就席而坐，必先脫履而後行。士成綺不及脫履而直進，言其急切之甚。**修身若何** 修身，治身。若何，如何。行甫按：呼牛爲牛，呼馬爲馬，乃超越灑脫的人生境界，由修身而得，故士成綺乃問如何修身。

〔七〕**而容崖然** 而，爾，你。容，貌。崖然，峻峭貌。**而目衝然** 衝然，突出貌。**而顙頯然** 顙，額。頯，音逵，頯然，頯頭高亢貌。**而口闞然**　闞，音坎，闞然，張口貌。**而狀義然**　義然，峨然，高大貌。行甫按：俞樾《平議》說《大宗師》『其狀義而不朋』爲『其狀峨然高大而不崩壞』，當是以此爲據。然言各有當，不可執一而論。**似繫馬而止也**　繫馬，羈縻之馬。止，不動。行甫按：繫馬而止，猶言羈縻之馬，貌似未動，其心猶馳騖不止。

〔八〕**動而持**　而，猶。持，堅持，持續。**發也機**　發，猶動。也，猶而。機，機栝。《齊物論》『其發若機栝』，是其義。**察而審**　察，觀察仔細。審，明悉。**知巧而睹於泰**　知巧，智慧機巧。睹，猶表現。泰，傲慢。**凡以爲不信**　凡，皆。指上文自容貌至行爲諸般表現。以爲，認爲。不信，不誠實。行甫按：凡以爲不信，皆被認爲是裝腔作勢，矯揉造作。**邊竟有人焉**　竟，通境，邊竟，猶邊鄙遙遠。有，猶之。焉，語氣詞，猶而已。行甫按：士成綺自言『不辭遠道』，又言『百舍重趼』，故老子斥之爲『邊境之人』。**其名爲竊**　竊，盜取，欺世盜名之謂。

〔九〕**夫子曰夫道**　夫子，即老子。**於大不終**　大，大物。終，窮。**於小不遺**　小，小物。遺，餘。**故萬物備**　備，具。行甫按：言道之在物。物中之道是爲德。**廣廣乎其无不容**　廣，通曠，廣廣乎，虛而無限。其，猶乃。容，容納。**淵乎其不可測**　淵，江南古藏本重淵字，淵淵乎，深遠貌。行甫按：言道的涵容性與覆蓋性。

〔一〇〕**形德仁義**　形，通刑。德，惠。行甫按：形德，猶言賞罰。**神之末也**　神，精神。末，末流形式。行甫按：是本篇第二章言『此五末者，須精神之運，心術之動，然後從之者也』。**非至人孰能定之**　至人，境界極爲高遠的有道之人。定之，定其爲末，猶言認識到『形德仁義』乃末流形式。**夫至人有世**　夫，彼。有，猶撫。世，猶天下。**不亦大乎**　亦，特。大，偉大，指至人有世言。**而不足以爲之累**　不足，不至。以爲之累，以天下爲他的負累。

〔一一〕**天下奮棅而不與之偕**　奮，奮起。棅，通柄，權柄。偕，同行。行甫按：猶言天下洶洶，奮起而爭權，境界高遠之人不會與他們合夥共謀。**審乎無假而不與利遷** 審，明。乎，於。無假，無所憑借。行甫按：無假，無待。《德充符》亦云『審乎無假而不與物遷』，是其義。不與利遷，不追逐物利。**極物之真** 極，盡。物，猶人。真，高遠境界。行甫按：極物之真，與『審乎無假』相對應。『無假』爲無待，『真』卽超邁境界，則『物』指『聖人』可知。**能守其本** 能，猶而。本，本性。行甫按：守其本，與『不與利遷』相照應。**故外天地** 外，遺忘。**遺萬物** 遺，忘，與『外』字互文。**而神未嘗有所困** 神，精神。未嘗，不曾。困，困擾。

〔一二〕**通乎道** 通，通達。道，無限高遠的心靈境界。**合乎德** 合，符合。德，合於道的行爲方式。**退仁義** 退，斥退。**賓禮樂** 賓，通擯，擯棄。行甫按：仁義、禮樂，皆精神之末。**至人之心有所定** 定，安寧。

此乃本篇第五章，言老子毀譽不動於心，外天地，遺萬物，心有所定，乃修身養德之本。

【繹文】

士成綺拜見老子，因而請教老子說：『我聽說先生是聰明睿智境界高遠的聖人，我所以不顧路途遙遠而來到這裏，希望見見先生，一路上走了三千多里，腳上磨出了層層老繭，也不願歇息。今天我終於見到先生了，可是看您的生活狀況，覺得先生並不是聰明睿智境界高遠的人呀！老鼠的洞口堆滿了沒有吃完的飯菜，卻連你的胞妹都拋棄在外而不願意收養，原來你是這樣一個毫無同情心的人呀！生食與熟食，在案前堆得滿滿的，卻照樣聚斂財富而沒有止境。』

老子一臉淡然，毫無表情，也不應聲。

第二天，士成綺再去拜見老子，說：『昨天，我的話說得很有些刺耳，對您有所傷害。今天，我那譏刺憤激之心沒有了，完全退去了，不知道這是什麼原因？』

老子說：『說我是巧慧機智神妙聰明的人，我自認爲與這個名頭早就沒有關係了。先前，人們曾經管我叫牛，我就自認是頭牛；人們曾經管我叫馬，我就自認是匹馬。如果我真是頭牛，真是匹馬，人們把牛和馬這個名號安在我的頭上，我卻不願意接受，這豈不是犯有第二重過錯！所以我永遠是這樣滿心聽從別人，無論怎麼稱呼我，並不是刻意地爲了聽從而聽從的。』

士成綺佩服得五體投地了，側著身子斜向而行，生怕踩上老聃身後的影子，忙不迭地連鞋子都忘了脫，徑直走上坐席，急切地問老子：『修身該如何做呀？』

老子說：『你的容貌峭然高冷，你的目光咄咄逼人，你的腦門傲然高聳，你的嘴巴喋喋不休，你的身材高大魁梧，像一匹拴住的烈馬，心裏老想奔競不息。動起來便沒完沒了，說起來便萬箭齊發，察顏觀色還特別細緻，內心的機智與巧慧全部暴露在傲慢的外表上，你所有的這些，從容貌到行爲，方方面面都給人留下不誠實的印象。窮鄉僻壤之人而已，什麼叫欺世盜名，你就是！』

老子停頓了一會兒，接著說：『至於說那個道，從大處說，無窮無盡；從小處說，無所不包；所以天下萬事萬物無不具備道。浩瀚廣大橫無際涯，所以無所不容；深不見底無止無竟，所以難以測度。刑德賞罰，仁愛正義，都是精神的末流形式，不是境界極爲高遠的人，誰能認識到這些東西是末流形式呢！如果是境界極爲高遠的人撫有天下，豈不是特別偉大的事嗎！對於境界高遠的人來說，天下是不至於成爲他的負擔與拖累的。天下洶洶，摩拳擦掌，奮起爭權，但境界高遠的人不會與他們同流合污。他明白無所憑借才能逍遥自在，所以不會追逐名位與勢利而喪失自我。他把赤條條來去無牽挂的生命本真發揮到極致，從而把高遠超邁的生命境界作爲人生的大本大根相伴而相守，所以忘掉了天地，忘掉了萬物，因而他的精神世界便格外自由灑脱，不曾有絲毫的羈絆。總而言之，通達於道的高遠境界，符合於德的正當行爲，斥退仁義，擯棄禮樂，衹有境界極爲高遠的人，他的心靈才會有地方得到安頓。』

［六］

世之所貴道者書也，書不過語，語有貴也。語之所貴者意也，意有所隨。〔一〕意之所隨者，不可以言傳也，而世因貴言傳書。世雖貴之，我猶不足貴也，爲其貴非其貴也。〔二〕故視而可見者，形與色也；聽而可聞者，名與聲也。悲夫，世人以形色名聲爲足以得彼之情！〔三〕夫形色名聲果不足以得彼之情，則知者不言，言者不知，而世豈識之哉！〔四〕

桓公讀書於堂上。輪扁斲輪於堂下，釋椎鑿而上，問桓公曰：『敢問，公之所讀者何言邪？』〔五〕

公曰：『聖人之言也。』

曰：『聖人在乎？』

公曰：『已死矣。』

曰：『然則君之所讀者，古人之糟魄已夫！』〔六〕

桓公曰：『寡人讀書，輪人安得議乎！有説則可，无説則死。』〔七〕

輪扁曰：『臣也以臣之事觀之。斲輪，徐則甘而不固，疾則苦而不入。〔八〕不徐不疾，得之於手而應於心，口不能言，有數存焉於其間。〔九〕臣不能以喻臣之子，臣之子亦不能受之於臣，是以行年七十而老斲輪。〔一〇〕古之人與其不可傳也死矣，然則君之所讀者，古人之糟魄已夫！』〔一一〕

【釋義】

〔一〕**世之所貴道者書**　世，世俗。貴，重視。書，書籍。**書不過語**　不過，不超出。語，語言。**語有貴**　有，猶之。貴，重要。**語之所貴者意**　意，意義。行甫按：意，指語詞之意義。**意有所隨**　隨，從，附。行甫按：意有所隨，語詞的意義後面還有附從之物，即語詞意義背後的言説動機，孟子所謂『志』者是也。《孟子·萬章上》：『説詩者不以文害辭，不以辭害志，以意逆志，是爲得之。』孟子之『文』，即此處之『語』。孟子之『辭』與『意』，皆爲此處之『意』。孟子之『志』，即此處之『有所隨』。

〔二〕**意之所隨者**　隱藏在意義背後的言説動機。**不可以言傳**　以言傳，用語言來傳達。**而世因貴言傳書**　因，由於。貴言傳書，重視語言而流傳書籍。**世雖貴之**　雖，即使。世德堂本之下有『哉』字。**我猶不足貴**

猶，則。不足，不至。**爲其貴非其貴** 爲，因。其貴，世貴。非其，不當。其，猶當。

〔三〕**故視而可見者** 故，通顧，相反。視，視覺。**形與色** 形，形狀。色，色彩。**聽而可聞者** 聽，聽覺。**名與聲也** 名，猶名稱。聲，猶聲音。**悲夫** 夫，猶乎。**世人以形色名聲爲足以得彼之情** 足以，得以。彼，指道。情，實。

〔四〕**夫形色名聲果不足以得彼之情** 夫，猶若。果，實。足以，得以。**則知者不言** 知，通智。**言者不知** 不知，不智。**而世豈識之哉** 識，知。

〔五〕**桓公讀書於堂上** 桓公，齊桓公小白。**輪扁斲輪於堂下** 輪扁，名叫扁的車輪工匠。斲輪，削木製作車輪。堂下，庭中。**釋椎鑿而上** 釋，放下。椎，棰子。鑿，鑿子。上，由臺階登堂。**敢問** 請問。**公之所讀者何言** 何言，說些什麼。

〔六〕**聖人之言** 聖人，聰明睿智之人。**曰聖人在乎** 在，活著。**公曰已死** 死了。**曰然則君之所讀者**然，如此。**古人之糟魄已夫** 糟，酒糟。魄，《釋文》：『糟爛爲魄。本又作粕。』已，而已。夫，猶矣。

〔七〕**寡人讀書** 寡人，君主自稱。**輪人安得議乎** 議，議論。**有說則可无說則死** 說，理由，說法。

〔八〕**以臣之事觀之** 觀，觀察。**斲輪** 斲輪，削木爲車輪輞圈。**徐則甘而不固** 徐，虛。《爾雅·釋訓》『其虛其徐』，是其義。甘，滑動。固，牢固。**疾則苦而不入** 疾，迫窄。苦，澀。入，輻條打不進輞眼。

〔九〕**不徐不疾** 不寬不窄。**得之於手而應於心** 得，熟練。應，會。行甫按：先有熟練的手上工夫，然後才心有所會，是從手到心的過程。**口不能言** 言，說。行甫按：心的領會尚在手的工夫之後，再以語言表達出來又有一個遙遠的過程，而且這種簡單感覺是很難用概念與定義加以表述的。**有數存焉於其間** 數，度，恰到好處的技巧。焉，於此。於其間，手與心之間。行甫按：『焉』之『於此』，謂『徐』與『疾』及『甘』與『苦』之間。於其間，謂『得之於手』與『應於心』之間。

〔一〇〕**臣不能以喻臣之子** 以喻，以言語曉告。**臣之子亦不能受之於臣** 雖在父兄，不能以移子弟。**是以行年七十而老斲輪** 行年，流年。老斲輪，年雖老而不得不親自斲輪。

〔一一〕**古之人與其不可傳** 不可傳，獨特思想及其個別觀念難以言傳。**古人之糟魄** 糟魄，粗而不精。

此乃本篇第六章，言道不可言說以及語言功能的局限性。語言文字不能表達意識活動的真實情態，作爲一種心靈境界，道沒有形色，沒有名聲，因此道的境界不可言說。輪扁斲輪，『有數存焉於其間』，但『口不能言』，不可傳之於其子，因而獨特的思想與個別的觀念，也是難以形之於語言文字的。

【繹文】

世人通過書籍而重視道，但書籍不過是用語言寫成的，語言也有值得重視的東西。語言之所以值得重視，是因爲它有意義，意義背後還有附從於它的東西。附從於意義的那個東西，是不能夠用語言傳達的，可是世人卻因爲重視語言而流傳書籍。世人卽使重視語言書籍，我卻認爲不值得重視，因爲他們重視了不應該重視的東西。相反，通過眼睛可以見到的，是形狀與顏色；通過耳朵可以聽見的，是名稱與聲音。真是可悲呀，世俗之人以爲通過形狀與顏色以及名稱與聲音便能夠把握道的實情！如果通過形狀與顏色以及名稱與聲音實際上並不能把握道的實情，那麼智慧的人便不會言說，言說的人便不智慧了；這樣一來，世人又如何能認識道呢！

齊桓公小白在堂上讀書，一個名叫扁的製輪工匠在堂下庭前打造車輪。有一次，他放下手中的椎子和鑿子之類製輪工具，登上臺階走到堂上，問讀書的齊桓公說：『請問，君公讀的書，上面說的是什麼呀？』

桓公回答說：『是聰明睿智境界高遠的人說的話。』

輪扁又問：『這個聰明睿智境界高遠的人還活著嗎？』

桓公回答說：『早就死了。』

輪扁說：『這麼說來，君公所讀的東西，不過是已經死去的人製造的糟粕而已！』

齊桓公有些不高興，說：『寡人在此讀書，你這個製車輪的匠人有什麼資格說三道四！今天你要是說得出道理來，那還好辦；你要是說不出個道理來，你就死定了！』

輪扁說：『我呀，從我自己所做的這個事情看出這個道理。斲削車輪上的輞眼，如果過於寬鬆，那麼輻條打進去就會滑動而不牢固；如果過於迫窄，那麼輞眼就會枯澀輻條根本就打不進去。衹有恰到好處，既不過於寬鬆，也不過於迫窄，熟練地掌握在手頭上，然後心領神會。這種手感與心知的東西，嘴巴上是說不出來的，衹是有一個恰如其分的度存在於手與心之間，體現在輞眼的寬窄之際。我沒有辦法把這種恰到好處的度傳授給我的兒子，我的兒子也沒有辦法從我這裏接受過去，所以我活到七十歲了，老都老了仍然還要親自操作斲削車輪。古代的人以及他們沒有辦法用語言傳授的東西早已死去了，這樣說來，君公所讀的書，豈不是古人製造的糟粕而已嗎？』

天運第十四

天運，取首句二個實詞爲篇名。《釋文》：『司馬（本）作天員。』員與運聲轉義通。本篇文字不甚連貫，内容亦較蕪雜。王夫之《莊子解》曰『此篇之旨，以自然爲宗』，亦是𡙇較言之。不過，本篇以天之大化流行而影附人類社會的歷史進程，認爲社會治理當『循大變而無所湮』，須注重時變，不可執一，其菲薄仁義，芻狗禮樂之意甚明。且以『六經』爲『先王之陳跡』，强調制度文明當『應時而變』，與『厚今薄古』的法家思想有著明顯的相通之處。

〔一〕

『天其運乎？地其處乎？日月其爭於所乎？孰主張是？孰維綱是？〔一〕孰居无事推而行是？意者其有機緘而不得已邪？意者其運轉而不能自止邪？雲者爲雨乎？雨者爲雲乎？孰隆施是？孰居无事淫樂而勸是？〔二〕風起北方，一西一東，有上彷徨，孰嘘吸是？孰居无事而披拂是？敢問何故？』〔三〕

巫咸祒曰：『來！吾語女。天有六極五常，帝王順之則治，逆之則凶。〔四〕九洛之事，治成德備，監照下土，天下戴之，此謂上皇。』〔五〕

【釋義】

〔一〕**天其運**　其，猶乃。運，轉。**地其處**　處，止。**日月其爭於所乎**　爭，競。所，處所。**孰主張是**　孰，誰。主張，主持張羅。是，此，指天運。**孰維綱是**　維綱，維繫。是，指地處。

〔二〕**孰居无事推而行是**　居，閒居。推而行，當作『而推行』。是，指日月爭所。**意者其有機緘而不得已邪**　意，猜測。其，豈。機，機關。緘，綑束。行甫按：此句指地處。**意者其運轉而不能自止邪**　行甫按：此句指天運。**雲者爲雨**　爲，作。雲作雨。**雨者爲雲**　雨作雲。**孰隆施是**　隆，通降。降施，同義複詞，下。是，指雲雨。王叔岷《校詮》：『《輔行記》云：「《莊子》內篇，自然爲本。如云『雨爲雲乎？雲爲雨乎？孰降施是？』皆其自然。」今本此文則在外篇矣。』**孰居无事淫樂而勸是**　淫，高興。章太炎《解故》：『淫樂之淫，借爲廞，《周禮》故書廞皆爲淫，是其例。《釋詁》「廞，熙，興也」，興卽嬹字，《說文》「嬹，說也」，今所謂高興矣。熙，卽嬰字，《說文》「嬰，說樂也」，準此，則淫樂卽廞樂，猶曰孰居無事高興爲此。』勸，助。

〔三〕**風起北方一西一東**　一，或。行甫按：一，時間副詞，有時。**有上彷徨**　有，王孝魚校勘記：『《闕誤》引張君房本「有」作「在」。』彷徨，回旋。**孰噓吸是**　噓，吹。是，指風。**孰居无事而披拂是**　披拂，搖擺。是，指風。**敢問何故**　敢問，請問。

〔四〕**巫咸祒曰來**　巫咸，複姓，祒，名（從俞樾說）。來，呼語詞，或與嗟字連用，如《大宗師》『嗟來桑戶乎』；或單用，如《在宥》『來！吾語女至道』。宣穎讀『來』爲『過來』字，故以『招』爲『招』字之譌。**吾語女**語，告訴。女，通汝，你。**天有六極五常**　六極五常，俞樾《平議》：『疑卽《洪範》之五福六極也。常與祥古字通。《儀禮・士虞禮記》「薦此常事」，鄭注曰：「古文常爲祥。」是其證也。《說文》示部：「祥，福也。」然則五常，五福也。下文曰「九洛之事，治成德備」，其卽謂禹所受《洛書》九類乎？』行甫按：俞氏之說，宋人呂惠卿《莊子義》已發之。行甫又按：《洪範》『六極』之『極』通『忌』，『六極』，六種令人忌憚憎惡之事，卽凶短折、疾、憂、貧、惡、弱。五福，五種福報勸勉之事，卽壽、富、康寧、攸好德、考終命。**帝王順之則治**　順，從。之，指天。治，太平。行甫按：順天而行則治，治則得五福。**逆之則凶**　逆，違。凶，不吉。行甫按：逆天而行則凶，凶則得六極。

〔五〕**九洛之事**　九洛，《洛書》九類，《洪範》九疇。**治成德備**　治，國家太平。成，形成，成就。德，社會風尚。備，具。行甫按：治成、德備，互文。**監照下土**　監，照。監照，同義複詞。下土，天下。**天下戴之**　戴，擁戴。之，指帝王。**此謂上皇**　上，高。皇，大。

此乃本篇第一章，言天動地止，雲行雨施，風起披拂，皆宇宙自然本身所有之事，並無任何外力所推動。帝王順其自然，乃『治成德備』而受天下愛戴；否則，『逆之則凶』而受六極之災。

【繹文】

『天是在不斷地轉動著的嗎？地是靜止的一點都不會移動的嗎？太陽與月亮是在同一條軌道

上互相追逐的嗎？是誰在主持和張羅天讓它轉動呢？是誰在維繫和拴住地讓它靜止不動呢？是誰閒著沒事幹推動太陽和月亮讓它們不斷地你追我趕呢？想來是不是有某個機關與繩索，把地管制和綑束起來讓它不得不靜止的吧？想來是不是天的運轉也是有著巨大的慣性讓它永遠不會自己停下來的吧？雲是爲了製造雨的嗎？雨是爲了製造雲的嗎？是誰讓雲彩散佈流行，讓雨水降落大地呢？是誰閒著沒事喜歡幫助上天幹這種雲行雨施的事呢？風從北方颳起來，一會兒吹向西邊，一會兒吹向東邊，在上空回轉盤旋，是誰在吹著它吸著它呢？是誰閒著沒事幹一直在播蕩搖擺著它呢？請問所有這些，原因在哪裏呢？』

巫咸祒說：『好啊！我來告訴你。天有六種讓人忌畏和懼怕的事情，也有五種讓人得到福報的事情，帝王順從天意便天下太平，便可以得到福報；違背天意便天下多凶，便會出現讓人忌畏和懼怕的災難。九類《洛書》所記載的事情樣樣做好了，天下就清泰平安，道德便淳正濃厚。帝王的光輝照耀大地，天下人民擁戴帝王，這就叫高尚偉大。』

［二］

商大宰蕩問仁於莊子。莊子曰：『虎狼，仁也。』〔一〕曰：『何謂也？』

莊子曰：『父子相親，何爲不仁？』〔二〕

曰：『請問至仁。』

莊子曰：『至仁無親。』〔三〕

大宰曰：『蕩聞之，無親則不愛，不愛則不孝。謂至仁不孝，可乎？』〔四〕

莊子曰：『不然。夫至仁尚矣，孝固不足以言之。此非過孝之言也，不及孝之言也。〔五〕夫南行者至於郢，北面而不見冥山，是何也？則去之遠也。〔六〕故曰：以敬孝易，以愛孝難；以愛孝易，以忘親難；忘親易，使親忘我難；〔七〕使親忘我易，兼忘天下難；兼忘天下易，使天下兼忘我難。〔八〕夫德遺堯、舜而不爲也，利澤施於萬世，天下莫知也，豈直大息而言仁孝乎哉！〔九〕夫孝悌仁義，忠信貞廉，此皆自勉以役其德者也，不足多也。〔一〇〕故曰，至貴，國爵並焉；至富，國財並焉；至願，名譽並焉。是以道不渝。』〔一一〕

【釋義】

〔一〕**商大宰蕩問仁於莊子**　商，宋國。大，讀太。大宰，官名。蕩，大宰名。仁，親愛。**虎狼仁**　虎狼，獸類。

〔二〕**何謂**　謂，言。**父子相親**　父子，虎狼父子。**何爲不仁**　爲，謂。

〔三〕**請問至仁**　至，極，大。**至仁無親**　無親，無所親愛。《大宗師》『有親，非仁也。』行甫按：至仁無親，最大之仁，乃一視同仁，無所區別。

〔四〕**蕩聞之無親則不愛**　無親，無父母。行甫按：大宰所謂『無親』與莊子所謂『無親』，概念不同。不愛，不愛親。**不愛則不孝**　不孝，不愛父母。**謂至仁不孝可乎**　可，適合。

〔五〕**不然**　然，如此。**夫至仁尚**　尚，通上。**孝固不足以言之**　固，通顧，相反。不足，不得。言，說明。行甫按：不得以孝說明仁的含義。**此非過孝之言**　此，指孝不足以言仁。過，超過。行甫按：言仁並非孝的擴大。**不及孝之言**　不及，不相干。行甫按：二句言不得以孝說仁，並不是說仁超過孝，而是說仁與孝不相干。

〔六〕**夫南行者至於郢**　郢，楚國都城，在今湖北江陵。**北面而不見冥山**　冥山，北方之山。**是何**　是，此。**則去之遠**　去，相距。之，指冥山。行甫按：此喻仁與孝相去甚遠而不相及。

〔七〕**故曰**　故，因此。**以敬孝易**　以敬爲孝。易，易於做到。**以愛孝難**　以愛爲孝。**以愛孝易以忘親難**　養育之恩難忘。**忘親易使親忘我難**　親忘我，父母惦記子女。

〔八〕**使親忘我易兼忘天下難**　兼，並。忘天下，猶言不與天下打交道。**兼忘天下易使天下兼忘我難**　我不與天下打交道，但天下卻不放過我，猶言我爲天下之一份子，不可改變。

〔九〕**夫德遺堯舜而不爲**　夫，猶若。德，治理舉措。遺，留存。堯、舜，唐堯與虞舜。不爲，無所作爲。行甫按：言即使社會治理達到了堯、舜的境界可以千古流傳但並非有所作爲。**利澤施於萬世**　利澤，恩惠。施，延及。**天下莫知也**　莫知，無聲名。**豈直大息而言仁孝**　直，特。大息，太息，長嘆之謂。

〔一〇〕**夫孝悌仁義忠信貞廉**　貞，正直。廉，廉潔。**此皆自勉以役其德者也**　此，此八者。自勉，自强。役，役使。德，行爲方式。**不足多也**　多，稱讚，提倡。

〔一一〕**至貴**　至，極。貴，高貴。**國爵並焉**　國爵，國家所頒之爵位。並，通屏，郭象注：『除棄之謂也。』

至富國財並焉　國財，國庫所有之財富。**至願**　願，大。章太炎《解故》：『貴富願，詞例同。《說文》「願，大頭也」，引伸得訓大，猶顒、碩皆訓大頭而引伸訓大也。若以爲願欲字，則與貴富詞例鉏吾矣。』**名譽並焉**　名譽，名聲與讚譽。**是以道不渝**　是以，因此。不渝，不變。

此乃本篇第二章，商太宰與莊子討論仁孝，言父子相親，乃人之本能，虎狼亦有之。如果過度宣揚仁孝，尤其是試圖通過『孝悌』來達到『仁義』，這就是讓天下之人『皆自勉以役其德』，本質上則是對天下所有人進行道德綁架，並不值得提倡。

【繹文】

宋國的太宰蕩向莊子請教什麼是仁，莊子回答說：『老虎與豺狼就是仁。』

太宰蕩覺得不可思議，說：『這是什麼話？』

莊子說：『老虎與豺狼，也是父親與兒子互相親愛，爲什麼不能叫作仁呢？』

太宰蕩又問：『請問什麼是最高的仁呢？』

莊子說：『最高的仁就是沒有親近的人。』

太宰蕩說：『我聽說過這樣的話：沒有親近的人便是沒有愛，沒有愛便是沒有孝順。說最高的仁沒有孝順，合適嗎？』

莊子說：『話不是這樣說的。那個最高的仁是至高無上的，孝順反而是不能夠用來說明仁的。

說孝順不能夠用來說明仁，這話並不是說仁超過了孝順，而是說仁與孝順是互不相干的。就如同往南走的人到達了楚國的郢都，向北面望是看不見北方的冥山的，這是爲什麼呢？因爲兩者離得太遠了。所以說，用尊敬的方法孝順父母比較容易，用實際的愛心孝順父母就比較難；用實際的愛心孝順父母比較容易，但要忘記雙親卻比較困難；忘記雙親比較容易，要讓雙親忘記我卻很難；讓雙親忘記我比較容易，把全天下給忘記了就很難；把全天下忘記了也很容易，但是要讓天下忘記我卻很難。卽使是治理天下達到了唐堯、虞舜一樣流傳千古的境界也並非應該有所作爲，利益恩惠可以延長到千秋萬代，天下也没有人知道。何必一定要大聲讚歎並且高談闊論什麼仁與孝呢？那所謂孝順、友悌、仁愛、正義、忠厚、誠實、正直、廉潔，所有這些都是自己强加給自己用做道德綁架而役使自己的行爲的東西，是不值得讚揚和提倡的。所以說，最高的高貴，就是把國家頒賜的爵位摒棄掉；最富的富有，就是把國庫的財富摒棄掉；最大的出名，就是把名聲與讚譽摒棄掉。衹有這樣，大道才不會發生改變。』

〔三〕

北門成問於黄帝曰：『帝張《咸池》之樂於洞庭之野，吾始聞之懼，復聞之怠，卒聞之而惑，蕩蕩默默，乃不自得。』〔一〕

帝曰：『汝殆其然哉！吾奏之以人，徵之以天，行之以禮義，建之以大清。〔二〕夫至樂者，先應之以人事，順之以天理，行之以五德，應之以自然，然後調理四時，太和萬物。〔三〕四時迭起，萬物循生；一盛一衰，文武倫經；一清一濁，陰陽調和，流光其聲；〔四〕蟄蟲始作，吾驚之以雷霆；其卒无尾，其始无首；一死一生，一僨一起；所常无窮，而一不可待。汝故懼也。〔五〕

『吾又奏之以陰陽之和，燭之以日月之明；其聲能短能長，能柔能剛；變化齊一，不主故常；〔六〕在谷滿谷，在阬滿阬；塗郤守神，以物爲量。其聲揮綽，其名高明。〔七〕是故鬼神守其幽，日月星辰行其紀。吾止之於有窮，流之於无止。〔八〕予欲慮之而不能知也，望之而不能見也，逐之而不能及也；儻然立於四虛之道，倚於槁梧而吟。〔九〕目知窮乎所欲見，力屈乎所欲逐，吾既不及已夫！形充空虛，乃至委蛇。汝委蛇，故怠。〔一〇〕

『吾又奏之以无怠之聲，調之以自然之命，故若混逐叢生，林樂而无形；布揮而不曳，幽昏而无聲。〔一一〕動於无方，居於窈冥；或謂之死，或謂之生；或謂之實，或謂之榮；行流散徙，不主常聲。〔一二〕世疑之，稽於聖人。聖也者，達於情而遂於命也。天機不張而五官皆備，此之謂天樂，无言而心說。〔一三〕故有焱氏爲之頌曰：「聽之不聞其聲，視之不見其形，充滿天地，苞裹六極。」汝欲聽之而无接焉，而故惑也。〔一四〕

『樂也者，始於懼，懼故祟；吾又次之以怠，怠故遁；〔一五〕卒之於惑，惑故愚；愚

故道，道可載而與之俱也。』〔一六〕

【釋義】

〔一〕**北門成**　北門，姓。成，名。虛構人物。**帝張咸池之樂於洞庭之野**　帝，黄帝。張，設施。《咸池》，黄帝樂名。《漢書·禮樂志》：『黄帝作《咸池》。』洞庭之野，成玄英《疏》：『天地之間，非太湖之洞庭也。』**吾始聞之懼**　始，初。懼，驚起而恐懼。**復聞之怠**　復，又。怠，疲憊而倦怠。**卒聞之而惑**　卒，終。惑，迷惑而愚昧。**蕩蕩默默**　蕩蕩，空虛貌。默默，安静貌。**乃不自得**　不自得，自失。

〔二〕**汝殆其然哉**　殆，大抵。其，猶若。然，如此。**吾奏之以人**　人，人事。行甫按：奏之以人，所奏與人事相關。**徵之以天**　徵，《釋文》：『古本多作徽。』成玄英《疏》：『徽，順也。』王叔岷《校詮》：『徽借爲揮。』天，天理。**行之以禮義**　行，當通形，猶表現。行甫按：此『行』與下文『建』字相關聯，故曰通『形』。參見《齊物論》『可行已信』及《天地》『方且本身而異形』釋義。禮義，人之所行，亦人事。**建之以大清**　建，建立。大，讀太，大清，天之氣清而輕。行甫按：四句皆言與人事相關之音樂内容。

〔三〕**夫至樂者**　至樂，最美妙的音樂。**先應之以人事**　應，相合。**順之以天理**　順，循。**行之以五德**　五德，吉凶軍賓嘉，五禮之品格。**應之以自然**　自然，天。**然後調理四時**　調理，調和條理。**太和萬物**　太和，大調和。行甫按：王叔岷《校詮》謂此七句三十五字乃成玄英《疏》解釋正文。原文『建之以大清』與『四時迭起，萬物循生』云云，本爲韻文，意亦一貫。

〔四〕**四時迭起**　迭起，更迭而起。**萬物循生**　循，順。萬物順四時而生。**一盛一衰**　一，或。盛，興。衰，淍。**文武倫經**　文武，猶言弛張。一張一弛，文武之道。倫經，條理編配。章太炎《解故》：『猶經綸。』**一清一濁**　清，清越。濁，沉濁。**陰陽調和**　陰陽，清濁。**流光其聲**　流光，流動之廣，光，通廣。其，猶於。

〔五〕**蟄蟲始作**　蟄蟲，冬眠之蟲。作，起。**吾驚之以雷霆**　春日雷始發聲，驚蟄。**其卒无尾**　卒，終。**其始无首**　始，端。**一死一生**　一，或。**一僨一起**　僨，仆。**所常无窮**　所，猶可。常，久長。**而一不可待**　一，猶皆。待，止。行甫按：『人事』流變，『天理』流行，萬象一皆無所止息，故曰『一不可待』。**汝故懼**　懼，驚懼。

〔六〕**吾又奏之以陰陽之和**　陰陽，猶言天地。和，和氣。**燭之以日月之明**　燭，照。**其聲能短能長**　短，急促。長，平調。**能柔能剛**　柔，輕柔。剛，剛猛。**變化齊一**　變化，樂音流動。齊一，始終條理。**不主故常**　主，執，守。故常，老調不變。

〔七〕**在谷滿谷**　谷，山谷。**在阬滿阬**　阬，通坑，溝壑。**塗郤守神**　塗，填塞。郤，通隙，空隙。守，不離。神，天地之精神。行甫按：塗郤，卽『在谷滿谷，在阬滿阬』，指音樂如行雲流水，彌滿天地之間，無孔不入。守神，指音樂變化而『齊一』，不離於天地之精神卽『陰陽之和』。成玄英《疏》云『閉心知之孔郤，守凝寂之精神』，以言樂之語爲言人之語，非。**以物爲量**　量，猶限度。行甫按：以物爲量，補充『在谷滿谷，在阬滿阬』，猶言樂音充滿天地萬物，有多大容量卽充滿多大容量。**其聲揮綽**　聲，樂聲。揮綽，猶揮灑而寬裕。行甫按：其聲揮綽，照應『塗郤』，『揮綽』自能『塗郤』，能『塗郤』豈不『揮綽』。**其名高明**　名，猶音符，旋律。高明，言音樂精神崇高而光明。行甫按：其名高明，照應『守神』，言天地之精神崇高而光明。

〔八〕**是故鬼神守其幽**　是故，因此。鬼神，幽冥之界。守，不離。幽，冥。行甫按：此言人神以和，各安其分，鬼神亦不出而爲妖孽。**日月星辰行其紀** 紀，端。行甫按：此言天象有序，各安其行，人世間充滿祥和之氣。**吾止之於有窮** 吾，黃帝。窮，盡。行甫按：此言止之於所當止。**流之於无止** 流，行。无止，不止。行甫按：此言行之於所當行。

〔九〕**予欲慮之而不能知** 予，我黃帝。或説『予』當爲『子』字之誤，非。行甫按：此『予』字與下文『吾既不及已夫』相關聯，非誤字。慮之，用心去思考它。行甫按：此言音樂演奏乃手上熟練工夫，無須用心思考，無須智力認知。**望之而不能見** 音樂形象訴之於聽覺，與視覺無關。**逐之而不能及** 逐，追趕。及，逮。音樂形象亦不具立體可觸性，與觸覺無關。**儻然立於四虚之道** 儻然，孤立無倚貌。四虚，四面空虚。道，猶途。**倚於槁梧而吟** 倚，撫。槁梧，代琴瑟。參見《齊物論》『惠子之據梧』及《德充符》『倚樹而吟，據槁梧而瞑』釋義。吟，猶唱。

〔一〇〕**目知窮乎所欲見** 目，視覺。知，智力。窮，止。乎，猶於。**力屈乎所欲逐** 屈，短缺。**吾既不及已夫** 吾，吾黃帝。既，猶終。及，逮。已，通矣。已夫，句末語氣詞。**形充空虚** 形，外形。充，内充。行甫按：形充空虚，猶言身心皆空而虚。**乃至委蛇** 乃，猶以。委蛇，音委儀，疲憊無力貌。**汝委蛇** 汝，汝北門成。**故怠** 怠，疲憊而倦怠。

〔一一〕**吾又奏之以无怠之聲** 无怠之聲，猶消除疲憊與倦怠。**調之以自然之命** 調，和。自然之命，自然之生命。**故若混逐叢生** 若，如。混逐，混然相追逐。叢生，衆多生命。**林樂而无形** 林，叢。《説文》：『平土有叢木曰林。』行甫按：林樂，與『叢生』相關聯，表現林林種種之生命活力的音樂形象。无形，音樂形象沒有形體。**布揮而不曳** 布，散發。揮，揮灑。曳，牽，引。行甫按：布揮而不曳，猶言揮灑縱放卻又戛然而止，猶

『凝絕不通聲暫歇』。**幽昏而无聲**　幽昏，幽微昏暗，音聲低微。行甫按：幽昏，與『布揮』相對；无聲，與『不曳』相應，猶『此時無聲勝有聲』。

〔一二〕**動於无方**　无方，位置不定。**居於窈冥**　居，止。窈冥，幽暗。**或謂之死**　死，無聲狀。**或謂之生**　生，有聲狀。**或謂之實**　實，結實狀。**或謂之榮**　榮，開花狀。**行流散徙**　行流，流行。散徙，散佈移動。**不主常聲**　主，執，守。常，不變。行甫按：上八句描述音樂所表現的各種不同生命形象。

〔一三〕**世疑之**　世，世人。疑，惑。**稽於聖人**　稽，問，考求。聖人，聰明睿智之人。**聖也者**　也者，猶也。**達於情而遂於命也**　達，通。情，性。遂，通。命，生命。行甫按：言聰明睿智之人對於生命有非常透徹之理解。**天機不張而五官皆備**　天機，天然機能。張，開啓。五官，視聽嗅味觸五種感覺器官。備，具。行甫按：猶言五官皆備而天機不張。**此之謂天樂**　天樂，天然之樂，不以五官而以心感。**无言而心說**　无言，無須言說。說，通悅。

〔一四〕**故有焱氏爲之頌曰**　有焱氏，成玄英《疏》：『神農也。』頌，容。**聽之不聞其聲**　無聲。**視之不見其形**　無形。**充滿天地苞裹六極**　六極，上下四方之極。**汝欲聽之而无接焉**　接，與外物相感而有所受。**而故惑也**　惑，迷惑而愚昧。

〔一五〕**樂也者**　也者，猶者也。**始於懼懼故祟**　祟，鬼神作怪。**吾又次之以怠怠故遁**　遁，逃遁。

〔一六〕**卒之於惑**　卒，終。**惑故愚**　愚，愚昧。**愚故道**　道，近於道的境界。**道可載而與之俱**　載，乘載。俱，偕行。

此乃本篇第三章，黄帝於洞庭之野演奏《咸池》之樂，北門成始聞而恐懼，繼聞而倦殆，終聞而迷惑。奏之以人事與天理，則人事有代謝，天理有常行，而生命短暫，天地無窮，故震驚而恐懼。奏之以陰陽與日月，則陰陽乃鬼神幽冥之際，日月乃流之於無所止，皆慮之不能知，逐之不能及之事，故疲憊而倦怠。奏之以無怠與自然，則無怠乃動於無方，居於窈冥，自然卽行流散徙，不主常聲，然則『欲聽之而无接』，故迷惑而愚昧。愚昧則無知無識，無思無慮，乃近於道。此以音樂演奏的內容轉換比喻體道的三個不同環節：第一，不執著於生死；第二，不執著於外物；第三，物我雙遺。

【繹文】

北門成請教黄帝說：『帝在廣漠的大野中張設演奏《咸池》之樂，我剛開始聽的時候感到震驚而恐懼，再往下聽又感到疲憊而倦怠，聽到最後卻感到迷惑而愚昧，心裏空蕩蕩的，一句話也說不出來，於是感到很不自在。』

黄帝說：『大概就像你所說的這樣吧！開始之時，我演奏的是有關人事的樂章，人事順從於自然的天理，人事表現在禮制與正義，天理建立於廣大清明的蒼穹。所以說最高境界的音樂，首先演奏人事，人事順從天理，表現在吉凶軍賓嘉五種禮儀的行爲規範，因而與大自然的秩序相呼應，然後調理春夏秋冬四時的代謝，燮和天下萬物羣品的生長。四時依次而更替，萬物順時而生長。或繁榮昌盛，或凋謝零落，弛張而有度，盛衰而有節，都是出於大自然的精心安排。天地陰陽之氣，或清揚而上浮，或重濁而下沉，清揚之陽與重濁之陰，互相沖盪與調合而成陰陽之和氣，陰陽調和之氣流擴散發於天地寰宇之內，宣泄發揚於五音繁會之中。那些蟄伏冬眠的小蟲剛剛睜開眼睛，我便發動春雷把它們徹底驚醒，於是它們又重新開始新的生命。從冬眠到新生，有結束卻不是末尾，有開始卻不是開頭；不知哪一個是它們生命的開頭，也不知哪一個是它們生命的末尾。或死亡，或新生；或躺下，或起來；終而復始，循環無端，而所有這一切都沒有片刻的停息與間斷。所以當你聽到這一樂章時，你感到震驚與恐懼。

『接下來，我又演奏了另一樂章。這一樂章是有關天地陰陽調和、日月之光朗照大地的主題。這一樂章的表現手法，在調式的安排上有短有長，長短相配；在音色的處理上有柔有剛，剛柔相濟；旋律雖然有所變化，但是主題卻鮮明突出；隨著樂章主題的不斷展開，採取相應的音樂手法，使樂章的節奏與旋律具有更强的藝術表現力。陰陽調和，日月朗照，灑向山谷便佈滿山谷，灑向溝壑便填滿溝壑；這天地之精神，無孔不入，容光必照；萬物羣品，無不沐浴著陰陽的和氣、日月的輝光。這一樂章的音樂表現，氣度恢宏，苞舉宇內；這一樂章的音樂主題，可以稱之爲崇高與光明。因此，這一樂章具有巨大的藝術感染力，鬼魅與神祇都在幽冥之中凝神靜聽，日月與星辰也在天穹之中屏息慢行。我在演奏這一樂章時，也是盡情揮灑，操弄自如，似行雲流水一般，止於其所當止，行於其所當行。在演奏過程中，我也是得之於手應之於心，不必多加思考，衹是感覺到那光明而崇高的音樂形象，我想看，卻怎麼也看不見，我想追趕，卻怎麼也追趕不上；我就像一個孤獨無依的遊子，竚立在四面空曠而荒無人烟的旅途中，滿懷疲憊，背靠著梧桐樹，唱著憂傷的歌謠。眼力與智力，限制於我想見到的；體力與精力，限制於我想追求的，我已經完全把握不住我所表現的這個偉大而崇高的音樂形象了！

衹覺得自己身體疲憊，精神虛乏，乃至我沒有一點氣力去追逐、去把握這個偉大與崇高，衹好拖著沉重的步伐跟隨其後，依稀遙看那崇高的背影。我想，你在聆聽這一樂章時，大概也跟我演奏這一樂章一樣，也是拖著沉重的步伐追隨其後的吧，所以你感覺疲憊而倦怠。

『接下來，我繼續演奏消除疲憊與倦怠的樂章，這一樂章表現的是自然生命活力的主題。因此，就像天地之間所有生命形式在一起相互追逐與嬉戲一樣，這些林林種種的生命形象，無比快樂，無比自由，在樂章節奏與旋律的起伏迴盪之中翻騰與跳躍、嬉戲與打鬧。我的音樂表現也是繁複多樣，或激情揮灑卻戛然而止，或柳暗花明卻鴉雀無聲。表現運動，便鐵騎刀鎗，銀瓶乍破，儀態萬方； 表現靜止，便光風霽月，萬籟俱寂，無聲卻有聲。這些生命形式也是千姿百態，有的寂然不動，形如死亡； 有的跳擲靈動，活力無限。有的果實垂纍，有的繁花似錦。行雲與流水，各具生態； 飄散與徙移，姿態橫生； 旋律與節奏，隨著生命的流動而張弛，表現手法變化多端。世人不能理解這種音樂表現，求問於聰明睿智的聖人。什麼叫聖人，聖人就是了解生命的意義，通達生命的境界的人。他具備著人們常有的五種感覺器官，但並不開啓這些感官的生命機能，這就叫作欣賞來自上天的音樂，無須用語言來表達，衹是用靈魂去感受精神的愉悅而已。所以神農有焱氏曾經這樣形容和描述這一樂章說：「聆聽卻沒有聲音，觀察卻沒有形體，但它的音符卻充滿於天地人間，苞裹著宇宙蒼穹。」你想聽也無從可聽的了，因此你感到迷惑而愚昧了。

『音樂這個東西，你起初聽起來是震驚與恐懼，由震驚與恐懼便覺得有鬼魅作祟； 我接下來再演奏使人疲憊與倦怠的樂章，由疲憊與倦怠便產生迴避與逃跑的感覺； 最後你又感覺到迷惑與愚昧，由迷惑與愚昧便產生無知之感，愚昧而無知，也就接近於道的境界了。道的境界是可以乘載著你讓你與它一起結伴而行的。』

〔四〕

孔子西遊於衛，顏淵問師金曰：『以夫子之行爲奚如？』

師金曰：『惜乎，而夫子其窮哉！』〔一〕

顏淵曰：『何也？』

師金曰：『夫芻狗之未陳也，盛以篋衍，巾以文繡，尸祝齊戒以將之。〔二〕及其已陳也，行者踐其首脊，蘇者取而爨之而已；將復取而盛以篋衍，巾以文繡，遊居寢臥其下，彼不得夢，心且數眯焉。〔三〕今而夫子，亦取先王已陳芻狗，聚弟子遊居寢臥其下。故伐樹於宋，削跡於衛，窮於商周，是非其夢邪？圍於陳蔡之間，七日不火食，死生相與鄰，是非其眯邪？〔四〕

『夫水行莫如用舟，而陸行莫如用車。以舟之可行於水也，而求推之於陸，則沒世不行尋常。〔五〕古今非水陸與？周魯非舟車與？今蘄行周於魯，是猶推舟行於陸也，勞而无功，身必有殃。彼未知夫无方之傳，應物而不窮者也。〔六〕

『且子獨不見夫桔槔者乎？引之則俯，舍之則仰。彼，人之所引，非引人也，故俯仰而不得罪於人。〔七〕故夫三皇五帝之禮義法度，不矜於同而矜於治。故譬三皇五帝之禮義法度，其猶柤梨橘柚邪！其味相反而皆可於口。〔八〕

『故禮義法度者，應時而變者也。今取猨狙而衣以周公之服，彼必齕齧挽裂，盡去而後慊。觀古今之異，猶猨狙之異乎周公也。〔九〕故西施病心而矉其里，其里之醜人見之而美之，歸亦捧心而矉其里。其里之富人見之，堅閉門而不出；貧人見之，挈妻子而去走。彼知矉美而不知矉之所以美。惜乎，而夫子其窮哉！』〔一〇〕

【釋義】

〔一〕**孔子西遊於衛**　西遊，衛國在今河南濮陽一帶，在魯國曲阜之西。**師金**　魯太師，名金。虛構人名。**以夫子之行爲奚如**　以，認爲。之，此。爲，猶乃。奚如，如何。**惜乎而夫子其窮哉**　惜，哀痛。《說文》：『惜，痛也。』《楚辭·惜誓序》：『惜者，哀也。』而，通爾，你。夫子，先生。其，猶殆。窮，沒有出路。

〔二〕**夫芻狗之未陳也**　夫，猶若。芻狗，以草紮成的狗，用於祭祀。陳，擺設，陳列。**盛以篋衍**　篋，側開之箱。衍，小竹箱。《釋文》：『李云：笥也。』行甫按：篋衍，近義複詞。**巾以文繡**　巾，衣，飾。文繡，繡有花紋的絲織品。**尸祝齊戒以將之**　尸祝，神職人員，說見《逍遙遊》『尸祝不越樽俎而代之矣』釋義。齊，通齋，齋戒，沐浴戒潔。以，猶而。將，捧送。

〔三〕**及其已陳**　已陳，已經用過了。**行者踐其首脊**　行者，路過的人。踐，踩踏。**蘇者取而爨之而已**　蘇者，割草打柴的人。爨，生火做飯。而已，乃止。**將復取而盛以篋衍**　將，猶如。復，重新。**巾以文繡遊居寢臥其下**　遊居，猶言起坐觀賞。寢臥其下，猶言睡覺都放在身邊。**彼不得夢**　彼，猶夫，若。夢，惡夢。**心且數眯焉**　且，猶尚。數，屢次。眯，音米，《釋文》：『司馬云：厭也。』王引之云：『厭，俗作魘。』行甫按：眯，夢魘，今西醫學名爲心臟房室傳導阻滯。

〔四〕**今而夫子**　而，通爾，你。**亦取先王已陳芻狗**　先王，儒家所傳說之堯、舜、禹、湯、文、武等古代君王。已陳芻狗，喻儒家六經。**聚弟子游居寢臥其下**　世德堂本『聚』作『取』，二字通用，集合。**故伐樹於宋**　《史記·孔子世家》：『孔子去曹適宋，與弟子習禮大樹下。宋司馬桓魋欲殺孔子，拔其樹，孔子去。』**削跡於衛**　削，滅。成玄英《疏》：『夫子嘗遊於衛，衛人疾之，故剗削其跡，不見用也。』**窮於商周**　商周，宋爲殷商之後；衛爲周武王弟康叔之後。行甫按：此總結上二句，猶『死生相與鄰』亦總結上二句，非另有其事。**是非其夢邪**　是，此。夢，惡夢。**圍於陳蔡之間**　陳蔡，陳國與蔡國。成玄英《疏》：『當時楚昭王聘夫子，夫子領徒宿於陳蔡之地，蔡人見徒衆極多，謂之爲賊，故興兵圍繞，經乎七日，糧食罄盡，無復炊爨，從者餓病，莫之能興。』**七日不火食**　不火食，無糧做飯，以野果充飢。**死生相與鄰**　死生一線。**是非其眯**　是，此。眯，夢魘。

〔五〕**夫水行莫如用舟**　夫，且，更端之詞。**而陸行莫如用車**　莫如，不如。**以舟之可行於水也而求推之於陸**　違背常情。**則沒世不行尋常**　尋常，八尺爲尋，倍尋爲常。不行尋常，猶寸步難行。

〔六〕**古今非水陸與**　古今，時。與，通歟。**周魯非舟車與**　周魯，地。**今蘄行周於魯**　蘄，期望。**是猶推舟行於陸**　是，此。猶，如。**勞而无功**　勞，辛苦。功，成。**身必有殃**　殃，災難。**彼未知夫无方之傳**

彼，指孔子。夫，彼。无方，無固定方向。傳，通轉，《呂氏春秋·必己》『若夫萬物之情，人倫之傳』，高誘注：『傳猶轉。』**應物而不窮** 應物，應對外物。不窮，不盡。

〔七〕**且子獨不見夫桔槔者** 且，更端之詞。獨，猶何。夫，猶彼。桔槔，《天地》作『槔』，利用杠桿原理製作的汲水工具。**引之則俯** 引，拉。**舍之則仰** 舍，放。**彼人之所引非引人** 彼，桔槔。之所，猶所以。**故俯仰而不得罪於人** 得罪，獲罪，猶言忤逆違背人的意願。行甫按：言桔槔隨人引舍而俯仰，比喻禮義法度乃爲人變通所用。

〔八〕**故夫三皇五帝之禮義法度** 故，因此。三皇，錢穆《纂箋》：『阮毓崧曰：三皇之號，昉於周禮，秦博士始有天皇、地皇、人皇之議。』五帝，《淮南子·本經》『五帝三王殊事而同指』，高誘注：『五帝，黃帝、顓頊、帝嚳、帝堯、帝舜。』**不矜於同而矜於治** 矜，猶講求、崇尚。《國語·晉語一》『不可以矜』，韋昭注：『矜，大也。』《漢書·賈誼傳》『故人矜節行』，顏師古注：『矜，尚也。』**故譬三皇五帝之禮義法度** 故，通顧，猶今言再說。譬，比喻。**其猶相梨橘柚邪** 其，猶乃。猶，如。相，同柤，字又作樝。**其味相反而皆可於口** 味，味道。相反，不同。可，適合。

〔九〕**故禮義法度者應時而變** 應時，適時。**今取猨狙而衣以周公之服** 今，猶若。猨狙，獼猴。周公，周公旦。行甫按：此詼諧諷刺語，周公作周禮有服冕衣裳之制。**彼必齕齧挽裂** 齕，音禾，啃。齧，音聶，咬。挽裂，撕裂。**盡去而後慊** 去，拋棄。慊，音切，通愜，快意。**觀古今之異猶猨狙之異乎周公** 猶，若。

〔一〇〕**故西施病心而矉其里** 故，猶若。西施，越國美女，已見《齊物論》『厲與西施』釋義。矉，音頻，通顰，皺眉頭。其里，西施居住之里巷。行甫按：俞樾《平議》以爲『其里』爲衍文，非也。此爲『矉』字之處所補語，無此二字語勢不完。**其里之醜人見之而美之** 美，以之爲美，羨慕。**歸亦捧心而矉其里** 此處亦重『其里』，足證二處『其里』不爲衍文。**其里之富人見之堅閉門而不出** 堅，猶緊。**貧人見之挈妻子而去走** 挈，帶領。去，離開。走，逃跑。**彼知矉美而不知矉之所以美** 彼，其里之醜人。**惜乎** 惜，哀痛。**而夫子其窮**而，通爾，你。其，猶乃。

此乃本篇第四章，師金批評孔子不識時務，不知是非，取先王已陳之芻狗，作爲當下的治國法寶。言不同時代有不同的對治之法，不必炫耀治理的手段相同，而應注重治理的實際效果。

【繹文】

孔子要去西邊的衛國遊説，孔門弟子顏淵請教太師金説：『您認爲本師此次行程將是什麽樣的結果？』

太師金回答説：『哀痛啊，尊師孔老夫子此行大概是走不通的！』

顏淵説：『爲什麽呀？』

太師金説：『比如那用草紮成的芻狗吧，在它用於祭祀之前，人們格外珍惜，小心翼翼地裝在一層又一層的箱子裏，還蓋上繡有花紋的絲織品，主祭的神職人員經過沐浴齋戒之後，才十分慎重地把它捧在手上送到祭祀場所。等到祭祀儀式結束了，就再也没人把它當回事了。過路的人踩踏它的腦袋與脊背，割草打柴的人把它拿回家生火做飯當柴燒便完事了。如果這時候有人再把它裝進箱子，蓋上繡花絲帛，常常繞著它不斷地走走停停來回觀賞，晚上睡覺都把它放在身邊，他不是經常做惡夢，就會時不時覺得心口被壓住似的發生夢魘。現在尊師孔老夫子，也是把五經六藝那些古代君王用過的草紮狗子重新拿出來欣賞把玩陪著睡覺，因而聚集一幫門徒諷讀吟誦五經講練演習六藝，難怪尊師孔老夫子四處碰壁，在宋國遭到司馬桓魋的驅趕，砍倒了他們歇腳的大樹；在衛國又遭到衛人的憎惡與圍攻，幸而逃脫，衛人把他們的腳印都給剗了；在商周之地如此窘迫困頓，這不就是經常做惡夢嗎？後來到陳國與蔡國去遊歷，又在陳國與蔡國的邊境上被人圍困了七天七夜，糧食吃完了，衹得以野果充飢，生死之間，命懸一線，這不就是被鬼魅壓住了胷口發生了夢魘嗎？

『再說吧，走水路沒有比乘舟船好的，走旱路沒有比駕車好的。如果把可以在水路航行的舟船硬要在旱路上推著走，那麼即使是走到死也是不可能移動半步的。古代與當今的不同不就像水路與旱路嗎？西周王朝與東魯之國的差別不就像船與車嗎？可是現在，孔老夫子硬要把西周的政治制度推行於魯國，這不就像在旱路上推動舟船行走一樣，辛苦勞累卻一無進展，自己也一定會遭到災禍。看來尊師孔老夫子根本不懂得轉動的物體是沒有固定方向的，以及應對外物的方法也是無窮無盡的這個淺顯道理啊！

『況且，你難道沒有見過那個利用杠桿原理製作的汲水機械嗎？往下拉，它便低下頭；放了手，它就抬起頭。那是因爲它被人拉上拉下而不是拉著人一上一下，所以它低頭與抬頭都是順著人的意志而行的。人控制汲水機械，而不是汲水機械控制人。這就好比那三皇五帝的禮樂文明與法律制度，不講求內容相同而講究治理效果的道理一樣，都是由使用它們的人所決定的。再說，那三皇五帝的禮樂文明與法律制度就好比那些山楂、梨子、甘橘和柚子等水果一樣，雖然它們的味道各不相同，但都適合人們的口味。

『所以說，禮樂文明與法律制度，都是應對時代變化的產物。如果讓猿猴們穿戴周公的禮服，猴子們一定會憤怒地又是啃又是咬，直到把這些禮服撕得粉碎，全部扔掉才會心滿意足。考察古代與當今的不同，不就像猿猴與周公的完全不同嗎！就像美女西施出門時犯了心痛皺著眉頭走在里巷裏，里巷裏長得難看的醜女人見到了，因爲羨慕西施的美麗，回去之後，也模仿西施捂著胷口皺著眉頭，在里巷裏走來走去。里巷的富人們見了，嚇得趕緊牢牢地關上大門不敢出來；窮人們見了，趕快帶領妻兒逃跑，生怕被嚇壞。這醜女人祇知道皺眉很漂亮，但不知道皺眉爲什麼漂亮。痛心啊，你老師這次去衛國遊說，大概是行不通的！』

［五］

孔子行年五十有一而不聞道，乃南之沛見老聃。〔一〕

老聃曰：『子來乎？吾聞子，北方之賢者也，子亦得道乎？』

孔子曰：『未得也。』〔二〕

老子曰：『子惡乎求之哉？』

曰：『吾求之於度數，五年而未得也。』〔三〕

老子曰：『子又惡乎求之哉？』

曰：『吾求之於陰陽，十有二年而未得。』〔四〕

老子曰：『然，使道而可獻，則人莫不獻之於其君；使道而可進，則人莫不進之於其親；使道而可以告人，則人莫不告其兄弟；使道而可以與人，則人莫不與其子孫。〔五〕然而不可者，无佗也，中无主而不止，外无正而不行。由中出者，不受於外，聖人不出；由外入者，無主於中，聖人不隱。〔六〕名，公器也，不可多取。仁義，先王之蘧廬也，止可以一宿而不可久處，覯而多責。〔七〕

『古之至人，假道於仁，託宿於義，以遊逍遙之虛，食於苟簡之田，立於不貸之圃。〔八〕逍遙，无爲也；苟簡，易養也；不貸，无出也。古者謂是采真之遊。〔九〕

『以富爲是者，不能讓祿；以顯爲是者，不能讓名；親權者，不能與人柄。〔一〇〕操之則慄，舍之則悲，而一無所鑒，以闚其所不休者，是天之戮民也。〔一一〕怨恩、取與、諫教、生殺，八者，正之器也，唯循大變无所湮者爲能用之。〔一二〕故曰，正者，正也。其心以爲不然者，天門弗開矣。』〔一三〕

【釋義】

〔一〕**孔子行年五十有一而不聞道** 行年，流年。行甫按：《論語·爲政》載孔子自言『五十而知天命』，此言『五十有一而不聞道』，詼諧語。**乃南之沛見老聃** 沛，今江蘇沛縣。《史記·老子韓非列傳》言老子乃楚國苦縣厲鄉曲仁里人，其地在今河南鹿邑縣，距沛較近。

〔二〕**子來乎** 子，先生。**吾聞子** 聞，聽説。**北方之賢** 賢，有才幹，有能力。**子亦得道** 亦，也詞。**未得** 未悟道。

〔三〕**子惡乎求之哉** 惡，何。乎，於。**吾求之於度數** 度數，計量，同義複詞。行甫按：度數，即《天道》第六章『有數存焉於其間』之『數』，喻道。二文均言道不可與子孫。**五年而未得也** 五年，古人言多則曰三，更多則曰九，見汪中《釋三九》。此言五年，猶言年數較多。

〔四〕**子又惡乎求之哉** 又，此外。**吾求之於陰陽** 陰陽，猶言天地。行甫按：天地陰陽乃道中之物而非道之本身。**十有二年而未得** 十有二年，比九更多，猶言曠日持久。

〔五〕**然** 如此。猶言道不可求而得。**使道而可獻** 使，假使。獻，猶進。**則人莫不獻之於其君** 人，猶人人。**使道而可進** 進，猶獻。**則人莫不進之於其親** 親，父母。**使道而可以告人** 告，告訴。**則人莫不告其兄弟** 兄弟，同胞。**使道而可以與人** 與，給予。**則人莫不與其子孫** 子孫，後輩。

〔六〕**然而不可者** 然，如此。可，猶能。**无佗** 佗，通它，别。**中无主而不止** 中，心之内。主，舍。《史記·黥布列傳》『因太宰主之』，裴駰《集解》引韋昭曰：『主，舍也。』《孟子·萬章上》『或謂孔子入衛主癰疽』，朱熹《集注》：『主，謂舍於其家，以之爲主人也。』止，留。行甫按：中无主而不止，言内心没有所舍之處，則道不可留止。《人間世》『唯道集虛』，是其義。无主，無虛。**外无正而不行**　外，心之外。正，猶止。行甫按：『正』與『止』通假互用，『正』亦『止』，說已見《德充符》『唯止能止眾止』以及『幸能正生，以正眾生』釋義。此言道內止於心，外止於物，必以心與物互顯，乃見道。內止於心，得道；外止於物，行道。俞樾《平議》謂『外无正』乃『外無匹』之譌，王叔岷《校詮》訓『匹』爲『合』，雖可備一說，但倘若原文可通，則無須考慮字誤。**由中出者**　中出，內心所出。**不受於外**　受，應，承。行甫按：不受於外，言外無所止。**聖人不出**　不出，不能表現出道的境界。**由外入者**　由外入，道由外傳入。行甫按：《大宗師》云道『可傳而不可受』，是其義。**無主於中**　心中不虛，道乃不舍。**聖人不隱**　隱，藏。不隱，不能藏之於心。

〔七〕**名公器**　名，名譽。公器，天下公共之器。**不可多取**　取，得。行甫按：《逍遙遊》曰『名者，實之賓也』，《人間世》曰『德蕩乎名』，實至則名歸，無其實而多取其名，則德之蕩。此以實至名歸比喻『中无主而不止』。**仁義先王之蘧廬**　蘧，通遽，《說文》：『遽，傳也。』廬，廬舍。郭象注：『蘧廬，猶傳舍也。』行甫按：傳舍即驛館，古代出使的官員或傳遞公文的公差臨時住宿之處。**止可以一宿而不可久處**　止，僅。一宿，住一晚。處，住。**覯而多責**　覯，音購，見。多責，多所指責。久處蘧廬則爲見者所責。行甫按：仁義偶一爲之則可，久爲則違背人之本性，故見者多所指責。此以『仁義』與『蘧廬』比喻『由中出者，不受於外』，而孔子乃强行『出之』。行甫又按：此處『名』與『仁義』有正意與喻意兩層涵義，喻意於釋義中業已說明；正意乃言孔子看重名聲，倡言仁義，皆與道的高邁超拔境界無緣。

〔八〕**古之至人**　至人，具有最高境界的人。**假道於仁**　假，借。道，路。**託宿於義**　託，寄託。宿，舍止。行甫按：假道、託宿，亦『蘧廬』之謂。其隱喻之意則是混跡黎甿。**以遊逍遙之虛**　虛，本亦作墟。行甫按：

虛，及下文「田」、「圃」，皆比喻之詞。**食於苟簡之田** 苟，苟且。簡，簡略。行甫按：苟簡，猶今言將就。**立於不貸之圃** 貸，《釋文》：「司馬云：施與也。」行甫按：貸，借物，施受同詞。《外物》「莊周家貧，故往貸粟於監河侯。監河侯曰：『諾。我將得邑金，將貸子三百金，可乎？』」是「貸入」與「貸出」皆曰「貸」。

〔九〕**逍遙无爲** 逍遙卽无爲。**苟簡易養** 易養，易活，猶言生活需求無多。**不貸无出** 无出，沒有付出。**古者謂是采真之遊** 是，猶之，此。采，取。采真，猶言體道。遊，行。行甫按：「古之至人」至「采真之遊」，頗有道教養生意味。

〔一〇〕**以富爲是** 是，正確，肯定。**不能讓祿** 讓，推讓。祿，祿位。**以顯爲是** 顯，顯赫，顯達。**不能讓名** 名，名譽。**親權** 親權，猶言貪戀權勢。**不能與人柄** 柄，權柄。

〔一一〕**操之則慄** 操，持。慄，恐懼。**舍之則悲** 舍，放下。悲，悲傷。行甫按：二句猶言患得患失。**而一無所鑒** 而，猶乃。一，皆。所，猶若，說見吳昌瑩《經詞衍釋》。鑒，鏡。行甫按：一無所鑒，皆不如鏡，猶言皆不能釋懷。《應帝王》「至人之用心若鏡，不將不迎，應而不藏，故能勝物而不傷」，是其義。**以闚其所不休** 以，猶而。闚，通窺，看，視。行甫按：此「闚」字與「鑒」字相關聯，猶今言盯著看。其，猶之。所，猶所以。不休，不止。行甫按：此連上文，謂「操之則慄，舍之則悲」，患得亦患失，得失皆不能釋懷，之所以如此緊盯著富祿、顯名、權柄不休，乃「天之戮民」。**是天之戮民** 是，猶乃。天之戮民，遭受「天刑」之人，猶言爲世俗價值觀念所戕害之人。參見《大宗師》「丘，天之戮民也」及《德充符》「天刑之，安可解」釋義。

〔一二〕**怨恩** 怨，憎惡。恩，恩惠。**取與** 取，奪取。與，賜予。**諫教** 諫，指責。教，教化。**生殺** 生，赦免也。殺，處死。**八者正之器** 正，通政。正之器，治理工具。**唯循大變无所湮者爲能用之** 循，順也。大變，猶言大化流行也。行甫按：循大變，猶言遵循大化流行之道。湮，湮滯。爲，猶乃。

〔一三〕**故曰正者**　正，通政。**正**　端正。**其心以爲不然**　不然，不是如此。**天門弗開**　天門，猶言心竅。

此乃本篇第五章，老聃問孔子是否得道以及得道的方法與途徑；並向孔子解説道的本質在於內心的寧靜及其自我超越，旣不可傳授，亦不可植入。因此，外在的輔助條件以及自身的修養工夫，都不是得道的決定因素，而內在的道德自覺才是根本，故曰『其心以爲不然者，天門弗開矣』。

【繹文】

孔子五十一歲了卻沒有悟道，於是到南方的沛地去拜見老聃。

老聃說：『先生遠道而來，一路上辛苦了吧？我聽說先生是北方的才能之士，先生是不是也悟道了呢？』

孔子回答說：『還沒有。』

老子又問：『先生是從哪裏入手求道的呢？』

孔子說：『我從事理的度數上摸索道，摸索了五年，可是一無所得。』

老子又問：『先生後來又從哪裏求道呢？』

孔子說：『我從天地陰陽之間摸索道，可是摸索了十二年，還是一無所得。』

老子說：『是啊，這也難怪。如果道是可以拿來敬獻給別人的，那麼人人都可以拿去敬獻給他們的君主； 如果道是可以拿來奉送給別人的，那麼人人都會拿去奉送給他們的父母； 如果道是可以告訴別人的，那麼人人都可以拿去告訴他們的兄弟； 如果道是可以傳給別人的，那麼人人都會把它傳給他們的兒孫。 爲什麼不能這樣做呢，沒有別的原因： 如果在心之內沒有可以讓道能夠留住的虛空，道是不可能留在心中的； 如果心之外沒有道可以停留的地方，心中的道也是不能表現出來的。由內心發出的道，如果沒有心外的對象可以接受，那麼聖人便不能表現出道的境界； 由心外植入的道，心中沒有足夠的虛空可容納它，聖人也無法擁有道的境界。 道與虛的關係，就像實至名歸的關係： 名，是天下所有人共同追求的東西，是不可以名不副實的。 仁義，是古代君王臨時所用的教化手段，長期使用便傷害人的本性，就像爲公差官員準備的傳舍與驛館一樣，祇能臨時住上一晚，不可能長期佔用，如果久住傳舍與驛館，被人發現了是要受到指責的。 所以想用仁義博取名聲，也不是長久之計。 再說如果追求名聲，倡言仁義，也是與道的境界無緣的。

『古代境界高遠的人，不過是從仁那裏暫時借個道，在義那裏臨時寄個宿，混跡於黎甿以與世俗相處而已，真實的目的卻是要達到逍遙自在的心靈狀態，也沒有更多的口腹之欲，食物簡單而將就，也沒有過多的物質需求，既不找人挪借，也不挪借給別人。 因此，逍遙自在，就是清靜無爲； 簡單將就，就是清心寡欲； 不挪借物什，也無需付出，古代把這個生活方式叫作體道的行爲。

『把財富看得很重的人，是不能推讓祿位的； 把顯赫看得很重的人，是不能推讓名聲的； 貪戀權勢的人，是不能把權柄交給別人的。 守著這些東西，他們會感到恐懼，生怕失去了； 放棄這些東西，他們會感到痛苦； 所有這些無論得失都難以釋懷，不能做到如鏡照物那樣坦然任其來去，所以老是盯著那些財富、名位、權勢一刻也不放鬆，這就是被世俗價值觀念殘毁了的人。怨恨與恩惠，奪取與賜予，諷刺與教化，赦免與處死，這八種手段，就是社會治理的工具，祇有遵循大化流行之道而無所拘滯的人才可以運用這些工具。所以説，社會治理，就是端正世道人心。如果有人認爲不應該是這樣的話，那就説明他的心竅還没有打開。』

〔六〕

孔子見老聃而語仁義。老聃曰：『夫播穅眯目，則天地四方易位矣；蚊虻噆膚，則通昔不寐矣。〔一〕夫仁義憯然乃憒吾心，亂莫大焉。吾子使天下无失其朴，吾子亦放風而動，總德而立矣，又奚傑然若負建鼓而求亡子者邪！〔二〕夫鵠不日浴而白，烏不日黔而黑。黑白之朴，不足以爲辯；名譽之觀，不足以爲廣。〔三〕泉涸，魚相與處於陸，相呴以溼，相濡以沫，不若相忘於江湖！』〔四〕

孔子見老聃歸，三日不談。弟子問曰：『夫子見老聃，亦將何規哉？』〔五〕

孔子曰：『吾乃今於是乎見龍。龍，合而成體，散而成章，乘雲氣而養乎陰陽。予口張而不能嗋，予又何規老聃哉！』〔六〕

子貢曰：『然則人固有尸居而龍見，雷聲而淵默，發動如天地者乎？賜亦可得而觀

乎？』遂以孔子聲見老聃。〔七〕

老聃方將倨堂而應，微曰：『予年運而往矣，子將何以戒我乎？』〔八〕

子貢曰：『夫三王五帝之治天下不同，其係聲名一也。而先生獨以爲非聖人，如何哉？』〔九〕

老聃曰：『小子少進！子何以謂不同？』

對曰：『堯授舜，舜授禹，禹用力而湯用兵，文王順紂而不敢逆，武王逆紂而不肯順，故曰不同。』〔一〇〕

老聃曰：『小子少進！余語汝三皇五帝之治天下。黄帝之治天下，使民心一，民有其親死不哭而民不非也。〔一一〕堯之治天下，使民心親，民有爲其親殺其殺而民不非也。舜之治天下，使民心競，民孕婦十月生子，子生五月而能言，不至乎孩而始誰，則人始有夭矣。〔一二〕禹之治天下，使民心變，人有心而兵有順，殺盜非殺，人自爲種而天下耳，是以天下大駭，儒墨皆起。其作始有倫，而今乎婦女，何言哉！〔一三〕余語汝，三皇五帝之治天下，名曰治之，而亂莫甚焉。三皇之知，上悖日月之明，下睽山川之精，中墮四時之施。〔一四〕其知憯於蠆蠆之尾，鮮規之獸，莫得安其性命之情者，而猶自以爲聖人，不可恥乎？其无恥也！』〔一五〕

子貢蹵蹵然立不安。〔一六〕

【釋義】

〔一〕**孔子見老聃而語仁義**　語，談論。**夫播穅眯目**　播，通簸，《說文》：『簸，揚米去穅也。』穅，今作糠，米殼。眯，音米，《說文》：『眯，艸入目中也。』**則天地四方易位矣**　易位，天旋地轉的暈眩現象。**蚊虻噆膚**　虻，大蒼蠅，俗稱牛虻。噆，音贊，叮咬。**則通昔不寐**　通昔，猶整夜。昔，通『夕』。寐，睡覺。

〔二〕**夫仁義憯然乃憒吾心**　憯，讀慘，毒。乃，猶而。憒，《釋文》：『本又作憒。』《說文》：『憒，亂也。』**亂莫大焉**　亂，與『憒』字相關聯。**吾子使天下无失其朴**　吾子，尊稱，猶言老先生。朴，未經雕琢之原木，喻人之本性。**吾子亦放風而動**　亦，特詞。放，放任。風，風俗。王叔岷《校詮》：『風猶俗也，《呂氏春秋·音初》篇「是故聞其聲而知其風」，高注：「風，俗。」與此同例。』行甫按：王氏之說是，此『風』字與上『朴』字相照應。然王氏以『朴』爲『牧』字之誤，則非是。**總德而立矣**　總，統一。德，合於道的行爲方式，無爲而治。立，通位，猶言尸其位而已。**又奚傑然若負建鼓而求亡子者邪**　奚，何。傑然，高舉貌。王叔岷《校詮》：『「傑」字當疊，趙諫議本亦作「傑傑然」，據《天道》篇「若負」上當補「揭仁義」三字。』負，背負。建鼓，猶大鼓。亡子，逃亡藏匿之人。

〔三〕**夫鵠不日浴而白**　鵠，白鶴。日，每日。浴，洗浴。**烏不日黔而黑**　黔，染黑。**黑白之朴**　朴，本色。言烏鴉之黑與白鶴之白，皆其本色。**不足以爲辯**　辯，通遍。章太炎《解故》：『辯，古以爲徧字，與廣爲耦語。』行甫按：黑白之朴，不足以爲辯，言烏鴉之黑與白鶴之白，皆其本色，但沒有必要讓全天下非白卽黑。**名譽之觀**

名譽，名聲與稱譽。觀，美觀，漂亮。行甫按：觀、朴，亦相對爲耦語。**不足以爲廣** 廣，推廣。行甫按：名譽之觀，不足以爲廣，謂名聲與稱譽雖然漂亮好聽，但也不能讓全天下皆追逐名譽。行甫又按：辯、廣，皆有所爲。

〔四〕**泉涸** 涸，乾枯。**魚相與處於陸** 相與，共同。處，居處。**相呴以溼** 呴，吹氣。**相濡以沫** 濡，濕。沫，口水。**不若相忘於江湖** 相忘，不相識。行甫按：此語已見《大宗師》，言各有當，不可强行牽附。「相呴」與「相濡」，喻以仁義之説匡濟人心。「江湖」喻淳樸自然的生存樣態。

〔五〕**孔子見老聃歸三日不談** 談，言語。**夫子見老聃** 夫子，先生。**亦將何規** 亦，特詞。將，猶當。規，規正，規勸。

〔六〕**吾乃今於是乎見龍** 乃今，於今。龍，《説文》：「鱗蟲之長，能幽能明，能細能巨，能短能長。春分而登天，秋分而潛淵。」**龍合而成體** 合，猶言收攏。**散而成章** 散，散開，佈散。章，文采燦爛。**乘雲氣而養乎陰陽** 養，通翔，王叔岷《校詮》：「劉師培云：『養、翔古通，《月令》「羣鳥養羞」，《淮南·時則訓》作「羣鳥翔」，是其比。』劉氏所舉《淮南子·時則》篇「羣鳥翔」，高注：『翔，或作養。』亦養、翔古通之證。」陰陽，猶言天地之間。**予口張而不能嗋** 予，我孔子。嗋，音協，合。**予又何規老聃哉** 又，猶有。

〔七〕**子貢曰然則人固有尸居而龍見** 子貢，孔門弟子，姓端木，名賜，字子貢。人，江南古藏本作至人。固，通顧，但，反。尸，尸主，代爲受祭者。尸居，《禮記·曲禮上》「坐如尸」，孔穎達《正義》：「尸居神位，坐必矜莊。」龍見，喻精神活躍。**雷聲而淵默** 雷聲，猶言影響巨大。淵默，沉默如深淵。**發動如天地** 發，欲動而未動。天，指雷聲。地，指淵默。**賜亦可得而觀** 亦，也詞。觀，觀賞。**遂以孔子聲見老聃** 遂，於是。聲，名聲。

猶言以孔門弟子身份見老聃。

〔八〕**老聃方將倨堂而應**　方將，正當。倨，因其老邁，坐姿較隨意，屁股著地，兩腿叉開。應，接。**微**　聲音微弱。**予年運而往**　運，行。往，去。行甫按：年運而往，猶言行年老邁。**子將何以戒我**　將，猶當。戒，通誡，規誡。

〔九〕**夫三王五帝之治天下不同**　夫，彼。之，猶其。**其係聲名一也**　係聲名，聲名相繼。《爾雅·釋詁》：『係，繼也。』**而先生獨以爲非聖人如何哉**　獨，特。

〔一〇〕**小子少進**　小子，年輕人。少，稍。進，前。**子何以謂不同**　何以謂，憑什麼說。**對曰堯授舜**　對，答。授，傳。**舜授禹**　禹，夏禹。**禹用力而湯用兵**　用力，禹治水成功，弼成五服。事見《尚書》之《堯典》與《皋陶謨》。湯用兵，商湯伐夏桀，見《尚書·湯誓》。**文王順紂而不敢逆**　文王，周文王姬昌，商紂王囚之於羑里；後商紂王封之爲西伯，征殷之叛國，以服事殷。**武王逆紂而不肯順**　武王，周武王姬發，文王之子。逆紂，牧野之戰，周武王克商滅紂，建立周王朝。**故曰不同**　故，因此。

〔一一〕**小子少進**　少進，再使其前，話較投機。**余語汝三皇五帝之治天下**　語，告訴。**黃帝之治天下使民心一**　一，無親疏之別。**民有其親死不哭而民不非也**　親死不哭，父母死去而不哀。非，指責，非議。

〔一二〕**堯之治天下使民心親**　親，愛其親。**民有爲其親殺其殺而民不非也**　殺其殺，殺掉那個殺害其父母的人。行甫按：《禮記·檀弓上》：『子夏問於孔子曰：「居父母之仇如之何」，夫子曰：「寢苦枕干，不仕，弗與共天下也。遇諸市朝，不反兵而鬬。」』《曲禮上》：『父之仇弗與共戴天。』不非，不以爲罪。郭象注：『殺，降也。言親疏者降殺。』成玄英《疏》：『爲降殺之服以別親疏。』行甫按：郭象已誤讀『殺』字，成玄英又增一『服』字，注者多據其說改下『殺』爲『服』，歧路之中又有歧路。**舜之治天下使民心競** 競，爭强好勝。**民孕婦十月生子** 十月，懷胎十月。**子生五月而能言** 言，開口說話。**不至乎孩而始誰** 乎，於。孩，小兒笑貌。誰，猶言能識別人。**則人始有夭矣** 夭，夭折。行甫按：民心爭强好勝，幼兒早教，因用智過早，傷其元氣，故夭折。

〔一三〕**禹之治天下使民心變** 變，機變，行甫按：變，猶言狡詐，又不僅爭强好勝而已矣。《人間世》『以巧鬬力者，始乎陽，常卒乎陰，泰至則多奇巧』，是其義。**人有心而兵有順** 心，機變之心。兵，兵器。有，猶爲。順，服，從。《詩·魯頌·泮水》『順彼長道』，鄭箋：『順，從也。』《禮記·月令》『順彼遠方』，鄭玄注：『順，猶服也。』行甫按：猶言人有機變狡詐之心，則兵器從而加之服之，故下言『殺盜非殺人』。**殺盜非殺** 孫詒讓《札迻》：『郭讀「非殺」句斷，《荀子·正名篇》云「殺盜非殺人」，楊注云：「殺盜非殺人，亦見《莊子》。」』行甫按：『殺盜非殺』，語意已足，郭讀是。『人』字當屬下句爲讀。**人自爲種而天下耳** 種，類。行甫按：人自爲種，猶言物以類聚，人以羣分。耳，王叔岷《校詮》：『耳猶然也，謂人各自爲類而天下皆然矣。』**是以天下大駭** 是以，因此。駭，亂。《戰國策·宋衛策》『而國人大駭』，姚宏注：『駭，亂憂也。』**儒墨皆起** 儒墨，儒家與墨家。行甫按：言『人自爲種而天下耳』之流弊，乃天下之人皆不歸儒卽歸墨以爲類。**其作始有倫** 有，猶以，已。說見吳昌瑩《經詞衍釋》。倫，順。《禮記·禮器》『君臣之義，倫也』，鄭玄注：『倫之言順也。』**而今乎婦女** 婦女，婦人與女子。行甫按：二句言『人自爲種』之流弊逐漸波及於婦人與女子。**何言哉** 猶無言。

〔一四〕**余語汝** 語，告訴。**三皇五帝之治天下名曰治之** 名，名義上。曰，猶爲。**而亂莫甚焉** 焉，於此。**三皇之知** 知，讀智。**上悖日月之明** 悖，通孛，遮蔽。已見《胠篋》『上悖日月之明』釋義。**下睽山川之**

精　睽，音葵，乖違。**中墮四時之施**　墮，音惰。施，移易。

〔一五〕**其知憯於蠆蠆之尾**　其，指三皇五帝。知，讀智。憯，通慘，毒。於，猶如。蠆蠆，音厲柴（去聲），毒蠍子。**鮮規之獸**　鮮規，成玄英《疏》：『小貌。』錢穆《纂箋》：『吳汝綸曰：規當讀窺，鮮窺，不常見者也。』行甫按：《國語·楚語上》『使不規東夏』，韋昭注：『規，猶有也。』是『鮮規之獸』，猶少有之獸，與吳氏之說相近。**莫得安其性命之情**　莫得，不能。安，安定。情，實。**而猶自以爲聖人**　猶，尚。聖人，聰明睿智之人。**不可恥乎**　乎，猶邪。**其无恥也**　其，猶乃。

〔一六〕**子貢蹵蹵然立不安**　蹵蹵然，內心不安貌。立不安，猶言內心慚愧站不住了。

此乃本篇第六章，老聃批評孔子以仁義治理天下的想法。言以仁義治天下，乃是亂天下，猶如毒傷天下人『性命之情』的害蟲猛獸。

【繹文】

孔子去拜見老聃，二人談論有關仁義的話題。老聃說：『如果簸米揚糠，糠皮吹進了眼睛，必然會覺得天旋地轉，上下四方的位置都顛倒了；蚊子蒼蠅叮咬了皮膚，便奇癢難熬，通宵達旦睡不著覺了。那所謂仁義也是慘毒無比，使我們的心智昏亂迷惑，以致給天下所造成的大亂也是無與倫比的。老先生呀，您應該讓全天下的人不要喪失了淳樸的本性，您尤其應該放任世俗民風讓天下之人自由行動，總體上祇是依從道的行爲方式在那裏無爲而治就可以了，又何必要高高地舉著仁義的大旗到處招搖，這不就像背著響鼓敲敲打打地尋找逃亡藏匿的人一樣讓他越藏越深嗎？ 比如說，那白鶴沒有必要每天洗浴自己的身子，它卻總是潔白的； 烏鴉也沒有必要每天涂黑自己的身子，它卻總是烏黑的。烏鴉的黑與白鶴的白，它們生來就是那樣的黑、那樣的白，但也不能把它們的黑與白推廣到全天下，讓天下所有的東西不是黑就是白吧？ 名聲與稱譽，當然很漂亮好聽，也是讓人覺得很自豪的東西，但是也不能讓全天下的人都去追逐名譽吧？ 再好比說，泉水乾枯了，水中的魚不得已被抛到陸地上來了，這些失水的魚兒們相互之間吹著濕氣，彼此用口水濕潤著對方，與其這樣生存維艱，倒不如在大江大湖之中互不相識。 所以試圖用仁義匡濟世道人心，還不如讓天下人返樸歸真，任其本性； 白的任其白，黑的任其黑，不必强行令天下所有的東西非白卽黑。』

孔子拜別老聃，回去之後，三天以來，一直沉默不語。 弟子們很好奇，問孔子說： 『先生拜訪老聃，也該對老聃有所規勸吧？』

孔子說： 『我到現在算是在這裏見到龍了。 那龍呀，收攏身子就是一條實實在在的龍體，放開身子就是燦爛無比的錦繡文章，乘著青雲之氣翱翔於天地之間呀！ 看得我呀，瞠目結舌張著嘴巴合不攏，一句話都說不出來，我又哪裏還能對老聃有什麼規勸啊！』

弟子子貢有些好奇，說： 『這麼說來，難道還真有人可以做到身體安然靜坐，精神可以如飛龍在天，默然不語而聲氣如雷可以震驚百里之外，其動如天響驚雷、其靜如深淵之水的人嗎？ 我端木賜也很想去看看呀，行嗎？』於是子貢便以孔門弟子的身份去拜見老聃。

老聃年邁體弱，隨便倚坐在堂上，準備著接待子貢的到來，聲音低微，說： 『我已經行年老邁了，你有什麼話要規戒我的嗎？』

子貢說：『那三王五帝治理天下，雖然方法不盡相同，但他們治理天下的名聲卻是一脈相承代代相傳的。可是先生卻單單認爲他們都算不上聰明睿智的人，這是怎麼說呢？』

老聃說：『年輕人，請你稍稍上前來一點，你憑什麼認爲他們的治理方法是不同的呢？』

子貢回答說：『唐堯傳授給虞舜，虞舜傳授給夏禹，夏禹花大力治理水患，商湯用武力征伐夏桀，周文王逆來順受不敢違抗商紂王，周武王不願臣服於殷商並且殺掉了商紂王。這就是他們的不同之處。』

老聃說：『年輕人，你再上前一步。我告訴你三皇五帝治理天下的歷史吧。黄帝治理天下，是讓天下人沒有親疏的差別之心，卽使有人死了父母而沒有悲傷哭泣，也沒人會指責他不孝。唐堯治理天下，是讓天下人有親愛父母之心，卽使有人殺掉了殺害他父母的人，也沒人會認爲他有罪。虞舜治理天下，是讓天下人有爭强好勝之心，民間孕婦懷胎十月而生下孩子，孩子出生五個月便能說話，還不到會笑的月份，孩子就能辨認身邊的人誰是誰了，於是過早地開發智力，傷了元氣，所以就開始有了大量夭折而死的人。夏禹治理天下，是讓天下人變得機巧而有狡詐之心，人人都有狡詐之心了，那接下來順理成章地就是大動干戈，據說這叫殺强盜不算殺人，人們開始拉幫結派形成團夥以自保，於是到處幫派林立，天下便開始洶洶大亂了，到後來便有了兩個最大的幫派儒家和墨家乘勢而起。這種風氣一旦有了開頭，便一發而不可收，到如今已經波及婦人女子們中間了。事已至此，還有什麼可說的呢！我告訴你，三皇五帝治理天下，名義上是天下太平，其實歷史上沒有比他們的治理更加混亂的時代了。

三皇的智巧，在上遮蔽了太陽與月亮的光輝，在下違背了山川與大地的精神，中間則毀壞了冬夏四時的推移。他們的智巧比大小蠍子的尾巴以及少有的怪獸還要毒惡無數倍，他們沒有一個能夠安撫天下之人的生命本性，還自以爲是聰明睿智的聖人，這不是非常可恥嗎？真是恬不知恥啊！』

子貢聽著聽著，便覺得渾身不自在，再也呆不住了。

〔七〕

孔子謂老聃曰：『丘治《詩》、《書》、《禮》、《樂》、《易》、《春秋》六經，自以爲久矣，孰知其故矣；〔一〕以奸者七十二君，論先王之道而明周、召之跡，一君无所鉤用。甚矣夫！人之難說也，道之難明邪？』〔二〕老子曰：『幸矣子之不遇治世之君也！夫六經，先王之陳跡也，豈其所以跡哉！今子之所言，猶跡也。夫跡，履之所出，而跡豈履哉！〔三〕夫白鶂之相視，眸子不運而風化；蟲，雄鳴於上風，雌應於下風而風化；類自爲雌雄，故風化。〔四〕性不可易，命不可變，時不可止，道不可壅。苟得於道，无自而不可；失焉者，无自而可。』〔五〕孔子不出三月，復見曰：『丘得之矣。烏鵲孺，魚傅沫，細要者化；有弟而兄啼。〔六〕久矣夫丘不與化爲人！不與化爲人，安能化人！』〔七〕

老子曰：『可。丘得之矣！』〔八〕

【釋義】

〔一〕**孔子謂老聃曰** 謂，與言。**丘治詩書禮樂易春秋六經** 治，研修。六經，錢穆《纂箋》：『黃震曰：六經之名始於漢。穆按：秦廷焚書，猶不以《易》與《詩》、《書》同類。』**自以爲久矣** 以爲，認爲。**孰知其故矣** 孰，通熟。故，意。《國語·楚語下》『夫其有故』，韋昭注：『故，猶意也。』《淮南子·氾論》『勒問其故曰』，高誘注：『故，猶意也。』

〔二〕**以奸者七十二君** 以，通已，已經。奸，通干，求謁。**論先王之道而明周召之跡** 道，治國理論。周，周公旦。召，召公奭。二人皆西周初年執政大臣。跡，政治事蹟。**一君无所鉤用** 所，猶或，有。鉤，《釋文》：『取也。』**甚矣夫** 夫，猶乎。**人之難說也** 之，猶如此。說，曉喻，打動。《韓非子》有《說難》篇。也，猶邪。**道之難明** 道，道理，理論。此指儒家學說。

〔三〕**幸矣** 幸，幸好，幸運。**子之不遇治世之君** 之，猶其。**夫六經** 夫，彼。**先王之陳跡** 陳跡，舊事。**豈其所以跡** 其，彼，指先王。所以跡，猶言用來治理天下創造事蹟的理論與方法。**今子之所言** 今，猶故。之，猶其。**猶跡** 猶，乃。跡，足跡，喻事蹟。**夫跡** 夫，猶若，彼。**履之所出** 履，鞋子，喻創造事跡的治理方法。**而跡豈履** 而，猶然。

〔四〕**夫白鶂之相視** 夫，彼。鶂，音益，今字作鷁。《說文》：『鶂，鶂鳥也，從鳥兒聲。《春秋傳》曰「六鶂退飛」。鷊，鶂或從鬲。鷁，司馬相如鶂從赤。』段玉裁注：『字見《春秋經》文十六年，水鳥也。《博物志》曰：

「鵠，雄雌相視則孕。」』之，猶若。相視，雌雄對視。**眸子不運而風化** 眸子，瞳仁。運，動。風，雌雄相誘。化，懷孕。郭象注：『不待合而生子，故曰風化。』**蟲** 飛蟲。**雄鳴於上風** 上風，風頭上。**雌應於下風而風化** 應，對。下風，風頭下。**類自爲雌雄** 類，如，同。自爲雌雄，雌雄同體。**故風化** 風化，不需交配即可懷孕。行甫按：鶂視蟲鳴皆可風化，以比喻治天下止須自然無爲，物皆各自風化，其正意在下文『性不可易』云云。

〔五〕**性不可易** 易，改變。**命不可變** 命，與性爲互文，生命之本性。**時不可止** 止，停止。**道不可壅** 道，大化流行之道，無爲自化之道。壅，堵塞。**苟得於道** 苟，假若。得於道，合於道。**无自而不可** 自，由，從。**失焉者** 焉，於此。失於此，失於道。**无自而可** 無論從哪說從哪看，皆不適合。

〔六〕**孔子不出三月** 不出，不出門，閉門深思。不出三月，猶言三月不出。**復見曰** 復，又。見，見老聃。**丘得之矣** 得，悟出道理了。**烏鵲孺** 烏，烏鴉。鵲，喜鵲。孺，幼雛。言烏鴉、喜鵲皆撫養幼雛。**魚傅沫** 傅，通敷，施。《釋文》：『司馬云：以沫相育也。』**細要者化** 要，讀腰。細要，蜂類。化，變他蟲之子爲己子。《釋文》：『司馬云：取桑蟲祝使似己也。』行甫按：祝，祈。祝使似己，言求使似己。**有弟而兄啼** 鍾泰《發微》：『既有弟，而復與之爭父母之愛憐，而至於啼泣，是爲不知化。』

〔七〕**久矣夫** 夫，猶乎。**丘不與化爲人** 化，大化流行。與化爲人，與化爲偶。說見《大宗師》『方且與造物者爲人』及《應帝王》『方將與造物者爲人』釋義。**不與化爲人安能化人** 安，如何。

〔八〕**可** 堪。**丘得之** 得之，猶言悟道。

此乃本篇第七章，孔子抱怨自己熟讀六經，遊說七十二君而無人採納運用，老聃則以爲六經乃『先之道相互重疊，因此，『治世之君』，循道無爲而已。人的自然本性是不能改變的，大化流行之道與自然無爲王之陳跡』，幸虧不遇，否則那禍害可就大了。

【繹文】

孔子對老聃訴說道：『我研讀《詩》、《書》、《禮》、《樂》、《易》、《春秋》這六部經典，自認爲時間很久，功底很深了，對這六部經典的意義，可以說是熟透了。據此我便周遊列國，已經干謁拜見了七十二位國君，向他們論述古代君王的治國方法，並且用周公旦與召公奭的事蹟作例子證明給他們看，可是沒有一個國君願意採納與運用。太過分了吧！人君真的很難用言語打動他們嗎？還是高深的理論難以說得明白呢？』

老子說：『幸虧你沒有碰到能夠治理天下的君主，否則你就非常難堪了！那所謂六部經典，不過記載古代君王的一些陳年舊事而已，怎麽能把它當作可以實現社會治理的理論與方法呢？所以你說的那些話，也就像人的足跡印一樣：人的足跡，是人穿著鞋子走出來的；因此，足跡怎麽能等同於鞋子呢？再說了，人的本性都是自然而然的，不是生命之外的附加品。比如那白色的水鳥如果相互對眼看一下，瞳仁凝然不動，雌雄不用進行交配便可以懷孕。還有一種蟲子，公的在上風處叫一聲，母的在下風處應一聲便可以懷孕。這些都相當於是雌雄同體可以自我繁殖，所以不用交配就能自己懷孕。所以說，人的本性是不可改變的，生命的常態也是不能打破的。時光永遠流逝著不會停息下來，大化流行之道以及與之相應的自然無爲之道是不能夠堵塞也不會停滯的。如果懂得這個道理，無論是從大化流行還是從自然無爲哪個方面來說，都是適當的。如果不懂得這個道理，無論是從自然無爲還是從大化流行哪個方面來看，都是不適合的。』

孔子聽了老子這番話，回去之後，閉門深思，三個月不出家門。然後再去拜見老聃，說：『我想明白了。烏鴉與喜鵲，自己撫養幼雛；魚用抹口水的方式養育魚仔；土蜂把桑蟲變成自己的孩子。弟弟出生，哥哥以爲分享了父母之愛而哭泣，顯然是感覺到事情發生變化了。是啊！很長時間了，我的思想沒有跟上大化流行的腳步，不懂得自然無爲的道理呀！不能跟上大化流行的腳步，又怎能用自然無爲的方法去感化世人呢！』

老子很高興地說：『好！孔丘悟道了！』

刻意第十五

刻意，此以首二字爲篇名。王夫之《莊子解》云『此篇之説，亦《養生主》、《大宗師》緒餘之論，而但得其跡耳』，『其文詞軟美膚俗，首尾結構一若後世科場文字之局度，以視《内篇》窮神寫生靈妙之文，若厲與西施之懸絶』。王氏之説，大抵不差，尤其對本篇文字風格之揭櫫也比較中肯。不過，較之《内篇》，本篇亦有新異之處，亦即首章比較集中地討論了不同價值觀念與生存樣態之間的關係，然後於衆多不同價值觀念與生存樣態之中肯定『恬惔寂漠虚无无爲』的生存方式。這種表述方式與邏輯演繹，《内篇》比較少見，而《雜篇》中僅《徐无鬼》有片斷發揮。

〔一〕

刻意尚行，離世異俗，高論怨誹，爲亢而已矣；此山谷之士，非世之人，枯槁赴淵者之所好也。〔一〕語仁義忠信，恭儉推讓，爲修而已矣；此平世之士，教誨之人，遊居學者之所好也。〔二〕語大功，立大名，禮君臣，正上下，爲治而已矣；此朝廷之士，尊主强國之人，致功並兼者之所好也。〔三〕就藪澤，處閒曠，釣魚閒處，无爲而已矣；此江海之士，避世之

人，閒暇者之所好也。〔四〕吹呴呼吸，吐故納新，熊經鳥申，爲壽而已矣：此道引之士，養形之人，彭祖壽考者之所好也。〔五〕

若夫不刻意而高，無仁義而修，无功名而治，无江海而閒，不道引而壽，无不忘也，无不有也，澹然无極而衆美從之。此天地之道，聖人之德也。〔六〕

故曰，夫恬惔寂漠虚无无爲，此天地之平而道德之質也。故曰，聖人休休焉則平易矣，平易則恬惔矣。〔七〕平易恬惔，則憂患不能入，邪氣不能襲，故其德全而神不虧。〔八〕

【釋義】

〔一〕**刻意尚行**　刻意，《釋文》：『司馬云：刻，削也，峻其意也。』成玄英《疏》：『刻勵身心。』尚，高。行，行爲。行甫按：猶言雕琢峻刻其思想，砥勵高尚其行爲。**離世異俗**　遠離世俗。**高論怨誹**　高論，言論峻刻，陳義甚高。怨誹，怨天尤人，誹謗當世。**爲亢而已**　爲，作爲，行爲。亢，高。**此山谷之士**　山谷，隱居林泉巖穴。**非世之人**　非世，指責時世。**枯槁赴淵者之所好**　枯槁，面容憔悴。赴淵，猶言投水而死。

〔二〕**語仁義忠信**　語，談論。**恭儉推讓**　恭，通供，盡於職守。儉，約束，節制。**爲修而已**　修，修身。**此平世之士**　平世，平治天下。**教誨之人**　成玄英《疏》：『施教誨物之人。』**遊居學者之所好**　遊居，成玄英《疏》：『或遊行而議論，或安居而講說。』

〔三〕**語大功**　語，談論。功，勛業。**立大名**　立，樹立。名，聲譽。**禮君臣**　禮，躬行君臣之禮。**正上下**

正，確定尊卑名分。**爲治而已矣**　治，社會治理。**此朝廷之士**　在朝之公卿大夫。**尊主强國之人**　尊主，使君主地位鞏固。强國，使國家富强。**致功並兼者之所好**　致功，建立功業。並兼，吞並敵國土地與人民。

〔四〕**就藪澤**　就，往。藪澤，猶江湖草野。**處閒曠**　處，居住。閒曠，人跡罕至之處。**釣魚閒處**　閒處，閒散無所事事。**无爲而已矣**　无爲，不爲世事。**此江海之士**　江海，遠離朝廷。**避世之人**　避世，不問世事。**閒暇者之所好**　閒暇，隱逸閒居。

〔五〕**吹呴呼吸**　練氣之法，深吸慢呼。**吐故納新**　吐故，吐出故氣。納，吸入新氣。**熊經鳥申**　熊經，《釋文》：『司馬云：若熊之攀樹而引氣也。』鳥申，成玄英《疏》：『類鳥飛空而伸腳。』行甫按：鳥申，如鳥鳴引頸之狀。**爲壽而已**　壽，長壽。**此道引之士**　道，通導，導氣，『吐故納新』是也。引，拉，拉伸身體以致柔，『熊經鳥申』是也。**養形之人**　養形，養生。**彭祖壽考者之所好**　彭祖，古代傳説長壽之人，見《逍遙遊》『彭祖乃今以久特聞』釋義。考，老。

〔六〕**若夫不刻意而高**　若夫，猶至於。不刻意，不『刻意尚行』。高，對應上文『亢』字。**无仁義而修**　无仁義，即不『語仁義』。**无功名而治**　无功名，不『語大功，立大名』。**无江海而閒**　无江海，不遠離朝廷。**不道引而壽**　不道引，不練氣拉身。行甫按：上述五種類型的生存方式，皆有索隱行怪之嫌，不能混跡於黎甿，做不到無可無不可。**无不忘**　沒有不能忘記的。**无不有**　沒有不可記住的。章太炎《解故》：『忘借爲亡，古無字，與有對文。』行甫按：章説顛矣。此當據『忘』字以釋『有』字，不當據『有』字以釋『忘』字。《王風·葛藟》『亦莫我有』，鄭《箋》：『有，識有也。』《小雅·四月》『寧莫我有』，朱熹《集傳》：『有，識有也。』《尚書·酒誥》『有斯明享』，蔡沈《集傳》：『有者，不忘之也。』所謂『識有』，即『不忘之有』。二句互文見義，沒有不能忘記的，也沒有不可記住的，隨緣自適，無可無不可而已。**澹然无極而衆美從之**　澹然，恬淡貌。无極，不偏於一端。衆美，多種好處。從，隨。行甫按：謂不汲汲以求卻自然而得。**此天地之道**　天地，天覆地載，無所偏私。**聖人之德也**　聖人，聰明睿智之人。德，合於道的行爲方式。

〔七〕**夫恬惔寂漠虚无无爲**　惔，通淡；恬惔，淡泊，不汲汲以求。寂漠，清心寡慾。虚无，无思無慮。无爲，無所作爲。**此天地之平而道德之質也**　天地，陰陽之氣。平，平和。道德，心靈境界與行爲方式。質，猶至。《天道》『天地之平而道德之至』，是『質』亦『至』，『至』亦『質』。**聖人休休焉則平易矣**　休休焉，俞樾《平議》：『「休焉」二字誤倒，此本作「故曰聖人休焉，休則平易矣」，《天道》篇「故帝王聖人休焉，休則虚」，與此文法相似，可據以訂正。』行甫按：俞説是，張君房本正作『休焉休』。休，止息。焉，於此。言止息於『天地之平而道德之至』。平易，平静簡易。**平易則恬惔**　則，猶乃。

〔八〕**平易恬惔則憂患不能入**　憂患，憂慮與禍亂。**邪氣不能襲**　邪氣，致病之氣。襲，侵入。**故其德全而神不虧**　德全，行爲方式健康周全。神，精神。虧，損。

此乃本篇第一章，言因不同的價值觀而有不同的生存樣態，最好的生存樣態是『恬惔寂漠虚无无爲』，認爲這種樣態代表著『天地之平而道德之質』，可以獲得『德全而神不虧』的生存效果。

【繹文】

雕琢峻刻其思想，超拔高邁其行爲，遠離世俗，離羣索居，發言不同凡響，憤世嫉俗，非毁朝政，不過是高自標榜自許清高而已；他們是隱遁林泉、棲居巖穴之人，是對世道人心極爲不滿的理想型人物；形容枯槁，面目憔悴，最後忿恚不容，投水自盡，是這類人物的好尚與歸宿。大談仁愛正義，忠誠老實，克盡職守，自我檢束，謙退辭讓，不過是修養身心操直守正而已；他們是平抑世道人心的人，是教化百姓、淳正風俗的有志之士；遊方而論道，安居而講學，是這類人物的好尚與歸宿。談論建立豐功偉業，樹立不朽聲名，躬行君臣禮節，確定上下尊卑，不過是實施社會治理、追求天下太平而已；他們是朝廷中的士大夫，是使君主地位更加鞏固，使國家更加富强的人物；建立不朽功勳，兼並敵國土地，是這類人物的好尚與歸宿。退隱江湖草澤之中，避居人跡罕到之地，打魚垂釣，悠閒自在，不過是無所事事、遊手好閒罷了；他們是處身江海、遠離朝廷的人，是逃避世俗的隱士；自由閒散、無所拘束是他們的好尚與歸宿。吹噓呼吸，養氣練息，吐出故舊廢氣，吸進新鮮空氣，像狗熊一樣挂在樹枝上，如鳥鳴一樣脖子來回伸縮，不過是强身健體希望高壽而已；他們是導引氣息、拉伸身體的人，是强健筋骨、養護形體的人物。攀比彭祖、追求老壽年高是他們的好尚與歸宿。

至於説無須雕琢刻飾心志而行爲自然高尚，無須高談仁愛正義而身心自有修養，無須談論建功立名而天下自然太平，無須退隱江湖而身心自然閒放，無須引導氣息、拉伸身體而年歲自然老壽，沒有什麼是不可忘記的，也沒有什麼是不能記住的，心境淡泊而無所偏執，所有的好處都會隨之而來，這就是達到了天地的境界，也就是聰明睿智的聖人所具備的行爲方式。

所以説，如果做到淡泊無求，清心寡慾，無憂無慮，無所作爲，這就是天地陰陽的自然平和，也是心靈境界與行爲方式的最高表現。所以説，聰明睿智的聖人，止心息慮，無私無慾；息心無慾，也就是心平氣和、簡易通達了。心氣和平、簡易通達，也就是心境淡泊、無所希求了。心境淡泊、無所希求，當然憂慮與麻煩就不會上心，致病的邪氣也不會侵入身體，所以他的生活方式便健康周全，精氣神也不會受到損傷。

〔二〕

故曰，聖人之生也天行，其死也物化；靜而與陰同德，動而與陽同波；不爲福先，不爲禍始；感而後應，迫而後動，不得已而後起。〔一〕去知與故，循天之理。故无天災，无物累，无人非，无鬼責。其生若浮，其死若休。不思慮，不豫謀。光矣而不燿，信矣而不期。〔二〕其寢不夢，其覺无憂。其神純粹，其魂不罷。虛无恬惔，乃合天德。〔三〕故曰，悲樂者，德之邪；喜怒者，道之過；好惡者，德之失。〔四〕故心不憂樂，德之至也；一而不變，靜之至也；无所於忤，虛之至也；不與物交，惔之至也；无所於逆，粹之至也。故曰：形勞而不休則弊，精用而不已則勞，勞則竭。〔五〕

【釋義】

〔一〕**聖人之生也天行**　之，猶若。生，活著。天行，依自然天理而動。**其死也物化**　其，猶若。物化，如物體之變化。**靜而與陰同德** 靜止故爲陰。德，行爲方式。**動而與陽同波** 運動故爲陽。波，流。參見《天道》篇同文釋義。**不爲福先** 不預先爲福。**不爲禍始** 不挑起禍端。**感而後應** 感，觸動。應，反應。**迫而後動** 迫，臨近。動，行動。**不得已而後起** 已，止。起，動作。

〔二〕**去知與故** 知，通智。故，智巧。**循天之理** 循，順。**故无天災** 天災，自然界的災害。**无物累** 物累，外物的牽累。**无人非** 人非，人世間的誹謗。**无鬼責** 鬼責，幽冥界的責難。**其生若浮** 若，如也。浮，隨其波流，猶言任放。**其死若休** 休，休息，休止。**不思慮** 去智也。**不豫謀** 豫，通預，豫謀，計劃，打算。去故也。**光矣而不燿** 燿，明，炫。**信矣而不期** 信，信用，誠信。期，必。行甫按：不期，猶言無論多久都會已諾必誠。

〔三〕**其寢不夢** 其，猶於。不夢，無所思。**其覺无憂** 憂，憂慮。行甫按：二句《大宗師》亦有之。**其神純粹** 神，心神。純粹，猶寧靜。**其魂不罷** 魂，猶神。罷，疲憊。行甫按：二句互文見義。**虛无恬惔** 虛无，虛靜無爲。恬惔，恬靜淡泊。**乃合天德** 天德，自然恬靜的行爲方式。

〔四〕**悲樂** 哀樂。**德之邪** 邪，僻。**喜怒者道之過** 過，過錯。行甫按：境界高遠，必超越喜怒。**好惡者** 好惡，猶是非。**德之失** 行爲上有過失。

〔五〕**心不憂樂** 不憂樂，無憂樂。**德之至** 至，極。**一而不變** 一，純粹。**靜之至** 一即純粹，猶言寧靜，故曰靜之至。**无所於忤** 所，猶可。於，猶與。忤，違逆。**虛之至** 虛，虛無，虛靜。**不與物交** 物，通指人與物。交，交接，交往。王叔岷《校詮》以爲『交』乃『殽雜』之義。行甫按：交，交互往來，雜然相處。**惔之至** 惔，淡泊。**无所於逆** 人與物無可與逆。**粹之至** 粹，純粹。行甫按：二言『無所於忤』，前者不與內心爲忤，後者不與外物爲忤。**故曰形勞而不休則弊** 形勞，勞形。休，止。弊，壞。**精用而不已則勞** 精用，猶用精。已，止。勞，辛勞。**勞則竭** 竭，氣血枯竭。

此乃本篇第二章，言『感而後應，迫而後動，不得已而後起』，總之，『去知與故，循天之理』，這就是虛無恬惔無爲的行爲方式。

【繹文】

所以說，聰明睿智的聖人如果活在這個世界，便依照自然天理來行動，如果哪天死去了也就像其他物體一樣消亡了。所以他不動的時候就像大地一樣寧靜而無所作爲，他行動的時候就像上天一樣運轉而生生不息； 他既不預先謀求福祉，也不故意挑起禍端； 外在事物有所觸動之後才去應對，事到臨頭之後才動手去做，不到萬不得已之時不會採取任何行動。他祛除了智力與巧慧，完全遵循自然天理而行。所以他不會遭到上天的懲罰，不會受到外物的羈絆，不會遭到人世的非難，不會遭到鬼神的責怪。他活著便如同浮在水上，隨其波流而因時任勢，他死去便如同勞累之後的休息。他沒有什麼事需要思考，也沒有什麼事值得憂慮； 他沒有什麼明確的目的，也不需要預先謀劃什麼。生命的光輝從未止息但並不炫人眼目，誠實守信，已諾必誠，即使終其一生，也決不會爽約。他無思無慮，睡覺時不會做夢，醒來後無所挂懷。他的心神寧靜，沒有任何雜事會對他產生困擾； 他的精力充沛，從來不會有疲倦的感覺。虛靜無所爲，淡泊無所求，這便是符合自然天理的行爲方式。

所以說，過於悲傷與歡樂，便是行爲方式出了岔子； 過於高興與憤怒，便是心靈境界出了毛病；過於强調是非與好惡，便是行爲方式出現了重大缺失。 所以心中無所謂憂愁與快樂，行爲方式便能體現出最好的狀態。 保持簡單純潔的心靈而沒有波動與變化，這便是內心寧靜的最高表現； 心懷寬廣，胷襟豁達，不會有與內心和適相衝突的感覺，這便是虛懷若谷的最高境界； 不與外在的人與事打交道，這是心境淡泊的最高表現； 對於外在的人與事沒有任何違逆的感覺，這便是心地純潔的最高表現。 所以說，形體過於勞累而得不到休息就會傷害身體，精力過多使用而沒有節制就會勞損精神，損精勞神，生命的源泉便會不斷枯竭。

〔三〕

水之性，不雜則清，莫動則平； 鬱閉而不流，亦不能清； 天德之象也。〔一〕故曰，純粹而不雜，靜一而不變，惔而无爲，動而以天行，此養神之道也。〔二〕夫有干越之劍者，柙而藏之，不敢用也，寶之至也。〔三〕精神四達並流，无所不極，上際於天，下蟠於地，化育萬物，不可爲象，其名爲同帝。〔四〕

純素之道，唯神是守； 守而勿失，與神爲一； 一之精通，合於天倫。〔五〕野語有之曰：『衆人重利，廉士重名，賢人尚志，聖人貴精。』〔六〕故素也者，謂其无所與雜也； 純

也者，謂其不虧其神也。能體純素，謂之真人。〔七〕

【釋義】

〔一〕**水之性**　性，本性。**不雜則清**　不雜，没有雜質。**莫動則平**　莫動，没有摇動。《德充符》：「平者，水停之盛也。」**鬱閉而不流**　鬱閉，鬱積停滯。**亦不能清**　亦，也詞。**天德之象**　天德，合於自然本性的行爲方式。象，形。《素問·六節藏象論》「藏象如何」，王冰注：「象，謂所見於外，可閲者也。」

〔二〕**純粹而不雜**　純粹，純一不雜。**静一而不變**　静一，虚静專一。**惔而无爲**　惔，淡泊。**動而以天行**　以，因。天行，依自然本性而行。**此養神之道也**　神，精神，心神。行甫按：養神，猶養心。

〔三〕**夫有干越之劍者**　夫，猶若。干越，出産名劍之地。《釋文》：「吴有溪，名干溪；越有山，名若耶，並出善鐵，鑄爲名劍也。」**柙而藏之**　柙，通匣。**不敢用**　不敢用，不輕用。**寶之至**　寶，珍藏，珍視。至，極。

〔四〕**精神四達並流**　四達並流，猶言精神的輻射性。**无所不極**　極，猶至。**上際於天**　際，接近。**下蟠於地**　蟠，委。《禮記·樂記》「及夫禮樂之極乎天而蟠乎地」，鄭玄注：「蟠，猶委也。」《孔子家語·致思》「下蟠於地」，王肅注：「蟠，委也。」**化育萬物**　化育，化生與養育。**不可爲象**　象，形。爲象，擬象形容。**其名爲同帝**　其，猶乃。行甫按：「名」與「象」互文見義，不可擬象，祇可賦以抽象之「名」。同帝，同於帝。王叔岷《校詮》：「帝乃德合天地之偁，《離騷》『帝高陽之苗裔兮』，王注：『德合天地稱帝。』」

〔五〕**純素之道**　純素，簡單樸素。道，方法。**唯神是守**　唯，惟，以。神，心神，精神。守，養，護。是，猶爲。行甫按：「唯（惟）×是×」即「以×爲×」。**守而勿失**　失，猶輕忽。**與神爲一**　猶言身心統一。**一之精通**

之，猶而。精，微。通，達。錢穆《纂箋》：『武延緒曰：疑當作「通精」。』行甫按：身心爲一，則精神周流無礙，與形體無分毫間隔，謂之『精通』。**合於天倫** 倫，猶理致。行甫按：合於天倫，猶符合樸素自然之理致。

〔六〕**野語有之曰** 野語，不見於經傳而流行於民間之語。《秋水》：『野語有之曰，「聞道百以爲莫己若者」，我之謂也。』**眾人重利** 利，財利。**廉士重名** 廉士，清廉之士，有所不爲。**賢人尚志** 賢人，有才能者。志，志向，理想。**聖人貴精** 精，精力，精神。精神充沛則身心健康。

〔七〕**故素** 故，猶夫，若。素，樸素，本色。**謂其无所與雜** 所，猶可。**純也者** 純，不雜。**謂其不虧其神** 虧，損。神，心神，精神。行甫按：素而无雜，即純；純，無私無慾，無憂無慮，是以不損勞其精神。**能體純素** 體，體認，踐履。**謂之真人** 真人，悟道之人，境界高遠之人。

此乃本篇第三章，言貴精守神，『能體純素』，則『養神之道』便是『真人』的養心之道。最後以『野語有之』簡結全文之旨，且與篇首所述價值觀念與生存樣態互爲表裏相關回照。王夫之所謂『若後世科場文字』，不易之論也！

【繹文】

水的本性，沒有雜質便是清澈的，沒有動盪便是平停的；鬱積停滯而不流動就會變質，也是不可能澄澈的；水的自然本性就是這種表現形式。所以說，心靈簡單純樸而不摻有任何私心雜念，平靜專一而沒有絲毫波動與變化，虛無淡泊而不汲汲於有爲，有所行動便依照自然天理而行動，便是修養心神的方法。這就好比吳地干溪以及越國若耶山鑄造的寶劍，祇能放在劍匣中謹慎地收藏，不敢輕易使用，這是珍藏寶劍的最好辦法。精神的能量巨大無比，能夠同時流射到天地四方各個角落，沒有哪個地方是精神所不能到達的，上可以瀰天相接而無縫隙，下可以遍地流泄而無遺餘，中可以生化養育萬事萬物，精神的這種巨大能量是無法擬象與形容的，祇能簡單地給它一個名稱，就叫作『類同上帝』吧。

純潔樸素的修養方法，便是把精神作爲養護的唯一對象；時時修養守護而不可稍有輕忽與懈怠。形軀與心神密切一致；精神通身周流無礙，與身心沒有分毫間隔，這便是符合自然理致的精神修養方法。有一種民間相傳的説法，道：『普通人看重財利，有所不爲的人看重聲名，有才能的人崇尚理想，聰明睿智的人看重精神。』所謂樸素，就是説不會有什麼東西可以相摻雜；所謂純潔，就是説沒有雜質因而不會虧損他的精神。能夠踐行純潔、體悟樸素，就可以稱之爲具有高遠境界的悟道之人。

繕性第十六

繕性，以首句之首二字爲篇名。本篇大旨，言修身養性當以淡泊與閒適涵養智慧，又以智慧反哺淡泊的心境與閒適的性情。然而，德衰道喪之世，聰明睿智的聖人，應『不爲軒冕肆志，不爲窮約趨俗』，當以『根深寧極』以待『時命』爲『存身之道』，不可『喪己於物』，亦不可『失性於俗』。然王夫之《莊子解》認爲，本篇『言恬知交養，爲有合於莊子之指』，但『語多雜亂，前後不相侔』。錢穆《纂箋》亦謂『德和、道理』云云，『此非莊子語，亦非老子語。蓋晚世儒生之學老莊者爲之』。陳鼓應氏《今注今譯》則棄之而『不加注譯』。其實，『德和、道理』者，正爲說明『知與恬交相養，而和、理出其性』而立，猶言『知與恬交相養』則一切皆可通達無礙，『不敖倪於萬物以與世俗處』而已，與莊書之旨並不相違。且《天運》言虎狼之有『仁』，亦性也。是莊書雖與儒書在語詞運用上有某些相同之處，但在概念內涵上卻不盡相同甚至其立言之旨尤爲不同，所謂『言各有當也』，是矣。注莊者往往拘泥於字面的語詞之用，動輒刪削莊子原文，以筌蹄爲魚兔，得『古人之糟魄』，正坐莊生之所譏而不自知耳。且王夫之所謂『語多雜亂，前後不相侔』，乃是文章學的問題，並非思想異質性的問題。

〔一〕

繕性於俗，俗學以求復其初；滑欲於俗，思以求致其明：謂之蔽蒙之民。〔一〕古之治道者，以恬養知；知生而无以知爲也，謂之以知養恬。知與恬交相養，而和、理出其性。〔二〕夫德，和也；道，理也。德无不容，仁也；道无不理，義也；〔三〕義明而物親，忠也；中純實而反乎情，樂也；信行容體而順乎文，禮也。〔四〕禮樂偏行，則天下亂矣。〔五〕彼正而蒙己德，德則不冒，冒則物必失其性也。〔六〕

【釋義】

〔一〕**繕性於俗** 繕，《釋文》：『崔云：治也。或云：善也。』性，性情。於，猶以。行甫按：『繕』乃修繕補救之義，是『繕性』即因本性有所缺失故急需修繕與補救，故下文乃言『復其初』。**俗學以求復其初** 復，回歸。初，本。章太炎《解故》：『繕性於俗俗學以求復其初，滑欲於俗思以求致其明。此耦語也。「俗學」之「俗」是賸字。』行甫按：此句當讀爲『繕性於俗學，以求復其初』，張君房本下俗字作□，當是剜改所致。**滑欲於俗** 滑，《釋文》：『滑音骨，亂也。崔云：治也。』俞樾《平議》：『當從崔說爲長。滑得訓治者，滑猶汩也。《說文》水部「汩，治水也」，是其義也。《玉篇·手部》「抇，亦搰字」，然則滑之與汩，猶搰之與抇矣。』欲，慾望。《禮記·樂記》『人生而靜，天之性也；感於物而動，性之欲也』，是『性』與『欲』，乃在動靜之間，既有別卻又無分。故以『繕性』與『滑欲』爲互文。行甫按：此句依章太炎說當讀爲『滑欲於俗思，以求致其明』。**思以求致其明** 行甫按：俗思、俗學，互文，《論語·爲政》孔子曰『學而不思則罔，思而不學則殆』，是其證。致，達。明，知，知有所去就。**謂之蔽蒙之民** 蔽，遮蔽。蒙，覆蔽。《漢書·衛綰傳》『常蒙其罪』，顏師古注：『蒙，謂覆蔽之。』行甫按：蔽蒙，同義複詞，今言蒙蔽。民，猶人。行甫按：以『俗』救『俗』，乃心智有所蒙蔽而不通。

〔二〕**古之治道者** 治道，修道。**以恬養知** 以，因，用。恬，淡泊閒適。養，涵養。知，通智，明智。行甫按：此『知』與上『致其明』之『明』相照應。**知生而无以知爲** 知，通智，張君房本重此『知』字。生，猶成。行甫按：知生，猶言『以恬養知』而『知』有所成。以，猶用。爲，作爲。行甫按：无以知爲，猶言不用智而有所作爲。**謂之以知養恬** 以知養恬，有智而不用，乃是以智慧涵養恬靜。**知與恬交相養** 交，互。**而和理出其性**

和理，和與理。其，猶於。行甫按：和、理，解在下文。出其性，出之於虛靜淡泊之本性。

〔三〕**夫德** 夫，猶彼。德，行爲方式。**和** 和適，和樂。《德充符》『德者，成和之修也』，是其義。**道** 心靈境界。**理** 合於天地自然之理。《秋水》『知道者必達於理』，是其義。行甫按：此乃解釋『和』與『理』。依文勢，當言『夫和，德也；理，道也』，猶言和適、和樂即是『德』，即合於道的行爲方式之內在依據。而行爲方式合於自然天理，便是虛靜無爲的高遠境界，此乃悟道的體現。**德无不容** 容，包容。**仁** 無差別之愛。行甫按：內心具有『和』之『德』，則通達無礙，無所不能包容，其外在體現乃無差別之愛，亦即『仁』。**道无不理** 道，虛靜無爲的心靈境界。**義** 宜。行甫按：具有虛靜無爲的心靈境界，不至出現有悖自然天理的行爲方式，動靜皆得其宜，是爲『義』。

〔四〕**義明而物親** 明，顯。物，猶人。親，近，附。行甫按：動靜得宜的行爲得到彰顯，則人皆親附。**忠**

通中，江南古藏本正作『中』。成玄英《疏》：『情率於中。』行甫按：此『中』乃就物我關係言之，既不强物以就我，亦不强我以就物，自然放任，則『親』者實『親』。**中純實而反乎情**　純，不雜。實，不虛。反，猶返。乎，於。情，情感，情緒。**樂**　快樂。行甫按：既不强物以就我，亦不强我以就物，此『中』乃不雜不虛之『中』。此不雜不虛之『中』反饋於心情，便是快樂。**信行容體而順乎文**　信，實。行甫按：此『信』之爲『實』，既指『中』之『實』，亦指『樂』之『實』。行，施行。行甫按：『行』當通『形』，前文釋義屢見，猶言表現，體現。容，容貌。體，形體。文，節次，秩序。行甫按：順乎文，符合自然的邏輯秩序，無顛倒失次之嫌。**禮**　行爲規範。行甫按：此『禮』乃指自然天理之規範，非人爲制訂之禮節儀文。行甫又按：此節所用之語詞與儒書大同，但作爲概念，其內涵則與儒書大異其趣，説者不可以辭害意。

〔五〕**禮樂徧行**　徧，通偏，江南古藏本作『偏』，是。行甫按：『偏行』，猶言不『中』不『信』。**則天下亂**　則，猶乃。亂，其本性亂。

〔六〕**彼正而蒙己德**　彼，指『古之治道者』。正，與『偏』相對，即上文之『中』與『信』。而，猶以。蒙，被覆，覆蓋。己，『古之治道者』之己。德，行爲方式。**德則不冒**　冒，猶上文之『蔽蒙』。**冒則物必失其性**　物，人。失其性，失其本性。

此乃本篇第一章，言以淡泊與閒適涵養智慧，而『俗學』與『俗思』衹會蒙蔽本性。

【繹文】

通過世俗的知識學問補救修治本性的缺失，希望恢復到最初的本來狀態；通過世俗的思想方法整治清除慾望的蔽障，希望達到聰明智慧的狀態，可以稱之爲心智閉塞不通的人。古時候，那些修養身心道德的人，是通過淡泊的心境涵養通達的智慧。通達的智慧由淡泊的心境涵養而生，但不會將這種智慧作有目的的運用，這就叫作用通達的智慧涵養淡泊的心境。如果通達的智慧與淡泊的心境交互涵養，那麼中正之和與天然之理便隨其本性而自然流露了。因此，他的行爲方式之中便自然包含著中正之和，他的精神境界之中便當然擁有天然之理。包含中正之和的行爲方式，便體現爲寬容豁達，沒有什麼是他不能容受與接納的，這就是無所差別的仁愛；虛靜無爲的心靈境界，不可能橫出有悖自然天理的行爲，因而無論動靜皆得其所，這就是得其宜而合於義；得宜合義的行爲不斷彰顯，人們自然就會親近與歸附，這種既不强人以就我，也不强我以就人的行爲方式，就是中正；這種不雜與不虛的中正行爲反饋到內心的情感，便形成快樂；這種不雜與不虛的中正行爲與實實在在的快樂情感在容貌與形體上表現出既定的邏輯次序，便是符合自然天理的行爲規範。如果這種行爲規範與快樂情感失去了中正之和，那麼天下便會一片混亂了。因此，古時候修養道德的人，用中正之和與天然之理涵蓋披覆自己的行爲方式，那麼他的行爲方式便不會被世俗的知識學問與思想方法所蒙蔽與左右。如果其行爲方式受到世俗學問與思想的蒙蔽，必然會喪失自然本性。

［二］

古之人，在混芒之中，與一世而得澹漠焉。〔一〕當是時也，陰陽和靜，鬼神不擾，四時得節，〔二〕萬物不傷，羣生不夭，人雖有知，无所用之，此之謂至一。〔三〕當是時也，莫之爲而常自然。〔四〕

逮德下衰，及燧人、伏羲始爲天下，是故順而不一。〔五〕德又下衰，及神農、黄帝始爲天下，是故安而不順。〔六〕德又下衰，及唐、虞始爲天下，興治化之流，澆淳散朴，〔七〕離道以善，險德以行，然後去性而從於心。〔八〕心與心識知而不足以定天下，然後附之以文，益之以博。〔九〕文滅質，博溺心，然後民始惑亂，无以反其性情而復其初。〔一〇〕

由是觀之，世喪道矣，道喪世矣，世與道交相喪也，道之人何由興乎世，世亦何由興乎道哉！〔一一〕道无以興乎世，世无以興乎道，雖聖人不在山林之中，其德隱矣。〔一二〕

隱，故不自隱。古之所謂隱士者，非伏其身而弗見也，非閉其言而不出也，非藏其知而不發也，時命大謬也。〔一三〕當時命而大行乎天下，則反一无跡；不當時命而大窮乎天下，則深根寧極而待：此存身之道也。〔一四〕

【釋義】

〔一〕**古之人** 人，猶民。**在混芒之中** 混芒，無人我之分，亦無人物之分。《應帝王》『一以己爲馬，一以己爲牛』是也。**與一世而得澹漠焉** 一世，猶言所有人。得，猶爲，取。澹漠，淡泊疏遠。

〔二〕**當是時** 當，值。是時，此時。**陰陽和静** 陰陽，猶言天地。和静，和諧安静。**鬼神不擾** 擾，侵擾。**四時得節** 得，中。張君房本『得』作『應』。節，次序。行甫按：得節，若『應節』，猶言有序。

〔三〕**萬物不傷** 傷，害。**羣生不夭** 夭，折。**人雖有知** 知，讀智。**无所用之** 所，猶可。**此之謂至一** 至，極。一，純一而不雜，統一而不亂。

〔四〕**當是時** 當，值。**莫之爲而常自然** 之，否定句代詞賓語前置。爲，人爲。常，猶長。然，猶成。

〔五〕**逮德下衰** 逮，及。德，社會風尚。下衰，墮落。**及燧人伏羲始爲天下** 燧人，始以鑽木取火用火的遠古部落。伏羲，卽庖犧氏，始烹飪獵物而熟食不再茹毛飲血的遠古部落領袖。始，猶乃。爲，猶治。**是故順而不一** 是故，因此。順，遂。《魯頌·泮水》『順彼長道』，《孟子·公孫丑下》『過則順之』，陳奐《詩毛氏傳疏》及朱熹《孟子章句集注》皆云：『順，猶遂也。』行甫按：順而不一，猶言天下之民，始知用火而熟食，因而生理順遂，不傷不夭；然民心則各有其私，非純一無雜。

〔六〕**德又下衰** 又，再。**及神農黄帝始爲天下** 神農黄帝，成玄英《疏》：『神農有共工之伐，黄帝致蚩尤之戰，祆氣不息，兵革屢興。』**是故安而不順** 安，定。行甫按：神農黄帝興兵而戰，有除暴安良之功，但天下之民多死於戰亂，故曰『安而不順』。

〔七〕**德又下衰** 言社會風尚再度墮落。**及唐虞始爲天下** 及，猶至也。唐、虞，唐堯、虞舜。**興治化之流**

興，開啓。治化，治理與教化。流，猶今言傳統。**澆淳散朴**　澆，音澆，薄。《釋文》『本亦作澆』，世德堂本作『濠』，當是『澆』字之譌。淳，厚。《釋文》：『本亦作醇，音純。』朴，正字作『樸』，原木。《説文》：『樸，木素也。』

〔八〕**離道以善**　道，澹漠無爲的生存方式。以，猶而。善，猶爲。王叔岷《校詮》：『《墨子·天志中》「何以知義之善政也？曰：天下有義則治，無義則亂，是以知義之善政也」，《下篇》兩善字並作爲，是善、爲同義。』**險德以行**　險，遠。《淮南子·主術》『幽野險塗』，高誘注：『險，猶遠也。』行甫按：險、離，互文，或訓爲傷（奚侗説），恐非是。德，合於道的行爲方式。行，猶爲。**然後去性而從於心**　去，離。性，自然本性。從於心，猶言隨心所欲。

〔九〕**心與心識知而不足以定天下**　心，有欲之心。行甫按：即上文『從於心』之『心』。心識知，有欲之心所認知之結論。俞樾《平議》：『「識知」二字連文，《詩》曰「不識不知」，是識知同義，故連言之曰「識知」也。諸家皆斷識字爲句，非是。』而，猶已，説見吳昌瑩《經詞衍釋》。定，安定。**然後附之以文**　附，附益。文，禮樂文教。**益之以博**　益，附益，增加。博，廣。《鬼谷子·權篇》：『繁稱文辭者，博也。』行甫按：附之以文，益之以博，言隨心所欲已無法安定天下，乃增益禮樂文明教化規範天下人心，又加以繁辭稱説，廣泛論證其正當性與合理性。

〔一〇〕**文滅質**　滅，掩蓋，淹滅。質，本質。**博溺心**　溺，淹没。心，心智。**然後民始惑亂**　始，猶乃。惑亂，迷惑昏亂。**无以反其性情而復其初**　无以，無從。性情，王叔岷《校詮》：『先秦至齊梁古籍多言「情性」，罕言「性情」。』

〔一一〕**由是觀之**　是，此。**世喪道**　喪，失。道，澹漠無爲的生存方式。**道喪世**　喪世，猶言與世間脱節。

世與道交相喪也　交相喪，相互睽違。**道之人何由興乎世**　道之人，懷道之人。何由，何從。興，興起。乎，猶於。**世亦何由興乎道**　興，猶產生。道，有關人生境界的學說。

〔一二〕**道无以興乎世**　无以，无從。**世无以興乎道**　世與道兩乖。**雖聖人不在山林之中**　雖，即使。聖人，境界高遠淡泊之人。**其德隱矣**　德，行爲方式。隱，藏。

〔一三〕**隱**　退隱。**故不自隱**　故，通顧，但。不自隱，被迫退隱。**古之所謂隱士者非伏其身而弗見**　伏，隱伏。**非閉其言而不出**　閉其言，不開口說話。**非藏其知而不發**　知，通智。**時命大謬**　時，時機。命，命運。謬，乖違錯亂。

〔一四〕**當時命而大行乎天下**　當，值。行，行其道。**則反一无跡**　反，通返。一，純一不雜，統一不亂。无跡，潛移默化，潤物無聲。**不當時命而大窮乎天下則深根寧極而待**　窮，不通。深根寧極。錢穆《纂箋》：『高秋月曰：根、極，謂性命也。』行甫按：根，猶本根，喻人之性。極，猶表末，喻人之情。深根，固養其性。寧極，安定其情。**此存身之道**　存身，生存，處世。道，方法。

此乃本篇第二章，言世衰道喪，文博溺心，性情乖悖，而聰明睿智的聖人祇好『深根寧極』以待『時命』。

【繹文】

遠古時代的人，生活在不分物我彼此的狀態之中，和所有的人保持著淡泊疏遠的關係。在這個時代，天地陰陽和適而寧靜，鬼神也不會作祟爲害，冬夏四時依次推移，萬事萬物都不會受到傷害，大眾生靈也不會遭到夭折。人們雖然具有足夠的智慧，但沒有地方可以施展使用。這就叫作純一而不雜、統一而不亂的清純之世。在這個時代，沒有任何事情要通過人的作爲來實現，總是自然而然地自動完成了。

至於社會風尚墮落到鑽木取火的燧人氏與烹飪獵物的伏羲氏治理天下的時代，人們雖然由此而過上了健康的生活，不再因茹毛飲血而傷身夭折，但人心卻各懷其私，天下便雜亂不能純粹而一統了。至於社會風氣更加墮落到神農與黃帝治理天下的時代，他們爲了除暴安良而屢興兵革，神農與共工氏戰，黃帝與蚩尤氏戰，天下之民雖然避免了流離失所而生活相對安定，但他們卻常常暴死於兵火戰亂之中。至於社會風尚再度墮落到唐堯與虞舜治理天下的時代，便開啓了治理教化的傳統，把遠古時代遺留下來的一點淳厚樸素的社會風尚進一步給敗壞了。他們背道而馳，離德而行，因而與人們自然淳樸的本性漸行漸遠，隨心所欲地胡作非爲。他們隨心所欲，而且以他們多欲的心智與見識已經沒有足夠的能力來安定天下人心了，於是他們便追加禮樂文教的手段來規範人倫，匡濟人心，而且還要造出各式各樣的說辭來證明他們治理天下的正當性與合理性。禮樂文教的手段把人的自然本質改造得面目全非了，各種不同的說辭也把人的心智完全擾亂了，人心迷惑混亂而無所適從，於是天下之人便昏頭昏腦，糊裏糊塗，找不到正確方向了，再想回歸自然本性重返淳樸恬淡，便永遠不可能了。

由此可見，時代喪失了淳樸的境界，淳樸的境界也離時代越來越遠了。時代風氣與淳樸恬淡兩相隔膜。境界高遠的人在這個世界從哪裏可以抬起頭來呢，這個世界又從哪裏可以產生有關人生境界的學説呢？有關人生境界的理論無法問世，世界也無容有關人生境界的學説産生。即使境界高遠的人不至於隱遁山水林泉之下，但他們的行爲方式實際上就是隱居了。

隱居了，但並非自願而是被迫隱居。古代所説的隱士，並不是説他隱藏自己不讓人見到他，也不是説他閉上嘴巴不發表任何意見，更不是説隱匿他的智慧絲毫不表露出來，而是説時代與命運大爲乖違使有道之士不能得志施行於世。如果碰上時代與命運相合因而可以廣泛推行其學説於天下，那麽這個世界就會重返淳樸淡泊純一不雜的社會風尚，而且是潛移默化，潤物無聲，不露絲毫痕跡。如果時代與命運都不相合，他的理想境界與思想學説得不到弘揚與推廣，那麽他便牢固地修養他的自然本性，安頓穩定他的心理情緒，從而耐心地等待時機，這就是境界高遠的有道之士的處世方法。

［三］

古之行身者，不以辯飾知，不以知窮天下，不以知窮德，危然處其所而反其性已，又何爲哉！〔一〕道固不小行，德固不小識。小識傷德，小行傷道。〔二〕故曰，正己而已矣。樂全之謂得志。〔三〕

古之所謂得志者，非軒冕之謂也，謂其无以益其樂而已矣。今之所謂得志者，軒冕之謂也。〔四〕軒冕在身，非性命也，物之儻來，寄者也。寄之，其來不可圉，其去不可止。〔五〕故不爲軒冕肆志，不爲窮約趨俗，其樂彼與此同，故无憂而已矣。〔六〕今寄去則不樂，由是觀之，雖樂，未嘗不荒也。〔七〕故曰，喪己於物，失性於俗者，謂之倒置之民。〔八〕

【釋義】

〔一〕**古之行身**　行，世德堂本作存。存身，猶言處世。**不以辯飾知**　辯，口辯。飾，掩飾，修飾。知，智慧。行甫按：不以辯飾知，言既不以口辯表現其智慧，亦不以口辯掩飾其智慧。**不以知窮天下**　窮，困窘。行甫按：或以爲句當作『不以知窮天』，『下』字爲衍文，恐非。不以知窮天下，言不以理論與學說導天下於末路，『天』豈可『窮』邪？**不以知窮德**　窮德，使行爲方式墮入絕境。**危然處其所而反其性**　危然，端正貌。行甫按：危，讀如『正襟危坐』之『危』。處，居。反，讀返。其，猶於。反其性，猶言返於自然本性。已，猶矣。王叔岷《校詮》『已』作『己』，屬下爲讀。行甫按：此當從趙諫議本與覆宋本及世德堂本作『已』，屬上爲讀，則文無滯累。**又何爲哉**　爲，作爲。張君房本爲字下有乎字。乎哉，語詞連用。

〔二〕**道固不小行**　道，虛靜無爲的思想境界。行甫按：道，泛指則爲理論學説及思想方法。固，猶必。小行，淺嘗輒止，行於一隅。**德固不小識**　德，合於道的行爲方式。行甫按：德，泛指則爲治國舉措及社會風尚。小識，見於一時一事。**小識傷德**　傷，損。**小行傷道**　行甫按：『傷德』若『傷道』，猶言破損不全，故下文曰『樂全之謂得志』。

〔三〕**正己而已**　正己，猶『危然處其所而反其性』。**樂全之謂得志**　樂全，以全爲樂。行甫按：全，猶言大行其道而大識其德。得志，滿意。行甫按：得志，猶今言實現理想。

〔四〕**得志者非軒冕之謂** 軒冕，車馬與禮服，代指爵祿富貴。**謂其无以益其樂而已** 益其樂，增益其樂。行甫按：樂，即『樂全』，言於其行大道識大德無所增益。**得志者軒冕之謂** 以爵祿富貴爲理想。

〔五〕**軒冕在身非性命** 爵祿與自然本性無關。行甫按：張君房本命下有『之有』二字，語意較完。**物之儻來** 儻，偶然。成玄英《疏》：『儻者，意外忽來者耳。』王引之《經傳釋詞》：『儻，或然之詞也。』**寄者也** 寄，暫託，非本有。**寄之** 之，猶者。**其來不可圉** 圉，通禦，《釋文》『本又作禦』，阻擋。**其去不可止** 止，禁止。

〔六〕**故不爲軒冕肆志** 肆，放恣。志，猶言慾望。**不爲窮約趨俗** 窮，窘迫。約，貧困。趨，趨赴。趨俗，猶言與世俗同流合污。**其樂彼與此同** 其，猶乃。彼，軒冕。此，窮約。同，同樂。**故无憂而已** 无憂，得失無患。

〔七〕**今寄去則不樂** 今，猶若，倘。寄，指軒冕。**由是觀之** 是，此，代『寄去則不樂』。行甫按：覆宋本『是』作『之』，王孝魚依世德堂本改。**雖樂** 樂，軒冕未去。行甫按：雖樂，即使軒冕之寄未去而可樂。**未嘗不荒** 未嘗，未始。荒，亂。《詩經·唐風·蟋蟀》『好樂無荒』，鄭《箋》：『荒，廢亂也。』

〔八〕**喪己於物** 物，軒冕。**失性於俗** 俗，趨俗。**謂之倒置之民** 倒置，本末顛倒，輕重失次。

此乃本篇第三章，言存身處世當以實現理想與抱負爲快樂，但實現理想與抱負並非擁有富貴軒冕，而是普遍提升人們的精神境界以及全面形成社會風尚。爲此，應當不因窮達而憂其心，不因得失而喪其志。否則『喪己於物，失性於俗』，便是本末倒置了。

【繹文】

古代境界高遠之人的處世方法是，不通過辯說掩飾智慧，不用智慧把天下引向末路，也不用智慧把行爲方式引向墮落，堂堂正正地置身於淡泊寧靜之處而返本歸真復其本性而已，又哪裏談得上有所作爲呢？淡泊寧靜的思想境界要普遍推行既不可能一蹴而就，也不可能淺嘗輒止；行爲方式與社會風尚也不可能衹是見之於一人一事，一時一處。見之於一人一事，一時一處的行爲方式，促進不了社會風尚的整體形成；僅僅衹是偶一爲之或淺嘗輒止的思想推廣，影響不了全社會精神境界的整體提升。所以說，堂堂正正地做好自己就可以了。衹有精神境界的普遍提升與社會風尚的全面形成，才能感到心情快樂，才可以稱得上實現了理想與抱負。

古代所說的理想與抱負的實現，並不是指象徵著富貴爵祿的高車大馬與峨冠博帶，這些東西絲毫不能夠增進從全面形成良好社會風尚以及普遍提升人們的精神境界之中所得到的快樂。可是，今天人們所說的實現理想與抱負，指的卻是擁有與富貴爵祿相關的高車大馬與峨冠博帶。乘坐高車大馬，擁有峨冠博帶，並不是人的自然天性所必需的，不過是偶然得來的東西，衹是暫時寄存一下而已。暫時寄存的東西，偶然而來，用不著阻擋；忽然而去，也用不著阻止。因此，不必爲了富貴爵祿而放縱慾望，也不必因爲窘迫困頓而趨炎附勢。有沒有富貴爵祿，是不是窘迫困頓，都不能改變內心的快樂，所以也就完全沒有任何憂慮與擔心了。如果高車大馬與峨冠博帶之類暫時寄存的東西沒有了便感到心情不快，由此就可以推知，即使得到了擁有富貴爵祿的那種快樂，也未嘗不是一種敗壞自然本性的荒唐行徑。所以說，因爲追求外在的事物而喪失了自己，因爲趨炎赴勢同流於世俗而喪失了本性，這就是人們所說的本末倒置之人。

秋水第十七

秋水，以首句首二字爲篇名。如果說《齊物論》以『天籟』爲喻討論人的認知之所以有是非與爭論的原因，强調消除是非之爭的首要方法是從認知源頭上『喪我』而『无己』，其次是『莫若以（已）明』，放棄是非之爭，而任是非『兩行』。本篇則深度討論兩種認知判斷，無論是事實判斷還是價值判斷，都存在著無限的相對性。就事實判斷而言，在道的時空框架之中，時間是無始無終的，空間是無邊無際的，而萬事萬物在道的大化流行之中，又是永遠變動不居的。因此，人對於宇宙萬物的認知，永遠祇是這個永恆的時空架構之中的一個極小的部分，甚至祇是一個極小的點而已，因而其認知結論便存在著無限的相對性。就價值判斷而言，作爲物種的人類以及作爲個體的生命，在無限的宇宙時空之中又是如此短暫而渺小，加之作爲認知主體，既有生命時空的囿限，也有知識背景與才智大小的制約，從而決定著認知主體的取捨原則及其價值觀念。因此，價值判斷，尤其是與審美情緒相關的趣味判斷，更是存在著無限的相對性，而且也是不能用事實判斷作檢驗，因而無從爭辯也用不著爭辯的。

通過這種論證邏輯，莊子告訴人們：對於事實判斷，永遠不能滿足於一得之見；對於價值判斷，永遠不要以己度人甚至以己加人。而做到這兩點，便是得道與悟道的心胷與境界。王夫之《莊子解》曰『此篇因《逍遥遊》、《齊物論》而衍之』，其說是矣。然觀其所論，則得之於粗而失之於精。嗟乎！《莊》書之難讀，良有以也。

［一］

秋水時至，百川灌河。涇流之大，兩涘渚崖之間，不辯牛馬。於是焉河伯欣然自喜，以天下之美爲盡在己。〔一〕順流而東行，至於北海，東面而視，不見水端，於是焉河伯始旋其面目，望洋向若而嘆曰：『野語有之曰「聞道百以爲莫己若者」，我之謂也。〔二〕且夫我嘗聞少仲尼之聞而輕伯夷之義者，始吾弗信；今我睹子之難窮也，吾非至於子之門則殆矣，吾長見笑於大方之家。』〔三〕

北海若曰：『井鼃不可以語於海者，拘於虛也；夏蟲不可以語於冰者，篤於時也；曲士不可以語於道者，束於教也。今爾出於崖涘，觀於大海，乃知爾醜，爾將可與語大理矣。〔四〕天下之水，莫大於海，萬川歸之，不知何時止而不盈；尾閭泄之，不知何時已而不虛。春秋不變，水旱不知。此其過江河之流，不可爲量數。〔五〕而吾未嘗以此自多者，自以比形於天地而受氣於陰陽，吾在於天地之間，猶小石小木之在大山也，方存乎見少，又奚以自多！〔六〕計四海之在天地之間也，不似礨空之在大澤乎？計中國之在海内，不似稊米之在大倉乎？〔七〕號物之數謂之萬，人處一焉；人卒九州，穀食之所生，舟車之所通，人處一焉。此其比萬物也，不似豪末之在於馬體乎？〔八〕五帝之所連，三王之所爭，仁人之所憂，任士之所勞，盡此矣。〔九〕伯夷辭之以爲名，仲尼語之以爲博，此其自多也，不似爾向之自多於水乎？』〔一〇〕

【釋義】

〔一〕**秋水時至** 秋水，《釋文》：『李云：水生於春，壯於秋。』時至，依時而至。**百川灌河** 河，黃河。**涇流之大** 涇流，河中主流。**兩涘渚崖之間** 涘，水邊。渚，小洲。崖，岸。行甫按：兩涘渚崖，猶言河水兩岸。渚崖，皆指水岸。**不辯牛馬** 辯，通辨，别。**於是焉河伯欣然自喜** 焉，猶而，説見吳昌瑩《經詞衍釋》。河伯，河神。《釋文》：『姓馮名夷，一名冰夷，一名馮遲。』**以天下之美爲盡在己** 以，以爲。美，善，好。

〔二〕**順流而東行** 東行，黃河於風陵渡折而東行。**至於北海** 北海，河水至河南孟州、武陟而後向延津、浚縣方向北折而後流入渤海，故曰北海。**東面而視** 東面，東向。**不見水端** 端，盡頭。**於是焉河伯始旋其面目** 旋，轉變。行甫按：旋其面目，變其欣喜之色。**望洋向若而嘆曰** 望洋，一作盳洋，疊韻連綿詞，《釋文》：『猶望羊，仰視貌。』若，海神。**野語有之曰** 野語，民間俚語。**聞道百以爲莫己若者** 百，猶較多。行甫按：百，古音博，與『若』爲韻。説見顧炎武《唐韻正》入聲二十陌。**我之謂** 之，此。謂，評説。行甫按：我之謂，猶此謂我。

〔三〕**且夫我嘗聞少仲尼之聞** 且夫，猶而且。嘗聞，曾經聽説。少，以爲少。聞，見聞。**而輕伯夷之義者** 輕，以爲輕。義，猶氣節。**始吾弗信** 始，初。弗信，不相信。**今我睹子之難窮** 子，你，海若，實指大海。難窮，不盡。**吾非至於子之門則殆**　殆，危。**吾長見笑於大方之家**　長，常，久。見，爲，被。方，富有。《廣雅・釋詁一》：「方，有也。」王念孫《疏證》：「方爲有無之有。」《秦風・小戎》「方何爲期」，陳奐《傳疏》：「方，亦爲有也。」家，室家。行甫按：家，與「門」字相照應，此乃比喻之詞。《論語・子張》：「譬之宫牆，賜之牆也及肩，闚見室家之好。夫子之牆數仞，不得其門而入，不見宗廟之美，百官之富，得其門者或寡矣。」是「大方之家」猶言「宗廟之美，百官之富」，亦「室家之好」。古注以「方」爲「道」，今注以「家」爲「人」，皆非。

〔四〕**井鼃不可以語於海者**　鼃，通蛙。《集釋》：「王引之曰：鼃，本作魚，後人改之也。」以，猶與。語，談論，告訴。於，猶以。**拘於虚也**　拘，拘限。虚，空。《釋文》：「虚音墟，本亦作墟。崔云：拘於井中之空也。」**夏蟲不可以語於冰者**　夏蟲，《逍遥遊》「蟪蛄不知春秋」，夏蟲。**篤於時也**　篤，專固。《集釋》：「篤字正與上下文拘、束同義。」**曲士不可以語於道者**　曲士，聞見狹隘之人。《釋文》：「司馬云：鄉曲之士。」行甫按：「曲」，本爲部曲，隊伍分畫之意，引伸爲偏僻、狹隘。參見《胠篋》「邑屋州閭鄉曲」釋義。道，猶言高深理論。**束於教**　教，教養，學識。**今爾出於崖涘**　爾，你。於，猶從。崖涘，河岸。**觀於大海**　於，猶到。**乃知爾醜**　醜，類。行甫按：乃知爾醜，才知道你的品類。**爾將可與語大理**　將，當。大理，高深道理。

〔五〕**天下之水莫大於海**　於，猶比。**萬川歸之**　歸，歸向。**不知何時止而不盈**　盈，滿。**尾閭泄之**　尾閭，海底漏下處。行甫按：閭，通呂，《説文》「呂，脊骨也，象形」，段玉裁注：「呂象顆顆相承，中象其系聯也。」是「尾閭」若「尾呂」者，脊椎之尾，肛門。此乃古人想象之詞。**不知何時已而不虚**　已，止。虚，空。**春秋不變**　春秋，北方春天雨少，秋天雨多。**水旱不知**　不知，猶言不受影響。**此其過江河之流**　此其，此也，虚詞連用。過，超過。**不可爲量數**　爲，猶以。量數，近義複詞，猶度量。

〔六〕**而吾未嘗以此自多**　以，猶因。自多，自以爲多。**自以比形於天地而受氣於陰陽**　以，猶認爲。比，猶並。行甫按：比形，形體與萬物並生於天地之間，故云『猶小石小木之在大山』。陰陽，猶天地。行甫按：當言『受氣於陰陽而比形於天地』，先有『氣』而後有『形』，《至樂》『氣變而有形』，是其證。此倒文。**吾在於天地之間猶小石小木之在大山**　猶，如。大，讀太，泰山。**方存乎見少**　方，猶將，且。乎，於。**又奚以自多**　又，豈。奚，何。以，猶爲。

〔七〕**計四海之在天地之間**　計，較。四海，天下。**不似礨空之在大澤**　礨，通壘，盛水之器。行甫按：礨空，比喻細小之空間。**計中國之在海内**　國，域。中國，中原地區。海内，四海之内。**不似稊米之在大倉**　稊，稗。行甫按：稊稗之米極細。大，讀太，太倉，天下糧倉。

〔八〕**號物之數謂之萬**　號，猶稱，計。數，猶數目。**人處一焉**　人，人類。一，一物。**人卒九州**　人，人衆。卒，猶盡，滿。九州，猶言天下。**穀食之所生**　穀食，以穀爲食。之，猶其。所，可。生，猶活。**舟車之所通**　通，達。**人處一焉**　人，個體之人。一，一人。**此其比萬物也**　此其，此。比，猶較。**不似豪末之在於馬體**　豪，通毫，細毛。末，末端。

〔九〕**五帝之所連**　五帝，黄帝、顓頊、帝嚳、帝堯、帝舜。連，聚。《禮記·王制》『十國以爲連』，鄭玄注：『連，猶聚也。』**三王之所爭**　爭，奪。**仁人之所憂**　仁人，有仁心之人。**任士之所勞**　任，肩。任士，猶言有責任擔當之士。**盡此**　此，指如同毫末之人。

〔一〇〕**伯夷辭之以爲名**　辭之，辭君位而不受。**仲尼語之以爲博**　語之，談論人之事。**此其自多**　此其，其。自多，自以爲多。行甫按：謂伯夷與仲尼所關心者，不過是有關人的那點事而已。**不似爾向之自多於**

水 向，剛才。

此乃本篇第一章第一節，言秋天河水滿溢，河伯自以爲大，見大海而自慚。北海若乃語之曰：由於時空的宥限與教養的差異，人的認知有很大局限性。而且作爲物種的人類，在天地之間不過是萬物之中的一物而已，至於作爲個體的人，就更加微不足道了。因此，人對於事物的觀察與認知永遠是不全面的。

【繹文】

秋天，大水應時而來，大大小小的川流匯聚起來灌注黃河。河中水流寬闊，大河兩岸相距遥遠，對岸的動物也分不出是牛還是馬。身爲河神的河伯於是高興得不得了，以爲天下的美好都在自己這裏。河伯順著水勢往東流，到達北海，抬頭向東面一望，卻怎麼也看不見海水的盡頭。於是河伯變了臉色，一改剛才志得意滿的欣喜神情，仰頭浩嘆，對著身爲海神的北海若說：『民間俚語有一種說法：「祇是懂得百條理，以爲誰也不如己」，這不說的就是我嗎？而且，我曾經聽說，有人以爲仲尼的見聞並不是多麼廣博，伯夷逃君辭位的氣節也不是多麼了不起。聽到這些說法，起初我並不相信。現在我見到您如此浩瀚無邊不可窮盡，我要是沒有到您的門下一睹您的富有就很危險了，我會永遠遭到富豪大宅之家的恥笑。』

北海若說：『井裏的青蛙之所以不可與它談論大海的遼闊，是因爲它受到生存空間的限制；夏天的蟲子之所以不可與它談論寒冬的凝冰，是因爲它受到生存時節的局限；　知識狹隘的讀書人之所以不可與他討論高深的道理，是因爲他受到教育背景與知識儲備的束縛。現在，你從狹小的河岸一路流了出來，看到了大海的遼闊，才意識到你的基本品格與類型，你應當是可以共同討論大道了。天下的水，沒有比海更闊大的了，無數的川流匯歸於大海，不知道什麼時候停下來卻從不會滿溢；　海底的暗漏不斷排泄，也不知道什麼時候停下來卻不會空虛。無論春季還是秋季，水量沒有變化；　無論水澇還是旱災，它都沒有什麼感覺。這樣的吞吐量，遠遠超過大江大河的水流，已無法用數目來計算了。可是我之所以從來沒有因此而自我夸耀，是因爲我知道稟受陰陽之氣而成形且與千品萬類的物種並存在天地之間。在這個遼闊無垠的天地裏，我就好像一個小小的石塊，一顆小小的樹木在泰山上一樣。而且我還覺得自己非常渺小，又哪裏會自以爲了不起呢！　想想天下四海雖然很大，但天下四海在天地宇宙之間，不就像一隻空罐子處在水鄉澤國一樣嗎？　想想中原地區在四海之内，不就像一顆稊稗米粒處在天下糧倉裏一樣嗎？　統計物種的數目稱之爲萬，作爲物種的人類，不過是萬物之中的一物而已；　人類集滿九州，賴五穀爲食而可以生活的地方，用車船交通而可以到達的地方，無處不是人。因而作爲個體的人，與天下萬物比起來，不就像一根毫毛尖尖處在馬的身體上一樣微不足道嗎？古代的五位帝王想方設法所聚集的，夏、商、周三代君王拚死拚活所爭奪的，胷懷仁愛的人所關心憂慮的，責任心强的人所辛勤擔當的，也就這麼一點東西了。伯夷辭讓它們博得了節義的名聲，孔子談論它們得到了淵博的讚揚，這種自我炫耀，不就像你剛才自認爲天下的水都在你這裏一樣嗎？』

河伯曰：『然則吾大天地而小豪末，可乎？』〔一〕

北海若曰：『否。夫物，量无窮，時无止，分无常，終始无故。〔二〕是故大知觀於遠近，故小而不寡，大而不多，知量无窮；證曏今故，故遙而不悶，掇而不跂，知時无止；〔三〕察乎盈虛，故得而不喜，失而不憂，知分之无常也；〔四〕明乎坦塗，故生而不說，死而不禍，知終始之不可故也。〔五〕計人之所知，不若其所不知；其生之時，不若未生之時；以其至小求窮其至大之域，是故迷亂而不能自得也。〔六〕由此觀之，又何以知豪末之足以定至細之倪！又何以知天地之足以窮至大之域！』〔七〕

【釋義】

〔一〕**然則吾大天地而小豪末**　然，如此。大天地，以天地爲大。小豪末，以豪末爲小。**可乎**　可，合適。

〔二〕**否**　不可。**夫物**　夫，猶彼。**量无窮**　量，數量。窮，盡。**時无止**　止，竟。**分无常**　分，分解，變化。无常，不久。行甫按：分无常，猶言瞬息萬變。**終始无故**　終始，猶首末。故，固。行甫按：終始无故，猶言循環無端。

〔三〕**是故大知觀於遠近**　是故，因此。知，通智。觀，察。遠近，小大。行甫按：遠者小，近者大，是『遠近』猶言小大。**故小而不寡**　不寡，不以爲少。**大而不多**　不多，不以爲多。**知量无窮**　知，懂得。行甫按：『知量無窮』，因。『小而不寡，大而不多』，果。**證曏今故**　證，驗。曏，通向，猶於。故，通古。行甫按：證曏今故，與『觀於遠近』、『察乎盈虛』、『明乎坦途』句法一律，是『鄉』必訓『於』。『鄉』通『向』而訓『往』，『往』訓『于』，《說文》：『于，於也。』**故遙而不悶** 遙，遠。悶，煩憂。行甫按：遙而不悶，既指遙遠的過去，亦指遙遠的未來。**掇而不跂** 掇，拾。跂，通企，抬起腳跟。行甫按：掇而不跂，俯拾即是，無須企盼與等待，即當下之時。**知時无止** 行甫按：知時无止，則對於過去無所留戀，對於未來無所企盼，抓住當下而已。

〔四〕**察乎盈虛** 察，猶觀。盈，滿。虛，空。**故得而不喜失而不憂** 得與失，變化之謂。**知分之无常** 之，猶乃。行甫按：知分之无常，言懂得物乃變動不居，故得之不喜，失之不憂。

〔五〕**明乎坦塗** 坦，平。塗，泥。行甫按：坦塗，當與『盈虛』、『遠近』、『今故』詞法從同，皆爲反義並列複詞，非今所謂平坦大道之『坦途』義。**故生而不說** 說，通悅。**死而不禍** 不禍，不以爲禍。**知終始之不可故** 故，固。

〔六〕**計人之所知** 計，考量。**不若其所不知** 猶若，如。**其生之時不若未生之時** 生，活著。郭象《注》：『所知各有限也，生時各有年也。』**以其至小求窮其至大之域** 小，少。行甫按：至小，指『所知』與『生之時』之少。窮，盡。至大，指『所不知』與『未生之時』。域，猶言範圍。**是故迷亂而不能自得** 是故，因此。迷亂，迷惑昏亂。自得，獲得滿意的結果。

〔七〕**何以知豪末之足以定至細之倪** 何以，於何。足以，猶得以。定，確定。倪，端，邊界。王叔岷《校詮》：『倪與域對言，倪猶崖也。《大宗師》「不知端倪」，《釋文》倪亦音崖。《天下》篇「無端崖之辭」，字正作崖，是倪、崖相通之證。』**窮至大之域** 窮，盡。域，範圍。

此乃本篇第一章第二節，接上文『知類』(『乃知爾醜』)而進言事物大小乃是相對的。天地雖大，不能因此以爲天地便是最大的；豪末雖小，也不能就此確定豪末便是最小的。事物的數量無窮，時空無限，分合無常，大與小的差異，不過是觀察者的視野與所處的立場不同從而形成的表象，並非事物的真相。所以永遠不能確定誰是最大，誰是最小。

【繹文】

河伯說：『這樣的話，那麼我把天地當作最大，而把毫毛尖尖當作最小，可以嗎？』

北海若說：『不可以。那些在我們之外的東西，在數量上是無窮無盡的，在時間上是沒有止境的，在變化上是不會長久的，開始與終結也是不能確定的。因此，具有大智慧的人，分得清楚大小或遠近的相互關係，所以體量小的東西，他並不認爲它就是少；體量大的東西，他也不認爲它就是多；因爲他懂得外在事物在數量上是不能窮盡的，說不定還有比它更大或者更小的東西。他看得明白今時不同往日，所以無論時間多麼遙遠都不會感到煩愁與焦慮，他衹是抓住當下唾手可得的日子，不會留戀已經逝去的時光，不會企盼永無預期的未來，因爲他知道時間是永遠流逝而不止的，當下的時光也會成爲遙遠的過去。他看得清楚盈滿與空虛的相互轉換，所以得到了並不值得高興，失去了也不值得煩惱；因爲他懂得變化總是發生在瞬間的事情，下一刻將要發生什麼，難以逆料。他想得明白人生的道路既有坦途也有泥濘，不可能一帆風順；所以活著未必就是愉快，死去也未必就是災禍；因爲他知道哪裏是開頭哪裏是終結也是不可一概而論的，說不定死去便是一種新的生命開端。考量人所懂得的知識，遠遠不如他不懂得的知識多；　他活著的時光，遠遠比不上他沒有活著的時光漫長；如果希望用他少得可憐的知識去推知遠遠超出他的知識總量的東西，試圖用他短得可憐的生命去窮盡他生命之外極爲廣博的時空領域的事物，他便會感到迷惑昏亂因而不可能獲得他所滿意的結果。由此可見，又怎麼知道僅用毫毛尖尖就可以確定最細小的邊界，又怎麼知道僅憑天地之大就可以窮盡最廣大的空間呢。』

河伯曰：『世之議者皆曰：「至精无形，至大不可圍。」是信情乎？』〔一〕

北海若曰：『夫自細視大者不盡，自大視細者不明。〔二〕夫精，小之微也；　垺，大之殷也；　故異便。此勢之有也。〔三〕夫精粗者，期於有形者也。无形者，數之所不能分也；不可圍者，數之所不能窮也。〔四〕可以言論者，物之粗也；　可以意致者，物之精也；　言之所不能論，意之所不能察致者，不期精粗焉。〔五〕

『是故大人之行，不出乎害人，不多仁恩；　動不爲利，不賤門隸；　貨財弗爭，不多辭讓；〔六〕事焉不借人，不多食乎力，不賤貪污；　行殊乎俗，不多辟異；〔七〕爲在從衆，不賤佞諂；　世之爵祿不足以爲勸，戮恥不足以爲辱；〔八〕知是非之不可爲分，細大之不可爲倪。〔九〕聞曰：「道人不聞，至德不得，大人無己。」約分之至也。』〔一〇〕

【釋義】

〔一〕**世之議者皆曰**　世，當世。議，言論。行甫按：議，談説個人傾向性意見。**至精无形**　精，微細。**至大不可圍**　圍，繞。**是信情乎**　信，真。情，實。

〔二〕**夫自細視大者不盡**　夫，猶若。自，從。盡，遍，全。**自大視細者不明**　明，清晰。

〔三〕**夫精**　夫，猶而。**小之微**　之，猶而。**垺**　音孚，通郛，外城，借代爲龐大無比。**大之殷也**　殷，亦大。**故異便**　便，猶宜。行甫按：異便，自細不宜視大，自大不宜視細，此爲不同的方便之處。**此勢之有**　此，指『異便』。勢，趨勢，必然。有，實有，存在。

〔四〕**夫精粗**　夫，猶且，至於，更端之詞。**期於有形**　期，限，必。**无形**　至精。**數之所不能分**　數，猶度。分，析。**不可圍**　不可圍，至大。**數之所不能窮**　窮，盡。

〔五〕**可以言論**　言，語言。論，談説，討論。**物之粗**　粗，粗淺，大略。**可以意致**　意，意識，領會。致，猶達。**物之精**　精，精微，精神。**言之所不能論**　語言無法傳達。**意之所不能察致**　意識無法領略而得。**不期精粗焉**　不期，猶超出。精粗，有形體者。行甫按：不期精粗，超出有形之外，則『言』與『意』皆不能達，此乃道的精神境界。

〔六〕**是故大人之行**　是故，因此。大人，境界高遠之人。行，行爲。**不出乎害人**　乎，於。王叔岷《校詮》云：張君房本作『不出乎害人之塗也』。行甫按：張本當是據郭象注而妄加三字。**不多仁恩**　多，推崇。仁恩，仁愛與恩惠。**動不爲利**　動，行動。**不賤門隸**　賤，輕視。門隸，守門奴隸。王叔岷《校詮》：『門隸則爲薄利耳。』**貨財弗爭**　弗，不。**不多辭讓**　辭讓，推辭遜讓。

〔七〕**事焉不借人**　事，爲事。焉，猶然。借，借助。**不多食乎力**　食乎力，猶自食其力。**不賤貪污**　貪，貪慾。污，穢行。**行殊乎俗**　殊，猶異。**不多辟異**　辟，通僻。異，特別。

〔八〕**爲在從衆**　爲，猶行事。從，隨順。**不賤佞諂**　佞，巧言。諂，諂媚。**世之爵禄不足以爲勸**　不足，不得。勸，勉。**戮恥不足以爲辱**　戮恥，猶刑罰。辱，羞辱。

〔九〕**知是非之不可爲分**　分，辨别。**細大之不可爲倪**　倪，界限。行甫按：『倪』亦『分』，二句爲互文。

〔一〇〕**聞曰道人不聞**　道人，境界高遠之人。不聞，猶無名。**至德不得**　德，合於道的行爲方式。得，讀德。行甫按：至德不得，最合於道的行爲方式是不在行爲上表現出來，猶言『无功』。**大人無己**　大人，境界崇高之人。**約分之至**　約，少，止。《淮南子·主術》『所守甚約』，高誘注：『約，少也。』《戰國策·燕策二》『蘇代約燕王曰』，鮑彪注：『約，止也。』行甫按：約分之至，猶言不可分辨之極。

此乃本篇第一章第三節，言不僅最小與最大在事實上是無法確定的，而且精粗小大，也衹對於有形的物質實體才是有效的概念。至於無形的精神實體，乃是既不能用語言來指說，也不能用思維去領會，因而超越了人的認知範圍。這個無形的精神實體，便是超邁而高遠的道的心靈境界。因此，唯一能夠用來描述這個精神實體之具體屬性的表達方式便是『它既不是A，也不是負A』，所以『是非之不可爲分，細大之不可爲倪』。也就是説，『是非』，『小大』，這些概念與術語都不能用來指説與描述道的心靈境界。

【繹文】

河伯說：『社會上討論學術的人都說：「極爲精細就是沒有形狀，極爲龐大就是無法範圍。」這是實有其事的嗎？』

北海若說：『如果從一個細微的立場觀察一個巨大的對象，就會感覺那個巨大的對象是不可窮盡的；如果從一個廣闊的視野觀察一個細微的對象，就會覺得那個細微的對象是無法清晰的。而精細，就是小而又小；龐大，就是大而又大；自大不能視小，自小不能視大，所以大與小各有不同的方便，這是必然具有的鐵律。至於精細與粗大的概念，衹適用於具有形體的對象。沒有形體的對象，不可能用數量進行分割；無法包圍的對象，數量也是不可能窮盡的。可以用語言談論的對象，是事物的粗淺部分；可以用思維達到的對象，是事物的精微部分；既不可用語言指說與談論，也不可用思維觀照與達到的對象，是不能用精微與粗淺這類概念去指稱的。

『因此，具有高遠境界的人，不會有害人的心思，也不會刻意於仁慈與恩德；他的行爲舉動不是爲了牟取利益，卻也不會認爲守門的差事就是下賤；他不會爭奪財物，卻也不主張推辭與謙讓；他做事都是親力親爲，不願求助於人，但也不推崇依靠出賣力氣維持生計，也不至於瞧不起貪慾之心與污穢之行；他的行爲雖然與世俗不相合，但他並不提倡行爲怪僻與標新立異；他力求做到隨大眾合潮流，並不以逢迎與諂媚爲卑賤；世俗的高官厚祿對他形成不了任何激勵，刑罰與羞恥對他也構成不了侮辱；他知道，這種境界是不可以用簡單的是與非去加以判斷的，也不是可以粗暴地用小與大去加以劃界的。我聽說：「具有高遠境界的人是默默無聞的，最高的道德境界是不會表現在行爲上的，最偉大的人是不爲自己考慮的。」這就是不可用是非與小大的概念處置與分辨的最高表現。』

河伯曰：『若物之外，若物之內，惡至而倪貴賤？惡至而倪小大？』〔一〕

北海若曰：『以道觀之，物无貴賤；以物觀之，自貴而相賤；以俗觀之，貴賤不在己。〔二〕以差觀之，因其所大而大之，則萬物莫不大；因其所小而小之，則萬物莫不小；知天地之爲稊米也，知豪末之爲丘山也，則差數睹矣。〔三〕以功觀之，因其所有而有之，則萬物莫不有；因其所无而无之，則萬物莫不无；知東西之相反而不可以相无，則功分定矣。〔四〕以趣觀之，因其所然而然之，則萬物莫不然；因其所非而非之，則萬物莫不非；知堯、桀之自然而相非，則趣操睹矣。〔五〕

『昔者，堯、舜讓而帝，之、噲讓而絕，湯、武爭而王，白公爭而滅。〔六〕由此觀之，爭讓之禮，堯、桀之行，貴賤有時，未可以爲常也。〔七〕梁麗可以衝城，而不可以窒穴，言殊器也；騏驥驊騮，一日而馳千里，捕鼠不如狸狌，言殊技也；鴟鵂夜撮蚤，察毫末，晝出瞋目而不見丘山，言殊性也。〔八〕故曰，蓋師是而无非，師治而无亂乎？是未明天地之理，萬物之情者也。是猶師天而无地，師陰而无陽，其不可行明矣。〔九〕然且語而不舍，非愚則誣也。帝王殊禪，三代殊繼。差其時，逆其俗者，謂之篡夫；當其時，順其俗者，謂之義之徒。〔一〇〕默默乎河伯！女惡知貴賤之門，小大之家！』〔一一〕

【釋義】

〔一〕**若物之外**　若，猶或。**若物之内**　内，猶本身，與『外』相對。行甫按：二『若』字乃選擇複句，猶言要麼……，要麼……。**惡至而倪貴賤**　惡，何。至，通止，《小雅·青蠅》『止於樊』，《魯詩》作『至於藩』，馮登府《三家詩異文疏證補遺》：『止、至音義並通。』倪，分別。**惡至而倪小大**　行甫按：河伯問貴賤與小大的區分，是在事物之外，還是在事物本身。

〔二〕**以道觀之**　以，因，用。道，無始無終的大化流行，高遠超邁的精神境界。**物无貴賤**　行甫按：無論從大化流行的客觀性還是高遠境界的主觀性而論，事物本身沒有貴賤之分。**以物觀之**　物，物之本身。行甫按：莊子之『物』，既指物，亦指人。參見《齊物論》『此之謂物化』釋義。**自貴而相賤**　自貴，自以爲貴。相賤，相互輕視。**以俗觀之**　俗，世俗，習俗。**貴賤不在己**　己，自身。行甫按：世俗之人『自貴而相賤』，故『貴賤不在己』；以習俗言，『物之不齊，物之情也』，雖有『不齊』，但『物』本身亦無所謂『貴賤』，故『貴賤不在己』。

〔三〕**以差觀之**　差，差異，差別。**因其所大而大之**　因，猶憑借。所，處。行甫按：所，名詞爲處所，動詞爲居處。大之，以之爲大。**則萬物莫不大**　莫，無。**因其所小而小之則萬物莫不小**　行甫按：據其所居之處的大或小，便以爲所居之處就是最大或最小，那麼天下萬物沒有不是大或小的。**知天地之爲稊米**　知，明白。之，猶乃。爲，猶如。行甫按：此與上文『計中國之在海内，不似稊米之在大倉乎』相照應，言『因其所小而小之』。**知豪末之爲丘山**　之爲，猶乃如。行甫按：此與上文『此其比萬物也，不似豪末之在於馬體乎』相照應而略變其辭，言『因其所大而大之』。**則差數睹**　差數，猶言差別之量。睹，看出來，顯示出來。行甫按：此言差別產生於主體對於客體的比較與選擇之中。

〔四〕**以功觀之** 功，功能，功效。**因其所有而有之** 有，所具有的功能與功效。有之，猶取之。《周南・芣苢》『薄言有之』，王引之《經義述聞》：『有，亦取也。』**則萬物莫不有** 行甫按：據某物特有之功能與功效而用其功能以成其功效，則萬物無不各有其特定的功能與功效。**因其所无而无之則萬物莫不无** 所無，處其無。行甫按：據某物特無之功能與功效而求其所無之功能與功效，則萬物都不具備相應的功能與功效。下文『梁麗可以衝城，而不可以窒穴』，是其例。**知東西之相反而不可以相无** 知，明白，懂得。東西，東與西。之，猶乃。相無，缺少對應的任意一邊。**則功分定** 功分，功能與功效之區別。定，確定。行甫按：此言萬物各有其特定的功能與功效，求其所有則各物皆有，責其所無則各物皆無；其所有與所無共存於一體，猶如東與西相反而立名卻又不可或缺。行甫又按：此『有』與『无』乃關乎事實判斷，下文『然』與『非』乃關乎價值判斷。

〔五〕**以趣觀之** 趣，通取，取舍。《史記・秦始皇本紀》『異取以爲高』，《李斯列傳》『取』作『趣』。《天地》『趣舍滑心』，卽『取舍滑心』。行甫按：趣，讀『取舍』之『取』，由下文『然之』與『非之』而知之。注者或如字讀，釋爲趣味或趨向，非。**因其所然而然之** 然，是，與下文『非』字相對爲用。**則萬物莫不然** 莫不然，猶言皆有可取之處。**因其所非而非之則萬物莫不非** 非，指責，不可取。**知堯桀之自然而相非** 堯桀，唐堯與夏桀。自然，自是。相非，猶言相互排斥。行甫按：此言唐堯與夏桀各自是其所是，非其所非；但唐堯之所是，恰爲夏桀之所非。**則趣操睹** 趣操，猶取持，近義複詞。行甫按：此言萬物皆有可取之處，亦有不可取之處。取其可取者，則萬物皆有可取之處；執其不可取者，則萬物皆有不可取之處。猶如唐堯與夏桀各有所是，亦各有所非，不過二人之所是者與所非者，亦卽他們的取舍截然相反而已。明白這個道理，則取舍的分別也就清楚了，猶言取舍決定於主體的價值判斷。

〔六〕**昔者堯舜讓而帝**　昔者，猶以往。錢穆《纂箋》引姚鼐曰：『之、噲，莊子同時，必不曰昔者。』讓，禪讓。**之噲讓而絶**　之，子之，燕國之相。噲，燕王之名。絶，滅。行甫按：《戰國策·燕策一》載鹿毛壽以堯讓天下於許由而許由不受故堯有『讓天下之名，實不失天下』而勸燕王噲讓國於國相子之。燕王噲乃『舉國屬子之』，而引發燕國大亂。齊宣王乘機攻燕，國相子之與燕王噲皆死於難。**湯武爭而王**　湯，商代開國之君。武，周武王，周王朝開國之王。爭，奪。商湯奪取了夏桀的王位，周武王奪取了商紂王的王位。**白公爭而滅**　白公，名勝，春秋時楚平王之孫，太子建之子。行甫按：《左傳》哀公十六年載，太子建爲鄭人所殺，白公勝屢請伐鄭，令尹子西不許。白公遂殺令尹子西與司馬子期而劫持楚惠王，後爲葉公諸梁所敗，自縊而死。此以白公與湯、武相提並論，是以白公爲爭奪王位，則與史實不符。

〔七〕**由此觀之**　此，上述兩種不同結果。**爭讓之禮**　行甫按：『讓』可以『禮』言之，而『爭』則否。是知此『禮』字猶言行爲，與下『行』字爲互文。**堯桀之行**　行，行爲，堯與桀取捨相反。**貴賤有時**　貴賤，就結果言，猶言高下；就評價言，猶言褒貶。有時，猶言因時而異。**未可以爲常**　常，不變。行甫按：此言性質相同之事，其結果因時而有異；其褒貶與評價，亦非恆久而不變。下文『差其時，謂之簒夫』、『當其時，謂之義之徒』，是其義。

〔八〕**梁麗可以衝城**　麗，通欐。衝，撞。行甫按：梁麗，可爲房屋棟梁之大木，故可用以撞擊城門。**而不可以窒穴**　窒，堵塞。穴，蟲蟻或鼠類之洞穴。**言殊器**　言，猶說明。殊，異。器，器具。**騏驥驊騮**　騏驥，猶良馬。驊騮，傳說爲周穆王八駿之一。**一日而馳千里**　而，讀能，王叔岷《校詮》：『而讀爲能，「而馳千里」，猶

「能馳千里」。』**捕鼠不如狸狌**　狸，野貓。狌，黃鼠狼。**言殊技**　技，技能。**鴟鵂夜撮蚤**　鴟，貓頭鷹。郭慶藩《集釋》引王引之曰：『鵂字涉《釋文》內鵂鶹而衍。』撮，取。《釋文》：『崔本作最，音同。』行甫按：『撮』從『最』聲，『最』從『取』聲，義得相通。《說文》『最，犯取也』，是其義。蚤，跳蚤。**察毫末**　察，分辨。**晝出瞋目而不見丘山**　瞋目，張目。**言殊性**　性，天性。

〔九〕**故曰**　故，所以。**蓋師是而无非**　蓋，通盍，何。師，信從。是，猶上文之『然』。无，與『師』字相反對，猶否定，蔑視。非，猶不然。**師治而无亂乎**　治，秩序。亂，混亂。乎，猶邪，疑問語氣詞。**是未明天地之理**　是，此。明，懂得。天地之理，有治必有亂，有亂必有治。**萬物之情**　情，實。**是猶師天而无地**　猶，如。**師陰而无陽**　陰陽，亦天地。行甫按：二句爲互文。**其不可行明矣**　行，猶付之於行。

〔一〇〕**然且語而不舍**　然，如此。且，而，仍。語，談論，宣講。**非愚則誣**　愚，愚昧。誣，誣罔。行甫按：愚則無知，誣則妄言。**帝王殊禪**　禪，通嬗，傳遞。行甫按：古『單』聲與『亶』聲音同互作。禪與禮，癉與癉，蟬與蟺，皆其例。《史記·秦楚之際月表》『號令三嬗』，司馬貞《索隱》：『嬗，古禪字。』**三代殊繼**　繼，繼承。**差其時**　差，猶不齊，不合。**逆其俗**　逆，違。**謂之篡夫**　篡夫，奪取帝王之位者。**當其時**　當，值，合。**順其俗**　順，順從。**謂之義之徒**　義，猶宜。義之徒，合於時宜與正義之人。

〔一一〕**默默乎河伯**　默，勿言。乎，猶今之語氣詞『吧』。**女惡知貴賤之門小大之家**　家，與『門』字相關聯，猶上文『子之門』與『大方之家』相關爲譬。行甫按：此『門』字猶今所謂『門道』或『門徑』，『家』字猶今所謂『家數』或『家法』，譬喻之辭。行甫又按：貴賤、小大，乃回照本節河伯之問『惡至而倪貴賤，惡至而倪小大』。

此乃本篇第一章第四節，言事物本身並沒有貴賤與大小的界限與區分，事物貴賤小大的價值判斷是由人的認知立場與認知態度決定的。但是，人的認知立場與認知態度卻並非一成不變，既隨時代風俗的演變而演變，也與認知主體的功利取捨及其比較與選擇密切相關。

【繹文】

河伯又問：『要麼是在事物的外面，要麼是在事物的本身，在哪裏可以分別它們的高貴與卑賤，又在何處可以分辨它們的小與大呢？』

北海若回答說：『從大化流行與高遠超邁的境界來觀察人與物，任何人與任何物都是沒有高貴與卑賤的分別的；從人與物本身來觀察人與物，人與物都是自認爲高貴而視他人他物爲卑賤；從世俗的眼光來觀察人與物，高貴與卑賤也都是出於他人的評價，與他自己沒關係。從差異的角度觀察事物，根據他所在的大的東西因而認爲它就是大的，那麼世上萬事萬物便沒有不是大的；根據他所在的小的東西因而認爲它就是小的，那麼世上萬事萬物也沒有不是小的；懂得了把天地之大都可以看作如同太倉中的稊米一樣小的道理，懂得了把毫毛尖尖都可以看作如同高山一樣大的道理，那麼就看清了差别是怎麼回事了。從功能與功效的角度觀察事物，根據事物所具有的功能因而運用這種功能而獲取相應的功效，那麼世上萬事萬物都有它們可取的功能與功效；根據事物沒有你認定的某種功能與功效因而便認爲它一無所用，那麼世上就沒有可用之物了；明白了東方與西方是相反對立的兩面但又是不可或缺的這個道理，那麼功能與功效的分别就很明確了。從選擇與取舍的眼光觀察事物，根據事物可供選取的屬性從而選擇它們，那麼萬事萬物都有可供選取的屬性；根據事物沒有可供選取的屬性因而捨棄它，那麼萬事萬物都沒有可供選取的屬性從而可以統統捨棄掉；明白了唐堯與夏桀不過是其所是而非其所非，且唐堯之所是恰爲夏桀之所非，那麼取捨與選擇是怎麼回事也就不難明白了。

『從前，唐堯讓位於虞舜，他們都先後做了帝王，而子之接受燕王噲讓國，卻遭了絶滅之災；商湯與周武王都因爭奪而獲得了王位，但楚國的白公勝卻因爭奪而喪失了生命。由此可見，爭奪或謙讓的事情並沒有什麼本質的不同，唐堯與夏桀的行爲也同樣是以己爲是而以人爲非，但最終的結果卻因時而異，人們的看法與評價也有尊重與蔑視之不同，因而無論結果與評價都是不能一概而論且永久不變的。例如巨大的梁木可以用來衝打撞擊城門，但不可以用來堵塞老鼠洞，説明不同的器物有不同的用途；寶馬良駒，一天能奔跑千里，但讓它們去捕捉老鼠卻不如野貓子與黄鼠狼身手敏捷，説明不同的物種有不同的技能；貓頭鷹在黑夜裏可以捉取身上的跳蚤，連毫毛尖尖都能看得一清二楚，可是大白天裏眼睛瞪得老大卻看不清前面的高大山丘，説明即使是同一物種也有各種不同的秉性。所以説，爲什麼祇能信從與肯定可供選擇與利用的性能而不能正確對待無從選擇也不可利用的性能呢？爲什麼祇是信從與肯定秩序井然的太平盛世而不能接受與承認秩序混亂的頽敗之世呢？這便是不明白天地的自然規律，也不懂得萬事萬物的真實本性的結果。這就如同祇信從天而不接受地，祇信從陰而不接受陽一樣，明擺著就是根本行不通的想法。然而還要喋喋不休地提倡與鼓吹，如果不是愚昧無知便是故意欺騙。帝王之間各有不同的權力遞嬗形式，夏商周三代也各有不同的王位繼承方法。但是如果不合於時宜，違背了習俗，便稱之爲謀權簒位的野心家；如果是風雲際會，合於時宜，順乎流俗，便稱之爲弔民伐罪的正義之師。河伯啊，還是閉上你的嘴巴默不作聲吧！你哪裏明白高貴與卑賤的門道，又如何明白小與大的家數啊！』

河伯曰：『然則我何爲乎，何不爲乎？吾辭受趣舍，吾終奈何？』〔一〕

北海若曰：『以道觀之，何貴何賤，是謂反衍；无拘而志，與道大蹇。〔二〕何少何多，是謂謝施；无一而行，與道參差。〔三〕嚴乎若國之有君，其无私德；繇繇乎若祭之有社，其无私福；泛泛乎其若四方之无窮，其无所畛域。〔四〕兼懷萬物，其孰承翼？是謂无方。萬物一齊，孰短孰長？〔五〕道无終始，物有死生，不恃其成；一虛一滿，不位乎其形。〔六〕年不可舉，時不可止；消息盈虛，終則有始。是所以語大義之方，論萬物之理也。〔七〕物之生也，若驟若馳，无動而不變，无時而不移。〔八〕何爲乎，何不爲乎？夫固將自化。』〔九〕

【釋義】

〔一〕**然則我何爲乎何不爲乎** 然，如此。則，那麼。爲，行。**吾辭受趣舍** 辭，推辭。受，接受。趣，讀取。舍，通捨。**吾終奈何** 終，將。王叔岷《校詮》：『終猶將也。』奈何，如何。行甫按：既然『貴賤』與『小大』

皆無客觀標準，那麼作爲人的認知與實踐，將何去何從？是河伯之惑。

〔二〕**以道觀之** 行甫按：上言「以道觀之，物无貴賤」，此申述其義。**何貴何賤** 猶言貴賤無常。**是謂反衍** 反，覆，返。衍，流，變。行甫按：或謂「反衍」作「畔衍」若「叛衍」，疊韻連綿詞，無邊際之貌。可備一說。然「畔」、「叛」皆與「反」音義同。且道之大化流行實乃循環往復，則反覆變遷之義爲長。**无拘而志** 拘，限。而，讀爾，你。**與道大蹇** 蹇，難。《說文》「蹇，跛也」，足不良於行，故引申之有艱難之意。《易·蹇》六二「王臣蹇蹇，匪躬之故」，黄生《義府上》：「言人臣履歷險阻，知有國而不知有身也。《廣韻》：「謇，吃也。」謇，難於言；蹇，難於行；故取其字爲意。」行甫按：與道大蹇，道乃大化流行，不主故常，拘定爾志，則與道相抵牾。

〔三〕**何少何多** 猶言多少無常。**是謂謝施** 謝，《釋文》引司馬彪云：「代也。」施，讀易，延。行甫按：謝施，相代而推移，與上文「反衍」之意略近而稍不同。**无一而行** 一，執一。而，爾，你。**與道參差** 參差，不齊。

〔四〕**嚴乎若國之有君** 嚴，嚴正，嚴密。或曰「嚴」字當重，與下文「繇繇乎」、「泛泛乎」句式一律。行甫按：《荀子·儒效篇》「井井兮其有理也，嚴嚴兮其能敬己也」，亦作「嚴嚴」，且與「井井兮」相關爲用，則「嚴嚴」當爲周洽嚴密之意，無所偏私與遺漏。若，如。之，猶而。有君，有君主。行甫按：此處蒙後文「道无終始」省略主語「道」字。言「道」之在天下，猶國而有君，卽「道」的涵蓋性與統屬性。**其无私德** 其，猶將。私，偏愛。德，行爲方式。**繇繇乎若祭之有社** 繇繇，讀迢迢。行甫按：繇，從「䍃」聲，與「兆」聲、「召」聲通假互用。《爾雅·釋訓》「愮愮，憂无告也」，《釋文》：「愮，本又作搖，樊本作遙，又作恌。恌與愮同訓也。」《戰國策·燕策一》「則莫如遙伯齊而厚尊之」，《史記·蘇秦列傳》「遙」作「挑」。《荀子·榮辱篇》「其功盛姚遠矣」，楊倞注：「姚與遙同。」又《王霸》「佻其期日」，楊倞注：「佻與傜同，緩也。」是「䍜」、「兆」聲同義通。又「兆」與「召」音義相通，如《說文》：「鞀，遼也。從革，召聲。鞉，鞀或從兆聲。鼗，鞀或從鼓兆。磬，籀文鞀，從殸召。」是「迢迢」卽「遙遙」。迢迢，猶言無遠弗屆。社，土地之神。**其无私福**　祭社神乃爲祈福，則降福亦無偏私。**泛泛乎其若四方之无窮**　泛泛，周溥。成玄英《疏》：「普遍也。」其，猶乃，或以爲衍文。四方，猶四邊，四表。**其无所畛域**　所，猶可。畛，音診，界限。畛域，近義複詞，猶界限範圍。

〔五〕**兼懷萬物**　兼，並。懷，包裹，懷藏。行甫按：《淮南子·覽冥》「懷萬物」，高誘注：「懷猶囊也。」是其義。此亦言道的時空構架而懷藏萬物。**其孰承翼**　其，猶乃。孰，誰。承，猶奉。翼，猶輔。行甫按：承翼，近義複詞。言道懷藏萬物，無單獨奉承輔助之對象。**是謂无方**　方，別。《國語·楚語下》「不可方物」，韋昭注：「方，猶別也。」**萬物一齊**　一，皆。齊，等同。**孰短孰長**　猶言無所短長，亦卽無所差別。行甫按：此乃「以道觀之，物無貴賤」。

〔六〕**道无終始**　无終始，無始無終。**物有死生**　道雖爲大化流行而永恆不滅，但物卻有生有滅。**不恃其成**　恃，依賴。成，完成。**一虛一滿**　一，猶或。行甫按：一虛一滿，言「不恃其成」。**不位乎其形**　位，猶立，處在。乎，猶於。形，形體，形狀。行甫按：不位乎其形，言「一虛一滿」。

〔七〕**年不可舉**　舉，稱舉。行甫按：年不可舉，言歲月多如牛毛，不可稱數。**時不可止**　止，終止。行甫按：時不可止，言時光如同流水，不舍晝夜。**消息盈虛**　消，漸少。息，漸增。盈，滿。虛，空。行甫按：消息盈虛，猶「消而虛，息而盈」，乃錯綜爲文。**終則有始**　消而又息，虛而又盈，循環往復。**是所以語大義之方**　是，此。行甫按：指上述「道」與「物」的性質及其關係。所，猶可。以，猶與。語，談論。義，猶宜。方，方法。行甫按：大義之方，猶言最應當採取的行爲方式，此與上文河伯所問『何爲乎，何不爲乎』相關聯。**論萬物之理**理，道理。行甫按：二句謂明白了上述『道』與『物』的性質及其關係，乃可以共同討論萬事萬物的道理以及所當採取的行爲方式。

〔八〕**物之生**　之，猶其。生，猶進。《說文》：『生，進也，象艸木生出土上。』**若驟若馳**　若，如。驟，疾馳。**无動而不變无時而不移**　動，舉動。移，改變。行甫按：此卽『萬物之理』。

〔九〕**何爲乎何不爲乎**　猶言不爲。**夫固將自化**　夫，猶彼。將，猶當。自化，自己變化。行甫按：此乃『大義之方』。

此乃本篇第一章第五節，言既然價值判斷沒有客觀標準，作爲主體的人面對外部世界，也就沒有必要執著於自身的價值觀念作沒有任何意義的『辭受趣舍』，因爲天地之間的萬事萬物也都在道的大化流行之中不斷地生死變滅，不斷地循環往復。職是之故，應當以博大與超越的心懷包容與理解外部世界的紛然雜陳，而不拘於一時一事的價值。這就是道的境界及其取捨之方。

【繹文】

河伯又問：『既然如此，那麼我能幹什麼，不能幹什麼呢？我在面臨有所拒絕與接受以及有所抉擇與取捨之時，我將如何處理呢？』

北海若說：『從大化流行與超邁高遠的道的境界來看，事物哪有什麼一成不變的高貴與卑賤呢？這就叫作循環與往復；不要拘束與限定你的心志，這樣便與道的大化流行相抵牾。哪有什麼固定不變的少與多呢？這就叫作代謝與移徙；不要僵化與固執你的行爲，這樣便與道的大化流行相左右。道臨駕於天地萬物之上，威嚴而公正，如同國家而有君主一樣，沒有一點私心與偏愛的行爲；道無始無終，源遠而流長，如同受祭的土地神福惠衆生一樣，不會對某物格外施以恩賜；道無邊無際，汪洋而浩瀚，如同天下四方之外廣大無邊，沒有任何區域與界線的劃分。道涵藏天下，包容萬物，它會對誰特別扶持與輔助呢？這就叫作無所區別。天下萬物一律都是相同相等的，哪有什麼長與短的區分呢？大化流行的道是無始無終的，而天下萬物卻是有死有生的，一成不變是靠不住的；有時空虛，有時盈滿，盈滿與空虛的地位也是不可能固定不變的。歲月無窮，無法稱數，時光無限，沒有止息；此消彼長，或滿或空，循環往復，終而復始。懂得了道與物的這些性質以及二者之間的這種關係，就可以共同商討人生當何去何從的行爲方式，就可以共同談論萬事萬物的根本原理了。萬物的生命進程，如同飛奔疾馳的駿馬，每一個動作都表現著變化，每一個時刻都蘊含著遷移，這就是萬物亙古不變的道理。對於無時無刻都處在變化之中的萬物而言，你又能幹什麼呢，你又不能幹什麼呢？它們本來就是自行變化的。這就是你所應當採取的行爲方式。』

河伯曰：『然則何貴於道邪？』〔一〕

北海若曰：『知道者必達於理，達於理者必明於權，明於權者不以物害己。〔二〕至德者，火弗能熱，水弗能溺，寒暑弗能害，禽獸弗能賊。〔三〕非謂其薄之，言察乎安危，寧於禍福，謹於去就，莫之能害。〔四〕故曰，天在內，人在外，德在乎天。知天人之行，本乎天，位乎得。蹢躅而屈伸，反要而語極。』〔五〕

【釋義】

〔一〕**然則何貴於道邪**　貴，尊崇。於，猶以。

〔二〕**知道者必達於理**　知道，懂得宇宙時空的大化流行，具有高遠超邁的精神境界。達，通曉。理，事理。**達於理者必明於權**　權，權變。**明於權者不以物害己**　以，猶因。害，傷害。

〔三〕**至德**　全然合於道的行爲方式。**火弗能熱**　熱，猶燙傷。**水弗能溺**　溺，淹死。**寒暑弗能害**　寒暑，寒冷與溽熱。**禽獸弗能賊**　賊，殘害。

〔四〕**非謂其薄之**　其，猶以，說見吳昌瑩《經詞衍釋》。薄，迫近。之，指上述諸多危害。**言察乎安危**　言，謂。察，明悉。**寧於禍福**　寧，斷定。《三國志》卷四十九裴松之注引《江表傳》『寧能往視其兒子，並宣孤意於其部曲』，劉淇《助字辨略》卷二曰：『此寧字，猶云定也，言決定能如此也。寧有安定之義，故得爲定也。』行甫按：此『寧』字與『察』字、『謹』字相對爲用，猶『斷定』。郭象注：『安乎命之所遇。』非其義。**謹於去就**　謹，慎。去，遠離。就，接近。**莫之能害**　之，否定句代詞賓語前置。

〔五〕**故曰**　故，所以。**天在內**　天，自然。在內，猶爲主。**人在外**　人，人爲。在外，猶爲次。行甫按：二句猶言自然規律爲主，人事行動爲次；人事行動必須服從自然規律，不可輕舉妄動。**德在乎天**　德，行爲方式。在，察。乎，於。**知天人之行**　行，猶道。《鄘風・載馳》『亦各有行』，毛《傳》：『行，道也。』褚伯秀《義海纂微》：『天當是夫，音符。』《闕誤》引江南古藏本作『乎』，王叔岷《校詮》以爲『夫猶乎也』。行甫按：郭象注曰『此天然之知，自行而不出乎分者也』，是郭注本乃作『天人』。知天人之行，懂得天的自然規律與人的行爲方式相互適應之理。**本乎天**　乎，於。**位乎得**　位，猶立。得，通德，行爲方式。**蹢躅而屈伸**　蹢躅，音直竹，往來。屈，退。伸，進。**反要而語極**　反，通返，歸宿。要，簡約，簡要。語，通禦，猶今語所謂掌控。《春秋》桓公十四年《左傳》經文『鄭伯使其弟語來盟』，《穀梁傳》經文作『弟禦』，是『語』與『禦』同音，古字通用。極，終極，極則。行甫按：末二句乃本節之總結，以回照河伯『何貴於道』之問，意謂隨大化流行之道而往來進退，便是歸結到立身處事的簡約要點，亦即掌控了人事行爲的終極原則。

此乃本篇第一章第六節，言既然道是大化流行的，物也是變動不居的，人爲什麼要重視道呢？因爲人一旦擁有了道的境界，便在現實的世俗社會知道如何通權達變，也就懂得了安危禍福，知道有所趨避。也因此，具有道的境界，並非遠離塵世，不食人間烟火，而是超越的心靈境界與在世的行爲方式並行而不悖，相反而相成。

【繹文】

河伯又問：『既然道是大化流行的，物也是變動不居的，那麼爲什麼還要尊崇道呢？』

北海若說：『懂得了道的大化流行，便通達了天下萬物之理；通達了天下萬物之理，必然就明白了應變之方；明白了應變之方，便不至於讓外在事物傷害了自己。因此，與道最爲吻合的行爲方式，便是火不至於有所燙傷，水不至於有所溺殺，天寒地凍，炎天暑熱，也不至於有所侵害，兇禽猛獸也不至於有所傷殘。但所有這些外在的傷害，並不是説因爲逼近了它們，而是説對於安全還是危險的環境有所警覺，對於災禍還是福祉的後果有所判斷，對於避開還是接近的趨向有所謹慎，因而無論多麼險惡的境況都不至於傷害到自己。所以説，自然的客觀規律是主要的，人事的主觀努力是次要的，人的行爲方式必須觀察於天的自然規律。懂得了自然天道與人事努力的主次關係，遵循自然的客觀規律，立足人事的行爲方式。天道循環而往復，人事相隨而進退；由此便是歸結到立身處事的簡約要點，掌控了人事行爲的終極原則。這就是爲什麼要尊崇道的根本原因。』

曰：『何謂天？何謂人？』〔一〕

北海若曰：『牛馬四足，是謂天；落馬首，穿牛鼻，是謂人。〔二〕故曰，无以人滅天，无以故滅命，无以得殉名。〔三〕謹守而勿失，是謂反其真。』〔四〕

【釋義】

〔一〕**曰** 河伯曰。**何謂天** 謂，猶爲。**何謂人** 上文北海若既言『天在內，人在外』，故河伯進一步追問『天』與『人』的性質與關係。行甫按：所謂『天』與『人』，以今語言之，實爲人的自然屬性與人的社會屬性。

〔二〕**牛馬四足** 牛馬天生四隻腳。**是謂天** 天，先天的自然秉性。**落馬首** 落，通絡，羈絆。給馬的腦袋上安裝籠頭配上轡繩使之聽從服禦。**穿牛鼻** 穿，插。在牛的兩個鼻孔之間插進木桊拴上繩子使之聽從使喚。

是謂人　人，後天的人事行爲。

〔三〕**无以人滅天**　滅，掩蓋，取代。行甫按：以人滅天，用人事行爲取代自然規律，則陷於盲動。**无以故滅命**　故，先天的自然秉賦。命，性命。行甫按：《達生》：『何謂始乎故，長乎性，成乎命？曰：吾生於陵而安於陵，故也；長於水而安於水，性也；不知吾所以然而然，命也。』則所謂『故』，即先天與生俱來的自然稟賦，如食與色以及躁與靜之類。所謂『性』，即後天習染所成之秉性、才能及其處世態度與方法之類。而所謂『命』，則是先天之『故』與後天之『性』的合成，是由二者相互交織而形成的人生際遇，也是由諸多偶然性與必然性所構成的生命軌跡，其中既有被動的成分，當然也更有自由意志所主動選擇的成份。因此，『无以故滅命』，不能用先天的自然秉賦掩蓋了人事的主觀努力。換言之，不能讓人的口體之慾與躁靜之態取代了人的自由意志而放棄了人的主觀努力。可見，此二句乃互相平抑而避免流於一偏之說。上句言不可以人事的主觀努力抹殺了客觀自然規律，否則陷入盲動主義；下句言不可屈服於自然秉賦從而遮撥了根據自由意志所作的主觀人事努力，否則以頽廢墮落爲放達。**无以得殉名**　得，通德，行爲方式。殉，通徇，猶今所謂追逐。名，名譽，聲望。行甫按：『以人滅天』與『以故滅命』，皆爲『以得殉名』。前者則《天地》之漢陰丈人拒絕機械之事是也，後者則魏晉間阮籍、劉伶之徒以頽廢爲曠達是也。

〔四〕**謹守而勿失**　謹，慎。守，堅持。行甫按：謹守，猶言謹慎地把握著天與人的正確關係。**是謂反其真**　反，返。真，不以人滅天，不以故滅命的行爲方式，亦即不以得殉名。

此乃本篇第一章第七節，言人的自然屬性與人的社會屬性是不可相互取代的，因而超越的心靈境界與在世的行爲方式也是並行不悖的，二者祇能相反而相成，不能互有偏廢。否則，便流於『以得（德）殉名』之弊。

【繹文】

河伯又說：『什麼是自然，什麼是人爲呢？』

北海若回答説：『牛馬長著四條腿，這就是自然；給馬腦袋套上籠頭，給牛鼻子穿上牛桊，這就是人爲。所以説，不能用人事的主觀努力取代與抹殺了自然的客觀規律，也不能用人的先天自然秉賦掩蓋與遮蔽了後天主觀的人事努力，不能通過抹殺客觀規律與遮蔽主觀努力的行爲方式以沽名釣譽。謹慎小心地堅守著自然與人爲的正確關係，不能讓自然與人爲任何一方有所喪失而偏廢，這就是回歸生命的本真。』

［二］

夔憐蚿，蚿憐蛇，蛇憐風，風憐目，目憐心。〔一〕

夔謂蚿曰：『吾以一足趻踔而行，予无如矣。今子之使萬足，獨奈何？』〔二〕蚿曰：『不然。子不見夫唾者乎？噴則大者如珠，小者如霧，雜而下者不可勝數也。〔三〕今予動吾天機，而不知其所以然。』〔四〕

蚿謂蛇曰：『吾以衆足行，而不及子之無足，何也？』〔五〕

蛇曰：『夫天機之所動，何可易邪？吾安用足哉！』〔六〕

蛇謂風曰：『予動吾脊脅而行，則有似也。今子蓬蓬然起於北海，蓬蓬然入於南海，而似无有，何也？』〔七〕

風曰：『然。予蓬蓬然起於北海而入於南海也，然而指我則勝我，鰌我亦勝我。〔八〕雖然，夫折大木，蜚大屋者，唯我能也，故以衆小不勝爲大勝也。〔九〕爲大勝者，唯聖人能之。』〔一〇〕

【釋義】

〔一〕**夔憐蚿**　夔，音葵，一足獸。憐，羨慕。成玄英《疏》：『憐是愛尚之名。』蚿，音弦，多足之蟲。**蚿憐蛇**　蛇，無足猶有行。**蛇憐風**　風，無形亦有行。**風憐目**　目，在形體之外，無行卻有見。**目憐心**　心，在形體之内，能玄想目之所不見。

〔二〕**夔謂蚿曰**　謂，與言。**吾以一足趻踔而行**　趻，音沈之上聲；踔，音啜之平聲；跳躑而行。《釋文》『踔』作『卓』，音同義通。**予無如矣**　如，猶能，奈。章太炎《解故》：『如，以雙聲借爲能。《詩箋》「能猶伽也」，是其例。能、如古同作舌頭音。此言吾使一足猶患力不勝任。子使萬足當以何力任之？』錢穆《纂箋》：『「無如」，猶「無奈」也。』行甫按：『奈』亦『能』。無如，猶言使獨猶無能。**今子之使萬足**　今，猶若，如。之，猶此。使，用。萬，無數，非實有萬數。**獨奈何** 獨，猶將，且。行甫按：獨奈何，且將何能。

〔三〕**不然** 然，如此。行甫按：不然，非如你所說。**子不見夫唾者乎** 夫，猶彼。唾，吐口水。乎，猶邪。**噴則大者如珠** 噴，灑散。珠，水珠。**小者如霧** 霧，水霧。**雜而下者不可勝數** 雜，參雜。雜而下者，水珠與水霧相互參雜而下。可，堪。勝，猶任。

〔四〕**今予動吾天機** 今，猶若。動，猶開啓，發動。天機，天然機能。**而不知其所以然** 所，猶何。以，猶因。行甫按：猶言天機自發，非有心使之。

〔五〕**吾以衆足行** 衆足，多足。**而不及子之無足** 而，乃，反接連詞。及，猶如。行甫按：不及，猶言趕不上。**何也** 也，猶邪。

〔六〕**夫天機之所動** 夫，猶若。之，猶其，將，説見吴昌瑩《經詞衍釋》。所，猶可。**何可易邪** 可，猶所。行甫按：所動、可易對文，則可猶所，所亦猶可。易，改變。**吾安用足哉** 安，焉，哪裏。

〔七〕**予動吾脊脅而行** 脊脅，脊椎與肋骨。**則有似** 則，猶即。有似，猶有以；以，猶因。行甫按：似、以聲同，通用。《邶風·旄丘》『必有以也』，鄭玄注《儀禮·特牲饋食禮》引作『必有似也』。《老子》二十章『而我獨頑似鄙』，漢墓帛書老子甲、乙本及遂州碑均作『頑以鄙』。是其證。『有似』若『有以』，猶言有形體可憑借。**今子蓬蓬然起於北海** 今，猶若。蓬蓬然，風聲盛大貌。**蓬蓬然入於南海** 起北海，入南海，言遥遠。**而似无有** 而，猶卻，轉折連詞。似，亦猶以也，憑借。行甫按：以無有，猶言風無形體爲憑借猶起北海而入南海。**何也** 惑於無形體猶可行。

〔八〕**然** 如此。**予蓬蓬然起於北海而入於南海** 無形體可憑借，猶能起北海而入南海。**然而指我則勝**

我　指，豎立手指當風。**鰌我亦勝我**　鰌，音秋，《釋文》：『本又作蹭，迫也。』跺腳而踩踏風。成玄英《疏》：『人以手指撝於風，風卽不能折指；以腳蹭踏於風，風亦不能折腳。』

〔九〕**雖然**　卽使如此。**夫折大木**　夫，猶若。折，斷。**蜚大屋者**　蜚，通飛。行甫按：古以茅草遮蓋屋頂，故有被大風掀翻飛走之虞。《詩經·豳風·七月》『晝爾于茅，宵爾索綯，亟其乘屋』，是其事。**唯我能**　唯，僅。**故以衆小不勝爲大勝**　以，猶因。爲，取。

〔一〇〕**爲大勝者**　錢穆《纂箋》疑句前『脫「以衆小不勝」五字。』行甫按：文有省略，脫文之說，未必。**唯聖人能之**　聖人，聰明睿智之人。王叔岷《校詮》：『上文「夔憐蚿」云云，共舉五事，而所述夔蚿之問答，蚿蛇之問答，蛇風之問答，僅及其三。此下疑尚有風目之問答及目心之問答，簡編脫略，其文已不可考矣。』行甫按：脫文之說，殆不可信。《應帝王》『淵有九名，此處三焉』，亦僅列『鯢桓之審爲淵，止水審爲淵，流水之審爲淵』，而非一一羅列『九淵』之全名。參見《應帝王》釋義。此處若臚述『風憐目，目憐心』之問答，則文法板滯，令人生厭。至於近人吳世昌乃頗勞心力以補綴其文，炫人耳目，亦不過文人好事，逞才使氣而已。

此乃本篇第二章，言事物的功能與價值都是相對的，各有所長，亦各有所短，這是造物者的安排，不必相互羡慕。唯聰明睿智而境界高遠的聖人能知其短而取其長。

【繹文】

獨腳之獸夔羡慕多足之蟲蚿，多足之蟲蚿羡慕無足之蛇，無足之蛇羡慕無形體之風，無形體之風羡慕生在人體之外的目，目羡慕生在人體之内的心。

獨腳之獸夔對多足之蟲蚿說：『我僅有一條腿跳躑著行走，我便覺得力不勝任，有些吃不消了。可像你這樣動用無數條腿在地上爬行，你又怎麽能顧得過來呢？』多足之蟲蚿回應道：『沒有你所說的顧不顧得來的問題。你沒見過那打噴嚏吐唾沫的樣子嗎？噴出來的唾沫，大滴的就像水珠，小點的就像水霧，水珠與水霧雜伴一起噴落下來，便多得數不過來。就像這打噴嚏吐唾沫一樣，如果我啓動我的自然本能，我所有的腿子都會自然而然地動起來，連我自己也不知道它們爲什麽會這樣齊刷刷地就自己動起來了。』

多足之蟲蚿對有形而無足的蛇說：『我動用了許多條腿在地上爬行，卻趕不上你這個一條腿都沒有的，爲什麽呀？』

有形而無足的蛇回答說：『如果自然本能可以推動我的軀體，又怎麽可以改變這種動勢呢？我哪裏需要用腳來挪動我的軀體呀！』

有形而無足的蛇對無形無足的風說：『我運動我的脊背和肋骨在地上滑行，就是有我的形體作爲支撑。可是像你這樣從北海颳起來，又吹進南海去，卻完全不需形體作爲支撑，爲什麽呀？』

無形之風說：『是的，你說得不錯。我的確是從北海颳起來，又吹進南海去。然而不幸的是，人們竪起手指阻攔我，我也不能把他的手指吹折了；人們擡起腳來踹踏我，我也不能把他的腳脖子吹斷了。即使是這樣，如果是折斷粗壯的樹木，吹飛遮蓋高大房屋的茅草，也祇有我才有這個能力。因此，即使有許多小小的挫折卻也能取得巨大的勝利。有許多小小的挫折最終卻能取得巨大勝利，祇有聰明睿智境界高遠的聖人才可能辦得到。』

［三］

孔子遊於匡，宋人圍之數帀，而弦歌不惙。子路入見，曰：『何夫子之娱也？』〔一〕孔子曰：『來！吾語女。我諱窮久矣，而不免，命也；求通久矣，而不得，時也。〔二〕當堯、舜而天下无窮人，非知得也；當桀、紂而天下无通人，非知失也；時勢適然。〔三〕夫水行不避蛟龍者，漁父之勇也；陸行不避兕虎者，獵夫之勇也；白刃交於前，視死若生者，烈士之勇也；〔四〕知窮之有命，知通之有時，臨大難而不懼者，聖人之勇也。由處矣，吾命有所制矣。』〔五〕无幾何，將甲者進，辭曰：『以爲陽虎也，故圍之。今非也，請辭而退。』〔六〕

【釋義】

〔一〕**孔子遊於匡** 匡，《淮南子·主術訓》高誘注：『宋邑。』《史記·孔子世家》謂『匡人圍孔子，孔子使從者爲甯武子臣於衛，然後得去』，則以匡爲衛邑。行甫按：此匡地當在宋衛交界之處。**宋人圍之數帀** 帀，同匝，猶周，圈。**而弦歌不惙** 而，卻。弦歌，鼓琴而吟唱。惙，通輟，止。《釋文》：『本又作輟。』**子路入見** 子路，孔門弟子，名仲由，字子路。入，猶進，下文『將甲者進』，是其義。見，進帳拜見。**曰何夫子之娛也** 夫子，先生。之，猶如此。娛，樂。

〔二〕**孔子曰來** 來，敦促聽者之詞，猶今口語『好吧』。**吾語女** 語，告訴。**我諱窮久** 諱，迴避。窮，仕途窘迫。**而不免** 免，猶除。**命也** 命，命運。行甫按：命，由無數必然性與偶然性構成的人生軌跡。說已見上『不以故滅命』釋義。**求通久矣而不得** 通，達。行甫按：通，仕途順暢通達，與『窮』相反。**時** 時機。行甫按：『命』往往與『時』相關聯。

〔三〕**當堯舜而天下无窮人** 當，值。堯、舜，唐堯與虞舜，代指和平安寧之世。**非知得也** 知，讀智，智慧。知得，智慧運用得當。**當桀紂而天下无通人** 桀、紂，夏桀與商紂王，代指衰亂無序之世。**非知失也** 知失，智慧運用失當。**時勢適然** 時勢，時代趨勢。適然，恰好如此。

〔四〕**夫水行不避蛟龍** 夫，猶若。蛟龍，水中怪獸。**漁父之勇** 漁父，漁人。行甫按：父，男子之稱。**陸行不避兕虎** 兕，音四，形如水牛。《說文》：『兕，如野牛，青色，其皮堅厚，可制鎧。象形，兕頭與禽离頭同。兕，古文從儿。』行甫按：野牛，南方水牛，與黃牛不同。**獵夫之勇** 獵夫，獵人。**白刃交於前** 交，交錯。**視死若生** 若，如。**烈士之勇** 烈，業。烈士，建功立業之士。

〔五〕**知窮之有命** 知，明白。窮，困厄。之，猶乃。**知通之有時** 通，通達。**臨大難而不懼** 臨，面對。大難，生死關頭。**聖人之勇** 聖人，聰明睿智境界高遠之人。**由處矣** 由，子路名。處，安。《禮記·檀弓下》『何以處我』，鄭玄注：『處，猶安也。』行甫按：處矣，囑子路安心安命而毋懼。**吾命有所制** 所，猶時，說見吳昌瑩《經詞衍釋》。制，《說文》：『裁也；一曰止也。』行甫按：二句猶言我之命運是有時限的。死於此，命也；不死於此，亦命也。死與不死，你與我皆可泰然處之而已。

〔六〕**无幾何** 幾，動之微，猶言徵兆。何，什麼，猶言原因。行甫按：无幾何，沒有任何徵兆，沒有任何原因，强調事情之偶然與突然，是所謂『命』。**將甲者進** 將，率領。甲，身著鎧甲之士。行甫按：『將甲者』，猶言率領甲士的頭領。**辭** 解釋。**以爲陽虎** 陽虎，魯國季孫氏之宰，曾暴虐冒犯匡人。孔子貌似陽虎，故誤以爲其人。**故圍** 故，所以。圍，包圍，圍困。**今非** 今，猶苟，既然。**請辭而退** 請，求。辭，做出解釋。退，猶言撤圍。

此乃本篇第三章，言人生的窮達受到時與命的牽制，因此，『知窮之有命，知通之有時』，則臨難而不懼；知『命有所制』，則處憂而亦樂。此與散見於《內篇》的『知其不可奈何而安之若命』的思想相表裏。然而根究其實，這仍然是一種價值取向。

【繹文】

孔子周遊到了宋衛之間的匡地，被宋國人重重包圍起來了，可是孔子卻若無其事地彈琴唱歌，絲毫沒有停下來的意思。門人子路進入帳下詢問孔子說：『老師啊，被人層層包圍了，您老人家怎麼還這樣高興呀？』

孔子說：『好吧，我告訴你。很久以來，我一直都在努力地擺脫困厄窘迫的生存樣態，但還是沒有免除走投無路的尷尬處境，這就是命運不濟；我長期以來希望能夠官運亨通，卻從來沒有得到富貴顯達的機會，這就是生不逢時。在唐堯和虞舜的時代，天下没有一個走投無路的人，並不是那個時代的人都有大智慧，因而獲得了顯達的機會；在夏桀與商紂王的時代，天下没有一個顯達亨通的人，也不是那個時代的人都愚蠢無知，所以得不到晉身顯貴的機會；他們正好趕上了時代趨勢，所以各有截然不同的人生境遇。比如説，在江河湖海裏討生活，不擔心水中蛟龍怪獸的傷害，這是漁人的勇氣和膽量；在深山老林裏討生活，不擔心山中老虎野獸的侵害，這是獵人的勇氣和膽量；白晃晃的刀刃架在脖子上，把死亡看作像活著一樣没有區别，這是功名之士的勇氣和膽量；而懂得窮途末路是因爲命運不濟，知道亨通顯達是因爲適逢其時，面對嚴酷的艱險卻臉不變色心不跳，這是境界高遠的聖人的勇氣和膽量。仲由啊，你就安安心心地呆著吧，我的命運會不會遭到險厄，注定是有時限的，用不著擔心害怕了。』

没過多久，突然進來一位身著鎧甲的士兵頭領，解釋説：『我們誤以爲先生是曾經冒犯過匡人的魯國季孫氏家宰陽虎，所以就把你們重重包圍了。既然知道不是陽虎了，請允許我解釋一番便撤離。』

〔四〕

公孫龍問於魏牟曰：『龍少學先王之道，長而明仁義之行；合同異，離堅白；然不然，可不可；困百家之知，窮衆口之辯；吾自以爲至達已。〔一〕今吾聞莊子之言，汒焉異之。不知論之不及與，知之弗若與？〔二〕今吾无所開吾喙，敢問其方。』〔三〕

公子牟隱机大息，仰天而笑曰：『子獨不聞夫埳井之鼃乎？謂東海之鱉曰：「吾樂與！〔四〕出跳梁乎井榦之上，入休乎缺甃之崖；赴水則接腋持頤，蹶泥則没足滅跗；還虷蟹與科斗，莫吾能若也。〔五〕且夫擅一壑之水，而跨跱埳井之樂，此亦至矣，夫子奚不時來入觀乎！」〔六〕東海之鱉左足未入，而右膝已縶矣。於是逡巡而卻，〔七〕告之海曰：「夫千里之遠，不足以舉其大；千仞之高，不足以極其深。禹之時十年九潦，而水弗爲加益；湯之時八年七旱，而崖不爲加損。〔八〕夫不爲頃久推移，不以多少進退者，此亦東海之大樂也。」〔九〕於是埳井之鼃聞之，適適然驚，規規然自失也。〔一〇〕

『且夫知不知是非之竟，而猶欲觀於莊子之言，是猶使蚊負山，商蚷馳河也，必不勝任矣。〔一一〕且夫知不知論極妙之言而自適一時之利者，是非埳井之鼃與？〔一二〕且彼方跐黄泉而登大皇，无南无北，奭然四解，淪於不測；无東无西，始於玄冥，反於大通。〔一三〕子乃規規然而求之以察，索之以辯，是直用管窺天，用錐指地也，不亦小乎！子往矣！〔一四〕且子獨不聞夫壽陵餘子之學行於邯鄲與？未得國能，又失其故行矣，直匍匐而歸耳。今子不去，將忘子之故，失子之業。』〔一五〕

公孫龍口呿而不合，舌舉而不下，乃逸而走。〔一六〕

【釋義】

〔一〕**公孫龍問於魏牟**　公孫龍，字子秉，六國時辯士，《漢書·藝文志》著錄《公孫龍子》十四篇，今爲六篇。又有孔門弟子公孫龍，字子石。行甫按：《史記·仲尼弟子列傳》混孔門弟子公孫龍（當作礱，字子石）與六國辯士公孫龍（當作龐，字子秉）爲一，直至明末清初汪琬作《辨公孫龍子》一文，乃釐清了事實。參見拙文《公孫龍名字解詁與〈孟子〉『龍斷』語義探原》（《孔子研究》，二〇一三年四期）。魏牟，魏國公子，名牟。《漢書·藝文志》著錄《公子牟》四篇。**龍少學先王之道**　道，猶學說。**長而明仁義之行**　長，成年。行，亦猶道，偏重於行爲規則。**合同異**　合，猶混同。同異，名家論題。行甫按：《天下》言惠施『厤物之意』有『大同而與小同異，此之謂小同異；萬物畢同畢異，此之謂大同異』，而非公孫龍之說。**離堅白**　離，猶析。堅白，亦名家論題。就存在而言，堅與白相盈而不相離。就存想而言，堅與白乃不同之概念，概念須有清晰性，故可以離析。公孫龍《堅白論》主張『離堅白』，乃就概念存想而言。**然不然**　然，如此。**可不可**　可，適合。行甫按：然不然，可不可，混合同異。**困百家之知**　困，乏。知，讀智。**窮衆口之辯**　窮，止息。辯，論說。**吾自以爲至達已**　至，極。達，通。已，同矣。

〔二〕**今吾聞莊子之言**　今，現在。**汒焉異之**　汒，通茫，昧。焉，然。異，猶奇，怪。**不知論之不及與**　論，猶辯說。及，猶若，如。**知之弗若與**　知，通智。若，猶及。與，通歟，疑問語詞。

〔三〕**今吾无所開吾喙**　今，猶故。所，猶可。喙，音惠，鳥嘴，此指人嘴。**敢問其方**　方，別。行甫按：敢問其方，猶言差異在何處。

〔四〕**公子牟隱机大息**　隱，依憑也。机，通几，几案。大息，長嘆也。**子獨不聞夫埳井之鼃**　獨，猶何，豈。夫，猶彼。埳，《釋文》：『音坎，郭音陷。』埳井，《釋文》引司馬彪曰：『壞井也。』成玄英《疏》：『淺井。』行甫按：二氏說皆是。『埳井』即廢棄之井，淤泥而潮濕，略有水而薄淺。鼃，通蛙，水陸兩棲動物。**謂東海之鱉** 謂，言說。鱉，大龜。**吾樂與** 樂，快樂。與，通歟。

〔五〕**出跳梁乎井幹之上** 出，出井。梁，通踉。跳梁，騰躍。井幹，井上欄木。**入休乎缺甃之崖** 入，入井。休，止息。缺，破。甃，音宙，磚。崖，岸。行甫按：破磚壘成的井壁。**赴水則接腋持頤** 赴水，跳入井水之中。接腋，水淹到前腿。持頤，水托住下巴。**蹶泥則沒足滅跗** 蹶，踩踏。沒足，蓋住足根。滅跗（音付），淹沒腳掌。**還虷蟹與科斗** 還，周圍。虷，音寒，孑孓，蚊子生於水中之幼蟲，其色赤，又稱赤蟲。蟹，成玄英《疏》：『小螃蟹也。』科斗，今字作蝌蚪，蝦蟆之幼蟲。**莫吾能若也** 若，如。

〔六〕**且夫擅一壑之水** 且夫，而且，遞進連詞。擅，猶專。壑，猶坑洼。**而跨跱埳井之樂** 跨，張大兩腿。跱，踞。行甫按：跨跱，與『擅』字相對爲文，猶雄據、獨霸之意。**此亦至矣** 亦，又，也詞。行甫按：亦，與上『且夫』相照應，『還虷蟹與科斗莫吾能若也』，一樂；專擅獨霸『一壑之水』，二樂。故言『亦』。至，極。**夫子奚不時來入觀** 時，猶常。

〔七〕**東海之鱉左足未入而右膝已縶** 縶，音執，《釋文》：『司馬云：拘也。《三蒼》云：絆也。』**於是逡巡而卻** 逡巡，《廣雅·釋訓》：『逡巡，卻退也。』卻，退。行甫按：逡巡，退縮的樣子。

〔八〕**告之海** 告，東海之鱉告埳井之鼃。之，猶以。俞樾《平議》謂『海』字當在『曰夫』二字之下。行甫按：告之海，將海的知識告訴井鼃，不必從俞氏說。**夫千里之遠** 夫，猶若，即使。**不足以舉其大** 足，夠，得。舉，稱說。**千仞之高** 仞，八尺爲仞。**不足以極其深** 極，猶盡。**禹之時十年九潦** 潦，同澇，水災。**而水弗爲**

加益　爲，猶因。加益，增加。**湯之時八年七旱**　旱，旱災。**而崖不爲加損**　崖，岸。加損，減少。行甫按：禹潦湯旱，互文。

〔九〕**夫不爲頃久推移**　夫，猶彼。爲，猶因。頃久，時間之短長。推移，猶變動。**不以多少進退者**　多少，水量之大小。進退，猶增減。**此亦東海之大樂也**　大樂，極樂。行甫按：此與上文『吾樂與』相關聯。

〔一〇〕**於是埳井之鼃聞之**　聞之，聽說此事。**適適然驚**　適適然，驚訝貌。**規規然自失也**　規規然，惆悵貌。自失，魂不守舍，情緒低落。

〔一一〕**且夫知不知是非之竟**　知，智。竟，通境。**而猶欲觀於莊子之言**　而，卻。猶，仍。觀，鑒賞。**是猶使蚊負山商蚷馳河**　是，此。猶，如。商蚷，馬陸。《釋文》：『蚷，音渠。司馬云：商蚷，蟲名，北燕謂之馬蚿。』**必不勝任矣**　勝，亦任。行甫按：勝任，同義複詞，猶承擔，經受。

〔一二〕**且夫知不知論極妙之言而自適一時之利**　論，討論。極妙之言，至爲精妙的理論。適，快，樂。《漢書・賈山傳》『以適欲也』，顔師古注：『適，快也。』《廣韻・昔韻》：『適，樂也。』利，利口捷疾。《荀子・修身篇》『齊給便利』，楊倞注：『齊、給、便、利，皆捷速也。』**是非埳井之鼃與**　與，通歟，反詰語氣詞。

〔一三〕**且彼方跐黃泉而登大皇**　且，而且。彼，指莊子。方，猶將。跐，音此，蹋，履。黃泉，猶地下。登，升。大皇，音太皇，猶天上。**无南无北**　自由自在，無固定方向。**奭然四解**　奭，音式，通赫，盛大。《說文》：『奭，盛也。』段玉裁注：『《釋詁》：「赫赫躍躍」，赫赫，舍人本作奭奭。《常武》毛《傳》云「赫赫然盛也」，按奭是正字，赫是假借字。《小雅》「路車有奭」，「韎韐有奭」，毛曰「奭，赤皃」，此當作赫，赤部云「赫，火赤皃」，奭是假借字。』行甫按：奭然，猶『赫然』。解，猶散。奭然四解，猶言光芒四射。**淪於不測**　淪，沒。不測，不可測度，猶言廣遠。**无東无西** 《集釋》引王念孫説，以爲當作『无西无東』，與『反於大通』爲韻。行甫按：无東无西，與『无南无北』爲互文。**始於玄冥** 玄冥，幽暗。行甫按：始於玄冥，即始於幽暗，與上『方跐黄泉』相照應，猶《大宗師》『在六極之下而不爲深』。**反於大通** 反，猶回歸。大通，廣大弘通。行甫按：反於大通，與上『登大皇』相照應，猶《大宗師》『在太極之先而不爲高』。行甫又按：此言莊子超拔於無限高遠而自由灑脱的心靈境界。《齊物論》『道昭而不道，言辯而不及』，莊子這種道的精神境界，是辯者公孫龍不能窺其項背的，故下文曰『用管窺天，用錐指地』。

〔一四〕**子乃規規然而求之以察** 規規然，謹小慎微，斤斤計較的樣子。察，明察。**索之以辯** 索，亦求。辯，言辯。**是直用管窺天用錐指地也** 管，竹孔。窺，視。錐，針尖。指，猶插。**不亦小乎** 亦，特。**子往矣** 往，去。

〔一五〕**且子獨不聞夫壽陵餘子之學行於邯鄲與** 獨，猶何，豈。夫，猶。壽陵，《釋文》：『司馬云：邑名。』餘子，未成年之人。邯鄲，趙國都城。與，通歟。**未得國能** 國，國都。能，通態。《離騷》『又重之以修能』，朱熹《楚辭集注》：『能，一作態。』行甫按：國能，都城人走路的步態。**又失其故行** 故行，舊的步態。**直匍匐而歸** 直，特。匍匐，手足著地而爬行。**今子不去** 去，猶上文『子往矣』之『往』。**將忘子之故** 故，舊。**失子之業** 業，學業。行甫按：業、故互文，猶忘失其故業。

〔一六〕**公孫龍口呿而不合** 呿，音區，張開。**舌舉而不下** 舉，抬起。**乃逸而走** 逸，逃。走，跑。

此乃本篇第四章，言認知主體的出身與教養及其思想境界對於認知結論具有嚴重的制約作用。

此與《逍遙遊》『小知不及大知，小年不及大年』以及《齊物論》『大知閑閑，小知間間』的思想相呼應。

【繹文】

公孫龍向魏國公子牟請教說：『本人少年時便開始學習古代先王的治國理論，長大後又懂得了仁愛與禮義的行爲準則；混合相同與不同的事物，分析堅硬與白色的不同屬性；把不是如此的說成是如此的，把不適合的說成是適合的；讓天下學人的智力匱乏而不濟，讓天下辯士的談說理屈而詞窮；我自己覺得已經是最爲通達了。可是現在我聽了莊子的演說之後，心裏卻空蕩蕩的一句話也接不上，覺得很是奇怪。不知道是我的辯才趕不上他呢，還是我的智力在他之下呢？現在我沒有辦法張開我的嘴，請問我跟他的差距究竟在哪裏啊？』

公子牟倚著几案大聲長嘆，然後伸著脖子仰天大笑，說：『你難道沒有聽說過那生活在廢井中的蛤蟆嗎？有一天，它對東海的大烏龜說：「我是多麼快樂自在啊！這不，我從井裏爬出來，跳到井邊的欄桿上翫耍，又爬進井裏去，蹲在破磚壘成的井壁上歇息；鑽進水裏去，也就剛好淹到我的前臂和下巴，踩進井裏的淤泥，也就衹是蓋住我的前腳和後掌；周圍那些孑孓和小蟹子們以及那些蝌蚪小蟲子們，沒有哪一個能像我這麼自由自在的了。而且這一汪水還由我一蛙獨佔，我又開四條腿雄踞在井底，這種快樂也是無窮至極了。您老人家爲什麼不常常進來看看呢？」那東海的大烏龜左腳還沒有進去，可它的右腳便被卡在那裏動彈不得了。於是趕忙縮頭縮腦地退了出來，然後把有關大海的狀況講給那井中的蛤蟆聽。東海大龜說：「如果衹是千里的距離，是不能用來稱說海有多麼寬廣的；

如果衹是八千尺的高度，也是不能用來窮盡海有多麽深的。這麽說吧，夏禹的時代，十年有九年發生水澇，可是大海的水也沒有因此而有所增加；商湯的時代，八年有七年發生旱災，而大海的水也沒有因此而有所減少。那種不因爲時間的長短便有所變化，也不因爲水量的多少而有所漲落，這也是東海的大快樂與大自在！」於是廢井中的蛤蟆聽了這番話之後，驚訝得眼珠子滴溜溜地轉，差點要掉出來，然後蔫頭耷腦心裏老大的不痛快。

『再說，如果智力沒有達到正確理解是與非的水平，卻還想鑒賞莊子的思想學說，這就如同讓蚊子去背負大山，讓馬陸去跨渡黄河，必然是無法做得到的。更何況如果智力沒有達到懂得如何討論高深的學說而衹是樂於一時的口舌之快，這豈不與廢井中的蛤蟆自以爲樂是一樣的德行嗎？而莊子將踩著幽深的黄泉從此高升到廣遠的天空，在寬闊無垠的宇宙時空之中，不拘於南北，也不限於東西，作自由自在的心靈放飛。他偉大的精神，赫然如電光石火，光芒四射，彌綸於天地之間；他博大的心胸，寬廣的襟懷，從幽暗的地底深處以至高遠的無限蒼穹，無所不到，無所不容。可是你卻躡手躡腳、謹小慎微地試圖辨察一些小物瑣事，企望論辯一些道聽途說，這簡直就是用竹管的小孔來觀察天穹，用針錐的尖子來刺插大地，豈不是小得可憐了嗎？你還是走開吧！還有，你難道沒有聽說過生長在壽陵的那個年輕人的故事嗎？在偏遠的壽陵鄉下有一個年輕人，想模仿都城邯鄲人走路的樣子。去了邯鄲之後，沒有學到國都裏高雅的步態，卻又忘記了他自己先前走路的姿勢，最後衹好爬著回去了。如果你現在不趕快離開，恐怕要忘記你已有的功底，喪失你曾經擁有的學問了。』

公孫龍聽得目瞪口呆，張大嘴巴合不攏，舌頭僵直下不來，於是趕忙一溜烟逃跑了。

［五］

莊子釣於濮水，楚王使大夫二人往先焉，曰：『願以境内累矣！』〔一〕莊子持竿不顧，曰：『吾聞楚有神龜，死已三千歲矣，王巾笥而藏之廟堂之上。〔二〕此龜者，寧其死爲留骨而貴乎？寧其生而曳尾於塗中乎？』〔三〕二大夫曰：『寧生而曳尾塗中。』〔四〕莊子曰：『往矣！吾將曳尾於塗中。』〔五〕

【釋義】

〔一〕**莊子釣於濮水**　濮水，水名。今河南濮陽，乃因在濮水北面而得名。**楚王使大夫二人往先**　楚王，《釋文》：『司馬云：威王也。』先，帶上禮物預告國君之意。**曰願以境内累**　願，希望。境内，猶言國事。累，猶勞煩，拖累。

〔二〕**莊子持竿不顧**　顧，回頭。**吾聞楚有神龜**　神龜，占卜靈驗的龜殼。**死已三千歲**　歲，年。**王巾笥而藏之廟堂之上**　巾，絲帛。笥，小箱子。行甫按：巾笥，以絲帛包裹然後放進小箱子，以示珍貴。藏，收藏。之，猶於。廟堂，猶言宗廟。

〔三〕**此龜者寧其死爲留骨而貴**　寧，寧可。其，猶於。爲，猶替。行甫按：爲字後省略『之』字。而，以，目的連詞。貴，得到尊重。**寧其生而曳尾於塗中乎**　生，活著。曳，拖。塗，泥巴。

〔四〕**二大夫曰寧生而曳尾塗中**　二大夫，楚國二位使者。

〔五〕**往矣**　往，去。**吾將曳尾於塗中**　將，猶當。

此乃本篇第五章，言莊子寧可窮愁潦倒而不願出仕爲官，此乃《人間世》之思想餘緒。當然，這仍然是與人生的價值尺度相關的選擇。

【繹文】

莊子在濮水垂釣，楚威王想聘任莊子爲官，事先派遣二位朝廷大員到濮水拜訪莊子。二位大員傳達楚王旨意說：『希望把國事託付給您，要讓您吃苦受累了。』

莊子手握釣竿，頭也不回。他說：『我聽說楚國有一隻占卜靈驗的烏龜殼，這烏龜已經死了三千年了，楚王用絲帛包裹著小心翼翼地珍藏在宗廟的高堂之上。你們說，這隻烏龜是寧願死了之後把骨頭留下來讓人們當作珍寶收藏起來呢，還是寧可活在世上拖著尾巴在泥水裏面爬來爬去呢？』

二位大員說：『那當然是寧可拖著尾巴在泥水裏面爬來爬去的呀。』

莊子說：『好了，你們可以走了！　我寧願拖著尾巴在泥水中爬來爬去。』

〔六〕

惠子相梁，莊子往見之。〔一〕或謂惠子曰：『莊子來，欲代子相。』於是惠子恐，搜於國中三日三夜。〔二〕

莊子往見之，曰：『南方有鳥，其名曰鵷鶵，子知之乎？〔三〕夫鵷鶵，發於南海而飛於北海，非梧桐不止，非練實不食，非醴泉不飲。〔四〕於是鴟得腐鼠，鵷鶵過之，仰而視之曰：「嚇！」今子欲以子之梁國而嚇我邪？』〔五〕

【釋義】

〔一〕**惠子相梁**　惠子，惠施，宋國人，莊子摯友；仕於梁，爲惠王相。相，動詞，當相國。梁，魏國由安邑遷都大梁，今河南開封，故又稱梁國，魏惠王亦稱梁惠王。**莊子往見之**　往，去梁國。

〔二〕**或謂惠子**　或，有人。謂，告知。**欲代子相**　代，取代。相，相位。**於是惠子恐**　恐，擔心。**搜於國中三日三夜**　搜，搜捕。國中，都城中。

〔三〕**莊子往見之**　見之，拜見惠施。**南方有鳥其名曰鵷鶵**　鵷鶵，音淵除，《釋文》：『李云：乃鸞鳳之屬也。』**子知之乎**　知，猶聞。

〔四〕**夫鵷鶵**　夫，猶彼。**發於南海而飛於北海**　發，動身。**非梧桐不止**　止，歇落。**非練實不食**　練實，潔白的竹實。王叔岷《校詮》：『《御覽》九一六引此文注云：練實，竹實也，取其潔白。』**非醴泉不飲**　醴泉，甘泉。《釋文》：『李云：泉甘如醴。』

〔五〕**於是鴟得腐鼠**　鴟，貓頭鷹。此言『腐鼠』，表輕蔑之意。**鵷鶵過之**　過，經過，飛過。**仰而視之曰嚇**　仰，抬頭。嚇，因護食而警覺與憤怒之象聲詞。**今子欲以子之梁國而嚇我**　嚇，模仿老鷹護食之聲，形容惠施因爲護住梁國相位而發怒。行甫按：嚇我，乃象聲詞借代修辭法，其發音方式爲卷起舌頭，抬起舌根，由喉部送氣而發聲。

此乃本篇第六章，言價值觀念不同因而人各有志，不可以一己之取捨對他人妄加揣測。

【繹文】

惠施在梁國擔任相國，莊子去大梁城拜訪他。有人告訴惠施說：『莊子這次來，是想要取代你的相位。』因此，惠施很是害怕，在梁國都城中搜捕莊子，鬧騰了三天三夜。事後，莊子去拜見惠施。莊子對惠施說：『南方有一種鳥，它的名字叫鵷鶵，你聽說過這種鳥嗎？這個鵷鶵呢，從南海動身，將飛到北海去，一路上不是高大的梧桐樹，決不停下來歇息；不是乾淨的竹果，決不隨便啄食充飢；不是甘甜的泉水，也決不苟且飲用止渴。正在這個時候，一隻老鷹在地下覓得了一隻腐爛發臭的死老鼠，鵷鶵正好從它頭頂飛過，於是老鷹護著爪下的死老鼠，歪著脖子，仰著頭，看著鵷鶵，忿然發出一聲：「嚇！」現在，你是不是想用你的那個梁國相位來「嚇」我呢？』

〔七〕

莊子與惠子遊於濠梁之上。莊子曰：『儵魚出遊從容，是魚之樂也。』〔一〕

惠子曰：『子非魚，安知魚之樂？』〔二〕

莊子曰：『子非我，安知我不知魚之樂？』〔三〕

惠子曰：『我非子，固不知子矣；子固非魚也，子之不知魚之樂，全矣。』〔四〕

莊子曰：『請循其本。〔五〕子曰「汝安知魚樂」云者，既已知吾知之而問我，我知之濠上也。』〔六〕

【釋義】

〔一〕**莊子與惠子遊於濠梁之上**　遊，觀覽。濠，濠水。梁，水上石壩，堰魚所用。**儵魚出遊從容**　儵，音抽，又音條，亦音由。儵魚，小魚。從容，悠閒。**是魚之樂**　是，此。

〔二〕**子非魚安知魚之樂**　安，猶焉，如何。行甫按：安知魚之樂，乃反詰語，意謂人不可能知道魚的快樂，爲事實判斷。惠施乃科學哲學家，具有求真精神。行甫又按：《荀子·解蔽篇》曰：『惠子蔽於辭而不知實。』

荀卿批評惠施不知語辭背後的審美情感，當然是對的。但成玄英《疏》云：『惠施不體物性，妄起質疑。』若將『物性』解爲『人情』，則成氏之說無蔽；若解爲『物理之性』，則惠施不受斯責。

〔三〕**子非我安知我不知魚之樂**　子非我，你不是我。知魚之樂，乃趣味判斷或審美判斷。莊子心靈超越，境界高遠，以快樂愉悅之主體意識觀照外在事物。

〔四〕**我非子固不知子**　固，當然。**子固非魚**　固，本來。**子之不知魚之樂全**　之，猶乃。全，理由完整，邏輯周全。

〔五〕**請循其本**　循，猶推考。本，猶根源。行甫按：請循其本，猶言讓我們追尋說話的開始之處。

〔六〕**汝安知魚樂云者**　云者，猶言這種說法本身。**既已知吾知之而問我**　既已，已經，同義複詞。而，猶乃。**我知之濠上**　之，於。

此乃本篇第七章，言事實判斷與價值判斷的性質全然不同，而事涉審美的趣味判斷尤其無可争辯。此與《齊物論》『天地與我並生，而萬物與我爲一』之『既已爲一矣，且得有言乎？既已謂之一矣，且得無言乎』同屬趣味之争，必無結果。

【繹文】

莊子與惠施在濠水的石壩上遊覽觀光，莊子看著壩下水中遊動的魚兒，情不自禁地歎賞説：『小儵魚在水中自由自在地遊動，這便是魚兒的快樂啊！』

惠施接過話茬說：『你不是魚，從哪裏知道魚的快樂呢？』

莊子反駁惠施說：『你不是我，又從哪裏知道我不知道魚的快樂呢？』

惠施並不示弱，對莊子反脣相譏，說：『是啊！我不是你，當然不知道你了；你本來就不是魚，所以你也不知道魚的快樂呀！這道理不是很周全圓滿了嗎？』

莊子說：『讓我們回頭追溯一下開始時說的話吧。當你說「你從哪裏知道魚的快樂」這句話的時候，你就已經知道我知道魚的快樂所以才問我的。我是從濠水之上知道魚的快樂的呀！』

至樂第十八

至樂，以首句『天下有至樂无有哉』之『至樂』爲篇名。若取『天下』二字名篇，則與編末之《天下》相重，可見《莊子》外、雜篇之篇名有統一的籌劃與安排。陸氏《釋文》謂『以義名篇』，則未必。通觀全文旨趣，比較支離散漫。首章言『至樂活身，唯无爲幾存』。二章與三章言生命的本質是反覆氣化的物質過程，從而勘破生死。四章言髑髏不願復活，以生存爲苦痛，以死亡爲快樂，此亦《大宗師》『以生爲附贅縣疣』之義。第五章則言人之資質與秉賦各有所限，不可力强而爲，順其自然乃可致福。第六章乃言萬物以不同形式相禪，人之生與死，不過是不同的存在形式而已；且生未必爲樂，死未必是苦。王夫之《莊子解》謂：『此篇之説，以死爲大樂，蓋學於老、莊，掠其膚説者所假託也；文亦庸沓無生氣。』王氏之説，並非全無道理。首章尤其『庸沓無生氣』，且第五章『顏淵東之齊，孔子有憂色』，與齊侯將因疑惑而致死，其關聯不甚緊密，注家説解之所以大相徑庭者，良有以也。

〔一〕

天下有至樂无有哉？有可以活身者无有哉？今奚爲奚據？奚避奚處？奚就奚

去？奚樂奚惡？〔一〕

夫天下之所尊者，富貴、壽善也；所樂者，身安、厚味、美服、好色、音聲也；〔二〕所下者，貧賤、夭惡也；所苦者，身不得安逸，口不得厚味，形不得美服，目不得好色，耳不得音聲。〔三〕若不得者，則大憂以懼。其爲形也亦愚哉！〔四〕

夫富者，苦身疾作，多積財而不得盡用，其爲形也亦外矣。〔五〕夫貴者，夜以繼日，思慮善否，其爲形也亦疏矣。〔六〕人之生也，與憂俱生，壽者惛惛，久憂不死，何苦也！其爲形也亦遠矣。〔七〕烈士爲天下見善矣，未足以活身。吾未知善之誠善邪，誠不善邪？若以爲善矣，不足活身；以爲不善矣，足以活人。〔八〕故曰：『忠諫不聽，蹲循勿爭。』故夫子胥爭之以殘其形，不爭，名亦不成。誠有善无有哉？〔九〕

今俗之所爲與其所樂，吾又未知樂之果樂邪，果不樂邪？吾觀夫俗之所樂，舉羣趣者，誙誙然如將不得已，而皆曰樂者，吾未之樂也，亦未之不樂也。〔一〇〕果有樂无有哉？吾以无爲誠樂矣，又俗之所大苦也。故曰，『至樂无樂，至譽无譽。』〔一一〕

天下是非果未可定也。雖然，无爲可以定是非。至樂活身，唯无爲幾存。〔一二〕請嘗試言之。天无爲以之清，地无爲以之寧，故兩无爲相合，萬物皆化。〔一三〕芒乎芴乎，而无從出乎！芴乎芒乎，而无有象乎！萬物職職，皆從无爲殖。〔一四〕故曰天地无爲也而无不爲

也，人也孰能得无爲哉！〔一五〕

【釋義】

〔一〕**天下有至樂无有**　至，極。至樂，極至的快樂。**有可以活身者无有**　活身者，養活身體之途徑與方法。行甫按：二句互文，猶言有無至樂且活身之法。**今奚爲奚據**　今，故。奚，何。爲，作爲，猶創造。據，依據，猶因循。**奚避奚處**　避，迴避。處，佔用。**奚就奚去**　就，接近。去，遠離。**奚樂奚惡**　樂，猶喜好。惡，猶厭惡。

〔二〕**夫天下之所尊**　夫，猶若。尊，崇尚。**富貴壽善也**　富貴，財富與名位。壽善，長壽與令名。行甫按：富貴壽善，與下文『夫富者』、『夫貴者』相照應，則『富』當與『壽』相關聯，『貴』當與『善』相關聯。行甫又按：本文『善』字實爲雙關用法，即令聞與令遇。令聞，好名聲。令遇，好遭際。但有令聞未必有令遇，有令遇未必有令聞。**所樂者**　樂，喜好。**身安厚味美服好色音聲**　身安，軀體安逸。厚味，滋味厚重。

〔三〕**所下者**　下，低下，猶貶抑。**貧賤夭惡**　貧，貧困，與富相反。賤，卑賤，與貴相反。夭，夭折，與壽相反。惡，惡名，與善相反。**所苦者**　苦，厭惡。**身不得安逸口不得厚味形不得美服目不得好色耳不得音聲**

行甫按：所苦者，與『所樂者』相反。

〔四〕**若不得者**　若，猶如。**則大憂以懼**　則，猶即。以，猶而。**其爲形也亦愚**　爲形，持養形骸。

〔五〕**夫富者**　夫，猶若。**苦身疾作**　苦身，勞苦軀體。疾作，拼命勞作。**多積財而不得盡用**　盡用，用盡。**其爲形也亦外**　外，猶言相去甚遠。

〔六〕**夫貴者夜以繼日**　以，猶用。行甫按：夜以繼日，猶以夜繼日。**思慮善否**　善否，令名與惡名，令遇與惡遇。行甫按：善否，與上文『壽善』及『夭惡』相關與相對，則令名與惡名亦關乎仕途亨通與否塞，是以概而言之，令名與令遇相關，惡名與惡遇相關。**其爲形也亦疏**　疏，遠。

〔七〕**人之生也與憂俱生**　之，猶若。**壽者惛惛**　惛惛，音昏，昏瞶糊塗。**久憂不死**　久憂，長壽則憂久。**何苦也**　行甫按：諸本作『何之苦也』。章太炎《解故》：『何之苦也，即何其苦也。古之、其二字互訓。《考工記》「以其一爲之厚」，即以其一爲其厚也。《左氏》定二年傳「奪之杖以敲之」，即奪其杖以敲之也。』**其爲形也亦遠**　亦，也詞。

〔八〕**烈士爲天下見善**　烈，功業。烈士，建功立業之士。爲，猶於，被。見善，猶視爲善。**未足以活身**　足，得。活身，使自己存而活。**吾未知善之誠善**　誠，實。善，令聞與令遇。**誠不善**　行甫按：猶言令聞未必有令遇。**若以爲善**　善，偏重於令遇。**不足活身**　不足，不得。**以爲不善**　善，偏重於令聞。**足以活人**　活人，使別人生存。

〔九〕**故曰忠諫不聽**　故，所以。聽，從。**蹲循勿爭**　蹲循，猶逡巡。《集釋》引郭嵩燾曰：『《外物》篇「踆於竅水」，《釋文》引《字林》云：「踆，古蹲字。」《史記·貨殖傳》下有蹲鴟，徐廣云：「蹲，古作踆。」《玉篇》足部：「踆，退也。」辵部：「逡，退也。」踆、逡字同。《漢書》巡行郡國作循行。蹲循，猶逡巡也。慶藩案：蹲循即逡巡。《廣雅》：「逡巡，卻退也。」《管子·戒篇》作逡遁（漢《鄭固碑》同），《小問篇》作遵循（《荀子》同），《晏子問篇》作逡遁，又作逡循，《漢書·平當傳贊》作逡遁，《萬章傳》作逡循，《三禮注》作逡遁，字異而義實同。』爭，諫爭。**故夫子胥爭之以殘其形**　故，通顧，相反。夫，猶若。子胥，名伍員，字子胥，春秋時楚國大夫伍奢之次子。

楚平王誅奢，子胥爲報父仇，輾轉入吳，說吳王攻破郢都，掘平王墓而鞭其尸。後因諫吳王夫差與越王句踐議和，吳王賜劍令其自殺，並以革囊裹其尸而流之於江。殘其形，猶殺其身。**不爭名亦不成**　爭，諫爭。名，名聲，令聞。**誠有善无有哉**　善，猶令遇。

〔一〇〕**今俗之所爲與其所樂**　今，猶故。俗，世俗。爲，行爲。樂，好尚，動詞；快樂，形容詞。**吾又未知樂之果樂**　樂，以爲樂。之，猶乃。果，猶實。樂，快樂。**果不樂邪**　實不爲樂。**吾觀夫俗之所樂**　觀，觀察。夫，彼。**舉羣趣者**　舉，猶皆。趣，通趨，猶追求。**誙誙然如將不得已**　誙誙然，音坑，用力不舍貌。《論語·子路》『誙誙然小人哉』，皇侃《疏》：『誙誙，堅正難移之貌也。』如，若。將，猶其。已，止。**而皆曰樂者**　而，猶且。**吾未之樂也亦未之不樂**　王叔岷《校詮》：『成《疏》：「不見其樂，亦不見其不樂也。」陳碧虛《闕誤》引江南古藏本，兩「未」字下並有「知」字，趙諫議本、《道藏》王元澤《新傳》本、羅勉道《循本》本，下「之」字皆作「知」，當從江南古藏本。「吾未知之樂也，亦未知之不樂也」，卽「吾未知其樂也，亦未知其不樂也」。之，猶其也。成《疏》云云，疑所據本與江南古藏本同，釋「知之」爲「見其」也。知有見義，《呂氏春秋·自知》篇「知於顏色」，高注：「知，猶見也。」』

〔一一〕**果有樂无有**　果，實，誠。行甫按：此補充前兩『未知』句。**吾以无爲誠樂**　誠，副詞，猶言的確。行甫按：江南古藏本作『吾以无爲而誠者爲樂』，則『誠』乃形容詞。然無爲而有誠與不誠之說，未之前聞。**又俗之所大苦也**　又，猶且。苦，難。**故曰至樂无樂**　最大的快樂是沒有快樂。**至譽无譽**　譽，通豫，《左傳》昭公二年『有嘉樹焉宣子譽之』，《孟子·梁惠王下》趙岐注引作『豫』；《孟子·梁惠王下》『一遊一豫』，《左傳》昭公二年孔穎達《正義》引作『譽』，是二字相通之證。《爾雅·釋詁上》『豫，樂也』，《釋詁下》『豫，安也』，郝懿行《義疏》皆云：『豫，通作譽。』行甫按：樂與譽，義各有當。『樂』指歡樂之活動，『譽（豫）』指安樂之感覺，二義並不重復。然古今注者皆以『譽』如字讀，非。稱譽、名譽之義，此文用『善』，不用『譽』，是其證。

〔一二〕**天下是非果未可定** 是，肯定。非，否定。行甫按：此『是非』指與『至樂』與『活身』之方法與途徑相關的不同看法。也，猶邪，反詰語氣詞。**雖然** 即使這樣。**无爲可以定是非** 行甫按：即使在可定與未可定之間，皆可以無爲定之。**至樂活身唯无爲幾存** 至樂活身，至樂與活身。幾，猶其；其，乃。存，在。

〔一三〕**請嘗試言之** 請，允許。嘗試，試，同義複詞。**天无爲以之清** 以，猶因。之，猶而。清，清明。**地无爲以之寧** 寧，寧靜。**故兩无爲相合萬物皆化** 兩无爲，天清明與地寧靜。化，化生，化育。

〔一四〕**芒乎芴乎** 芒芴，猶恍惚，混茫無所有。**而无從出乎** 從，由。行甫按：天地無爲而萬物皆化生與化育，則混混茫茫而不知從何而來。**芴乎芒乎而无有象乎** 象，跡象，形狀。行甫按：言萬物化生與化育，皆不見其跡象或形狀。**萬物職職** 職職，《釋文》：『李云：繁殖貌。』**皆從无爲殖** 爲，猶而。殖，增益。

〔一五〕**天地无爲也而无不爲** 行甫按：天地清明寧靜而萬物皆化，是天地无爲而無不爲。**人也孰能得无爲** 得，猶達。

此乃本篇第一章，言天下之『至樂』與『活身』之法，不在於口體之養，亦不在於財富的積累，更不在於死身而立名，唯在『无爲』而已。因此，最大的快樂便是忘記快樂，最大的安逸便是忘記安逸，所謂『至樂无樂，至譽无譽』。

【繹文】

天底下有最大的快樂還是沒有呢？有可用來存活形體的辦法還是沒有呢？那麼哪些事情是可以做的，哪些東西是可以依賴的呢？哪些事情是應當避開的，哪些東西是應當擁有的呢？哪些事物是可以接近的，哪些東西是必須拋棄的呢？哪些事情是值得喜愛的，哪些事情是應當憎惡的呢？

天底下所有人都推崇的東西，是財富，權勢，長壽，好名好運；天底下所有人都喜愛的東西，是形體的安逸，可口的食物，漂亮的服飾，艷麗的女人，美妙的音樂；所有人都厭惡的事情，是貧困的生活，卑賤的地位，短折的壽命，壞名聲與孬運氣；所有人都會感到苦惱的事情，是形體得不到安逸，嘴裏吃不上可口的美食，身上穿不到漂亮的服裝，眼睛看不到漂亮的女人，耳朵聽不到美妙的音樂。如果所有這些東西都不能如願以償，於是便非常愁苦而憂心。這種對待形體的方式是很愚蠢的。

如果爲了財富，苛刻自己，拚命勞作，多多地積累錢財卻沒有花完人就死了，這種對待形體的方法，就是捨本逐末。如果爲了權勢，處心積慮地天天想著如何博取名望與升遷，費盡心機地夜夜考慮怎樣逃避惡評與貶謫，這種對待形體的辦法，就是粗疏魯莽。人的生命如果總是與憂患相伴，就算是老得糊裏糊塗了，衹要還活著，便不斷地擔心這擔心那，爲什麼要這樣自找苦頭啊！這種對待形體的方式，根本就是不著邊際了。追求功名的人卽使得到天下人的普遍讚揚博得了好的名聲，卻沒有足夠的本領保存他自己。我不知道這種讚揚與名望是不是真有什麼好處呢，還是的確沒有什麼好處呢？如果認爲有什麼好處，可是卻沒有辦法讓自己活得更好；如果認爲沒有什麼好處，可他又有辦法讓別人活得更好。所以說，『忠誠勸告不能聽，扭頭走人不用爭』。相反，伍子胥忠諫力爭，終於因此殺身喪命。當然，如果他沒有忠諫力爭，也成就不了他的千古英名。這是有好處還是沒有好處呢？的確是說不清楚的啊！

由此可見，世俗之人做的事情和他們認爲快樂的東西，我又不知道他們認爲快樂的東西是真的很快樂呢，還是其實並不怎麽快樂呢？我看那些世俗之人以爲快樂的事情，大家趨之若鶩，不遺餘力地拚命追逐，好像多麽不得了。可是大家都說是快樂好玩的東西，我不覺得它有什麽快樂好玩的，當然也不覺得它完全沒有快樂好玩的意思。真的有什麽快樂好玩的，還是沒有什麽快樂好玩的呢？我覺得任其自然不要有所作爲就是真正的快樂好玩了，可是世俗之人又認爲這是最叫人吃苦受不了的。所以其實應該説，『最大的快樂就是忘記了快樂，最大的安逸就是忘記了安逸。』

天下什麽是快樂與如何存活形體，究竟哪些是對的哪些是錯的，的確是不可能有定論的。不過，即使是不可能有定論，但任其自然無所作爲是可以解決這些是非的。最大的快樂與保存形體的方法，祗有任其自然無所作爲才是可以做得到的。讓我試著說說這個意思吧：蒼天因爲無所作爲所以清明，大地由於無所作爲所以寧靜，於是蒼天與大地兩個無所作爲相互結合，萬物便在無所作爲之中自行化生與化育。萬物化生化育，渾渾沌沌，不知它們從何而出生啊！萬物化育化生，茫茫混混，既沒有象也沒有形呀！萬物繁繁紛紛，都從自然無爲而生。所以說，天與地無所作爲卻能無所不爲，可是天地之中的人有誰能達到清靜無爲的境界呢！

〔二〕

莊子妻死，惠子弔之，莊子則方箕踞鼓盆而歌。〔一〕

惠子曰：『與人居，長子老身，死不哭亦足矣，又鼓盆而歌，不亦甚乎！』〔二〕

莊子曰：『不然。是其始死也，我獨何能无概然！〔三〕察其始而本无生，非徒无生也而本无形，非徒无形也而本无氣。〔四〕雜乎芒芴之間，變而有氣，氣變而有形，形變而有生，今又變而之死，是相與爲春秋冬夏四時行也。〔五〕人且偃然寢於巨室，而我噭噭然隨而哭之，自以爲不通乎命，故止也。』〔六〕

【釋義】

〔一〕**莊子妻死惠子弔之**　弔，問終。**莊子則方箕踞鼓盆而歌**　則，猶乃。方，猶正。箕踞，叉開兩腿坐在地上，形如畚箕。鼓，敲擊。盆，瓦盆。行甫按：箕踞，言其無禮儀之狀；鼓盆而歌，言其無哀傷之情。

〔二〕**與人居**　人，指莊子之妻。居，猶處。**長子老身**　長子，生育養大兒子。老身，陪伴到老。**死不哭亦足**　亦，也詞。足矣，猶言夠了。**又鼓盆而歌**　又，猶且，更。**不亦甚乎**　亦，特詞。説見吳昌瑩《經詞衍釋》。甚，猶過。

〔三〕**不然**　不然，並非如此。**是其始死也**　是，此，代指亡妻。其，猶當。始，初。始死，猶言剛剛死去之時。**我獨何能无概然**　獨何，何，虛詞連用。概，通慨，傷嘆。

〔四〕**察其始而本无生**　察，觀。行甫按：《說文繫傳》：『察，覆審也。』所謂『察其始』，猶言想當初。生，生命。**非徒无生也而本无形**　徒，猶但，僅。形，形體。**非徒无形也而本无氣**　氣，生氣，氣息。行甫按：『氣』與『形』相關，則爲生氣，乃是生命的物質元素；『氣』與『生』相關，則爲氣息，乃是生命的活力元素，此『氣』兼此二義。陳鼓應以『氣』爲『氣息』，日人池田知久以『氣』爲『構成形體的元素』，各得一偏。

〔五〕**雜乎芒芴之間**　雜，散處，間廁。乎，於。芒芴，猶恍惚。行甫按：芒芴，無形無質之大氣。**變而有氣**　氣，生氣，氣息。行甫按：言人的生氣之『氣』散於『芒芴』的大氣之『氣』，變化而成人的氣息之『氣』。**氣變而有形**　有了生氣與氣息，再經化育而產生了形體。**形變而有生**　形體長養化育而有了鮮活的生命。**今又變而之死**　之，猶往，至。**是相與爲春秋冬夏四時行**　是，指上述氣化形變過程。相與，猶相互。爲，猶如。行，推移。

〔六〕**人且偃然寢於巨室**　人，指亡妻。且，猶既。偃然，仰面而臥貌。巨室，大棺材，喻指天地之間。**噭噭然隨而哭之**　噭噭（音叫）然，哭泣叫號貌。隨，從。之，代亡妻。**自以爲不通乎命**　通，達，猶理解。乎，於。命，生命的本質。**故止**　止，已。

此乃本篇第二章，言莊子於其妻剛死之時，也與常人一樣傷感，但隨之又認識到：人的生命本是一個自然氣化的過程，其生死形變，如同春秋冬夏的代謝與輪替，從而勘破生死。此與《養生主》『秦失弔老聃』之生命觀同調。

【繹文】

莊子妻子去世了，惠施前來弔喪，莊子卻正叉開兩腿直挺挺地坐在地上敲擊著瓦盆唱歌，沒有一點顯得哀傷的樣子。

惠施指責莊子說：『與人家生活在一起，兒女幫你養大了，陪著你也白頭到老了。現在人都死了，你不哀傷哭泣也就罷了，還要敲著瓦盆唱歌，這未免太過分了吧！』

莊子解釋說：『不是你說的這樣呀！在她剛剛死去的時候，我哪裏就沒有一點傷心感嘆的意思呢！但是仔細一想，作爲一個人，最開始的時候本來是沒有生命的，不僅沒有生命而且本來連形體也沒有，不僅沒有形體而且本來就連氣息都沒有。散佈在恍恍惚惚既無形狀亦無實質的大氣之間，才因不斷變化而有了生氣，有了生氣又不斷變化而有了形體，形體又不斷變化生長才最終有了生命，現在又經過不斷的變化而到死亡了，這個形與氣相互推移的生命過程就像春夏秋冬四季的往復運行一樣。人家既然已經安安靜靜地躺臥在天地之間這個大棺材裏了，我卻嗷嗷地跟在後面哭個不停，我自認爲那便是不懂得生命的本質，所以就不哭了。』

〔三〕

支離叔與滑介叔觀於冥伯之丘，崑崙之虚，黄帝之所休。俄而柳生其左肘，其意蹶蹶然惡之。〔一〕

支離叔曰：『子惡之乎？』滑介叔曰：『亡，予何惡？〔二〕生者，假借也；假之而生生者，塵垢也。〔三〕死生爲晝夜。且吾與子觀化而化及我，我又何惡焉！』〔四〕

【釋義】

〔一〕**支離叔與滑介叔觀於冥伯之丘**　支離，人名，喻分散形體。滑介，人名，喻泯混界線。《釋文》：『李云：支離，忘形；滑介，忘智。言二子乃識化也。』行甫按：李氏之説非。支離，猶言分散形體。滑，音谷，棼亂。介通『界』，界線。《周頌·思文》『無此疆爾界』，《釋文》本『界』作『介』。是『滑介』者，猶言泯棼界線。二人之名，皆隱喻變化之義。冥伯，人名。丘，冢墓。**崑崙之虚**　崑崙，西北山名。虚，丘。《説文》『虚，大丘也，昆侖丘謂之昆侖虚』，段玉裁注：『《海内西經》曰「海内昆侖之虚在西北，帝之下都」，即《西山經》「昆侖之丘，實惟帝之下都」也。按虚者，今之墟字。虚本謂大丘，大則空曠，故引申之爲空虚；又引申爲凡不實之偁。』行甫按：崑崙，諧『混淪』。虚，乃空曠、空虚之義。**黄帝之所休**　休，止息。行甫按：『觀於』云云，猶今所謂參觀遠古文化遺址。既爲參觀遠古文化遺址，必有滄海桑田古今變遷之慨，則『冥伯之丘，混淪之虚，黄帝之所休』，猶言黄帝時代的輝煌而今已蕩然無存，唯見冥伯之孤冢。此乃下文所謂『觀化』之義。**俄而柳生其左肘** 俄而，頃然。柳，通瘤，《說文》：『瘤，腫也。』行甫按：『柳』從『卯』得聲，『留』亦從『卯』得聲，故『柳』通『瘤』。其，猶於。**其意蹶蹶然惡之** 其，指滑介叔。蹶蹶然，心跳貌。行甫按：蹶，踩踏，頓足。惡，嫌棄。之，肘上之瘤。

〔二〕**子惡之** 子，你，指滑介叔。**亡** 音無，猶今言沒有之『沒』。**予何惡** 何惡，惡什麼。

〔三〕**生者假借** 生，生命。假借，寄託。行甫按：假借，《大宗師》『假於異物，託於同體』及『鼠肝』、『蟲臂』，是其義。**假之而生生者** 假，借。之，猶者，說見吳昌瑩《經詞衍釋》。行甫按：假之，猶言寄託的東西。而，猶且，又。生，動詞，生長。生者，猶生命。然『生者，假借也』，則末『生者』二字猶言『假借』。行甫按：生生者，省略『於』字，猶言『生於生者』。句意謂：寄託的東西又生長於寄託的東西。**塵垢** 附著在人體上的塵埃與污垢。

〔四〕**死生爲晝夜** 爲，猶如。**且吾與子觀化而化及我** 觀化，觀古今變化之墟，悟大化流行之道，明形氣相禪之理。化及我，變化輪到我身上了。**我又何惡焉** 焉，猶如是。郭象注：『斯皆先示有情，然後尋至理以遣之。』鍾泰《發微》：『始者「蹶蹶然惡之」而今云「予何惡」者，猶上節言始死不能無慨然，察之而通乎命，則止而不哭。蓋惟有情而後待於理遣，若本無情，則同於木石，卽理命之說皆無所用之，而人道亦幾乎息矣！』行甫按：郭氏言『斯皆先示有情』者，指上節莊子妻死與本節觀化而言，故鍾氏貫穿爲說以發其義。

此乃本篇第三章，言生命乃假托之物，死生如同晝夜，不過隨大化而流行而已，亦是勘破生死之說。

【繹文】

名爲離散形體的支離叔與名爲泯滅界線的滑介叔一起參觀遠古時代黃帝曾經居住休息過的地方。除了冥伯的一座孤墳，眼前衹是一片什麼都見不到的廢墟，空蕩蕩地一無所有了。突然，一顆腫瘤生長在滑介叔的左臂上，看他的神色，頗有些心跳加快的樣子，大約有些討厭手臂上生出的這個東西。

支離叔發現了滑介叔臉上的表情，說：『你是不是很討厭這個東西呢？』滑介叔回答說：『沒有啊，我哪裏討厭呢？人的生命這個東西，不過是許多別的東西臨時寄託在一起罷了；又有臨時寄託的東西生長在本來就是臨時寄託在一起的東西上面，那就像附著在人身上的灰塵與污垢一樣。死死生生，如同晝夜的輪替。而且我和你正在遊覽遠古時代黃帝的都城遺址，悟得了大化流行的道理，明白了形氣相禪的生命本質；現在大化流行開始輪到我了，我又有什麼心存厭惡的呢！』

〔四〕

莊子之楚，見空髑髏，髐然有形，〔一〕撽以馬捶，因而問之，曰：〔二〕『夫子貪生失理，而爲此乎？〔三〕將子有亡國之事、斧鉞之誅，而爲此乎？〔四〕將子有不善之行，愧遺父母妻子之醜，而爲此乎？〔五〕將子有凍餒之患，而爲此乎？將子之春秋故及此乎？』〔六〕於是語卒，援髑髏，枕而臥。〔七〕夜半，髑髏見夢曰：『子之談者似辯士。〔八〕視子所

言，皆生人之累也，死則无此矣。子欲聞死之説乎？』〔九〕

莊子曰：『然。』

髑髏曰：『死，无君於上，无臣於下；亦无四時之事，從然以天地爲春秋，雖南面王樂，不能過也。』〔一〇〕

莊子不信，曰：『吾使司命復生子形，爲子骨肉肌膚，反子父母、妻子、閭里、知識，子欲之乎？』〔一一〕

髑髏深矉蹙頞曰：『吾安能棄南面王樂而復爲人間之勞乎！』〔一二〕

【釋義】

〔一〕**莊子之楚** 之，猶往。**見空髑髏** 髑髏，音獨樓，死人頭骨。**髐然有形** 髐（音消）然，乾枯堅硬貌。有形，頭骨完整。

〔二〕**撽以馬捶** 撽，音峭，擊之異體字，《説文》：『擊，旁擊也。』捶，通箠，鞭。**因而問之曰** 因，猶隨。

〔三〕**夫子貪生失理** 夫子，猶先生。貪，求。生，活著，長生。理，規律。**而爲此乎** 爲此，造成這樣，招致死亡。行甫按：此言貪求長生，不顧自然規律，以致身亡。

〔四〕**將子有亡國之事** 將，抑，表選擇之關聯詞。有，以。説見吴昌瑩《經詞衍釋》。**斧鉞之誅** 鉞，大斧。行甫按：亡國之事、斧鉞之誅，互文。**而爲此** 而，猶乃。行甫按：此言因國家破滅而遭殺戮。

〔五〕**將子有不善之行** 不善，不光彩。行，行爲。**愧遺父母妻子之醜** 愧，慚。遺，留給。醜，恥辱。**而爲此** 行甫按：此言行爲不光彩，愧對親人，自殺而死。

〔六〕**將子有凍餒之患** 凍餒，寒冷與飢餓。患，傷害。**而爲此** 行甫按：此言生活貧困，生資匱乏而死。**將子之春秋故及此** 春秋，壽命。故，猶固。王叔岷《校詮》：『故猶當也。』及此，到老而死。行甫按：此言自然壽終而死。

〔七〕**於是語卒** 卒，終。**援髑髏枕而臥** 援，引，拉。

〔八〕**夜半髑髏見夢** 見，讀現。見夢，猶託夢。**子之談者似辯士** 子，你。《闕誤》引張君房本『子』上有『向』字。行甫按：有『向』字義更明，無『向』字亦有其義。之，猶如是。談，講說。者，也。辯士，善辯之士，特指名家學者。

〔九〕**視子所言** 視，猶聽。行甫按：『視』之爲聽，通感，與《秋水》『而欲觀於莊子之言』同一修辭。**皆生人之累也死則无此** 生人，活人。累，羈絆。**子欲聞死之說** 說，說法。

〔一〇〕**然** 然，是。**髑髏曰死** 死，死後。**无君於上无臣於下** 无上下君臣。**亦无四時之事** 四時之事，冷暖寒熱。**從然以天地爲春秋** 從，讀縱，猶放。《闕誤》引張君房本『從然』作『泛然』。行甫按：泛然，猶『放然』，無節無礙一往而前之意。春秋，長壽。行甫按：以天地爲春秋，以天地之永久爲其年紀。**雖南面王樂** 雖，即使。南面，爲君。王，做君王。樂，快樂。**不能過也** 過，超過。

〔一一〕**莊子不信** 信，相信。**曰吾使司命復生子形** 司命，掌管生命之神。復生，再生。**爲子骨肉肌膚** 爲，再造。**反子父母妻子閭里知識** 反，讀返，還。閭里，舊時居住之地。知識，認識，指過去所交往之人。

子欲之乎 欲，願意。

〔一二〕**髑髏深矉蹙頞** 矉，通顰，皺眉。蹙頞，音促額，緊皺額頭。行甫按：深矉蹙頞，愁苦恐懼之貌。**吾安能棄南面王樂而復爲人間之勞** 安，猶豈。

此乃本篇第四章，以莊子與髑髏之對話，揭生存之苦痛，言死亡之快樂。亦是視死亡爲『帝之懸解』之意。

【繹文】

莊子在去楚國的路上，發現了一個空骷髏。這空骷髏的骨質很堅硬而且形體很完整。莊子用馬鞭敲擊著骷髏，隨後向骷髏發問說：『先生是爲了貪戀生存的快樂擾亂了生活規律，從而招致死亡呢？還是因爲發生了國破家亡的戰爭最終兵敗被殺，從而變成這樣的呢？還是因爲你生前幹了什麼不光彩的事情，愧對你的父母妻子兒女，因而自殺身亡以致如此呢？還是你因爲生存維艱，挨凍受餓，最終飢寒交迫而身亡以致如此呢？還是你活到了你該活的歲數最後壽終正寢而自然老死的呢？』

莊子說完這些話，把那骷髏拉過來，枕在脖子下面睡著了。到了半夜，那空骷髏託夢給莊子說：『你這樣說話，就好像是個專談名理的學者。聽你說的這些話，都是活人的生存壓力，死了之後卻沒有這些麻煩事。你想不想聽聽關於死了之後的說法呢？』

莊子回答說：『想聽。』

骷髏說：『死了，就沒有君臣上下的人際關係了；也沒有冷暖寒熱的四季變化，歲數就可以順利地與天地一樣長久了。卽使是當君主做帝王的快樂，也不能超過死了之後的這種快樂。』

莊子不大相信，對骷髏說：『我讓掌管生命的神靈恢復你的形體，把你的骨頭肢體和筋肉皮膚造出來，把你的父母妻子兒女也都返還到你身邊，讓你重新回到你原來居住的地方，與你過去所認識的朋友熟人再度相聚，你願不願意這樣呢？』

骷髏深深地皺起眉頭，額頭上也露出愁苦恐懼的樣子，拒絕莊子說：『我怎麽能放棄當君主做帝王的快樂，卻又重新回去忍受人間的痛苦與辛勞呢？』

［五］

顔淵東之齊，孔子有憂色。子貢下席而問曰：『小子敢問，回東之齊，夫子有憂色，何邪？』〔一〕

孔子曰：『善哉汝問！昔者管子有言，丘甚善之，曰：「褚小者不可以懷大，綆短者不可以汲深。」夫若是者，以爲命有所成而形有所適也，夫不可損益。〔二〕吾恐回與齊侯言堯、舜、黄帝之道，而重以燧人、神農之言。〔三〕彼將内求於己而不得，不得則惑，人惑則

死。〔四〕

『且女獨不聞邪？昔者海鳥止於魯郊，魯侯御而觴之於廟，奏《九韶》以爲樂，具太牢以爲膳。〔五〕鳥乃眩視憂悲，不敢食一臠，不敢飲一杯，三日而死。〔六〕此以己養養鳥也，非以鳥養養鳥也。夫以鳥養養鳥者，宜栖之深林，遊之壇陸，浮之江湖，食之鰌鰷，隨行列而止，委虵而處。〔七〕彼唯人言之惡聞，奚以夫譊譊爲乎！《咸池》、《九韶》之樂，張之洞庭之野，鳥聞之而飛，獸聞之而走，魚聞之而下入，人卒聞之，相與還而觀之。〔八〕魚處水而生，人處水而死。彼必相與異，其好惡故異也。〔九〕故先聖不一其能，不同其事。名止於實，義設於適，是之謂條達而福持。』〔一〇〕

【釋義】

〔一〕**顔淵東之齊** 顔淵，名回，字子淵，魯國人。**孔子有憂色** 色，神色。**子貢下席而問** 下席，離開座席。**小子敢問** 小子，猶弟子。**回東之齊** 回，顔回，師前稱名，不稱字。**夫子有憂色** 夫子，先生。**何邪** 何，何憂。

〔二〕**孔子曰善哉汝問** 善哉汝問，倒裝句式。**管子有言** 管子，管仲，相齊桓公。**丘甚善之** 善，贊同。**褚小者不可以懷大** 褚，音主，布囊。懷，藏。**綆短者不可以汲深** 綆，音梗，井繩。汲，取水。**夫若是者** 夫，猶凡。若是，如此。者，也。**以爲命有所成而形有所適** 以爲，認爲。命，先天之命。成，定。形，形器。王叔岷《校詮》：『命，如壽夭窮達，各有所成；形，如大小長短，各有所適。』適，合。行甫按：命有所成，命運乃先天注定。形有所適，形器乃各有用途。**夫不可損益**　夫，猶此。損益，猶改變。

〔三〕**吾恐回與齊侯言堯舜黃帝之道**　恐，憂。與上文『有憂色』相照應之辭。回，顏回，師長稱弟子晚輩之名，不稱其字。道，治國理論。**而重以燧人神農之言**　而，且。重，增。言，治理學說。

〔四〕**彼將内求於己而不得**　彼，彼齊侯。内求於己，以堯、舜、黃帝之道責求自己。不得，因資質之限而沒有收到實效。**不得則惑**　惑，迷亂。行甫按：惑者，言無所適從。**人惑則死**　人，迷惑之人。成玄英《疏》：『齊侯聞此大言，未能領悟，求於己身，不能得解。脫不得解，則心生疑惑，於是忿其勝己，必殺顏回。』王叔岷《校詮》：『案下文設譬，海鳥不得其養，三日而死，則此「人惑則死」，當指齊侯，非謂齊侯必殺顏回也。』行甫按：上引管子之言，謂因資質形器所限而不足以成其功；下以海鳥眩視憂悲而設喻，皆暗示齊侯因資質所限難以行用大道乃至憂悶愁苦而死之意。則『人惑則死』，當指齊侯而言。然則孔子何憂乎顏淵東之齊？乃憂其教人不得法以致人之死，而非憂其人之必死。故結言曰『先聖不一其能，不同其事；名止於實，義設於適』。

〔五〕**且女獨不聞邪**　女，通汝，汝子貢。獨，猶何。**昔者海鳥止於魯郊**　海鳥，爰居。《國語·魯語上》：『海鳥曰爰居，止於魯東門之外三日，臧文仲使國人祭之。』行甫按：因海上大風，海鳥移居於陸地，故名曰爰居。爰，換。**魯侯御而觴之於廟**　御，相迎。觴，本爲酒器，用爲動詞，猶使海鳥飲酒。**奏九韶以爲樂**　《九韶》，舜樂，《尚書·臯陶謨》：『《簫韶》九成。』其樂九章，故稱《九韶》。**具太牢以爲膳**　具，備。太牢，祭祀時牛羊豕三牲全備，禮節隆重。膳，食。

〔六〕**鳥乃眩視憂悲**　眩視，視覺搖晃。憂悲，憂愁悲苦。**不敢食一臠不敢飲一杯**　臠，音巒，肉塊。三

日而死　而，猶乃。

〔七〕**此以己養養鳥**　己養，養己之法。**非以鳥養養鳥**　鳥養，養鳥之法。**夫以鳥養養鳥**　夫，猶若。**宜栖之深林**　宜，應當。栖，居。之，猶於。**遊之壇陸**　壇，通坦，平坦。王叔岷《校詮》：『《禮記・祭法》「燔柴於泰壇」，鄭注：「壇之言坦也。」壇坦古通。「坦陸」猶「平陸」。』**浮之江湖**　浮，遊。**食之鰌鰷**　鰌，泥鰍。鰷，音條，亦音由，小白魚。**隨行列而止**　行列，鳥羣。**委虵而處**　委虵，相隨。一作逶迤，又作委蛇，字異而音義皆同。行甫按：委虵，即『隨行列』。處，止。

〔八〕**彼唯人言之惡聞**　彼，彼海鳥。唯，通雖。之，猶爲。惡聞，不願意聽見。**奚以夫譊譊爲**　以，猶用。夫，猶彼。譊譊，音撓，嘈雜喧鬧之聲。爲，與『奚』字搭配爲用，猶今語所謂『幹什麼』。**咸池九韶之樂**　《咸池》，黄帝之樂。**張之洞庭之野**　張，設。洞庭之野，成玄英《疏》：『謂天地之間也。』**鳥聞之而飛**　飛，高飛。而，猶乃。**獸聞之而走**　走，奔跑。**魚聞之而下入**　下入，沈入水底。**人卒聞之**　人卒，人衆。**相與還而觀之**　還，圍繞。

〔九〕**魚處水而生人處水而死**　處，居。**彼必相與異**　彼，彼魚與人。與，猶處。**其好惡故異**　好，喜愛。惡，厭惡。

〔一〇〕**故先聖不一其能**　先聖，往聖。一，猶固定。能，通態，《説文》：『態，意也。』行甫按：『能（態）』之『意』者，與『義設於適』之『義』字相關聯。不一其能（態），猶不拘於一種意義，亦即上文之『道』與『言』。**不同其事**　事，事務。行甫按：事，與『名止於實』之『實』字相關聯。**名止於實**　止，猶正。説見《大宗師》『唯止能止衆止』及『堯、舜獨也正』釋義。行甫按：名止於實，猶言名正於實，即名實相當。**義設於適**　義，意義，猶理論學説，與上『道』與『言』相關聯。適，合。**是之謂條達而福持** 條達，猶條理暢達。持，保，守。

此乃本篇第五章，言『命有所成而形有所適』，資質有限而秉賦不足，不可以行大道而成大功。若强爲其不能爲，必惑亂而身死。是『名止於實，義設於適』，所以致福也。

【繹文】

孔門弟子顔淵要去東邊的齊國，孔子臉上布滿憂慮的神情。子貢離開座席問孔子説：『弟子斗膽問一句，顔回要去東邊的齊國，先生臉上充滿憂慮的神色，爲什麽呀？』

孔子回答説：『你問得真不錯啊！以前管仲曾經説過的話，我非常贊同。他説：「布袋太小是不可用來收藏大物件的，井繩太短是不可用來汲取深井水的。」大凡如此，就認爲是命中已經注定了的，而且形器也是各有用途的，這是不可改變的。我擔心顔回對齊侯講説唐堯與虞舜以及黄帝的治國理論，然後還要加上燧人氏與神農氏的治理學説。齊侯聽了之後，便想要求自己照做卻很難收到實效，收不到實效便疑惑而不知所措，人一旦疑惑不知所措，便會憂愁煩悶抑鬱而死。

『況且你難道没有聽説過嗎？從前有一隻海鳥因爲海上大風飛到陸地上，停歇在魯國的東郊，魯侯恭敬地把它迎接到太廟擺上酒宴，舉行隆重的禮儀，演奏虞舜時代的古典音樂《九韶》，備辦了牛羊豕「太牢」三牲的大餐。可這隻鳥卻頭暈眼花，滿腹憂愁悲苦，不敢吃一塊肉，不敢喝一杯酒，三天就連餓帶嚇地死去了。這是用養自己的辦法養鳥，而不是用養鳥的辦法養鳥。如果用養鳥的辦法養鳥，那就應該讓它居住在深密的樹林裏，活動在平坦的陸地上，漂流在寬闊的江湖中，讓它吃泥鰍和小魚小蝦，跟從鳥羣結伴而行止，尾隨同類結伴而居息。那鳥兒即使是人説話的聲音都不願意聽，還要動用那些喧囂吵鬧的音樂演奏幹什麼呢？黄帝的《咸池》和虞舜的《九韶》這些古典音樂，在天地之間空曠無人的地方演奏，鳥兒聽到了便會嚇得飛向高空，獸類聽到了就會嚇得奪路而逃，魚兒聽到了就會嚇得鑽進水底，可是如果衆人聽到音樂演奏，就會成羣結隊地前往團團圍觀。魚居住在水裏才能生存，人居住在水裏就會死亡。人和魚一定是彼此不同的，他們喜歡與不喜歡的東西因而也是大不一樣的。所以古代聰明睿智的聖人不會固執於一種教義，對待不同的事務也會採取不同的辦法。名稱概念與客觀事實相互對應，理論學説的實施也應適合現實的要求，這就叫作條理暢達，而且可以保有永久的福祉。』

〔六〕

列子行食於道，從見百歲髑髏，攓蓬而指之曰：『唯予與汝知而未嘗死，未嘗生也。若果養乎？予果歡乎？』〔一〕

種有幾，得水則爲㡭，得水土之際則爲鼃蠙之衣，〔二〕生於陵屯則爲陵舄，陵舄得鬱棲則爲烏足，〔三〕烏足之根爲蠐螬，其葉爲胡蝶。〔四〕胡蝶胥也化而爲蟲，生於竈下，其狀若脫，其名爲鴝掇。〔五〕鴝掇千日爲鳥，其名爲乾餘骨。〔六〕乾餘骨之沫爲斯彌，斯彌爲食醯。〔七〕頤輅生乎食醯，黄軦生乎九猷，瞀芮生乎腐蠸。〔八〕羊奚比乎不箰，久竹生青寧，青寧生程，程生馬，馬生人，人又反入於機。〔九〕萬物皆出於機，皆入於機。〔一〇〕

【釋義】

〔一〕**列子行食於道**　食於道，《釋文》：「司馬云：從，道旁也。」行甫按：司馬讀「道從」及釋義殊爲牽强，不可取。今以「從」字屬下爲讀。**從見百歲髑髏**　從，《釋文》：「本或作徒。」行甫按：「從」當爲「徒」字之形譌。《王風·中谷有蓷》「嘆其濕矣」，鄭《箋》「徒用凶年深淺爲厚薄」，《釋文》引沈云：「徒當作從。」《齊風·載驅》「四驪濟濟」，鄭《箋》「徒爲淫亂之行」，《釋文》：「徒，一本作從。」是二字譌誤之證。徒，但，獨，特辭。說見劉淇《助字辨略》卷一。百歲，百年。行甫按：言死時之久。**攓蓬而指之曰**　攓，音千，撥開。蓬，蓬蒿。指，猶謂。《廣雅·釋詁一》：「指，語也。」**唯予與汝知而未嘗死**　唯，猶獨。而，爾，你。未嘗，不曾。**未嘗生也**　生，活，與死爲對。行甫按：言髑髏既無所謂生，亦無所謂死；死猶生，生猶死。**若果養乎**　若，猶汝，你。養，猶憂。俞樾《平議》：「養，當讀爲恙。《爾雅·釋詁》：「恙，憂也。」恙與歡對，猶憂與樂對也。」**予果歡乎**　歡，樂。行甫按：言髑髏無所可憂，我人亦無所可樂，是等同生死。而下文「種有幾」云云，乃言其無所謂生亦無所謂死之理。

〔二〕**種有幾**　種，種子。行甫按：《寓言》「萬物皆種也」，是「種」猶物之種。幾，微。《周易·繫辭》：「幾者，動之微。」行甫按：「種有幾」，言萬物之種皆有生長變化之內在動因。**得水則爲㡭**　㡭，《釋文》：「此古絶字，徐音絶，今讀音繼。司馬本作繼，云：「萬物雖有兆朕，得水土氣，乃相繼而生也。」本或作斷，又作「續斷」。』王先謙《集解》：『《釋草》「蕢，牛脣」，郭注引《毛詩傳》曰：「水舄也，如續斷，寸寸有節，拔之可復。」《説文》：「蕢，水舄也。」郝懿行云：「今驗馬舄生水中者，華如車前而大，拔之節節復生。」據此，即《莊子》所謂𢇍也。拔之寸節復生，故以𢇍爲名。其或作「斷」，又作「續斷」者，「𢇍」或誤「斷」，後人又妄加「續」字耳。蕢如續斷，與生山谷之續斷，判然二物。節節復生，無根著土，故名水舄，與本文「得水爲𢇍」合。』行甫按：𢇍，即今名馬齒莧者。無根亦生，著屋頂暴晒方可枯萎作淹菜。**得水土之際則爲鼃蠙之衣**　鼃蠙（音賓）之衣，《釋文》：『司馬云：言物根在水土際，佈在水中，就水上視之不見，按之可得，如張綿在水中，楚人謂之鼃蠙之衣。』成玄英《疏》：『青苔也。』行甫按：鼃蠙之衣，潮濕地帶所生之網狀青苔。

〔三〕**生於陵屯則爲陵舄**　陵屯，陵阜，高燥之處。舄，音細，陵舄，車前草。《釋文》：『司馬云：言物因水成而陸產，生於陵屯，化作車前，改名陵舄也。一名澤舄，隨燥濕變也。』**陵舄得鬱棲則爲烏足**　鬱棲，垃圾堆。《釋文》：『李云：鬱棲，糞壤也。言陵舄在糞化爲烏足也。』烏足，《釋文》：『司馬云：草名，生水邊也。』行甫按：得水、生於、得鬱棲云云，猶言因環境條件而生化。

〔四〕**烏足之根爲蠐螬**　蠐螬，音齊曹，《爾雅·釋草》『蟦，蠐螬』，郭注：『在糞土中。』郝懿行《義疏》：『今蠐螬青黃色，身短足長背有毛筋，從夏入秋，蛻爲蟬。』王先謙《集解》：『烏足係陵舄在糞壤所化，其根在糞土中，而出爲蠐螬。《論衡·無形篇》「蠐螬化爲復育，復育化而爲蟬」，是也。』**其葉爲胡蝶**　其葉，烏足之葉。行甫按：烏足之根云云，言當如冬蟲夏草之類狀變。

〔五〕**胡蝶胥也化而爲蟲**　胥也，猶少焉，頃刻。俞樾《平議》：『胡蝶胥也化而爲蟲，與下文鴝掇千日爲鳥，兩文相對。千日爲鳥，言其久也；胥也化而爲蟲，言其速也。』行甫按：俞説是。《德充符》『少焉眴若皆棄之而走』，成玄英《疏》：『少時之間，棄其死母，皆散而走。』**生於竈下**　竈，磚壘而成以生火做飯之處。《釋文》：『生於竈下，司馬云：得熱氣而生也。』**其狀若脫**　脫，通蛻。行甫按：其形狀如同蛇或蟬所蛻下之表皮，其言薄而透明。《齊物論》『吾待蛇蚹蜩翼邪』，成玄英《疏》：『蛇蛻皮也。』**其名爲鴝掇**　鴝（音渠）掇，蟲名，體薄而鱗翅特長，俗稱竈馬子。行甫按：胡蝶胥也化而爲蟲云云，此亦當如成蟲生卵，卵化而成幼蟲之類狀變。

〔六〕**鴝掇千日爲鳥**　爲，成爲。王先謙《集解》：『《天瑞篇》「爲」上有「化而」二字。』**其名爲乾餘骨**　乾餘骨，鳥名。因其蟲如蛻，薄而透明，則其鳥名乾餘骨。行甫按：此當言蟲爲鳥所食而生變。

〔七〕**乾餘骨之沫爲斯彌**　沫，口沫。斯彌，蟲名。行甫按：《說文》：『斯，析也。』《方言》卷十三：『彌，縫也。』《易·繫辭上》『故能彌綸天地之道』，孔穎達《正義》：『彌，謂彌縫補合。』是『斯彌』，乃反義複詞，猶言使離散斯析者彌縫補合。鳥口之沫爲此蟲者，具有膠漆之粘合功能。**斯彌爲食醯**　食醯，鍾泰《發微》：『醋也。意斯彌經久變而味酸，故云「頤輅生乎食醯」。「頤輅」則所謂醯雞也，亦曰蠛蠓。』行甫按：乾餘骨之沫爲斯彌云云，當言因變質而生化。

〔八〕**頤輅生乎食醯**　頤輅（音路），蟲名，鍾泰以爲醯雞。乎，於。**黃軦生乎九猷**　黃軦（音況），蟲名。九猷，鍾泰《發微》：『猷通作酋，《說文》云：「酋，繹酒也。」「九」之爲言久也。「九猷」蓋繹酒之過時者，故黃軦生焉。』**瞀芮生乎腐蠸**　瞀芮，音冒銳，蟲名。鍾泰《發微》：『「瞀芮」當是蟊蚋之藉。』腐蠸，舊注以爲蟲名。鍾泰《發微》：『「蠸」同貛，古虫旁、豸旁可通用。《說文》曰「貛，豕也」，豕肉之腐者，則蟊蚋生之。黃軦、蟊蚋，皆蠛蠓之類，而一生於醯，一生於酒，一生於腐肉，故三者並言之。』行甫按：鍾說較舊注爲長。此亦言腐爛變質而生化。

〔九〕**羊奚比乎不箰**　羊奚，《釋文》：「司馬云：草名，根似蕪菁，與久竹比合而爲物，皆生於非類也。」比，合。箰，讀筍，今字作笋。不箰，猶久不生筍之竹。**久竹生青寧**　青寧，竹根蟲。**青寧生程**　程，豹。王叔岷《校詮》引沈括《夢溪筆談》卷三曰：「《莊子》云『程生馬』，嘗觀《文字注》『秦人謂豹曰程』。予至延州，人至今謂虎豹爲程，蓋言蟲也。方言如此，抑亦舊俗也。」行甫按：「蟲」之音謁而爲「程」，《水滸傳》亦稱老虎爲「大蟲」，今長沙方言亦發「蟲」音若「程」。**程生馬馬生人**　上言「青寧」之蟲能生虎豹之獸，《釋文》引李頤云「未聞」。此言虎豹之獸又能生馬，馬又能生人，成玄英《疏》亦云「未詳所據」。鍾泰《發微》：「此『生』字非生產之生，注家或據《搜神記》『秦孝公時有馬生人』以及京房《易傳》云『上無天子，諸侯相伐，厥妖馬生人』以爲此文之證，不知此文所言，皆道物類變化之常，若秦孝公時事，京房《易傳》之言，皆怪異一類，豈可以之並論！」行甫按：鍾氏之説可參。「羊奚比乎不箰久竹生青寧」者，言比物化合而生異物。「青寧生程，程生馬，馬生人」云云，當是化生之物又有化生之物，形成彼此相續之生化鏈，因而間接滋養異物異類。**人又反入於機**　反，讀返。機，通幾，微。行甫按：「人又反入於機」者，言人死亦生化爲新的動能。

〔一〇〕**萬物皆出於機皆入於機**　機，通幾，動之微。行甫按：言萬物皆因動能而生，死滅亦化歸爲動能。郭象注：「此言一氣而萬形，有變化而無死生也。」謂生命永在，不過形變而已，由此勘破生死、祛除死亡之恐懼。成玄英《疏》：「機者發動，所謂造化也。造化者，無物也。人既從無生有，又反入歸無也。豈唯在人，萬物皆爾。」謂生機乃造化之源，若生機永在，則生命亦可無限再造，死亦可望復生。此必然導向佛家輪迴思想，則與莊生本意較遠矣，學者不可不知。

此乃本篇第六章，言萬物皆以不同形而相禪。生存與死亡，也不過是生命的不同形式。處在死亡的狀態未必憂苦，處在生存的狀態也未必歡樂。

【繹文】

列子外出旅行，在路上打尖喫飯，忽然發現草叢中有一個已經死去百年之久的人的骷髏骨，於是列子撥開蓬蓬亂草指著骷髏骨說：『祗有我和你知道你既不曾死過，也不曾活著。你果真對你現在這種狀況感到愁苦嗎？我果真對我現在這種狀況感到快樂嗎？』

萬物的種子有一種能夠催生變化的微動力。得到水的滋潤就會生長出一種生命力很强俗稱馬齒莧的植物就是續斷，無根無土都能頑强地存活，在水土相交會的潮濕地帶便能生出青苔，生長在山坡高燥之處的就是車前草，車前草得到糞土的滋養就成爲烏足，烏足的根就成爲土中的蠐螬蟲，烏足的葉就成爲蝴蝶。蝴蝶生出卵過不了多久變化成幼蟲，幼蟲生在竈下得到熱氣，它的形狀就像蛇或蟬蜕下的皮和殼一樣質薄而透明，隨其形而稱其名，便是俗稱爲竈馬子的鴝掇蟲。鴝掇蟲經過千日的運化便成爲一種鳥，也是隨其形而稱其名，便叫作乾餘骨。這乾餘骨的涎沫具有粘性，長出來的蟲子也能把斷裂的東西彌合起來，所以叫斯彌，斯彌之蟲可用來釀造食醋。食醋日久變質則生頤輅之蟲，米酒過期變質則生黄軦之蟲，豬肉腐爛變質則生蠡蜹之蟲。羊奚草與不長筍的老竹並生一起就生出青寧之蟲，青寧之蟲幾經輾轉而化生出豹子之類的大蟲來，豹子之類大蟲又幾經輾轉而化生出騍馬之類的動物來，騍馬之類的動物對人的生存也貢獻出莫大動能，人死之後埋入土中又生出新的動能。天下萬物都產生於那個具有內動力的機能，死滅之後仍然化歸爲具有內動力的新機能。

達生第十九

達生，以首二字爲篇名，亦如《養生主》篇名之「生」，實兼「生命」與「心性」二義，且本篇大旨亦與《養生主》可互相發明。王夫之《莊子解》曰：本篇「於諸外篇中尤爲深至，其於内篇《養生主》、《大宗師》之説，獨得其要歸」；其爲文「雖雜引博喻，而語脈自相貫通，且文詞沈邃，足達微旨，雖或不出於莊子之手，要得莊子之真者所述也」。王氏所言，不免好惡之辭，未爲篤論，其要則大段不差矣。

〔一〕

達生之情者，不務生之所无以爲；達命之情者，不務知之所无奈何。〔一〕養形必先之以物，物有餘而形不養者有之矣；有生必先无離形，形不離而生亡者有之矣。〔二〕生之來不能卻，其去不能止。〔三〕悲夫！世之人以爲養形足以存生，而養形果不足以存生，則世奚足爲哉！〔四〕雖不足爲而不可不爲者，其爲不免矣。〔五〕

夫欲免爲形者，莫如棄世。棄世則无累，无累則正平，正平則與彼更生，更生則幾矣。〔六〕事奚足棄而生奚足遺？棄事則形不勞，遺生則精不虧。夫形全精復，與天爲一。〔七〕天地者，萬物之父母也，合則成體，散則成始。〔八〕形精不虧，是謂能移。精而又精，反以相天。〔九〕

【釋義】

〔一〕**達生之情者** 達，通曉。生，生存，生命；又通性，心性。情，實，謂實情實理。**不務生之所无以爲** 務，求。之，猶而。所，指事代詞。以，猶有。爲，猶用。郭象注：『生之所无以爲者，分外物也。』行甫按：猶言不追求對於生存而言不能起到什麼作用的東物。**達命之情者** 命，命運。《淮南子·繆稱》『命者，所遭於時也』，是其義。**不務知之所无奈何** 知，讀智，智慧。奈何，如何。王叔岷《校詮》：『「知」當作「命」，兩「命」字與上文兩「生」字對言，《弘明集一·正誣論》引「知」正作「命」，此文郭《注》「知之所無奈何」，「知」蓋本作「命」，由於正文「命」誤「知」，後人遂改《注》「命」爲「知」耳。』行甫按：王氏改字之説不可信！《德充符》『死生存亡，窮達貧富，賢與不肖毀譽，飢渴寒暑，是事之變，命之行也；日夜相代乎前，而知不能規乎其始者也』，言智慧不能把握命運。《人間世》『知其不可奈何而安之若命』，言智慧之於命運『不可奈何』則『安之』。

〔二〕**養形必先之以物** 養形，養護形體。之，猶以。行甫按：之以，虚詞連用，世德堂本無『以』字，敦煌寫本無『之』字。物，衣食之物。**物有餘而形不養者有之** 餘，多。不養，不能養護形體反而傷害形體。**有生必先无離形** 无離形，猶言不能脱離形體的奉養。**形不離而生亡者有之** 生亡，生命死亡。

〔三〕**生之來不能卻** 之，猶若。來，猶出生。卻，拒。**其去不能止** 去，猶死亡。止，留。

〔四〕**悲夫**　夫，猶乎，語氣詞。**世之人以爲養形足以存生**　世之人，世俗之人。足以，猶可以，說見劉淇《助字辨略》。**而養形果不足以存生**　而，猶若。果，實。**則世奚足爲**　世，猶言世之人。奚，何。足爲，可爲。行甫按：言養形未必可以存生，然存生必先養形。

〔五〕**雖不足爲而不可不爲**　不足爲，言養形不可爲。而，猶卻。**其爲不免矣**　其，代養形。爲，猶乃。免，避免，免除。

〔六〕**夫欲免爲形**　夫，猶若。爲形者，養形的手段與方法。**莫如棄世**　莫如，不如。棄世，放棄世俗之事。**棄世則无累**　累，羈絆。**无累則正平**　正，猶定。平，猶和。**正平則與彼更生**　彼，指造化。行甫按：與彼，卽下文之「與天」。更，交互迭代。《漢書·藝文志》「猶五行之更用事焉」，顏師古注：「更，互也。」《戰國策·西周策》「夫本末更盛」，鮑彪注：「更，猶迭。」是其例。生，進，變。《說文》：「生，進也，象艸木生出土上。」慧琳《音義》卷二十七：「因物造變謂之生。」行甫按：正平則與彼更生，猶言心境安定平和乃與天地造化相一致，更迭交互而變化推移。**更生則幾**　幾，近。行甫按：幾，猶言通於大化流行之道，達於安時處順之情。

〔七〕**事奚足棄而生奚足遺**　事，世俗之事。奚，何。足，猶可。遺，遺忘。**棄事則形不勞**　形，形體。勞，猶傷。**遺生則精不虧**　精，精神，精力。虧，猶損。**夫形全精復**　復，恢復。行甫按：形體健全，則白晝所耗之精氣，晚間於睡眠中卽可恢復。**與天爲一**　天，自然造化。爲一，相一致。行甫按：與天爲一，猶言與天地自然造化相一致，相推移，相更復。行甫又按：上文「无累則正平，正平則與彼更生」，强調心態；此處「形全精復，與天爲一」，强調生理。

〔八〕**天地者**　天地，自然，造化。**萬物之父母**　猶言天地乃萬物之化生者。**合則成體**　合，天地之氣相合。成體，猶成形。**散則成始**　散，合而後散。成始，成爲新的開始。行甫按：二句言萬物皆形氣轉續，以不同形相禪。

〔九〕**形精不虧**　猶『形全精復』。**是謂能移**　謂，爲。移，推移。行甫按：能移，猶言『與天爲一』。**精而又精**　精，精力充沛。而，猶乃也。行甫按：精而又精，精力之上乃再加精力。**反以相天**　反，返。相，輔，助。天，自然。行甫按：反以相天，猶言精力充沛而又充沛，反過來可以增進自然壽命。

此乃本篇第一章，言養生須先養形，但養形未必能養生。因此，養形莫若養精。達於性命之情者，當棄事而遺生，『棄事則形不勞，遺生則精不虧』。養生與遺生，雖相反卻實相成。猶如『與天爲一』乃得『形全精復』，但『精而又精』卻能『反以相天』，也就是説，精力充沛反過來又有助於增進人的自然壽命。

【繹文】

通曉生命之實情實理的人，不去追求那些對於生命而言並沒有什麼用處的東西；通曉命運之實情實理的人，不去把握那些對於智慧來説並不能把握的偶然與突發的事情。道理很簡單，要想養護形體，必須預先準備一定的物質基礎，可是物質豐足有餘但形體並不能得到有效養護的情況卻不乏其例；要想保持生命，首先必須不能喪失形體，可是形體並沒有喪失但事先卻喪失了生命的情況也比比皆是。生命如果來臨，是不能阻擋的；生命如果消亡，也是不能挽留的。可悲啊，世俗之人以爲衹要養護形體便可以保存生命！當然，話得說回來，如果養護形體真的不可以保存生命，那麽世人爲什麽要養護形體呢？因此，雖然養護形體不一定就能保存生命但又不可不養護形體，就在於這是不能避免而不得不爲的事情。

如果真想避免養護形體，那就衹剩下放棄世俗事務這條唯一的出路了。放棄了世俗事務便没有了人生的負擔，没有人生負擔心境便安定平和，心境安定平和了便可以與天地造化相推移而生生不息了，與天地造化相推移而生生不息也就與大化流行之道相接近，對待生死也就可以做到安時而處順了。世俗事務爲什麽可以放棄，生命存在爲什麽也可以遺忘呢？因爲放棄了世俗事務，形體便不會遭受勞苦；遺忘了生命存在，精力便不會受到虧損。如果形體健全而且精力旺盛，那麽人的生命機能便可以與天地造化相一致。天地造化便是萬物的父母，天地之氣相合便能讓萬物孕育成形，天地之氣分散便是萬物的重新開始。形體没有受到傷害，精神没有遭到虧損，這就可以與天地相一致，與造化相推移了。人的生命機能旺盛，精神充沛而又充沛，反過來也有助於增加人的自然壽命。

〔二〕

子列子問關尹曰：『至人潛行不窒，蹈火不熱，行乎萬物之上而不慄。請問何以至於此？』〔一〕

關尹曰：『是純氣之守也，非知巧果敢之列。〔二〕居，予語女！凡有貌象聲色者，皆物也，物與物何以相遠？〔三〕夫奚足以至乎先？是［形］色而已。〔四〕則物之造乎不形而止乎无所化，夫得是而窮之者，物焉得而止焉！〔五〕彼將處乎不淫之度，而藏乎无端之紀，遊乎萬物之所終始，壹其性，養其氣，合其德，以通乎物之所造。〔六〕夫若是者，其天守全，其神无郤，物奚自入焉！〔七〕

『夫醉者之墜車，雖疾不死。骨節與人同而犯害與人異，其神全也，乘亦不知也，墜亦不知也，死生驚懼不入乎其胷中，是故遻物而不慴。〔八〕彼得全於酒而猶若是，而況得全於天乎？聖人藏於天，故莫之能傷也。〔九〕復讎者不折鏌干，雖有忮心者不怨飄瓦，是以天下平均。〔一〇〕故无攻戰之亂，无殺戮之刑者，由此道也。〔一一〕

『不開人之天，而開天之天，開天者德生，開人者賊生。不厭其天，不忽於人，民幾乎，以其真！』〔一二〕

【釋義】

〔一〕**子列子問關尹曰**　子，稱其本師。列子，姓列，名禦寇；子，尊稱，猶先生。關尹，邊關長吏；失其名，以官職爲稱。《呂氏春秋·不二》『關尹貴清』，高誘注：『關正也，名喜。』《史記·老子韓非列傳》『關令尹喜曰』，裴駰《集解》：『關令尹喜者，周大夫也。』成玄英《莊子疏》：『姓尹，名喜。』郭沫若《稷下黃老學派的批判》：『「關令尹喜曰」，本來是「關令尹高興而說道」的意思。』行甫按：令尹，乃楚國執政大臣之號，邊關長吏不當以爲稱。原司馬遷之意，當是以『令』釋『尹』，故稱『關尹』爲『關令尹』。《天下》不稱『關尹』爲『關令』或『關令尹』，即是其證。『喜』，當如郭說。**至人潛行不窒** 至人，心靈境界極爲高遠之人。潛行，潛入水中而行。窒，氣息閉塞。**蹈火不熱** 蹈火，踏行於火上。**行乎萬物之上而不慄** 乎，於。萬物之上，高度超過所有物體。慄，因恐懼而顫抖。**請問何以至於此** 以，猶因。

〔二〕**關尹曰是純氣之守** 是，此。純，和。《論語·八佾》『純如也』，何晏《集解》：『純，和諧也。』邢昺《疏》：『純，和也。』成玄英《疏》：『是保守純和之氣。』之，所以。行甫按：此『之』字，因果之詞。**非知巧果敢之列** 知，讀智。巧，技巧。果，決斷。敢，勇氣。列，《釋文》：『音例，本或作例。』

〔三〕**居** 安。《呂氏春秋·上農》『無有居心』，高誘注：『居，安也。』《大雅·公劉》『匪居匪康』，朱熹《集傳》：『居，安也。』是其例。行甫按：『居』，猶言靜心毋躁。**予語女** 語，告訴。女，通汝，你。**凡有貌象聲色** 凡，衆，所有，非一之詞。貌，姿體。《穀梁傳》桓公十四年『察其貌而不察其形』，范寧注：『貌，姿體。』是其義。象，形狀。行甫按：貌象，散文則通，對文有異；『貌』指動態之形體，『象』指靜態之形狀。聲，訴諸聽覺者。色，訴諸視覺者。**皆物** 物，事物。**物與物何以相遠** 以，猶所；所，猶可。行甫按：凡物皆有貌象聲色，同而無異，故不相遠。

〔四〕**夫奚足以至乎先** 夫，彼。行甫按：夫，與下文『是』字所指相同。足，猶得。至，猶抵達。乎，於。先，最初。行甫按：先，指認知的邏輯次序而言。句意謂：對於物而言，那個最初得以抵達於人的認知環節的東西是什麼呢？**是〔形〕色而已** 是，此；此『至乎先』者。形，猶貌象。色，猶聲色。覆宋本奪『形』字，此據江南古藏本補。行甫按：言最初抵達於人的認知環節的東西，不過是事物『形』與『色』等外在屬性，由人的感官所感覺到的東西。

〔五〕**則物之造乎不形而止乎无所化** 則，猶若。說見王引之《經傳釋詞》。物，人。行甫按：莊子之『物』，通指人與物而言之，參見《齊物論》『此之謂物化』釋義。陳鼓應《今注今譯》據詹姆士·里革（James Legge）英譯之爲 The pefectman（『完人』），認爲『物』當指『至人』，其說是。之，猶乃。造，至。乎，於。不形，沒有形體。止，居，處。所，猶可。化，變動。行甫按：造乎不形而止乎无所化，達到了遺忘形體而處於虛靜狀態，猶言達到了高遠而超邁且寧靜而和適的道的心靈境界。**夫得是而窮之者** 夫，猶凡。說見吴昌瑩《經詞衍釋》。得，猶造，達。是，猶此；此高遠而寧靜的道的境界。窮，猶極。行甫按：得是而窮之，猶言達到極爲高遠寧靜而無以復加的道的境界。**物焉得而止焉** 物，外物；指上文所謂水、火以及高險之處。焉，猶安，何。止，留止。行甫按：此『止』字與下文『物奚自入』相關聯，言外物不能滯留於其心。焉，猶邪，反詰語氣詞。

〔六〕**彼將處乎不淫之度** 彼，彼至人。將，當。處，止，居。淫，過度。度，猶限度、邊界。行甫按：不淫之度，無法超越的邊界，猶言沒有邊際與限度。**而藏乎无端之紀** 藏，猶居，止。无端，既無開端，亦無終點。紀，猶端緒。行甫按：紀，《說文》：『別絲也。』此乃比喻用法，猶今語所謂線索。行甫又按：不淫之度，猶言無邊無際；無端之紀，猶言無始無終。二句乃描述道之爲無邊無際、無始無終之時空架構而已。**遊乎萬物之所終始** 遊，猶言放縱心靈。萬物之所終始，猶言萬物之所始，萬物之所終。行甫按：萬物皆在大化流行的道的時空架構之中生死變滅，是『萬物之所終始』。**壹其性** 壹，純一而不雜，專一而不分。性，情性。**養其氣** 養，蓄，守。**合其德** 合，符契吻合。德，行爲方式。行甫按：合其德，使行爲方式與大化流行之道相契合，亦即忘形處靜，與大化流行之道相推移。**以通乎物之所造** 以，猶而，目的連詞。通，猶達。物之所造，即上文『造乎不形而止乎不化』。行甫按：以通乎物之所造，猶言目的是爲了達到修道之人所能達到的遺忘形體心靈虛靜的超邁境界。此節文字，古今之注皆不了。

〔七〕**夫若是** 夫若，若，虚詞連用。是，此，代指上文『壹其性，養其氣，合其德』的修養狀態。**其天守全** 其，代修道之人。天守，保持沒有爲外物所沾染的自然天性。全，完整無虧。**其神无郤** 郤，通隙，間隙。行甫按：其神无郤，與『其天守全』互文見義，猶言天性無虧缺，精神無瑕疵。**物奚自入** 物，外物。奚，何。自，從。入，進入。行甫按：物奚自入焉，與上文『物焉得而止焉』相關聯。

〔八〕**夫醉者之墜車** 之，猶若。墜，《釋文》：『字或作隊，同直類反。』**雖疾不死** 疾，小病。**骨節與人同而犯害與人異** 骨節，骨頭與關節。犯，觸冒。害，傷害。**其神全也** 神全，精神無虧，猶言既無知覺，亦無恐懼。**乘亦不知** 乘，坐車。**墜亦不知** 墜，墜車。**死生驚懼不入乎其胷中** 死生，死，偏義複詞。**是故遻物而不慴** 遻，音悟，觸忤。慴，音折，驚恐。

〔九〕**彼得全於酒而猶若是** 於，猶以，因。猶，尚且。**而況得全於天** 天，不爲外物所染的自然天性。**聖人藏於天** 聖人，聰明睿智而境界高遠之人。藏，猶藏神。行甫按：藏於天，猶言無知無識，無思無慮，隨緣而自適。**故莫之能傷也** 之，否定句代詞賓語前置。傷，害。

〔一〇〕**復讎者不折鏌干** 復，報。讎，讀仇。折，斷。鏌干，鏌鋣與干將，古之利劍名。《廣雅·釋器》：『干將、鏌釾，劍也。』**雖有忮心者不怨飄瓦** 雖，即使，讓步假設之詞。忮，音志，恨。《邶風·雄雉》『不忮不求』，《釋文》引《字書》：『忮，恨也。』飄瓦，因風吹而飛動之瓦。鍾泰《發微》：『鏌干殺人，而復讎者報其人不報其器。人有心，器無心也。飄瓦傷人，人雖有忮心，怨不及瓦。瓦之飄起於風，亦非有心也。』**是以天下平均**

平均，猶安定，同義複詞。

〔一一〕**故无攻戰之亂**　攻戰，言兵。**无殺戮之刑者**　殺戮，言刑。行甫按：古者兵刑合一。《國語・魯語上》所謂『大刑用甲兵，其次用斧鉞』，『大者陳之原野，小者致之市朝』，是其義。**由此道**　鍾泰《發微》：『無心則爭不起，爭不起，則刑兵可以不用。』

〔一二〕**不開人之天**　開，啓。人之天，智巧果敢之屬。**而開天之天**　天之天，純和安定之氣。**開天者德生**　德，善；指社會風尚良善而言。行甫按：先秦載籍所言之『德』，既指人的行爲方式，亦指施政舉措，由此而引申，則前者之『德』涉乎個人品行，後者之德涉乎社會風尚。此『德』字與下文『賊』字相對爲言，且與上文『天下平均』關聯照應。言守其純和安定之氣，則風俗良善而社會安寧。**開人者賊生**　賊，害。行甫按：此『賊』字與上文『攻戰之亂』，『殺戮之刑』相關聯，且與『德』字相反對。言智巧果敢之屬開啓，則刑殺攻戰大起，生靈涂炭。**不厭其天**　厭，讀壓，猶阻塞。其，猶於，與下『忽於人』之『於』爲互文。天，代指『德』，與『開天者德生』相關聯。行甫按：不厭其天，猶言不阻礙良風善俗之生成。**不忽於人**　忽，輕忽。人，代指『賊』，與『開人者賊生』相關聯。鍾泰《發微》：『「不厭其天」，不塞其德也；「不忽於人」，謹防其賊也。』行甫按：察其文勢與章法，鍾說是。**民幾乎**　民，猶人。幾，近，近於道。乎，猶矣，語氣詞。行甫按：此『民』字乃全稱概念，指全社會所有民衆。民幾乎，猶言全體民衆皆近於道的境界了。**以其真**　以，因。其，其民。真，純樸自然；指上文『純氣之守』。行甫按：此二句乃因果關聯，注家多作一句讀，非。

此乃本篇第二章，言守氣全真，則遠於外物之害。即使偶有不虞之災而身處逆境危局，也不致亂其心而傷其身，猶如『醉者之墜車，雖疾不死』。若人人皆能守氣全真而無爭怨之心，則社會安寧、風俗淳樸，其公序良俗亦由此而興矣。

【繹文】

本師列禦寇先生請教關尹說：『境界極爲高遠的人潛行於深水之中不會感到氣閉胷悶，踏火而行也不會感覺到灼熱難當，行走在超出萬物之上的危險高空也不會感到害怕而發抖。請問，要怎麼樣才可以達到這樣的境界呢？』

關尹回答說：『這是由於保守純然不雜而虛靜平和之氣的原因，並不是通過智慧技巧與果斷勇敢的途徑獲得的。稍安勿躁，容我慢慢跟你說：凡是具有姿體相貌與聲音色彩的東西，都是物。物與物之間有什麼差距呢？對於物來說，那些能夠最先抵達人的意識之中的東西是什麼呢？不就是它們的形狀與色彩這些由我們的感官最先感覺到的外在屬性嗎？如果人的修養境界達到了遺忘形體並且心靈處於安寧平靜的狀態，而且凡是能夠把這種高遠寧靜的心靈境界提升到無以復加的極至境地，那麼外在之物又如何能夠滯留在他那寧靜而高遠的心靈之中呢？在這種境界之中，他應當就是處身於無邊無際無法超越的空間曠宇，同時也是藏身於無始無終綿延無盡的時間長宙，遊心於這個苞舉宇內涵藏萬有使萬物不斷地生死變滅於其中的時空之流，於是純一他的性情，蓄養他的元氣，使他的行爲與大化流行之道相契合，從而達到修道之人所能達到的最高境界。如果達到了這種境界，他的自然天性便得到保全，他的精神世界便沒有虧缺，外物又如何能夠侵入他的心靈呢？

『如果一個醉酒的人從車上墜落下來，卽使受到一點皮肉之傷也不會摔死。他的骨骼關節雖然與別人一樣，但是受到的傷害卻與別人大爲不同，這是由於他的精神沒有受到任何刺激和影響，乘車的時候他完全沒有感覺，墜車的時候他也感覺不到，所以死亡與恐懼的情緒就不會進入他的胷中，卽使遭到外物的衝擊也不會感到震驚。這種因爲喝醉了酒不省人事的人都能如此地保全自己免受傷害，更何況那些能夠保全自然天性的人呢？聰明睿智而境界高遠的聖人，把自己的精神收攝於自然天性之中，當然就沒有什麼東西能夠傷害他。保全天性，自然無心，便不會受到傷害。比如說，被鏌鋣與干將等利劍刺傷過的人，在報仇雪恨的時候並不去折斷曾經傷過他的鏌鋣與干將，卽使是報怨心理很强的人也不會憤恨被風吹來砸了他腦袋的瓦片。因爲那鏌鋣與干將的利劍，那因風吹來的飛瓦，它們本身並沒有傷害人的動機。所以衹要天下人都沒有爭奪與怨憤之心，天下自然就太平無事了。因此可以說，沒有戰爭的擾亂，沒有刑罰的殺戮，也是出於這個沒有爭奪之心的道理。

『不應當開發人類智慧技巧與決斷勇敢的人力天性，而應當開發人類平和虛靜與安定純一的自然天性。開發人類平和虛靜與安定純一的自然天性，便會推進社會的公序與良俗；開發人類智慧技巧與決斷勇敢的人力天性，便會催生社會的戰亂與刑殺。不要閉塞與妨礙人的自然天性的開發，更不能輕視人的人力天性的氾濫，如果蕓蕓衆生都能接近道的境界，那一定是由於他們保持著自然純真的天性。』

〔三〕

仲尼適楚，出於林中，見痀僂者承蜩，猶掇之也。〔一〕仲尼曰：『子巧乎！有道邪？』〔二〕曰：『我有道也。五六月累丸二而不墜，則失者錙銖；〔三〕累三而不墜，則失者十一；累五而不墜，猶掇之也。〔四〕吾處身也，若厥株拘；吾執臂也，若槁木之枝；雖天地之大，萬物之多，而唯蜩翼之知。〔五〕吾不反不側，不以萬物易蜩之翼，何爲而不得！』〔六〕

孔子顧謂弟子曰：『用志不分，乃凝於神，其痀僂丈人之謂乎！』〔七〕

【釋義】

〔一〕**仲尼適楚**　適，往。**出於林中**　出，猶入。行甫按：郭璞《爾雅注》：『以徂爲存，猶以亂爲治，以曩爲曏，以故爲今，此皆詁訓義有反覆旁通，美惡不嫌同名。』行甫按：俞樾《古書疑義舉例》有『美惡同辭例』，楊樹達《續補》有『施受同辭例』，實皆反訓之例。此『出』之訓『入』，亦是其類。**見痀僂者承蜩**　痀僂，音居樓，亦音勾樓，又音于樓，老人脊曲腰彎之病。承，猶取。蜩，音條，蟬。林希逸《口義》：『承蜩，持竿而拈蟬者也。』行甫按：林說是，《淮南子·說山》作『黏蟬』，卽其證。**猶掇之**　猶，如，似。掇，拾取。行甫按：《說文》訓『承』爲『奉也，受也』，訓『掇』爲『拾取』，則『承』乃仰受而奉取之，『掇』乃俯身而拾取之，故言『猶』。『猶』者，似之而非之意，言其雖難而似易。行甫又按：《禮記·內則》記人君燕食所加庶羞，用『蜩』與『范』，卽蟬與蜂。今人仍有食蟬者。

〔二〕**子巧乎**　子，您。巧，猶精妙。乎，猶邪，歎詞，贊其手法高超。**有道邪**　道，練習之法。

〔三〕**我有道**　有道，猶有法。**五六月累丸二而不墜**　五六月，練習五月至半年。累丸，《釋文》：『司馬云：『謂累之於竿頭也。』行甫按：今之雜耍藝人嘴啣木棒，又於其端累疊雞蛋數枚。此老者當是以手持竿，始於竿首疊加圓丸二枚。**則失者錙銖**　失，失手，猶言取蟬失敗。錙銖，音資朱，古代最小的重量單位。

〔四〕**累三而不墜**　累三，經時而丸增至三。**則失者十一**　十一，十次失手一次。**累五而不墜**　累五，又經時而增丸以至於五。**猶掇之**　言終於達到目前之技藝。

〔五〕**吾處身**　處，居，置。身，身軀。**若厥株拘**　若，如。厥，同橛，短木樁。《釋文》：『本或作橛。』株，樹根。徐鍇《說文繫傳》：『在土曰根，在土上曰株。』拘，通枸，樹根盤結之義。張君房本、江南古藏本皆作『枸』。**吾執臂**　執，持。王叔岷《校詮》：『「處身」與「執臂」對言。』行甫按：王說是。處身，言處置軀體；執臂，言調整手臂。**若槁木之枝**　槁木，枯樹。枝，枝條。**雖天地之大萬物之多**　之，猶如此、如是。**而唯蜩翼之知**　而，猶乃。唯，獨。之，猶爲。行甫按：句式『唯×之×』與『惟×是×』結構從同，皆『以×爲×』之意。

〔六〕**吾不反不側**　反側，翻轉挪動。**不以萬物易蜩之翼**　易，遷移，替換。**何爲而不得**　得，得手。行甫按：得，與上文『失』字相對。

〔七〕**孔子顧謂弟子** 顧，回頭。謂，教導。**用志不分** 志，意，心之所向。分，猶散。**乃凝於神** 凝，猶聚。於，其。神，精神，精力。**其痀僂丈人之謂** 其，猶殆。丈人，對老者之尊稱。之，猶是。謂，評說。

此乃本篇第三章，言痀僂丈人用心專一，凝神靜氣，捕蟬如同俯拾草芥，以喻修道養生卽是養神，亦卽『用志不分』。

【繹文】

孔子到楚國去，進入一片樹林之中，見到一位腰脊彎曲的駝背老人用竹竿黏取樹枝上的蟬，就好像是從地上拾取一樣輕鬆靈巧。

孔子覺得非常驚訝，問老者說：『你的手段真是精妙啊！有什麼辦法練習嗎？』

駝背老人說：『我有練習的方法。我用五個月到半年時間練習在竿頭上疊加二顆圓團子的技術，如果這兩顆圓團子沒有墜落下來，那麼我去黏取樹上的蟬時，失手的機會就比較少了；當我能夠在竿頭上疊加三顆圓團子而沒有墜落下來的時候，再去黏蟬，十次之中衹有一次失手了；等到我在竿頭上疊加五顆圓團子而不掉落下來，就到了現在這樣如同從地上揀東西一般順手了。我把身子調整穩當，就像一段樹樁子一樣戳在地上毫不動搖；我伸直手臂握著竹竿，就像一根枯死的樹枝一樣紋絲不動。卽使天地如此之大，萬物如此之多，我的精神仍衹是專注在蟬的翅膀上。我既不轉身，也不擺頭，不會讓周圍的任何東西代替我眼中的那個蟬的翅膀。這樣的話，有什麼不能得手的呢？』

聽了駝背老人一番話，孔子回過頭去教導他的弟子們説：『胷無雜念，存心專一，便可以做到精力集中，神情專注，大概説的就是這位了不起的駝背老人吧！』

〔四〕

顔淵問仲尼曰：『吾嘗濟乎觴深之淵，津人操舟若神。吾問焉，曰：「操舟可學邪？」〔一〕曰：「可。善游者數能。若乃夫没人，則未嘗見舟而便操之也。」〔二〕吾問焉而不吾告，敢問何謂也？』〔三〕

仲尼曰：『善游者數能，忘水也。〔四〕若乃夫没人之未嘗見舟而便操之也，彼視淵若陵，視舟之覆猶其車卻也。〔五〕覆卻萬方陳乎前而不得入其舍，惡往而不暇！〔六〕以瓦注者巧，以鉤注者憚，以黄金注者殙。〔七〕其巧一也，而有所矜，則重外也。凡外重者内拙。』〔八〕

【釋義】

〔一〕**顔淵問仲尼** 顔淵，名回，字子淵。**吾嘗濟乎觴深之淵** 嘗，曾經。濟，乘船渡水。觴，本爲酒具，此爲喻象。淵，回水。行甫按：觴深之淵，涯岸陡峭如杯壁，水流湍急而多漩渦，極言其險惡。**津人操舟若神** 津人，擺渡艄公。操舟，撐篙摇槳，擺弄船隻。若神，如同神靈。行甫按：若神，言操舟技術嫻熟到出乎人之意料。

吾問焉曰操舟可學邪　焉，猶之。

〔二〕**曰可**　曰，津人所言。**善游者數能**　善游者，會游水的。數，讀速。王叔岷《校詮》：「《人間世》「以爲棺槨則速腐」，《釋文》引向、崔本速作數，即數、速通用之證。」能，猶任，堪。《廣雅·釋詁二》：「能，任也。」《漢書·嚴助傳》「中國之人不能其水土也」，顔師古注：「能，堪也。」**若乃夫沒人**　若乃，猶至於，轉折連詞。夫，彼。沒人，潛水之人。郭象注：「能鶩沒於水底。」**則未嘗見舟而便操之**　則，猶雖。而，猶乃。便，安，輕巧。《説文》：「便，安也。」《荀子·性惡篇》「齊給便敏而無類」，楊倞注：「便，謂輕巧。」操，操持，擺弄。

〔三〕**吾問焉而不吾告**　焉，猶之。不吾告，不告吾，否定句代詞賓語前置。**敢問何謂也**　謂，意指。行甫按：顔回問仲尼舟人所言何意。

〔四〕**仲尼曰善游者數能忘水**　忘水，忘掉水的存在。

〔五〕**若乃夫沒人之未嘗見舟而便操之也**　之，猶於。**彼視淵若陵**　彼，彼沒人。視，猶比，看待。陵，猶山坡。**視舟之覆猶其車卻**　猶，如。其，亦如。行甫按：猶其，虛詞連用，即今語如同。卻，退。

〔六〕**覆卻萬方陳乎前而不得入其舍**　覆，翻。萬方，萬端。行甫按：萬方，猶言各種狀態。陳，猶出現。乎，於。而，猶亦。舍，胷次。行甫按：舍，猶言心之寓所。**惡往而不暇**　暇，閒適。

〔七〕**以瓦注者巧**　瓦，瓦器，不值錢的賤物。注，賭注。**以鉤注者憚**　鉤，衣帶鉤，以青銅爲之。憚，害怕。**以黄金注者殙**　黄金，黄銅。殙，音昏，心智昏亂。

〔八〕**其巧一**　巧，智巧。一，同。行甫按：言賭徒心智之巧拙並無不同。**而有所矜**　所，猶可。矜，猶重。**則重外**　外，外在之物。**凡外重者內拙**　內，內在之心智。拙，笨拙，猶言膽小心虛。

此乃本篇第三章，言擺渡人之所以操舟若神，因其忘水，以喻養生在於養心，忘卻外物。否則如賭徒下注，過分看重賭注的價值導致心智拙劣。

【繹文】

顏回請教其師孔子說：『我曾經在一個兩岸都是懸崖峭壁，水流十分湍急，一個漩渦套著一個漩渦的地方渡水，擺渡的艄公撐篙搖槳如有神助，技術非常嫻熟，簡直令人無法想象。我問他說：「撐船擺渡的技術可以學習嗎？」他回答我說：「可以學。不過會游水的人很快就會了。至於那些會潛入深水的人，卽使沒有見過船，也能很輕巧地撐船打槳。」我問他爲什麼，可他沒有告訴我。請問老師，他說的是什麼意思呀？』

孔子解釋說：『會游水的人很快就會撐船擺渡，是因爲他心裏根本就沒有水的影子，更不用說水的危害性了。至於那些能夠潛入深水底下的人，雖然沒有見過渡船也會撐篙打槳，那是因爲他把潛入深水當作走山路，把翻船落水看作如同是車子在山坡上後退一樣習以爲常。翻船倒車，各種危險狀況出現在眼前，卻一點都不會往心裏去，到哪兒都不是閒暇自若呀！譬如賭徒們下注，用不值錢的瓦器做賭注，心智非常敏捷靈巧；用銅制帶鈎做賭注，他就得掂量掂量不免有些擔心了；用黃金作賭注，他的心智就昏亂迷惑了。雖然他的心智巧拙先後都是一樣的，但因爲他有了看重掂量的東西，就把心思用在外在得失上了。凡是看重外在得失的人，他的內在心智就變得拙劣起來，自然便膽怯心虛了。』

［五］

田開之見周威公，威公曰：『吾聞祝腎學生，吾子與祝腎游，亦何聞焉？』〔一〕

田開之曰：『開之操拔篲以侍門庭，亦何聞於夫子！』〔二〕

威公曰：『田子无讓，寡人願聞之。』〔三〕

開之曰：『聞之夫子曰：「善養生者，若牧羊然，視其後者而鞭之。」』〔四〕

威公曰：『何謂也？』

田開之曰：『魯有單豹者，巖居而水飲，不與民共利，行年七十而猶有嬰兒之色；不幸遇餓虎，餓虎殺而食之。〔五〕有張毅者，高門縣薄，無不走也，行年四十而有內熱之病以死。〔六〕豹養其內而虎食其外，毅養其外而病攻其內，此二子者，皆不鞭其後者也。〔七〕仲尼曰：「无入而藏，无出而陽，柴立其中央。三者若得，其名必極。」〔八〕夫畏塗者，十殺一人，則父子兄弟相戒也，必盛卒徒而後敢出焉，不亦知乎！〔九〕人之所取畏者，衽席之上，飲食之間；而不知爲之戒者，過也。』〔一〇〕

【釋義】

〔一〕**田開之見周威公**　田開之，當是學道之人。周威公，西周桓公之子，《釋文》：『崔本作周威公竈。』行甫按：周貞定王二十八年（前四四一）周考王卽位後封其弟揭於河南，是爲河南桓公。河南，卽武王遷九鼎之王城，周平王東遷卽定都於此。因周景王臨死欲廢嫡子猛而立庶長子王子朝，於是朝臣袒分左右，一邊立王子猛，一邊立王子朝。王子猛死，又立其同母弟王子匄，是爲周敬王。王子朝率兵攻打王城，敬王兵敗，王子朝入居王城。後周敬王請兵於晉國，攻打王城，王子朝兵敗而奔楚。因王子朝餘黨多在王城，周敬王畏憚，於是徙都於成周。成周乃周公營洛邑時所建之下都，遷殷民所居之地，在洛邑之東。王城在洛邑之西，故稱西周桓公。**威公曰吾聞祝腎學生**　祝腎，人名，《釋文》：『字又作緊，本或作賢。』行甫按：腎、緊、賢，皆從臤得聲，故可通用。學生，《釋文》：『司馬云：學養生之道也。』**吾子與祝腎游**　吾子，親近之稱，猶老先生。與，猶從。游，猶交游，交往。**亦何聞**　亦，特。

〔二〕**開之操拔篲以侍門庭**　操，持。拔篲，成玄英《疏》：『掃帚也。』王叔岷《校詮》：『拔，讀爲拂。』行甫按：拔，當爲拂塵或雞毛撣子之類的清潔工具。以，猶而。侍，給事奉役。行甫按：侍門庭，猶言供役於大門之外與庭院之中而已，非登堂入室弟子。**亦何聞於夫子**　亦，特。於，猶自，從。

〔三〕**田子无讓**　田子，猶言田先生。讓，謙讓。**寡人願聞之**　願，希望。

〔四〕**聞之夫子**　之，猶於。**善養生者若牧羊然**　若，如。然，猶如此。**視其後者而鞭之**　鞭，抽打。郭象注：『去其不及也。』成玄英《疏》：『令其折中。』行甫按：視其後者而鞭之，猶言首尾兼顧，以譬修道養生當兼顧內外。

〔五〕**何謂** 謂，猶意指。**魯有單豹** 單，《釋文》：『音善。李云：單豹，隱人姓名也。』**巖居而水飲** 巖居，居於巖石之下。水飲，《太平御覽》七二〇引作『谷飲』，《淮南子·人間》亦作『谷飲』。王叔岷《校詮》：『「谷飲」與「巖居」對言，劉宋雷次宗《與子侄書》「山居谷飲」，即本此文。』行甫按：王說是。谷飲，飲於山谷之中。**不與民共利** 民，人。共利，猶言爭方便。**行年七十而猶有嬰兒之色** 行年，流年。猶，仍。**不幸遇餓虎** 不幸，猶不期望、沒想到。《漢書·灌夫傳》『幸得召見』，顏師古注：『幸，冀也。』《後漢書·鮑永傳》『誠慙以其眾幸富貴』，章懷太子注：『幸，希也。』**餓虎殺而食之** 殺，猶言撕咬而死。

〔六〕**張毅** 亦魯人。**高門縣薄** 高門，高大之門，猶言富貴之家。《闕誤》引劉得一本『高』上有『見』字。行甫按：無『見』字義亦明。縣，通懸。薄，帷薄。縣薄，僅挂門簾以遮蔽風雨之蓬壁小戶。**无不走也** 走，奔走。《呂氏春秋·必己》及《淮南子·人間》皆言『張毅好恭』，則其人慕勢而好名，既討好富貴大家，亦不得罪貧賤小戶，終日爲他人奔忙不休。**行年四十而有內熱之病以死** 內熱之病，消渴症（今名糖尿病），焦急勞累所致。《人間世》所謂『陰陽之患』。

〔七〕**豹養其內而虎食其外** 養其內，猶言修養心性。食其外，猶言食其肉體。**毅養其外而病攻其內** 養其外，猶言注重外在行爲以修養德行。病攻其內，疾病攻其內臟。**此二子者皆不鞭其後者也** 行甫按：猶言二人皆有所偏，或重外而忽內，或重內而忽外。

〔八〕**无入而藏** 入藏，猶言隱居靜處而養心性太過，指單豹巖居而谷飲。**无出而陽** 出陽，猶言行爲過分張揚外露，指張毅慕勢而好名。**柴立其中央** 柴立，郭象注：『若槁木之無心而中適，是立也。』成玄英《疏》：

『柴，木也。如槁木之無情，妙捨二邊，而獨立於一中之道。』行甫按：《說文》『柴，小木散材』，《集韻·卦韻》『柴，藩落也。或作砦』，又《夬韻》『柴，籬落也。或作寨、砦』。王維《輞川集·鹿柴》詩，趙殿成《箋注》：『柴，士邁切，音與砦同，柵也。一作寨。凡師行野次，立木爲區落，謂之柴。別墅有籬落者，亦謂之柴。』是『柴』者，乃立小木散材以區隔內外之意。其，猶於。行甫按：柴立其中央，猶言如柴之立於其間以別內外。**三者若得** 三者，卽入藏、出陽、立中三事。**其名必極** 極，猶至。行甫按：『極』之『至』，動詞，猶來至；『至』之『極』，形容詞，猶盛極。其名必極，言聲望必來至而隆盛。

〔九〕**夫畏塗者** 夫，猶若。畏塗，常有盜賊出沒之塗。者，也。**十殺一人** 十人經過此塗而有一人被盜賊劫殺。**則父子兄弟相戒** 戒，猶防備。**必盛卒徒而後敢出** 盛，猶聚集。卒徒，人衆。出，猶入。行甫按：出，猶上文『仲尼適楚，出於林中』之『出』。**不亦知** 亦，特。知，讀智，機智，智慧。行甫按：畏塗，猶言謹於外。

〔一〇〕**人之所取畏** 之，猶乃。所，猶可。取，通最。王先謙《集解》引蘇輿曰：『取卽最字。』行甫按：『最』從『取』得聲，故可通用，江南古藏本正作『最』，是其證。畏，猶言傷害。**袵席之上飲食之間** 袵，衣襟。席，坐席。行甫按：猶言生活起居之間。**而不知爲之戒** 爲之，猶因此。**過** 誤。行甫按：袵席、飲食，而不知爲戒，猶言不謹於內。

此乃本篇第五章，言養生當內外兼養，『柴立其中央』，不可有所偏廢。

【繹文】

田開之拜見周威公，周威公對田開之說：『我聽說祝腎是學習養生的，先生您與祝腎交往密切，有沒有從他那裏聽到過什麼特別的養生說法呀？』

田開之說：『我不過是拿著拂塵掃帚恭候在大門外面做一些雜役之事而已，哪裏能從先生那兒聽到什麼有關養生的要緊話呢？』

周威公說：『田先生不要謙讓，我很想聽聽他怎麼說。』

田開之說：『聽到祝腎先生說：「會養生的人，就如同放羊一樣，見到落在羊羣後面的就用鞭子抽打它！」』

周威公說：『這是什麼意思呢？』

田開之說：『魯國有個叫單豹的人，遠離人羣，棲居在深山巖石之下，飲水於山谷溪流之中，不與他人共享好處，活到七十歲了，卻仍然有嬰兒一樣的白嫩臉色。可是沒存想遇到一隻飢餓的老虎，那隻餓虎便把他咬死撕碎當成一頓美餐吃了。魯國另有一個叫張毅的人，不論是高門大戶的富貴人家，還是蓬門小戶的貧窮人家，衹要有求於他，沒有不盡心盡力替他們奔走效勞的，可是活到四十歲他便患上了消渴症，不久便因病而死去了。單豹修養心性生得細皮嫩肉，竟然成了餓虎的美餐；張毅修養德行受到普遍讚揚，卻積勞成疾而損害了內臟。這兩個人，無論是養生還是修行，都是像沒有鞭打落在羊羣後面的羊一樣，沒有做到首尾兼顧，內外兼修。孔子曾經說過：「不要過於隱藏而從不露面，不要過於表露而格外張揚，應當像樹立在中間的籬笆一樣，既不偏不倚，又兩邊兼顧。如果能夠做到這三點，他的名望必然會達到鼎盛的狀況。」如果是强盜賊人經常出沒的道路，十個路過的人之中有一個喪了命，那麼家人父子與兄弟之間就會互相提醒與防備，一定要聚集更多的人成羣結隊然後才敢經過那個地方，這不是非常聰明的做法嗎！這當然是防止外來傷害的辦法。不過，人最可能受到傷害的地方，卻是在平常的生活起居與飲食習慣上；可是人們卻不知道在這些方面有所防范，這是非常錯誤的。然而，這正是養生的關鍵之處呢。』

〔六〕

祝宗人玄端以臨牢筴，〔一〕說彘曰：『汝奚惡死？吾將三月犪汝，十日戒，三日齊，〔二〕藉白茅，加汝肩尻乎雕俎之上，則汝爲之乎？』〔三〕爲彘謀，曰不如食以糠糟而錯之牢筴之中；〔四〕自爲謀，則苟生有軒冕之尊，死得於腞楯之上、聚僂之中則爲之。〔五〕爲彘謀則去之，自爲謀則取之，所異彘者何也？〔六〕

【釋義】

〔一〕**祝宗人玄端以臨牢筴**　祝宗人，掌管宗廟祭祀之官。玄端，猶言身著黑色禮服。以，猶而。臨，走近。牢，圈養牲口之處。筴，音冊，通柵，《釋文》：『李云：木欄。』

〔二〕**說彘曰**　說，音稅，猶勸說。彘，音治，豬。**汝奚惡死**　奚，何。惡，厭惡。**吾將三月犪汝**　將，猶當。

豢，音患，通豢，養。行甫按：《周禮·地官·充人》云：『掌繫祭祀之牲牷，祀五帝則繫於牢，芻之三月。』是『三月豢』者，芻養三月。**十日戒**　十日，當爲七日，古書『七』形如『十』，豎劃較短而已。王叔岷《校詮》：『《紀纂淵海》引十作七，三、七對舉，古書習見。』戒，戒潔。**三日齊**　齊，通齋。行甫按：『七日戒，三日齊』，互文見義，指祭祀之官臨祭之前依禮儀沐浴更衣，在規定時間之內不飲酒，不入房，不食葷腥，以示潔淨與虔誠。

〔三〕**藉白茅**　藉，鋪墊。白茅，白色茅草。行甫按：祭祀殺牲於庭，以白茅鋪地，以保潔淨。**加汝肩尻乎雕俎之上**　加，放置。肩，前臂。尻，後臀。行甫按：肩尻，猶言全牲。乎，於。雕，雕飾。俎，載牲之器，類似後世用於切肉的砧板。**則汝爲之乎**　爲，猶行。

〔四〕**爲彘謀**　爲，猶替，給。謀，計慮。**曰不如食以糠糟而錯之牢筴之中**　曰，猶乃，爲。食，喂養。以，用。糠，穀皮。糟，酒糟。錯，通措，放置。

〔五〕**自爲謀**　自爲，猶爲自己。**則苟生有軒冕之尊**　則，猶乃，轉折連詞。苟，猶若，假設之詞，與下文『則爲之』之『則』字關聯爲用。生，活著。軒冕，車馬與禮帽。行甫按：軒冕，大夫以上所乘之車馬與所著之禮服。**死得於腞楯之上**　得，有身份與資格獲得。腞，通緣，棺飾。楯，音純，載靈柩之車。**聚僂之中則爲之**　聚僂，柩車之飾。行甫按：腞楯之上、聚僂之中，乃互文見義，猶言葬禮隆重，賫送完備。《釋名·釋喪制》：『輿棺之車，其蓋曰柳；柳，聚也。眾飾所聚，亦其形僂也。亦曰鼈甲，似鼈甲然也；其旁曰牆，似屋牆也。』言棺柩載於車，罩以形如宮室之竹籠，以青布套覆而圍之，各種棺飾或懸挂，或放置於四周，如鼈甲之邊緣，故稱『鼈甲』。稱之『腞楯』者，言其聚飾形如鼈甲之車。又覆於棺之竹籠，其形中央隆高，四面漸下，狀如駝背，故稱之爲『僂』。棺飾聚於四周，故謂之『聚僂』。因翣柳等棺飾聚置於四周，形如牆壁障蔽棺柩，故又稱之爲『牆』。

〔六〕**爲彘謀則去之**　去，猶棄，棄其茅藉與雕俎。**自爲謀則取之**　取其腞楯與聚僂。**所異彘者何**　所，猶所以。行甫按：人之異於彘者，人有人的價值體系。

此乃本篇第六章，言人與豬不一樣，人有人的價值尺度及其衡量標準。此與內篇之《人間世》及外篇之《山木》相表裏。

【繹文】

掌管宗廟祭祀的官員穿著黑色禮服戴著禮帽來到豬圈旁邊，勸告豬說：『你爲什麽要討厭死呢？我會精心豢養你三個月，按照規定的時間與儀式舉行沐浴齋戒，不飲酒，不近色，不食葷腥，到了日期之後，我會在地上鋪好潔白的茅草，十分虔誠地把你的前體與後臀安放在雕刻著精美花紋的砧板上，那麽你願意接受這樣的待遇嗎？』替豬作打算，還不如喂它糠皮與酒糟並且把它關在牢圈之中；替自己作打算，如果活著的時候擁有乘高車、穿禮服的尊貴身份，死去之後能夠獲得彩車靈柩、齎送豐厚的隆重葬禮，便巴不得實現它。替豬作打算就要放棄白茅與雕俎的待遇，爲自己作打算反而希望靈柩彩車、齎送豐厚的隆重葬禮，爲什麽人與豬的想法如此不同呢？

〔七〕

桓公田於澤，管仲御，見鬼焉。〔一〕公撫管仲之手曰：『仲父何見？』對曰：『臣无所見。』〔二〕公反，誒詒爲病，數日不出。〔三〕齊士有皇子告敖者曰：『公則自傷，鬼惡能傷公！〔四〕夫忿滀之氣，散而不反，則爲不足；上而不下，則使人善怒；〔五〕下而不上，則使人善忘；不上不下，中身當心，則爲病。』〔六〕桓公曰：『然則有鬼乎？』曰：『有。沈有履，竈有髻。戶內之煩壤，雷霆處之；〔七〕東北方之下者，倍阿鮭蠪躍之；西北方之下者，則泆陽處之。〔八〕水有罔象，丘有峷，山有夔，野有彷徨，澤有委蛇。』〔九〕公曰：『請問委蛇之狀何如？』皇子曰：『委蛇，其大如轂，其長如轅，紫衣而朱冠。〔一〇〕其爲物也，惡聞雷車之聲，則捧其首而立。見之者殆乎霸。』〔一一〕桓公辴然而笑曰：『此寡人之所見者也。』於是正衣冠與之坐，不終日而不知病之去也。〔一二〕

【釋義】

〔一〕**桓公田於澤** 桓公，齊桓公；姓姜，名小白。田，打獵。澤，草野。**管仲御** 御，駕車。**見鬼焉** 鬼，猶怪。

〔二〕**公撫管仲之手** 撫，猶扶。行甫按：桓公與管仲同乘，因恐懼而應急反應，抓管仲之手而問之。**仲父何見** 仲父，猶亞父。管仲位卑，齊桓公以之爲卿，恐人不服，故尊之爲仲父。**對** 答。**臣无所見** 所，猶何。

〔三〕**公反** 反，通返，還。**誒詒爲病** 誒詒，受了驚嚇而睡不安神以致胡言亂語之聲。今音希夷，齊齒呼；古音哎咳，開口呼。爲病，猶言成病。**數日不出** 不出寢門。

〔四〕**齊士有皇子告敖者** 齊士，齊國之士人，無官職者。皇子告敖，複姓皇子，告敖，其名或其字，不能確定。行甫按：有皇子告敖者，後置定語。**公則自傷** 則，猶乃。**鬼惡能傷公** 惡，猶豈。

〔五〕**夫忿滀之氣** 夫，彼。忿滀（音畜），鬱結積滯。《釋文》：『李云：忿，滿也；滀，結聚也。』氣，邪氣。**散而不反** 散，精氣耗散。反，復。**則爲不足** 不足，言精神萎靡，體力不支。**上而不下** 上，上行。而，猶若。**則使人善怒** 則，猶乃。善，猶易。

〔六〕**下而不上** 下，下行。**則使人善忘** 善忘，易忘。**不上不下** 猶言積滯於胷。**中身當心** 中，讀去聲，猶中傷。當，亦讀去聲，猶對準。行甫按：中身當心，猶言傷害身體，攻擊内臟。**則爲病** 則，乃。爲病，成病。

〔七〕**然則有鬼乎** 然，如此。則，即。**有沈有履** 沈，通煁，竈。俞樾《平議》：『沈當爲煁，煁從甚聲，沈從冘聲，兩音相近。煁之通作沈，猶諶之通忱，湛之通作耽矣。鄭禆諶字竈，諶即煁之假字，《漢書·古今人表》作禆湛，湛亦煁之假字。然則以沈爲煁，卽以湛爲煁也。』《說文》『煁，烓也；烓，行竈也。讀若冋』，段玉裁注：『行竈，若今之火爐。』履，《釋文》云司馬本作『漏』，神名。王叔岷《校詮》：『漏本作屚，屚、漏古、今字。履疑屚之誤。屚，俗作從鬼屚聲之字，《玉篇·鬼部》謂「老精物也。」』**竈有髻**　髻，《釋文》：『司馬云：髻，竈神，著赤衣，狀如美女。』馬敍倫《義證》：『《史記·武帝紀》曰「少翁以方術，蓋夜致王夫人及竈鬼之貌」，則竈鬼當爲婦人，司馬說或本於此。』**戶内之煩壤**　煩壤，成玄英《疏》：『門戶内糞壤之中，其間有鬼，名曰雷霆。』章太炎《解故》：『煩壤卽煩孃；《說文》「孃，煩擾也」。謂戶内煩擾處也。』行甫按：戶内之煩壤，門角落臨時堆放的垃圾。**雷霆處之**　雷霆，雷神。

〔八〕**東北方之下**　東北方，室内東北方。之下，東北方角落之牆根。**倍阿鮭蠪躍之**　倍阿，《釋文》：『司馬云：神名也。』行甫按：司馬說恐非。倍阿，猶言背角之處。倍通背，《養生主》『遁天倍情』，《釋文》『本又作背』，是其例。阿，猶曲隅。《漢書·禮樂志》『汾之阿』，顔師古注：『阿，水之曲隅也。』《說文》『阿，一曰曲阜也』，段玉裁注：『引申之，凡曲處皆得稱阿。』此言東北方牆根之背角處。鮭蠪，音蛙龍，神名。《釋文》：『司馬云：狀如小兒，長一尺四寸，黑衣赤幘大冠，帶劍持戟。』躍，跳動。之，猶焉，於此。**西北方之下**　室内西北方之角落。**則泆陽處之**　泆陽，神名。《釋文》：『司馬云：豹頭馬尾，一作狗頭。』行甫按：『則』上當承前省『倍阿』二字。

〔九〕**水有罔象**　罔象，水怪。《國語·魯語》載孔子語：『水之怪曰龍、罔象。』成玄英《疏》：『注云：狀如小兒，黑色，赤衣，大耳，長臂，名曰罔象。』**丘有峷**　峷，音臻，丘陵之怪。《釋文》：『本又作莘，司馬云：狀如狗，有角，文身五采。』**山有夔**　夔，音葵，《國語·魯語》：『木石之怪曰夔、蝄蜽。』《釋文》：『狀如鼓而一足。』

野有彷徨　彷徨，《釋文》本作『方皇』，司馬云：『狀如蛇，兩頭，五采文。』**澤有委蛇**　委蛇，音逶迤，草澤之怪。

〔一〇〕**請問委蛇之狀何如**　問委蛇之狀，欲知其狀是否如己所見。**委蛇其大如轂**　轂，車輪中心穿軸部分。**其長如轅**　轅，連接車軸與車衡之木，通長一丈九尺餘。行甫按：桓公以田車獵於澤，故皇子告敖言委蛇之狀而以車制說之。**紫衣而朱冠**　朱，赤色。朱冠，《釋文》：『司馬本作「俞冠」，云：俞國之冠也，其制似螺。』

〔一一〕**其爲物**　爲，作爲，成爲。行甫按：狀，言其物之體貌；物，言其物之德行。**惡聞雷車之聲**　惡，討厭。車聲亦如雷聲。**則捧其首而立**　捧，猶抱。首，腦袋。行甫按：《釋文》云『一本作手』，不可從。捧首者，抱頭，恐懼的應急反應。行甫又按：其長如轅，言其平横之身長。捧其首而立，言其爲四足爬行動物，其直立抱頭，身高亦當『如轅』而有一丈九尺之餘。**見之者殆乎霸**　殆，近。乎，於。霸，通伯，天下諸侯之長。

〔一二〕**桓公辴然而笑曰此寡人之所見者**　辴，音枕，通欣；《說文》『欣，指而笑也』，段玉裁注：『辴即欣之異者。』行甫按：言桓公手指皇子告敖而確認其所言之狀且欣喜其『爲物』之德，故『辴然而笑』，且曰『此』正爲『所見』之物。**於是正衣冠與之坐**　正，整。行甫按：正衣冠，猶振作精神。桓公因恐懼而生病，精神頹靡，故而衣冠不整；此時心情愉快，精神振作，故整齊衣冠。與之坐，猶言與之相談笑。**不終日而不知病之去**　終日，竟日。去，病狀消失。

此乃本篇第七章，言齊桓公打獵而見『委蛇』之鬼，受到驚嚇以致病。皇子告慰桓公，見其鬼者，當稱霸於諸侯。於是桓公心情暢快，不知不覺病症便消除了。猶言心神愉悦，才是養生的關鍵，仍然强調養生在於養心。

【繹文】

齊桓公在雜草叢生的地方打獵，管仲爲他駕車。忽然之間，齊桓公在草叢裏見到某種怪異的東西，嚇得連忙抓住管仲的手說：『仲父見到什麽東西沒有？』管仲回答說：『我沒有見到什麽呀。』

齊桓公返回寢殿之後，因爲受了驚嚇，便哼哼唧唧地胡言亂語生起病來，接連多天出不了門。齊國有一位名叫皇子告敖的讀書人來探望病情，對桓公說：『您衹是自己嚇唬自己而已，鬼怪豈能傷害您呀！如果體內的邪氣鬱結積滯，人的精氣就會耗散而不能恢復，因此就表現出體力不支精神萎靡的狀態；如果邪氣向上移動而不往下走，便讓人容易動怒發脾氣；如果邪氣往下移動而不往上走，便讓人記憶力變差容易忘事；如果邪氣既不往上走，又不往下行，隔滯在中間，那就有害於身體毀傷於内臟，於是就生出病來。』

桓公說：『這樣說來，那麽是不是有鬼怪呢？』皇子告敖回答說：『有的。火塘有鬼，叫作鞋子怪。竈堂有鬼，叫作髮髻怪。門角落裏塞著垃圾，雷神就蹲在那裏；室内東北角的牆根下，背對墻根的拐角之處，那個狀如小兒叫作鮭蠪的鬼就在那裏蹦蹦跳跳；室内西北角的墻根下，也是背對墻根的拐角之處，便有生著豹頭馬尾叫作泆陽的鬼藏在那裏。水中的鬼怪就是沒有形狀的罔象，丘陵上的鬼怪就是花狗生角的莘，山中的鬼怪就是一隻腳的夔，曠野中的鬼怪就是五彩花紋的兩頭蛇，草澤中的鬼怪就是委蛇。』

桓公說：『請問一下，草澤中的鬼怪委蛇是什麼樣子呀？』皇子告敖說：『草澤中的委蛇之怪，它的身體有車轂那麼粗壯，與車轅一樣有一丈九尺多長，穿著紫色的衣服，戴著紅色的帽子。它作爲鬼怪，卻生性害怕聽到雷聲和車聲，要是聽到車聲或是雷聲，它便前腿抱著頭直立起來。凡是見到它的人，他就是諸侯的老大，接近於天下霸主的地位了。』

聽到這裏，齊桓公指著皇子告敖而高興地大笑著說：『你說的這個樣子正是我見到的那個東西呀！』於是齊桓公整理衣服，端正帽子，精神立刻振作起來，與皇子告敖一起坐著閒聊，不到半日，他的病便在不知不覺之中完全消失了。

〔八〕

紀渻子爲王養鬬雞。〔一〕

十日而問：『雞已乎？』曰：『未也，方虛憍而恃氣。』〔二〕

十日又問，曰：『未也，猶應嚮景。』〔三〕

十日又問，曰：『未也。猶疾視而盛氣。』〔四〕

十日又問，曰：『幾矣。雞雖有鳴者，已无變矣，望之似木雞矣。其德全矣，異雞无敢應者，反走矣。』〔五〕

【釋義】

〔一〕**紀渻子爲王養鬭雞**　紀渻子，姓紀，名渻子。《釋文》：『一本作消。』成玄英《疏》：『隨字讀之。』行甫按：『紀』之言『記』，《説文》『渻，少減也』，其名猶言記其虛憍之氣漸而消滅。王，《釋文》引司馬彪云：『齊王也。』《集釋》引俞樾曰《列子·黃帝篇》亦載此事云『紀渻子爲周宣王養鬭雞』，則非齊王。養，馴養。鬭雞，善鬭之雞。

〔二〕**十日而問雞已乎**　十日，養經十日。問，王問紀渻子。已，止。乎，猶邪。行甫按：雞已乎，問雞是否訓養妥當堪鬭。**曰未也方虛憍而恃氣**　曰，紀渻子回答。方，正當。憍，讀驕，《釋文》：『司馬云：高仰頭也。』行甫按：虛憍，猶言高昂其頭，虛張聲勢。恃，賴。氣，僨張之氣。

〔三〕**未也猶應嚮景**　猶，猶仍。應，反應。嚮，通響。景，通影。行甫按：應嚮景，對聲音與影子都有反應，猶言反應敏捷，身體矯健。

〔四〕**未也猶疾視而盛氣**　疾，速。疾視，猶言視覺敏鋭。盛，旺。盛氣，猶言鬭志旺盛。

〔五〕**幾矣**　幾，近。幾矣，猶言差不多可以上鬭雞場了。**雞雖有鳴者**　雞，同養之衆雞。**已无變**　无變，猶言對於聲音没有反應。**望之似木雞**　望，視。行甫按：望之似木雞，猶言對周圍環境没有絲毫反應。**其德全**　德，與內在心靈境界相關的外在行爲表現。全，純備無虧，心無旁騖。行甫按：其德全矣，乃上二句之總結，猶言純於內心，無『應影響』，不會分心走神。**異雞无敢應者**　異雞，上場參鬭的他人之雞。應，猶迎。**反走**　反走，掉頭而逃。

此乃本篇第八章，以鬭雞爲喻，言養生在於養心。平心而静氣，神全而德全，則無與比其能者。

【繹文】

紀渻子爲國王馴養鬭雞。

馴養十天之後便問紀渻子：『雞馴好了沒有？可以參鬭了吧？』紀渻子回答説：『沒有呢！它正處在昂頭挺胷、目空一切而且氣焰囂張、有恃無恐的階段。』

過了十天之後，王又詢問雞的情況。紀渻子還是説：『仍然沒有馴好。它還是處在有點聲音和動静就反應十分强烈的狀態。』

過了十天，王又問雞的進展。紀渻子説：『沒有馴好。它還處在眼光敏鋭而且鬭志旺盛的階段。』

過了十天，王再度詢問雞的狀態，紀渻子回答説：『這回差不多了。旁邊雖然有雞打鳴，可它已經無動於衷了，看上去像一隻木雞了。這説明它的心境非常寧静而純和，已經到了對周圍環境沒有任何反應的地步，決不會分心走神了。那些入場參鬭的雞沒有膽敢向它迎戰的，一個個見了它便掉頭逃跑了。』

〔九〕

孔子觀於吕梁，縣水三十仞，流沫四十里，黿鼉魚鱉之所不能游也。〔一〕見一丈夫游之，以爲有苦而欲死也，使弟子並流而拯之。數百步而出，被髮行歌而游於塘下。〔二〕孔子從而問焉，曰：『吾以子爲鬼，察子則人也。請問，蹈水有道乎？』〔三〕曰：『亡，吾无道。吾始乎故，長乎性，成乎命。〔四〕與齊俱入，與汩偕出，從水之道而不爲私焉。此吾所以蹈之也。』〔五〕孔子曰：『何謂始乎故，長乎性，成乎命？』〔六〕曰：『吾生於陵而安於陵，故也；長於水而安於水，性也；不知吾所以然而然，命也。』〔七〕

【釋義】

〔一〕**孔子觀於吕梁**　觀，遊觀。吕梁，今江蘇銅山縣東南之吕梁洪，酈道元《水經注》云『泗水過吕縣南，水上有石梁，謂之吕梁』。鍾泰《發微》：『泗水發源於陪尾山而入於淮，孔子生於曲阜，泗水所經，與吕梁正在一水之上，吕梁地當時屬宋，孔子嘗過宋，故得觀焉。』**縣水三十仞**　縣，通懸。仞，七尺，亦曰八尺。**流沫四十里**

沫，猶浪花。**黿鼉魚鱉之所不能游**　黿，音元，大型鱉類水族生物。鼉，音駝，鰐魚。

〔二〕**見一丈夫游之**　丈夫，成年男子。**以爲有苦而欲死**　苦，猶苦楚。**使弟子並流而拯之**　並流，順從水流。拯，施救。**數百步而出**　出，浮出水面。**被髮行歌而游於塘下**　被髮行歌，披散著頭髮邊走邊唱歌。塘，河堤。

〔三〕**孔子從而問**　從，追上。**曰吾以子爲鬼**　子，你。**察子則人也**　察，猶辨認。**請問蹈水有道乎**　蹈水，游水。道，猶竅門、門道。

〔四〕**亡吾无道**　亡，通無。**吾始乎故**　始，猶起初。行甫按：始，與下文『生』字相關聯。乎，於。故，與生俱來的先天自然稟賦。**長乎性**　長，猶成長。性，後天習染所成之秉性與才能。**成乎命**　成，猶完成。命，由先天自然之稟賦及後天習染之秉性的雙重規定性及其必然性與人生遭際的偶然性及其隨機性相互作用所形成的生命軌跡。參見《秋水》『无以人滅天，无以故滅命』釋義。

〔五〕**與齊俱入**　齊，通臍，漩渦。《釋文》：『司馬云：回水如磨齊也。』入，渦流中心向下陷入如同洞穴。行甫按：齊通『臍』，猶中；人之肚臍在人體之中，磨盤叩合磨軸之凹陷處亦在磨盤之中，故皆稱臍。**與汩偕出**　汩，音古，涌流之水。行甫按：『汩』與『齊』，其水流向相反。偕，共，與上文『俱』爲對文。**從水之道而不爲私焉**　從，猶隨順。道，猶言水勢。爲私，依主觀意志行事。**此吾所以蹈之也**　所，猶何。

〔六〕**何謂始乎故長乎性成乎命**　謂，解釋。

〔七〕**吾生於陵而安於陵故**　生，出生。陵，高地，猶言陸地。安，安適。故，與生俱來之自然稟賦。**長於水而安於水性**　長，成長，猶言發展。性，後天習染所成之秉性。**不知吾所以然而然命**　所以然，何以然。命，包含著不可改變的必然性與無可預測的偶然性的生命軌跡。行甫按：猶言安於命。安於命，則生死由之，無所挂懷。此乃『蹈水』之『道』。

此乃本篇第九章，以游水者所言游水之道，比喻道的境界可以經過修養而悟得。而悟道之後的精神狀態，其一，『從水之道而不爲私』，順其自然，不挾任何主觀成見。其二，『不知吾所以然而然，命也』，隨緣自適，安命而無憂。此與《大宗師》的超邁思想相表裏。

【繹文】

孔子從泗水的呂梁洪經過，此處水流倒挂，瀑布高懸，足有二百多丈，濺起的浪花飛沫衝向下游，也不止四十里，大黿大鱷河魚王八等水族衆生都無法在此處游動。這時，卻發現一位成年男子游了過來，孔子以爲此人有什麼苦楚活不下去因而想尋短見，便讓弟子在河邊順著流水奔跑，想把他搭救上來。弟子們跟著他跑了幾百步之後，那男子終於浮出水面，爬上岸來，披頭散髮，在河堤下悠然自得地一邊走一邊唱。

孔子跟上去與他搭話，說：『我還以爲你是個鬼呢，仔細一看你竟是一個人。請問，游水有什麼竅門嗎？』

那男子回答說：『沒有，我沒有什麼竅門。我最初是從一種天生的本能開始的，後來就逐漸養成了一種生活習性，最終也就歸結爲信天由命了。我隨著漩渦一起陷入到水底，又隨著涌流一道浮泛到水面，順著水的流勢上下出沒，因而不需要增加絲毫的主動性。要說，這就是我游水的竅門。』

男子說完，孔子又繼續追問道：『你說的始於本能，成於習性，終於天命是什麼意思呀？』

男子解釋道：『我出生在陸地上便適應於陸地上的生活，這是天生的自然本能；成長在水裏面便適應了水裏面的生活，這是逐步養成的後天習性；不明白我爲什麼是這樣生在陸地上而成長在河水裏，竟然也就是這樣生在陸地長在河水，這就是天命了。所以既然是天命，就衹好聽天由命了。』

〔一〇〕

梓慶削木爲鐻，鐻成，見者驚猶鬼神。〔一〕魯侯見而問焉，曰：『子何術以爲焉？』〔二〕對曰：『臣工人，何術之有！雖然，有一焉。〔三〕臣將爲鐻，未嘗敢以耗氣也，必齊以靜心。〔四〕齊三日，而不敢懷慶賞爵祿；齊五日，不敢懷非譽巧拙；〔五〕齊七日，輒然忘吾有四枝形體也。當是時也，无公朝，其巧專而外骨消。〔六〕然後入山林，觀天性；形軀至矣，然後成見鐻，然後加手焉；不然則已。〔七〕則以天合天，器之所以疑神者，其是與！』〔八〕

【釋義】

〔一〕**梓慶削木爲鐻**　梓慶，人名。行甫按：梓慶，猶梓人慶。《周禮·考工記》『梓人爲筍虡』，是其證。《左傳》襄公四年所載之『匠慶』，是其人。鐻，音據，懸挂大型組合樂器之木質結構，所懸之樂器不同而雕飾不同的動物形象。《説文》：『虡，鐘鼓之柎也，飾爲猛獸。從虍異，象形，其下足。鐻，虡或從金豦。虡，篆文虡。』行甫按：柎，足。《周禮·典庸器》注亦云『横者爲筍，從者爲鐻』，乃以『鐻』爲樂懸之直立部分。本文之『鐻』，則以筍、虡二者合而稱之。《史記·秦始皇本紀》：『收天下兵聚之咸陽，銷以爲鐘鐻。』李斯小篆乃改『虡』爲從金豦聲之字。**鐻成見者驚猶鬼神**　驚，驚歎。猶，猶若。行甫按：《考工記》云『羸屬』之獸，『恒有力而不能走，其聲大而宏。有力而不能走，則於任重宜；大聲而宏，則於鐘宜；若是者，以爲鐘虡。是故擊其所縣而由其虡鳴』。『羽屬』之獸，則『恒無力而輕，其聲清陽而遠聞。無力而輕，則於任輕宜；其聲清陽而遠聞，則於磬宜；若是者，以爲磬虡。故擊其所縣而由其虡鳴』。據此，則『驚猶鬼神』猶言所雕刻之動物形象維妙維肖，可得視覺與聽覺之雙重聯想，非人工所能爲。

〔二〕**魯侯見而問**　魯侯，據《左傳》，當是魯襄公。**子何術以爲焉**　子，你。術，技法。行甫按：據下文『臣工人，何術之有』，則此『術』當是『法術』、『方技』之類神僊術。

〔三〕**對曰**　對，答。**臣工人**　工人，工匠之人。**何術之有**　言無法術或方技。**雖然**　即使如此。**有一焉**　焉，於是。

〔四〕**臣將爲鐻**　將，即將。**未嘗敢以耗氣**　以，猶於。耗氣，消耗精力。**必齊以靜心**　齊，讀齋，不飲酒，不茹葷，不近色，清心寡欲。以，猶而。靜心，安定心靈。

〔五〕**不敢懷慶賞爵祿**　懷，猶念慮。慶賞，賞賜，同義複詞。爵祿，官職祿位。行甫按：慶賞、爵祿，同位語，此言朝廷獎賞，忘利。**不敢懷非譽巧拙**　非譽，指責與讚揚。巧拙，智巧與笨拙。行甫按：『巧』則招『非』，『拙』則徠『譽』。非譽、巧拙，亦同位語，此言同行評議，忘名。

〔六〕**輒然忘吾有四枝形體**　輒然，《釋文》：『不動貌。』王念孫《廣雅疏證》：『《廣雅》「⿰土内，靜也」，《玉篇》「⿰土内，乃篋切」，輒與⿰土内聲近義同。』行甫按：輒通『⿰土内』，當音聶。輒然，猶言於不知不覺之中突然一下子。枝，通肢。行甫按：四枝、形體，亦同位語，此言忘其身。**當是時也**　當，猶於。是，此。**无公朝**　公朝，王叔岷《校詮》：『猶君朝。公、君古通。』行甫按：君古讀如威，王說恐非。此乃梓慶面稱魯侯爲『公』，猶《春秋》經文記魯君之事皆稱『公』。无公朝，猶言無君公之朝廷。王先謙《集解》引宣穎云：『忘勢，若非爲公家爲之。』差爲得之。**其巧專而外骨消**　巧，智巧。專，專一。骨，通滑，音谷，亂。

〔七〕**然後入山林**　然，如此。**觀天性**　天性，猶言樹木的自然質地。**形軀至**　形軀，所須雕刻的猛獸形體。至，猶達到。行甫按：『鐻』乃樂懸，須有承重以及視覺與聽覺之雙重審美功能，則木質硬度以及自然形狀必與『鐻』的動物雕刻形象相契合。**然後成見鐻**　成，猶完整。見，音現，呈現。行甫按：成見鐻，猶言完整地呈現出『鐻』的形狀。**然後加手焉**　加手，動手。行甫按：加手，猶言動手取材進入加工過程。**不然則已**　不然，不如此，猶言質地不堅硬，形狀不適合。已，止。

〔八〕**則以天合天**　則，猶乃。以，猶用。天，樹木所生之天然形狀。合，符合，契合。天，裝飾動物的天然形象。**器之所以疑神者**　疑，通擬，比。行甫按：疑神，猶言如同鬼斧神工，與上文『驚猶鬼神』相照應。**其是與**　其，猶乃。與，通歟。江南古藏本『其』下有『由』字。行甫按：無『由』字亦通。行甫又按：有關鐻的形制與功能，參見程水金《從中國古代工匠文化傳統檢證莊子『以天合天』的設計思想——兼論〈周禮·考工記〉『鐻』的形制與功能》，載《孔子研究》二〇二三年四期。

此乃本篇第十章，以梓慶削木爲鐻的經歷與體會，喻言『心齋』與『坐忘』的悟道方法以及『其巧專而外骨消』的修養工夫。不過，本章對於『以天合天』的工藝造物原則有比較生動的描述，體現了『天地有大美而不言』的美學思想及其自然寫實的藝術原則。

【繹文】

梓人慶鑿削樹木，製作懸挂大型組合樂器的木架，懸樂木架作成之後，凡是見過的人都驚歎不已，認爲簡直是鬼神所造。魯襄公觀看之後便問梓慶說：『你是採用什麼法術來製作這座樂懸的呀？』

梓慶回答說：『我是個匠人，哪有什麼法術！不過，卽使如此，我在這方面還是有一點自己的方法。我在將要製造樂懸之前，未曾敢消耗精力，一定要沐浴齋戒，安靜養心。靜養三天之後，便不會考慮朝廷有沒有加官進爵的獎賞；靜養五天之後，便不會考慮同行們是指責還是誇讚的評價；靜養七天之後，不知不覺便突然一下子忘記了自己還有四肢形體。到了這個時刻，我也根本忘記了這是在給您的朝堂製造器物，我的全部智慧與所有精力便完全專注在製作樂懸這件事情上了，因而任何的外來干擾都徹底地消除了。然後便帶著這種狀態進入山林，觀察樹木天生的質地與形狀；樹木的形狀與質地達到要求了，樂懸的形狀便隨之完整地呈現出來了，然後再動手取材加工；如果質地與形狀有一樣不符合要求，便不會動手。於是將樹木的天然形狀與動物的天然形象相互契合，器物的製作工藝之所以能與鬼神相媲美，大概就是這個原因吧！』

［一一］

東野稷以御見莊公，進退中繩，左右旋中規。〔一〕莊公以爲文弗過也，使之鉤百而反。〔二〕顔闔遇之，入見曰：『稷之馬將敗。』公密而不應。〔三〕少焉，果敗而反。公曰：『子何以知之？』〔四〕曰：『其馬力竭矣，而猶求焉，故曰敗。』〔五〕

【釋義】

〔一〕**東野稷以御見莊公**　東野稷，姓東野，名稷；當是駕車技術高超之人。以，因。御，駕車。莊公，謚號爲莊的國君。《釋文》：『李云「魯莊公也」，或云「當是衛莊公」。』**進退中繩**　中，合。繩，繩墨。**左右旋中規**　旋，繞圈。規，作圓之器。

〔二〕**莊公以爲文弗過**　文，當是『造父』譌奪之誤。錢穆《纂箋》引錢大昕曰：『《呂覽》作「造父不過」，「文」當是「父」之誤。』**使之鉤百而反**　鉤，猶盤旋。百，百次。反，猶反向。成玄英《疏》：『百度反之，皆復其跡。』行甫按：成説恐非。此言莊公使東野稷盤旋百圈而後再反過來盤旋百圈，猶上文『左右旋』。

〔三〕**顔闔遇之**　顔闔，姓顔，名闔；《人間世》言其人將爲衛靈公太子之傅。遇，偶然碰見。**入見**　入而見莊公。**稷之馬將敗**　敗，猶傷。**公密而不應**　密，閉口。應，回復。

〔四〕**少焉**　少，不久。焉，猶然。**果敗而反**　果，果然。反，猶返。**公曰子何以知之**　子，您。

〔五〕**馬力竭**　竭，猶盡。**而猶求焉**　猶，仍然。求，猶驅進。焉，猶之，代馬。

此乃本篇第十一章，以駕車御馬爲喻，言養生不可過勞其筋骨，竭盡其精力。

【繹文】

東野稷因駕車技術高超而謁見莊公，前進與後退的直線運動符合繩墨，左旋右轉都如規作圓。莊公認爲卽使是造父也未必超過得了他，便讓他轉上一百圈然後再反過來轉一百圈。

顔闔碰見了，入見莊公說：『東野稷的馬必定會疲憊而傷。』莊公閉口而不答話。

過了一會，果然馬傷敗而回。莊公說：『你怎麼知道的呢？』

顔闔說：『他的馬力已經用盡，卻仍然驅馬求進不止，所以說必定會傷敗。』

〔一二〕

工倕旋而蓋規矩，指與物化而不以心稽，故其靈臺一而不桎。〔一〕忘足，屨之適也；忘要，帶之適也；知忘是非，心之適也。〔二〕不內變，不外從，事會之適也。〔三〕始乎適而未

嘗不適者，忘適之適也。〔四〕

【釋義】

〔一〕**工倕旋而蓋規矩**　工倕（音垂），傳説堯時工匠。行甫按：《尚書·堯典》帝命『垂，汝共工』，《顧命》『垂之竹矢在東房』，是『垂』即『工倕』。旋，轉動。蓋，通盍，合。奚侗《補注》：『蓋假作盍，《爾雅·釋詁》：「盍，合也。」《易·豫》「朋盍簪」，王弼注：「盍，合也。」工倕以指旋轉而能合乎規矩，所謂指與物化，不以心稽也。』**指與物化而不以心稽**　化，動而變。以，用。稽，考求。王叔岷《校詮》：『由得心應手而達至去心智也。《養生主》篇所謂「官知止而神欲行」，義亦近之。』**故其靈臺一而不桎**　靈臺，郭象注：『心也。』一，通達無礙。行甫按：此『一』猶『一泄千里』之『一』。吳昌瑩《經詞衍釋》謂『一』乃『迅速不待久不待再之詞』，正可移以注此『一』。桎，通窒，阻礙。行甫按：『一』與『不桎』乃互文相釋耳，是『一』乃通達無礙之意。《德充符》：『故不足以滑和，不可入於靈府，使之和豫通而不失於兑』，即『靈臺一而不桎』。參見《德充符》相關釋義。

〔二〕**忘足屨之適**　屨，音舉，鞋。之，猶乃。適，心境得宜而安適。《爾雅·釋詁一》『適，往也』，郝懿行《義疏》：『凡物調適謂之適，得意便安亦謂之適，皆善之意。』**忘要**　要，讀腰，古今字。**帶之適**　帶，衣帶。**知忘是非**　知，王孝魚《校記》：『《闕誤》引文如海、張君房本知俱作□。』行甫按：『知』則非『忘』，是有『知』字與莊子本意不相侔，當刪。**心之適**　心，心境。行甫按：忘者，從主體心靈泯滅主客之間的矛盾對立，放棄主觀執著心理，變不自由爲自由。這種駝鳥式的自由心境，乃悟道初級層次。

〔三〕**不內變**　內，內心。變，變動。**不外從**　外，外物。從，亦變。**事會之適也**　事，人所爲之事。會，相合。行甫按：既不改變主體的自由與獨立，也不受事物的客觀性與規定性的影響。自由與規律同時並存，兩不相礙。掌握規律的自由，乃悟道之中級層次。

〔四〕**始乎適而未嘗不適者** 乎，於。行甫按：始乎適、未嘗不適，文意互相解釋，猶言始事之初即『適』而無由『不適』到『適』之適應過程。**忘適之適也** 忘適，既無『適』的概念，亦無『適』的感覺。行甫按：忘適之適，既意識不到規律的客觀存在，也意識不到自由的主體需求，自始至終皆超脫於主客之外。超越規律與自由，物我兩忘，乃悟道之最高層次。行甫又按：此三『適』者，正是工倕之所以『旋而蓋規矩，指與物化而不以心稽』的逐步推演與形象解說。由『心之適』到『事會之適』再到『忘適之適』，終於達到『從心所欲而不逾矩』的最高境界。

此乃本篇第十二章，以工倕的技藝境界爲喻，言養心的最高層次乃是無物亦無心，物我兩忘，通達無礙。因此，無所謂自由，乃是最大的自由。

【繹文】

工倕畫方或畫圓，衹是手指隨意轉動一下，便畫圓合於規，畫方合於矩。他不斷地揮動著斧鋸錘鑿，那器物在他的指頭飛快挪動之下便一氣呵成了。他既用不著歇手用心盤算該做什麽，也無須細心考慮該怎麽做，所以他就能順順當當地一點心思都不費，把那件器物妥妥地做成了。主客之間相互適應，有三種不同境界。忘記了腳，便覺得鞋子舒適了；忘記了腰，便覺得腰帶舒適了；忘記了是非，便覺得心情舒適了；放棄主觀執著，這是適的第一種境界。既不妨礙内在心靈的自由，也不觸碰外在事物的規律，心靈自由與事物規律相結合，既相互適應而又無須彼此遷就，這是適的第二種境界。從一開始便主客相適，自始至終没有不適。外在規律與主體自由，兩不相礙；既無物亦無我，忘記了適與不適，這是適的最高境界。

〔一三〕

有孫休者，踵門而詫子扁慶子曰：〔一〕『休居鄉不見謂不脩，臨難不見謂不勇。〔二〕然而田原不遇歲，事君不遇世，賓於鄉里，逐於州部，則胡罪乎天哉？休惡遇此命也？』〔三〕

扁子曰：『子獨不聞夫至人之自行邪？忘其肝膽，遺其耳目，芒然彷徨乎塵垢之外，逍遙乎无事之業，是謂爲而不恃，長而不宰。〔四〕今汝飾知以驚愚，脩身以明汙，昭昭乎若揭日月而行也。〔五〕汝得全而形軀，具而九竅，无中道夭於聾盲跛蹇而比於人數，亦幸矣，又何暇乎天之怨哉！子往矣！』〔六〕

孫子出。扁子入，坐有間，仰天而嘆。弟子問曰：『先生何爲嘆乎？』〔七〕

扁子曰：『向者休來，吾告之以至人之德，吾恐其驚而遂至於惑也。』〔八〕

弟子曰：『不然。孫子之所言是邪？先生所言非邪？非固不能惑是。孫子所言非邪？先生所言是邪？彼固惑而來矣，又奚罪焉！』〔九〕

扁子曰：『不然。昔者有鳥止於魯郊，魯君說之，爲具太牢以饗之，奏《九韶》以樂之。〔一〇〕鳥乃始憂悲眩視，不敢飲食。此之謂以己養養鳥也。〔一一〕若夫以鳥養養鳥者，宜棲之深林，浮之江湖，食之以委蛇，則平陸而已矣。〔一二〕今休，款啓寡聞之民也，吾告以至人之德，譬之若載鼷以車馬，樂鴳以鐘鼓也。彼又惡能无驚乎哉！』〔一三〕

【釋義】

〔一〕**孫休** 魯國人，姓孫名休。**踵門而詫子扁慶子** 踵門，至門。《孟子·公孫丑上》『踵門而告文公曰』，趙岐注：『踵，至也。』詫，音岔，《釋文》：『司馬云：告也。』行甫按：詫，猶夸大而言之。《漢書·司馬相如傳》『子虛過姹烏有先生』，顏師古注：『姹，誇誑之也，字本作詫也。』《文選·子虛賦》注引張揖曰：『姹，夸也。字當作詫。』子扁慶子，魯國人，姓扁，名慶；孫休之師，故著『子』而稱『子扁慶子』，後一『子』字乃尊稱，猶言先生，如前文『子列子』之例。

〔二〕**休居鄉不見謂不脩** 居，處。鄉，鄉黨。說見下文『鄉里』與『州部』釋義。見，猶被。謂，評說。脩，通修，修身。行甫按：不見謂不脩，沒有被人評價爲行爲不端正。**臨難不見謂不勇** 臨，面對。難，危難，困厄。

〔三〕**然而田原不遇歲** 田原，猶言躬耕於原野。歲，年成。**事君不遇世** 事君，猶言立朝爲官。世，猶時。**賓於鄉里** 賓，通擯，擯棄，斥逐。鄉里，鄉黨縣鄙之居民組織。**逐於州部** 州部，猶言州黨鄉聚之行政長官。行甫按：賓於鄉里、逐於州部，互文見義，猶言爲地方行政長官所不容而遭到排擠與斥逐。**則胡罪乎天哉** 胡，猶何。罪，獲罪。乎，猶於。**休惡遇此命也** 惡，何。

〔四〕**扁子** 扁慶。**子獨不聞夫至人之自行** 獨，猶豈。夫，猶彼。至人，境界高遠之人。之，猶所以。說見吳昌瑩《經詞衍釋》。自行，猶自爲。《墨子·經上》：『行，爲也。』《論語·述而》『吾無所行而不與二三子者，是丘也』，皇侃《疏》：『行，猶爲也。』**忘其肝膽** 猶『墮肢體』。**遺其耳目** 猶黜聰明。行甫按：二句已見《大宗師》，然彼言『假於異物，託於同體』的生命本質，此言『離形去知』的心靈境界，義各有當。**芒然彷徨乎塵垢之外** 芒然，猶漫無目的，無所牽挂。彷徨，亦逍遙。塵垢之外，世俗之外。**逍遙乎无事之業** 逍遙，悠然自適。无事，猶無爲。業，猶事。行甫按：无事之業，自由自在，不以世俗之事爲事。《大宗師》作『无爲之業』。**是謂爲而不恃** 爲，有所作爲。恃，依賴。**長而不宰** 長，有所推進。宰，猶主。行甫按：言至人逍遙世外，無所事事。即使有所作爲，也不會以爲是自己所爲；事情有所推進，也不認爲自己是主謀。行甫又按：此二句出自《老子》第十章及五十一章，言各有當。

〔五〕**今汝飾知以驚愚** 今，猶若。飾，猶增修。知，通智。驚愚，驚世駭俗。**脩身以明汙** 脩，通『修』，治。明，顯示。汙，《說文》：『薉也。』《漢書·昌邑哀王劉髆傳》『行汙於庶人』，顏師古注：『汙，濁穢。』**昭昭乎若揭日月而行也** 昭昭，光明。乎，猶然。若，如。揭，舉。行甫按：揭日月，猶言顯耀。

〔六〕**汝得全而形軀** 全，保全。而，爾，你。**具而九竅** 具，完整。竅，孔，人身有口耳鼻眼共七孔，合前後陰爲九。**无中道夭於聾盲跛蹇而比於人數** 夭，夭折。於，猶爲。跛蹇，足不良於行，同義複詞。比，並列。**亦幸矣** 亦，特。幸，幸運。**又何暇乎天之怨哉** 乎，於。天之怨，猶怨天。之，語助。**子往矣** 往，去。

〔七〕**孫子出** 孫子，孫休。出，下堂而出門。**扁子入** 入，由堂而入室。**坐有間** 有間，猶隔了一會兒。**仰天而嘆** 嘆，有所憂而嘆息。**弟子問曰先生何爲嘆乎** 爲，猶以。

〔八〕**向者休來** 向者，剛才。 **吾告之以至人之德** 至人之德，境界高遠之人的行爲方式。 **吾恐其驚而遂至於惑也** 驚，震動。 遂，於是。 惑，迷惑。

〔九〕**不然** 猶言不惑。 **孫子之所言是邪先生所言非邪** 孫子，弟子對孫休之尊稱。 **非固不能惑是**固，猶當然。 **孫子所言非邪先生所言是邪彼固惑而來** 固，通故，本來。 惑，迷惑，擾亂。 **又奚罪焉** 又，通有。 奚，何。 罪，過錯。

〔一〇〕**不然** 猶言不是誰的對錯。 **昔者有鳥止於魯郊** 昔者，從前。 止，集。 **魯君說之** 說，通悅。 **爲具太牢以饗之** 具，供置。 太牢，牛羊豕全備之禮。 饗，音享，以酒食款待賓客。 **奏九韶以樂之** 《九韶》，舜樂名。 樂之，悅之。

〔一一〕**鳥乃始憂悲眩視不敢飲食** 乃始，乃也，虛詞連用。 憂悲，憂愁悲傷。 眩視，腦袋暈眩，視覺搖晃。**此之謂以己養養鳥也** 之，猶乃。 己養，養自己之法。

〔一二〕**若夫以鳥養養鳥者** 若夫，若，虛詞連用。 鳥養，養鳥之法。 **宜棲之深林** 宜，當。 之，猶於。 **浮之江湖** 浮，猶游。 **食之以委蛇** 委蛇，《釋文》：『李云：「大鳥吞蛇。」司馬云：「泥鰌。」』俞樾《平議》：『此文亦當云「食之以鰌鰷，委蛇而處」，傳寫闕文耳。 若無「而處」二字，下句便不貫矣。』行甫按： 委蛇，曲折綿延之狀，魚蟲之類游擺爬行動物皆可以之爲稱，則司馬之說可從。 文各有當，不必據《至樂》而改。 **則平陸而已矣** 平，安。 陸，通睦，和。《易·夬·九五》『莧陸夬夬』，《釋文》：『陸，蜀才本作睦。』漢墓帛書《周易》亦作『睦』。《隸釋·唐扶碑》『內和陸兮外奔赴』，洪适《釋》：『以陸爲睦。』《國語·越語下》『五穀睦熟』，韋昭注：『睦，和也。』行甫按：《至樂》作『遊之壇陸』，句法用字文勢皆與此不同，言各有當，不可移彼以注此。

〔一三〕**今休** 今，猶若。**款啓寡聞之民** 款，通窾，空。王敔云：『款，孔也。』啓，通晵，《廣雅・釋詁一》『晵，視也』，王念孫《疏證》：『《釋言篇》云「晵，窺也」，古通作啓，《論語・泰伯》篇「曾子有疾，召門弟子曰：『啓予足，啓予手。』」啓者，視也。』行甫按：款啓，通『窾晵』，猶孔見，與『聞寡』爲近義複詞。注家皆釋『啓』爲開，其說迂曲。**吾告以至人之德譬之若載鼷以車馬** 鼷，音息，小鼠。**樂鴳以鐘鼓** 鴳，音晏，通鷃，小雀。**彼又惡能无驚** 惡，何。

此乃本篇第十三章，孫休與子扁慶子對話，有三個主題：其一，人生的不同遭際，實與能力及其智慧並無直接關係，乃是命運的無奈，因而『達命之情者，不務知之所无奈何』。其二，忘卻功利，上不怨天，下不尤人，乃是悟道與養生之不二法門。其三，資質平庸者，不可『告以至人之德』，否則，非徒無益，反以致害。

【繹文】

有一個叫孫休的人，上子扁慶子家門不無夸張地對他抱怨說：『我這個人，居住在鄉黨鄰里，沒有人議論我行爲不檢點；面臨困難危險，也沒有人指責我救人不勇敢。可是，我耕田種地，卻遇不到好年成；出仕做官，也碰不上好世道；每每受到鄉黨與州部的行政長官排擠與驅逐。這是哪裏得罪了老天爺啊！我怎麼就碰上這等糟糕的命運呢？』

扁子說：『你難道沒有聽說過那境界高遠的至人如何處理自己的行爲嗎？他忘記了自己的形

體，忘記了自己的感覺，漫無目的地遨遊在世俗人羣之外，自由自在地放散在無所事事之中。這就叫作雖然有所作爲但並不認爲是自己刻意所爲，雖然有所推進也不認爲是自己主動推進。可是像你這樣，發揮自己的才智去提醒世俗的愚蠢，修飾自己的行爲去彰顯別人的污穢，光彩奪目潔白無瑕的樣子，就好像高舉著太陽和月亮走路一樣散發著耀眼的光芒。你的四肢形體能夠保全無缺，你的耳目器官能夠完好無損，沒有在半道上夭折成聾子瞎子跛子瘸子，還能夠並排在正常人之中，也就特別幸運了，有什麼理由對老天爺無端地抱怨呢！你還是走吧！』

孫先生走出門外了，扁子才進入內室，坐下之後，隔了不大一會兒，他便仰頭向天長嘆。弟子們問他說：『老師爲什麼嘆息呀？』

扁子說：『剛才孫休來到這裏，我給他講說了境界高遠的至人的行爲方式，我擔心他會受到震動因而從此感到困惑起來。』

弟子們說：『孫先生是不會感到困惑的吧！孫先生說的話是正確的嗎？老師您說的話是錯誤的嗎？錯誤的當然不可能迷惑正確的。孫先生說的話是錯誤的嗎？老師您說的話是正確的嗎？他本來就是有所困惑了才來找您解惑的，您這裏有什麼過錯呢！』

扁子說：『我說的不是誰是誰非的困惑。從前有一隻鳥飛落在魯國都城的郊外，魯君很喜歡這隻鳥，便爲它準備了牛羊豕三牲具全的豐盛筵席來招待它，給它演奏古典音樂《九韶》來讓它高興。這隻鳥卻憂愁苦悶頭暈眼花，嚇得不敢吃一粒食，不敢喝一口水。這就叫作用養自己的辦法來養鳥。如果是用養鳥的辦法來養鳥的話，那就應該讓它棲息在深林之中，浮游在江湖之上，讓它啄食游動爬行的泥鰍和蟲子，便是讓它安逸和樂地自我生存就算完事了。可是像孫休這樣，祗是一孔之見的淺薄孤陋之人，我給他講說境界高遠的至人的行爲方式，就好比是拿高車駟馬去讓一個小老鼠乘坐，用擊鐘敲鼓去討一隻小麻雀高興。他又怎麼能不感到驚恐萬狀呢！』

山木第二十

山木，山中之木，爲避與本書重名，乃截取篇首『莊子行於山中見大木』句之關鍵字『山』與『木』搭配而成篇名。本篇主要發揮內篇《人間世》的思想主旨，認爲人生在世，由於人類文明與價值觀念的制約，既有許多迫不得已，也有許多無可奈何。而且人生的困境還遠遠不止於此。如果生不逢時而處身『昏上亂相』之間，『士有道德而不能行』，則人生可供選擇的範圍以及價值實現的幾率，就更加逼窄，對於已然歷久彌深的文明困境而言，又無異於雪上加霜。擺脱生存與價值的雙重困擾，僅僅輾轉於『有用』與『無用』的人生選擇，並無多大意義。而徹底放棄與忘卻『材與不材』的價值對待，無功無名，超拔脱俗卻不離於世俗，境界高遠而又混跡於黎甿，以快樂與和適的心境，『晏然體逝』而『終其天年』，則是人生真實不虛的大美時光。全篇分爲九章，從不同的思想環節與不同生活側面闡述這一宗旨。

〔一〕

莊子行於山中，見大木，枝葉盛茂，伐木者止其旁而不取也。〔一〕問其故，曰：『无所

可用。』莊子曰：『此木以不材得終其天年。』〔二〕

夫子出於山，舍於故人之家。〔三〕故人喜，命豎子殺雁而烹之。豎子請曰：『其一能鳴，其一不能鳴，請奚殺？』主人曰：『殺不能鳴者。』〔四〕

明日，弟子問於莊子曰：『昨日山中之木，以不材得終其天年；今主人之雁，以不材死。先生將何處？』〔五〕

莊子笑曰：『周將處乎材與不材之間。材與不材之間，似之而非也，故未免乎累。〔六〕若夫乘道德而浮遊則不然。无譽无訾，一龍一蛇，與時俱化，而无肯專爲；〔七〕一上一下，以和爲量，浮遊乎萬物之祖；物物而不物於物，則胡可得而累邪！此神農、黃帝之法則也。〔八〕若夫萬物之情，人倫之傳，則不然。〔九〕合則離，成則毀，廉則挫，尊則議；〔一〇〕有爲則虧，賢則謀，不肖則欺，胡可得而必乎哉！〔一一〕悲夫！弟子志之，其唯道德之鄉乎！』〔一二〕

【釋義】

〔一〕**莊子行於山中**　莊子，莊周。**見大木**　大木，大樹。**枝葉盛茂**　盛茂，茂盛。**伐木者止其旁而不取也**　止其旁，停步於大樹之前。不取，不伐。

〔二〕**問其故曰无所可用**　問，莊子問。曰，伐木者答。所，猶何。可，猶適。**莊子曰此木以不材得終其**

天年　不材，不能充任製作器具的材質。得，能夠。終，猶盡。天年，自然年壽。

〔三〕**夫子出於山**　夫子，莊子。**舍於故人之家**　舍，止，投宿。故人，老友。

〔四〕**故人喜命豎子殺雁而烹之**　豎子，童僕。雁，鵝。烹，讀亨，通饗。郭慶藩《集釋》：『王念孫曰：愚案此亨讀爲享，享之，謂享莊子。故人喜莊子之來，故殺雁而享之。享與饗通。《呂氏春秋·必己》篇作令豎子爲殺雁饗之，是其證也。古書享作亨，烹字亦作亨，故《釋文》誤讀爲烹，而今本遂改亨爲烹矣（原文作亨，故《釋文》音普彭反，若作烹，則無須音釋）。』**豎子請曰其一能鳴**　能鳴，雌鵝。**其一不能鳴**　不能鳴，雄鵝。**請奚殺**　請，猶當。奚，何。奚殺，殺哪一隻。**主人曰殺不能鳴者**　行甫按：不能鳴之雄鵝不下蛋，故而見殺。

〔五〕**問於莊子曰**　問於，問之於，省之字，猶言就此事問於莊子。**以不材得終其天年**　不材，不能作器。**今主人之雁以不材死**　主人，童僕之主人，亦莊子托宿之主人。不材，不能下蛋。**先生將何處**　處，居，猶托身。

〔六〕**莊子笑曰**　笑，因其所問之理至深而笑。**周將處乎材與不材之間**　乎，於。**材與不材之間**　王孝魚《校記》：『趙諫議本此句不重。』行甫按：此句不重，則文勢不足。**似之而非也**　似，猶像，近。之，猶也。行甫按：似之而非也，猶言似是也而非是。**故未免乎累**　乎，於。累，猶言流弊、後患。行甫按：材與不材之間，仍然存在價值選擇，而沒有擺脱價值的觀念束縛。

〔七〕**若夫乘道德而浮遊則不然**　乘，猶升，登。道德，合於道的行爲方式。行甫按：乘道德，猶言提升於道的高遠境界以道的思維方式支配行爲。浮遊，猶遨遊。行甫按：超邁而高遠，故以『浮』言之。**无譽无訾**　譽，稱讚。行甫按：『譽』之以『材』。訾，詆毀。行甫按：『訾』之以『不材』。**一龍一蛇**　一，猶或，有時。龍，鱗蟲之長。**與時俱化**　與，隨。化，變。行甫按：一龍一蛇，與時俱化，或爲龍，或爲蛇，隨時變相推移而無所執。**而无肯專爲**　肯，猶可。專，執一不變。爲，猶乎，句末語氣詞。

〔八〕**一上一下**　上下，猶言深淺。俞樾《平議》：『此本作「一下一上，以和爲量」，上與量爲韻。』**以和爲量**　和，猶和適，此指心境而言。量，猶度，則。行甫按：一上一下，猶言悟道或有深有淺。《齊物論》云『道未始有封』，是悟道亦有層次高低深淺之别。要之，皆以和適爲度。**浮遊乎萬物之祖**　乎，於。萬物之祖，王叔岷《校詮》：『造化也。』行甫按：王氏所謂『造化』，道也。道家認爲，道與物的關係乃覆蓋與被覆蓋，包容與被包容的關係。因此，『萬物皆産生於道的時空框架之中』與『道的時空框架産生萬物』，這兩個命題，在道家思想中是沒有本質區别的，筆者曾著有專文詳論（程二行《時間·變化·對策——老子道論重詁》，《武漢大學學報（人文科学版）》二〇〇四年第二期）。**物物而不物於物**　物物，以物爲物。物於物，爲物所物。行甫按：物物而不物於物，言心靈攀達於高遠與無限的道的境界，便超越於萬物之上而不爲萬物所壓迫，因而不至於成爲萬物的奴僕。**則胡可得而累邪**　胡，何。可，猶所。行甫按：『所』訓『可』，『可』亦訓『所』。胡可得而累邪，猶言哪裏還會受到束縛呢？**此神農黄帝之法則**　法則，處世方法與思想原則。

〔九〕**若夫萬物之情**　若夫，猶至於。萬物，覆蓋於道的時空框架之中的所有事物。情，猶實。**人倫之傳**　人，亦萬物之一物，此指人事而言。行甫按：《莊子》往往以『物』兼指『人』與『物』，此則對言有異，而散言無别。倫，猶序。《孟子·離婁下》『察於人倫』，趙岐注：『倫，序也。』《論語·微子》『欲潔其身而亂大倫』，朱熹《集注》：『倫，序也。』傳，傳遞，轉變。錢穆《纂箋》引王敔曰：『傳，變也。』王叔岷《校詮》：『案《呂氏春秋》高注：「傳猶轉。」』行甫按：人倫之傳，猶言人事依次而代變。**則不然**　不然，不如此。行甫按：萬物與人事皆覆蓋與包容在道的時空框架之中，不可能超越於時空框架之外。

〔一〇〕**合則離** 合，相合而成。則，猶乃。離，相離而分。**成則毁** 成，完成。毁，破滅。**廉則挫** 廉，稜角，方正。挫，猶缺損。《釋文》本作「剉」，《説文》：「剉，折傷也。」**尊則議** 尊，猶高。《吕氏春秋·必己》「尊則虧」，高誘注：「尊，高也。」《考工記·輪人》「部尊一枚」、「以其一爲之尊」，鄭玄皆注云：「尊，高也。」議，俞樾《平議》：「議當讀爲俄，《詩·賓之初筵》「側弁之俄」，鄭《箋》云：「俄，傾貌。」「尊則俄」，謂崇高必傾側也。」行甫按：「議」通「義」，亦有傾衺之意，高郵王氏有説。《尚書·吕刑》「鴟義姦宄」，孫星衍即引王氏之説，是其證。王叔岷《校詮》：「議、虧二字疑當互易。「尊則虧，有爲則議」，意甚昭晰。《吕氏春秋》上句作「尊則虧」，與《淮南子·説林》篇「有爲則議」，即用此文下句。」説雖不爲無理，但言各有當，不必改動原文。此四句皆言物理，與「萬物之情」相關聯，則當以俞氏「崇高必傾側」之説爲是。若解爲「位尊則易招來非議」，既非言物理，而人情亦未必然。説亦見下文。

〔一一〕**有爲則虧** 有爲，有所作爲。虧，猶失敗。《齊物論》「有成與虧，故昭氏之鼓琴也；無成與虧，故昭氏之不鼓琴也」，以「虧」字言「鼓琴」之事，猶此云「有爲則虧」。知王叔岷説未必是。**賢則謀** 賢，能。謀，通媒，猶媒孽。賈誼《新書·大都》「大臣疑主，亂之謀也」，俞樾《平議》：「謀當爲媒，古字通用。《審微篇》曰「故明者之感姦由也，蚤其除亂謀也」，姦言「由」，亂言「媒」，語意相近。」《漢書·司馬遷傳》「而全軀保妻子之臣隨而媒孽其短」，顔師古注引臣瓚曰：「媒，謂遘合會之。」行甫按：賢則謀，言有才能者往往招人妒嫉而媒孽其短，以飛短流長的方式誹謗中傷。**不肖則欺** 不肖，不賢無才。欺，欺侮。行甫按：此三句皆言人情，與「人倫之傳」相關聯。**胡可得而必乎哉** 必，固，猶言不變。行甫按：此與「胡可得而累邪」相照爲文，超邁則無「累」，通達則不「必」。乎哉，語氣詞連用。

〔一二〕**悲夫**　悲，悲哀。夫，猶乎，句末語詞。行甫按：悲嘆人世之可哀。**弟子志之**　志，猶記。**其唯道德之鄉**　其，猶乃。唯，僅。道德之鄉，無限高遠的精神境界。行甫按：道德之鄉，《齊物論》『振於无竟，故寓諸无竟』，是其義。

此乃本篇第一章，言山木以不材得終其天年，而故人之雁則以不鳴見殺，雖然莊子由此體悟到『處於材與不材之間』的人生智慧，但仍然沒有擺脱價值觀念的羈絆與束縛。唯有徹底超越價值，浮遊於『道德之鄉』而『以和爲量』，才是最高的人生境界。

【繹文】

莊子行走在山間，見到一株高大的樹木，枝葉十分繁茂，伐木人站在大樹跟前卻無意動手砍伐。莊子問他們爲什麼不砍伐這株大樹。伐木人説：『沒有什麼用處。』莊子於是大爲感慨地説：『這棵樹因爲沒有木材的用處所以能夠活到它的天然年份！』

莊子走出山林，留宿在一位老朋友的家裏。老朋友很高興，讓家裏的童僕殺一隻鵝來款待他。童僕請示主人説：『有一隻能叫，有一隻不能叫，請問殺哪一隻？』主人説：『殺那隻不能叫的。』

第二天，弟子就這事問莊子説：『昨天山中見到的那棵樹，因爲沒有木材的用處所以能夠活到它的天然年份；今天我們吃掉的主人家那隻鵝，因爲不能鳴叫就被殺掉了。老師當怎樣托身存世呢？』

莊子笑著說道：『我將托身於有用處與沒有用處之間。不過托身於有用處與沒有用處之間，看起來好像很穩妥但實際上並不是很穩妥，所以仍然不能避免束縛與侷促。至於超拔於高遠的精神境界而心靈無比自由了那可就不一樣了。既無所謂讚譽也無所謂詆毀，有時候是天上的龍，有時候是地下的蛇，隨著時間的推移而不斷變化，因而也不會執一而不能通達了；精神境界或者高遠一些，或者低淺一些，總之是以心情和樂與寧靜爲原則，自由自在地遨遊於寓托萬物而無限廣闊的時空之中，超越於萬物之上而不被萬物所壓迫以致成爲萬物的奴僕。這樣的話，又哪裏會有什麼束縛與限制呢！這就是神農與黃帝以來相傳的處世方法與思想原則。至於說到寓托於時空之萬物的實際情理，以及人事的依次代變，就不是這樣超邁而自由了。相合而成之後便相離而分，完成之後接著就是破毀，稜角方正容易破損殘缺，高聳端直就會傾斜反側，這便是萬物之實情實理；有所作爲便會有所閃失，才能優秀便有飛短流長，能力劣弱就會招人欺侮，這便是人情世態。無論萬物實理還是人情世態，哪裏能夠保證它一成不變的呢！人生在世，何其悲哀啊！弟子們一定要牢記，真正的灑脫與自由，衹有遨遊在無限高遠的精神世界了！』

〔二〕

市南宜僚見魯侯，魯侯有憂色。市南子曰：『君有憂色，何也？』〔一〕魯侯曰：『吾學先王之道，脩先君之業；吾敬鬼尊賢，親而行之，无須臾離；居然

不免於患，吾是以憂。』〔二〕

市南子曰：『君之除患之術淺矣！夫豐狐文豹，棲於山林，伏於巖穴，靜也；夜行晝居，戒也；雖飢渴隱約，猶且胥疏於江湖之上而求食焉，定也；然且不免於罔羅機辟之患。〔三〕是何罪之有哉？其皮爲之災也。今魯國獨非君之皮邪？吾願君刳形去皮，洒心去欲，而遊於无人之野。〔四〕南越有邑焉，名爲建德之國。其民愚而朴，少私而寡欲；知作而不知藏，與而不求其報；〔五〕不知義之所適，不知禮之所將；猖狂妄行，乃蹈乎大方；其生可樂，其死可葬。吾願君去國捐俗，與道相輔而行。』〔六〕

君曰：『彼其道遠而險，又有江山，我無舟車，奈何？』

市南子曰：『君无形倨，无留居，以爲君車。』〔七〕

君曰：『彼其道幽遠而无人，吾誰與爲鄰？吾无糧，我无食，安得而至焉？』

市南子曰：『少君之費，寡君之欲，雖无糧而乃足。〔八〕君其涉於江而浮於海，望之而不見其崖，愈往而不知其所窮。送君者皆自崖而反，君自此遠矣！〔九〕故有人者累，見有於人者憂。故堯非有人，非見有於人也。〔一〇〕吾願去君之累，除君之憂，而獨與道遊於大莫之國。〔一一〕方舟而濟於河，有虛船來觸舟，雖有惼心之人不怒。〔一二〕有一人在其上，則呼張歙之；一呼而不聞，再呼而不聞，於是三呼邪，則必以惡聲隨之。〔一三〕向也不怒而今

也怒，向也虛而今也實。人能虛己以遊世，其孰能害之！』〔一四〕

【釋義】

〔一〕**市南宜僚見魯侯**　市南宜僚，《釋文》：「司馬云：『居市南，因爲號也。』李云：『姓熊，名宜僚。』」案《左傳》云：「市南有熊宜僚，楚人也。」魯侯，《釋文》引《左傳》見哀公十六年，當是魯哀公。**魯侯有憂色**　憂色，焦慮神情。**市南子曰君有憂色何**　市南子，熊宜僚。

〔二〕**吾學先王之道**　先王，王季、文王。道，治國方法。**脩先君之業**　脩，當爲循，《說文》：「循，順行也。」行甫按：古脩、循二字常因隸書形近而互譌，說見王念孫《讀書雜志·管子第一》「循誤爲脩」條。先君，魯國歷代君主。業，基業。**吾敬鬼尊賢**　敬鬼，祭祀活動。**親而行之**　親，親力。**无須臾離**　須臾，片刻。離，猶失，去。《國語·周語下》「日離其名」，韋昭注：「離，失也。」《淮南子·俶真》「皆欲離其童蒙之心」，高誘注：「離，去也。」**居然不免於患**　居然，竟然，猶不虞。《釋文》：「『无須臾離』，絕句。崔本無離字。『居然』，崔讀以居字屬上句。」行甫按：當從《釋文》讀「无須臾離，居然不免於患」。《大雅·生民》「不康禋祀，居然生子」，言上帝不安禋祀，竟然生此子。《越絕書》「大夫何索，居然而辱，乃至於此」，言竟然而辱至如此。王叔岷《校詮》謂《釋文》句讀「不類先秦語」，恐非。患，猶難。行甫按：居然不免於患，竟然不免於患。**吾是以憂**　是以，因此。

〔三〕**君之除患之術淺**　之，猶所以。術，方法。**夫豐狐文豹**　夫，猶彼。豐，猶大。文，花紋。鍾泰《發微》：「文豹，俗所謂金錢豹也。」**棲於山林**　棲，猶居。**伏於巖穴**　伏，猶隱。巖穴，山洞。**靜也**　靜，悄無聲息。**夜行晝居**　居，猶止。**戒也**　戒，猶警惕。**雖飢渴隱約**　隱約，猶困乏。**猶旦胥疏於江湖之上而求食**

焉 猶，仍，尚。且，且字之譌。猶且，虚詞連用。胥疏，同義複詞，猶疏遠。**定也** 定，通貞。《國語·周語下》：『及定王，王室遂卑』，韋昭注：『定，當爲貞。』《左傳》襄公四年『葬我小君定姒』，孔穎達《正義》引《逸周書·謚法》：『純行不爽曰定。』《釋名·釋言語》：『貞，定也；精定不動惑也。』行甫按：貞、定互訓，猶言不受誘惑。**然且不免於罔羅機辟之患** 且，猶尚。罔，通網，罔羅，同義複詞。機，捕獸之機弩。辟，通繴，《爾雅·釋器》『繴謂之罿』，郭璞注：『今之翻車也。』行甫按：機辟，同義複詞，其原理皆如今所謂『彈簧夾子』。參見《逍遥遊》『中於機辟，死於罔罟』釋義。

〔四〕**是何罪之有** 是，此，指狐豹行雖謹慎猶不免於患。**其皮爲之災** 之，猶其。災，害。**今魯國獨非君之皮** 今，猶故。獨，猶豈。**吾願君刳形去皮** 願，望。刳，音枯，剔除。**洒心去欲** 洒，猶洗。**而遊於无人之野** 无人之野，去其國，去其君，去其民，去其欲，雖在魯亦爲無人之境。

〔五〕**南越有邑** 南越，越之南。行甫按：《天下》『我知天下之中央，燕之北越之南是也』，是時人以越爲南方最遠之地，則南越乃虚擬之地名。邑，城邑。**名爲建德之國** 建德之國，猶立德之國，亦虚擬之國名。**其民愚而朴** 愚，無知。朴，無文。**少私而寡欲** 私，存己。欲，貪欲。**知作而不知藏** 作，耕作。藏，積貯爲己有。**與而不求其報** 與，施予，唐寫本作『予』。其，猶於。報，復，酬答。

〔六〕**不知義之所適** 所，何。適，合。**不知禮之所將** 將，行。**猖狂妄行** 猖狂，隨心所欲而無所顧忌。妄，不計得失。行甫按：《管子·山至數》『不通於輕重謂之妄言』，則『妄行』者，猶不計較後果得失之行。**乃蹈乎大方** 乃，猶而。蹈，猶踏。乎，於。大方，大道。行甫按：方之訓道，乃道路之道，非道理之道。《尚書·舜典》『陟方乃死』，枚《傳》：『方，道也。』《列禦寇》『中道而反，遇伯昏瞀人。伯昏瞀人曰：奚方而反』，『方』皆爲道路。此『大方』，本意爲坦途，以喻自由自在無所拘束之生活方式。**其生可樂其死可葬** 其，猶於。可，猶相。行甫按：《文選・飲馬長城窟行》『輾轉不可見』，舊校云：『五臣作相。』是『可』亦有『相』義。**吾願君去國捐俗** 去，捨棄。捐，遺棄。俗，猶常行之禮法。**與道相輔而行** 與，從。道，虛空無限，境界高遠。輔，猶依。

〔七〕**彼其道遠而險** 彼其，其，代詞連用。魯君以南越實有建德之國，故以遠險爲託辭。**又有江山** 江山，猶言阻山隔水。**我无舟車奈何** 奈何，如何。**君无形倨** 形，通行。《列子・湯問》『太形王屋二山方七百里』，張湛注：『形當作行』。說見《天地》『方且本身而異形』釋義。行甫按：『形』字與下文『留』字相對，即『形』當讀『行』之證。行，行動。倨，《釋文》：『音據。』行甫按：陸氏讀『倨』爲『據』，當是以『倨』爲『据』。《漢書・揚雄傳》『旁則三摹九据』，顔師古注引晉灼曰：『据，今據字也。據猶位也，處也。』即是其證。无形倨，當讀『无行据』，言行走時無所憑借。**无留居** 留，止，處。居，通倨，亦音據，据。行甫按：无留居，言止息時亦無所憑借。**以爲君車** 王叔岷《校詮》：『此對魯君「我無舟車」而言，則車上似當有舟字。』行甫按：无形倨、无留居，互文，猶言其或行、或止，皆無所據依與憑借。若此，則一無所待，通達無礙，是爲入道之舟車。

〔八〕**彼其道幽遠而无人** 彼其，其。幽遠，昏暗深遠。**吾誰與爲鄰** 誰與，猶與誰。**吾无糧我无食** 糧食，生曰糧，熟曰食。**安得而至焉** 安，猶何。**少君之費寡君之欲** 費，開銷。**雖无糧而乃足** 而，猶亦。乃，猶爲。行甫按：恬淡無私，清心寡欲，是爲入道之資糧。

〔九〕**君其涉於江而浮於海** 其，猶若。涉，過水。浮，猶遊。成玄英《疏》：『江，謂智也；海，謂道也。』**望之而不見其崖** 不見其崖，虛空無限。**愈往而不知其所窮** 窮，終，止。行甫按：言『道未始有封』。**送君者皆自崖而反** 送君者，世俗之人。反，同返。行甫按：言超越世俗。**君自此遠矣** 自，從。遠，猶超拔高邁。郭象注：『超然獨立於萬物之上也。』

〔一〇〕**故有人者累** 故，通顧，相反。有人，擁有民人。累，猶負擔、束縛。**見有於人者憂** 見，被。見有於人，被民人所擁有，猶言勞其心以治其民。憂，勞。**故堯非有人非見有於人** 堯以舜攝行天子事，是既『非有人』亦『非見有於人』。

〔一一〕**吾願去君之累** 累，指有人。**除君之憂** 憂，指見有於人。**而獨與道遊於大莫之國** 獨，特，直。莫，《釋文》：『無也。』大莫之國，猶『無何有之鄉』。

〔一二〕**方舟而濟於河** 方，《說文》：『並船也。』方舟，船體寬大之舟。濟，渡。**有虛船來觸舟** 虛船，空船，猶無主之船。觸，碰撞。**雖有惼心之人不怒** 惼，音匾，狹隘。

〔一三〕**有一人在其上** 有，猶雖，說見吳昌瑩《經詞衍釋》。**則呼張歙之** 則，猶即。呼，方舟之人呼叫船上之人。張歙，《釋文》：『張，開也。歙，斂也。』行甫按：歙，猶合。猶言一邊呼叫對方趕快讓開，一邊告誡對方要撞上了。**一呼而不聞再呼而不聞** 對方沒有聽見與回應。**於是三呼邪** 邪，猶也。**則必以惡聲隨之** 惡聲，叫罵之聲。

〔一四〕**向也不怒而今也怒** 向，剛才。今，現在。**向也虛而今也實** 實，有人在其上。**人能虛己以遊世** 虛己，猶無我。**其孰能害之** 其，猶將。害，傷害。

此乃本篇第二章，言魯侯之憂，在於有國、有位、有民、有欲，這是從『先王之道』與『先君之業』所世襲而來的傳統價值給他帶來的心理負擔與精神壓力。若『去國捐俗』，『虛己以遊世』，則心無所累矣。

【繹文】

市南熊宜僚拜見魯哀公，魯哀公面帶憂愁之色。市南宜僚問道：『君公面帶憂愁之色，爲什麼呢？』

魯哀公說：『我學習先王王季、文王的治國方法，又繼承了歷代先公傳下來的基業；我虔誠地祭祀鬼神，由衷地尊重賢才，事必躬行，親力親爲，沒有片刻鬆手與分心；可是到頭來還是免不了出現麻煩和亂子，所以我真是愁死了。』

市南宜僚說：『君公用來免除麻煩與混亂的辦法過於膚淺了。就好比那些肥胖的狐狸與漂亮的山豹，棲居在深山密林之中，隱伏在巖石洞穴之下，悄無聲息吧；晚上出來覓食，白天藏身不動，小心謹慎吧；即使又餓又渴，困乏疲憊，仍然還是遠走於江湖偏僻之處，人跡罕到之地去飲水覓食，意志堅定吧；就算如此，也仍然不免遭到羅網機弩彈簧夾子的災禍。這胖大狐狸與漂亮山豹有什麼過錯呢？還不是它們的毛皮惹的禍！所以這偌大的魯國豈不就是您的毛皮嗎？我希望您剮空您的形體，剔除您的毛皮，洗盡您的心靈，翦滅您的欲望，以遨遊於沒有任何人事紛擾的精神境界。在越國南邊有一座城邑，名叫建德之國。那裏的民人無知少文，質樸純真，私心很少，慾望不多；衹知道耕耘與勞作，卻不知道據爲己有，幫助了別人也不要求有所回報；他們不知道正義有什麼用處，也不知道禮儀何處可以施行；隨心所欲，無所顧忌，可行則行，不計得失，於是踏上了無比自由的康莊大道；

那裏的民人，衹要活著便快樂地生活在一起，要是死了便相互安葬在一起。我希望君公捨棄國家拋棄世俗，跟隨寬廣無限的康莊大道齊頭並進。』

魯哀公說：『那個地方道路遙遠而危險，還有江河山川的阻隔，我沒有車船，怎麼辦？』

市南宜僚說：『君公既不在行動時有所依賴與憑借，也不在休息時有所憑借與依賴，一無所待，通達無礙，就可以作爲您的車船。』

魯哀公說：『那個地方路途黑暗而遙遠，我與誰結伴而行呢？我沒有糧食，也沒有吃的，怎麼能走到那裏去呢？』

市南宜僚說：『節約您的開支，減少您的慾望，卽使沒有糧食也可以很充足。您將跨過江河，遊過大海，在那一望無際的天水茫茫之中，越往前走，便越不知道它的邊界在哪裏。歡送您的人羣在岸邊就返回去了，您從此便與他們天壤之隔，您就再也沒有負擔了。因爲擁有民人那就是負擔，被民人所擁有那就得爲他們操勞。相反，堯把天下交給舜去打理，既沒有民人，也不被民人所擁有，所以他用不著操心勞累。我願意免去您的負擔，除掉您的勞累，然後讓您衹是沿著康莊大道直奔那個無限寬廣的無人之境。這樣，您的心靈便空虛無待了。好比說，一艘大船正在渡河，有一條無人掌舵的小船漂過來撞上大船，這種情況下，卽使是心胷再狹隘的人也不會發脾氣；但凡那小船上有一個人在，那大船上的人見它划過來，必定會大聲呼喊，一面要它趕快划遠一些，一面警告它快要撞船了；一次呼喊沒有應聲，兩次呼喊沒有應聲，於是呼喊第三次，必定惡語相加，忍不住罵人了。爲什麼那小船剛才撞上來，這邊不發脾氣，而現在撞上來，這邊卻惡怒相向？因爲剛才小船上虛而無人，而此刻小船卻有人在上了。由此可見，人如果能夠虛懷若谷，忘掉了自己，然後與世俗相處，又有誰能夠傷害到他呢！』

〔三〕

北宮奢爲衛靈公賦斂以爲鐘，爲壇乎郭門之外，三月而成上下之縣。〔一〕王子慶忌見而問焉，曰：『子何術之設？』〔二〕奢曰：『一之間，无敢設也。〔三〕奢聞之：「既彫既琢，復歸於朴。」〔四〕侗乎其无識，儻乎其怠疑。萃乎芒乎，其送往而迎來。來者勿禁，往者勿止。〔五〕從其强梁，隨其曲傅，因其自窮，故朝夕賦斂而毫毛不挫，而況有大塗者乎！』〔六〕

【釋義】

〔一〕**北宮奢爲衛靈公賦斂以爲鐘** 北宮奢，《釋文》：『李云：衛大夫，居北宮，因以爲號。奢，其名也。』衛靈公，姬姓，名元。賦斂，頒佈號令以徵收財物。郭慶藩《集釋》引郭嵩燾曰：『賦斂以爲鐘，猶《左傳》昭公二十九年遂賦晉國一鼓鐵以鑄刑鼎。』行甫按：此當是向民間徵募銅材以鑄鐘。鐘，大型銅質打擊樂器。**爲壇乎郭門之外** 爲壇，成玄英《疏》：『爲鐘先須設祭，所以爲壇也。』郭門，外城之門。行甫按：祭祀天地，則除墠築壇於南郊。然『爲壇於郭門之外』，恐非用以祭祀，當是爲賦斂銅材而專闢其地。不在南郊而在郭門之外，所以便民。**三月而成上下之縣**　三月，九十餘天，言其速。上下，此簴有兩筍，可挂兩層編鐘。縣，通懸，簴筍所懸挂之鐘。褚伯秀《義海纂微》：『設架縣鐘，上下各六，所謂編鐘也。』

〔二〕**王子慶忌見而問焉**　王子慶忌，吳王僚之子，故稱王子，名慶忌。馬叙倫《義證》：『此即《呂氏春秋·忠廉》篇之王子慶忌，吳王僚子，爲要離所刺者也，正在衛。』問焉，《釋文》：『怪其簡速故問之。』**曰子何術之設**　術，方法。設，施。

〔三〕**一之間**　一，猶全，整。之，猶其。行甫按：一之間，猶言整個過程之中。**无敢設也**　无敢，不願。行甫按：无敢設，猶言不願採取任何手段。

〔四〕**既彫既琢**　既，終，止。**復歸於朴**　朴，原木。《説文》：『朴，木素也。』王叔岷《校詮》：『此乃古語。』

〔五〕**侗乎其无識**　侗，音童，蒙昧。乎，猶兮，語詞。其，猶而。識，識别。**儻乎其怠疑**　儻，音躺，愚蠢。怠疑，王叔岷《校詮》：『《説文》「佁，癡皃，讀若騃」，「怠疑」猶「佁儗」，亦卽「騃癡」也。』**萃乎芒乎**　萃，通苆，猶惚。奚侗《補注》：『萃乃苆之借字。《説文》「勿，所以趣民，故遽偁勿勿」，《漢書·司馬遷傳》「卒卒無須臾之間」，師古注：「卒卒，促遽之意也。」勿、卒音義俱近，故苆借萃爲之。』芒，通恍，行甫按：萃乎芒乎，猶惚兮恍兮。**其送往而迎來**　其，猶以。**來者勿禁**　禁，猶拒。**往者勿止**　往，去。止，留。

〔六〕**從其强梁**　從，隨。其，猶於。强梁，《釋文》：『多力也。』**隨其曲傅**　曲傅，少力者。行甫按：曲，猶彎折。傅，通附。《素問·脈要精微論》『行則僂附』，張志聰注：『僂，曲其身；附，依附而行也。』『曲傅』，猶

『僂附』。『曲傳』與『强梁』爲對文，力大者雖多亦不彎折，力小者雖少亦曲背。二句猶言任其多寡不限。《釋文》：『傅，本或作傳。』形謁之字。**因其自窮** 因，由。窮，盡。行甫按：因其自窮，聽任他們自認爲已經盡其家之所有，猶言家中還有沒有都由他們自己說了算。**故朝夕賦斂而毫毛不挫** 朝夕，早晚，猶言時間短暫。挫，損傷。行甫按：言銅材既無所欠缺，民力亦無所損傷。**而況有大塗者** 況，更。大塗，大道。行甫按：有大塗者，雙關語，既指『郭門之外』的稠人廣衆之處，亦指任其自專的徵集之法。

此乃本篇第三章，以北宮奢賦斂銅材鑄鐘，不加規範與管束，任民之自爲，『三月而成』，喻言無目的而合目的的深刻洞見。與本篇主旨相關聯，則是暗寓『無所作爲』乃是『大有作爲』，不期『自在』反得『自在』。

【繹文】

北宮奢向民間徵集銅材爲衛靈公姬元鑄造編鐘，在郭外的城門口掃除一塊乾淨地方築了個巨大的土臺子，便於民衆往來運送銅材，三個月便完成了懸挂在上下兩層鐘架上的編鐘鑄造任務。

吳王僚的兒子王子慶忌，此時客居衛國，見到如此高效的徵集鑄造工作，便問北宮奢說：『您採取了什麼辦法可以如此神速呀？』

北宮奢回答說：『整個徵集與鑄造過程之中，完全沒想過要採取什麼辦法呀。我聽過這樣的說法：「不要雕琢，不要修飾；回到天然，回到本質。」糊裏糊塗而無知無識，懵懵懂懂而癡癡呆呆。惚惚恍恍，以迎來而送往；恍恍惚惚，以迎來而送去。材質無論優劣衹要送來了便不會拒絕，數量無論多少也讓他回去而不加阻攔。力氣大的可以多送，力氣小的可以少送，家裏還有沒有剩餘的，都任由他們自己說了算，沒有任何硬性規定。所以在很短的時間就徵集了足夠的銅材而沒有半點虧欠，民眾的積極性也沒有受到絲毫挫傷，更何況在光天化日之下又在稠人廣眾之中呢！』

〔四〕

孔子圍於陳蔡之間，七日不火食。〔一〕

大公任往弔之曰：『子幾死乎？』曰：『然。』『子惡死乎？』曰：『然。』〔二〕

任曰：『予嘗言不死之道。東海有鳥焉，其名曰意怠。〔三〕其爲鳥也，翂翂翐翐，而似无能；引援而飛，迫脅而棲；〔四〕進不敢爲前，退不敢爲後；食不敢先嘗，必取其緒。〔五〕是故其行列不斥，而外人卒不得害，是以免於患。〔六〕直木先伐，甘井先竭。〔七〕子其意者飾知以驚愚，脩身以明汙，昭昭乎如揭日月而行，故不免也。〔八〕昔吾聞之大成之人曰：「自伐者无功，功成者墮，名成者虧。」孰能去功與名而還與眾人！〔九〕道流而不明居，得行而不名處。純純常常，乃比於狂。〔一〇〕削跡捐勢，不爲功名。是故无責於人，人亦无責焉。至人不聞，子何喜哉？』〔一一〕

孔子曰：『善哉！』辭其交遊，去其弟子，逃於大澤。〔一二〕衣裘褐，食杼栗。入獸不亂羣，入鳥不亂行。鳥獸不惡，而況人乎！〔一三〕

【釋義】

〔一〕**孔子圍於陳蔡之間**　圍，困。陳蔡，陳國與蔡國。**七日不火食**　火食，生火做飯。行甫按：七日不火食，猶言斷糧七天。

〔二〕**大公任往弔之**　大公，音太，對年長者之尊稱；任，名。行甫按：此乃虛擬人名，取尊崇放任之意。弔，慰問。**子幾死**　幾，近。**曰然**　然，如此。**子惡死乎曰然**　惡，討厭。

〔三〕**任曰**　任，大公任。**予嘗言不死之道**　嘗，試。道，方法。行甫按：不死之道，猶長生不老之法。**東海有鳥**　東海，東方之海。焉，猶於此。**其名曰意怠**　意怠，燕子，本篇第七章作『鷾鴯』。

〔四〕**翂翂翐翐**　翂，音紛。翐，音秩。《釋文》：『司馬云：翂翂翐翐，舒遲貌。一云：飛不高貌。』**而似无能**　而，猶乃。**引援而飛**　引援，同義複詞，猶言呼朋引伴。**迫脅而棲**　迫脅，彼此肋脅相接。《釋文》：『李云：不敢獨棲，迫脅在衆鳥中，纔足容身而宿，辟害之至也。』

〔五〕**進不敢爲前退不敢爲後**　進，前進。爲前，在前。退，後退。爲後，在後。行甫按：此二句以作戰爲喻，前進在前，衝鋒在前；後退在後，勇於斷後。猶言不爭於名。**食不敢先嘗**　嘗，通嚐，試味。**必取其緒**　緒，餘。行甫按：猶言不爭於利。

〔六〕**是故其行列不斥**　行列，同伴。斥，排擠。**而外人卒不得害**　外人，猶言人類。卒，終。**是以免於**

患　是以，因此。患，傷害。

〔七〕**直木先伐**　直木，長相正直的樹木。伐，砍伐。**甘井先竭**　甘井，水質甜美的水井。竭，乾涸。

〔八〕**子其意者飾知以驚愚**　子，您。其，猶若。意，猜測，推想。行甫按：其意者，插入語，猶言如果推想不錯的話。飾知，增修智慧。驚，驚駭。愚，愚昧者。**修身以明汙**　脩，通『修』，修身，猶言潔身自好。明，顯示。汙，污穢。**昭昭乎如揭日月而行**　昭，明。乎，猶然。揭，高舉。**故不免也**　不免，遭到禍害。

〔九〕**昔吾聞之大成之人**　之，猶於。大成之人，生活經驗豐富之人。**自伐者无功**　伐，夸耀。功，成就。**功成者墮**　墮，敗。**名成者虧**　虧，損。行甫按：二句爲互文。**孰能去功與名而還與衆人**　孰，誰。去，放棄。還，猶言回頭。與，相處。行甫按：猶言放棄事業與功名回過頭來與衆人相處。

〔一〇〕**道流而不明居**　道流，道流行變動。明，通名，猶叫作，稱爲。居，止。**得行而不名處**　得，通德，合於道的行爲方式。處，止。行甫按：二句互文見義，猶言道大化流行不可稱之爲停止不動，依道而行不可稱之爲靜止不變。**純純常常**　純，不雜。常，久長。行甫按：純純，不雜功名之念，與『去功與名而還與衆人』相照應；常常，與道長久偕行，與『道流而不明居，得行而不名處』相照應。**乃比於狂**　比，猶擬。狂，隨心所欲，無所顧忌。

〔一一〕**削跡捐勢**　削，剝去。跡，事功。捐，放棄。勢，勢位。**不爲功名**　爲，讀去聲，猶言追求。功，事功，指『跡』而言。名，名位，指『勢』而言。**是故无責於人**　責，譴責。於，表被動之介詞。人，他人。**人亦无責焉**　亦，也詞。焉，猶之。**至人不聞**　不聞，猶無名。**子何喜哉**　何，猶何以。喜，猶好。行甫按：子何喜哉，反詰句。

〔一二〕**善**　猶正確。**辭其交遊**　辭，謝絕。交遊，交往與遊歷之人。**去其弟子**　去，遣散。弟子，門徒。

逃於大澤 大澤，猶言荒野。

〔一三〕**衣裘褐** 衣，服。裘，披以動物毛皮。褐，粗麻葛所製之衣。**食杼栗** 杼，音序，橡子。栗，毛栗子。**入獸不亂羣入鳥不亂行** 入獸，進入獸羣。亂，猶言驚動。入鳥，進入鳥羣。行，行列。**鳥獸不惡** 惡，討厭。**而況人** 況，何況。

此乃本篇第四章，太公任以『東海之鳥』因其無能乃見容於同類而『免於患』爲喻，奉勸孔子去其矜能伐功之心。若無功無名，則可全身遠害耳。

【繹文】

孔子被圍困在陳國與蔡國的邊界上，進不得入蔡，退不得入陳。無糧斷炊，七天七夜沒有吃東西。太公任往其被困之處安慰孔子說：『您差不多餓得快死了吧？』孔子回答說：『是啊。』太公任說：『您怕死嗎？』孔子說：『當然。』

太公任說：『我試著說一說長生不死的方法吧。東方大海那邊有一種鳥，它的名字叫作鷾鴯子。鷾鴯子這種鳥，翅膀不硬朗，既飛不高也飛不快，因而看起來非常軟弱無力。它飛行時，一定要呼朋引伴，不敢單飛獨行；它歇息時，一定要與同伴肩挨著肩靠得緊緊的才敢入睡；前進時不敢飛在鳥羣前面，後退時不敢飛在鳥羣後面；吃食物也不敢爭著先吃，一定是吃那些剩下的東西。正因如此，它不會受到鳥類的排擠，最終也不會受到人類的傷害，所以它就能避免災禍。長相端正筆直的樹木，總是最先遭伐；水質甘美乾淨的水井，總是最先乾涸。先生您呀，如果猜測不錯的話，應當是通過增修智慧去提醒別人的愚蠢，通過潔身自好去彰顯別人的污穢，永遠是那樣光明磊落如同高舉著太陽月亮行走在黑暗之中一樣炫人眼目，所以才不斷地遭受災禍與患難。從前我曾聽到社會經驗非常豐富的成功人士說過：「喜歡炫耀自己的人是不可能有所成就的，事業有所成就的話必然會遭到失敗，名聲有所顯揚的話必然會遭受損失。」有誰能夠放棄事業與功名從而回頭與眾人打成一片呢？大道流遷不可稱之爲停止而不動，依道而行不可稱之爲靜止而不變。純樸而又純樸，不要雜有絲毫功名之心；久長而又久長，與大化之道相伴而行，這就相當於隨心所欲無所顧忌了。削去事功，放棄勢位，不要追求事功與名譽。這樣就不會遭到他人的譴責，他人也對你無所譴責。境界高遠的人不求聞達，沒有聲名，您爲什麼好名呢？』

孔子聽了太公任這番話，若有所悟，讚歎道：『說得真好啊！』於是謝絕了所有朋友，遣散了所有門生，逃到曠野之中隱居起來。披著沒有縫製的動物皮毛，穿著粗糙麻葛編織的衣服，以橡子與毛栗子等野果充飢裹腹。跟野獸相處，野獸不會驚怕而奔逃；與鳥兒相處，鳥兒不會害怕而飛散。飛鳥與野獸都不會討厭他，更何況是人呢！

［五］

孔子問子桑雽曰：『吾再逐於魯，伐樹於宋，削跡於衛，窮於商周，圍於陳蔡之

問。〔一〕吾犯此數患，親交益疏，徒友益散，何與？』〔二〕

子桑雽曰：『子獨不聞假人之亡與？林回棄千金之璧，負赤子而趨。〔三〕或曰：「爲其布與？赤子之布寡矣；爲其累與？赤子之累多矣；棄千金之璧，負赤子而趨，何也？」〔四〕林回曰：「彼以利合，此以天屬也。」夫以利合者，迫窮禍患害相棄也；以天屬者，迫窮禍患害相收也。夫相收之與相棄亦遠矣。〔五〕且君子之交淡若水，小人之交甘若醴。君子淡以親，小人甘以絕。彼无故以合者，則无故以離。』〔六〕

孔子曰：『敬聞命矣！』徐行翔佯而歸，絕學捐書，弟子无挹於前，其愛益加進。〔七〕異日，桑雽又曰：『舜之將死，真泠禹曰：「汝戒之哉！形莫若緣，情莫若率。〔八〕緣則不離，率則不勞；不離不勞，則不求文以待形；不求文以待形，固不待物。」』〔九〕

【釋義】

〔一〕**子桑雽**　隱者。《大宗師》有子桑戶，雽，音戶，疑即其人。**吾再逐於魯**　再逐於魯，孔子兩次被迫離開魯國。**伐樹於宋**　宋司馬桓魋欲殺孔子，拔其樹，孔子去。**削跡於衛**　孔子遊於衛國，衛人惡之，剗削其跡。**窮於商周**　窮，困厄。商周，宋爲商人之後，衛爲周人之後，故以宋衛爲商周。**圍於陳蔡之間**　圍，困。

〔二〕**吾犯此數患**　犯，遇。章太炎《解故》：『犯，借爲逢，與《大宗師》篇「犯人之形」同例。』**親交益疏**　親，親人。交，朋友。益，更加。疏，遠。**徒友益散**　徒，門徒。友，同門爲朋，同志爲友。散，分散。**何與**　與，通歟，疑問語氣詞。

〔三〕**子獨不聞假人之亡與**　獨，猶何。假，通殷，《尚書·呂刑》『惟殷於民』，《墨子·尚賢》引作『假』。《史記·酷吏列傳》『楚有殷仲』，徐廣曰：『殷，一作假。』是其證。假人，猶殷人。之，猶其。亡，逃亡。與，通歟。**林回棄千金之璧**　林回，《釋文》：『司馬云：殷之逃民之姓名。』千金，猶言價值昂貴。璧，玉璧。《爾雅·釋器》：『肉倍好謂之璧。』**負赤子而趨**　赤子，嬰兒。趨，奔。

〔四〕**或曰**　或，有人。曰，謂，評價。**爲其布與**　布，古代鏟形錢幣，引申爲價值。與，通歟。**赤子之布寡矣**　赤子之布，嬰兒之價值。寡，少。**爲其累與**　累，負擔，累贅。**赤子之累多矣**　赤子之累，嬰兒之負擔。多，大。**棄千金之璧負赤子而趨何**　負，背負。

〔五〕**彼以利合**　彼，千金之璧。利，利益，價值。合，聯結。**此以天屬也**　此，赤子。屬，相連。天屬，猶血緣關係。**夫以利合**　夫，猶若。**迫窮禍患害相棄**　迫，逼迫，臨近。**以天屬者迫窮禍患害相收也**　收，收容。**夫相收之與相棄亦遠**　夫，猶彼。與，猶比。亦，猶特。

〔六〕**且君子之交淡若水**　君子，有身份，有教養之人。交，相交往。淡，平淡。若，如。**小人之交甘若醴**　小人，無底線，無教養之人。醴，帶糟之甜酒。**君子淡以親**　以，猶而。親，親密。**小人甘以絶**　絶，斷交。**彼无故以合者**　彼，猶夫，若。无故，沒有原因，沒有理由。以，猶而。**則无故以離**　則，猶卽。行甫按：无故以合，既指『以天屬』，亦指『淡以親』。无故以離，沒有分離的理由，猶言不能分離。

〔七〕**敬聞命矣**　敬，謹。聞，猶聽，從。命，猶教命。**徐行翔佯而歸**　徐，慢。翔佯，仿佯。《釋名·釋言語》：『翔，佯也，言仿佯也。』《廣雅·釋訓》：『仿佯，徙倚也。』行甫按：徐行翔佯，心閒無事，邊走邊玩之貌。

絕學捐書　絕，猶斷棄。捐，猶拋棄。**弟子无挹於前**　挹，揖讓。行甫按：挹於前，弟子於先生之前行揖讓之禮。**其愛益加進**　愛，猶尊敬。益加，更加。進，增加。

〔八〕**異日**　他日。**舜之將死**　之，猶於。**真泠禹**　真泠，《釋文》：「真，司馬本作直。泠，音零。司馬云：『泠，曉也，謂以真道曉語禹也。』」泠，或爲命，又作令。命，猶教也。」行甫按：真，當從司馬本作『直』，特。泠，當從或本作『令』，命，教。**汝戒之哉**　戒，慎。**形莫若緣**　形，通行，行爲。莫若，不如。緣，猶順從。**情莫若率**　情，心性。率，猶循，任。

〔九〕**緣則不離**　離，分散。**率則不勞**　勞，辛苦。**不離不勞則不求文以待形**　文，禮儀節文。待，猶言修飾。形，通行，外在行爲。行甫按：文以待形，猶言用禮節儀式修飾行爲。**不求文以待形固不待物**　固，猶必。物，他人，外物。行甫按：《莊子》之『物』通指人與物，《外物》所謂『外物不可必』，猶言他人靠不住。

此乃本篇第五章，言孔子困惑於入世不遇，命途多舛，子桑雽以人際關係的不同維繫方式爲解：有『以天屬者』，有『以利合者』，區別在於『窮禍患害』是『相收』還是『相棄』。且申言人際關係的最佳狀態是因其自然，率性而爲，不必刻意於禮節文飾。也就是説，徹底拋棄構成人類文明的一切價值準據，回歸質樸無文的自然狀態，沒有關係，便是最好的關係。其思想脈絡猶如從《人間世》以至《應帝王》。

【繹文】

孔子對桑雽先生抱怨說：『我多次被魯國趕出國門，在宋國又遭到司馬桓魋的追殺，砍倒了歇腳的大樹，險些命喪黃泉，在衛國也受到剗滅腳印的侮辱，在商周大地走投無路，在陳蔡之間遭到重重圍困，我遇到這麼多厄運，親戚朋友越來越疏遠，弟子門人越來越離散，爲什麼呀！』

桑雽先生說：『您難道沒聽說過殷人逃難的故事嗎？殷人林回拋棄價值千金的玉璧，背上嬰兒而奔逃。有人評判這件事情說：「爲了他值錢嗎？嬰兒值不了幾文錢呀！爲了減輕累贅嗎？嬰兒的累贅更大呀！既不是考慮錢財，也不是因爲累贅，卻拋棄價值昂貴的千金之璧，反而背著嬰兒逃難，爲什麼呀？」林回解釋說：「那千金之璧與我是利益關係，這嬰兒與我卻是血緣關係。」如果是以利益爲紐帶，在災難臨頭走投無路之際便會互相拋棄；如果是因爲天生的血緣關係，在災禍來臨走投無路之時便會相互照顧。那相互照顧比起互相拋棄來可就是天壤之別了！而且有身份有教養的人，他們相互交往就像清水一樣平淡；沒有底線沒有教養的人，他們相互交往就像醇酒一樣甘甜。可是有身份有教養的人雖然待人平淡如清水，卻非常親密；沒有底線沒有教養的人雖然待人甘甜如醇酒，卻容易斷交。如果沒有原因就可以相互交往的話，那麼也就沒有原因可以相互分離。』

孔子聽了這番話之後說：『我聽明白了，謹遵教誨！』於是慢悠悠地邊走邊玩，踏上歸途。到家之後，放棄學業，扔掉書本，弟子門生也無須在面前行揖讓跪拜之禮，反而更加愛戴自己的老師了。

後來，桑雽又對孔子說：『虞舜臨死之前，特別告誡大禹說：「你千萬要小心謹慎啊！外在的行爲不妨隨緣順適，內在的心性不妨因循放任。隨緣順適就不會衆叛親離，因循放任就不會勞精傷神；不會眾叛親離，不會勞精傷神，也就無需借助禮節儀式來裝飾行爲；無需借助禮節儀式來裝飾行爲，當然也就無需依賴外在之人或外在之物了。」』

〔六〕

莊子衣大布而補之，正緳係履而過魏王。魏王曰：『何先生之憊邪？』〔一〕莊子曰：『貧也，非憊也。士有道德不能行，憊也；衣弊履穿，貧也，非憊也：此所謂非遭時也。〔二〕王獨不見夫騰猿乎？其得柟梓豫章也，攬蔓其枝而王長其間，雖羿、蓬蒙不能眄睨也。〔三〕及其得柘棘枳枸之間也，危行側視，振動悼慄；此筋骨非有加急而不柔也，處勢不便，未足以逞其能也。〔四〕今處昏上亂相之間，而欲无憊，奚可得邪？此比干之見剖心徵也夫！』〔五〕

【釋義】

〔一〕**莊子衣大布而補之**　衣，穿著。大布，粗布。補之，衣服上打著補丁。**正緳係履而過魏王**　正，整。緳，麻絲。郭慶藩《集釋》引郭嵩燾曰：『《説文》「絜，麻一耑也」，絜與緳字通，言整齊麻之一端，以納束其履而係之。』行甫按：古人履頭有翹起之鼻，穿絲繩拘係以便行走。莊子所著之履，當是鼻頭破敗無法穿繩，故以麻頭一束捆綁其履於腳背。過，拜訪。魏王，魏惠王。**何先生之憊** 之，猶如此。憊，精神疲乏。

〔二〕**貧也非憊** 貧，財物匱乏。**士有道德不能行憊** 士，讀書人。道德，治國理論與治國舉措。行，付諸實施。行甫按：有志難伸則精神疲乏。**衣弊履穿貧也非憊** 衣弊，衣服破舊。履穿，鞋子破洞。**此所謂非遭時** 非遭時，生不逢時。

〔三〕**王獨不見夫騰猿** 獨，猶何。夫，猶彼。騰猿，活潑跳躍的猴子。**其得柟梓豫章** 其，猶若。柟，音南，楠木。梓，音子，梓樹。豫章，樟樹。行甫按：柟梓豫章，皆爲高大喬木。**攬蔓其枝而王長其間** 攬，把捉。蔓，援引。章太炎《解故》：『蔓，借爲曼，《説文》：「曼，引也。」』王長，猶言爲王爲長。其間，猶言柟梓豫章諸樹之間。**雖羿蓬蒙不能眄睨** 羿，后羿，古代善射者。蓬蒙，一作逢蒙，后羿弟子。眄睨，音免逆，猶斜視。行甫按：不能眄睨，猶言不敢掉以輕心。

〔四〕**及其得柘棘枳枸之間** 柘，音這，灌木，有刺。棘，酸棗樹，有刺。枳，音止，灌木，有刺。枸，枸杞，有刺。行甫按：柘棘枳枸，皆低矮灌木。**危行側視** 危，側。王叔岷《校詮》：『危、側互文，危亦側也。』行甫按：危行，小心謹慎地側足而行。側視，側眼斜視而不敢轉動腦袋。**振動悼慄** 振動，同義複詞，抖動。悼慄，恐懼而戰慄。**此筋骨非有加急而不柔** 此，猶其。筋骨，韌帶骨節。有，猶以，因。急，縮短，緊張。柔，柔和，柔軟。**處勢不便** 處勢，所處之情勢。便，猶利，宜。**未足以逞其能** 足以，能夠。逞，痛快施展。行甫按：《方言》：『逞、曉，快也。自關而東，或曰曉，或曰逞。江淮陳楚之間曰逞。』能，技能。

〔五〕**今處昏上亂相之間** 今，猶故。昏上，昏庸之君。亂相，禍亂之臣。**而欲无憊奚可得** 奚，何。**此比干之見剖心徵也夫** 比干，商紂王叔父。商紂王無道，比干忠諫，剖心而死。之，猶乃。見，猶被。徵，證驗。也夫，語詞連用，表肯定語氣。

此乃本篇第六章，以莊子現身説法，言讀書人深受人類文明價值之蠱惑，熱衷於功名事業。雖然德備行修，卻於『昏上亂相』之世，欲進不能，欲罷不忍，以致精神疲憊，終於由憤激而發控訴耳！

【繹文】

莊子穿著補丁摞補丁的破舊粗布衣服，沒有鞋帶，祇用一束麻頭綁住鞋子，就這樣來拜訪魏惠王。魏惠王説：『先生爲什麽如此疲乏呀？』

莊子説：『是物質匱乏，不是精神疲乏。讀書人具有良好的治國理論與治國舉措而不能付諸實施，這是精神疲乏；衣服破舊打著補丁，鞋子破洞露著腳趾，這是物質匱乏，而不是精神疲乏。這就是人們常説的生不逢時。君王難道沒見過那活蹦亂跳的猿猴嗎？如果生活在高大的樹木如楠木、梓樹與樟樹之間，或抓著樹幹往來騰挪，或攀著樹枝上下跳擲，它們就是樹林中的霸王與老大，卽使是善於射箭的后羿與逢蒙之流也不敢小瞧了它們。當他們淪落到祇能生活在荊棘叢叢的桑柘、酸棗以及枳棘與枸杞這類矮小的灌木林中時，它們便祇能小心謹慎，側著身子行走，連頭都不敢轉動一下，驚恐萬狀，瑟瑟顫抖，生怕被叢叢荊棘扎著自己；這並不是因爲它們的筋肉骨節縮短僵硬以致發生痙攣，而是它們所處的環境與情勢不適宜、不方便，沒有辦法痛快地施展它們的技能而已。所以生活在君主昏庸、大臣亂政的時代，卻希望沒有精神疲乏，怎麽可能實現呢？這不，王子比干被開膛剖胷不就是時代昏亂的明證嗎！』

〔七〕

孔子窮於陳蔡之間，七日不火食，左據槁木，右擊槁枝，而歌猋氏之風，有其具而无其數，有其聲而无宮角，木聲與人聲，犁然有當於人之心。〔一〕

顏回端拱還目而窺之。仲尼恐其廣己而造大也，愛己而造哀也，〔二〕曰：『回，无受天損易，无受人益難。无始而非卒也，人與天一也。夫今之歌者其誰乎？』〔三〕

回曰：『敢問无受天損易。』

仲尼曰：『飢渴寒暑，窮桎不行，天地之行也，運物之泄也，言與之偕逝之謂也。〔四〕爲人臣者，不敢去之。執臣之道猶若是，而況乎所以待天乎！』〔五〕

『何謂无受人益難？』

仲尼曰：『始用四達，爵祿並至而不窮，物之所利，乃非己也，吾命其在外者也。〔六〕君子不爲盜，賢人不爲竊。吾若取之，何哉！〔七〕故曰，鳥莫知於鷾鴯，目之所不宜處，不給視，雖落其實，棄之而走。其畏人也而襲諸人間社稷，存焉爾。』〔八〕

『何謂无始而非卒？』

仲尼曰：『化其萬物而不知其禪之者，焉知其所終？焉知其所始？正而待之而已耳。』〔九〕

『何謂人與天一邪？』

仲尼曰：『有人，天也；有天，亦天也。人之不能有天，性也，聖人晏然體逝而終矣！』〔一〇〕

【釋義】

〔一〕**孔子窮於陳蔡之間七日不火食** 窮，困厄。**左據槁木** 據，猶擊打，與下文『擊』字爲互文。《齊物論》『惠子之據梧也』，即此『據』字之義。槁，枯槁。**右擊槁枝** 擊，敲擊。**而歌猋氏之風** 歌，吟唱。猋氏，音彪，《釋文》：『猋氏，神農也。』王先謙《集解》：『猋氏即焱氏，已見《天運》篇。』行甫按：成《疏》本作『焱氏』，是『猋』乃『焱』字形近之譌。風，猶歌曲。**有其具而无其數** 具，器具，指槁木與槁枝。數，技巧。行甫按：有其具而无其數，猶言有簡單的敲打工具卻無複雜的音樂技巧。**有其聲而无宮角** 聲，人聲。宮角，音律，古代謂宮、商、角、徵、羽爲五聲。行甫按：有其聲而无宮角，猶言有人聲歌唱卻無音樂旋律。**木聲與人聲** 木聲，敲擊樹木之聲音。人聲，歌唱所發之聲。**犂然有當於人之心** 犂然，如犂鏵翻土之暢快貌。當，猶合。行甫按：犂然有當於人之心，猶言愁雲盡散暢然與人心相合。

〔二〕**顔回端拱還目而窺之** 端拱，正立拱手，以示恭敬。還目，猶環顧；還，音旋，轉動。窺，探視。行甫按：還目而窺之，謂不忍直視，遊目而探察之。**仲尼恐其廣己而造大** 其，猶以。廣己，寬慰自己。己，仲尼自己。造，至。造大，猶言將眼前的困厄看得過於嚴重。**愛己而造哀** 愛己，憐惜自己。造哀，猶言至於悲哀。行甫按：廣己而造大、愛己而造哀，猶言因造大而廣己、因造哀而愛己。

〔三〕**曰回** 回，仲尼直呼其名。**无受天損易** 天損，天地四時之自然運演對人所產生的影響。行甫按：猶言委運循化容易做到。**无受人益難** 人益，人的羣體生存所必需的物質條件。行甫按：猶言不接受任何物質福利是做不到的。**无始而非卒** 始，開端。卒，終結。行甫按：有開端便有終結，猶言一切皆變動不居。**人與天一** 一，相通。行甫按：凡有開端必有終結，人與自然，亦一理相通。**夫今之歌者其誰乎** 夫，猶若。今，當下。乎，猶邪。行甫按：猶言天地演變，人事代謝，今日之歌者，昔日曾是什麼，來日將是什麼，一皆不能知。

〔四〕**敢問无受天損易** 敢問，請問。**飢渴寒暑** 飢渴寒暑，猶言飢渴冷暖。**窮桎不行** 窮，末路。桎，通窒。窮桎，猶言走投無路。不行，不通。行甫按：窮桎、不行，相互作解。**天地之行也** 行，推移。**運物之泄** 運物，猶言事物。章太炎《解故》：「『天地之行，運物之泄』，耦語也。運借爲員，《越語》『廣運』，《西山經》作『廣員』，是其例。《說文》：『員，物數也。』員物猶言品物。泄與動義近，韓非《揚搉》篇『根榦不革，則動泄不失矣』，泄亦動也。」行甫按：章說是。《天運》篇《釋文》：「司馬本作天員。」《墨子·非命上》『譬猶運鈞之上而立朝夕者也』，《非命中》作『員鈞』，是『運』通『員』之證。江南古藏本作『運化』，由不知『運物』之義而妄改。**言與之偕逝之謂也** 與，猶隨。偕，俱。逝，往。謂，意謂。行甫按：與之偕逝，是謂『无受天損易』。

〔五〕**爲人臣者** 人臣，人之臣。**不敢去之** 去，逃離。之，代君主。**執臣之道猶若是** 執，守。道，猶義。猶，尚且。若是，如此。**而況乎所以待天乎** 乎，猶於。所以，猶可以。待，對待。行甫按：人臣猶不能違抗君命，何可違抗天命？受而安之。

〔六〕**何謂无受人益難**　謂，爲。**始用四達**　始用，猶言初登仕途。四達，四面通達，猶言官運亨通。**爵祿並至而不窮**　爵祿，官位俸祿。並至，雙至。不窮，不盡。**物之所利**　物，外物。之，猶爲，惟。說見吳昌瑩《經詞衍釋》。所，猶可。利，養。《儀禮・士虞禮》『西面告利成』，鄭玄注：『利，猶養也。』《春秋繁露・身之養重於義》：『利者，體之養也。』行甫按：物之所利，猶言外物雖可養體。**乃非己也**　非己，不在己。**吾命其在外**　命，命運。其，猶乃。行甫按：猶言爵祿雖可養體，但並非自己分內必有之物，不過命運的意外光顧而已。

〔七〕**君子不爲盜**　君子，有身份有教養者。**賢人不爲竊**　賢人，有能力有才幹者。爲盜爲竊，取他人財物而據爲己有。**吾若取之**　若，猶乃。行甫按：爵祿非自己分內所有，乃命運的意外光顧，但我仍然取之以爲口體之養。**何哉**　設問以釋其理。

〔八〕**故曰**　故，猶常。行甫按：故曰，猶常言。說見吳昌瑩《經詞衍釋》。**鳥莫知於鷾鴯**　知，通智。鷾鴯，燕子。**目之所不宜處**　目，動詞，視。之，猶其，其地。所，猶若，或。說見吳昌瑩《經詞衍釋》。處，猶留止。**不給視**　給，猶多。《說文》：『給，相足也。』朱駿聲《通訓定聲》：『給，此字當訓相續也。』行甫按：猶言視某地若不適於停留，便不再多視。**雖落其實**　落，掉落。實，口中之食。**棄之而走**　棄之，棄其口中掉落之食。**其畏人也而襲諸人間社稷**　其，猶惟，雖。襲，因。諸，之於。人間，燕子築巢於人舍。社稷，土穀祠。**存焉爾**　存，生存。焉，於此。爾，而已。行甫按：燕子雖害怕人類，卻又寄居於人間社稷，不過是爲了生存而已。猶言爲口體之養而不能辭掉非自己分內所有之爵祿，是謂『不受人益難』。行甫又按：郭象讀作『而襲諸人間，社稷存焉耳』，其注亦言不及義，不可取。人間，指人之所居。社稷，指神之所居，二者並列。社稷，猶《應帝王》所謂『鼷鼠深穴乎神丘之下』。彼言避患，此言存身，其義不同，其事則一。

〔九〕**化其萬物而不知其禪之者**　其，猶於。萬物，王叔岷《校詮》：『唐寫本物作方，成《疏》似釋「萬物」爲「羣方」。「萬物」猶「萬方」，《達生》篇「覆卻萬方陳乎前」，《列子・黃帝篇》「萬方」作「萬物」。』其，猶將。禪，代。行甫按：猶言變化於多途而不知將代之者誰何。**焉知其所終焉知其所始**　焉，猶安。其，猶將。所，猶何。終，止。**正而待之而已耳**　正，通止，正而待之，猶言靜心以待之。行甫按：『正』通『止』，參見《德充符》『唯止能止衆止』及『幸能正生，以正衆生』釋義。而已耳，語詞連用。

〔一〇〕**何謂人與天一邪**　一，統一，相通。行甫按：此『一』兼有二義：其一，人與天本質相通，皆大化流行而變動不居。其二，人與天混於一體，二者同時並存而互不相悖。上文『无始而非卒也，人與天一也』，側重於前一義；此處以『人之不能有天，性也』爲釋，乃側重於後一義。**有人**　有，存有。人，卽『不受人益難』之『人』，指人的社會屬性，如事功爵祿以及人之所以爲人的一切價值理念之類。《達生》『祝宗人玄端以臨牢筴說彘』一章所述是其義。**天也**　天，生而爲人所不能免者。**有天**　天，指人的自然屬性，如飢渴寒暑以及生死認知等內外感覺之類。**亦天也**　亦，也詞。天，生而爲人所不可少者。**人之不能有天**　之，猶而。有，猶佔有，取代。**性**　人之本性。行甫按：人性的本質乃是由人的社會屬性與自然屬性共同構成的，而且二者不可相互替代，此乃『人與天一也』之又一義。**聖人晏然體逝而終**　聖人，聰明睿智而境界高遠之人。晏然，安然。體，體驗，體認。逝，往，流遷。終，結束，猶言死亡。行甫按：晏然體逝，猶『正而待之』。雖然人性之本質是社會屬性與自然屬性並存不悖而不可相互取代，但人的生命最終也將在大化流行之中逐漸走向死亡，人的自然屬性與社會屬性與人的總體生命一樣，都是暫時的，聰明睿智而境界高遠的聖人不過是安然平靜地體認這個變化的過程而已。

此乃本篇第七章，言人可以心平氣和地接受命運的安排，從容不迫地『與之偕逝』，但迫於生計，卻不能拒絕人世間的生存方式，總是像害怕人類卻又不得不與人類共處的鷾鴯鳥一樣，不懼艱危地在夾縫中尋求生存。畢竟人性本身，既包含著與榮辱毀譽的價值尺度密切相關的社會屬性，也包含著與衣食住行的物質生存密切相關的自然屬性，而且『人之不能有天』，二者是不能相互取代的。但是從大化流行的時空框架與超邁高遠的心靈境界來觀察，這一切又是變動不居而轉瞬卽逝的。因而眼前的苦厄也罷，爵祿也罷，都是過眼雲烟，不過是命運的意外光顧而已。對於眼前的困厄，雖免不了情感上的哀戚，但在理智上卻是可以安忍與承受的。所以聰明睿智而境界高遠的聖人，衹是把它看作命運的當下安排，『晏然體逝而終』而已。究其實，這仍然是處世爲人的迫不得已與無可奈何，是一種無可選擇的選擇。

【繹文】

孔子被圍困在陳國與蔡國的邊境上走投無路，七天七夜沒有生火做飯了。他左手拍擊著乾枯的樹木，右手敲擊著乾枯的樹枝，嘴裏吟唱著神農時代的古老歌謠。有樹枝當作樂器，也不需要音樂技巧；嘴裏唱著歌謠，也不在乎音樂旋律。樹木擊拍的聲音與嘴裏吟唱的聲音，如同犁鏵掀開土地一樣，的確可以讓人的心情消去憂愁而轉向快樂。

弟子顏回恭敬地拱手站立在旁邊，環顧著左右，不忍心正眼直接面對老師，衹是偷偷地瞥了一下孔子的神情。孔子擔心顏回因爲要寬慰老師所以會把眼前的困境看得過於嚴重，也因爲憐愛心疼老師會感到情緒過於悲傷。於是孔子說：『顔回呀，不受天地四時自然流變的影響，是容易做到的；不受人類社會物質福利的助益，是很難做到的。凡有開端便必有終結，人的生命與天地自然也是通同一理的。好比現在正在唱歌的人將來會是個什麼呢？』

顔回說：『請問，不受天地四時自然流變的影響容易做到，怎麼理解呀？』

孔子解釋說：『飢渴冷暖，命途多舛，堵塞不通，天地四時的推移與運演，萬事萬物的變動與流遷，所有這些，都是人力所不能支配與左右的，也就是說，祇能被它們裹挾在一起不斷地往前推移而已。給人當臣子的人，是不能拋棄君主獨自離他而去的。保持臣子的節操與道義尚且如此，更何況用來對待天地自然的態度呢？』

顔回說：『什麼是不受人類社會物質福利的助益難以做到呢？』

孔子解釋道：『起初登上仕途，便左右逢源，官運亨通，爵位與俸祿雙喜臨門，而且財源滾滾，福惠接踵而至，這些外在的東西雖然可以奉養身體，但畢竟不是自己分內所應有，不過是我命運之中的意外收穫而已。有身份有教養的人，不會偷盜他人財物；有能力有才幹的人，不會侵吞他人私產。而我卻要佔有這些不屬我分內應有的東西，這是爲什麼呢？常言道：沒有哪個小鳥比燕子更加聰明智慧的，它眼睛看出哪個地方不適合停留下來，便不再多看一眼，即使是在慌張之際掉落了口中的食物，也在所不惜，立刻棄之而逃。可是它雖然如此害怕人類，卻還是要寄居在人家的房樑上或者是公衆的土穀祠裏，不過是出於生存的需要，爲的是在這些地方築巢繁衍而已。』

顔回說：『什麼是凡有起始便有終結呢？』

孔子說：『變化的途徑與變化的結果是多種多樣的，所以後面將會變成什麽也是無法預料的，哪裏能預知變化的結果呢？又怎麽能推知變化會從哪裏開始呢？不過是平心靜氣地等待變化而已。』

顔回說：『怎樣理解人的生命與天地自然是相通一體的呢？』

孔子說：『人有渴望爵祿功名的社會屬性，這是人之所以爲人而不可避免的；人也有感知飢渴冷暖的自然屬性，這也是人之所以爲人而不可缺少的。人的社會屬性不可能取代或者遮蔽人的自然屬性，這就是人性的本質。聰明睿智而境界高遠的聖人，衹是心平氣和地安然體認生命的流逝以至最後走向死亡而已。』

［八］

莊周遊於雕陵之樊，覩一異鵲自南方來者，翼廣七尺，目大運寸，感周之顙而集於栗林。〔一〕莊周曰：『此何鳥哉，翼殷不逝，目大不覩？』蹇裳躩步，執彈而留之。〔二〕覩一蟬，方得美蔭而忘其身；螳蜋執翳而搏之，見得而忘其形；異鵲從而利之，見利而忘其真。〔三〕莊周怵然曰：『噫！物固相累，二類相召也！』捐彈而反走，虞人逐而誶之。〔四〕

莊周反入，三月不庭。藺且從而問之：『夫子何爲頃間甚不庭乎？』〔五〕

莊周曰：『吾守形而忘身，觀於濁水而迷於清淵。〔六〕且吾聞諸夫子曰：「入其俗，

從其令。』〔七〕今吾遊於雕陵而忘吾身，異鵲感吾顙，遊於栗林而忘真，栗林虞人以吾爲戮，吾所以不庭也。』〔八〕

【釋義】

〔一〕**莊周遊於雕陵之樊**　遊，觀光。雕陵，大阜之名。樊，猶言園林。《釋文》：『或作埜，古野字。』**覩一異鵲自南方來者**　覩，同睹。異鵲，體形特大之鵲。者，也。**翼廣七尺**　廣，長。**目大運寸**　運，成玄英《疏》：『員也。』郭慶藩《集釋》：『王念孫曰：目大運寸，猶言目大徑寸耳。』**感周之顙而集於栗林**　感，風動。顙，音桑，額頭。集，止。栗林，栗樹林。

〔二〕**此何鳥哉**　何鳥哉，與『異鵲』之字相照應。**翼殷不逝**　殷，大。逝，猶遠。**目大不覩**　覩，視物。**蹇裳躩步**　蹇，音牽，通搴，揭起。裳，下衣。躩，音決，《釋文》：『司馬云：疾行也。』**執彈而留之**　執，猶持。彈，彈弓。留，伺守。《齊物論》『其留如詛盟』，亦伺守之義。

〔三〕**覩一蟬**　覩，莊周覩見。**方得美蔭而忘其身**　方，正，恰。美蔭，濃密涼爽之林蔭。忘其身，得濃蔭而忘記自己。**螳蜋執翳而搏之**　執，猶守。翳，音益，蔽障。搏，猶捕。**見得而忘其形**　忘其形，猶忘其身。**異鵲從而利之**　從，隨。利之，得之以爲食。利，猶上文『外物之利』之利，體之養。**見利而忘其真**　見利，猶見得。真，自身本性。《釋文》：『司馬云：身也。』郭象注：『目能覩，翼能逝，此鳥之真性也。今見利，故忘之。』行甫按：見利而忘其真，見口食而忘其自身本性。

〔四〕**怵然**　驚懼貌。**噫**　嘆詞，唉。**物固相累**　物，凡物。固，猶故。相累，互相牽制。**二類相召**　二類，猶言兩物。召，招引，誘惑。**捐彈而反走**　捐彈，丟下彈弓。反走，掉頭疾步而逃。**虞人逐而誶之**　虞人，看管山澤之人。行甫按：《周禮·地官》有山虞、澤虞之職，此當爲山虞。逐，追趕。誶，音碎，訶責。行甫按：虞人以爲莊周欲盜摘栗實，故追來訶責之。

〔五〕**莊周反入**　反入，回到家中。**三月不庭**　三月，《釋文》：『一本作三日。』褚伯秀《義海纂微》：『詳下文「頃間」之語，則「三日」爲當，傳寫小差耳。』不庭，不快。郭慶藩《集釋》：『王念孫曰：庭當讀爲逞。不逞，不快也。桓六年《左傳》「今民餒而君逞欲」，《周語》虢公「動匱百姓以逞其違」，韋、杜注並曰：「逞，快也。」逞字古讀若呈，聲與庭相近，故通作庭。』**藺且從而問之**　藺且，音吝徂，莊子弟子。從，猶隨。**夫子何爲頃間甚不庭**　頃間，猶今言一下子。甚不庭，甚不快。

〔六〕**吾守形而忘身**　守形，猶言執著於事物之外在表象。忘身，猶言忘記了自身之實際處境。**觀於濁水而迷於清淵**　濁水，污濁之水，喻外物之誘惑。迷，猶失。清淵，澂淨之水，喻內心之寧靜。

〔七〕**且吾聞諸夫子**　諸，之於。夫子，老聃。成玄英《疏》：『莊周師老聃，故稱老子爲夫子也。』**入其俗**　其，猶於。俗，習俗。《周禮·大司徒》「六曰以俗教安」，鄭玄注：『俗，謂土地所生習也。』**從其令**　從，猶行。令，禁令。

〔八〕**今吾遊於雕陵而忘吾身**　今，猶故。忘吾身，心有所執，身有所忘。**異鵲感吾顙**　言爲異鵲所招引。**遊於栗林而忘真**　遊於栗林，因伺守異鵲而至於栗林。忘真，成玄英《疏》：『意在異鵲，遂忘栗林之禁令，斯忘身也。字亦作真字者。』王叔岷《校詮》：『成所據本「忘真」蓋作「忘身」，真、身同義。』行甫按：忘真，忘記了栗林禁令及虞人在後的真實處境。**栗林虞人以吾爲戮**　戮，辱。以吾爲戮，猶言使我受辱。**吾所以不庭**　所以，因而。行甫按：莊周追趕異鵲而被虞人呵斥，爲弟子所親見，故以『入其俗，從其令』爲說，啓發藺且領悟『物固相累，二類相召』的生存困境。

此乃本篇第八章，以莊周遊於雕陵之樊的所感與所思，寓言整個人間之世險象環生，危機四伏，人人都可能隨時招徠殺身之禍。祇有放棄入世的念頭，置身於世外，才能全身葆真，不失天真純樸的自然本性。

【繹文】

莊周正在稱爲雕陵的一方園林中觀光遊覽，見到一隻體形特大的鵲從南方飛過來。鵲的翅膀寬達七尺，眼圓睜徑約一寸，卻飛得又低又近，扇起一股風觸到莊周的額頭，然後停歇在前面一片栗樹林子裏。莊周覺得非常好奇，心想：『這是隻什麼鳥啊，那麼大的翅膀卻飛不遠，那麼大的眼睛卻看不見人？』於是提起衣角快步跟了上去，手持彈弓，瞄著它伺機彈射下來。在他瞄準異鵲，準備發彈之際，發現一隻蟬正在濃密涼爽的樹蔭下美滋滋地享受著悠閒而忘記自己的處境，殊不知它的身後有一隻螳螂借著濃蔭的掩護正準備捕殺它；可是這隻螳螂意在捕殺蟬卻忽視了周圍的情勢，那隻體形特大的鵲正是追趕過來捕殺它作爲自己的美食的；然而，這隻異鵲爲了眼中的美食竟然也忘掉了自己可以高飛遠逝的本能。莊周見到這番觸目驚心的情景，非常恐懼地自言自語道：『唉！世間的事事物物，本來就是相互牽制的，兩個東西就會相互引誘！』於是丟下手裏的彈弓，急忙掉頭逃走。山林管理員以爲莊周想偷摘栗林中的果實，立刻追趕過來呵責莊周。

莊周回家之後，三天以來一直心情不爽快。弟子藺且追問他說：『老師爲什麼一下子就感到很不痛快呀？』

莊周說：『我衹是執著於事物的外在表象而忘記了我自己的真實處境，就好比去觀賞污穢的濁水反而迷失了澂澈的清潭。況且我曾從我的老師那裏聽說過：「入鄉隨俗，若隨其俗，必行其令。」所以我在雕陵遊覽觀光卻忘忽了我自己。特大的鵲觸動我的腦門，引誘我跑向栗林卻忘記了栗林的管理制度，栗林管理員便讓我受到被呵斥的屈辱，我因此而感到極爲不快。』

［九］

陽子之宋，宿於逆旅。逆旅人有妾二人，其一人美，其一人惡，惡者貴而美者賤。〔一〕陽子問其故，逆旅小子對曰：『其美者自美，吾不知其美也；其惡者自惡，吾不知其惡也。』〔二〕

陽子曰：『弟子記之！〔三〕行賢而去自賢之行，安往而不愛哉！』〔四〕

【釋義】

〔一〕**陽子之宋** 陽子，《釋文》：『司馬云：陽朱也。』之，往。**宿於逆旅** 宿，寄住。逆旅，客舍。**逆旅人有妾二人** 逆旅人，客舍主人。妾，女僕。《尚書·費誓》『臣妾捕逃』，傳云：『役人賤者，男曰臣，女曰妾』，正義引《左傳》僖公十七年：『男爲人臣，女爲人妾。』亦云：『是役人賤者男曰臣，女曰妾也。』是其義。**其一人美**　其一人，其中一人。美，漂亮。**其一人惡**　惡，醜陋。**惡者貴而美者賤**　貴，受人尊重。賤，遭人厭惡。

〔二〕**陽子問其故**　故，原因。**逆旅小子對曰**　逆旅小子，客店主人。對，答。**其美者自美**　其，彼。自美，自以爲美。**吾不知其美**　不知，不覺得，不認爲。**其惡者自惡吾不知其惡也**　自惡，自以爲醜陋。

〔三〕**弟子記之**　記之，記住這個教訓。

〔四〕**行賢而去自賢之行**　行，猶爲，動詞。賢，才能。去，放棄。自賢，自以爲有才能。行，行爲，名詞。成玄英《疏》：『夫種德立行而去自賢輕物之心者，何往而不得愛重哉！』則成《疏》本『自賢之行』作『自賢之心』，於義較長。**安往而不愛**　安，猶何。往，去。愛，愛重。

此乃本篇第九章，言陽子以逆旅婦人因自矜其美乃招人輕賤而告誡其弟子存身必先虛己，去其矜伐之心，戒其自賢之行，則無往而不容。

【繹文】

陽子朱到宋國去，寄宿在一家客店。客店老闆有兩個女僕，其中一個長得漂亮，其中一個長得醜陋。長得醜陋的受到尊重，長得漂亮的卻遭到輕賤。陽子朱不知何故，詢問客店主人，回答說：『那個漂亮的自以爲漂亮，我並不覺得她漂亮；那個醜陋的自認爲醜陋，我並不認爲她醜陋。』

陽子朱回頭對弟子們說：『弟子們記住！做出了能夠體現自己才華的事情卻能放棄自以爲有才華的心理，走到哪裏不會受到人們的尊重與愛戴呢！』

田子方第二十一

田子方，以篇首人名爲篇名。本篇既與《大宗師》、《德充符》之道論與境界論相表裏，亦與《齊物論》「道昭而不道」、「言辯而不及」之旨相通。

〔一〕

田子方侍坐於魏文侯，數稱谿工。〔一〕文侯曰：「谿工，子之師邪？」子方曰：「非也，无擇之里人也；稱道數當，故无擇稱之。」〔二〕文侯曰：「然則子无師邪？」子方曰：「有。」〔三〕曰：「子之師誰邪？」子方曰：「東郭順子。」〔四〕文侯曰：「然則夫子何故未嘗稱之？」子方曰：「其爲人也真，人貌而天，虛緣而葆真，清而容物。物无道，正容以悟之，使人之意也消。无擇何足以稱之！」〔五〕

子方出，文侯儻然終日不言，召前立臣而語之曰：『遠矣，全德之君子！〔六〕始吾以聖知之言仁義之行爲至矣，吾聞子方之師，吾形解而不欲動，口鉗而不欲言。〔七〕吾所學者直土梗耳，夫魏真爲我累耳！』〔八〕

【釋義】

〔一〕**田子方侍坐於魏文侯** 田子方，王引之《春秋名字解詁》：『田無擇，字子方。擇與斁通，字或作繹，《廣雅》曰「繹，窮也」，然則無擇者，無有厭棄、無有終窮也。無斁則有常矣，故字子方。方，常也。』侍坐，坐於前承其不及。魏文侯，名斯，梁惠王罃之祖。**數稱谿工** 數，屢。稱，稱引，稱說。谿工，姓谿，音奚，名工。《釋文》：『李云：賢人。』

〔二〕**谿工子之師邪** 子，先生。師，本師。**子方曰非也无擇之里人** 无擇，田子自稱其名。里人，鄉鄰之人。**稱道數當** 稱道，稱說言道。數，屢。當，猶得。行甫按：稱道數當，談話聊天往往切中事理。**故无擇稱之** 故，因而。

〔三〕**然則子无師** 无師，猶言沒有師傳。**有** 有師傳。

〔四〕**子之師誰** 之，猶所。**東郭順子** 成玄英《疏》：『居在東郭，因以爲氏，名順子。』行甫按：當爲虛擬人名。

〔五〕**然則夫子何故未嘗稱之** 夫子，先生。未嘗，猶不曾。**其爲人也真** 其，代指東郭順子。真，誠實。郭象注：『無假也。』**人貌而天** 人貌，人之形貌。天，自然本真而無增飾。行甫按：人貌而天，猶言雖然比跡於人，具有人的社會屬性，但仍然率循其自然本性，無所增飾。**虛緣而葆真** 虛，猶虛己。緣，猶順，應。葆，同保，猶守。真，誠實。行甫按：虛緣而葆真，猶言虛己而應物，不爲先入之見而保持真誠之性。**清而容物** 清，猶虛。容，包容，接納。物，人。行甫按：清而容物，補充『虛緣而葆真』之意，謂清虛無成見而接納他人。**物无道** 物，猶人。无道，沒有心胷境界，行爲低俗。**正容以悟之** 正容，端正自己的容貌。悟之，使之覺悟。**使人之意也消** 意，志。消，猶除。**无擇何足以稱之** 足，得。以，猶而。行甫按：東郭順子無所言說，不過以身示人而已，故人無得而稱引其說。

〔六〕**子方出文侯儻然終日不言** 儻然，悵然若失之貌。**召前立臣而語之曰** 前立臣，位於前之侍臣。語，講說。**遠** 不可達。**全德之君子** 全德，境界高遠而行爲方式完美。君子，有身份有教養的人。

〔七〕**始吾以聖知之言仁義之行爲至** 知，通智，聖知之言，聰明睿智的聖人言論。行甫按：《呂氏春秋·舉難》：『文侯師子夏，友田子方。』則『聖知之言』，指儒家學說。行，猶道。爲，猶乃。至，極。**吾聞子方之師** 子方之師，東郭順子。**吾形解而不欲動** 形解，筋肉鬆弛；解，通『懈』，猶無力。**口鉗而不欲言** 口鉗，嘴巴閉塞；鉗，音錢，通拑，夾住。

〔八〕**吾所學者直土梗** 直，猶特、不過，祇詞。《釋文》：『本亦作真，下句同。元嘉本此作真，下句作直。』行甫按：直、真通用，然作副詞，以『直』字爲長。土梗，土偶。《釋文》：『司馬云：土梗，土人也，遭雨則壞。』行甫按：泥人與木偶皆像人而非人，喻其學乃似是而非。**夫魏真爲我累** 夫，猶彼。真，猶直、特，亦祇詞。行甫按：當以『直』爲是，説已見上。累，羈絆。

此乃本篇第一章，言道的境界不可以言語稱說，以言語稱說者，似道而非道也。至於所謂『聖知之言、仁義之行』，其與道的高遠境界，又不啻霄壤。

【繹文】

田子方在魏文侯面前陪坐閒聊，多次稱引谿工。

魏文侯說：『谿工是您的老師嗎？』田子方說：『不是的，是我的一位老鄉；他的言談議論往往切中於事理，所以我總是引用他的說法。』

魏文侯說：『這樣的話，難道先生沒有師傳嗎？』田子方回答說：『有呀。』

魏文侯頗爲好奇，問田子方道：『先生的老師是誰呢？』田子方回答說：『東郭順子。』

魏文侯更加好奇，問道：『東郭順子既是您的老師，先生爲什麼從來沒有稱引過他的學說？』田子方說：『東郭順子這個人，做人非常誠實，他雖然生活在人世之間，但他的性情卻非常純樸而天真，他與旁人打交道總是保持著坦蕩的胷懷，對人一片赤誠，他待人接物不帶任何成見，心胷寬廣，包容所有的人。對於那些境界過於低俗而品行極爲不端的人，他也不會惡語相加正面指責，總是端正自己的容貌讓對方自行覺悟，從而打消自己的錯誤念頭。他的心胷如此高遠，以身示人，我有什麼資格稱讚他，又有什麼辦法稱引他呀！』

田子方出門之後，魏文侯悵然若有失，整天不說一句話。最後把左右侍臣叫過來對他們說：『境界高遠而品行完美的正人君子是多麼高不可攀啊！起初我以爲聖智的言論與仁義的學說已是至高無上了，我聽了有關田子方的老師東郭順子的爲人，我便覺得肢體無力而筋肉鬆弛，不願動彈，嘴巴也像被夾住了一樣不想開口說話。我以前所學的東西不過就像泥人木偶一樣似是而非的假貨色而已，這個魏國簡直就是我的累贅！』

〔二〕

溫伯雪子適齊，舍於魯。〔一〕魯人有請見之者，溫伯雪子曰：『不可。吾聞中國之君子，明乎禮義而陋於知人心，吾不欲見也。』〔二〕

至於齊，反舍於魯，是人也又請見。〔三〕溫伯雪子曰：『往也蘄見我，今也又蘄見我，是必有以振我也。』〔四〕

出而見客，入而嘆。明日見客，又入而嘆。其僕曰：『每見之客也，必入而嘆，何耶？』〔五〕

曰：『吾固告子矣：「中國之民，明乎禮義而陋乎知人心。」昔之見我者，進退一成規，一成矩；從容一若龍，一若虎。〔六〕其諫我也似子，其道我也似父，是以嘆也。』〔七〕

仲尼見之而不言。子路曰：『吾子欲見溫伯雪子久矣，見之而不言，何邪？』〔八〕仲尼曰：『若夫人者，目擊而道存矣，亦不可以容聲矣。』〔九〕

【釋義】

（一）**溫伯雪子適齊** 溫伯雪子，虛擬之名。鍾泰《發微》：『溫言其和，雪言其清，皆所以表德，未必實有其人也。』適，往。**舍於魯** 舍，寄宿。

（二）**魯人有請見之者** 請，猶求。見，猶拜訪。**不可** 可，適合。**吾聞中國之君子** 中國，中原之國。君子，有身份有地位之人。**明乎禮義而陋於知人心** 明，習曉。乎，於。禮義，猶禮儀。王叔岷《校詮》：『義讀爲儀，義儀古今字。禮儀乃形跡所重。』陋，猶淺薄，拙。**吾不欲見** 見，相見。

（三）**至於齊反舍於魯** 反，自齊而返。**是人也又請見** 是人，此人。

（四）**往也蘄見我** 往，過去，先前。蘄，求。**今也又蘄見我** 往也、今也，猶往者今者。**是必有以振我** 是，此。以，猶所以。振，《說文》：『舉救也。』行甫按：振我，猶言對我有所補救與提升。

（五）**出而見客入而嘆** 出，出堂。入，入室。嘆，惋惜而哀嘆。**明日見客又入而嘆** 明日，第二日。**其僕曰** 僕，駕車兼侍從之人。**每見之客** 每，當。《呂氏春秋·貴直》『每斮者以吾參夫二子者乎』，高誘注：『每，猶當也。』之客，此客。**必入而嘆** 必，定。**何耶** 何，猶何故。

（六）**吾固告子** 固，通故，猶本來。**中國之民明乎禮義而陋乎知人心** 民，猶人。行甫按：唐寫本與上文『中國之君子』一律，王叔岷《校詮》謂『作「民」，蓋由君誤爲民，傳寫因刪子字』，聊備一說。**昔之見我者** 昔，猶昨。**進退一成規一成矩** 進退，周旋。一，猶或。成，中。成規成矩，猶言中規中矩，合於禮儀。**從容一若龍一若虎** 從容，猶舉動。《楚辭·九章·懷沙》『孰知余之從容』，王逸注：『從容，舉動也。』行甫按：從容、進退，互文，猶言周旋進退，舉手投足。若龍、若虎，如龍如虎。行甫按：《易·乾·文言傳》『雲從龍，風從虎』，是龍虎乃風雲之喻。猶言其人高視闊步，氣宇軒昂。

〔七〕**其諫我也似子** 諫，勸說。似子，因尊敬而溫柔敦厚。**其道我也似父** 道，通導，教導。似父，因慈愛而諄諄告誡。行甫按：進退、從容，言其舉動；諫我、道我，言其談論。**是以嘆** 是以，因此。

〔八〕**仲尼見之而不言** 見之，與溫伯雪子相見。**吾子欲見溫伯雪子久** 吾子，對其師之尊稱。**見之而不言何邪** 問其故。

〔九〕**若夫人** 若，猶如。夫人，彼人。**目擊而道存** 目擊，猶言瞥一眼。存，在。**亦不可以容聲** 亦，猶特。可，適合。以，猶於。容，猶動。《禮記·月令》『有不戒其容止者』，鄭玄注：『容止，謂動靜也。』《帛書老子》二十一『孔德之容』，高明《校注》：『古容、動二字音義皆通。』

此乃本篇第二章，言道的境界在於人心，雖『明乎禮義』卻未必明於道。且道的心靈境界亦不容言說，有沒有道的㝵次與心境，看一眼便心領神會而真相大白，亦無須言說，是所謂『目擊而道存』。

【繹文】

溫伯雪子到齊國去，途中在魯國寄宿，魯國有個人請求與他相見，溫伯雪子說：『不適合。我聽說中原國家有身份的人，往往明習於禮儀而拙劣於懂人心，我不願意相見。』

到達齊國之後，於返回途中，又在魯國寄宿。那個魯國人又請求相見。溫伯雪子說：『先前去時求見我，現在回時又求見我，這人一定覺得我有什麽不到之處所以要對我有所補救吧。』於是上堂與客人相見，見完進入内室便嘆息不止。第二天又與這客人相見，見完之後進入内室又是連聲嘆息。爲他駕車的隨從說：『每當見了這個客人之後，您一定入室嘆息，爲什麽呀？』溫伯雪子回答說：『我早就告訴過你了：「中原國家的人，明習於禮儀卻拙於懂得人心。」昨天來見我的那個人，進退周旋，或中規，或中矩，合於禮節，遵循儀度；舉手投足，或如龍，或如虎，高視闊步，氣宇軒昂。他勸諫我，就像兒子勸諫父親一樣溫柔敦厚；他教導我，就像父親教導兒子一樣諄諄告誡，因此嘆息。』

孔子與溫伯雪子相見而一言不發。門徒子路說：『先生希望見到溫伯雪子已經很久了，終於見到了卻一言不發，爲什麽呀？』孔子說：『像溫伯雪子那樣氣度不凡的人呀，祇要瞥他一眼，就知道他胸中自有丘壑，境界高遠，也就不適合動嘴說話了。』

［三］

顏淵問於仲尼曰：『夫子步亦步，夫子趨亦趨，夫子馳亦馳。夫子奔逸絶塵，而回瞠若乎後矣！』〔一〕

夫子曰：『回，何謂邪？』

曰：『夫子步，亦步也；夫子言，亦言也；夫子趨，亦趨也；夫子辯，亦辯也；

夫子馳，亦馳也；夫子言道，回亦言道也。〔二〕及奔逸絶塵而回瞠若乎後者，夫子不言而信，不比而周，无器而民滔乎前，而不知所以然而已矣。』〔三〕

仲尼曰：『惡！可不察與！夫哀莫大於心死，而人死亦次之。〔四〕日出東方而入於西極，萬物莫不比方。有目有趾者，待是而後成功，是出則存，是入則亡。〔五〕萬物亦然，有待也而死，有待也而生。〔六〕吾一受其成形，而不化以待盡，效物而動，日夜无隙，而不知其所終；〔七〕薰然其成形，知命不能規乎其前，丘以是日徂。〔八〕

吾終身與汝，交一臂而失之，可不哀與！女殆著乎吾所以著也。〔九〕彼已盡矣，而女求之以爲有，是求馬於唐肆也。〔一〇〕吾服女也甚忘，女服吾也亦甚忘。雖然，女奚患焉！雖忘乎故吾，吾有不忘者存。』〔一一〕

【釋義】

〔一〕**夫子步亦步** 步，步行。**夫子趨亦趨** 趨，急走。**夫子馳亦馳** 馳，快跑。**夫子奔逸絶塵** 奔逸，飛奔。行甫按：逸，猶超佚。絶塵，足不點地。**而回瞠若乎後** 瞠，瞪眼直視。若，猶然。乎，於。

〔二〕**回何謂** 謂，指稱，意謂。**夫子步亦步也夫子言亦言也** 步，喻言。言，談説。**夫子趨亦趨也夫子辯亦辯** 趨，喻辯。辯，辯論。**夫子馳亦馳也夫子言道回亦言道也** 馳，喻言道。道，理論學説。

〔三〕**及奔逸絶塵而回瞠若乎後** 及，猶若。奔逸絶塵，喻境界高遠，不可企及。**夫子不言而信** 信，信服。**不比而周** 比，親密。周，忠信。《左傳》文公十八年『是與比周』，孔穎達《正義》引鄭玄《論語注》云：『忠信爲周。』《國語·晉語五》『夫周以舉義』，韋昭注：『忠信曰周。』**无器而民滔乎前** 器，權柄，賞罰。滔，本或作蹈，猶言踴躍趨進。行甫按：滔，或通『夲』，《説文》『夲，進趣也，從大十。大十者，猶兼十人也。凡夲之屬皆從夲，讀若滔』，段玉裁注：『言其進之疾，如兼十人之能也。』民滔乎前，猶言民爭相進趨於前。**而不知所以然** 而，猶則。所以然，何以如此。

〔四〕**惡** 嘆詞。鍾泰《發微》：『嘆聲，一字句，亦不然之辭。孟子曰：「惡，是何言也！」是也。』**可不察與** 可，猶何。察，猶細究。與，通歟。**夫哀莫大於心死而人死亦次之** 夫，猶若。哀，悲哀。亦，猶且。次，在其次。行甫按：人死，可見之象；心死，無跡之真。人心之死大於人身之死者，真死。此譬喻之辭，乃孔子教導顔回，當細究現象與本質之別，而不然其步趨言辯之表面模仿。表面之步趨言辯何以不可模仿？因其『日徂』之故。

〔五〕**日出東方而入於西極** 西極，西方極遠之地。**萬物莫不比方** 比方，猶同類。《禮記·樂記》『比於慢矣』，鄭玄注：『比，猶同也。』《淮南子·精神》『以萬物爲一方』，高誘注：『方，類也。』行甫按：猶言萬物與太陽東出而西入之事象同類，遷流不息，周而復始，非謂與太陽之物象同類。**有目有趾者** 有目有趾，有眼有足，猶言人類。**待是而後成功** 待，依賴。是，指日出日入之遷流不息。成功，成就事功。行甫按：猶言成功必假以時日。**是出則存** 是，猶是以。説見吴昌瑩《經詞衍釋》。行甫按：此『是』猶言『因此』、『隨之』，而非指示代詞『此』。古今注家皆不了。出，猶生。存，存活。**是入則亡** 入，猶死。《韓非子·解老》：『人始於生而卒於死，始之謂出；卒之謂入。』亡，喪亡。行甫按：有目有趾四句，指人類而言；人爲萬物之一。

〔六〕**萬物亦然**　亦，也詞。然，如此。**有待也而死**　有，猶以。待，依賴。死，卒，終結。**有待也而生**　生，始，開端。行甫按：萬物亦然三句，指物而言；萬物之終始循環，亦賴時日之遷流。

〔七〕**吾一受其成形**　一，猶始，一旦。受，猶得。其，猶之。成形，所成之形。**而不化以待盡**　而，猶乃。化，當爲亡字之譌。亡作亾，化作匕，亾譌爲匕，匕化古今字。以，猶而。待盡，待終。《齊物論》『一受其成形，不忘以待盡』，錢穆《纂箋》：『當據《齊物論》作「亡」。』行甫按：作『亡』字是，猶言五體俱全而無所喪失，作『化』字則文意不免迂曲。參見《齊物論》句下釋義與繹文。**效物而動**　效，應。王叔岷《校詮》：『效猶應也。』《文選·陸機〈漢高祖功臣頌〉》『元功響效』，呂向注：『效，猶應也。』王先謙《集解》：『物動而我亦動，似效之也。』**日夜无隙**　隙，間斷。行甫按：效物而動，日夜无隙，猶《齊物論》『與物相刃相摩，其行盡如馳』。**而不知其所終**　其，將。所，何。終，猶盡。行甫按：終字與上『待盡』之『盡』字相照應。行甫又按：此就一己之身而言。自成形爲人以至生命之終結，亦與『日出東方而入於西極』同類。

〔八〕**薰然其成形**　薰，蒸。《漢書·敍傳下》『薰胥以刑』，顏師古注：『薰者，謂相薰蒸，亦漸及之義耳。』《後漢書·馬援傳》『聲薰天地』，章懷注：『薰，猶蒸也。』其，猶乃。行甫按：薰然其成形，猶《至樂》『氣變而有形』。**知命不能規乎其前**　知命，通曉命運。規，猶規摩，擬測。乎，於。其前，其始。《德充符》『而知不能規乎其始』，是其義。**丘以是日徂**　以是，因此。徂，猶往。行甫按：日徂，日復一日，還流不止；既不可事先規摩擬測，亦不可事後步趨模仿。

〔九〕**吾終身與汝**　與，相處。**交一臂而失之**　交臂而失，猶擦肩而過，當面不識。范耕研《詁義》：『謂得其皮相，不能真知也。』**可不哀與**　可，猶何。與，通歟。**女殆著乎吾所以著**　女，通汝，爾。殆，近，幾。著，猶言明顯可見。乎，於。所以，猶所。行甫按：『所』可訓『所以』，則『所以』自可訓『所』。說見吳昌瑩《經詞衍釋》。所以著，猶言顯現出來的現象，即步趨言辯之類外在行爲。

〔一〇〕**彼已盡**　彼，指『所以著』者。盡，猶言終結。**而女求之以爲有**　有，猶言尚存。**是求馬於唐肆**　是，通寔，實。唐肆，《釋文》：『司馬本作「廣肆」，云：廣庭也，求馬於市肆廣庭，非其所也。』行甫按：『唐』或以爲通『漮』，或以爲通『蕩』，皆以『肆』爲市肆；然『求馬於市肆廣庭』，未必『非其所』。《陳風·防有鵲巢》『中唐有甓』，毛《傳》：『中，中庭；唐，堂塗也。甓，令適也。』馬瑞辰《毛詩傳箋通釋》：『《爾雅》：「廟中路謂之唐；堂塗謂之陳。」據《逸周書·作雒解》「堤唐山廧」，孔晁注：「唐，中庭道也。」《文選注》引如淳曰：「唐，庭也。」是唐爲廟中路，又爲中庭道名，與堂塗名陳者異。《傳》既以中爲中庭，又以唐爲堂塗，是誤合唐、陳爲一也。古惟內朝有堂，有堂斯有階，有階斯有甓。其外朝、治朝皆平地爲廷，無堂斯無階，無階斯無甓。令適即甓之合聲。《爾雅》「瓴甋謂之甓」，郭注：「甗甎也。今江東呼瓴甓。」《通俗文》：「狹長者謂之甗甎。」』據此，則『唐』乃內朝堂下階前之道，以狹長形之甗磚鋪漫之。『肆』通『殔』，《禮記·檀弓下》『三臣者廢輴』鄭玄注『士掘殔見衽』，《釋文》：『殔，本或作肆。』《周禮·小宗伯》『肆儀爲位』，鄭注：『故書肆爲肆，杜子春讀肆當爲肆。』則『肆』、『肆』、『殔』三字皆從『聿』得聲，當可互通。《釋名·釋喪制》：『假葬於道側謂之殔。』《儀禮·士喪禮》『掘殔見衽』，鄭玄注：『殔，埋棺之坎也。掘之於西階上。』賈公彥《疏》：『殔訓爲陳。』且『肆』亦陳尸之意。此以『唐肆』連言，正謂內朝堂下庭中道旁西階上殯埋尸體之處。然則求活馬於庭中道旁西階淺埋死尸之處，乃真『非其所』。

〔一一〕**吾服女也甚忘**　服，思。郭象注：『服者，思存之謂也。』甚，讀堪，猶可。行甫按：《說文》：『堪，地突也，從土，甚聲。』朱駿聲《說文通訓定聲》：『堪，假借又爲甚。』則『甚』字亦可聲訓爲『堪』。劉淇《助詞辨略》卷二：『李義山詩：黃金堪作屋。此堪字，猶云可也。』是『甚忘』，猶言堪忘，可忘。**女服吾也亦甚忘** 猶言爾之思我亦堪忘。**雖然** 即使如此，指『忘』。**女奚患焉** 奚，何。患，猶憂。**雖忘乎故吾** 乎，於。故吾，過去之我。**吾有不忘者存** 不忘者，不可忘者，猶言吾心中之道，則是永在而不可忘者。

此乃本篇第三章，言道的境界是不能簡單模仿的。人的生命流程與物的存亡變遷，如同『日出於東方而入於西極』一樣，『日夜无隙，而不知其所終』之所謂『日徂』者，決不是日復一日的簡單重複。因此，步、趨、言、辯這些外在的行爲表現倘若時過境遷，風流雲散，舊跡便不可能重拾與複製。不過，舊跡卽使可忘（『忘乎故吾』），而道的大化流行卻是永恆的，委運隨化的心靈境界也是無限的（『有不忘者存』）。

【繹文】

顏淵問孔子說：『先生步行，我也步行；先生快走，我也快走；先生快跑，我也快跑。可是先生飛奔起來足不著地，我就祇有在後面瞪著眼睛白白看著的份了。』

孔夫子說：『顏回呀，你指的是哪方面啊？』

顏回說：『先生步行我也步行，是說先生發表意見，我也能發表意見；先生快走我也快走，是說先生參與辯論，我也能參與辯論；先生快跑我也快跑，是說先生宣講學問，我也能宣講學問。至於先生飛奔起來足不點地而我祇有在後面瞪著眼睛白白看著的份，是說先生不發表任何意見，人們都會信服；不與任何人親密，人們也會忠實誠信；沒有任何權柄行賞行罰，人們也會爭相聚集在身邊；但是我實在不明白做到這些的真正原因在哪裏啊！』

孔夫子說：『話不能這樣說啊！確實值得體察細究一下呀！爲什麼說最大的悲哀是人心的死亡，形體的死亡還在其次呢？因爲形體的死亡衹是表面現象，人心的死亡才是真正的死亡。太陽從東方升起來又到西邊遙遠的地方落下去，萬事萬物與這太陽一樣，都有一個升起來又落下去的變化過程。有眼睛有腳趾的人，依賴這日出日落的時間推移而後才能成就事功，隨之出生爲人便存活在世，隨之死去入土便生命消亡。不僅人是如此，任何東西都是這樣，隨著時間的推移而老死，隨著時間的推移而新生。我作爲一個生命個體，一旦受陰陽之氣而形成了我的肉體，便不會喪失任何一個部件以至於生命的盡頭，赤條條地來，也赤條條地去。在這生命流程之中，一直與外界的人和事打交道，日以繼夜，從來沒有間斷過，也不知道哪一天便走向生命的終結。陰陽之氣蒸騰變化而形成生命，卽使是能掐會算通曉命運的人也沒有辦法事先規劃生命的流變過程。因此，我就是處在這個日復一日不斷新變過程之中的孔丘。

不過，我一輩子與你相交往，但是我們卻各自運行在不同的人生軌道，偶一執手，便當面錯過，彼此並不真正了解對方，這是多麼令人遺憾悲傷啊！你衹是明顯放大了我明顯表現出來的外在行爲，那些或步或趨、或言或辯的外在行爲早已成爲過去而永遠終結了，可是你卻把它們當作永遠存在的東西去刻意模仿它們，這種時空錯亂，就像到廟堂西階的陳尸之處尋找活著的馬匹一樣荒唐可笑！我對於你的存想與思念可以忘卻，你對我的存想與思念也可以忘卻。卽使如此，你又有什麼好擔憂的呢？即使忘卻了過去的我，但我心中永恆存在的大化流行之道卻是無限的，也是永遠不會被遺忘掉的。』

〔四〕

孔子見老聃，老聃新沐，方將被髮而乾，慹然似非人。孔子便而待之，少焉見，〔一〕曰：『丘也眩與，其信然與？向者先生形體掘若槁木，似遺物離人而立於獨也。』〔二〕

老聃曰：『吾遊心於物之初。』〔三〕

孔子曰：『何謂邪？』

曰：『心困焉而不能知，口辟焉而不能言，嘗爲汝議乎其將。〔四〕至陰肅肅，至陽赫赫；肅肅出乎天，赫赫發乎地；兩者交通成和而物生焉。或爲之紀，而莫見其形。〔五〕消息滿虛，一晦一明，日改月化，日有所爲，而莫見其功。〔六〕生有所乎萌，死有所乎歸，始終相反乎无端，而莫知乎其所窮。非是也，且孰爲之宗！』〔七〕

孔子曰：『請問遊是。』

老聃曰：『夫得是，至美至樂也。得至美而遊乎至樂，謂之至人。』〔八〕

孔子曰：『願聞其方。』

曰：『草食之獸不疾易藪，水生之蟲不疾易水，行小變而不失其大常也，喜怒哀樂不入於胷次。〔九〕夫天下也者，萬物之所一也。得其所一而同焉，則四支百體將爲塵垢，而死生終始將爲晝夜而莫之能滑，而況得喪禍福之所介乎！〔一〇〕棄隸者若棄泥塗，知身貴於隸也，貴在於我而不失於變。〔一一〕且萬化而未始有極也，夫孰足以患心！已爲道者解乎此。』〔一二〕

孔子曰：『夫子德配天地，而猶假至言以修心。古之君子，孰能脱焉？』〔一三〕

老聃曰：『不然。夫水之於汋也，无爲而才自然矣。〔一四〕至人之於德也，不修而物不能離焉。若天之自高，地之自厚，日月之自明，夫何修焉！』〔一五〕

孔子出，以告顔回曰：『丘之於道也，其猶醯雞與！微夫子之發吾覆也，吾不知天地之大全也。』〔一六〕

【釋義】

〔一〕**老聃新沐** 新沐，剛洗完頭髮。**方將被髮而乾** 方將，正在，虚詞連用。被，通披。乾，晾乾。**慹然似非人** 慹，音蟄，《釋文》：『司馬云：不動貌。』非人，卽下文『若槁木』。**孔子便而待之** 便，隱蔽。章太炎《解故》：『便借爲屏，《漢書·張敞傳》「自以便面拊馬」，師古曰：「便面，所以障面，蓋扇之類也。亦曰屏面。」便、屏一聲之轉，故屏或作便。《説文》：「屏，屏蔽也。」老聃方被髮，不可直入相見，故屏隱於門下而待之。』**少焉**

見　少焉，片刻。

〔二〕**丘也眩與**　眩，眼花。與，通歟。**其信然與**　其，抑，或。信然，確實如此。**向者先生形體掘若槁木**　向者，剛才。掘，獨立貌。王叔岷《校詮》：「掘，借爲崛，《漢書·揚雄傳》、《甘泉賦》『洪臺掘其獨出兮』，應劭注：『掘，特貌。』《文選》掘作崛，注引應注亦作崛，崛、掘正假字。『掘若槁木』，謂特出如槁木也。」若，如。槁木，枯樹。**似遺物離人而立於獨也**　遺物，遺棄外物。離人，遠離人羣。立，通位，處。獨，孤獨。

〔三〕**吾遊心於物之初**　遊心，心遊。物之初，天地萬物未形之虛無狀態，虛空與無限的時空架構。

〔四〕**何謂**　謂，指說。**心困焉而不能知**　困，猶言窮盡。焉，猶然。行甫按：心困焉而不能知，猶言心思用盡卻無法認知。**口辟焉而不能言**　辟，通闢，開。**嘗爲汝議乎其將**　嘗，猶試。議，猶今所謂說說個人看法。行甫按：議，從義得聲，義有傾斜之意，說見王引之《經義述聞·尚書下》「義民」條。乎，於。其將，猶言其大略。章太炎《解故》：「『嘗爲女議乎其將』者，嘗爲女說其大劑也，猶如《知北遊》篇云『將爲女言其崖略耳』。將聲與𪏭亦通，《藝文志》曰『庶得麤𪏭』，師古曰：『𪏭，粗略也。』凡言其大劑者，必不能委細，故將、𪏭聲義通矣。」

〔五〕**至陰肅肅**　至，極。陰，陰氣。肅肅，寒冷肅殺。**至陽赫赫**　赫赫，火熱熾灼。**肅肅出乎天**　陰氣由天而降。**赫赫發乎地**　陽氣從地而出。**兩者交通成和而物生焉**　兩者，陰與陽。交通，相交相通。成，平均。和，混合。成和，猶言形成相互平均與混合之狀態。生，產生。焉，於此。高亨《新箋》：「『天、地二字轉寫誤倒，陰出於地，陽發於天，理不可易。』行甫按：高氏之說非。《老子》四十二章曰『萬物負陰而抱陽，沖氣以爲和』，此『肅肅出乎天』者，『負陰』也；『赫赫發乎地』者，『抱陽』也；『兩者交通成和』者，『沖氣以爲和』也。《鶡冠子·度萬篇》『地濕而火生焉，天燥而水生焉』，陸佃注亦引《莊子》此文爲證。**或爲之紀而莫見其形**　或，猶有。紀，猶維繫。《齊物論》：『可行已信，而不見其形。』

〔六〕**消息滿虛**　消息，猶消長。滿虛，盈虧。《秋水》作『消息盈虛』。行甫按：消息，指暑往寒來。滿虛，指月亮盈虧。**一晦一明**　一，或，有時。晦，暗。明，光。行甫按：晦明，指太陽出沒。**日改月化**　改，改變。化，變化。**日有所爲**　日，每日，時時。有，猶以。所爲，有所作爲。四時推移，造化萬物，皆其所爲。**而莫見其功**　功，猶事。行甫按：莫見其功，猶《大雅·文王》『上天之載，無聲無臭』，鄭《箋》：『天之道，難知也；耳不聞其聲音，鼻不聞香臭。』

〔七〕**生有所乎萌**　所，猶時。説見吳昌瑩《經詞衍釋》。乎，於。萌，猶始。**死有所乎歸**　歸，猶終。行甫按：此言生死終始循環無端，則二『所』字不當爲『處所』之義。行甫又按：此二句猶言出生在它爲開始之時，死亡在它爲終結之時。**始終相反乎无端而莫知乎其所窮**　始終，猶言生死。反，通返。无端，無起始之處。所，猶何。窮，盡。**非是**　是，卽『物之初』，亦卽虛空與無限的宇宙時空。**且孰爲之宗**　且，猶又。孰，誰。之，指上述消息變化，死生終始之事。宗，主。行甫按：宗，卽『大宗師』之『宗』。孰爲之宗，與上文『或爲之紀而莫見其形』相照應。

〔八〕**請問遊是**　遊是，遊心於此。行甫按：言遊於虛空與無限而又涵藏萬有生生不息之道的心靈境界。**夫得是**　夫，猶若。得是，獲得道的心靈境界。**至美至樂**　至美，極爲美妙。至樂，極爲快樂。**得至美而遊乎至樂**　乎，於。**謂之至人**　至人，具有極爲高遠超邁境界的人。

〔九〕**願聞其方**　其方，猶言得道的方法。**草食之獸不疾易藪**　疾，憎惡。易，變換。藪，水草叢生之處。**水生之蟲不疾易水**　易水，變換水域。**行小變而不失其大常**　行，猶歷。《國語·晉語四》『郤縠可，行年五十矣』，韋昭注：『行，歷也。』大常，猶言根本性質。《廣雅・釋詁三》：『常，質也。』《說苑・修文》：『常者，質也。』行甫按：大常與小變相對，猶言永恆不變之本質。**喜怒哀樂不入於胷次** 次，《釋文》：『中也。』行甫按：次，猶舍。《呂氏春秋・論人》『而遊意乎無窮之次』，《左傳》襄公二十三年『恪居官次』，高誘及杜預注皆云：『次，舍也。』

〔一〇〕**夫天下也者** 夫，猶彼。也者，猶也，虛詞連用。**萬物之所一** 之，猶其，且。所，猶若。一，猶同。**得其所一而同焉** 得，猶知。《呂氏春秋・上德》『而莫得其所受之』，高誘注：『得，猶知也。』其，猶是，此。同，以之爲同。焉，猶之。行甫按：猶言天下之於萬物皆如一，知其如一，則無所別異。《德充符》『自其同者視之，萬物皆一也』，是其義。**則四支百體將爲塵垢** 支，通肢。百體，猶百骸。將，猶當。塵垢，灰塵與污垢。行甫按：《德充符》『物視其所一而不見其所喪，視喪其足猶遺土也』，即其意。**而死生終始將爲晝夜而莫之能滑** 將爲，猶當爲。滑，亂其心。**而況得喪禍福之所介乎** 得喪，得失。所，猶可。介，繫，縈繞。《漢書・匡衡傳》『情欲之感無介乎容儀』，顔師古注：『介，繫也。』

〔一一〕**棄隸者若棄泥塗** 隸，身份卑賤之奴僕。者，也。泥塗，同義複詞，泥。行甫按：隸與泥塗，皆喻『得喪禍福』。**知身貴於隸** 身，自己。貴，尊貴。**貴在於我而不失於變** 在，存。不失於變，在變化方面無任何損失，猶言雖棄『得喪禍福』乃至『死生終始』之身外所附之物，其於體道之我自身毫無損失。

〔一二〕**且萬化而未始有極** 且，況且，更端之詞。萬化，猶言千變萬化。未始，不曾。極，終，盡。**夫孰足以患心** 夫，猶彼，指所放棄之物。足以，得以。患心，憂心。**已爲道者解乎此** 已爲道者，猶言已體道之人，已經得道之人。王叔岷《校詮》：『爲猶有也。』解，猶理解。此，指『萬化而未始有極』。行甫按：自『草食之獸』至

『已爲道者解乎此』，從『小變不失大常』、『視萬物一同』、『棄得喪禍福若棄奴僕泥塗』、『萬化無極而因任其化』四個層面論述悟道的心靈境界。

〔一三〕**夫子德配天地**　夫子，先生。德，行爲方式與思維方式。配，猶合，比。天地，陰陽。行甫按：德配天地，猶言行爲方式與思維方式合於無限高遠超邁而大化流行之道的境界。**而猶假至言以修心**　猶，尚。假，借。至言，最高最深的學說，卽上文陰陽交通成和以及消息終始無端之說。修心，修養心靈境界。**古之君子**　君子，有教養有身份的人。**孰能脫焉**　孰，誰。脫，猶離。焉，猶此，代『假至言以修心』。

〔一四〕**不然**　然，如此。**夫水之於汋**　夫，猶若。汋，音灼，《釋名·釋形體》：『汋，澤也，有潤澤也。』行甫按：『汋』與『澤』音同義通，故劉熙因聲訓爲『澤』。**无爲而才自然**　无爲，無所作爲。才，通在，《說文》：『在，存也；從土，才聲。』在，從『才』聲，自可相通。金文多借『才』爲『在』，其例不勝枚舉。《尚書·益稷》『在治忽』，《漢書·律曆志》引作『七始詠』，『七』字乃『才』字之譌。自然，猶自成。行甫又按：猶言水對於澤而言，它無意於爲澤，卻自然而然地匯集成澤，以喻至人無意於修德，人們卻願意聚集在他周圍。

〔一五〕**至人之於德**　至人，境界高遠之人。德，行爲方式與思維方式。**不修而物不能離焉**　不修，猶上文『无爲而才自然』之意。行甫按：『不修』之後，承前省『而才自然矣』，猶言『至人之於德也，不修而才自然』。物，人。焉，猶此。行甫按：物不能離焉，猶言人皆聚合於前。《德充符》魯之王駘『物何爲最（冣）之哉』，衛之哀駘它『雌雄合乎前』者，是其事；『德不形者，物不能離也』，是其義。**若天之自高地之自厚日月之自明**　若，猶如。之，猶乃。**夫何修焉**　夫，猶彼。焉，猶乎。

〔一六〕**孔子出以告顔回**　告，猶語。**丘之於道**　道，既指道的理論學說，亦指道的心靈境界。**其猶醯雞**

與 其，猶殆。猶，猶若。醯，音希，醬醋。醯雞，郭象注：『甕中之蠛蠓。』與，通歟。**微夫子之發吾覆** 微，猶無。發，啓，揭。覆，蓋。行甫按：發覆，猶今語啓蒙。孔子自比醬缸中的飛蟲，故以揭蓋子爲喻。**吾不知天地之大全** 知，見之知。行甫按：天地之大全，猶言天地之大，萬物之全。

此乃本篇第四章，言天地萬物，日月陰陽，『相反乎无端而莫知乎其所窮』，這便是道的大化流行；而體認與順應這種大化流行，便是道的心靈境界。有了這種『至美至樂』的心靈境界，則『喜怒哀樂不入於胷次』，視『死生終始將爲晝夜』而『不失於變』。不過，本章認爲，獲得這種道的心靈境界，是『无爲而才自然』，並非著意於『修』的結果。這與《内篇》强調『心齋』與『坐忘』的修養工夫有所不同。

【繹文】

孔子去拜訪老聃，老聃剛剛洗了頭，正披散著頭髮讓它晾乾。祇見他一動不動地站在那兒，全然不像個活人。孔子見此情形，不便貿然打擾，在隱蔽之處等待著，過了一會兒，才與老聃相見。孔子說：『我是眼花了看不清呢，還是您的確就是這樣呢？剛才先生直挺挺地站在那就像一株枯樹的樣子，好像把身邊的所有人和物都忘記得乾乾淨淨，祇有您一個人孤零零地站在那裏似的。』

老聃說：『那時我的整個心靈都在宇宙時空的初始狀態之中遨遊著呢。』

孔子茫然不知何意，問道：『怎麼說呀？』

老聃解釋說：『那種狀態用盡心力也無法認知它，張開嘴巴也無法言說它，祇好嘗試著依我個人的理解給你談個大致的梗概。極盛的陰氣寒冷肅殺，極盛的陽氣炎熱熾灼；寒冷肅殺的陰氣從天而降，炎熱熾灼的陽氣由地而發；陰陽二氣相交相通，互相摻合，形成均匀混合的狀態，於是便生出萬物。也許有個什麼力量把它們維繫在一起，可是沒有辦法看見它的形體。它讓暑往寒來月滿月虧，讓天地人間時而昏暗、時而光明，它讓太陽一日一日地有變化、讓月亮一天一天地有不同，每天都讓不一樣的事情發生，可又沒見它做過什麼事。出生，意味著在它有開始的時候；死亡，意味著在它有終結的時候；無論出生與死亡，還是開始與終結，卻是反覆循環而沒有明顯的分際之處，也不知道它最後的終點在哪裏。如果不是這個虛空無限而又大化流行的道，那麼還有誰能夠充當這日月陰陽與天地萬物的主宰呢！』

孔子說：『請問，怎樣才能在這宇宙時空的初始狀態之中遨遊，又有什麼特別的體驗呢？』

老聃說：『如果能在這種狀態之中遨遊，那便是最爲美妙，最爲快樂的事情。得最爲美妙的境界，做最爲快樂的遨遊，就叫作精神最爲超邁而心靈最爲高遠的偉人。』

孔子說：『很想聽聽獲得這種心靈境界的方法。』

老聃說：『正如吃草的獸類不會抗拒換一片草地吃草，水裏生活的魚類不會排斥換一片水域生活，經歷小小的變動並沒有改變它們恆常的生活本質，因而喜怒哀樂不同情緒也就不會進入到內心世界。那天下吧，對於萬物來說，並沒有什麼不同；當然，萬物之在天下，也沒有什麼不同。如果知道萬物之在天下沒有什麼不同，那麼四肢百骸也當與塵土和污垢一樣沒有區別，因而死亡與出生也罷，終結與開始也罷，當如白晝與黑夜的循環往復一樣，沒有什麼能夠擾亂人的心情，更何況得失與禍福，又怎麼會縈繞於心呢！棄逐身份卑賤的奴僕如同抖掉身上粘著的泥土，知道自己的身份比奴僕的身份高貴，因此高貴的身份仍然在我，放棄那些東西對於我來說也就沒有任何損失。再說，事物總是處在千變萬化的過程之中，未嘗有最後的終結，所以放棄那些終將變化的東西，又有什麼值得憂心的呢！當然，衹有已經悟道的人，才能理解這個委運隨化的心靈境界。』

孔子說：『先生的思想行爲與陰陽大化相吻合了，卻仍然借助高深的學理來修養自己的心靈。古代有身份有教養的人物，誰能夠不借助學理卻可以修養心靈的呢？』

老聃說：『話可不是這麼說的。譬如水對於湖澤來說，並不是主動匯集爲湖澤，而是在自然而然之中形成湖澤了。境界高遠的偉大人物就思想行爲來說，也不需要刻意有所修爲，人們便自然而然地聚集在他周圍而不願意離開他。就像天是自然而然地高的，地是自然而然地厚的，太陽月亮是自然而然地光明一樣，那天地日月又有什麼修爲呢？』

孔子從老聃那裏出來，把拜見老聃的經過告訴顏回，且大爲感慨地說：『我孔丘對於陰陽大化的學理而言，簡直就像蒙在醬缸裏的飛蟲一樣啊！如果沒有老聃先生來揭開蒙在醬缸上的蓋子，我哪裏能見得到天地有多麼廣大，萬物是多麼齊全呢？』

［五］

莊子見魯哀公。哀公曰：『魯多儒士，少爲先生方者。』〔一〕

莊子曰：『魯少儒。』

哀公曰：『舉魯國而儒服，何謂少乎？』〔二〕

莊子曰：『周聞之，儒者冠圜冠者，知天時；履句屨者，知地形；緩佩玦者，事至而斷。〔三〕君子有其道者，未必爲其服也；爲其服者，未必知其道也。〔四〕公固以爲不然，何不號於國中曰：「无此道而爲此服者，其罪死！」』〔五〕

於是哀公號之五日，而魯國无敢儒服者，獨有一丈夫儒服而立乎公門。〔六〕公卽召而問以國事，千轉萬變而不窮。

莊子曰：『以魯國而儒者一人耳，可謂多乎？』〔七〕

【釋義】

〔一〕**莊子見魯哀公**　魯哀公，名蔣。《釋文》：『莊子與魏惠王、齊威王同時，在哀公後百二十年。』成玄英《疏》：『此言見魯哀公者，蓋寓言耳。』**哀公曰魯多儒士**　儒士，習儒術之士。《說文》：『儒，柔也，術士之偁。』**少爲先生方者**　爲，研習。方，道術。

〔二〕**舉魯國而儒服**　舉，猶全。儒服，儒士之標誌服裝。**何謂少乎**　言不少。

〔三〕**冠圜冠**　冠，戴帽子。圜，音義通圓，圜冠，圓形帽子。成玄英《疏》：『戴圓冠以象天。』**知天時**　知，知曉。天時，循環無端，故以圓爲象徵。**履句屨**　履，穿鞋子。句屨，《釋文》：『音矩。李云：方也。』行甫按：

句屨，猶方頭鞋。**知地形** 地形，古有蓋天說，以爲天圓地方。**緩佩玦** 緩，《釋文》：『司馬本作綬。』鍾泰《發微》：『「緩」者，寬綽有餘之義。斷宜果決，而事之未至則當從容暇豫以處之，是乃寬急相濟之道，故特以「緩」言之。或改作「綬」，而以絲之穿玦者釋之，失其旨矣。』行甫按：鍾說是，然猶有未盡之誼。『儒』與『柔』聲轉義通，其性行寬『緩』而『柔』順，不能當機立斷，故佩玉玦以警醒而克服之，猶《韓非子·觀行》『西門豹之性急，故佩韋以緩己；董安于之心緩，故佩弦以自急』之義。司馬本作『綬』者，乃『緩』字形近之譌。佩，猶飾。玦，音決，玉器，環狀而有缺口。**事至而斷** 斷，決斷。

〔四〕**君子有其道** 有，猶爲。**未必爲其服** 爲，猶有。**爲其服者未必知其道** 知，懂得。

〔五〕**公固以爲不然** 固，通故，猶若。說見吳昌瑩《經詞衍釋》。**何不號於國中曰** 號，發號令。**无此道而爲此服者其罪死** 爲，猶有，與『无』相對爲用。其，猶乃。罪，處罰。

〔六〕**於是哀公號之五日而魯國无敢儒服者** 於是，因此。而，猶且，順接連詞。**獨有一丈夫儒服而立乎公門** 獨，猶唯。丈夫，猶男子。公門，猶言國君之門。

〔七〕**公卽召而問以國事** 召，召見。以，猶用。**千轉萬變而不窮** 轉，猶變。窮，盡。**以魯國而儒者一人耳** 以，猶若。耳，而已。**可謂多乎** 可，猶何，上文作『何謂少乎』可證。

此乃本篇第五章，言『爲其服者，未必知其道』，『有其道者，未必爲其服』，而濫竽充數的儒服之士固然很多，表裏澂澈的有道之士亦非絕無，祇是輕易不得見，也不得輕易見而已，以喻有道之士未必自我標榜而與世俗立異。

【繹文】

莊子拜見魯哀公。魯哀公說：『魯國學習儒術的人士很多，研修先生道術的人卻很少。』

莊子說：『魯國儒士少。』

魯哀公說：『整個魯國都穿儒士服裝，怎麼能說少呢？』

莊子說：『我聽過這樣的說法，研習儒術的人，頭戴圓形帽子，象徵他懂得天道；腳穿方形鞋子，表明他懂得地理；性行寬緩柔和，所以佩帶玉玦，事到臨頭便作決斷。有身份有教養的人物，研習相關的理論學說，不一定就穿著相關的服裝佩飾；穿著相關的服裝佩飾，也不一定懂得相關的理論學說。君公如果認爲不是這樣，爲什麼不向全國發一道號令說：「沒有相關理論學說卻穿戴相關服裝佩飾的，必處以死刑！」』

於是魯哀公爲此發佈了一道號令，五天之後，魯國便沒人敢穿戴儒士的服裝了，唯獨有一個男子仍然穿著儒士的服裝站在魯君的大門之外。哀公立即召見，並向他詢問國家大事，衹聽他旁徵博引，百轉千迴，滔滔不絕。

莊子說：『如魯國之大，就一個儒士而已，怎麼能說很多呢？』

〔六〕

百里奚爵祿不入於心，故飯牛而牛肥，使秦穆公忘其賤，與之政也。〔一〕有虞氏死生不入於心，故足以動人。〔二〕

【釋義】

〔一〕**百里奚爵祿不入於心**　百里奚，春秋時著名政治家，本爲虞國人。其人身世傳説頗多，據《史記·秦本紀》所載，虞滅於晉，百里奚流亡於秦，中途爲楚人所執。秦穆公知其賢，猶贖以重金，恐楚人不與，乃以五張黑公羊皮賤贖之，號爲「五羖大夫」。後輔佐秦穆公成就霸業。**故飯牛而牛肥**　飯，猶喂養。**使秦穆公忘其賤**　使，猶令。秦穆公，名任好。**與之政**　與，授。之，猶其。政，國事。

〔二〕**有虞氏死生不入於心**　有虞氏，舜，姓嬀。死生，言舜遭其父親與其後母及其弟象謀殺陷害之事，見《孟子·萬章上》。**故足以動人**　足以，猶得以。動人，感動人心，即《尚書·舜典》言堯妻以二女娥皇、女英，委以萬機。

此乃本篇第六章，百里奚不計較榮辱得失，然不期於自得而足以自得；有虞氏不關心生死存亡，然不期於感人而足以感人。言以無爲爲衷者，反收有爲之效。

【繹文】

百里奚因爲從來不把爵位與俸祿放進心裏去，他喂養牛羣便專心喂養牛羣，所以把牛羣喂養得膘肥體壯，如此反而讓秦穆公任好忘掉了他的卑賤，把國政全權委託給他。有虞氏嬀舜不把生死之事放進心裏去，遭到父母與弟弟的陷害與謀殺，也不記恨他們，所以他能夠感動天下人心，以致帝堯把自己的兩個女兒嫁給他，並讓他總攝萬機。

〔七〕

宋元君將畫圖，衆史皆至，受揖而立，舐筆和墨，在外者半。〔一〕有一史後至者，儃儃然不趨，受揖不立，因之舍。〔二〕公使人視之，則解衣般礴贏。君曰：『可矣，是真畫者也。』〔三〕

【釋義】

〔一〕**宋元君將畫圖**　宋元君，《史記·宋微子世家》稱宋元公，名佐，宋平公之子。畫圖，成玄英《疏》：『欲畫國中山川地土圖樣。』鍾泰《發微》：『當是畫爲宮室之圖。成玄英《疏》云云，疑不然也。』行甫按：『山川地土圖樣』及『宮室之圖』，皆不能閉門臆造，疑是繪畫藝術創作。《韓非子·外儲說左上》『以棘刺之端爲母猴』，則其時有雕刻藝術，亦當有繪畫藝術。**衆史皆至** 史，畫師。**受揖而立** 揖，身微俯，手平心推向前。《廣雅·釋詁三》「揖，進也。」王念孫《疏證二》：「揖，謂揖而進之也。《士冠禮》云：『賓揖將冠者即筵。』」立，通位，猶言就位。行甫按：受揖而立，畫史受有司揖進之禮而後就其位。**舐筆和墨** 舐筆，以舌尖口水濡濕筆毫。和墨，調和墨色。**在外者半** 外，門外。半，餘半。

〔二〕**有一史後至者** 後至，後來。**儃儃然不趨** 儃儃然，舒緩閒適貌。趨，快走。行甫按：於尊長之前必快走以示敬。**受揖不立** 受有司揖進之禮卻不就其位。**因之舍** 因，接著，猶言片刻也不停留。之，往。舍，住所。

〔三〕**公使人視之** 視，猶探視。**則解衣般礴羸** 解衣，寬衣解帶。般礴，敞胷露懷貌。羸，通裸，露體。行甫按：注者多從司馬彪解「般礴」爲「箕坐」，恐非。解衣般礴羸，皆狀其猖披裸露其形體之貌，非關其坐姿。**君曰可矣是真畫者也** 真畫者，確有藝術造詣之畫師。

此乃本篇第七章，宋元君以「解衣般礴羸」之史爲「真畫者」，喻言有真境界者不拘於形跡。不修邊幅，未必無境界，此與本篇第五章儒服之喻象相反，所喻之意實則相同。

【繹文】

宋元君擬請畫師畫圖，衆多畫師都如期而來，在有關人員拱手請進之後都各就其位，舔著畫筆，調著墨色，還有一半畫師等候在大門之外。最後來了一個畫師，緩步徐行，悠閒自在，不把在場的一班官員放在眼裏，有關人員拱手請進之後也不上自己的位置，直接去了住所。宋元君派人打探他的情況，卻見他寬衣解帶，敞胷露懷，光著膀子，準備作畫。宋元君說：『行了，這才是真有藝術境界的畫師！』

〔八〕

文王觀於臧，見一丈夫釣，而其釣莫釣；非持其釣有釣者也，常釣也。〔一〕

文王欲舉而授之政，而恐大臣父兄之弗安也；欲終而釋之，而不忍百姓之无天也。〔二〕於是旦而屬之大夫曰：『昔者寡人夢見良人，黑色而頾，乘駁馬而偏朱蹄，〔三〕號曰：「寓而政於臧丈人，庶幾乎民有瘳乎！」』〔四〕

諸大夫蹵然曰：『先君王也。』

文王曰：『然則卜之。』

諸大夫曰：『先君之命，王其无它，又何卜焉！』〔五〕

遂迎臧丈人而授之政。典法无更，偏令无出。〔六〕三年，文王觀於國，則列士壞植散羣，長官者不成德，斔斛不敢入於四竟。〔七〕列士壞植散羣，則尚同也；長官者不成德，則同務也；斔斛不敢入於四竟，則諸侯无二心也。〔八〕

文王於是焉以爲大師，北面而問曰：『政可以及天下乎？』臧丈人昧然而不應，泛然而辭，朝令而夜遁，終身无聞。〔九〕

顔淵問於仲尼曰：『文王其猶未邪？又何以夢爲乎？』〔一〇〕

仲尼曰：『默，汝无言！夫文王盡之也，而又何論刺焉！彼直以循斯須也。』〔一一〕

【釋義】

〔一〕**文王觀於臧**　文王，周文王姬昌。觀，觀光游覽。臧，成玄英《疏》：『近渭水地名也。』《釋文》：『司馬本作「文王微服而觀於臧」。』**見一丈夫釣**　丈夫，《釋文》：『本或作「丈人」。』行甫按：丈人，對老者之尊稱；或本是，下文可證。釣，垂釣。成玄英《疏》：『寓言於太公也。』**而其釣莫釣**　郭象注：『聊以卒歲。』成玄英《疏》：『無心施餌，聊自寄此逍遙。』行甫按：莫釣，猶言其心不在釣。**非持其釣有釣**　有，猶以，目的連詞。行甫按：猶言持其釣並非爲了有所釣。**常釣**　常，通尚，《史記·蕭相國世家》『君常復孳孳得民和』，《漢書·蕭何傳》『常』作『尚』。奚侗《補注》：『尚者，上也，言彼丈夫固非持其釣以爲釣者，是釣之上者也。』行甫按：奚氏說字是，說義則非。尚釣，猶言其意祇在釣之本身而不在釣之目的。

〔二〕**文王欲舉而授之政**　舉，猶任用。政，國事。**而恐大臣父兄之弗安**　恐，擔心。成玄英《疏》：『欲委之國政，復恐皇親宰輔猜而忌之。』**欲終而釋之**　終，止，猶言不予舉用。釋，捨棄，放下。**而不忍百姓之无天**　忍，狠心。天，猶言蔭庇。成玄英《疏》：『欲捨而釋之，不忍蒼生失於覆蔭，故言無天也。』

〔三〕**於是旦而屬之大夫**　於是，因此。旦，清晨。屬，會集。之，猶其。大夫，《釋文》：『司馬云：夫夫，大夫也。一云：夫夫，古讀爲大夫。』王叔岷《校詮》：『先秦金石刻辭皆以「夫夫」爲「大夫」。』行甫按：大夫，卽『大臣父兄』。**昔者寡人夢見良人** 昔者，夜間。良人，賢人。**黑色而頿** 黑色，臉色黑。頿，音然，通髯，面頰多鬚。**乘駁馬而偏朱蹄** 駁，毛色不純。偏朱蹄，《釋文》：『一蹄偏赤也。』

〔四〕**號曰寓而政於臧丈人** 號，猶言大聲發令。寓，託付。而，爾，你。臧丈人，臧地垂釣之老者。**庶幾乎民有瘳** 庶幾，猶近，同義複詞。乎，於。有，猶以。瘳，音抽，病愈。行甫按：民有瘳，比喻之詞，猶言民衆因而脫於苦厄。

〔五〕**諸大夫蹵然** 諸，衆。蹵然，猶蹙然，促額動容貌。《戰國策·韓策三》『許異蹵哀侯而殪之』，鮑注本作『蹙』。《文選·羽獵賦》『浸淫蹵部』，李善注：『毛萇《詩傳》曰「蹵，促也」，蹙蹵古字通。』**先君王** 成玄英《疏》：『文王之父季歷生存之日，黑色多髯，好乘駁馬，駁馬蹄偏赤。』行甫按：先君，已故之父。**文王曰然則卜之** 之，猶諸，之乎。**諸大夫曰先君之命** 命，令。行甫按：與上『號曰』相照應。**王其无它又何卜焉** 王，先君王。其，猶當。它，猶害。行甫按：猶言先君王當無害我之意，不必占卜。古今注者皆非。殷虛甲骨有卜問已故先祖是否爲害的記錄。郭沫若《卜辭通纂》第一五三片：『貞祖辛不我壱，貞祖辛壱我？』是其例。『壱』字或隸定作『蚩』，古文字學者讀爲『害』。

〔六〕**遂迎臧丈人而授之政** 遂，於是。**典法无更** 典法，規章制度。更，改。**偏令无出** 偏，通篇，鍾泰《發微》：『偏借爲篇，唐寫本卽作篇，「篇令不出」，不尚文誥也。』

〔七〕**三年** 臧丈人執政三年。**文王觀於國** 觀，猶察。國，猶域。行甫按：觀於國，猶言去各地考察。**則列士壞植散羣** 列士，上士。《國語·周語上》『使公卿至於列士獻詩』，韋昭注：『列士，上士也。』《說苑·臣術》：『列士者，所以參大夫也。』是其證。植，衆。章太炎《解故》：『植借爲戠。殖或作職，《考工記》注：「樴讀爲脏。」是其例。《易》言「朋盍戠」，虞氏曰：「戠，叢合也。」壞戠、散羣同意，皆謂解散朋黨也。』**長官者不成德** 長，猶言爲官之長。官，猶官府。《周禮・士師》『二曰官禁』，鄭玄注：『官，官府也。』行甫按：長官者，掌管官府之長。成，猶推行，實現。德，治理舉措。行甫又按：德，就個人言，指行爲方式；就國家言，指治國舉措；就官府言，指治理舉措。**斔斛不敢入於四竟** 斔斛，音庾胡，古量器名；容量大小，說法不同，此泛指量器。入，猶出。《淮南子・墬形》『入禹所導積石山』，高誘注：『入，猶出也。』行甫按：此反訓，猶廢之訓置，落之訓始，苦之訓快，去之訓藏。竟，通境。行甫按：猶言四境之內諸侯不敢私出量器。《左傳》昭公三年：『齊舊四量：豆、區、釜、鍾。四升爲豆，各自其四，以登於釜，釜十則鍾。陳氏三量皆登一焉，鍾乃大矣。以家量貸，而以公量收之。』可爲反證。

〔八〕**列士壞植散羣則尚同** 尚，崇尚。同，猶言統一。行甫按：疑當爲『同尚』，與下文『同務』及『无二心』（卽『同心』）之構詞法一律。同尚，言同其好尚；不結黨結社，以成偏好。讀者習見『尚同』，不知『同尚』，故臆以乙之。**長官者不成德則同務** 務，事。行甫按：各府官長不另施治理舉措，則國事同而無異。**斔斛不敢入於四竟則諸侯无二心也** 二心，離異背叛之心。行甫按：由『列士』至『長官者』再至於『諸侯』，猶言上下皆無事。

〔九〕**文王於是焉以爲大師** 於是，因此。焉，猶乎。大師，國家最高武官，爲六軍統帥。《釋文》：『大音泰。』**北面而問** 北面，居臣子之位以示尊。**政可以及天下** 可，通何，何以，通過什麼辦法。及，猶達。行甫按：政達天下，一曰有心而爲，二曰貪心不足。**臧丈人昧然而不應** 昧然，無知貌。應，答。**泛然而辭** 泛然，猶漫然，不經意貌。辭，推辭。**朝令而夜遁**　令，命，任命爲大師。遁，逃。**終身无聞**　聞，名。《漢書·哀帝紀》「幼有令聞」，顔師古注：「聞，名也。」《韋賢傳》「以休令聞」，師古注：「聞，聲名也。」

〔一〇〕**文王其猶未**　其，猶寧，豈。猶，尚。未，猶言威信不足。**又何以夢爲**　爲，化，成。《漢書·天文志》「戎菽爲」，顔師古注引孟康曰：「爲，成也。」段玉裁《説文注》「爲」字條：「凡有所變化曰爲。」行甫按：何以夢爲，猶言爲何以夢促成其事。

〔一一〕**默**　禁其聲。《人間世》「密，若無言」，即其意。**汝无言**　无，毋。**夫文王盡之**　夫，猶若。盡，猶至，完善。**而又何論刺焉**　而，通爾，汝。又，通有。論刺，猶言議論與譏刺。焉，猶乎。**彼直以循斯須**　直，猶特，祇詞。循，猶率由，順從。斯須，須臾。《禮記·祭義》「禮樂不可斯須去身」，鄭玄注：「斯須，猶須臾也。」行甫按：循斯須，猶言憑當下的靈機一動。

此乃本篇第八章，臧丈人在野垂釣則以不釣爲釣，執掌國政則法典無改，政令無出，而士不結黨，官不營私，四境安寧。當文王欲以此政推及天下，臧丈人卻「朝令而夜遁，終身无聞」。斯乃崇尚無爲而治，不許有心而爲之意，固無所疑。然而，文王託言夢境以安大臣之心而救百姓之患，則通達無礙，無可無不可之義。所謂「循斯須」者，隨緣應機，斷在當下，實爲「园而幾向方」之大智慧，故曰「文王盡之也」。

【繹文】

周文王姬昌在臧地觀光遊覽，發現一位老者正在水邊垂釣，他雖然垂釣可是心並不在垂釣，他拿著釣竿的目的不是爲了釣魚，而是爲了垂釣而垂釣而已。

周文王想提拔任用他，並把國家政務交給他，但又擔心朝中大臣與王室親貴不能接受；想打消提拔任用的念頭並且最終放棄他，但是又不忍心百姓沒有蔭庇而遭受苦厄。因此，第二天清晨便召集朝中衆多大臣說：『昨夜我夢見一位有才能的賢人，面色黎黑，臉上長滿鬍鬚，騎著一匹毛色不純的馬，而且馬的蹄子有一隻是紅色的，他大聲命令我說：「把你的國政託付給臧地那位老者，差不多民衆的苦厄就會有所好轉了！」』

各位大臣皺起眉頭頗爲驚異地說：『怕是已故君王季歷吧！』

周文王說：『如果是先父王季，還是占卜一下吉凶吧！』

衆大臣說：『既然是已故君王季歷的命令，王季是不會危害我們的，有什麼占卜的必要呢？』

於是周文王便迎接臧地老者入朝並把國事委託給他。祇見他對舊有規章制度沒有任何變更，也沒有發出新的法令文誥。三年之後，文王考察地方政務與治理情況，卻發現下層精英人士都自動解散朋黨，各級各部官府的主事官員沒有自作主張推行私政，各地都不敢出現私製的庾斛之類計量容器。下層精英人士解散朋黨，便是統一於最高的國家意志；各地官府主事官員不自作主張推行私政，便是集中辦理國家的政治事務；各地沒有出現私製的計量容器，説明各地諸侯與封疆大吏沒有圖謀不軌的想法。

周文王於是便任命臧地老者爲最高武官——太師，讓他統領國家軍隊，並且向北邊尊位的臧地老者詢問道：『這種政治景象可以讓它遍及天下嗎？』臧地老者裝作沒有聽到，一聲也不吭，漫不經心地拒絕了。可是早上剛剛任命爲太師，晚上便不聲不響地逃走了，從此便一輩子銷聲匿跡沒有他的任何消息了。

顏淵問孔子說：『難道文王的威信還不夠嗎？爲什麼要假託做夢來促成自己的想法呢？』孔子說：『閉上你的嘴巴，不要說了！像文王這樣的人已經是盡善盡美了，你怎麼能對他說三道四，妄加評論與譏刺呢？他不過是憑著當下的一時興到而靈機一動罷了！』

〔九〕

列禦寇爲伯昏无人射，引之盈貫，措杯水其肘上，發之，適矢復沓，方矢復寓。當是時也，猶象人也。〔一〕伯昏无人曰：『是射之射，非不射之射也。嘗與汝登高山，履危石，臨百仞之淵，若能射乎？』〔二〕於是无人遂登高山，履危石，臨百仞之淵，背逡巡，足二分垂在外，揖禦寇而進之。禦寇伏地，汗流至踵。〔三〕伯昏无人曰：『夫至人者，上窺青天，下潛黃泉，揮斥八極，神氣不變。〔四〕今汝怵然有恂目之志，爾於中也殆矣夫！』〔五〕

【釋義】

〔一〕**列禦寇爲伯昏无人射**　列禦寇，即《逍遥遊》「御風而行」之列子。伯昏无人，申徒嘉與子産之師，見《德充符》。爲伯昏无人射，給伯昏无人表演射箭。**引之盈貫**　引，拉。盈，滿。貫，通；搭箭於弦而後彎弓至於箭頭之處，稱爲滿貫。《説文》「彎，持弓關矢也」，段玉裁注：「凡兩相交曰關。矢栝檃於弦，而鏑出弓背外，是兩耑相交也。孟子曰『越人關弓而射之』，《左傳》『將注，豹則關矣』，皆謂引弓將滿，是之謂彎。或假貫爲關。」**措杯水其肘上**　措，猶放置。其，猶於。**發之**　發，射出。**適矢復沓**　適矢，往矢，已發之矢。復沓，重疊。王叔岷《校詮》：「沓借爲疊。」**方矢復寓**　方矢，奚侗《補注》：「方有今義，『方矢』猶『今矢』，是引而未發之矢，對已發者言，則未發者爲今矢。若以先後言，則『今矢』又爲後矢。」寓，猶居，即關矢於弦。**當是時**　是時，此時。**猶象人**　猶，如。象人，木偶人。

〔二〕**是射之射**　射之射，猶言心力專注於射之射。**非不射之射**　不射之射，猶言於射無所用心之射。**嘗與汝登高山**　嘗，猶試。**履危石**　履，踏。危石，高聳之石。**臨百仞之淵**　臨，面對。仞，八尺；百仞，言其深。淵，猶言深谷。**若能射**　若，猶汝。

〔三〕**於是无人遂登高山履危石臨百仞之淵**　於是，因此。遂，猶乃。**背逡巡**　逡巡，成玄英《疏》：「猶卻行也。」**足二分垂在外**　二分，猶言一半。垂，猶懸挂。**揖禦寇而進之**　揖，請，推。《儀禮·大射》「西南面揖弓」，鄭玄注：「揖，推之也。」進，上前。**禦寇伏地汗流至踵**　踵，腳跟。

〔四〕**夫至人者**　夫，猶若。至人，境界高遠的偉大人物。者，也。**上窺青天**　猶言居高，即「登高山，履危石』之意。**下潛黃泉**　潛，猶言面臨。郭慶藩《集釋》：「『潛』與『窺』對文。『潛』，測也，與『窺』之意相近。古訓『潛』爲測，見《爾雅》。」行甫按：下潛黃泉，猶上文『臨百仞之淵』。**揮斥八極**　揮，猶振去。《禮記・曲禮上》『飲玉爵者弗揮』，孔穎達《疏》：『振去餘也。』《爾雅・釋詁下》『揮，竭也』，郭璞注：『振去水，亦爲竭。』皆振動而去之之義。斥，開拓，擴大。《漢書・司馬相如傳下》『邊關益斥』，顏師古注：『斥，開廣也。』行甫按：揮斥，猶言振動而推擴之。八極，八方極遠之處。**神氣不變**　神氣，神情與氣息。

〔五〕**今汝怵然有恂目之志**　今，猶若。怵然，驚恐貌。恂目，《釋文》：『本又作眴。《爾雅》云「恂，慄也」，恂謂眩也。』志，猶今語表情。王叔岷《校詮》：『《說文》「志，意也」；態，意也」，則志亦可通態，「恂目之志」，猶言目搖之態耳。』**爾於中也殆矣夫**　爾，汝。中，心中。殆，通怠，懈怠，餒惰。行甫按：此『殆』字，猶今言精神崩潰之意。夫，猶乎，句末語氣詞。

此乃本篇第九章，以伯昏无人的『不射之射』，喻言境界高遠之至人，置生死於度外，則氣定神閒，臨危不懼，處驚不變。

【繹文】

列禦寇給伯昏无人展示射箭的技藝，把弓拉得滿滿的，還放上一杯水在握弓的手臂上。放箭時，射出的箭也一支接一支地在一條射線上飛動，前一支箭剛一射出，後一支箭便立刻搭在弦上了。當他全神貫注地射箭時，就像雕刻的木偶人一樣巍然屹立。

伯昏无人說：『你這是心力專注於射箭技巧的射法，不是心境輕鬆閒放不在於射箭的射法。試試和你一起登上高山，踩踏在高聳入雲的巖石上，面臨百仞深的山谷，你還能射嗎？』

於是，伯昏无人便登上高高的山頂，站在聳入雲端的巖石之上，底下是百仞深的山谷。伯昏无人背過身子向巖石邊挪動腳步，兩隻腳板有一半懸空在巖石的外邊，然後拱手推弓請列禦寇前來射箭。列禦寇嚇得小腿抽搐，爬在地上不敢動彈，汗水早已流到腳跟了。

伯昏无人說：『如果是境界高遠的偉大人物，哪怕是登上能夠窺探青天的山峯，下臨能夠潛入黃泉的深谷，也照樣可以氣定神閒，仿佛揮動手臂就能開拓四面八方的邊界線。可是像你這樣，驚嚇恐懼的情緒在你目光遊移躲閃的外表上暴露無遺，可見你的內在心靈完全被驚慌恐懼噬蝕掏空，精神已經徹底崩潰了！』

〔一〇〕

肩吾問於孫叔敖曰：『子三爲令尹而不榮華，三去之而无憂色。〔一〕吾始也疑子，今視子之鼻間栩栩然，子之用心獨奈何？』〔二〕

孫叔敖曰：『吾何以過人哉！吾以其來不可卻也，其去不可止也，吾以爲得失之非我也，而无憂色而已矣。我何以過人哉！〔三〕且不知其在彼乎，其在我乎？其在彼邪？

亡乎我；在我邪？亡乎彼。〔四〕方將躊躇，方將四顧，何暇至乎人貴人賤哉！』〔五〕

仲尼聞之曰：『古之真人，知者不得說，美人不得濫，盜人不得劫，伏戲黄帝不得友。〔六〕死生亦大矣，而无變乎己，況爵祿乎！〔七〕若然者，其神經乎大山而无介，入乎淵泉而不濡，處卑細而不憊，充滿天地，既以與人，己愈有。』〔八〕

【釋義】

〔一〕**肩吾問於孫叔敖**　肩吾，已見《逍遥遊》與《大宗師》，虚擬人物。孫叔敖，楚國人，據《史記·循吏列傳》載，楚莊王在位時，其爲令尹。**子三爲令尹而不榮華**　令尹，楚相之稱，獨掌楚國軍政大權。榮華，同義複詞，本義爲花朵開放，比喻炫耀顯赫身份，猶今言不以爲榮。**三去之而无憂色**　去，免去職位。

〔二〕**吾始也疑子**　始，初。疑，疑其故爲淡泊，矯情作僞。**今視子之鼻間栩栩然**　栩栩然，成玄英《疏》：『歡暢之貌也。』鍾泰《發微》：『輕適貌，息之深者必輕，輕則適也。』**子之用心獨奈何**　用心，猶言運思。參見《德充符》『其用心也獨若之何』釋義。獨，猶特，乃。奈何，如何。

〔三〕**吾何以過人**　以，猶有。過，超過。**吾以其來不可卻**　以，猶以爲，認爲。其，指爵職。卻，猶拒絕。**其去不可止**　止，猶挽留。**吾以爲得失之非我**　之，猶乃。非我，猶言不在於我。**而无憂色而已矣**　而，猶因而，因果連詞。而已矣，猶罷了，虚詞連用。**我何以過人**　何以，猶何有。行甫按：此言爵職榮華乃身外之物。

〔四〕**且不知其在彼乎其在我乎**　且，而且，遞進連詞。其，猶將，當。彼，猶言他人。乎，猶邪。行甫按：

二句爲設問。**其在彼邪** 邪，猶也。參見俞樾《古書疑義舉例》卷四「也邪通用例」。**亡乎我** 亡，不在。乎，於。**在我** 在，存。行甫按：上文諸「在我」、「在彼」，皆存在之義。行甫又按：「在」字前省「其」字。**亡乎彼** 行甫按：此言爵職在我或在人乃爲偶然，並無必然性。

〔五〕**方將躊躇** 方將，當，同義複詞。躊躇，心志閒暇。行甫按：此「方將」之「當」，既爲副詞，亦兼有因果關聯之用。猶言既明爵職榮華爲身外之物，亦明其在我或在人爲偶然之事，便應當守持如此之心態。**方將四顧** 四顧，視界高曠。行甫按：此與上文「揮斥八極」之意略同，乃言心胷境界。注家多引《養生主》「爲之四顧，爲之躊躇滿志」爲說，非其義。言非一端，各有所當而已。**何暇至乎人貴人賤** 暇，猶遑。何暇，猶無遑。至，猶及。乎，於。人貴人賤，猶言人之以爲貴與人之以爲賤，緊縮句式。

〔六〕**古之真人** 真人，體道悟道，超凡脱俗之人。**知者不得説** 知，通智。説，音稅，以言語打動。**美人不得濫** 濫，猶淫。**盗人不得劫** 劫，劫持。行甫按：劫，猶言以武力逼迫使之改變態度。**伏戲黄帝不得友** 伏戲，同伏犧。不得友，無資格與之交往。行甫按：不得友，猶言「友」之「不得」，豈可爲臣乎？當以之爲師。

〔七〕**死生亦大** 亦，猶特，祇詞。**而无變乎己** 變，改變，變化。乎，於。行甫按：无變乎己，猶言不受任何影響。**況爵祿** 況，更，猶言更何況，遞進連詞。

〔八〕**若然者** 若，如。然，這樣。**其神經乎大山而无介** 神，精神。經，猶歷。乎，於。大山，高山。介，成玄英《疏》：「礙也。」**入乎淵泉而不濡** 淵，深。王叔岷《校詮》：「『淵泉』猶深泉也，與『大山』對言。《小爾雅·廣詁》：『淵，深也。』」不濡，猶言不沾濕。**處卑細而不憊** 卑細，微賤。憊，疲困。**充滿天地** 言其精神充塞天地，與日月同光。**既以與人** 既，猶盡。與人，送與别人。**己愈有** 愈，更。行甫按：二句猶言其人格精神影響他人愈是深刻廣泛，自己的內在心靈便更加充實富有。

此乃本篇第十章，言孫叔敖三爲令尹而不以爲榮，三去令尹而不以爲憂，不以榮辱得失而介懷，亦爲死生無變於己之有道之士。有道，則可以特立獨行，人格偉岸，精神氣韻『充滿天地』，《齊物論》所謂『注焉而不滿，酌焉而不竭』者也。

【繹文】

肩吾問孫叔敖說：『您三次擔任令尹卻不顯耀尊貴，三次免去令尹的官職也不見憂傷神色。起初，我以爲你故意裝做無所謂，大有矯情作僞的嫌疑；現在看來，您鼻息深深，輕柔和暢，眉宇間頗顯淡泊。您心裏究竟是怎麼想的？』

孫叔敖說：『我也沒什麼過人之處啊！我覺得吧，那頂官帽子落到我頭上了，是不能推脱的；它離開我了，也是無法挽留的。正因爲我認爲得與失都與我無關，不過是身外之物而已，所以沒必要顯出憂傷之情罷了，我哪有什麼過人之處啊！再説，也不知道那頂官帽子應當在別人哪裏呢，還是應當在我這裏呢？如果應當在別人哪裏，那就必定不可能在我這裏；如果應當在我這裏，那就必定不可能在別人那裏。所以那頂官帽子在我還是在人，對誰都不過是命運的偶然恩賜而已！明白了這些道理，就應當開開心心悠閒無事地過日子，就應當胷懷寬廣放開眼量，氣壯山河，磅礴四海，哪有多餘的工夫顧及別人對我是尊敬還是鄙視呢！』

孔子聽説了孫叔敖的故事，讚歎地説：『古代那些超凡脱俗的悟道高人，淵博的智者無法用言語打動他，美麗的婦人無法用色相引誘他，殘暴的强盜無法用武力劫持他，伏戲與黄帝也没有資格與他相交往。生與死算是人生的大事了，但是死是活，也絲毫不會影響他的情緒，更何况爵位與俸禄這些身外之物呢？如果是這樣，他的精神力量便無比偉大，歷經高山而無所妨礙，没入深泉而無所沾濕，處身微賤也不會感到困頓，他的人格精神充塞天地，與日月同其輝光，他把全部的精神力量都奉獻給他人，自己的心靈世界便更加充實而富有。』

〔一一〕

楚王與凡君坐，少焉，楚王左右曰凡亡者三。〔一〕凡君曰：『凡之亡也，不足以喪吾存。〔二〕夫「凡之亡不足以喪吾存」，則楚之存不足以存存。〔三〕由是觀之，則凡未始亡而楚未始存也。』〔四〕

【釋義】

〔一〕**楚王與凡君坐**　楚王、凡君，成玄英《疏》：『楚文王共凡僖侯同坐。』鍾泰《發微》：『僖二十四年《左傳》有曰「凡蔣邢茅胙祭，周公之胤也」，《春秋》隱公七年「天王使凡伯來聘」，是時凡伯爲王卿士，國固自在，其亡當在春秋中葉以後，其地則在今河南輝縣西南，唐曾置凡城縣。凡城，卽以凡國得名者也。』**少焉**　没過多久。**楚**

王左右曰凡亡者三　左右，楚王身邊侍臣。曰，言。行甫按：曰，猶言提醒。蓋凡僖侯爲亡國之君，左右再三言之者，懷有鄙夷之心故。凡亡者三，俞樾《平議》：『楚王左右言凡亡者三人也。郭注曰「言有三亡徵也」，非是。』行甫按：郭說固非，俞說亦非是。汪中《釋三九上》：『凡一、二之所不能盡者，則約之三，以見其多。』則『曰凡亡者三』，猶言多次『曰凡亡』，不必定爲『三人』。

〔二〕**凡君曰凡之亡**　之，猶其，雖。**不足以喪吾存**　足，得，能。以，猶使。喪，亡。吾存，吾之所存。鍾泰《發微》：『此言「存」，正與篇首孔子稱溫伯雪子「目擊道存」語相應，道既不存，國亦虛國。』行甫按：鍾說是。猶言我之所存者，道也，亦即不以得失挂懷的心靈境界。

〔三〕**夫凡之亡不足以喪吾存**　夫，猶若。**則楚之存不足以存存**　楚之存，猶言楚國未亡。存存，存其所當存。

〔四〕**由是觀之**　是，此。**則凡未始亡而楚未始存**　未始，猶未曾。行甫按：此猶言楚王患得患失，心境卑俗。

此乃本篇第十一章，言凡國之君，其國雖亡而無改其度，亦不喪其氣，與楚王坐，亦不卑不亢。則身之所存，亦道之所存。身之存，道之存，則國之若存若亡，一也。

【繹文】

楚文王與凡僖侯坐在一起聊天，沒過多長時間，楚王身邊的侍臣已經多次提醒說『凡國滅亡了』。

凡僖侯也毫不客氣地回敬道：『凡國雖然確實是滅亡了，但並沒有讓我喪失我所保存的道。如果說「凡國滅亡並沒有讓我喪失我所保存的道」，那麼楚國雖然沒有滅亡，卻沒有讓它保存它應當保存的道。由此可見，凡國未曾被滅亡，而楚國卻是已經滅亡了。』

知北遊第二十二

知北遊，以篇首三字爲篇名。本篇全面發揮《内篇》道論之旨：或言虚空與無限乃道的時空本質，或言大化流行乃道的化生功能，或言高遠超邁乃道的心靈境界，或言虚靜無心乃道的悟得途徑，或言因任無爲乃道的行爲方式，不一而足。且較之《内篇》道論，本篇寓言所虚擬之人名，如知、无爲謂、泰清、无窮、无始之倫，皆兼有明顯的概念化傾向，與《内篇》之支離疏、瞿鵲子、長梧子、肩吾、連叔、齧缺、王倪之類，皆以比喻與象徵手法擬名有所不同。當然，本篇以人名、地名象徵道的意涵，亦不乏其例，玄水、白水、隱弅、狐闋、狂屈皆是，參見本篇各文釋義。

〔一〕

知北遊於玄水之上，登隱弅之丘，而適遭无爲謂焉。〔一〕知謂无爲謂曰：『予欲有問乎若：何思何慮則知道？何處何服則安道？何從何道則得道？』〔二〕三問而无爲謂不答也，非不答，不知答也。〔三〕

知不得問，反於白水之南，登狐闋之上，而睹狂屈焉。〔四〕知以之言也問乎狂屈。狂屈

曰：『唉！予知之，將語若。』中欲言而忘其所欲言。〔五〕

知不得問，反於帝宮，見黄帝而問焉。黄帝曰：『无思无慮始知道，无處无服始安道，无從无道始得道。』〔六〕

知問黄帝曰：『我與若知之，彼與彼不知也，其孰是邪？』〔七〕

黄帝曰：『彼无爲謂真是也，狂屈似之，我與汝終不近也。夫知者不言，言者不知，故聖人行不言之教。〔八〕道不可致，德不可至。仁可爲也，義可虧也，禮相僞也。〔九〕故曰：「失道而後德，失德而後仁，失仁而後義，失義而後禮。禮者，道之華而亂之首也。」〔一〇〕故曰：「爲道者日損，損之又損之以至於无爲，无爲而无不爲也。」〔一一〕今已爲物也，欲復歸根，不亦難乎！其易也，其唯大人乎〔一二〕

『生也死之徒，死也生之始，孰知其紀！〔一三〕人之生，氣之聚也；聚則爲生，散則爲死。若死生爲徒，吾又何患！〔一四〕故萬物一也。是其所美者爲神奇，其所惡者爲臭腐；臭腐復化爲神奇，神奇復化爲臭腐。〔一五〕故曰：「通天下一氣耳。」聖人故貴一。』〔一六〕

知謂黄帝曰：『吾問无爲謂，无爲謂不應我，非不我應，不知應我也。〔一七〕吾問狂屈，狂屈中欲告我而不我告，非不我告，中欲告而忘之也。〔一八〕今予問乎若，若知之，奚故不近？』〔一九〕

黄帝曰：『彼其真是也，以其不知也；此其似之也，以其忘之也；予與若終不近也，以其知之也。』

狂屈聞之，以黄帝爲知言。〔二〇〕

天地有大美而不言，四時有明法而不議，萬物有成理而不説。〔二一〕聖人者，原天地之美而達萬物之理，是故至人无爲，大聖不作，觀於天地之謂也。〔二二〕

今彼神明至精，與彼百化，物已死生方圓，莫知其根也，扁然而萬物，自古以固存。〔二三〕六合爲巨，未離其内；秋豪爲小，待之成體。〔二四〕天下莫不沈浮，終身不故；陰陽四時運行，各得其序。〔二五〕惛然若亡而存，油然不形而神，萬物畜而不知。此之謂本根，可以觀於天矣。〔二六〕

【釋義】

〔一〕**知北遊於玄水之上**　知，虚擬人名，寓認知與智慧。北遊，成玄英《疏》：『北是幽冥之域。』玄水，虚構之水名。玄，猶黑，喻幽遠冥暗。《釋文》：『司馬、崔本上作北。』據下文『反於白水之南』，則『北』字義較長。**登隱弅之丘**　登，猶升。弅，通紛；隱弅，同義複詞，隱蔽藏匿。《説文》：『紛，馬尾韜也。』《釋名·釋車》：『紛，放也。防其放弛以拘之也。』參見《應帝王》『紛而封哉』釋義。行甫按：注者多據《釋文》引李頤『隱出弅起，丘貌』爲説，非。隱弅、玄水，皆寓幽深冥暗之意，不當解爲『出』、『起』之『丘貌』。丘，土坡。**而適遭无爲謂**

焉　而，猶乃。適，恰。遭，遇。无爲謂，虛擬人名，拱默清靜。行甫按：玄水、隱弅、无爲謂，皆隱喻幽遠冥默，無聲無形之道。「知」以理智認知求之，宜其不能得。焉，於是。

〔二〕**知謂无爲謂**　謂，猶與之言。**予欲有問乎若**　乎，於。若，汝。**何思何慮則知道**　則，猶乃。知，認知。**何處何服則安道**　處，審度。《左傳》文公十八年「德以處事」，俞樾《平議》：「物各得其處謂之處；使物各得其所亦謂之處。《魯語》曰『夫仁者講功，而知者處物』，是其義也。故處卽有審度之義。」服，行事。《左傳》文公十八年「服讒蒐慝」，杜預注：「服，行也。」《小雅・六月》「共武之服」，鄭《箋》：「服，事也。」安，猶歸向，符合。《論語・爲政》「察其所安」，皇侃《疏》：「安，謂意氣歸向之也。」**何從何道則得道**　從，由。道，從。

〔三〕**三問而无爲謂不答**　三問，如何認知道、如何契合道、如何體悟道。**非不答不知答**　不知答，既不知其對象，亦不知其言辭。

〔四〕**知不得問**　得問，得其所問。**反於白水之南**　反，通返。白水，虛構之水名，喻道之無形無色。**登狐闋之上**　狐闋，虛擬之丘名；狐，通孤，獨一。《韓非子・內儲說左下》「解狐薦其讎於簡主」，《韓詩外傳》九、《說苑・至公》作「解孤」，是其證。闋，空室而閉門。《說文》：「闋，事已，閉門也。」《人間世》「瞻彼闋者」，《釋文》引司馬云：「闋，空也。」《小雅・節南山》「俾民心闋」，俞樾《羣經平議・毛詩三》：「闋者，閉也。」行甫按：狐闋，猶言孤寂空閉。**而睹狂屈**　睹，見。狂，通往，進，伸。《尚書・微子》「我其發出狂」，《史記・宋世家》作「我其發出往」。《太玄・進・次三》「狂章章，不得中行」，司馬光《集注》：「王本狂作往。」屈，曲。《釋文》：「司馬、向、崔本作詘。」行甫按：「屈」與「詘」音同義通。段玉裁《說文注》：「今人屈伸字，古作詘伸。」《荀子・不苟篇》「與時屈伸」，王先謙《集解》引郝懿行曰：「屈伸，當作詘信。」行甫又按：狂屈，猶言詘伸，喻道之往來屈伸，循環無端；孤闋，喻道之獨一無二，虛寂空無。狐闋，猶言獨立不改；狂屈，猶言周行不殆。

〔五〕**知以之言也問乎狂屈** 之，此，其。言，三問之言。**唉** 《釋文》：『李云，應聲。』**予知之** 之，猶此，是。**將語若** 將，猶且。語，告。**中欲言而忘其所欲言** 中欲言，王叔岷《校詮》：『猶言「心欲言」』；《史記·樂書》「四暢交於中」，《正義》：「中，心也。」所，猶何。行甫按：謂道不可言說。

〔六〕**知不得問反於帝宮** 反，通返。帝宮，黄帝之宮。**見黄帝而問焉** 焉，猶以此。**无思无慮始知道** 无思无慮，去智。始，猶才。**无處无服始安道** 无處无服，無爲。**无從无道始得道** 无從无道，心悟。

〔七〕**我與若知之彼與彼不知** 彼與彼，无爲謂與狂屈。**其孰是邪** 其，猶如此，如是。孰，誰。是，正確。

〔八〕**彼无爲謂真是** 彼，猶夫，若。真，猶實。行甫按：无爲謂不答，不欲言，亦不可言，故曰『真是』。**狂屈似之** 似，近似。行甫按：狂屈欲言而不能言，故曰『似之』。**我與汝終不近** 終，竟。行甫按：黄帝知而言之，道不可言，言而非，故曰『不近』。**夫知者不言言者不知** 夫，且，更端之詞。知，知曉。**故聖人行不言之教** 聖人，聰明睿智境界高遠的人。行，猶施。行甫按：語見《老子》第四十三章，引之以證道不可言。

〔九〕**道不可致** 不可，猶不適。致，猶使之至。行甫按：不可致，不適於言教，不適於認知。**德不可至** 德，得，合於道的行爲方式。至，通致。行甫按：有道即有德，德亦不適於强致而得。**仁可爲** 可爲，適至於有爲。**義可虧** 可虧，適至於有虧。行甫按：行仁則至於有爲，行義則至於有虧。有爲不合於道，有虧即有損於真性情。**禮相僞** 相僞，相與作僞，掩飾其真性。

〔一〇〕**故曰失道而後德** 失，喪失。道，道的精神境界。行甫按：猶言喪失了道的精神境界，便特别强調合於道的行爲方式；雖失其本，猶能重其末。**失德而後仁** 言末之既失，則以仁補救之。**失仁而後義** 言仁猶不能補救其蔽，又以義斷制之。行甫按：義，宜，上文『義可虧』，亦言强行斷制則有損於德。**失義而後禮**猶言强行斷制而不果，則以禮儀維繫之。**禮者道之華而亂之首**　華，古『花』字，枝末。首，始。行甫按：『故曰』六句引自《老子》第三十八章，末句略有出入，引之以證禮樂文明與文化乃補缺救蔽的虛假之物。

〔一一〕**故曰爲道者日損**　爲，猶修養。者，也。日，猶日日。損，損去禮、義、仁。**損之又損之**　又，猶且。**以至於无爲**　以，猶而，乃。**无爲而无不爲**　无爲，道的境界；无不爲，所爲皆合於道。行甫按：無爲並非一切皆不爲，爲其合於道之爲。『故曰』四句，引自《老子》第四十八章，引之以證修道必先去虛假的文明與僞飾。

〔一二〕**今已爲物**　今，猶若。爲物，爲人。行甫按：莊子常以物爲人。**欲復歸根**　根，猶本。行甫按：歸根，猶言歸於生命的虛靜狀態。《老子》第十六章：『至虛極，守靜篤；萬物並作，吾以觀其復。夫物蕓蕓，各復歸其根。歸根曰靜，是謂復命。』**不亦難乎**　亦，猶特。乎，猶邪，反詰語詞。行甫按：猶言既已生而爲人，便落入人世的喧囂，欲復歸於生命之寧靜，特不易事。**其易**　其，猶若。易，簡易，不難。**其唯大人**　其，猶乃。唯，猶獨。大人，猶高人，得道之人。

〔一三〕**生也死之徒**　徒，同類。**死也生之始**　始，開端。**孰知其紀**　孰，誰。紀，端。王叔岷《校詮》：『紀，端緒也。《方言》一〇：「紀，緒也，或曰端也。」此謂死生循環，莫知其端緒也。』

〔一四〕**人之生**　生，生存，生命。**氣之聚**　氣，元氣，無形易變，充乎宇宙。**聚則爲生**　聚，聚積。**散則爲死**　散，分散。行甫按：人之生死關乎氣之離合，尤爲中國古代普遍認同之生命觀。**若死生爲徒**　若，猶如，假設連詞。**吾又何患**　又，猶有。患，憂。

〔一五〕**故萬物一**　故，猶夫，說見吳昌瑩《經詞衍釋》。一，同。行甫按：萬物同爲一氣。**是其所美者爲**

神奇　是，猶是以。其，猶彼。所，猶可。美，猶喜好。神，非常人所爲。奇，非常態所有。神奇，近義複詞。**其所惡者爲臭腐**　惡，猶討厭。臭，惡氣。腐，敗肉。臭腐，近義複詞。**臭腐復化爲神奇**　復，又，再。化，變。**神奇復化爲臭腐**　行甫按：言物之好壞美丑，亦如人之生死存亡，變化無端。

〔一六〕**故曰通天下一氣耳**　故，因此。故曰，總言人與物。通，共通，流通。行甫按：《莊子闕誤》引劉得一本作『通天地之一氣耳』，猶言共通天地之一氣。通天下一氣耳，猶言一氣流通於天下，此義較長。**聖人故貴一**　聖人，境界高遠之人。故，猶常。貴，尊重，崇尚。一，猶同，通。王叔岷《校詮》：『貴一，則美惡、死生皆齊矣。貴一之理，卽齊物之理也。』

〔一七〕**无爲謂不應我**　應，回答。**非不我應**　不我應，猶不應我。**不知應我**　不知應，猶言無法回答。

〔一八〕**狂屈中欲告我而不我告**　而，猶乃。告，告訴。**非不我告中欲告而忘之**　忘，忘言。

〔一九〕**今予問乎若**　今，現在。乎，於。若，汝。**若知之奚故不近**　奚故，何故。

〔二〇〕**彼其真是**　彼，无爲謂。其，猶乃。**以其不知**　以，猶因。**此其似之也以其忘之**　此，狂屈。**予與若終不近也以其知之**　終，竟。**狂屈聞之以黃帝爲知言**　以，猶認爲。爲，猶乃。知言，曉了言說者內心境界之高下。行甫按：狂屈欲言而忘言，卻以爲黃帝知言，則未能忘言。

〔二一〕**天地有大美而不言**　美，善，成。《儀禮·士喪禮》『美者在中』，鄭玄注：『美，善也。』《呂氏春秋·至忠》『而欲其美也』，高誘注：『美，成也。』陸長庚《副墨》：『大美，猶言大功。』行甫按：天覆地載，雲行雨施，化育萬物，乃天地之大功大善。不言，不用語言。《論語·陽貨》『子曰：天何言哉？四時行焉，百物生焉，天何言哉！』**四時有明法而不議**　四時，四季。明法，明晰之法則：暑往寒來，盈虛消長，皆有明確之法則。**萬**

物有成理而不説　成理，自成的倫理；　動植飛潛，生態秩序，皆爲萬物自成的倫理。

〔二二二〕**聖人者原天地之美而達萬物之理**　原，本，察。《管子・戒篇》『春出原農事之不本者』，尹知章注：『原，察也。』《淮南子・原道》『原道』，高誘注：『原，本也。』達，通。**是故至人无爲**　是故，因此。至人，境界高遠之人。**大聖不作**　不作，無所興造。**觀於天地之謂**　觀，察。

〔二二三〕**今彼神明至精**　今，故。《爾雅・釋詁》：『故，今也』，郭璞注：『今亦故，故亦今，此義相反而兼通者。』《闕誤》引劉得一本作『合』，奚侗以爲作『今』、『與上下文不相應』。行甫按：奚説非。此承『至人无爲，大聖不作』而言天地自然運化『自古以固存』。劉得一本因不明『今』乃『故』義，臆改爲『合』，實不可從。神明，天地。鍾泰《發微》：『《天下》篇曰「神何由降，明何由出」，而神曰降，明降自天也；明曰出，明出自地也。』至精，極其精微。行甫按：『彼』與『至精』爲同位語，『神明』乃『至精』之限定語。**與彼百化**　百化，大化流行。行甫按：二『彼』字皆指道而言。彼神明至精，指道之本體；　彼百化，指道之功用。**物已死生方圓**　已，通以，因。死生，就變化言。方圓，就形相言。行甫按：萬物皆因道而成其形體，亦因道而生死變滅。**莫知其根**　根，猶本原。行甫按：不知萬物成形成變的終極原因在於道。**扁然而萬物**　扁，通徧，今字作遍。成玄英《疏》：『扁然，偏生之貌也。』而，猶如；　如，猶於。説見吳昌瑩《經詞衍釋》。**自古以固存**　以，猶而。固，通故，常。行甫按：舊注皆以二句連讀，以爲萬物自古固存，非。扁然而萬物，言道的共時性與普遍性；　自古以固存，指道的歷時性與永恆性。非如此，不可謂之『本根』。

〔二二四〕**六合爲巨**　六合，上下四方。爲，通惟，猶雖。**未離其内**　離，脱離，超出。其，指道。**秋豪爲小**　豪，通毫；　秋毫，言其小。爲，雖。**待之成體**　待，賴，恃。之，此，指道。行甫按：待之成體，就空間而言。

〔二五〕**天下莫不沈浮**　沈浮，猶隱顯，出沒。行甫按：言天下之物皆在生死變化之中。**終身不故**　終身，猶言永遠。故，常。不故，不常，言其變化。**陰陽四時運行**　陰陽，天地、晝夜、寒暖，皆是。**各得其序**　其，指道。序，次序。行甫按：各得其序，就時間而言。

〔二六〕**惛然若亡而存**　惛，音昏；惛然，泯然，恍惚貌。若，猶似。亡，通無。**油然不形而神**　油然，興起貌。《孟子·梁惠王上》「天油然作雲」，趙岐注：「油然，興雲之貌。」不形，猶無形。神，變化莫測。**萬物畜而不知**　畜，容受。《左傳》襄公二十六年「天下誰畜之」，杜預注：「畜，猶容也。」行甫按：孔德之容，惟道是從，萬物皆因道而成其體用，則物中所容之道是爲物之德。德者，得也，得之於道。**此之謂本根**　之，猶乃。本根，終極原因，同義複詞。**可以觀於天**　可，適合。以，猶用，省「之」字。行甫按：可以觀於天，猶言可以用道的終極根源觀察天地之間的任何事象。

此乃本篇第一章，言道乃虛空與無限，既不能以理智認知，亦不可以言語稱說。在道的虛空與無限之中，萬物不斷地生死轉化，「臭腐復化爲神奇，神奇復化爲臭腐」。是以「原天地之美而達萬物之理」，則「至人无爲」。

【繹文】

以理智著稱的知到北方幽玄暗黑之水域遊歷觀覽，他登上名叫隱弅實爲幽暗邃遠的高坡，恰好在此地遇見了無作爲亦無言語的无爲謂。知對无爲謂說道：「我想向你請教幾個問題：怎樣思想怎樣考慮才能認知道？如何處置如何行動才能歸向道？什麼方法什麼途徑才能獲得道？』問了多次，无爲謂卻一句也回答不上來，不是不願意回答，而是不知道如何回答。

知沒有得到任何答案，返回到無色水的南岸，登上名爲孤寂虛空的狐闋之丘，在這裏又見到了名爲循環往復的狂屈。知又把詢問无爲謂的那番話用來請教狂屈。狂屈說：『好吔！我知道這事，姑且告訴你。』可是，狂屈在心裏想說的話，在嘴上卻忘記了該怎麽說。

知仍然沒有得到自己想要的答案，於是返回到黃帝的住處，見到黃帝仍然請教這些問題。黃帝回答說：『不要思想，也不要考慮，才能認知道；無須處置，也無須行動，便能歸向道；不用方法，也無需途徑，照樣能獲得道。』

知又問黃帝說：『我和你懂得道，那无爲謂與狂屈不懂道，這樣一來，我倆和他倆究竟誰是正確的呢？』

黃帝說：『那個无爲謂是真正懂得道的，狂屈接近於懂得道，我和你終究是差得太遠了。而且真正懂得道的人是不會在嘴上說的，在嘴上說的人並不是真正懂得道的人，所以聰明睿智境界高遠的聖人推行的是不用言說的教化。道的境界不是通過認知收羅到的，契合於道的行爲方式也不是從外面得來的。施行仁愛，便走向有爲；强調道義，恰會損害性情；推行禮儀，便是助長虛僞與相互欺詐。所以說：「喪失了道的境界之後，便特別看重合於道的行爲方式；合於道的行爲方式喪失了之後，便提倡仁愛來補救；仁愛的方法失靈了之後，便用道義來强行制約；道義的制約失效了之後，便用禮儀來裝點了。禮儀這東西，已經與道的境界相差十萬八千里，不過是道的末梢，尤其微不足道了；

到了要提倡禮儀來裝點行爲的階段，那便是天下大亂的先兆了。」也因此說：「修養道的境界便是一天天地把仁愛、道義、禮儀這些東西統統減損掉，減損而又減損，由此達到虛寂清靜而無所作爲的狀態。當然，虛寂清靜而無所作爲並不意味著什麼都不做，而是做出了便一定與道相符合。」不過既然生而爲人，已經落入仁義禮儀這些說教之中，要想重新返回到虛寂清靜的狀態，不是特別困難了嗎？如果覺得容易做到的話，恐怕衹有境界高遠的偉大人物才能做到了！

『生存與死亡是同類的，死亡也就是生命的重新開始，生與死如此循環往復，誰能知道哪個是開端呢！人有生命，便是氣的聚合；氣聚合便能生存，氣散了便死亡。如果死亡與生存是同類的，我又有什麼憂慮的呢！那些千奇百怪的物種，都是相同的，沒有任何差別。因此，那些值得讚美的東西不是常人所爲也不是尋常所見的東西，那些令人討厭的東西便是氣味惡臭形體腐爛的東西。令人厭惡的東西，不久又變成令人讚美的東西；令人讚美的東西，很快又變成令人厭惡的東西。因此說：「流通於天下的就是同一個氣而已。」這也是聰明睿智境界高遠的聖人常常尊崇一生死、齊萬物的原因。』

知對黃帝說：『我請教无爲謂，无爲謂不回答我，並不是他不願意回答我，而是不知道如何回答我。我請教狂屈，狂屈內心裏想告訴我可還是沒有告訴我，並不是他不想告訴我，心中想告訴我的話到嘴邊便忘記了說不出來。現在，我向你請教，你既知道它而且也回答了我，可是你又說與道相差很遠，這是什麼緣故呢？』

黃帝說：『那无爲謂才是真正懂得道的，因爲他不是通過理智去認知；這狂屈是近似於道，因知它。』爲他心裏明白卻忘記言辭而說不出來；我和你究竟是與道相差太遠的，因爲我們是通過理智去認知它。』

狂屈聽說這些之後，認爲黃帝善於理解有關道的言論。

天地化生萬物，具有無比偉大的善，卻不需要任何言辭；四時消長循環，具有十分明顯的規則，也不必發表任何議論；天下動植飛潛所有物種，具有現成的天然秩序，也用不著任何說明。聰明睿智境界高遠的聖人，能夠體察天地的美善，通達萬物的道理；也就是說，境界極爲高遠的人物不去做什麼，聰明睿智的偉大人物不去造什麼，衹是默默地觀察天地罷了。

因此，那天地宇宙至極精微的大道，以及它那千姿百態生生不息的運化功能，萬物依賴它生死變滅，形成方圓異相，可是沒有人知道這個終極大道的根源，這個終極大道根源遍及天下萬事萬物，自古以來便永恆地存在。天地四方雖然無限巨大，但並沒有超出大道之外；秋天的毫毛雖然微細，也必須依賴它才能完成形體。天下萬物無不出沒隱顯，此起彼伏，始終都在不斷地變化趨新；天地四時不停地運轉，陰消陽長，都是得自道的規律與秩序。恍然惚然似乎沒有卻又是存在的，如雲如烟沒有形體卻又變化莫測，萬事萬物無不擁有卻渾然沒有知覺，這就叫作終極本原，可以用它來觀察天地之間的任何事象了。

〔二〕

齧缺問道乎被衣，被衣曰：『若正汝形，一汝視，天和將至；攝汝知，一汝度，神將來舍。〔一〕德將爲汝美，道將爲汝居。汝瞳焉如新生之犢而无求其故！』〔二〕言未卒，齧缺睡寐。被衣大說，行歌而去之，〔三〕曰：『形若槁骸，心若死灰，真其實知，不以故自持。〔四〕媒媒晦晦，无心而不可與謀。彼何人哉！』〔五〕

【釋義】

〔一〕**齧缺問道乎被衣**　齧缺，王倪弟子。乎，於。被衣，王倪之師。《釋文》：『被音披，本亦作披。』《天地》：『齧缺之師曰王倪，王倪之師曰被衣。』**被衣曰若正汝形**　若，猶如，假設或者條件連詞。正，端正。汝，你。形，形體。**一汝視**　一，猶歸一，集中。視，猶言視覺官能。**天和將至**　天和，自然之和氣。將，猶當。至，至於心。**攝汝知**　攝，收聚。知，通智，智力。**一汝度**　度，音奪，猶謀。《大雅·皇矣》『爰究爰度』，鄭《箋》：『度，亦謀也。』行甫按：視、形相關聯，則『視』乃外部感覺官能；度、知相關聯，則『度』乃內部感覺官能。俞樾《平議》曰『度猶形也』，非。或以『度』爲『氣』，誤甚。**神將來舍**　神，鬼神。王叔岷《校詮》：『《人間世》篇「夫徇耳目內通，而外於心知，鬼神將來舍」，與此文意相近。』舍，止宿。行甫按：猶言正形攝知，收視反聽，幽冥界之鬼神亦可於虛靜之心靈自由來往，而無所挂礙。

〔二〕**德將爲汝美**　德，内化於心靈之道，合於道的行爲方式。行甫按：德、道相對爲言，則『道』在外，『德』在内。就人而言，『道』内化爲心靈境界則爲『德』，表現於人的行爲方式與思想方式；就物而言，『道』投射於物則爲物中之道，亦即物之『德』，表現於物之形體構造與使用功能。餘説參見《大宗師》解題。將，猶當。爲，猶使。《國語·晉語八》『爲後世之見之也』，韋昭注：『爲，使也。』美，善。行甫按：美、德相關聯，乃指行爲之善。**道將爲汝居**　居，安，静。《禮記·樂記》『居，吾語女』，鄭玄注：『居，猶安坐也。』《呂氏春秋·上農》『無有居心』，高誘注：『居，安也。』《孝經·開宗明義章》『仲尼居』，陸德明《釋文》引孔安國云：『居，静而思道也。』**汝瞳焉如新生之犢而无求其故**　瞳焉，愚昧無知貌。章太炎《解故》：『瞳借爲童昏之童，相承亦作侗。』焉，猶然。新，初。犢，小牛。求，求知。其，指犢。故，舊，與『新』相對。

〔三〕**言未卒**　卒，終。**齧缺睡寐**　睡寐，近義複詞，猶言坐著便睡著了。《説文》：『睡，坐寐也。』行甫按：睡寐，心安閒而無事，隨時能入睡，與『道將爲汝居』相關聯。**被衣大説**　説，通悦，心情愉快。**行歌而去之**　行歌，邊走邊唱。去，離開。

〔四〕**形若槁骸**　槁骸，猶槁枝。**心若死灰**　死灰，灰燼。**真其實知**　真，真正。其，猶乃。實，誠。行甫按：真其實知，猶言的確是真的懂了。**不以故自持**　以，猶使。持，猶執，守。行甫按：不以故自持，不使舊我之形之心拘執自己，此與『德將爲汝美』相關聯，所謂日新其德。

〔五〕**媒媒晦晦**　四字《淮南子·道應》作『墨墨恢恢』。媒媒，猶默默。晦晦，暗暗。行甫按：媒媒，默而無聲，與上文『一汝度』相關聯；晦晦，暗而不明，與上文『一汝視』相關聯。**无心而不可與謀**　總攝且解釋『媒晦』之義。**彼何人哉**　歎美其人悟道之速。

此乃本篇第二章，被衣爲齧缺講說如何悟道，話音未落，齧缺鼾然大睡，則『无心』，卽無憂無慮，無私無欲，乃是悟道的先決條件。

【繹文】

齧缺問被衣如何得道，被衣說：『如果端正你的形體，專注你的視覺感官，當會有一團天然的和氣輕柔緩慢地進入你的內心；收聚你的心智，專注你的內部感官，幽冥世界的鬼神就會自由自在地光顧你的心靈。合於道的行爲方式將會讓你變得美好善良，道的心靈境界也會讓你變得安閒寧靜，你就會矇矇瞶瞶地如同初生的牛犢一樣，不會去尋求過去的自己。』話還沒說完，齧缺便鼾然大睡了。被衣內心非常高興，一邊走一邊唱著歌離開齧缺走了。他在心裏說道：『形體就像枯死的樹枝，心靈就像燃盡的灰燼，確實是真正懂得道了，再也不會用他自己過去的形體與心性拘執自己了。冥默而無聲，晦暗而不明，旣無內部感覺，也無外部感覺，無思無慮，無知無識，不能與他說上一句話。悟道如此之快，他是個什麼人啊！』

〔三〕

舜問乎丞曰：『道可得而有乎？』〔一〕

曰：『汝身非汝有也，汝何得有夫道？』〔二〕

舜曰：『吾身非吾有也，孰有之哉？』〔三〕

曰：『是天地之委形也；生非汝有，是天地之委和也；〔四〕性命非汝有，是天地之委順也；〔五〕孫子非汝有，是天地之委蜕也。〔六〕故行不知所往，處不知所持，食不知所味。〔七〕天地之强陽氣也，又胡可得而有邪！』〔八〕

【釋義】

〔一〕**舜問乎丞**　丞，輔臣。《釋文》：『李云：舜師也。一云：古有四輔，前疑後丞，蓋官名。』**道可得而有乎**　得，得到。有，擁有。乎，猶邪。

〔二〕**汝身非汝有**　身，猶形骸。**汝何得有夫道**　得，猶能。夫，猶彼。

〔三〕**吾身非吾有也孰有之**　孰，誰。

〔四〕**是天地之委形**　是，猶乃。委，猶施予，托付。俞樾《平議》：『司馬云「委，積也」，於義未合。《國策·齊策》「願委之於子高」，注曰：「委，付也。」成二年《左傳》「王使委於三吏」，杜注曰：「委，屬也。」「天地之委形」，謂天地所付屬之形也。下三「委」字並同。』形，形體。**生非汝有**　生，活，猶生命活力。《論語·鄉黨》『君賜生，必畜之』，皇侃《疏》：『生，謂活物也。』《呂氏春秋·懷寵》『能生死一人』，高誘注：『生，活也。』行甫按：生、形相對，與下文『性命』含義有別。**是天地之委和**　是，猶乃。天地，猶陰陽。和，沖和之氣。

〔五〕**性命非汝有**　性命，猶言上天賦予人的自然生命，含『形』與『生』。《禮記·中庸》『天命之謂性』，鄭玄

注：『天命，謂天所命生人者也，是謂性命。』**是天地之委順** 順，變，化。行甫按：生命由氣變而來，《至樂》『氣變而有形，形變而有生』，是其義。

〔六〕**孫子非汝有** 孫子，成玄英《疏》：『陰陽結聚，故有子孫。』《闕誤》引張君房本作『子孫』。行甫按：當以『子孫』爲是。**是天地之委蛻** 蛻，蛇蟬所脫之皮。《說文》：『蛻，它蟬所解皮也。』

〔七〕**故行不知所往** 故，因此。行，行動。所，猶何。往，猶去。**處不知所持** 處，居止。持，猶守。**食不知所味** 所味，何味。

〔八〕**天地之强陽氣** 强陽，郭象注：『猶運動耳。』行甫按：强陽，猶言剛健。郭注因《至樂》『氣變而有形』爲說，非謂『强陽』卽是『運動』。**又胡可得而有** 胡，猶何。行甫按：不可得而有，言道乃大化流行的虛無之氣，非可實得而有。然而，若明乎此理，卽是悟而得之耳。

此乃本篇第三章，言形骸、生命、人性乃至子孫，皆是天地之氣和合變化推移的結果。如果明白這個道理，也就是『得道』，並非天地間另有確然而立之物乃稱爲道。

【繹文】

虞舜問他的輔政大臣說：『道可以獲得而且擁有嗎？』

輔臣答道：『你的身體都不是你擁有的，你哪裏能擁有那個道呢？』

舜頗有些不解，說：『我的身體不是我擁有，誰擁有它啊？』

輔臣說：『是天地陰陽施予託付你的形貌；生命活力也不是你擁有的，是天地陰陽施予託付你的一團和氣；生命本身也不是你擁有的，是天地陰陽施予託付你的一種變化；你的子孫也不是你擁有的，是天地陰陽施予託付你的一層蛻皮。因此，行動並不知道要去向哪裏，居止也不知道要守著什麼，吃飯也不知道什麼滋味，一切皆在大化流行變動不居之中。道就是天地之間這股剛健之氣的大化流行，又怎麼能夠獲得而擁有呢？』

〔四〕

孔子問於老聃曰：『今日晏閒，敢問至道。』〔一〕老聃曰：『汝齊戒，疏瀹而心，澡雪而精神，掊擊而知！〔二〕夫道，窅然難言哉！將爲汝言其崖略。〔三〕

『夫昭昭生於冥冥，有倫生於无形，精神生於道。〔四〕形本生於精，而萬物以形相生。故九竅者胎生，八竅者卵生。〔五〕其來无跡，其往无崖，无門无房，四達之皇皇也。〔六〕邀於此者，四肢彊，思慮恂達，耳目聰明。其用心不勞，其應物无方。〔七〕天不得不高，地不得不廣，日月不得不行，萬物不得不昌，此其道與！〔八〕

『且夫博之不必知，辯之不必慧，聖人以斷之矣。〔九〕若夫益之而不加益，損之而不加損者，聖人之所保也。〔一〇〕淵淵乎其若海，魏魏乎其終則復始也，運量萬物而不匱。〔一一〕

則君子之道，彼其外與！萬物皆往資焉而不匱，此其道與！〔一二〕

『中國有人焉，非陰非陽，處於天地之間，直且爲人，將反於宗。〔一三〕自本觀之，生者，喑醷物也。雖有壽夭，相去幾何？須臾之説也。奚足以爲堯、桀之是非！〔一四〕果蓏有理，人倫雖難，所以相齒。聖人遭之而不違，過之而不守。〔一五〕調而應之，德也；偶而應之，道也；帝之所興，王之所起也。〔一六〕

『人生天地之間，若白駒之過郤，忽然而已。〔一七〕注然勃然，莫不出焉；油然漻然，莫不入焉。〔一八〕已化而生，又化而死，生物哀之，人類悲之。〔一九〕解其天弢，墮其天袠，紛乎宛乎，魂魄將往，乃身從之，乃大歸乎！〔二〇〕不形之形，形之不形，是人之所同知也，非將至之所務也，此衆人之所同論也。〔二一〕彼至則不論，論則不至。明見无值，辯不若默。道不可聞，聞不若塞。此之謂大得。』〔二二〕

【釋義】

〔一〕**今日晏閒** 晏，猶安。閒，閒暇。**敢問至道** 敢，請，敬詞。至道，大道。

〔二〕**汝齊戒** 齊，通齋。行甫按：齊戒，就祭祀言，則爲沐浴保潔，不食葷腥；就心齋言，指祛除知識，靜心息慮。王叔岷《校詮》：『車柱環云：當讀「汝齊戒」爲句，下三句皆齊戒之道也。』**疏瀹而心** 疏，通。瀹，音藥，《釋文》：『漬也。』行甫按：疏瀹，疏通，近義複詞。而，猶汝。**澡雪而精神** 澡，洗。雪，拭。《呂氏春秋·

覩表》『吳起雪泣而應之』，高誘注：『雪，拭也。』《廣雅・釋詁三》『雪，除也』，王念孫《疏證》：『雪之言刷也。』行甫按：澡雪，猶洗刷，近義複詞。**掊擊而知**　掊，猶扒。《漢書・郊祀志上》『掊視得鼎』，顏師古注：『掊，謂手杷土也。』擊，拂除。《慧琳音義》卷四十二『扣擊』注引鄭玄《考工記》注：『擊，拂也。』行甫按：掊擊，猶言扒去拂除。舊訓爲『打破』，非其義。知，猶所知，名詞。行甫按：掊擊而知，猶言扒去拂除汝之所知。

〔三〕**夫道**　夫，猶彼。**窅然難言**　窅，音咬，《說文》：『冥也。』窅然，深遠貌。**將爲汝言其崖略**　將，猶當，嘗。行甫按：《田子方》『嘗爲汝議乎其將』，正作『嘗』。爲，猶與。崖，邊際。略，粗略。

〔四〕**夫昭昭生於冥冥**　夫，猶彼。昭昭，明，可見之物。冥冥，暗，不可見之物。行甫按：昭昭生於冥冥，言可見之物生於不可見之道。**有倫生於无形**　倫，通綸，跡。《小雅・正月》『有倫有脊』，馬瑞辰《傳箋通釋》：『脊，《春秋繁露》作迹。《玉篇》：「迹，跡也，理也。」倫與迹亦同義。倫又通綸，荀爽《易注》「綸，迹也」。』行甫按：有倫生於无形，猶言有形跡之物生於無形跡之道。**精神生於道**　精，靈明。《荀子・賦篇》『血氣之精也』，楊倞注：『精，靈也。』《管子・內業》『凡物之精』，尹知章注：『精，謂神之至靈者也。』神，不測。《管子・內業》『有神自在身』，尹知章注：『神，不測者也。』行甫按：精神，靈明不測，猶今語所謂心靈意識，此處指精神境界。精神生於道，猶言精神現象也是由道產生的。行甫又按：此『道』字與前『冥冥』、『无形』爲同位語，如此安排者，避免文勢平板。

〔五〕**形本生於精**　形，有形體者。本，原，始。劉淇《助字辨略》卷三：『本，原始之辭也。《史記・齊悼惠王世家》「聞魏勃本教齊王反」，《留侯世家》「留侯本招此四人之力也」。』精，猶言精氣。行甫按：形本生於精，猶言形體原本生於精氣，乃總結前三句之義。**而萬物以形相生**　而，猶然，且。萬物，有形體者。行甫按：此承上句而言，謂生於精氣之有形體之物又以形體相生。**故九竅者胎生**　九竅，人與獸。胎生，以胞胎繁殖後代。

八竅者卵生　八竅，禽與魚。卵生，以產卵繁殖後代。

〔六〕**其來无跡**　其，隨道而大化流行之萬物。來无跡，即『昭昭生於冥冥』。**其往无崖**　崖，岸；往无崖，隨大化流行之道而不知所止。**无門无房**　无門，言不知所出。无房，言不知所歸（王先謙《集解》引宣穎說）。**四達之皇皇**　達，通，至。四達，猶言流變無方。之，猶而。皇皇，廣大無邊。章太炎《解故》：『皇皇者，堂皇也。《漢書·胡建傳》「列坐堂皇上」，師古曰：「室無四壁曰皇。」』

〔七〕**邀於此者**　邀，通達。王叔岷《校詮》：『邀借爲竅。「竅於此者」，猶言「通於此者」。《淮南子·俶真》篇「竅領天地」，高注：「竅，通也。」』此，指萬物隨道而大化流行之理。**四肢彊**　彊，通强，强壯。世德堂本作『枝』，通假字。**思慮恂達**　思，思維。慮，謀慮。恂，通侚，敏捷。《說文》『侚，疾也。』達，通達。**耳目聰明**　耳聽爲聰，目見爲明。**其用心不勞**　其，猶乃。用心，運思。勞，勤苦。**其應物无方**　應物，應對外物。无方，不執一端，通達無礙。

〔八〕**天不得不高**　得，擁有，得到。高，高遠。**地不得不廣**　廣，廣闊。**日月不得不行**　行，運行。**萬物不得不昌**　昌，旺盛。**此其道與**　其，猶殆。與，通歟。

〔九〕**且夫博之不必知**　且夫，猶而且，更端遞進之詞。博，博學。之，猶而。知，知曉。行甫按：言道非由博學所能得。**辯之不必慧**　辯，言辯。慧，猶知，明察。《方言》卷三：『知，或謂之慧，或謂之憭。』《慧琳音義》卷三『黠慧』注引賈逵《國語注》：『知，明察也。』行甫按：言道非以言辯所能察知。**聖人以斷之**　聖人，聰明睿智境界高遠的人。以，猶因。斷，絕。之，代指通過博學與辯察以知道的途徑。

〔一〇〕**若夫益之而不加益**　若夫，猶至於。加益，增加。**損之而不加損**　加損，減少。行甫按：猶言道乃永恆之虛空與無限而無益無損。**聖人之所保** 所，猶可。保，擁有。行甫按：《齊物論》『孰知不言之辯，不道之道；若有能知，此之謂天府。注焉而不滿，酌焉而不竭，而不知其所由來，此之謂葆光』，可與此文互參。

〔一一〕**淵淵乎其若海** 淵淵，無限廣遠。乎，猶然。其，猶有，說見盧以緯《助語辭》。行甫按：其若海，有如海。**魏魏乎其終則復始** 魏魏，通巍巍，本義爲山體高大或城闕高聳，此言久遠。行甫按：老莊常有空間概念與時間概念互用之例。《大宗師》『在太極之先而不爲高』，以『先』爲『上』，猶以『上』爲『先』。《老子》道經第十四章：『一者，其上不皦，其下不昧』，亦其例。二句上言空間無限，下言時間無窮。**運量萬物而不匱** 運，轉動。量，度量，分劑。行甫按：運量萬物，使萬物各自運轉變化，使萬物各得其度量與分劑。匱，通遺，遺漏。文如海、劉得一本並作遺。行甫按：言道乃搏運眾生，涵藏萬有。

〔一二〕**則君子之道** 則，猶而，轉折連詞。君子之道，世俗君子所論之道。**彼其外與** 彼，指君子之道。其，猶爲。外，遠。與，通歟。**萬物皆往資焉而不匱** 資，取。匱，乏。**此其道** 其，猶殆。行甫按：上文『天不得不高』云云，是其義。

〔一三〕**中國有人焉** 中國，中原地區。**非陰非陽** 陰，死。陽，生。行甫按：非陰非陽，猶言超越生死之界限。**處於天地之間** 處，居，止。**直且爲人** 直，特，祇詞。且，姑且。**將反於宗** 反，通返。宗，本。行甫按：反於宗，猶言返於原初的虛無狀態。《至樂》『察其始而本无生，非徒无生也而本无形，非徒无形也而本无氣』，是其證。

〔一四〕**自本觀之** 本，宗。行甫按：自本觀之，猶自無生無形無氣之原初狀態觀之。**生者** 生，生命。**喑醷物** 喑醷，音陰意，《釋文》：『李、郭皆云：聚氣貌。』**雖有壽夭** 壽夭，生命長短。**相去幾何** 去，猶遠。

幾何，微少。**須臾之說** 須臾，短暫。說，猶義。《漢書·鼂錯傳》『不問書說也』，顔師古注：『說，謂所說之義也。』**奚足以爲堯桀之是非** 奚，何。足以，得。爲，猶衡量，評判。行甫按：言人生短促，聞見有限，故不足以評判堯與桀之是非。《秋水》『其生之時，不若未生之時；以其至小求窮其至大之域，是故迷亂而不能自得也』，是其義。

〔一五〕**果蓏有理** 果蓏（音裸），樹木果實。《說文》：『蓏，在木曰果，在地曰蓏。』有理，有條理次序。**人倫雖難** 倫，猶倫理。雖，通惟，爲。難，通然。《說文》：『然，燒也，從火，肰聲。⿱艹難，或從艸難。』《廣雅·釋詁》『⿱艹難，爇也』，王念孫《疏證》：『然、⿱艹難、⿱難灬並同。』行甫按：『然』既從『難』得聲，自可相通互用。《尚書·盤庚中》『懷爾然』，卽讀『懷爾難』（參見拙著《尚書釋讀》）。此『人倫雖難』，則讀『人倫雖然』。二句謂果蓏之實有其次序條理，人倫之際亦有次序條理。注家讀『難』如字，義理難通，恐非。**所以相齒** 所以，因此。齒，列。**聖人遭之而不違** 遭，遭遇。之，指人倫之列。不違，猶順從。**過之而不守** 過，失去。守，猶留。行甫按：遭之，猶言生而爲人，進入人倫之列；過之，猶言死而亡故，失去人倫之列。

〔一六〕**調而應之** 調，調適。應，順從。**德也** 德，合於道的行爲方式。行甫按：調而應之，是爲『德』，就『遭之而不違』言之。**偶而應之** 偶，通遇。《釋名·釋親屬》『耦，遇也』，王先謙《疏證補》：『偶、遇，古字本通。』**道也** 道，高遠曠達的心靈境界。行甫按：偶而應之，是爲『道』，就『過之而不守』言之。**帝之所興** 興，起。所，猶所以。**王之所起** 起，興。行甫按：帝、王，散文則通，對文則異。傳說之『五帝』，在『三王』之先。二句猶言『帝』與『王』依次興起，皆因順應時勢而已。

〔一七〕**若白駒之過郤** 若，猶如。白駒，白色駿馬。郤，通隙，縫隙。**忽然而已** 忽然，短暫貌。

〔一八〕**注然勃然**　注然，流注貌。勃然，興起貌。**莫不出焉**　出，猶生。**油然漻然**　油然，流動貌。漻（音劉）然，亦流動貌。**莫不入焉**　入，猶死。王叔岷《校詮》：『疑注、油二字當互易，蓋油、勃是出生之容，注、漻是入死之狀也。』行甫按：若從王說，則『油然』猶普遍興起貌。

〔一九〕**已化而生**　已，猶既。既可訓已，已亦可訓既。化，變化。**又化而死**　又，與已相關爲用。**生物哀之**　生物，活物。**人類悲之**　人類，同類之人。行甫按：悲哀同類之死，猶不知生命之真實本質而已。《養生主》『老者哭之如哭其子，少者哭之如哭其母』，是其例。

〔二〇〕**解其天弢**　解，解脱。其，代指逝者。弢，《説文》：『弓衣也。』**墮其天袠**　墮，音灰，毁棄。袠，《説文》『帙，書衣也；從巾失聲。袠，帙或從衣。』行甫按：莊子把與生俱來的人生約束稱之爲『天弢』或『天袠』，把與生俱來的人生苦難稱之爲『天刑』。**紛乎宛乎**　紛，放散貌。《釋名·釋車》：『紛，放也。』乎，猶然。宛，飛翔貌。《廣雅·釋訓》『蜿蜿，動也』，王念孫《疏證》：『《楚辭·離騷》云「駕八龍之婉婉兮」，宋玉《高唐賦》「振鱗奮翼，蜲蜲蜿蜿」，司馬相如《封禪文》「宛宛黄龍，興德而升」，婉婉、蜿蜿、宛宛，並字異而義同。』行甫按：《小雅·小宛》『宛彼鳴鳩，翰飛戾天』，『宛』字亦狀鳩鳥飛鳴之貌，毛《傳》『小貌』，恐是隨文生訓，不足爲據。**魂魄將往**　魂魄，猶言靈魂。將，當。往，去。**乃身從之**　乃，猶且。身，猶言肉體。從，隨。**乃大歸**　大歸，靈魂與肉體同歸於虚無。

〔二一〕**不形之形**　不形，未有形體。之，猶而，往。形，既有形體。**形之不形是人之所同知**　是，猶此。同，共。**非將至之所務**　將至，錢穆《纂箋》：『馬其昶曰：「將至」猶言「造極」。《儀禮》「將命」注：「將猶致也。」』務，猶求。行甫按：心靈境界極爲高遠的人，並不在意形與不形之别。**此衆人之所同論**　此，指形與不形之別。同論，共同討論。行甫按：衆人熱衷於討論形與不形之別。

〔二二〕**彼至則不論論則不至**　彼，猶夫，若。至與論，猶言至人與衆人。**明見无值**　值，當。章太炎《解故》：『值，借爲直。《說文》：「直，正見也。」無直者，以不見爲明見也。』行甫按：章說未達一間。『明見无值』與『論則不至』相關爲文，討論形與不形之別，非境界高遠的人；以爲見道的人，實則一無所見。**辯不若默**　辯，言辯論說。默，不以言辯。**道不可聞**　聞，猶認知。**聞不若塞**　塞，閉塞。**此之謂大得**　得，猶德。

此乃本篇第四章，言萬物與人類皆取資於道而有其生，和適於道而成其德。取資於道而有其生，則隨其道而大化流行，生化不已，『雖有壽夭』，不過『須臾』之間而已。和適於道而成其德，則萬物各自具有互不雷同的體和用，是以『天不得不高，地不得不廣，日月不得不行，萬物不得不昌』，且『帝之所興，王之所起』，無非是調適與順從於道的結果。然而道之本身則『明見无值』而『窅然難言』。

【繹文】

孔子問老聃說：『今天閒暇無事，冒昧地請問什麼是最高的道。』老聃說：『你得沐浴齋戒，不食葷腥，還得疏通你的心智，不要讓過去的成見堵塞了你的胷膛，讓你的心靈好好洗個澡，然後把它擦拭乾淨，尤其要把你先前所擁有的一切知識統統刨除掉！不過，那所謂道，實在是虛空無物，難以言說啊！嘗試著給你說個大概意思吧。

『那些明白可見的東西，都是從虛無不可見的道生出來的；有形跡的東西，也是從空虛無形跡的道生出來的；就是那靈明不測的心理意識與精神現象，也是從道生出來的。有形體的東西，原本是從無形體的精微之氣變生而來的，因而從精微之氣變生而來的萬物，才能通過形體互相繁衍了。所以生有九個孔竅的獸類動物通過胞胎繁殖後代，生有八個孔竅的魚鳥之類動物通過產卵而繁殖後代。這些隨著道的大化流行而不斷生滅變遷的林林總總，它們產生之時不見痕跡，它們澌滅之時不知止境，不知它們從哪裏來，也不知它們到哪裏去，它們就像處在四通八達而沒有圍墻的殿堂之中一樣，可以隨意往來流動，沒有任何固定方向。領悟了這個大化流行的道理，必然身體健康四肢强壯，思維敏捷謀慮通達，眼觀六路耳聽八方。他會運思輕鬆無須苦思冥想，他應對外物總是隨圓就方。上天不能擁有道的包容便不能高遠，大地不能擁有道的涵蓋便不能廣闊，太陽和月亮不能擁有道的監護便不能周而復始地運行，萬物不能擁有道的恩澤便不能繁榮昌盛，這大概就是道吧！

『而且，更爲重要的是，道並非通過博學可以明白的，也不是通過辯說可以了解的，因此聰明睿智境界高遠的聖人從根本上杜絕這種得道的途徑了。至於說增加到不能再增加，減損到不能再減損，放之充滿天下，收之不盈一握，衹有聰明睿智的聖人才可以擁有它。浩瀚無垠有如大海，綿渺無窮卻又終而復始，循環無端，它運化與分配天下萬物而無所遺漏。由此可見，那些世俗君子所談論的大道，實在是皮相之論，差得太遠了！天下萬物都從道那裏取得生命的源泉，而它自己卻永遠不會枯竭匱乏，這大概就是道吧！

『中原地帶有一個人住在那裏，他無所謂生，也無所謂死，已經超脫了生死。他寄居在天地之間，不過姑且算作是個人而已，最終還是要返回到他的最初狀態。當然，從根本上看來，生命這東西，不過是一氣之相聚罷了。雖然活得有長有短，相差又有多大呢？轉瞬即逝，說的就是這個意思。人的生命如此短促，又有什麼資格去評判唐堯與夏桀誰是誰非呢！植物的瓜果都有條理規律，人際關係也是這樣，人生在世也就自然而然地與人形成人倫系列。聰明睿智的聖人，進入這個人倫系列便欣然接受它順從它，失去了這個人倫系列也決不留戀。一旦生而爲人，進入這個人倫系列，便調適自己，順從它，這便是德的行爲方式；一旦身死人亡，失去這個人倫系列，也調適自己，順從它，這便是道的心靈境界；上古時代，從帝的興起到王的發跡，無不是調適與順從的結果。

『人生在天地之間，如同白色駿馬跨過一道小小的縫隙，瞬間逝去而已。然而天地之間的萬事萬物，林林總總，油然而生，勃然而起，層出而不窮；當然，它們也如同朝日之露，流逝之水，轉瞬即成故物。這樣不斷地變化而生，又不斷地變化而死，生生死死，無所窮盡，而生活在一起的同類感到哀傷，相守一輩子的人感到悲痛。可他們哪裏知道，死亡才是真正脫掉了人生的天然束縛，鬆開了人生的天然捆綁，多麼輕鬆放曠啊，多麼自由自在啊！靈魂與精神當先離去，然後肉體與軀殼便相隨而行，於是永遠回歸到生命最初的虛無狀態。從沒有形體到有了形體，又從有了形體再到沒有形體，這是大家都可以認知到的現象，但形體之有與無，並不是境界極爲高遠的悟道之人所追求的東西，卻是俗世的眾人所共同討論的對象。那聖人的境界極爲高遠，卻並不討論形體的或有或無，而討論形體有無的人，他們的心靈也達不到極爲高遠的境界。希望明察大道的人未必真有所見，與其辯論與言說不如默不作聲。道的境界是不能通過言說傳達的，通過言說傳達的道不如塞耳不聽。這才稱得上是最爲符合道的行爲方式。』

〔五〕

東郭子問於莊子曰：『所謂道，惡乎在？』莊子曰：『无所不在。』〔一〕東郭子曰：『期而後可。』莊子曰：『在螻蟻。』〔二〕曰：『何其下邪？』曰：『在稊稗。』〔三〕曰：『何其愈下邪？』曰：『在瓦甓。』〔四〕曰：『何其愈甚邪？』曰：『在屎溺。』東郭子不應。〔五〕

莊子曰：『夫子之問也，固不及質。正獲之問於監市履豨也，每下愈況。〔六〕汝唯莫必，无乎逃物。至道若是，大言亦然。〔七〕周徧咸三者，異名同實，其指一也。〔八〕

『嘗相與游乎无何有之宮，同合而論，无所終窮乎！〔九〕嘗相與无爲乎！澹而靜乎！漠而清乎！調而閒乎！〔一〇〕寥已吾志，无往焉而不知其所至。〔一一〕去而來而不知其所止，吾已往來焉而不知其所終。彷徨乎馮閎，大知入焉而不知其所窮。〔一二〕物物者與物无際，而物有際者，所謂物際者也；〔一三〕不際之際，際之不際者也。〔一四〕謂盈虛衰殺，彼爲盈虛非盈虛，彼爲衰殺非衰殺，彼爲本末非本末，彼爲積散非積散也。』〔一五〕

【釋義】

〔一〕**東郭子問於莊子曰所謂道** 東郭子，居於東郭，因以爲號。**惡乎在** 惡，何。乎，於。**莊子曰无所**

不在　所，猶處。

〔二〕**期而後可**　期，當，必。郭象《注》：『欲令莊子指名所在。』**莊子曰在螻蟻**　螻蟻，螻蛄與螞蟻，生於土中。

〔三〕**何其下邪**　下，卑下。**在稊稗**　稊（音題）稗，稊米與稗草，禾穀中二種雜草。

〔四〕**何其愈下邪**　愈下，更加卑下。**在瓦甓**　瓦甓（音僻），瓦片與磚頭，宮牆廢墟之遺存物。

〔五〕**何其愈甚邪**　愈甚，更加不堪。**在屎溺**　溺，通尿。**東郭子不應**　應，回答。行甫按：此爲莊子插科打諢之語，以回應東郭子提問的路徑錯誤。

〔六〕**夫子之問**　之，此。**固不及質**　固，本來。及，逮，至。質，射箭之靶心。《荀子·勸學篇》『是故質的張而弓矢至焉』，楊倞注：『質，射侯。』**正獲之問於監市履狶**　正，誠，如。《論語·述而》『正唯弟子不能學也』，何晏《集解》引鄭玄注：『魯讀正爲誠。』獲，奴婢之稱。行甫按：周秦之際稱臧、稱獲，猶今稱張三、李四。《墨子·大取》『慮獲之利，非慮臧之利也』，卽是其證。監市，市場監管人員。履，踩踏。狶，豬。**每下愈況**　每，雖。《小雅·皇皇者華》『每懷靡及』，毛《傳》：『每，雖也。』下，往下。愈，猶更。況，滋，益。行甫按：莊子之意，因爲提問方式本來就沒有觸及本質，所以越往下問，離自己想要的答案便越遠。就如同希望買到肥肉的張三，詢問踩著豬探其肥瘦的市場監管員：『下一頭怎麼樣啊？』回答卻是：『更瘦！』

〔七〕**汝唯莫必**　莫，無，毋。必，猶肯定。張君房本『必』下有『謂』字。行甫按：有『謂』字語意較明。**无乎逃物**　乎，於。逃，遁。行甫按：无乎逃物，猶言『無逃於物』，二句當連讀：『汝唯莫必（謂）无乎逃物』，意卽：你最好不要肯定地說，道就必定在物之中而不會超出物之外。**至道若是**　至道，最高之道。若是，如此。

行甫按：『至道』不會拘定在某物之中。**大言亦然**　大言，概括性很强的語詞或概念。亦然，也是如此。

〔八〕**周徧咸三者**　周，全。徧，通遍，普遍。咸，皆。**異名同實**　異名，語詞不同。同實，概念內涵一樣。**其指一**　指，意指。

〔九〕**嘗相與游乎无何有之宫**　嘗，猶試。相與，一起。游，遊心。无何有之宫，無所有之宫。行甫按：猶言遊心於虚空與無限之時空，此乃超越的高遠境界。**同合而論**　同合，混同冥合。而，爾，你。論，言論，討論。行甫按：同合而論，混溟你的言論，不要探究道究竟在何處。因爲道既是虚空與無限的時空架構，也是高遠超邁的心靈境界，它無處不在，卻又所在皆無。**无所終窮**　所，猶可。終，止。窮，盡。

〔一〇〕**嘗相與无爲**　无爲，隨道而大化流行。**澹而静**　澹，淡泊。静，安静。**漠而清**　漠，淡漠。清，清閒。行甫按：二句爲互文，猶言淡漠而清静。**調而閒**　調，調適。閒，平和。

〔一一〕**寥已吾志**　寥，虚寂，空曠。行甫按：《大宗師》『入於寥天一』，即此『寥』字義。已，猶然。志，心志。**无往焉而不知其所至**　无往，王叔岷《校詮》：『無蓋本无，形近之誤也。无，古既字。』行甫按：『既』，已。焉，猶然。其，猶將。所，猶何。至，達。

〔一二〕**去而來而不知其所止**　去而來，猶去且來。止，處。**吾已往來焉而不知其所終**　終，猶止。**彷徨乎馮閎**　彷徨，逍遥。馮閎，郭象注：『虚廓之謂也。』**大知入焉而不知其所窮**　大知，猶大智。入焉，進入道的高遠境界。窮，盡。行甫按：《大宗師》『聖人將遊於物之所不得遯而皆存』，是其義。

〔一三〕**物物者與物无際**　物物者，使物成爲物的東西。无際，冥合無間。行甫按：道乃虚空與無限的宇宙形式，苞舉宇內，涵藏萬有，與物没有邊際。**而物有際**　而，猶然，轉折連詞。物與物之間，卻有區分與邊界。

所謂物際　物際，物的邊際。

〔一四〕**不際之際**　之，猶而。**際之不際者也**　者也，虛詞連用。行甫按：二句互相補充。不際之際，道無際而物有際；際之不際，物在道中有際而道終無際。

〔一五〕**謂盈虛衰殺**　謂，猶爲。盈，滿。虛，空。盈虛，反義複詞。衰（音崔）殺，降差，近義複詞。行甫按：此言道的生化功能。因物有際，故有盛衰變滅。**彼爲盈虛非盈虛**　彼，道。爲，作爲，成就。行甫按：言道成就物之盛衰而道無盛衰。**彼爲衰殺非衰殺**　衰殺，猶變滅。**彼爲本末非本末**　本末，物以不同形相禪，則有本有末。**彼爲積散非積散**　積散，聚散。氣之聚散而有生死。

此乃本篇第五章，言道既是虛空與無限的時空構架，亦是超邁而高遠的心靈境界，因而雖無處不在，卻所在皆無。若以爲道乃確然而立之物，一定要求確切指其具體所在，則提問的方式本身就是荒謬可笑的。

【繹文】

東郭子向莊子請教說：『所說的那個道，它在哪裏呢？』莊子回答說：『無處不在。』東郭子不太滿意，說：『一定有個具體地方才行啊！』莊子說：『在螻蛄和螞蟻那裏。』東郭子說：『怎麽如此卑下呀？』莊子又說：『在稊草和野稗那裏。』東郭子說：『怎麽越來越卑下了呢？』莊子又說：『在廢墟中的斷瓦與殘磚那裏。』東郭子說：『怎麽越說越不像話了呀？』莊子乾脆說：『在茅廁的屎和尿那裏。』東郭子無話可說了。

莊子批評東郭子說：『你老先生這個問題呀，本來就沒有提到點子上。就如同去屠夫鋪買肥肉的張三，一次次地尋問踩著豬肚皮的市場監管員說「下一頭肥不肥」回答卻是「更瘦」一樣，越往下問，便越離自己想要的答案越遠。你最好不要肯定地說道就必定在物之中而不會超出物之外。最高的道，正是超出萬物之外的，而且概括性很强的語詞也是這樣的。完全、普遍、一切，這三個概念，名稱不同而內涵相同，所指的意思都是一樣的。

『請試著和我一起遊心於一個什麼都沒有的空曠世界，你也不要使用任何有關區別的言論，那就是無邊無際，無始無終的無限虛空而已！也請嘗試著和我一起無所作爲吧！心境上做到淡泊而寧靜吧！行爲上做到淡漠而清閒吧！調適你的身心，使你得到輕鬆自如的感覺吧！對於我來說，我的心志早已散放而曠達了，我的心飛向遠方，卻全然不知它的去向。去去來來，隨心所欲，沒有必要知道一定在什麼地方，我就這樣自由自在地隨意去來，也不知道什麼時候可以停下來。在虛空與無限的時空境界中自由翱翔，衹有智慧高超的人，才可以進入這種無邊無際無所拘束的自由王國。使萬物成爲萬物的道，與萬物是沒有邊界的，但是道中之物本身卻是有邊界的，所說的就是事物的邊界；道無邊界而物有邊界，物有邊界而道無邊界，這就意味著有邊界的物在無邊界的道之中是會時刻發生變化的。道使萬物一刻不停地盈虛消長，不斷地盛衰變滅，可是那個使萬物盈虛消長的道卻並不盈虛消長，那個使萬物盛衰變滅的道本身也不盛衰變滅，那個使萬物以不同形體互相遞嬗的道卻沒有形體的遞嬗，那個使萬物不斷生生死死的道本身也是沒有生死的。』

〔六〕

婀荷甘與神農同學於老龍吉。〔一〕神農隱几闔戶晝瞑，婀荷甘日中奓戶而入曰：『老龍死矣！』〔二〕神農隱几擁杖而起，嚗然放杖而笑，曰：『天知予僻陋慢訑，故棄予而死。已矣夫子！无所發予之狂言而死矣夫！』〔三〕

弇堈弔聞之，曰：『夫體道者，天下之君子所繫焉。〔四〕今於道，秋豪之端萬分未得處一焉，而猶知藏其狂言而死，又況夫體道者乎！〔五〕視之无形，聽之无聲，於人之論者，謂之冥冥。所以論道，而非道也。』〔六〕

於是泰清問乎无窮曰：『子知道乎？』

无窮曰：『吾不知。』〔七〕

又問乎无爲。无爲曰：『吾知道。』曰：『子之知道，亦有數乎？』〔八〕曰：『有。』曰：『其數若何？』无爲曰：『吾知道之可以貴，可以賤，可以約，可以散，此吾所以知道之數也。』〔九〕

泰清以之言也問乎无始曰：『若是，則无窮之弗知與无爲之知，孰是而孰非乎？』〔一〇〕无始曰：『不知深矣，知之淺矣；弗知內矣，知之外矣。』〔一一〕

於是泰清中而歎曰：『弗知乃知乎！知乃不知乎！孰知不知之知？』〔一二〕

无始曰：『道不可聞，聞而非也；道不可見，見而非也；道不可言，言而非也。知形形之不形乎！道不當名。』〔一三〕

无始曰：『有問道而應之者，不知道也。雖問道者，亦未聞道。〔一四〕道无問，問无應。无問問之，是問窮也；无應應之，是无內也。〔一五〕以无內待問窮，若是者，外不觀乎宇宙，內不知乎大初，是以不過乎崑崙，不遊乎太虛。』〔一六〕

【釋義】

〔一〕**婀荷甘與神農同學於老龍吉**　婀（音阿）荷甘，虛擬人名。老龍吉，亦虛擬人名。

〔二〕**神農隱几闔戶晝瞑**　隱，依。几，案。闔，合。戶，猶門。晝，白天。瞑，通眠，合眼而寐。**婀荷甘日中奓戶而入**　日中，正午。奓，音乍，半推半掩。《說文》：『奓，張也；從大者聲。奓，籀文。』**老龍死矣**　老龍，老龍吉。行甫按：報其師之喪。

〔三〕**神農隱几擁杖而起**　隱几，據几。擁杖，持杖。**嚗然放杖而笑**　嚗（音博）然，笑嘆聲。笑，王叔岷《校詮》：『疑笑乃嘆之誤。』行甫按：驚而起，坐而嘆。**天知予僻陋慢訑**　天，呼之以天，尊其師。僻陋，猶鄙陋。慢訑（音但），弛縱無所檢束。《集韻・霰韻》：『訑，慢訑，弛縱貌。』**故棄予而死**　棄，放棄。**已矣夫子**　已，止。夫子，老龍吉。**无所發予之狂言而死矣夫**　所，猶可。發，啓發。狂言，大言，老龍吉之言。夫，猶乎，句末語氣詞。

〔四〕**弇堈弔聞之**　弇堈（奄剛）弔，虛擬人名。**曰夫體道者**　夫，彼。體，猶行。《淮南子·氾論》『故聖人以身體之』，高誘注：『體，行也。』**天下之君子所繫**　君子，有身份有教養之人。繫，猶屬。郭象注：『言體道者，人之宗主也。』

〔五〕**今於道**　今，猶若。**秋豪之端萬分未得處一**　秋豪，秋毫。端，猶尖。處，猶居。**而猶知藏其狂言而死**　猶，猶尚。行甫按：藏其狂言而死，收藏他與道相關之言論而死去，謂道不可以言傳。**又況夫體道者乎**　況，更。夫，猶彼。行甫按：謂行道者更不會以言傳道。

〔六〕**視之无形**　之，猶而。无形，不見形體。**聽之无聲**　无聲，不聞聲音。**於人之論者**　於，猶在。之，猶而。論，談論。**謂之冥冥**　謂之，稱之。冥冥，無形無聲無色。**所以論道**　用來談論道的言詞。**而非道**　非道，並不是道本身。

〔七〕**於是泰清問乎无窮曰子知道**　於是，猶因此。泰清，虛擬人名，虛無之氣。乎，於。无窮，虛擬人名，無限。子，你。**无窮曰吾不知**　不知，非不知道，乃不知言。

〔八〕**又問乎无爲**　无爲，虛擬人名，無事。**无爲曰吾知道**　知，猶明。**子之知道亦有數**　亦，猶特。數，猶說。王叔岷《校詮》：『《禮記·儒行》「遽數之不能終其物」，孔《疏》：「數，說也。」』。

〔九〕**其數若何**　若何，如何。**吾知道之可以貴**　之，猶乃。可以，適於。貴，高貴。**可以賤**　賤，卑賤。**可以約**　約，收束。**可以散**　散，擴散。**此吾所以知道之數**　所以，猶何以。

〔一〇〕**泰清以之言也問乎无始**　之，猶此。无始，虛擬人名，沒有開端。**若是**　如此。**則无窮之弗知與**

无爲之知　弗，不。與，猶較。**孰是而孰非**　孰，誰。

〔一一〕**不知深**　深，猶高，遠。**知之淺**　淺，猶低，近。**弗知内**　内，猶言心中有道。**知之外**　外，遠，在道之外。

〔一二〕**於是泰清中而歎**　於是，因此。中，《釋文》：『崔本中作印。』張君房本作『仰』，印、仰，古今字。**弗知乃知乎知乃不知乎**　弗知，不知。**孰知不知之知**　之知，之智。

〔一三〕**道不可聞聞而非**　聞，以言辭相傳。而，猶則，即。**道不可見見而非**　見，有形可見。**道不可言言而非**　言，言説。**知形形之不形**　形形，使形體成爲形體者。不形，沒有形體。**道不當名**　當，猶得。名，命名。

〔一四〕**有問道而應之者不知道**　有，猶或，若。應，答。**雖問道**　雖，卽使。**亦未聞道**　聞，猶知。

〔一五〕**道无問**　无問，不可問。**問无應**　无應，不可答。**无問問之**　不可問而問。**是問窮**　是，猶此。問窮，問不出結果。**无應應之**　不可答而答。**无内**　心中無道。

〔一六〕**以无内待問窮**　待，猶應對。**若是者**　若是，如此。**外不觀乎宇宙**　外，向外；外部感官。觀，觀察，體悟。宇宙，時空。行甫按：道在外，乃時空架構。**内不知乎大初**　内，向内；内部感官。知，猶知曉，懂得。大，讀太，大初，虛空與無限的初始狀態。行甫按：道在内，乃心靈境界。**是以不過乎崑崙**　是以，是謂。王叔岷《校詮》：『以猶謂也。』崑崙，錢穆《纂箋》：『王敔曰：崑崙，地之極高處。過乎崑崙，則太虛矣。』**不遊乎太虛**　太虛，虛空與無限。行甫按：二句爲互文，猶言見識有限，心靈不能超越，難以擁有道的境界。

此乃本篇第六章，先以知道體道的老龍吉『藏其狂言而死』，又以泰清、无窮、无爲、无始相與問道而寓其意，言道不可聞見，亦不可言說。然則『觀乎宇宙』，『知乎太初』，言道乃虛空與無限的時空構架，無邊無際，無始無終；而『過乎崑崙』，『遊乎太虛』，言道乃高遠而超邁的心靈境界，清明澂澈，纖塵無染。

【繹文】

婀荷甘與神農一起從學於老龍吉。這天，神農依著几案閉上門戶大白天在家合眼養神。正午時分，婀荷甘推開大門從半開的門縫中擠進來說：『老龍先生死了！』神農非常驚訝，撐著几案支著枴杖，突地站起身來，又放下枴杖大聲地嘆息說：『老龍吉知道我是個鄙陋淺薄而且恣縱放達的人，所以丟下我便死了。完了啊，先生！您沒有留下任何可以啓發我的高論就這樣死去了啊！』

弇堈弔聽說了此事之後，發表看法說：『那得道行道的人，是天下有教養有身份的人士眾望所歸心有所繫的人物。像老龍吉這樣，對於道來說，還沒有悟到秋天毫毛尖尖的萬分之一，尚且知道藏起他的高論對道一言不發便死去了，又何況是那真正得道悟道的人物呢！視而不見其形體，聽而不聞其聲音，在人們的日常談論之中，叫作昏昏暗暗。所有這些用來談論道的言辭，都不是道本身。』

這時，泰清便請教无窮說：『您知曉道嗎？』

无窮回答說：『我不知曉。』

又請教无爲。无爲說：『我知曉道。』泰清說：『您知曉道，有沒有特別的說法呢？』无爲說：

『有呀。』泰清說：『那說法如何呢？』無爲說：『我明白：道是既可適合於高貴的，也可適合於卑賤的，既可以適合於收斂的，也可以適合於佈散的，這就是我爲什麽知曉道的說法。』

泰清把无爲的這番話轉而請教无始，說：『如果是這樣，那麽无窮的不知相比无爲的知，哪個是對的，哪個是錯的呢？』无始回答說：『不知才是深刻的，知才是淺薄的；不知才有内在的境界，知反而流於皮相。』

於是泰清仰頭嘆息道：『不知，才是真正的知啊！知，實際上是不知呀！有誰懂得不知的智慧呢？』

无始說：『道，是不可以聽來的，聽來的便不是道；道，是不可以見到的，見到的便不是道；道，是不可以言說的，言說的便不是道。懂得使形體成爲形體的東西本身是沒有形體的嗎？道，是不應當命名的。』

无始又說：『假如有人回答有關道的提問，這便是不懂道的表現。即使詢問有關道的問題，也是根本不懂道的人。道是無法詢問的，詢問了也是無法回答的。沒有辦法詢問，卻要勉强詢問，這是問不出任何結果來的；沒有辦法回答，卻要勉强回答，這是内心沒有絲毫境界的表現。以内心沒有絲毫境界面對問不出任何結果的提問，像這樣的話，他們在外既觀察不到無限的宇宙時空，在内也體悟不到超邁的心靈境界，這就叫作翻越不了崑崙之極，消受不了清虚之境。』

〔七〕

光曜問乎无有曰：『夫子有乎？其无有乎？』〔一〕

光曜不得問，而孰視其狀貌，窅然空然，〔二〕終日視之而不見，聽之而不聞，搏之而不得也。〔三〕

光曜曰：『至矣！其孰能至此乎！〔四〕予能有无矣，而未能无无也；及爲无有矣，何從至此哉！』〔五〕

【釋義】

〔一〕**光曜問乎无有** 光曜（音耀），虛擬人名。乎，於。无有，虛擬人名。成玄英《疏》：『光曜者，是能視之智也。無有者，所觀之境也。智能照察，故假名光曜；境體空虛，故假名無有也。』行甫按：此非言一般認知，乃言道是否可以認知。**夫子有乎** 夫子，先生。**其无有乎** 其，猶乃，寧。

〔二〕**光曜不得問** 不得問，无有默而未答。**而孰視其狀貌** 孰，通熟，熟視，細心察看。**窅然空然** 窅（音咬）然，空虛貌。

〔三〕**終日視之而不見** 終日，竟日。之，代指无有。行甫按：言無色。**聽之而不聞** 行甫按：言無聲。**搏之而不得也** 搏，猶摸。行甫按：言無形。

〔四〕**至**　猶極。**其孰能至此**　其，猶有。至，達。

〔五〕**予能有无**　予，我光曜。有无，無形且無聲。**而未能无无**　无无，無而又無。行甫按：光照雖無形無聲，但不能無色。**及爲无有**　及，猶若。无有，當作『无无』，劉文典《補正》：『「無有」當作「無無」。作「無有」者，涉上文「有無」而誤也。《淮南子·俶真》篇「予能有無，而未能無無也。及其爲無無，至妙何從及此哉」，卽襲用此文。《道應》篇作「及其爲無無，又何從至於此哉」，文雖小異，亦正作「無無」。』**何從至此**　從，由。

此乃本篇第七章，以『无有』喻道之無形無色無聲，『窅然空然』而已。

【繹文】

光曜請教於无有說：『先生是有呢，還是沒有呢？』

光曜沒有得到任何回答，因而仔細地觀察无有的相貌，杳杳然，空空然。整天看著它，也看不見它的顏色；仔細聆聽它，也聽不出任何聲音；想去摸摸它，也摸不出什麼形體來。

光曜於是說：『絕了呀！有誰能夠達到這種境地呢！我能夠有無聲與無形，可是並不能無而又無以至於無色；如果能成爲無而又無了，我要怎樣才能夠到達這種地步啊！』

〔八〕

大馬之捶鉤者，年八十矣，而不失豪芒。大馬曰：『子巧與？有道與？』〔一〕曰：『臣有守也。〔二〕臣之年二十而好捶鉤，於物无視也，非鉤无察也。〔三〕是用之者，假不用者也以長得其用，而況乎无不用者乎！物孰不資焉！』〔四〕

【釋義】

〔一〕**大馬之捶鉤者年八十**　大馬，成玄英《疏》：『官號，楚之大司馬也。』捶，鍛打。鉤，兵器。鍾泰《發微》：『《漢書·韓延壽傳》「鑄作刀劍鉤鐔」，師古（原文作章懷）注：「鉤，兵器，似劍而曲，所以鉤殺人也。」司馬掌兵，捶鉤自其所屬，故得而問之。』年八十，謂操業已久。**而不失豪芒**　豪芒，毫毛末端。**子巧與**　子，猶你。巧，技巧。與，通歟。**有道**　道，猶理論，說法。

〔二〕**臣有守**　守，讀若道。郭慶藩《集釋》：『王念孫曰：守卽道字。《達生》篇「仲尼曰：子巧乎！有道耶？曰：我有道也」，是其證。道字古讀若守（《九經》中用韻之文，道字皆讀若守，《楚辭》及《老》、《莊》諸子並同。《秦會稽刻石》「追道高明」，《史記·秦始皇紀》道作首，首與守同音。《說文》：「道，從辵，首聲。」今本無聲字者，二徐不曉古音而削之也）。』

〔三〕**臣之年二十而好捶鉤**　之，猶於。**於物无視**　於物，於他物。**非鉤无察**　察，見。

〔四〕**是用之者**　是，此。用之，用精力，用神明。者，也。行甫按：用之，指『非鉤无察』。**假不用者也以長得其用**　假，借。不用，攝其精力，養其神明。者也，猶也。行甫按：不用，指『於物无視』。以，猶而，目的連詞。長，猶久。**而況乎无不用者乎**　況，更。乎，於。无不用者，猶言通悟大道，而後離形去智，隳肢體，黜聰明，則不用即爲大用。**物孰不資**　物，天下萬物。資，猶取。

此乃本篇第八章，言捶鉤者『於物无視』，『非鉤无察』以攝其精力而養其神明，借『不用』而『長得其用』，是以『年八十』而捶鉤仍然『不失豪芒』。若能離形去智，隳肢體，黜聰明，『同於大通』，則『无用』乃爲『大用』。

【繹文】

大司馬部下有一位鍛打鉤兵的老者，年已八十歲了，他所打造的兵器規矩尺寸不差分毫。大司馬不無讚歎地說：『您的技術如此巧妙啊？有什麼方法嗎？』

鍛打兵器的老者說：『我還確有方法呀。我從二十歲便喜歡鍛打兵器，鍛打兵器時，我心無旁鶩，對於任何別的東西都視而不見，一門心思祇是盯著手中鍛打的鉤。這樣，我的神明和精力便可以通過攝而不用來保證它能夠長期使用，可想而知如果通悟了大道，忘記了形體，黜除了聰明，一無所用，不就什麼都可以用了嗎？歸根結底，那一無所用的道，才是天下萬物皆來資取的源泉！』

〔九〕

冉求問於仲尼曰：『未有天地可知邪？』〔一〕

仲尼曰：『可。古猶今也。』〔二〕

冉求失問而退，明日復見，曰：『昔者吾問「未有天地可知乎？」夫子曰：「可。古猶今也。」昔日吾昭然，今日吾昧然，敢問何謂也？』〔三〕

仲尼曰：『昔之昭然也，神者先受之；今之昧然也，且又爲不神者求邪？〔四〕无古无今，无始无終。未有子孫而有子孫，可乎？』〔五〕

冉求未對。仲尼曰：『已矣，未應矣！不以生生死，不以死死生。死生有待邪？皆有所一體。〔六〕有先天地生者物邪？物物者非物，物出不得先物也，猶其有物也。〔七〕猶其有物也，无已。聖人之愛人也終无已者，亦乃取於是者也。』〔八〕

【釋義】

〔一〕**冉求問於仲尼** 冉求，孔門弟子，姓冉，名求，字子有。**未有天地可知** 未有天地，天地未分。

〔二〕**仲尼曰可** 可，可知。**古猶今** 猶，如。行甫按：猶言知今即知古。

〔三〕**冉求失問而退**　失，通佚，讀如迭。《方言》卷三『更、佚，代也』，錢繹《箋疏》：『文十一年《穀梁傳》云「長狄也，兄弟三人，佚宕中國」，范寧注：「佚，猶更也。」《釋文》音「大結反」，云「更也，本或作迭。」』《衆經音義》卷十七、班固《西都賦》李善注引《方言》「迭，代也」，與《廣雅・釋詁三》同。《説文》：「迭，更迭也。」』行甫按：失問而退，猶『迭問而退』，言更問了别的話題然後退去。**明日復見**　明日，第二天。復，又。**昔者吾問未有天地可知乎**　昔者，猶昨日。**夫子曰可古猶今**　夫子，先生。**昔日吾昭然**　昭然，明白貌。**今日吾昧然**　昧然，不明白貌。**敢問何謂**　何謂，如何解釋。

〔四〕**昔之昭然**　之，猶而。**神者先受之**　神者，猶心神。行甫按：神者先受之，猶言以直覺而接受之。**今之昧然也且又爲不神者求邪**　爲，猶以。不神者，猶理智。求，猶尋求，探求。行甫按：爲不神者求，猶言以理性分析而求解。

〔五〕**无古无今无始无終**　郭象注：『言世世無極。』行甫按：道無古今終始，亙古以固存。**未有子孫而有子孫可乎**　猶言前後相續。

〔六〕**冉求未對**　對，答。**已矣**　已，止。**未應**　未，猶末。王引之《經傳釋詞》卷十：『末，猶未也。《檀弓》曰：「末之卜也」，末，猶未也。』行甫按：『末』可訓『未』，『未』自可訓『末』，無勞改字。**不以生生死**　以，猶因。生，活著。生死，猶言使死者活著。**不以死死生**　死生，猶言使生者死去。**死生有待邪**　有待，有所憑借。行甫按：不因爲活著便可以讓死者也活著，不因爲死去便讓生者也死去。生有生之因，死有死之因。**皆有所一體**　所，猶其。一體，猶言一本。行甫按：此言生不是死的原因，死也不是生的原因。生有生的自然過程，死有死的自然過程。

〔七〕**有先天地生者物邪**　者，猶之。行甫按：邪，反詰語氣；猶言有沒有先於天地而生之物呢？有。**物物者非物**　物物者，使物成爲物者。非物，不是物。行甫按：物有生滅，非物則無生無滅。**物出不得先物**出，猶生。行甫按：『物出』之『物』，萬物。『先物』之『物』，道。**猶其有物**　猶，猶由。其，指道。有物，道中有物。

〔八〕**猶其有物也无已**　已，止。**聖人之愛人也終无已**　之，猶所以。終，竟。**亦乃取於是**　是，此，道。《大宗師》『利澤施乎萬世不爲愛人』，是其義。

此乃本篇第九章，言道生天生地，無今无古，無終無始，亙古以固存。物有生有死，生生死死，無所終窮，皆待道之『一體』所化。然『无古无今，无始无終』而生化無窮之道，可以靈明虛靜之心領悟（『神』）而自得（『受』）之，不可以聞見言辯之智認知（『不神』）而析解（『求』）之。

【繹文】

孔門弟子冉求請教其師孔子說：『沒有天地之前，可不可知呀？』

孔子回答說：『可知。古代就如同當代。』

冉求又問了些別的問題便退下了。第二天又拜見孔子，說：『昨天我問先生說「沒有天地之前可不可知呢」，老師回答說「可知，古代就如同當代」，昨天我聽了這話，覺得很明白的樣子，今天我又覺得不怎麼明白了，請問這是怎麼說呢？』

孔子解釋說：『昨天覺得很明白，那是因爲你未加思索便心領神會了；今天又覺得不明白了，大抵因爲你不是通過心領神會而是想方設法去找到清晰明確的解釋理由吧？無所謂古代也無所謂當代，無所謂開始也無所謂結束，時間永遠是這樣世代相續地不斷流過的。如果没有子孫卻能有子孫，可以這樣說嗎？』

冉求没有回答。孔子說：『算了吧，就不要回答了！不要因爲活著就讓死者活著，不要因爲死亡就讓活著的人死去。死亡有死亡的原因，活著也有活著的根據吧？死亡與活著，各有它們自己的一段過程和因果。有没有先於天地而生的東西呢？顯然是有的呀！使物成爲物的東西本身便不是物，萬物的産生是不能先於道的，因爲道能化生萬物。因爲道能化生萬物，所以便無休無止。聰明睿智境界高遠的聖人之所以愛護民人而没有止境，也就在於取法於那個能生萬物的道。』

〔一〇〕

顔淵問乎仲尼曰：『回嘗聞諸夫子曰：「无有所將，无有所迎。」回敢問其遊。』〔一〕

仲尼曰：『古之人，外化而内不化；今之人，内化而外不化。〔二〕與物化者，一不化者也。安化安不化，安與之相靡，必與之莫多。〔三〕狶韋氏之囿，黄帝之圃，有虞氏之宫，湯、武之室。〔四〕君子之人，若儒墨者師，故以是非相整也，而況今之人乎！〔五〕聖人處物不傷物。不傷物者，物亦不能傷也。唯无所傷者，爲能與人相將迎。〔六〕山林與！皋壤與！使我欣欣然而樂與！〔七〕樂未畢也，哀又繼之。哀樂之來，吾不能禦，其去弗能止。〔八〕悲夫，世人直爲物逆旅耳！〔九〕夫知遇而不知所不遇，知能能而不能所不能。无知无能者，固人之所不免也。〔一〇〕夫務免乎人之所不免者，豈不亦悲哉！〔一一〕至言去言，至爲去爲。齊知之所知，則淺矣。』〔一二〕

【釋義】

〔一〕**顏淵問乎仲尼** 乎，於。**回嘗聞諸夫子** 嘗，曾經。諸，之於。**无有所將** 所，猶可。將，送去。**无有所迎** 迎，迎來。**回敢問其遊** 敢，冒昧。遊，通由，從。王叔岷《校詮》：『吴汝綸云：「遊疑爲由。」奚侗云：「『回敢問其遊』，遊借作由，《左傳》養由基，《後漢・班彪傳》作遊基，《文選・阮籍〈詠懷詩〉》『素質遊商聲』，沈約曰：『遊字應作由。』皆其例也。」奚氏謂「遊借作由」，成《疏》「問其所由」，蓋卽說遊爲由也。』

〔二〕**古之人外化而内不化** 外化，與外物相推移。内不化，内心不爲外物所動。**今之人内化而外不化** 内化，内心躁動不安。外不化，不能與外物相推移。

〔三〕**與物化者一不化** 與外物相推移之人，則内心平和，不爲外物所迷惑。一不化，内心寧靜不變。**安化安不化** 安，猶何。化，猶外；不化，猶内。**安與之相靡** 之，代物。靡，順從。《說文》：『靡，披靡也。』**必與之莫多** 必，猶而。莫多，不過。王叔岷《校詮》：『「莫多」猶言「不過」，卽郭《注》所謂「足而止」，成《疏》所謂「止其分」也。「安與之相靡」承「安化」而言，此謂安於與物相隨順，而與物隨順不過度也。』行甫按：三句謂何化何不化，何與之相委順相披靡，必與之恰如其分，無過與不及之弊。

〔四〕**豨韋氏之囿**　豨（音希）韋氏，傳説之遠古帝王，已見《大宗師》。囿，苑囿。**黄帝之圃**　圃，園圃。行甫按：『囿』與『圃』爲類。**有虞氏之宫**　有虞氏，虞舜。**湯武之室**　湯、武，商湯與周武王。行甫按：『宫』與『室』爲類。自『豨韋氏之囿』至『湯、武之室』，言場域由寬敞以至逼仄，而諸聖與之相靡順，是所謂『外化而内不化』。

〔五〕**君子之人**　有文化有教養、有身份有地位的人。行甫按：君子之人，指受世俗文化熏染的人。**若儒墨者師**　若，猶如，列舉之詞。者，猶之。師，授徒講學的人。**故以是非相韲**　故，猶則，説見吴昌瑩《經詞衍釋》。韲，通擠，章太炎《解故》：『韲讀爲排擠之擠。』行甫按：章説是。韲從齊得聲，濟水古作泲水，是韲可通擠。參見《大宗師》『韲萬物而不爲義』釋義。**而況今之人乎**　今之人，與上文『今之人』相回照。行甫按：自『君子之人』至『而況今之人乎』，言有文化有教養如儒墨之師以及『今之人』，以是非相抵排，是所謂『内化而外不化』。

〔六〕**聖人處物不傷物**　聖人，聰明睿智境界高遠的人。處物，猶安於物。《禮記·檀弓下》『何以處我』，鄭玄注：『處，猶安也。』行甫按：『處物』與下文『與人』互文見義，是『處』猶『與』，猶言與物相安。物，外物，兼指人與物。傷，猶害。**不傷物者物亦不能傷**　者，也。行甫按：《人間世》『菑人者，人必反菑之』，辭雖相反，義無不同。**唯无所傷者**　唯，祇有，祇詞。所，猶可。**爲能與人相將迎**　爲能，皆乃詞。行甫按：爲能，虚詞連用。人，王叔岷《校詮》：『唐寫本人作之，是也。今本作人，則與上文不相應矣。』行甫按：王説非。『與人』與『處物』乃互文見義，唐寫本作『之』，臆改。將迎，送往與迎來。行甫又按：『聖人處物不傷物』云云，言聖人與外物相安，處心寧靜高遠，故與外物相委順相推移，是亦所謂『外化而内不化』。

〔七〕**山林與** 與，通歟。**皋壤** 皋，水邊。行甫按：山林、皋壤，猶言林泉與草澤，皆隱居之地。江南古藏本此下有『與我無親』四字，郭象注『山林皋壤，未善於我』云云，似解此四字之義。**使我欣欣然而樂** 欣欣然，快樂貌。行甫按：言不能『外化而內不化』，以爲逃避社會，隱居於與我無所親近亦無所謂利害關係的林泉草澤，便能無所顧慮，無所周旋；無所將，無所迎，可以使我獲得身心的快樂，實不過鴕鳥式苟安而已，未免本末倒置。

〔八〕**樂未畢** 畢，猶竟。**哀又繼之** 繼，續。**哀樂之來** 之，猶其，將。**吾不能禦** 禦，抵禦，猶今言抗拒。**其去弗能止** 止，猶留。行甫按：逃避於山林皋壤，不過追求外在的快樂，故『樂未畢』而『哀又繼之』，是亦『內化而外不化』而已。

〔九〕**悲夫** 夫，猶乎，嘆詞。**世人直爲物逆旅** 直，特。逆旅，客舍。行甫按：人爲外物之客舍，猶言人心不能安逸寧靜，常爲外物所感而生哀樂之情，是亦『內化而外不化』。

〔一〇〕**夫知遇而不知所不遇** 夫，若，列舉之詞。知，知曉。遇，猶接。行甫按：遇，猶今語所謂經歷或經驗。了解所經歷與經驗的事，而不了解所未經歷與經驗的事。**知能能而不能所不能** 知，疑爲衍文，唐寫本無知字。能能，能其所能。**无知无能** 无知，猶言『不知所不遇』。无能，猶言『不能所不能』。**固人之所不免** 固，猶本來。之，猶其。免，猶避，止。《禮記·樂記》『人情之所不能免也』，鄭玄注：『免，猶自止也。』

〔一一〕**夫務免乎人之所不免** 夫，猶若。務，猶求。乎，於。人之所不免，不知所不遇，不能所不能。**豈不亦悲哉** 亦，猶特。

〔一二〕**至言去言** 至，極。至言，猶最高之言。行甫按：此就遇與不遇之知而言之。至言去言，謂從接遇認知而來之言並非最高之言。知有成心，言有偏見，則最高之言乃是無言。**至爲去爲** 爲，行爲。行甫按：此就能與不能而言之。至爲去爲，最高之爲並非以能與不能爲評價標準。有能即有不能，則最高之爲乃是無爲。**齊知之所知**　齊知，猶庸常之知。王叔岷《校詮》：『「齊知」，謂平凡之知，《漁父》篇「下以化於齊民」，《釋文》引如淳云「齊民，猶平民」；《淮南子·俶真》篇「又況齊民乎」，高注：「齊民，凡民。」是齊有平凡義。』行甫按：王說可從。齊知，常知，即上文以接遇而知。之，猶其。**淺**　淺薄。行甫按：至言去言，至爲去爲。齊知之所知，則淺矣。此乃雙啓單承，則『齊爲之所爲，亦淺矣』，猶可知。

此乃本篇第十章，言人之於外物，或形與外物相推移而心保持內在的寧靜，或形與外物相執著而內心躁動不安。若內心保持寧靜而與外物相推移，則於物既不將亦不迎而又無不將亦無不迎。若不將不迎而又無不將無不迎，則通達無礙，既不傷物，亦不爲物所傷。果如此，則不必尋求山林與皋壤之樂。否則，隱居於林泉與草澤，執著於短暫而無根的快樂，亦必有哀，是亦形與物相執著而心亦躁動不安。且人之於物，有知者，亦有不知者；人之於能，有能者，亦有不能者，是爲人之大情，乃於人所不能免。若以知與能爲樂，以不知與不能爲哀，乃凡庸淺末之智，非有道者之所爲。是以『至言去言，至爲去爲』而已。夫『至言去言』者，知與不知，不辯；『至爲去爲』者，能與不能，亦不辯。

【繹文】

顏淵請教本師仲尼說：『我曾聽到老師這樣說：「過往的東西不要去追念，將來的東西也不要去迎接。」我冒昧地問一下，怎麼樣才可以做到既不追念也不迎接呢？』

仲尼回答說：『古代的人，行爲上與外物相推移，內心裏保持著平靜；現在的人，內心裏躁動不安，行爲上與外物相執著。與外物相推移，內心裏便單純而寧靜。哪些地方該有所變通，哪些地方該保持定力，哪些事情上應該與外在環境相隨順，一定要做到恰如其分，無過與不及。從狶韋氏的苑囿，到黃帝的園圃，從有虞氏的宮殿，到商湯與周武王的寢室，雖然活動場域不斷逼仄，但也是人與環境相適應相推移的結果。可是有教養的體面人，比如儒家和墨家的大師們，卻拿不同的是非觀念相互排擠，更何況現在的某些人呢！他們總是執著是非，內心常常處在躁動不安的狀態。然而，聰明睿智境界高遠的聖人，他們與人打交道便不會傷害別人。不會傷害別人，別人也不會傷害他。衹有對別人沒有任何傷害的人，才能夠與人妥善地相交往。如果害怕與人打交道，逃避到山林巖穴呢，還是隱居在草澤曠野呢，或許這樣能讓我的身心得到暫時的自由與快樂吧！但是，這種鴕鳥式的短暫快樂還沒有結束，憂愁與悲哀便接踵而來了。這種悲哀或者快樂出現了，我們難以抗拒，即將消失了我們也無法挽留。可悲啊，世俗之人，簡直就成爲由外在人事引發的悲哀與快樂來來去去的客棧了！而且人衹能知曉親身經歷過的事情，並不能知曉沒有親身經歷過的事情；衹能做能做的事情，而不能做不能做的事情。有所不知與有所不能，本來就是人們無法免除的。如果一定要致力於免除人們無法免除的東西，豈不是特別可悲嗎？所以最高深的言說便是不要言說，最美好的行爲便是不要行爲。那些平庸的認知所認知的東西，無非就是淺薄而已！』